Vous et votre
ENFANT

préface du
Professeur Jacques Schmitz

21, RUE DU MONTPARNASSE 75283 PARIS CEDEX 06

DIRECTION DE LA PUBLICATION
Carola Strang

DIRECTION ÉDITORIALE
Carole Bat

COORDINATION ÉDITORIALE
Tatiana Delesalle, Martine Rousso
avec la précieuse collaboration de **Élizabeth Andréani**
pour la mise au point de l'ensemble des textes

LECTURE CORRECTION
**Chantal Pagès, Madeleine Biaujeaud,
Joëlle Guyon-Vernier, Isabelle Trévinal, Édith Zha**

DIRECTION ARTISTIQUE
Emmanuel Chaspoul
avec la collaboration de **Cynthia Savage** et **Martine Debrais**

CONCEPTION GRAPHIQUE
Sarbacane, Catherine Le Troquier

MISE EN PAGE
Catherine Le Troquier

ICONOGRAPHIE
Valérie Perrin, Marie-Annick Réveillon

ILLUSTRATIONS
Delphine Bailly

FABRICATION
Annie Botrel

PHOTOGRAPHIES
Baptiste Lignel, à l'exception de celles mentionnées page 464

CONCEPTION DE LA COUVERTURE
Brett'com, sous la direction de **Véronique Laporte**

La liste des personnes que nous tenons à remercier figure en page 464

CET OUVRAGE A ÉTÉ RÉALISÉ AVEC LE CONCOURS
DES PERSONNALITÉS SUIVANTES :

CONSEILLERS SCIENTIFIQUES
Professeur Jacques Schmitz,
professeur de pédiatrie (Groupe hospitalier Necker-Enfants malades)

Docteur Véronique Gagey, *pédiatre*

Docteur Jacky Israël, *pédiatre néonatalogiste*

AUTEURS
Dr Bérengère Beauquier-Maccotta, *pédopsychiatre*

Christine Berteaux, *conseillère en allaitement*

Dr Valentine Brousse, *pédiatre*

Valérie Le Dastumer,
présidente de l'association Jumeaux et plus, Hauts-de-Seine

Dr Dominique Decant-Paoli, *pédopsychiatre, psychanalyste*
(Le point de vue de bébé, La parole de l'enfant)

Dr Pascaline de Dreuzy, *pédiatre*

Dr Jean-François Magny, *pédiatre néonatalogiste*

Christophe Quillien, *journaliste*
(Et du côté du père ?)

Dr Laurence Robel, *praticien hospitalier, pédopsychiatre*

Dr Hervé Sitbon, *psychiatre*

Ont également collaboré aux textes :
**Élisabeth Andréani, Véronique Blocquaux, Charlotte Bourgeois,
Pierre Chavot, Marie de Combarieu, Sophie Senart**

L'éditeur remercie tout particulièrement :
Fabrice Garau, *psychologue clinicien, psychanalyste*
Dr André Helman, *médecin homéopathe*
Claudia Kohn, *ostéopathe*
Benoît Le Gocdcc, *sagc-fcmme*

Préface

Élever un enfant est une responsabilité exaltante, mais qui suscite bien des questions. Dans les tout premiers mois, les préoccupations portent sur les besoins essentiels du nourrisson : Est-ce que je le nourris à sa faim ? Comment réagir quand il pleure ? Que faire s'il se réveille la nuit ? Quand la vie quotidienne avec le bébé atteint un certain équilibre, vient une nouvelle étape, entre 1 et 3 ans, avec les acquisitions de la marche, du langage et de la propreté, qui suscitent d'autres interrogations et le besoin de savoir si tout va bien. Enfin, plus l'enfant grandit, plus les parents se préoccupent de son comportement, envers eux-mêmes et envers autrui : Comment éviter qu'il ne devienne capricieux ? Est-il possible de se faire obéir sans se montrer sévère ? Faut-il répondre à toutes ses sollicitations ? N'est-il pas trop renfermé ? Toutes ces questions, parmi bien d'autres, traduisent la volonté des pères et des mères de mener à bien leur mission éducative...

La santé d'un enfant ne se résume pas à être bien portant et à avoir une bonne croissance. Elle résulte aussi d'un développement psychique et affectif harmonieux. Conscients de l'importance de leur mission, les parents ne savent néanmoins pas toujours comment exercer leur rôle et vers qui se tourner. Certaines des méthodes des générations précédentes suscitent de leur part une certaine méfiance. Les pédiatres, psychologues, diététiciens... réunis pour réaliser cet ouvrage, à la fois praticiens chevronnés et parents, ont cherché à transmettre leur connaissance de l'enfant avec exactitude, bon sens et sympathie, sans se montrer directifs ni céder aux phénomènes de mode ou au sensationnel.

Le développement de l'enfant, dans tous les sens du terme, occupe dans ces pages une large place. En abordant chacun des aspects concrets du quotidien, ou les principales évolutions pour chaque âge, les différents chapitres se veulent d'abord pratiques : sommeil, alimentation, croissance, santé, vie en collectivité... Ce qui distingue l'enfant malade de l'enfant bien portant est toujours indiqué avec beaucoup de clarté. Les parents trouveront aussi des réponses aux questions de fond : Comment atteindre un équilibre, et favoriser la liberté de l'enfant tout en préservant la sienne ? Comment l'aider à construire sa personnalité tout en exerçant une autorité suffisante pour qu'il ne se transforme pas en un petit roi sans limites ? Comment l'aider à progresser en fonction de ses capacités ?

Cet ouvrage s'adresse à tous les parents sans exception. Il évoque aussi les éventuelles difficultés propres aux familles monoparentales ou recomposées. Les aspects particuliers de la vie avec des jumeaux ou un enfant adopté sont également développés, de même que les problèmes rencontrés par les parents de bébés prématurés ou d'enfants handicapés ou malades.

Aider son enfant à grandir, à avancer en toute confiance vers une autonomie croissante, est une aventure passionnante, bien que parfois difficile. Le vœu des auteurs est que cet ouvrage vous fournisse des repères sûrs, vous aide à mieux comprendre votre enfant et à trouver votre propre façon de l'accompagner. *Vous et votre enfant* aura alors atteint son but : soutenir les parents et, partant, favoriser l'épanouissement de l'enfant.

JACQUES SCHMITZ
PROFESSEUR DE PÉDIATRIE

Sommaire

Être parents aujourd'hui

Le bébé de la naissance à 6 mois

Le bébé de 6 mois à 1 an

L'alimentation jusqu'à 1 an

L'enfant de 1 à 3 ans

L'enfant de 3 à 6 ans

L'enfant dans la famille

Guide médical et pratique

Être parents
aujourd'hui

- Devenir mère, devenir père
- Une famille se construit

Devenir mère, devenir père

Un bouleversement dans une vie d'adulte • Passer en douceur du désir d'enfant à la réalité • Papa et maman, des parcours différents ? • Des schémas familiaux en pleine mutation • Questions sur le rôle des parents

La naissance de deux parents

Une naissance n'est pas seulement l'arrivée au monde d'un nouvel être. Elle est aussi le moment où un homme et une femme deviennent des parents. La rencontre avec l'enfant ne correspond jamais exactement à ce que l'on supposait. Le fait de se retrouver soudain dans la peau d'un papa ou d'une maman non plus... Même si chacun s'était plus ou moins préparé à l'événement, la réalité est toujours autre et demande certaines adaptations.

▶ Une étape qui fait grandir

Il n'est pas anodin de passer du statut d'enfant de ses parents à celui de père ou de mère. La naissance d'un premier enfant n'est pas seulement un « heureux événement ». Elle implique toujours une transformation de soi, une obligation de grandir ; chacun se trouve face à une étape de sa croissance personnelle. Cette dimension psychologique est souvent évoquée sous le nom de « parentalité ». Même si chacun poursuit sa propre histoire en devenant parent, plus rien ne sera tout à fait comme avant.

À la fois rupture et continuité, ce cheminement est assez complexe. Il est normal qu'il s'accompagne parfois d'un certain mal-être, qu'il vaut mieux essayer de dire et d'accepter, sous peine de s'isoler. Au fur et à mesure des semaines et des mois, chacun va trouver ses marques, et se découvrir en tant que père ou mère, notamment lors des échanges avec le nouveau-né.

▶ Parent rêvé, parent réel

Bien avant de rencontrer la personne avec laquelle il ou elle va fonder une famille, un homme ou une femme mûrit l'idée plus ou moins précise d'enfanter un jour. Déjà, l'enfant de 4 ans est susceptible de se rêver père ou mère, même si ce désir est ensuite enfoui. L'adulte, par la suite, inscrit, ou pas, cette aspiration dans sa vision de la vie. Il se construit une histoire cohérente à ses propres yeux, et celle-ci donne sens à ce qui l'entoure, lui permet d'agir et de se projeter dans l'avenir. Parfois enraciné très profondément, le désir de devenir parent peut sous-tendre en partie le sentiment d'exister. Pour chacun, toutefois, cette histoire est unique, incluant un contenu différent.

Un décalage normal • Il existe toujours un décalage entre le désir d'enfant et la réalité de la vie avec un bébé. De même, entre le désir individuel de créer une famille et la famille réelle que l'on construit. Les aspirations initiales évoluent à l'épreuve des faits. Entre cet enfant espéré et ce bébé qui demande amour et soins, chaque mère ou père trouve en général un équilibre qui lui permet d'être un parent « suffisamment bon », selon l'expression du pédopsychiatre anglais Donald W. Winnicott. Mais il arrive que l'adaptation soit plus délicate : par exemple quand le bébé a été désiré telle une seconde chance ou pour réaliser des rêves inaboutis.

Être parent pour l'enfant • « Prendre un enfant par la main et lui montrer le chemin... », comme le dit la chanson d'Yves Duteil, illustre, dans l'évolution de chacun, une capacité à laisser volontiers sa place d'enfant pour devenir parent. Il s'agit maintenant de se rendre disponible pour un plus petit, de protéger et de guider une autre vie que la sienne. Cet état d'esprit s'acquiert peu à peu, mais certaines personnes ont plus de difficultés à se situer dans le don de soi. En ce sens, devenir parent, c'est également développer et intégrer dans sa personnalité une fonction parentale, une capacité d'être là pour l'enfant.

▶ Un cheminement différent pour l'homme et la femme

Les neuf mois qui précèdent la naissance sont pour chaque parent l'occasion de se préparer à accueillir et à aimer le futur bébé. Mais ce cheminement, plus ou moins long, n'est pas le même pour l'homme et pour la femme.

Un bébé dans sa chair • Durant neuf mois, la future mère vit les transformations de son corps, perçoit les mouvements du fœtus et ses façons de réagir. Elle nourrit maintes pensées au sujet de ce bébé. Elle interprète ce qu'elle ressent, et dira par exemple qu'il est « calme » ou « remuant », ce qui est très subjectif. De fait, l'idée qu'elle se fait du bébé s'appuie autant sur ses sensations que sur ses aspirations de mère.

Puis vient l'accouchement... Le bébé quitte son corps, devient un être distinct. Peut-être, dans les premiers instants, la mère ne voit-elle pas dans ce nouveau-né l'enfant qu'elle avait pu imaginer ? Peut-être éprouve-t-elle même un sentiment d'étrangeté ? Dans les premiers jours, elle

Du désir d'enfant à la réalité de la vie quotidienne avec un tout-petit, le père et la mère font, chacun à leur manière, l'apprentissage de la parentalité.

craint parfois de ne pas savoir comment s'y prendre, ou elle se sent dépassée par ce qu'exige le bébé. Tout cela peut susciter des tensions intérieures, bien que cette naissance marque plus ou moins l'accomplissement de ses attentes. La mère va pourtant s'adapter à ce bébé particulier, à cet être réel, et développer avec lui une nouvelle relation, en cherchant à répondre à ses besoins.

Un bébé dans sa tête • Pour un homme, tout est différent. C'est la femme qui lui apprend qu'elle est enceinte, et reconnaît ainsi sa paternité. Le futur père, bien sûr, ne connaît aucun ressenti corporel, même si 10 à 15 % des hommes éprouvent des sensations gênantes à l'image de celles des femmes enceintes (nausées, prise de poids, mal au dos...), désignées sous le terme de « couvade ». La participation à la première échographie, la recherche de contacts tactiles avec le fœtus à travers le ventre maternel, notamment grâce à l'haptonomie, aident parfois l'homme à se sentir davantage père. Il passe ainsi de la fierté d'avoir fécondé sa femme, marque de virilité, à l'état de paternité.

De fait, chaque homme se sent père plus ou moins vite. Dans un premier temps, avant la naissance, il s'inquiète surtout des questions matérielles et de ses nouvelles responsabilités. Le chemin vers l'enfant est relativement plus long que pour la femme, même si cela varie beaucoup d'un homme à un autre.

Devenir maman

La mère qui vient d'accoucher et tient pour la première fois son nouveau-né contre elle peut ressentir un sentiment transitoire de vide. Mais elle est déjà prête à créer un lien nouveau avec cet enfant et y parvient en général assez vite. Il lui faut cependant parfois se confronter à des sentiments ambivalents.

Durant les premières semaines après l'accouchement, la mère fait connaissance avec son bébé et tisse avec lui des liens privilégiés.

▶ Un état affectif propice

Dès la fin de la grossesse s'installe un état psychique particulier, qui se prolonge quelque temps après la naissance : la mère devient en priorité concernée par son bébé et entièrement disponible pour lui. Grâce à cet intérêt exclusif, la mère se met plus facilement « dans la peau » de son bébé, elle le comprend et s'adapte à lui avec d'autant plus de sensibilité. Comme le dit en substance le pédopsychiatre D.W.Winnicott, un bébé tout seul n'existe pas, il est indissociable des bras qui le portent et des soins maternants qui lui sont prodigués. Cette unité mère-enfant dans les premières semaines est tout à fait appropriée. Par sa stabilité et sa fiabilité, elle pourrait même favoriser chez le bébé le sentiment précoce d'exister.

Jour après jour, la reconnaissance mutuelle se fortifie. À travers la joie des échanges, et les réactions de bien-être que génèrent ses soins, la femme gagne de l'assurance, et se ressent vraiment comme la mère de son enfant. La richesse de la relation avec son bébé l'aide ainsi à se forger une nouvelle image d'elle-même et lui permet de surmonter tout le bouleversement qu'implique une première maternité.

▶ Face aux fantômes du passé

Les premières semaines, voire les premiers mois, ne sont pas de tout repos. Il n'est pas rare de se sentir désemparée devant des pleurs persistants, et, après avoir tout essayé, de regarder son bébé d'un œil moins tendre. La plupart des mamans éprouvent par instants des sentiments ambivalents : ils font partie de la relation avec l'enfant et ne prêtent pas à conséquence. La crainte de ne pas être à la hauteur ou la fatigue due aux rythmes du bébé suffisent souvent à les expliquer.

Des réactions sous influence ? • Il arrive toutefois qu'entre aussi en jeu un mal-être latent lié à sa propre prime enfance. Des sentiments jusqu'alors enfouis peuvent surgir devant les attitudes les plus anodines du nouveau-né. Par exemple, une femme se sentira soudain affectée parce que son bébé, lors d'un tête-à-tête, détourne le regard. Elle perçoit ce mouvement comme un rejet, alors que l'enfant a juste besoin de dormir. De telles interprétations sont en général dues à l'irruption d'un passé un peu douloureux. Si la maman n'en a pas conscience, la relation avec l'enfant peut à terme s'en ressentir.

Faire place au bébé réel • En devenant mère, toute femme rejoue en partie son passé affectif. Les échanges avec le bébé sont influencés par ce qu'elle a déjà connu avec un parent, ou avec un frère ou une sœur. Cela présente des aspects positifs, car la mère reproduit aussi les gestes d'amour que ses propres parents ont eus envers elle. Mais il ne faut jamais oublier que le ressenti de l'enfant que l'on a été n'est pas celui de son propre bébé. Quoi qu'elle ait vécu, la mère va devoir donner peu à peu sa place à l'enfant réel, avec lequel elle interagit toute la journée.

▶ Une vie à « double carrière »

Toute jeune maman a besoin d'une période de cocon avec le bébé pour trouver ses marques et savourer cette rencontre initiale. Cette étape est plus ou moins longue, selon le choix de chacune, ou les contraintes économiques. Reprendre le travail, rester à la maison… chaque solution comporte ses inconvénients.

Si la maman entend conserver son activité professionnelle, elle affrontera plus ou moins rapidement la question du choix de mode de garde (voir page 83). Elle se sentira parfois coupable de laisser son enfant ou percevra la nourrice comme une rivale, tant il est difficile d'accepter que l'enfant passe avec « l'autre » les meilleurs moments de la journée.

Lorsque la maman reste à la maison pour élever ses enfants, elle connaîtra un relatif isolement, peut-être compensé par la fréquentation d'autres mères. Elle éprouve parfois un sentiment de régression. La femme peut en venir à envier son conjoint parce qu'il poursuit son travail à l'extérieur, alors qu'elle a l'impression de perdre une part de liberté, absorbée par le cycle répétitif des soins au bébé. Choisir de reprendre ou d'interrompre sa vie professionnelle reste donc une question très personnelle.

Baby blues et dépression du post-partum

Dans les premières semaines, les conditions de la rencontre avec l'enfant peuvent être modifiées par le « baby blues » : la maman est particulièrement susceptible, et peut s'effondrer en pleurs pour un rien. Cet état est transitoire. Il diffère de la vraie dépression du post-partum, bien plus sérieuse, qui survient plusieurs mois après la naissance chez près de 10 % des femmes. Les signes les plus évidents en sont un manque d'entrain, le ralentissement des pensées et des gestes, un état d'anxiété. Mais cette dépression peut se faire aussi plus discrète et se traduire par une irritabilité persistante ou par l'apparition de maux de tête ou de ventre que le médecin ne parvient pas à expliquer. La maman n'a pas toujours envie de signaler ce mal-être, qui est tellement en décalage avec l'idée d'une maternité épanouie. Mais elle se sent incompétente devant le bébé, ce qui limite ses capacités de maternage. Si elle se tait, c'est au père de réagir et de la pousser à consulter sans attendre.

Devenir papa

Fort de la reconnaissance sociale qui se manifeste lors de la naissance du bébé, l'homme s'investit désormais plus volontiers dans sa nouvelle identité de père. Mais, selon les familles, il se sentira plus ou moins vite concerné par les besoins immédiats de l'enfant.

▶ L'influence de l'entourage

Le père est encore celui qui, avant tout, donne son nom à l'enfant, et qui l'intègre dans une filiation et une appartenance culturelle et sociale, voire celui qui pense déjà à l'avenir. Devenir papa, c'est notamment reprendre le flambeau familial et tisser des liens entre les générations. Souvent, un homme se représentera son rôle de père en fonction de son histoire familiale, qu'il choisisse de se situer dans la rupture ou dans la continuité. Il sera aussi influencé par la société, qui valorise une certaine image de la paternité. L'éveil de son sentiment paternel face aux demandes du bébé, la médiation de sa compagne, qui l'invitera, ou non, à s'investir, l'inciteront, dans la pratique, à adopter telle ou telle attitude à l'égard de l'enfant.

Une demande sociale contradictoire ?

La société aujourd'hui met de plus en plus en avant les pères qui prennent très tôt leur place auprès du bébé et s'investissent dans leur relation avec lui. L'homme, comme la femme, est désormais censé concilier impératifs professionnels, disponibilité envers les siens et réalisation de soi. Cela ne va pas sans peine, car on attend toujours implicitement d'un homme qu'il s'implique de manière forte dans son travail, et, surtout s'il est diplômé, qu'il « fasse carrière ». En entreprise, un homme est encore regardé de travers s'il demande un congé parce que son enfant est malade, ou s'il refuse un dépassement d'horaires pour préserver sa vie familiale. Comme les mères, les pères aussi sont maintenant confrontés aux problèmes posés par une vie « à double carrière », et à des attentes sociales parfois difficiles à concilier...

▶ Le modèle traditionnel

Dans la famille traditionnelle, le père se sentait vraiment impliqué quand l'enfant commençait à quitter le giron maternel, au plus tôt vers 3 ans, et souvent lors de l'entrée à l'école primaire. L'enfant devenait alors un partenaire, qu'il guidait plus vers l'ouverture aux autres et dans la découverte du monde. S'il s'inspire de ce modèle, le père se sent en général plus ou moins obligé de respecter des préceptes assez rigides : « un père doit être distant et autoritaire... », « un père est quelqu'un d'absent de la maison qui doit rapporter de l'argent, mais qui doit laisser régner au foyer la toute-puissance maternelle... ». Les soins au nouveau-né passent au second plan quand la tâche essentielle est d'assurer le confort matériel de la famille. Le père va alors confier à la mère le nourrisson qui pleure, au lieu de tenter de le calmer, et ne va pas chercher à soulager spontanément sa femme quand il est présent.

Une place en mouvement • Longtemps, le père a été limité à deux fonctions : être le premier soutien de la mère, être un séparateur naturel du couple mère-bébé. Certes, ces deux aspects de la paternité gardent une importance cruciale. Jouer ce rôle du tiers, notamment, en préservant l'unité mère-enfant d'une dérive fusionnelle, facilite l'autonomie et le développement de la personnalité propre de l'enfant. Mais s'en tenir à cette fonction symbolique peut placer le père dans une position distante, voire évitante, à l'égard du tout-petit : certains, il est vrai, trouvent plus confortable de se poser en garant de l'autorité et de se garder de ressentis soi-disant « féminins », car l'investissement émotionnel est moindre. Pourtant, une proximité affective avec le bébé procure beaucoup de joies, et chaque papa peut en faire l'expérience, à travers les soins, les échanges ou les jeux. Et cette attitude ne remet nullement en cause la fonction et l'apport particuliers du père dès le plus jeune âge : elle élargit seulement le champ des possibles.

Par le jeu ou les câlins, chaque père prend, à sa façon, sa place dans la vie affective de l'enfant.

▶ Des papas plus impliqués

Dans les familles tendant à fonctionner selon un mode « égalitaire », le père montre plus souvent une tendance à aller vers le bébé. Il s'intéresse très tôt à lui, quelle que soit la façon dont il le manifeste, et cherche à établir avec lui une relation personnelle. Ce faisant, il devient vite un partenaire spécifique de son enfant et noue avec lui des liens profonds. La paternité est alors vécue aussi comme une forme de réalisation de soi. Certains hommes cherchent à avoir des contacts avec le fœtus dès que le ventre de leur femme s'arrondit. D'autres s'impliqueront dès la naissance, ou un peu plus tard, en participant à la vie quotidienne du bébé. La plupart des pères qui ont investi ces différents temps considèrent l'expérience comme positive, « émotionnellement exaltante, intellectuellement enrichissante et moralement valorisante », selon le psychologue Jean Le Camus. Bien sûr, si la disponibilité – ou l'envie – a manqué lors des moments initiaux, il est toujours possible de prendre en route le chemin de la « paternalité ». En devenant acteur du quotidien, le père découvre, accepte et développe les sentiments paternels, aidé en cela par les réactions affectueuses du bébé.

▶ Plus ou moins à l'aise avec le bébé

Donner le biberon, baigner le bébé ou le changer sont devenus des pratiques souvent partagées. Pourtant, les deux parents ne sont pas interchangeables. Le père n'est pas « une mère bis », il se définit comme le parent de sexe masculin. Et pour s'impliquer, il a encore besoin que la société l'encourage en ce sens. Certains hommes sont mal à l'aise avec les bébés, au point d'en avoir peur. S'occuper du nouveau-né les oblige en effet à retrouver en eux les éléments féminins dont ils se sont défaits, ce qui n'est pas si aisé. Quand il était petit enfant, le garçon a dû s'affranchir de son identification initiale à sa mère, il a dû renoncer au désir de porter des enfants, il a peut-être dû mettre en veilleuse une sensibilité jugée trop féminine. Les hommes qui peuvent facilement accepter leur part de féminité, ou ceux qui donnent une signification bien masculine aux relations avec leur bébé, se laisseront plus facilement aller à leurs émotions.

À chacun son style • Les échanges avec un bébé ne passent pas seulement par la toilette ou les repas, mais aussi par les tête-à-tête et les jeux. Chaque père trouvera la façon qui lui convient le mieux pour manifester son amour, l'essentiel étant bien plus de tisser des liens que d'effectuer tel ou tel soin. Le père ne fera jamais de toute façon « comme la mère », car le parent de chaque sexe, même pour ces gestes de base, montre toujours un style différent (voir page 24). Le père « précoce » connaît ainsi le légitime plaisir des échanges affectueux, sans pour autant rien perdre de sa masculinité.

Être parent, ça s'apprend ?

Dans nombre de situations, un père ou une mère sent très bien comment se comporter avec son enfant. Mais, quand des difficultés se présentent, ce qui est le lot de tout parent, on peut aussi souhaiter un autre guide que son cœur. Les connaissances scientifiques sur le développement de l'enfant n'ont jamais été aussi étendues et accessibles à tous… Autant en profiter !

▶ Des exigences sociales plus fortes qu'avant

Les pères et mères du début du XXe siècle seraient sans doute perplexes face à toutes les questions que se posent aujourd'hui les parents. Est-ce à dire que ceux-ci seraient moins doués que leurs ancêtres ? Pas vraiment ! Ils ont surtout d'autres exigences envers eux-mêmes, et, dans le même temps, ils sont bien moins encadrés que ne l'étaient leurs grands-parents. Le contexte, de fait, a changé de façon radicale. D'abord, les jeunes parents sont maintenant affranchis de la tutelle des générations précédentes. Quant à la société au sens large, elle n'impose plus vraiment de modèle préétabli. En revanche, encouragée par les récentes connaissances scientifiques, elle pose de manière assez forte une exigence nouvelle : montrer très tôt à l'enfant le respect que l'on doit à une personne, et assurer son bien-être et son épanouissement. La place de l'enfant s'est donc considérablement renforcée. Et les parents eux-mêmes lui donnent dans leur vie une place centrale. Conçu plus tard, investi d'une charge affective très forte, plus précieux sans doute qu'il ne l'était dans les grandes familles d'autrefois, il est attendu implicitement comme devant être parfait. Ce qui implique que son père et sa mère le soient aussi ! Dans la plupart des cas, les parents cherchent donc à faire de leur mieux…

▶ Entre « l'enfant pour soi » et « l'enfant pour lui-même »

Qu'est-ce que tout parent souhaite au fond pour son enfant ? Avant tout qu'il soit heureux et en bonne santé. Le désir qu'il « réussisse », qu'il ait de bons résultats scolaires, l'espoir qu'il sache faire face à l'adversité, qu'il soit sociable, qu'il ait des amis… ne sont en quelque sorte que des à-côtés, qui auront plus ou moins d'importance pour chaque parent. Il est évident que plus on a une idée précise de ce que l'on veut pour son enfant, plus le chemin risque de comporter des écueils. Parfois, les parents placent trop haut la barre des exigences. Et l'enfant, qui sent très bien les demandes parentales, se retrouve investi d'un rôle trop lourd pour ses jeunes épaules.

S'adapter à l'enfant ? • Rien de plus normal que d'avoir des attentes vis-à-vis de son enfant, et tous les parents en ont. Mais il importe aussi de savoir les réajuster. Dans bien des domaines, vous ne pouvez pas intervenir, ou si peu… La vitesse à laquelle votre enfant va franchir les grandes étapes de son développement (marche, langage, acquisition de la propreté), notamment, ne dépend pas de vous – et on peut freiner un tout-petit en voulant qu'il progresse plus vite. De même, il n'est guère possible d'aller contre son tempérament, et il est par exemple vain d'obliger une fillette très timide à jouer avec des enfants qu'elle ne connaît pas. Bref, les parents ne peuvent modeler leur enfant, ils peuvent seulement s'adapter à lui, comme lui s'adapte à eux.

Des limites à accepter • Quand vous vous sentez un peu déçu(e) dans votre attente, essayez de prendre du recul et de vous poser sincèrement cette question : « Est-ce que je le pousse vraiment pour son bien, pour son propre épanouissement, ou est-ce que je cherche juste à travers lui ce que je veux, ce qui est bon pour moi, ce qui va me valoriser ? » Cela pourrait vous aider à mieux accepter et exploiter telle ou telle situation. Admettre que cet enfant est une personne à part entière – différente de vous –, et que vous ne pouvez pas tout, ne signifie pas abdiquer vos responsabilités de parents. Au contraire.

▶ Une fonction éducative à réinventer

Les mères, et maintenant aussi les pères, sont en général assez à l'aise pour tout ce qui concerne les besoins essentiels de leur enfant. C'est bien plus en matière d'éducation que des questions se

Puisez dans les conseils de votre entourage et des spécialistes, mais fiez-vous avant tout à votre intuition de parents et à vos valeurs communes pour organiser votre vie familiale.

posent et qu'il est parfois délicat de trouver des repères. Comment éviter qu'il ne devienne capricieux ? Comment se faire obéir ? Comment lui apprendre le respect d'autrui ? Les parents entendent et lisent souvent que la sévérité d'autrefois n'est plus de mise, mais ils n'ont guère envie, et à raison, d'avoir un petit garçon ou une petite fille qui fasse la loi à la maison… À en croire l'expérience de certains pédiatres, il n'est pourtant pas rare que des parents se trouvent submergés devant un tout-petit de 4 ans, qui aurait juste besoin de rencontrer plus de limites. Ce n'est pas brimer un enfant que de lui donner des repères.

Aider son enfant à grandir • Les principales pistes que donne cet ouvrage sont fondées sur le respect de la personnalité et sur l'écoute de l'enfant. Mais une précision s'impose : écouter le tout-petit ne vaut pas dire accéder à toutes ses demandes et satisfaire tous ses désirs, loin de là ; écouter, c'est être attentif à ce qu'il est et à ce que révèlent ses réactions. C'est à la fois simple, parce qu'il s'agit d'un mouvement du cœur, et un peu délicat, parce que cela implique aussi un certain recul. Il est en effet si facile de prêter à l'enfant des capacités ou des facultés intellectuelles qui ne sont pas encore de son âge, ou, à l'inverse, de sous-estimer ses compétences…

Quelques points d'appui • Qu'est-il capable de comprendre ? Quels sont en réalité ses besoins ? Comment perçoit-il ce qui l'entoure ? Des spécialistes de l'enfance abordent dans cet ouvrage toutes ces questions, et bien d'autres, pour chaque âge. Bien sûr, ces connaissances ne résolvent pas tout, et constituent surtout des points de repères. La façon dont vous vous occuperez de votre enfant, dont vous l'accompagnerez, n'en restera pas moins très personnelle. Les valeurs que vous lui transmettrez ne pourront qu'être celles auxquelles vous adhérez de façon sincère. Et, pour commencer, il n'est peut-être pas inutile que vous vous interrogiez d'abord un peu sur vous-mêmes, sur la façon dont vous devenez parent de cet enfant-là, et sur la famille que vous construisez maintenant avec lui.

Une famille se construit

Tisser des liens avec l'enfant • Vers une réelle interactivité des échanges • S'adapter au tempérament de son bébé • L'attachement mère/enfant • La naissance d'une relation triangulaire • Une répartition des rôles en perpétuel réajustement • Savoir préserver le couple au sein de la famille

Les liens avec l'enfant

Même s'il faut parfois un temps d'adaptation, les liens entre les parents et leur enfant se renforcent mois après mois. En se montrant attentifs et à l'écoute, la mère et le père répondent de mieux en mieux aux besoins de leur bébé, tandis que lui, de son côté, manifeste un désir croissant d'échanges.

▶ Une attirance réciproque

Dès la naissance, le nouveau-né révèle de grandes compétences sensorielles. Il est capable de tourner sa tête en direction d'une voix et de distinguer celle de sa mère parmi différentes voix féminines. Il suit des yeux un visage et peut regarder de façon attentive ceux qui s'occupent de lui. Les bébés sont fondamentalement et immédiatement sociaux : ils apprécient la compagnie des personnes qui leur communiquent de l'intérêt et de l'affection. De leur côté, les adultes tendent naturellement à aller vers cet être fragile pour lui prodiguer les soins nécessaires. Tout dans l'apparence du nouveau-né stimule l'intérêt et l'attention : son visage rond et fin, le soyeux de ses cheveux, ses petites mains… il est déjà si mignon ! Très vite, le bébé manifeste son bien-être quand ses demandes reçoivent une réponse, très vite les parents sont heureux de constater toutes les facultés de réaction de leur bébé.

▶ Une réponse intuitive

Suivez votre intuition : laissez votre spontanéité vous guider, elle est l'essentiel de ce dont vous avez besoin pour vous occuper de votre bébé. La psychiatre Mechthild Papousek et le pédiatre Hanus Papousek ont parlé de « parentage intuitif » pour désigner les comportements dont les parents ne sont pas conscients, mais qui sont pourtant particulièrement adéquats, car ils stimulent le bébé et s'accordent à ses possibilités. Vous allez donc développer votre style unique avec ce bébé-là, en inventant votre façon de le tenir pour lui procurer le meilleur confort, votre façon de lui parler, de le regarder ou de le toucher. Vos gestes et votre attitude s'adaptent au fur et à mesure que grandit votre compréhension mutelle, et vous sentirez que vous faites ce qui convient, sentiment gratifiant s'il en est. Peu à peu, vous apprendrez ainsi à mieux connaître la disponibilité de votre enfant, en fonction de son état d'éveil.

Des échanges synchronisés • La maman va ressentir en elle son bébé et s'identifier à lui pour mieux lui répondre. Elle repère les moments où il ne demande qu'à être sollicité, et, à l'inverse, ceux où il a besoin de s'apaiser et ne plus être stimulé de quelque façon. En respectant les rythmes de son enfant, elle s'y synchronise. Petit à petit, chacun devient plus prévisible pour l'autre. Par exemple, une mère qui lit l'étonnement sur le visage de son enfant accompagne volontiers ses expressions avec une vocalise « Ooo ». De même, quand le bébé sourit et se montre disponible, la maman sourit comme si elle prolongeait le sourire de son enfant. Inversement, si le bébé n'est pas en état de lui prêter attention et se replie, elle peut se détourner le temps nécessaire. Un observateur extérieur aurait l'impression que tous deux parlent quasi le même langage.

Un bébé de plus en plus acteur

Quand le bébé atteint 3 ou 4 mois, les partenaires sont susceptibles d'avoir des échanges assez prolongés et de dialoguer de façon ludique par des vocalises ou des sourires. Les parents se sentent désormais compétents et à la hauteur, la confiance remplace les doutes. Alors que, jusqu'à présent, c'était le parent qui menait l'interaction, le bébé prend de plus en plus l'initiative de ces « conversations ». Cela représente déjà une certaine autonomie de sa part.

Un réel partage • Vers 7 mois, les premiers liens sont assez forts pour que l'enfant fasse la différence entre les familiers et les autres. Vers 8 mois, il le manifeste clairement par sa « peur de l'étranger », selon les termes du médecin et psy-chanalyste René Spitz. Mais cet âge n'est pas seulement celui de la méfiance. Le bébé manifeste aussi un intérêt accru pour les échanges avec les proches, dont il peut maintenant partager des intentions ou des états affectifs.

Style maternel, style paternel

Le bébé vit des expériences différentes avec sa mère et avec son père, même si chacun lui procure un soin que l'autre pourrait lui donner. Dès les premières semaines de vie, il peut distinguer certaines caractéristiques de chacun : la voix, l'odeur, le grain de la peau, la tonicité musculaire de celui qui le porte créent un milieu sensoriel particulier. En outre, chaque parent adopte un style propre. Les pères ont plus tendance à exciter l'enfant, à se montrer stimulants, alors que les mères visent davantage à le contenir, à le réconforter ou le protéger. Les mères sourient et vocalisent plus, mais bougent moins le nourrisson. Elles se posent comme plus douces. Les pères sont plus enclins à pousser le bébé à explorer, et, en l'incitant à être plus audacieux, favorisent son autonomie.

Deux modes de relations • L'enfant, porté, bercé, caressé au quotidien découvre au fur et à mesure deux façons d'entrer en relation avec lui, différentes et associées. Il apprend déjà la diversité des relations sociales, et ce savoir constitue un « facteur de résilience », selon le psychiatre et éthologue Boris Cyrulnik, c'est-à-dire une capacité à faire face aux épreuves de la vie. Ainsi, si un jour l'enfant se retrouve loin de ses parents, il saura plutôt orienter ses demandes d'action vers les hommes et ses demandes de réconfort auprès des femmes.

Face aux difficultés des premières semaines

La majorité des parents ont besoin d'un temps d'adaptation avant de pouvoir s'occuper de leur bébé avec un franc plaisir. L'enchaînement des soins, des tétées que l'on donne avec son corps, ou des biberons, tout ce quotidien est prenant, fatigant, voire angoissant. Face à ce bébé qui semble vulnérable et dépendant peut apparaître la crainte de mal faire ou même de faire du mal. Souvent, les jeunes parents, pour diverses raisons, hésitent à tirer profit de l'expérience des grands-parents, et ces derniers, de leur côté, ne se rappellent plus toujours très bien comment s'occuper d'un nouveau-né. Le besoin d'une personne expérimentée et sécurisante se fait parfois sentir avec force. Il ne faut pas, dans ce cas, hésiter à consulter le pédiatre. Son rôle est aussi de rassurer et de réconforter, de donner des conseils de puériculture, et de prendre le temps d'écouter et de dialoguer sans juger.

Une adaptation plus ou moins facile

Si les parents influent sur le comportement du bébé, l'enfant, de son côté, contribue aussi à « créer » son parent, en lui faisant vivre une relation et des émotions qui le transforment. Chacun se tient devant l'autre avec ses attentes, son tempérament, et l'enfant, comme les parents, s'adapte. C'est une interaction permanente, qui commence dès les premières semaines de la vie.

▶ Des interactions complexes

Tout bébé dévoile dès la naissance un ensemble de traits qui n'appartiennent qu'à lui : il peut être plus ou moins prompt à pleurer, s'apaiser plus ou moins vite, être très ou peu sensible à l'inconfort physique... Un bébé qui supporte bien les stimuli extérieurs ne demande pas les mêmes réponses qu'un bébé qui réagit de manière forte à tout ce qui l'entoure. Accepter le « bébé réel », c'est aussi respecter ces traits individuels, ce qui est plus ou moins facile... Il est évident qu'une maman de caractère un peu craintif se sentira naturellement en empathie avec un bébé qui sursaute au moindre bruit, alors qu'une mère volontaire et énergique se sentira plus à l'aise avec un bébé qui supporte très bien des gestes toniques.

L'enfant, de son côté, se construira différemment selon que son comportement est accepté avec beaucoup de plaisir ou un peu d'agacement. Les tempéraments de la mère et de l'enfant se trouvent de fait plus ou moins en harmonie, ce qui facilite ou complique le processus d'attachement. Il est toutefois impossible que parents et enfants soient sans cesse en adéquation, et, plus l'enfant grandira, plus des adaptations entre les besoins des uns et des autres seront nécessaires...

▶ Trois types de tempéraments

Stella Chess et Alexander Thomas se sont, les premiers, intéressés à l'étude du tempérament, de la petite enfance à l'âge adulte. En observant des réactions de bébés à partir de l'âge de 3 mois, ils ont distingué trois grands groupes d'enfants.

« Faciles », « difficiles » et « lents à se réchauffer » • L'enfant « facile », le plus souvent de bonne humeur, réagit bien à la nouveauté, est très régulier, et s'adapte facilement à son environnement. L'enfant « difficile », à l'opposé, montre des sentiments intenses, et son attitude paraît difficilement prévisible. Il s'adapte lentement au monde extérieur et réagit de manière négative à la nouveauté. L'enfant « lent à se réchauffer » se montre lui aussi perturbé par toute situation nouvelle. Il réagit toutefois de façon plus égale, et, en général, avec moins d'intensité. Quand l'enfant n'est pas de tempérament « facile », les capacités d'écoute et de compréhension des parents sont bien sûr davantage sollicitées : il faut parfois être très attentif à ses réactions corporelles, à ses

Chaque enfant a un tempérament dont les parents doivent tenir compte dans leurs réactions.

L'affection plus ou moins démonstrative de sa mère guide l'attachement du petit enfant à elle.

expressions, bien sentir quand il se détend ou se crispe, attendre qu'il soit prêt avant de le solliciter, accepter qu'il ait besoin de pleurer pour évacuer les tensions... Si besoin, le pédiatre aidera les parents à interpréter les comportements du bébé et à trouver les réponses adéquates.

Une donnée qui évolue • L'appartenance à l'un ou l'autre de ces groupes n'est d'ailleurs pas immuable, et le même enfant peut montrer un tempérament différent selon son âge. Certains traits de caractère de la petite enfance peuvent s'estomper en grandissant, d'autres au contraire se renforcer. Par exemple, un petit enfant timide peut très bien gagner de l'assurance si ses parents tiennent compte de ses craintes mais le rassurent sur ses capacités ; à l'inverse, le même enfant sera encouragé dans une position de repli s'il est trop protégé. Le tempérament évolue aussi en fonction des réactions de l'entourage.

▶ La force de l'attachement

Même si les bébés se lient à leurs deux parents, la mère demeure une figure principale d'attachement, car elle consacre en général plus de temps à l'enfant. Le psychanalyste John Bowlby et la psychologue Mary Ainsworth ont cherché à évaluer le style d'attachement d'un enfant à sa mère à l'âge de 1 an. Pour cela, ils se sont inté-ressés à la façon dont tous deux se retrouvent après de brefs moments de séparation.

L'attachement sûr • Habituellement l'enfant a montré que sa mère lui manque, il l'accueille activement à son retour, il lui tend les bras. Elle, de son côté, répond en le serrant contre elle, tous deux étant enlacés dans une étreinte réconfortante. Une fois rassuré, l'enfant peut se séparer de lui-même de sa mère pour aller jouer. On dit qu'il a un attachement sûr : tout se passe comme s'il savait qu'il peut compter sur sa mère, qui lui procure une « base de sécurité ». Ce type de scénario est la marque d'interactions harmonieuses : sensible à ses signaux et y répondant de manière tendre et attentive, la mère a pu aider son enfant à développer une sécurité intérieure.

L'attachement ambivalent • L'enfant reste préoccupé par l'absence de sa mère et à son retour adopte une attitude contradictoire : d'un côté, il montre qu'il recherche le contact avec elle, et, en même temps, il refuse qu'elle l'approche. Ce comportement produit des retrouvailles houleuses, obligeant la mère à être d'autant plus démonstrative. Dans ces cas, la maman a du mal à s'adapter harmonieusement à son bébé et elle reste pour lui imprévisible.

Interprétations de mères

Les mères donnent un sens au comportement de leur enfant en fonction d'éléments très subjectifs, incluant, entre autres, leur passé et leurs valeurs. Elles tendent à lui attribuer des pensées qu'il n'a probablement pas, mais, de la sorte, elles lui apprennent justement à avoir des intentions. En fait, ce processus débute même durant la grossesse quand une mère dit par exemple à propos de son bébé qu'elle sent remuer : « Il est énergique. » Puis, si la maman a envie de voir en son bébé une petite personne très active, elle remarquera surtout chez lui les conduites qui semblent aller en ce sens, et va éventuellement les valoriser par sa satisfaction. Les enfants tendent dans une certaine mesure à se conformer à de tels désirs. Toutefois, il serait abusif de penser que la mère modèle l'enfant.

L'attachement évitant • Dans l'attachement évitant, l'enfant ne pleure pas lors des séparations et focalise son attention sur les jouets. Au retour de sa mère, il l'ignore ou l'évite, et il cherche à s'échapper si elle veut le prendre dans ses bras. Dans ce cas, la maman avait souvent montré une aversion pour le contact physique avec son enfant et avait réagi défavorablement quand le bébé se montrait démonstratif. Une telle mère a évité les gestes de tendresse, voire a manifesté du rejet quand son enfant en prenait l'initiative.

▶ Rien n'est définitif

La qualité de l'attachement entre la mère et l'enfant est avant tout liée à la sensibilité avec laquelle la mère a soigné son bébé durant les premiers mois. Elle procure à l'enfant une expérience gra-tifiante et sécurisante, qui facilitera ses relations avec autrui et favorisera notamment la sociali-sation lors de la période scolaire. Il semble que le type d'attachement que la mère établit avec son enfant dépend pour beaucoup de celui qu'elle a expérimenté avec sa propre mère. Les mêmes comportements se transmettent entre les géné-rations, mais il est toujours possible de prendre de la distance avec un héritage que l'on juge encombrant, et de ne pas le reproduire à l'iden-tique. Bien entendu, même dans les cas difficiles, rien n'est joué une fois pour toutes. Les psycho-logues disent seulement que le type de relations établi entre la mère et l'enfant à l'âge de 1 an est susceptible de durer. Mais il est toujours possible de faire évoluer la situation, éventuellement avec l'aide d'un thérapeute.

Du couple à la famille

Le couple doit trouver un nouvel équilibre après la naissance d'un premier enfant. Désormais, à l'amour mutuel de deux personnes s'ajoute l'association de deux parents, ce qui implique quelques adaptations. En général, passé les premiers mois, « l'alliance familiale » est créée : dans le jeu à trois entre le père, la mère et l'enfant, chacun a trouvé sa place par rapport aux deux autres.

▶ La coopération entre les parents

Entrer confortablement dans son rôle de parent ne suffit pas, il faut savoir s'ajuster à l'autre pour créer, selon le terme du psychanalyste Salvador Minuchin, un « co-parentage ». Vous n'allez pas être parent chacun de votre côté, mais ensemble, en vous soutenant dans vos interventions auprès de votre enfant et en gérant à deux les moments délicats. L'enfant, bien sûr, tirera le plus grand profit de cette éducation commune et, de ce fait, se sociabilisera plus facilement à l'âge scolaire.

Une relation triangulaire • Les bases de cette association sont souvent déjà posées durant la grossesse, lors de discussions sur l'enfant à venir et sur le rôle que doit tenir un parent. Puis, après la naissance, chacun prend ses marques. La famille se construit alors sur une relation dite « triangulaire », où chacun entretient des liens affectifs avec les deux autres. Quand tout se passe au mieux, le père et la mère ont chacun des tête-à-tête avec le bébé, mais se réservent aussi des plages d'intimité. Ils ne sollicitent pas sans cesse l'enfant au point d'en faire l'unique pivot de leur relation. Entre les échanges où tous trois sont réunis et les relations à deux, le père, la mère et l'enfant ont chacun leur place et bénéficient d'une certaine liberté. Il semble que, quand le bébé est âgé de 3 mois, les relations familiales présentent en général le profil qu'elles auront durant la pre-mière année.

▶ Repenser la répartition des rôles de chacun ?

Les premières semaines à trois sont en général une période d'imprévus. Durant la grossesse, nombre de couples avaient rêvé d'une famille fonctionnant de manière égalitaire, où chacun s'occuperait de l'enfant. Mais, une fois en situation, beaucoup se retrouvent pris dans un mode de relations bien plus traditionnel. La mère passe l'essentiel de son temps avec le bébé et se sent surtout concernée par la vie à l'intérieur de la maison ; le père rentre après son travail, prend des nouvelles de chacun, sans s'impliquer vraiment dans les soins au bébé ni dans les tâches domestiques. Cela peut susciter des tensions au sein du couple, souvent accrues par la fatigue et le trop-plein d'émotions.

Les vertus du dialogue • La mise en place d'un mode d'organisation satisfaisant demandera parfois du temps et, de part et d'autre, une certaine souplesse. La déstabilisation du couple par l'arrivée de l'enfant est courante, et dépend aussi de la nature et de la qualité de la relation initiale. Si les reproches prennent le dessus et envahissent votre relation, faites le point et prenez un peu de recul ensemble, avant que ne s'installe le réflexe de se couper de l'autre. Le dialogue est essentiel. Souvent, il faudra revoir de façon sincère le système familial auquel chacun adhérait de manière plus ou moins explicite, afin de parvenir à trouver une solution médiane entre les positions les plus caricaturales, du traditionnel à l'égalitaire.

Des pères jaloux ?

Il arrive que les pères éprouvent des sentiments de jalousie plus ou moins conscients dès la grossesse de leur femme : un peu parce qu'ils ne peuvent pas partager son ressenti et porter le bébé, un peu parce qu'elle est l'objet de toutes les attentions de la part de l'entourage. Une fois que l'enfant est là, certains se sentent aussi mal à l'aise que peut l'être un frère aîné jaloux à la naissance d'un deuxième. Spontanément, ils tendent à contester l'intimité du bébé avec sa mère et témoignent ainsi de leur difficulté à trouver leur place. C'est alors à la mère de développer son rôle de médiateur entre l'enfant et son père. Et elle bénéficiera sans doute en retour du soutien émotionnel dont elle a tant besoin.

De possibles désaccords vis-à-vis du bébé

Assez souvent, les conjoints se trouvent en décalage sur la conduite à adopter vis-à-vis du bébé. Les pleurs notamment heurtent la sensibilité de chacun de façon différente, et les discussions peuvent être vives : utiliser la tétine ou le laisser pleurer ? Consoler aussitôt lors des réveils nocturnes ou attendre un peu ? Les pères et les mères n'ont pas toujours le même point de vue sur ces questions. De même, quand l'enfant devient plus mobile et autonome, l'évaluation des dangers diffère selon chacun des parents.

Tous ces aspects de l'éducation peuvent être abordés calmement à deux, lors des moments d'intimité sans le bébé. Parfois, quand ces désaccords suscitent trop de tensions, le père préfère laisser le champ libre à sa compagne et se placer en retrait. La crainte de mettre à mal l'entente du couple supplante alors le désir légitime de prendre sa place, avec des effets pervers.

Du danger d'exclure le père • Dans un premier temps, la position de retrait du père peut sembler confortable à la mère : d'une certaine façon, elle est assez contente d'agir à sa guise… En parallèle, elle se plaindra pourtant d'élever seule son enfant, et ressentira le besoin d'un soutien paternel tout en s'interdisant d'y avoir recours. C'est dans ce type de situation que peuvent se développer des liens très forts entre la mère et son enfant. Ils présentent l'inconvénient d'exclure le père et ne sont satisfaisants pour personne. Par la suite, l'enfant pourra hésiter à se rapprocher de son père à cause de l'impression culpabilisante de trahir sa mère.

Une relation familiale équilibrée implique ainsi que chaque parent ait son mot à dire, quitte à traverser de petits conflits avant de s'accorder. Rien n'est plus important que l'écoute et le respect mutuels, bref l'acceptation de l'autre, pleine, entière et réciproque.

Apprendre à avancer ensemble

Durant les premières semaines, chaque couple devra donc apprendre à gérer les tensions inévitables afin d'instaurer un coparentage précoce. Il faudra que chaque partenaire accepte de laisser s'exercer le parentage « intuitif » de l'autre, tout en le soutenant de façon bienveillante. Même si cette mise en place nécessite quelques adaptations, elle s'accompagne en général de grandes joies. L'intensité des émotions vécues, le sentiment de s'enrichir en se transformant individuellement et ensemble, tout simplement le fait d'être en accord avec soi-même, permettent de surmonter le stress et les contraintes de cette nouvelle vie.

Bien sûr, devenir parent est un cheminement qui amène une évolution tant personnelle que du couple. Mais vous pouvez aborder tout cela sans crainte. Tout au long de ces transformations, c'est tout simplement la vie qui s'exprime, les équilibres qui se cherchent, les individus qui suivent leur processus de croissance... Construire des relations familiales qui vous conviennent, et savoir les réajuster au besoin, c'est aussi créer le cadre où vous pourrez vous épanouir.

Des liens renforcés ? • Dans les premières semaines, la vie du jeune couple parental est réglée à l'horloge du bébé et la perception du temps change : il semble passer plus vite et à un rythme qui n'est plus celui de l'adulte. Cette vie centrée sur l'enfant aide d'une certaine façon à contenir tous les bouleversements que vit chacun. Mais elle ne peut bien sûr prétendre être le seul vecteur d'épanouissement personnel. Bientôt, les parents souhaiteront se retrouver et renouer des relations homme-femme. La relation parentale ne remplace en aucune façon le lien amoureux : au contraire, elle le renforce bien souvent...

Chacun des parents a son mot à dire et son rôle particulier à jouer auprès de l'enfant.

Reprendre sa vie sexuelle

Il est possible de faire de nouveau l'amour dans les semaines suivant l'accouchement – avec une contraception, même si la femme allaite. Le désir peut être toutefois lent à revenir, et chaque couple connaît plus ou moins vite ces retrouvailles amoureuses. Une fois que le corps de la femme est moins endolori, plusieurs facteurs peuvent freiner les élans de l'un ou de l'autre : la fatigue, l'état émotionnel, les tensions avec le conjoint, la plus ou moins grande difficulté à déconnecter un moment de l'attention vigilante au bébé, un début de dépression... Certaines femmes ont peur d'avoir mal, mais les rapports ne sont pas douloureux, sauf durant un bref instant, lors de la pénétration, et seulement les premières fois – il faut d'ailleurs signaler au médecin une douleur persistante.

La sexualité reste un élément essentiel de la vie du couple, et ne revêt pas désormais un intérêt secondaire. Au contraire, les attentions de chacun sont plus que jamais importantes, de l'écoute de l'autre jusqu'aux gestes amoureux ou de tendresse... Quand une femme ou un homme ne voit son (sa) conjoint(e) que comme un père ou une mère, la relation s'appauvrit, au détriment de chacun, l'enfant inclus. Certains couples rapportent au contraire qu'ils vivent autrement leur relation et leur sexualité après la venue d'un bébé, et qu'ils les trouvent plus riches, ce qui est souvent le cas lors d'étapes de maturation personnelle.

Le bébé
de la naissance
à 6 mois

- S'équiper pour accueillir son bébé
- La vie à la maison
- Le développement du bébé
- Veiller à la santé de son enfant
- Faire garder son bébé
- Le quotidien avec un bébé prématuré
- Et du côté du père ?

Le bébé à 1 mois

Les repas

Le nourrisson tète six à huit fois par vingt-quatre heures, dont une ou deux fois la nuit. Les horaires des tétées ne sont pas encore très précis (celle de la nuit se décale peu à peu vers le matin). La quantité de lait absorbée varie selon les moments.

Les mouvements

Au repos, ses bras et ses jambes sont encore fléchis. Couché sur le ventre, il peut changer son visage de côté. Il perd le réflexe de la marche automatique, mais continue à serrer sa main autour du doigt qui touche sa paume. Sa main ne commencera à s'ouvrir que vers 2 mois.

Le sommeil

Le bébé commence tout doucement à différencier le jour et la nuit. La phase de sommeil nocturne s'allonge. Dans la journée, les périodes d'éveil calme se prolongent. Certains bébés pleurent chaque jour à la même heure, le soir, sans que rien ne puisse les calmer. Ces cris, mis sur le compte de coliques, sont plus liés au fait que le bébé se « défoule » à la fin de la journée qu'à la faim ou à de réelles douleurs abdominales.

Les sens

Le nourrisson fixe les visages avec intérêt et commence à suivre les objets des yeux. Il s'efforce de produire des sons et émet ses premiers gazouillis. Tous ses sens s'affinent et s'enrichissent de nouvelles expériences. Les échanges visuels et affectifs entre le nourrisson et ses parents conduisent aux premiers sourires dirigés et intentionnels.

Taille	G	53,2 cm (49-57)
	F	52,4 cm (48-57)
Poids	G	4 kg (3-5)
	F	3,8 kg (2,9-4,9)
Périmètre crânien		37 cm (34-39,5)

NB : ces chiffres concernent 95% des enfants.

Le bébé à 5 mois

Les repas

L'alimentation se diversifie petit à petit. Les quatre ou cinq repas quotidiens apportent encore au bébé au moins 500 ml de lait de suite. À partir de six mois, d'autres laitages, destinés aux enfants en bas âge, sont proposés. Le midi, des purées de légumes offrent de nouveaux goûts, et, au goûter, des compotes de fruits apportent des vitamines.

Les mouvements

Au repos, les bras et les jambes sont bien détendus. Posé sur le ventre, le bébé soulève bien sa tête. Mais c'est sur le dos qu'il préfère se trouver. C'est dans cette position qu'il peut le mieux voir, s'agiter, tenter des pirouettes et découvrir ses pieds. Bientôt, il pourra basculer tout seul sur le ventre mais ne saura pas alors se remettre sur le dos.

Le sommeil

Les phases de sommeil commencent à être bien stabilisées. En général, le bébé dort entre dix et douze heures la nuit, une heure dans la matinée et encore deux à trois heures l'après-midi. Mais l'équilibre ainsi trouvé varie selon les enfants.

Les sens

Le bébé est très joyeux. Il passe du temps à manipuler les objets. Il se familiarise avec eux, apprend à les reconnaître. Il poursuit l'exploration de son corps. Il gazouille, tantôt par pur plaisir, tantôt pour répondre. Il est très sensible aux intonations.

Taille	G	66,5 cm (61-72)
	F	65 cm (60-70)
Poids	G	7,6 kg (6-9,2)
	F	7,1 kg (5,6-8,6)
Périmètre crânien		43 cm (40-46)

NB : ces chiffres concernent 95% des enfants.

S'équiper pour accueillir son bébé

Une chambre jolie et fonctionnelle • Lits et literie • Le trousseau du bébé • L'équipement de la salle de bains • Quelques conseils pour les premières promenades avec le bébé • Porte-bébé, landau et poussette • Les précautions nécessaires en voiture

L'aménagement de la chambre

Aménager et décorer la chambre d'un bébé est souvent l'occasion de se faire plaisir. Mais les aspects pratiques ne sont pas pour autant à négliger. Calme et confort pour lui, entretien facile pour vous… Sans oublier la sécurité. Songez que, très vite, dès que votre bébé se déplacera à quatre pattes, vous apprécierez de le laisser de temps en temps se mouvoir et jouer librement dans sa chambre, sans danger.

▶ Un espace pour lui

Un bébé a besoin de disposer d'un endroit calme pour dormir. Lors des premières semaines, peut-être aurez-vous envie de le garder près de vous. Mais installer le berceau dans votre chambre ne peut constituer qu'une solution transitoire, pour lui comme pour vous. S'il vous sent toujours à l'écoute de ses moindres mouvements, votre bébé éprouvera plus tard davantage de difficultés à s'endormir sans votre présence (voir page 45). Par conséquent, il vaut mieux lui offrir assez vite, et au plus tard à 3 mois, un espace particulier, quitte à scinder une pièce par un rideau si votre logement est petit.

N'oubliez pas que, très rapidement, il découvre son environnement immédiat. Il devient plus sensible à ce qui l'entoure, et notamment à la décoration et au mobilier de sa chambre. S'endormir et s'éveiller toujours dans le même décor familier le rassure et lui plaît. Plus il grandira, plus il aura besoin de tels repères.

▶ Du calme avant tout

Un léger bruit de fond, une musique douce, une conversation paisible n'empêchent pas un bébé de dormir. Mais les bruits violents, tels les hausses de son de la télévision ou les Klaxons, le réveillent. Le mieux est donc que la chambre donne sur un endroit tranquille. Si c'est impossible, des fenêtres double vitrage peuvent offrir une solution.

Décoration et revêtements • Pour le décor, c'est selon votre goût : tons acidulés ou pastel, meubles originaux ou sobres, tout est possible. Mais n'oubliez pas la sécurité et le côté pratique : évitez les matières fragiles, salissantes, et, surtout, les meubles bancals ou peu solides. Certains matériaux sont plus faciles à entretenir : papier peint ou peinture lavables, sol plastique ou parquet vitrifié. La moquette ou des tapis isolent bien une pièce un peu fraîche, mais sont déconseillés en cas de tendance allergique dans la famille. Quant au carrelage, votre bébé le trouvera bien froid quand il commencera à se déplacer.

Facile à installer, à plier et à transporter, un hamac est un couchage d'appoint très pratique pour votre bébé. Jusqu'à 3 mois, il aimera s'y endormir, bercé par le léger balancement de la toile, qui doit être suffisamment tendue pour offrir un soutien assez ferme.

Mobiles et peluches • Jouets et illustrations font aussi partie du décor. Votre bébé peut contempler des mobiles dès ses premières semaines, même si sa vue est encore imprécise. Il vous sera pratique de pouvoir déplacer ces objets, car il arrive qu'ils stimulent trop un nourrisson. Les peluches et hochets peuvent camper sur la commode, mais ils ne doivent pas envahir le lit. Un portique au-dessus du berceau est aussi déconseillé, car il n'aide pas du tout à s'endormir, à la différence d'un jouet musical. Le lit doit rester le lieu où l'enfant dort, et non celui où il joue.

▶ Température, ventilation et luminosité

Parmi les points importants figure la température de la pièce. L'idéal est qu'elle se situe entre 18 et 20 °C. Un espace très exposé au soleil, par exemple sous les toits ou devant une baie vitrée, est à éviter. Dans la même optique, le lit ou le berceau doivent être éloignés du chauffage et des fenêtres. Pour la qualité de l'air, il est bon d'aérer tous les jours environ 10 minutes, même en hiver.

Besoin d'humidificateurs ? • Si l'air ambiant est très sec, parce que votre logement est chauffé par des radiateurs électriques, un humidificateur peut être utile. Mais il existe aussi d'autres solutions : poser un bol rempli d'eau sur le radiateur, ou faire sécher le linge du bébé dans sa chambre, ce qui est inesthétique mais efficace.

La question de l'éclairage • La nuit, il importe de maintenir une réelle obscurité, que ce soit par des doubles-rideaux, des stores ou des volets. En rendant, le soir, la pièce plus sombre, vous aiderez votre bébé à distinguer peu à peu le jour et la nuit. Si la tétée et le change de nuit ont lieu dans sa chambre, vous apprécierez un éclairage doté d'un variateur de luminosité, ou la présence d'une lampe d'appoint avec une ampoule de faible puissance. Plus tard, une veilleuse vous permettra de rassurer quelques minutes votre bébé dans l'obscurité lors des réveils nocturnes.

Du confort pour dormir

Couffins et berceaux • Le couffin a une durée de vie limitée. Ce peut être toutefois un joli cadeau à se faire offrir. Il est parfaitement conçu pour la taille du nouveau-né, et, du fait de sa légèreté, vous pouvez le transporter d'une pièce à l'autre. Moins maniable, un berceau devient lui aussi obsolète après 3 mois, mais sa fonction balancelle séduit parfois les mamans – veillez toutefois à ce que le système puisse être verrouillé. Berceaux et couffins doivent être bien stables, avec un fond plat et rigide.

Le lit à barreaux • Il pourra accueillir votre enfant jusqu'à l'âge de 2 ans, voire plus pour certains modèles avec barreaux amovibles. Si vous optez pour cette formule dès le retour de la maternité, installez néanmoins en tête un tour de lit lors des premiers mois, pour éviter que votre bébé ne se cogne. Tous les lits à barreaux actuels suivent des normes de sécurité strictes. Mais, quand il s'agit d'un ancien lit de famille, les barreaux sont parfois trop bas, avec un risque de chute, ou trop espacés (le maximum conseillé est de 6,5 cm). Dans ce cas, mieux vaut sans doute en acquérir un plus moderne… Si le lit est muni de roulettes, veillez bien à ce que celles-ci soient aussi équipées de freins. Enfin, proscrivez les grands lits, ils sont dangereux.

Le point de vue de bébé

Déshabille-moi doucement, au chaud ; c'est encore dur pour moi de quitter ma peau de vêtements, après avoir perdu il y a si peu de temps la chaleur de ton ventre ! J'aime bien être enveloppé dans du tiède et du doux, tout en pouvant bouger comme je veux. Quand tu me mets dans l'eau, ça me rend tout chose et tout détendu et ça m'éveille et je vous vois. Après le bain, si tu me mets contre ta peau douce et chaude et qui respire, en me berçant encore, je m'endormirai de plaisir.

Matelas et literie • Le matelas doit être bien adapté aux mesures du berceau ou du lit, afin qu'il n'y ait aucun espace autour. Un matelas de qualité est ferme, bien épais, sans creux ni bosses. Pour le protéger, utilisez une alèse en coton, plutôt qu'un film plastique qui fait transpirer. Jusqu'à 18 mois, les coussins sont à proscrire, mais vous pouvez poser sous la tête du bébé un lange en coton ancien qui recevra ses petits renvois. Les pédiatres déconseillent aussi les draps du dessus ou les couvertures dans lesquels votre bébé pourrait s'entortiller. À cet âge, un surpyjama ou bien une turbulette (gigoteuse), plus ou moins chauds selon la saison, sont la meilleure solution. N'ayez crainte, votre enfant sera assez couvert.

L'interphone, facultatif • Si l'habitation est vaste, et que la chambre des parents soit loin de celle de l'enfant, un interphone apparaît assez utile. Mais, dans les petits logements, il y a peu de risques qu'une maman n'entende pas les pleurs de son bébé. Un tel appareil génère même parfois une certaine angoisse en rendant audible le moindre petit bruit. La tentation est alors grande d'entrer dans la chambre, pour s'assurer que tout va bien, avec le risque de réveiller le bébé… Les pleurs d'un nourrisson sont assez intenses pour être entendus des parents !

Questions de sécurité

Pour éviter de réaménager l'espace dans quelques mois, mieux vaut anticiper les futures capacités de votre bébé. Vers 4 mois, il deviendra capable d'attraper et de tirer avec ses mains, puis passé 6 mois, il cherchera à se redresser en prenant un appui. En prévention, vous pouvez prendre certaines précautions.

- Évitez d'installer une étagère au-dessus du lit du bébé ou à côté.
- Placez son lit loin de la fenêtre pour qu'il ne puisse pas attraper les rideaux, et à l'écart d'une commode ou d'une canalisation qui pourraient l'aider à se hisser.
- Fixez au mur tous les meubles peu stables.
- Bannissez les lampes de chevet et tout objet dangereux situé à moins de 1 mètre du sol dès que l'enfant sait ramper et qu'il joue par terre dans sa chambre.
- Si vous avez un chat ou un chien, installez au besoin une barrière pour l'empêcher d'entrer la pièce.

Le matériel de puériculture

Sortir, se laver, dormir, s'habiller, s'éveiller… À chaque activité du bébé correspond un objet. S'il n'est pas nécessaire d'acheter tout, il reste cependant quelques incontournables qui facilitent la vie du tout-petit, mais aussi celle de ses parents.

▶ Le trousseau du bébé

L'objectif premier des habits est de permettre au bébé de ne pas avoir froid et de se mouvoir sans difficulté. Vos choix vont donc se faire en fonction de la période climatique à laquelle il vit ses premières semaines. On a toujours tendance à trop couvrir les bébés. Comme point de repère, jusqu'à 3 mois, vous pouvez lui mettre une épaisseur de plus que vous en hiver.

Attention aux rubans • Les vêtements pour bébés disponibles dans les magasins sont spécialement conçus pour les nouveau-nés. Mais restez plus attentive quand on vous offrira la brassière de l'oncle Paul ou le petit bonnet de la cousine Louise : il est déconseillé de vêtir votre bébé avec des vêtements munis de rubans sur lesquels, même tout petit, il peut tirer. Vous serez bien plus tranquille avec des fermetures à pression ou à Velcro qu'avec des cordons qui se nouent ou des épingles de nourrice, même dites « de sécurité ». Soyez aussi vigilantes sur les laines à poil long : le bébé peut tirer dessus, arracher quelques poils et les avaler.

Des tissus non irritants • Pour son confort et le vôtre, choisissez du coton ou des matières synthétiques, ces dernières n'ayant pas besoin de repassage. Ces deux textiles sont la base même du trousseau de bébé ! La peau du nourrisson étant fine et fragile, elle est aussi irritable. Il est donc conseillé de laver tous les vêtements au savon de Marseille ou avec des lessives spécialement conçues pour les tout-petits (en vente en grandes surfaces et en pharmacie), et d'éviter l'ajout d'adoucissants. Ces conseils valent d'ailleurs pour toute matière textile en contact avec le bébé : gants de toilette, serviettes ou sorties de bain, draps, bavoirs, peluches, etc.

▶ Combien de vêtements ?

Il existe de très jolies tenues pour les bébés, qui vous feront peut-être très envie, mais n'oubliez pas que, durant les premiers mois, le confort de votre enfant prime avant tout. C'est en body et en grenouillère qu'il sera le mieux. Comme il va grandir très vite, il n'est pas utile de prévoir très tôt des vêtements en grande quantité. Si votre bébé a un poids et une taille moyens à la naissance, vous passerez très vite à la taille 3 mois.

Les bodys • Les trois premières semaines après la sortie de maternité, vous pourrez faire face avec 6 à 10 bodys en coton, à manches courtes ou à manches longues selon la saison. Si votre bébé a un poids moyen, prenez une taille 1 mois, et, s'il est plus petit, une taille naissance. Les bodys munis d'une ouverture devant sont les plus

Pour habiller votre tout-petit, privilégiez les matières douces et les vêtements confortables, faciles à enfiler et à retirer.

pratiques, ils évitent le désagrément de manipuler la tête du bébé – après 3 mois, vous pourrez aussi choisir ceux à encolure américaine.

Grenouillères et autres • Vous avez également besoin d'une dizaine de grenouillères en tissu-éponge : elles sont extensibles, ne compriment pas le ventre et permettent au bébé de bouger en toute liberté, les pieds couverts. Pensez, en hiver, aux petits chaussons ou aux chaussettes que vous enfilerez par-dessus ; 4 paires au total suffisent amplement. En outre, votre bébé aura besoin de 2 ou 3 gilets (en coton ou en laine polaire ou douce, selon la saison), d'une sur-combinaison avec fermeture éclair ventrale pour ses sorties, et enfin de 2 turbulettes, appelées aussi « gigoteuses » (vous en avez ainsi une de rechange en cas d'incident).

Il grandit vite ! • Inutile de se précipiter et d'acheter à l'avance un grand nombre de vêtements de taille 3 mois ou 6 mois. D'une part, parce qu'il est préférable que vous voyiez un peu comment votre bébé grandit et grossit. D'autre part, vous allez sans doute recevoir des cadeaux, et vous pourrez compléter au fur et à mesure, sans risquer de vous retrouver avec 12 salopettes de taille 6 mois !

▶ Les meubles pour la toilette

Il existe de nombreux objets et meubles pour les bébés, mais tous ne sont pas indispensables. Cependant, dès qu'il s'agit du change et du bain, il est intéressant d'investir pour que vous et votre bébé vous sentiez à l'aise et en sécurité.

Pour le change • Attention aux planches en bois, bricolées et installées sur les rebords de la baignoire ! Vous trouverez des tables à langer à tous les prix. Leur principal intérêt est d'éviter aux mamans d'avoir mal au dos. N'hésitez donc pas à vous offrir, ou à demander en cadeau, une table à langer qui va bien s'adapter à la pièce où vous changez votre bébé. Quand la place manque, choisissez-en une qui se rabatte en se cliquant sur le mur après le change. Il y a également des commodes à langer que l'on peut installer dans la chambre de l'enfant.

À défaut de meuble particulier, vous pourrez vous procurer un plan à langer que l'on pose sur un support fixe, table ou commode, par exemple. Là encore, il importe que vous changiez le bébé à une hauteur confortable pour votre dos, ni trop haut, ni trop bas.

Pour le bain • Parmi les diverses options figure la baignoire en plastique surélevée qui s'adapte sur la vôtre et évite de se pencher – elle ne présente toutefois de réel intérêt que munie d'un trou d'évacuation. Si vous la jugez encombrante, vous pouvez opter pour un transat de bain, souple ou rigide, dans lequel l'enfant est semi-allongé ; certains disposent de ventouses permettant de les fixer dans la baignoire. Enfin, vous trouverez aussi de simples matelas de bain où le bébé flotte davantage dans l'eau et même de petits hamacs épousant la forme du corps.

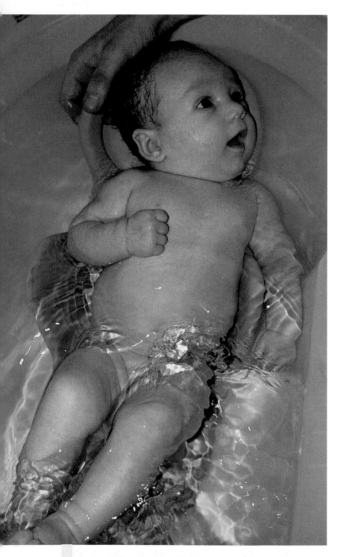

En installant votre bébé dans un transat de bain, vous gardez les deux mains libres pour le savonner et le rincer.

La trousse de toilette du bébé

Il est pratique de regrouper dans une trousse les basiques pour une toilette ou un rafraîchissement du bébé. Vous pourrez y mettre du coton, le produit de nettoyage habituel (savon doux, gel hypoallergénique ou lait de toilette), et, éventuellement, une crème émolliante (hydratante) si sa peau est sèche, voire une crème anti-irritante pour ses fesses. Une brosse à cheveux bien souple (le peigne est plus dur au contact) et des ciseaux à bouts ronds font aussi partie des indispensables. Pensez enfin au thermomètre, aux pipettes individuelles de sérum physiologique ainsi qu'à un petit flacon d'huile d'amande douce si vous massez votre enfant après le bain. Mais, attention aux eaux de toilette pour bébé, même si elles sont très tentantes : il est préférable d'attendre qu'un bébé ait 6 mois avant de le parfumer.

▶ Transats et chaises hautes

Le transat est assez pratique, même si vous ne pouvez pas y laisser longtemps votre enfant (voir page 61). Vérifiez lors de son achat qu'il y ait bien un harnais, un châssis stable et la sécurité du système de blocage des positions. Tous les sièges en forme de coque sont déconseillés, car ils tassent le bébé et le fatiguent vite. Ils sont à réserver pour des situations bien particulières, telles qu'un transport en voiture.

Pour les repas • Vous aurez besoin tout de suite de petit matériel si vous nourrissez votre bébé au biberon. Mais sachez que la chaise haute intégrale ou le siège à accrocher à la table ne vous serviront pas avant l'âge de 9 mois, quand votre bébé tiendra assis tout seul. Lors de l'achat, veillez à ce que le siège soit munis de harnais, et que sa base soit bien stable pour éviter toute chute. De petits coussins amovibles vous aideront à bien caler votre bébé.

Quand votre enfant commence à prendre ses petits pots (entre 4 et 6 mois), il sera toutefois mieux sur vos genoux, voire dans un transat réglé en position semi-assise.

Les premières sorties

On peut sortir dès la première semaine avec un nouveau-né. Ne vous inquiétez pas : dans ce domaine, comme dans d'autres, il s'agit juste d'agir avec prudence et bon sens. Le choix d'un porte-bébé, d'un landau ou d'une poussette devra tenir compte du confort du bébé et de votre mode de vie.

▶ Pas à pas durant le premier mois...

Si votre bébé est né à terme, vous pouvez dès les premières semaines vous promener en sa compagnie, excepté en période de canicule ou de froid polaire, bien évidemment. En fait, rien, en la matière n'est « obligatoire ». Ni de sortir tous les jours, ni de rester enfermé toute la journée. Si vous vous sentez trop fatiguée les deux premières semaines pour aller à l'extérieur, aérez bien chaque jour la maison et essayez juste de sortir avec lui pour acheter le journal ou le pain. Dans tous les cas, il s'agit, pour débuter, de pré-parer la sortie avec soin. Sélectionnez des endroits que vous connaissez bien et ne sortez ni trop loin, ni trop longtemps de la maison. Si vous êtes anxieuse à l'idée d'être seule, demandez au papa ou à une amie de vous accompagner. Progressivement, vous allez prendre de l'assurance, et vous promener avec votre bébé deviendra alors un réel plaisir.

▶ ... puis de vraies promenades

Passé les premières semaines où seul importe qu'il soit enveloppé de votre affection, qu'il se nourrisse et qu'il dorme, votre bébé a besoin de spectacle. Et, surtout après 3 mois, il faut qu'il sorte prendre l'air et qu'il découvre le monde extérieur. Cela participe à son éveil. Les heures et durées des sorties seront évidemment fonction de son âge et surtout de la saison, du temps et de l'environnement.

Sortir au meilleur moment • En hiver, choisissez les heures les plus ensoleillées, habillez-le chaudement, sans omettre de lui couvrir la tête. En effet, la température de son corps dépend de la température extérieure, car ses centres de régulation thermique ne sont pas encore fonctionnels. En été, sortez plutôt en tout début de matinée ou en fin d'après-midi. Évitez les coups de soleil et l'insolation, en le protégeant des rayons directs (pensez au parasol et au chapeau) et ne le laissez jamais dans son landau, capote levée. Placez le véhicule à l'ombre, capote baissée pour assurer le maximum d'aération, et n'oubliez pas que l'ombre tourne ! Profitez des parcs, des jardins et des espaces verts.

Une demi-heure, une heure de promenade par jour suffisent en général. Programmez la sortie pour qu'elle s'intègre bien dans le rythme de sa journée, dans l'idéal au moment où votre bébé est le plus détendu, pour qu'il profite au mieux de ce qui l'entoure. Mais il arrivera aussi que vous sortiez faire une promenade pour apaiser un tout-petit qui a du mal à s'endormir : le balancement du porte-bébé ou du landau peut s'avérer efficace.

Votre sac « spécial promenade »

Changement brutal de temps, impossibilité de rentrer à l'heure... Pour sortir en toute tranquillité et faire face à l'imprévu, emportez toujours avec vous au minimum :
- un biberon d'eau,
- un biberon de lait dans un emballage type thermos (si vous n'allaitez pas),
- des mouchoirs en papier,
- un change complet et des lingettes,
- un gilet supplémentaire,
- un bonnet ou un chapeau,
- un téléphone portable, qui peut vous rassurer...

Un lit pliant pour dormir hors de chez soi • Quand vous allez rendre visite avec votre bébé à votre famille ou à vos amis, pour une soirée ou un week-end, le lit pliant peut se révéler un objet très pratique. Vous serez ainsi assuré que votre enfant dormira dans de bonnes conditions de confort et de sécurité. Vous le choisirez léger et stable, lavable (du moins les parties essentielles), facile à plier et à rentrer dans la voiture, et muni d'une housse et d'une poignée. Le lit pliant vous sera toutefois moins utile, du moins dans les premiers mois, si la poussette du bébé est munie d'une nacelle servant également de couffin.

▶ Le porte-bébé, d'abord ventral, puis dorsal

Pour ses premières sorties dans le monde, votre nouveau-né aura plaisir à être porté dans un sac « kangourou », bien au chaud, bercé au rythme de vos pas, l'oreille contre votre cœur. Les porte-bébés destinés aux premiers mois permettent de porter l'enfant sur la poitrine, tourné vers vous ou vers l'extérieur. Choisissez-en un avec de larges bretelles et une bonne fermeture ou fixation, et veillez à bien le positionner pour éviter d'avoir mal au dos : vous devez pouvoir embrasser le haut de la tête de votre bébé sans difficulté. Par égards pour votre colonne vertébrale, essayez toutefois de ne pas vous en servir plus d'une heure d'affilée, ou optez pour un modèle, plus coûteux, avec soutien lombaire. Le dos de votre bébé a aussi besoin d'être ménagé, donc pas d'utilisation prolongée. Le porte-bébé dorsal avec armatures prendra le relais après l'âge de 9 mois.

▶ Landau ou poussette ?

Il n'est plus aujourd'hui obligatoire de choisir entre le landau, le plus confortable dans les premiers mois, et la poussette, pratique jusqu'à l'âge de 3 ans. Nombre de modèles très convenables associent les avantages des deux ou sont évolutifs. Vous pouvez par exemple combiner un châssis de poussette, léger et pliable, avec une nacelle de landau, puis installer plus tard un siège de poussette (ou hamac).

La nacelle du landau permet au bébé d'être couché à plat, et le protège bien des gaz d'échappement des véhicules et du froid. Si vous optez pour un hamac, veillez à ce qu'il dispose bien d'une position allongée et de diverses incli-

Pour un bon confort, réglez les bretelles du porte-bébé de manière à pouvoir embrasser le front de votre enfant.

Dans les transports en commun • Si vous utilisez souvent les transports en commun avec votre bébé, mieux vaudra en tenir compte lors de l'achat du landau ou de la poussette. La question de la légèreté, de la maniabilité et de l'encombrement devient alors cruciale. Beaucoup de mamans, pour éviter de tels soucis, préfèrent utiliser un porte-bébé dans ces situations. Quand c'est possible, mieux vaut en outre privilégier le bus au métro, pour des questions de qualité de l'air. L'idéal est bien sûr de sortir durant les heures de moindre affluence pour ne pas risquer bousculades et énervement...

▶ En voiture en toute sécurité

Circuler en voiture avec son enfant est facile, à condition de respecter certaines consignes. Le lit auto, jusqu'à 4 mois, est le plus confortable pour votre bébé, surtout pour de longs trajets. Calez-le perpendiculairement au siège et attachez-le correctement avec les ceintures de sécurité. Vous pouvez aussi opter pour un siège coque (type Maxi-Cosy®) – certains possèdent plusieurs positions d'inclinaison. Muni d'une anse rigide, il sera plus commode à porter. Vous pouvez le placer à l'avant (sauf si votre voiture est équipée d'un airbag qui ne se désactive pas) ou à l'arrière du véhicule. Votre bébé doit être sanglé et solidement attaché dos à la route, par des ceintures de sécurité. En cas de choc, il sera ainsi protégé par la coque et ne sera pas projeté vers l'avant.

Enfin, voici la liste de ce que vous devez éviter absolument :
• les grands départs avec leur lot de routes surchargées et écrasées de soleil (même vitres baissées), car un bébé se déshydrate très vite ;
• les heures où il y a un risque d'embouteillage : si le bébé adore le bercement de la voiture et le paysage qui défile, souvent il pleure lorsque la voiture ne roule plus ;
• la fumée de cigarette, a fortiori dans l'espace exigu d'une voiture : même fenêtre ouverte, la fumée est ramenée à l'intérieur de l'habitacle ;
• la voiture arrêtée en plein soleil, même si le bébé n'y reste pas seul ;
• le fait de laisser le bébé seul dans une voiture, même pour quelques minutes ;
• les modifications brutales dans les habitudes du bébé : en voyage, continuez à le nourrir à ses heures, et préservez son sommeil.

naisons. Quant au siège coque, sachez qu'il ne convient que pour de courts trajets et fatigue vite le bébé. Le choix de tel ou tel châssis dépendra de votre mode de vie : selon l'environnement, ville ou milieu rural, vous privilégierez la légèreté et la maniabilité, ou, au contraire, la solidité et la présence de bonnes suspensions.

Dans tous les cas, faites attention aux freins et au système de pliage (vous devez pouvoir plier la poussette sans vous baisser et la ranger sans souci dans le coffre de votre voiture).

Les grandes vacances

Vous êtes amenés à faire des déplacements ou vous souhaitez tout naturellement partir en vacances ? À condition de prendre quelques précautions et de maintenir autour de votre bébé calme et stabilité, rien ne vous l'interdit...

L'essentiel, pendant les trajets, comme sur le lieu de séjour, est de préserver les équilibres établis à la maison. Règle numéro un, votre bébé doit pouvoir dormir quel que soit le mode de transport choisi. Veillez donc à ce qu'il soit confortablement installé et évitez surtout de le réveiller brutalement. Nourrissez-le à ses heures habituelles, et changez-le aussi souvent que d'habitude.

Quels moyens de transport ?

• **En voiture.** Bien installé dans un lit auto ou dans un siège coquille inclinable, votre bébé ne doit pas être trop chaudement vêtu ni soumis aux courants d'air. Plus que jamais, faites des pauses toutes les deux heures, et donnez-lui à boire régulièrement, surtout en été.

• **En train.** Prévoyez de quoi le nourrir, le désaltérer, le changer et emportez son jouet favori. Le plus souvent, c'est dans vos bras qu'il sera le mieux. Il appréciera aussi de dormir dans un couffin ou dans la nacelle du landau, mais vous paierez une place supplémentaire si vous utilisez de ce fait le siège à côté du vôtre. Ces remarques valent aussi pour les voyages en avion.

• **En avion.** Votre bébé peut prendre l'avion dès les premières semaines. Pour lui éviter des douleurs parfois très vives aux oreilles, dues aux différences de pression, donnez-lui à boire au décollage et à l'atterrissage. De toute façon, faites-le boire souvent, car l'atmosphère d'un avion est très sèche. Et n'oubliez pas d'emporter dans votre bagage à main un lainage supplémentaire, la climatisation est souvent très forte en cabine.

Attention aux coups de chaleur

Où que vous alliez, il faut éviter à tout prix de laisser votre bébé trop longtemps au soleil, dans un compartiment de train, dans une voiture en stationnement, ou sous une capote de landau.

Lorsque vous voyagez, emportez toujours avec vous de l'eau, bien sûr, et des solutions de réhydratation. Les premiers signes d'un coup de chaleur sont insidieux et difficiles à détecter. Le bébé peut juste se montrer somnolent et abattu. Dans un second temps, il est pris de vomissements et a des poussées de fièvre. À ce stade, il est urgent de le faire examiner par un médecin.

Quelle destination choisir ?

Si vous souhaitez partir pour l'étranger, vérifiez auprès de votre pédiatre que les précautions à prendre concernant l'alimentation, les risques de maladie, les vaccins obligatoires, sont compatibles avec votre tout jeune bébé.

• **À la montagne.** Préférez si possible une altitude de 1 000 à 1 500 mètres : au-dessus, votre bébé risque de moins bien dormir. Pour les promenades, il appréciera d'être porté en « kangourou ». Veillez à ce qu'il n'ait ni trop chaud l'été, ni trop froid l'hiver, car les bébés ne savent pas bien réguler leur température. En cas d'ensoleillement, protégez-le avec un chapeau bien couvrant ou une caquette.

• **À la mer.** Bannissez les séjours prolongés sur la plage et protégez du sable porté par le vent nez, bouche et yeux de votre bébé. Mais, surtout, évitez à tout prix l'exposition directe au soleil. Même sous un parasol, le bébé est atteint par les rayons qui sont renvoyés par le sable ; la capote d'un landau ou d'un couffin n'est pas plus sûre. Couvrez-lui la tête et enduisez-le d'une crème solaire à haut indice de protection. Mettez-lui un body ou un tee-shirt à manches longues.

• **À la campagne.** Les conseils concernant le soleil et la température sont les mêmes que partout ailleurs. Pensez aussi aux insectes (moustiques, guêpes ou tiques), protégez le landau ou le couffin avec une moustiquaire. Dans les régions à vipères, soyez extrêmement vigilant si votre bébé est installé au sol sur une couverture.

La vie à la maison

" *Respecter ses rythmes • Quand fera-t-il ses nuits ? •*
S'endormir avec ou sans aide • Les pleurs du nouveau-né •
Pas toujours facile d'apaiser un bébé • Comment reconnaître
les cris de douleur • Les gestes du change • Donner le bain
tous les jours ? • Les différents soins du visage "

L'alternance sommeil/repas

Un bébé dort énormément, et c'est essentiel pour sa santé. Le premier mois, son sommeil haché perturbe le vôtre, mais vous n'aurez d'autre choix que de vous y adapter. Son sommeil et son éveil dépendent de son horloge interne et de ses besoins nutritionnels. Plus vous respectez ces rythmes, plus il sera ensuite facile d'aider votre bébé à réguler son sommeil, afin d'obtenir peu à peu qu'il fasse de véritables nuits.

▶ Comment dort un bébé

Pour un bébé, le sommeil est un facteur essentiel de développement physique et mental. C'est quand il dort qu'est sécrétée l'hormone de croissance et que sont mémorisés les sensations et les faits se déroulant durant l'éveil. C'est dire si le sommeil lui est indispensable... Lors de la première semaine, la grande majorité des nouveau-nés dort de 20 à 23 heures par jour au maximum, puis, jusqu'à 1 mois, de 17 à 20 heures. Vers 3 mois, le temps de sommeil se réduit de 15 à 18 heures, pour atteindre 14 à 16 heures vers 6 mois. Ce ne sont bien sûr que des indications, car, dès la naissance, certains bébés dorment moins (ou au contraire davantage) que d'autres, sans que cela n'ait d'incidence sur leur développement.

Sommeil calme et sommeil agité • Jusqu'à 4 mois, un bébé alterne des cycles de sommeil calme et des cycles de sommeil agité ; chacun dure environ 45 minutes. En enchaînant plusieurs cycles, il peut dormir plusieurs heures de suite. Lors du sommeil calme, le nouveau-né dort à poings fermés, sans la moindre agitation apparente, mais ses muscles sont toniques. Il est alors difficile de le réveiller. Lors du sommeil agité, en revanche, le bébé est davantage sensible aux bruits. Son visage est alors expressif, ses yeux bougent sous ses paupières entrouvertes, ses pieds ou ses mains font de petits mouvements, sa respiration est irrégulière avec des pauses qui peuvent durer 15 secondes. Vous avez l'impression qu'il va se réveiller à tout moment. Mais, malgré les apparences, il dort, et il ne faut pas le prendre dans les bras !

S'il fait du bruit en dormant • Il est fréquent que les parents aient envie de se rendre près du berceau au moindre petit bruit. Ils veulent bien faire, ils sont un peu anxieux. Mais, malgré eux, ils peuvent ainsi parfois réveiller le bébé. En effet, faute d'expérience, il est facile de confondre le sommeil agité avec un état d'éveil. Mais si vous preniez votre bébé contre vous à ce moment-là, il aurait du mal à se rendormir. Pour bien faire la différence durant les premières semaines, rappelez-vous quelles sont les attitudes d'un bébé bien éveillé : soit il pleure de manière très énergique, soit il se montre au contraire très calme, susceptible de répondre à vos sourires ou de vous regarder bien dans les yeux.

▶ Réveillé par la faim ?

Un nouveau-né se réveille souvent. Tant qu'il n'a pas assez de réserves, il a en effet besoin de tétées fréquentes. Mais il ne se réveille pas toujours pour cette raison. Parfois, ce n'est pas la faim qui le fait pleurer, même si le plaisir de boire un peu de lait peut le calmer. L'alimentation à la demande permet d'apaiser le nouveau-né et de respecter son rythme ; elle facilitera l'adaptation au rythme jour/nuit après 3 mois.

Jusqu'à 1 mois • Au début, le nouveau-né dort rarement plus de trois heures d'affilée. Et, lorsqu'il se réveille, il a faim, de jour comme de nuit. À cet âge, il a besoin de boire six fois par jour, parfois plus, si vous l'allaitez. C'est lui qui va fixer le nombre des tétées. Vous devez juste attendre au moins deux heures entre chaque repas, le temps qu'il digère bien le lait de la dernière tétée. S'il pleure entre-temps, vous pouvez chercher à l'apaiser, le prendre dans vos bras, sans pour autant le nourrir. À l'inverse, ne le laissez pas dormir sans manger plus de cinq ou six heures.

De 1 à 3 mois • Dès que votre enfant dort une demi-heure ou une heure de plus entre deux tétées, c'est en général le signe que vous pouvez supprimer un repas. Progressivement, le nombre de tétées va ainsi diminuer. Un bébé de plus de 4 kg peut dormir 6 à 8 heures d'affilée sans manger. Du moins ses réserves le lui permettent-elles… C'est toutefois variable selon les enfants, et ce n'est, en général, qu'à partir de 5 kg, c'est-à-dire vers 3 mois, que le bébé fera ses nuits.

Passé 4 mois • Il n'est pas toujours aisé de savoir quand le bébé a encore besoin de manger la nuit, ou quand il demande juste à être rassuré. En général, après 4 mois, un bébé nourri au biberon n'a plus besoin de repas nocturne, alors qu'un bébé allaité prend encore une tétée de nuit. Si votre bébé semble vite rassasié, suce le sein sans vraiment boire, ou ne finit pas son biberon, il a sans doute davantage besoin d'être câliné que de manger. Dans ce cas, essayez de le rendormir par des gestes et des paroles, sans le nourrir. Vous l'aiderez ainsi peu à peu à se passer de la tétée de nuit. Bien sûr, si une maman donne à manger à son bébé dès qu'il bouge ou qu'il émet le moindre son, il continuera à réclamer, même à 5 ou 6 mois. Si elle est en revanche convaincue qu'il est temps de passer à une autre étape, elle en persuadera aussi son enfant.

▶ Distinguer le jour et la nuit

Tant que son sommeil est immature ou que ses besoins alimentaires sont irréguliers, un bébé ne peut pas se plier au rythme jour/nuit. Il se réveille toutes les 3 ou 4 heures et vit en fait sur un rythme de 25 heures, appelé « rythme ultradien ». Mais, dès qu'il commence à dormir 6 ou 8 heures d'affilée, son horloge interne va pouvoir peu à peu se régler sur le temps des adultes. Il va alors mémoriser les activités répétitives et faire la différence entre le jour et la nuit. Pour que cette adaptation se fasse en douceur, vous pouvez mettre assez vite en place des repères…

Tétées de jour, tétées de nuit • Tout naturellement, les tétées de nuit se déroulent dans une ambiance plus silencieuse. Votre bébé est moins stimulé par les bruits quotidiens, des voix, de la musique. Vous, vous êtes un peu ensommeillée

Quelle position pour dormir ?

Seule la position ventrale est proscrite pour un nouveau-né. Mais vous pouvez le coucher soit sur le dos, soit sur le côté en le maintenant avec un cale-bébé. Le mieux est d'alterner les positions durant la journée, car le fait de coucher un bébé uniquement sur le dos peut entraîner une plagiocéphalie (aplatissement d'une partie du crâne). Dès qu'il est susceptible de passer de lui-même de la position sur le dos à celle sur le ventre, vers 5-6 mois, votre bébé choisira lui-même la position qui lui convient le mieux.

Câlins et jeux calmes avant le coucher aident votre bébé à s'endormir sereinement. Une peluche peut le rassurer au moment du coucher, mais son lit ne doit pas être encombré de jouets.

et bien heureuse de retourner vous coucher dès qu'il a fait son rot. C'est très bien ainsi. Il convient que la tétée de nuit se déroule dans une lumière tamisée et soit suivie d'un câlin plus bref qu'en journée. Ce sera tout aussi important quand votre bébé, passé 2 mois, manifestera peut-être l'envie de prolonger ce moment agréable avec vous.

De la régularité avant tout • La régularité des activités en journée va également favoriser le sommeil nocturne. Dès que ses moments d'éveil deviennent plus longs, votre bébé va s'habituer à ce que se succèdent divers temps : les repas, la sortie quotidienne, le bain, les échanges en tête-à-tête avec papa... Plus ses journées seront rythmées toujours de la même manière, plus il lui sera facile de s'inscrire dans le temps des adultes. Passé 3 mois, cette régularité sera pour lui aussi importante et sécurisante que l'environnement dans lequel il s'endort.

Premiers rituels du coucher • Quel que soit son âge, votre bébé a besoin d'être rassuré pour s'endormir. Quand il commence à faire ses nuits,

vous allez instaurer certains rites après la dernière tétée de la journée et aider ainsi à la séparation : par exemple, après l'avoir changé, mettez-lui sa tenue de nuit, couchez-le, fermez les rideaux, dites-lui bonsoir avec quelques mots rassurants, éteignez la lumière. Plus il grandit, plus ce moment de transition avec vous sera déterminant. Vers 6 mois, le petit mobile musical ne suffira plus du tout à l'endormir...

▶ L'aider à s'endormir seul ?

Lors des premières semaines, le nouveau-né s'endort en général assez vite après avoir tété ou fait son rot, même s'il pleure un peu. Il passe tout naturellement de l'éveil au sommeil, blotti dans la chaleur de vos bras. La question de s'endormir ou non en votre présence ne se pose qu'à partir du moment où il commence à faire ses nuits. Dès lors, vous le laisserez s'endormir moins souvent dans vos bras, et davantage dans son lit.

Ce sera plus ou moins facile selon les bébés, et selon la capacité des parents à accepter une

Au début, votre bébé s'endort souvent dans vos bras. Vous pouvez prolonger un peu ce moment de tendresse avant de le coucher dans son lit.

pouce. Plus vous aurez confiance en ses propres capacités, plus vous l'aiderez en ce sens.

Quelques conseils • Si vous souhaitez que votre bébé, passé 3 mois, s'endorme plus facilement, vous devez bien distinguer les moments d'échanges et de jeux, et les temps visant à favoriser le sommeil. Quand l'heure du coucher approche, il est bon de ne pas solliciter son attention, mais au contraire de privilégier le calme. La voix de sa maman apaise un bébé un peu agité, mais, à l'inverse, elle le stimule s'il est près de s'endormir et qu'elle s'adresse à lui.

Une fois posé dans son lit, votre bébé pleure souvent un peu, c'est parfois sa manière de trouver le sommeil. Essayez alors de ne pas le reprendre aussitôt contre vous, laissez-le un peu seul. Si les pleurs s'intensifient, posez une main sur lui pour le rassurer, en chuchotant quelques mots ou en chantonnant une berceuse, expliquez-lui que la nuit est un temps pour dormir. On ne parle jamais assez aux bébés, et si le ton de votre voix est posé, si vous-même êtes bien en accord avec vos paroles, cela aura un effet apaisant. Tous ces conseils valent encore plus pour les réveils nocturnes. Si votre bébé pleure la nuit, assurez-vous que rien ne le gêne, qu'il n'a pas trop chaud, qu'il est bien propre. Mais si vous résistez à l'envie de le bercer, s'il a de temps en temps l'occasion de se rendormir seul, vous lui permettrez de conquérir peu à peu son autonomie...

petite phase de pleurs. Certaines fois, votre bébé s'endormira très bien avec une petite musique douce, après avoir été posé dans son lit avec des gestes et des mots tendres. D'autres fois, les pleurs seront si intenses que vous le reprendrez dans vos bras pour le bercer. Mais, au fur et à mesure, vos mots pourront remplacer les câlins. Dès l'âge de 3 ou 4 mois, un bébé est susceptible de s'endormir seul, éventuellement en s'aidant de son

Quelques fausses solutions

Face à d'éventuelles difficultés du bébé à s'endormir seul ou lors des réveils nocturnes, certaines solutions sont à bannir et d'autres, bien que commodes à court terme, sont déconseillées par beaucoup de pédiatres.

• **Les somnifères et les sirops.** Il n'existe pas de médicaments adaptés pour faire dormir un bébé. Les somnifères risquent de compromettre le développement de son cerveau. Les sirops avec des antihistaminiques (contre les manifestations allergiques) ou avec des neuroleptiques et des benzodiazépines (tranquillisants) ne conviennent pas davantage. Toutes ces drogues sont proscrites et dangereuses.

• **La tétine systématique.** Elle peut être utilisée au coucher dans certaines occasions, mais la donner de manière systématique pour empêcher les pleurs n'est pas une solution. Le bébé habitué à celle-ci risque d'éprouver de réelles difficultés à se rendormir entre deux phases de sommeil, s'il ne trouve pas l'objet désiré, car il n'aura pas appris à trouver le sommeil sans aide.

• **Le biberon de lait ou d'eau.** Donner un biberon avant d'aller au lit présente aussi des inconvénients, surtout s'il remplace le rituel du coucher. L'enfant n'apprend pas qu'il peut s'endormir tout seul sans « que cela soit la fin du monde », ce qui ne contribue pas à lui donner confiance en lui et à le rendre autonome. En outre, tout comme la tétine, cette méthode peut entraver l'acquisition du langage.

Quand votre bébé pleure

C'est dans les deux premiers mois qu'un bébé pleure en général le plus, tantôt à cause d'un inconfort physique, tantôt sans raison apparente, et, dans tous les cas, jamais par caprice. Il est tout à fait normal de ne pas pouvoir expliquer toutes les larmes d'un nouveau-né, et cela ne doit pas vous inquiéter. Il est encore totalement dépendant de vous et il suffit souvent de le prendre dans vos bras pour qu'il se calme quand il n'a pas faim.

▶ Un véritable langage

Pour un adulte, les pleurs sont associés au chagrin et à la souffrance. Et beaucoup de mamans ont réellement « mal » quand elles entendent leur bébé pleurer de manière intense. Il est normal que les pleurs d'un nouveau-né touchent une mère de façon très intime, lui soient même insupportables. Mais il est pourtant très rare que les pleurs d'un bébé expriment une douleur. Le plus souvent, le nouveau-né traduit simplement une gêne ou un inconfort. Ce mal-être peut être soit physique, par exemple s'il a faim, soit psychique : dans les deux cas, il a besoin de vous. Un bébé dispose de ses seuls pleurs pour vous dire que quelque chose ne va pas. En ce sens, il s'agit d'un véritable langage que vous apprendrez peu à peu à décrypter. Imaginez un peu combien il serait difficile de s'occuper d'un bébé qui ne pleurerait jamais ! Vous n'auriez aucune possibilité de savoir ce qui lui convient, ou ce qui le dérange…

D'un bébé à un autre • Certains bébés, il est vrai, pleurent plus que d'autres. Le tempérament de chacun joue beaucoup. Certains sont plus sensibles à ce qui les entoure et réagissent à la moindre stimulation. Tel nouveau-né peut par exemple sursauter et pleurer au moindre bruit, tandis que, dans la même situation, son aîné restait silencieux. À tout âge, la capacité de résistance aux agressions extérieures ou au mal-être varie d'un individu à un autre. Ces différences sont perceptibles dès les premiers jours de la vie. C'est aussi en ce sens que chaque bébé ne ressemble à aucun autre. N'oubliez pas que, par ses pleurs, il vous donne diverses indications qui vous permettent de mieux le connaître. Vous vous adapterez à votre bébé tel qu'il est, et lui modulera aussi ses réactions en fonction des vôtres.

▶ Durant les premières semaines

Nombre de protestations d'un nouveau-né signalent un inconfort d'origine physique : la faim, la difficulté à faire un rot ou un gaz, une respiration difficile parce que le nez demande un petit nettoyage, le contact d'une couche sale, le simple fait d'être déshabillé, un bruit inattendu… Vous allez identifier assez vite certains de ces pleurs et trouver comment y répondre, quitte à tâtonner un peu au début. D'autres pleurs resteront pour vous plus mystérieux. Vous ne saurez pas vraiment ce qui gêne ou ce qui inquiète votre bébé, mais il s'apaisera quand vous le prendrez contre vous. Un nouveau-né a grand besoin d'être rassuré. Peu importe que vous ne compreniez pas toujours le pourquoi de son mal-être… tous les pleurs ne sont pas explicables. Lors des deux premiers mois, il ne faut surtout pas hésiter à le dorloter. N'écoutez pas ceux qui vous diront qu'un nouveau-né prend de « mauvaises habitudes » si ses parents le consolent dès qu'il pleure. C'est une vieille idée fausse. Au contraire, il faut une grande sécurité affective dans les premiers mois pour que le bébé aquière peu à peu la capacité de supporter les frustrations.

▶ La « crise » de fin de journée

Il arrive durant les premières semaines que le bébé, chaque soir ou en début de nuit, pleure de manière intense. Il se tortille, montre tous les

Le point de vue de bébé

Au début, répondez-moi vite quand je pleure, car je ressens une sorte de malaise, des sensations désagréables, et je ne comprends rien à ce qui se passe. Heureusement que tu me parles à ta façon tendre et patiente car ça m'aide et ça me soulage. C'est bon de découvrir peu à peu que tu es là pour moi quand ça ne va pas et que tu as presque toujours des solutions. Et plus tu me rassures avec ta voix, ton sourire et tes gestes, moins je crie pour tout et pour rien. Formidable, n'est-ce pas ?

signes d'un intense malaise. Pourtant, il est propre, il a bien bu, il a fait son rot, il n'a pas trop chaud… Cet état est fréquent et passager, il correspond à une phase d'éveil agité, qui disparaît vers 3 mois. On attribuait auparavant ces pleurs à « l'angoisse de la tombée de la nuit ».

Aujourd'hui, certains pédiatres pensent plutôt qu'il s'agit d'un état d'excitation lié à toutes les stimulations de la journée. Une fois que ses limites sont atteintes, le bébé a besoin de décharger la tension accumulée durant la journée et, en quelque sorte, se « défoule ».

Un moment éprouvant • Ces crises de pleurs sont de durée variable mais peuvent dépasser deux heures, et c'est souvent très éprouvant. Mais plus vous parviendrez à ne pas dramatiser, plus vous aiderez votre bébé à traverser ce moment délicat. Tétée câlin, mobile musical, bain s'il aime l'eau, vous pouvez tenter plusieurs méthodes, mais il n'existe aucune solution « miracle ». De façon générale, il vaut mieux ne pas trop chercher à le solliciter ou à le distraire : si vous réclamez son attention, il ne pourra pas s'apaiser. C'est souvent le contact de votre corps ou de celui du papa, dans une ambiance calme, qui ont le plus d'effet. Même si cela ne l'apaise pas de façon défi-

nitive, vous lui dites de la sorte que vous l'entendez et que vous acceptez son malaise. Si toutefois ces pleurs vous angoissent beaucoup, les cris vont redoubler, et autant poser alors votre bébé dans son berceau en restant à proximité.

Rien ne le calme ! • Face à des pleurs persistants, beaucoup de parents ressentent un sentiment d'impuissance très désagréable et pensent à tort qu'ils ne sont pas à la hauteur. Peut-être serez-vous plus paisible si vous acceptez l'idée que ces pleurs sont normaux et qu'il n'est pas impératif de les faire cesser. Songez combien, à tout âge, les larmes peuvent être nécessaires pour libérer des tensions ou des émotions. Vous savez bien que, dans certaines situations, laisser pleurer est un geste plus affectueux que vouloir absolument consoler. Bien sûr, les pleurs d'un bébé sont difficiles à supporter. En fait, la situation est bien plus pénible pour vous que pour votre enfant. Accepter ces pleurs demande parfois une réflexion sur soi-même…

▶ Passé 2 ou 3 mois, une période plus calme

Un bébé pleure en général moins souvent après l'âge de 2 ou 3 mois. Ses parents, eux, le connaissent mieux, se sentent plus confiants dans leurs capacités et parviennent plus facilement à le rassurer. Une nouvelle période commence…

Les périodes d'éveil agité ont disparu. Les rythmes sommeil/repas sont plus réguliers. Les troubles digestifs se font plus rares. Comme vous connaissez mieux votre bébé, vous distinguez mieux les raisons de ses larmes. Vous savez quand ses pleurs sont liés à un inconfort corporel ou quand ils traduisent un mal-être psychique. Dès lors, il vous devient plus facile de moduler vos réactions, selon que les pleurs sont dus à la faim, à la présence d'un inconnu, à la fatigue ou à des difficultés à s'endormir.

Rassurer autrement ? • Plus votre bébé grandit, plus il devient capable de faire face aux situations qui lui déplaisent. Il a bien sûr toujours autant besoin d'être rassuré. Mais, peu à peu, vous pouvez l'apaiser autrement : par le son de votre voix, par vos regards, par votre disponibilité, sans le prendre aussitôt dans vos bras. Votre temps de réaction devant certains pleurs peut devenir plus long : votre enfant va apprendre ainsi à s'apaiser sans votre aide directe. Il par-

---

Éveil calme et éveil agité

Comme le sommeil, les temps d'éveil d'un nouveau-né présentent deux phases : l'éveil calme et l'éveil agité. Lors de l'éveil calme, votre bébé est tranquille, attentif à son environnement, il bouge peu, mais est capable de vous « répondre » en imitant un sourire ou une mimique. Lors de l'éveil agité, il est très tonique, bouge les bras et les jambes, et, au final, se met souvent à pleurer. Lors des premières semaines, les phases d'éveil agité sont plus fréquentes et plus longues que celles d'éveil calme, puis elles diminuent peu à peu pour disparaître vers le 3e mois. À l'inverse, durant les premières semaines, les phases d'éveil calme ne durent pas plus de quelques minutes. Puis, elles s'allongent de plus en plus, pour devenir très longues vers l'âge de 4 mois.

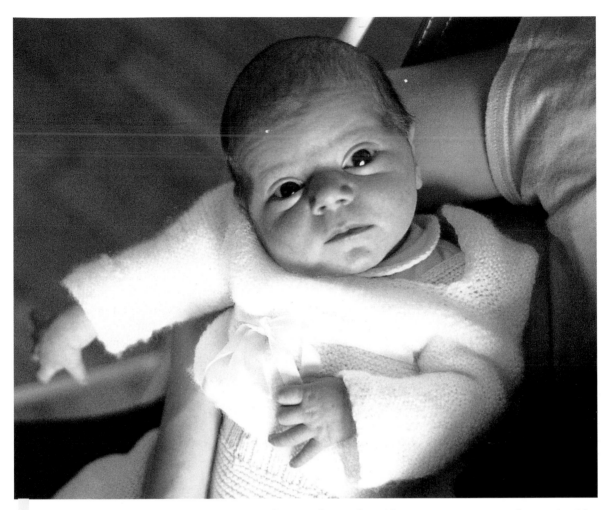

Durant les phases d'éveil calme, le tout-petit découvre le monde qui l'entoure. Les yeux grands ouverts et le regard attentif, il fait ses premières observations.

vient par exemple à s'endormir seul ou à jouer pendant que vous préparez son biberon ou son bain. Bien sûr, tout cela doit se faire très progressivement, et il ne s'agit pas du tout de le laisser affronter seul des situations nouvelles ou une quelconque gêne physique, qui demandent toujours une réponse rapide. Mais, passé l'âge de 5 ou 6 mois, des mots rassurants, un face-à-face les yeux dans les yeux vont pouvoir remplacer souvent le câlin dans les bras. Avec le même effet apaisant !

▶ Est-il malade ?

Il arrive souvent que les parents se demandent si les larmes du bébé ne sont pas motivées par une douleur physique, par une maladie. Dans les premières semaines, cette question peut être assez angoissante, car on ne distingue pas encore bien les différents pleurs. À tout âge, le principal signe d'alerte est un comportement inhabituel persistant. En cas de doute, n'hésitez pas à consulter votre pédiatre, éventuellement après lui avoir demandé son avis par téléphone.

Avant 2 mois • Si votre bébé a mal et s'il est malade, les pleurs ne cessent pas, quoi que vous fassiez. Des pleurs qui durent bien plus longtemps qu'à l'accoutumée peuvent donc être un premier signe. S'ils sont associés à un manque d'appétit, à une pâleur inhabituelle, à une toux, à des difficultés respiratoires, à des vomissements, à de la diarrhée, consultez sans hésiter. Les deux premiers mois, toute infection peut avoir des conséquences graves : il vaut donc mieux consulter pour rien que prendre un risque.

Après 2 mois • Les mamans reconnaissent souvent la tonalité plus aiguë du pleur de douleur. L'autre point de repère est la fièvre (ce qui est rarement le cas avant), associée ou non à l'un des symptômes déjà cités. La première fois qu'une maladie enfantine se manifeste, les parents consultent en général aussitôt. Puis l'expérience aidant, ils sauront mieux estimer quand la visite chez le pédiatre peut attendre le lendemain.

▶ Le pouvoir apaisant des pères

Dans certaines circonstances, les pères apaisent mieux que les mères les pleurs du nouveau-né. Alors que le bébé crie depuis déjà un moment, et que la maman ne sait plus que faire, le père essaie à son tour et parvient à l'endormir. Cette capacité tiendrait à la relative distance du père avec son enfant, au fait qu'il accepte plus facilement de ne pas comprendre les pleurs. Un nourrisson, en effet, a beaucoup de mal à s'apaiser quand il sent que l'adulte est dans l'attente ou dans l'angoisse. Une maman est souvent plus vite affectée par les pleurs, elle peut transmettre malgré elle son anxiété à son bébé et, de ce fait, ne pas parvenir à le calmer. Désireux qu'on le rassure sans rien lui demander en échange, l'enfant est alors heureux de trouver la voix et les bras de quelqu'un de plus serein : son papa.

Le change et la toilette

Si tous les gestes de soins s'acquièrent surtout par la pratique, les produits à utiliser, ceux à éviter et les façons de limiter les irritations de la peau coulent moins de source. D'où ces quelques conseils pratiques… Une fois que vous et votre bébé serez à l'aise, vous pourrez encore mieux apprécier ces rendez-vous affectueux. Et rien n'interdit au papa d'en profiter, au moins de temps en temps, en prenant le relais de la maman.

▶ Du plaisir pour tous les deux

La toilette et le change sont des moments d'intimité et d'échanges, et leur dimension affective importe plus que le fait d'effectuer à la perfection tel ou tel geste. C'est l'occasion de parler au bébé avec des regards, des caresses et des mots. Lui vous regarde, vous écoute, respire votre odeur, se sent enveloppé par vos mains. De même que les moments d'éveil suivant la tétée, ce sont des instants privilégiés de « dialogue ». Chaque maman les vit à sa façon. Le seul point qui importe est de rester à l'écoute du langage du corps du bébé. Plus vous êtes attentive aux réactions de votre enfant, plus vous saurez trouver les mouvements qui lui conviennent. En le sentant se raidir ou se détendre, vous saurez quand il est gêné ou quand il apprécie. Vous vous adapterez en conséquence, ferez par exemple plus ou moins vite certains soins, ou chercherez d'autres façons de procéder. Passé quelques semaines, vous aurez parfois l'impression que votre bébé cherche à vous aider.

Même si ce n'est pas conscient, il accompagnera de fait davantage vos mouvements quand vous le changez, le savonnez ou l'habillez. Il participera de plus en plus. Puis, passé 3 mois, la toilette sera aussi pour lui un moment de jeu…

▶ Le change après les repas

Un nouveau-né nécessite d'être changé environ six fois par jour, souvent après les repas. Même s'il n'a fait que des urines, il est indispensable de changer sa couche régulièrement. Très vite, vous deviendrez une experte. Des vêtements qui s'ouvrent à l'entrejambe vous faciliteront la vie et éviteront que le bébé n'ait froid lors de l'opération.

Les couches et la table à langer • Les changes complets jetables sont ce qu'il y a de plus pratique. Il en existe de différentes tailles, adaptées au poids du bébé (les indications figurent sur les paquets de couches). Pour changer un bébé, la méthode la plus commode est de l'allonger sur le dos sur la table à langer ou sur le meuble qui en fait office (voir ci-contre et page 52).

▶ Nettoyer avec soin

Après avoir enlevé la couche et nettoyé sommairement les fesses – du haut vers le bas avec un coton (ou avec les bords de la couche) – débute une toilette un peu plus minutieuse. Elle concerne bien sûr tant les fesses que les organes génitaux (voir ci-dessous). Pour ce faire, le mieux est d'utiliser du coton, de l'eau tiède et du savon doux, ou un gel hypoallergénique, puis de rincer. Mais vous pouvez aussi employer simplement un gant, à changer très souvent. Les lingettes, bien que très pratiques, sont à réserver pour un usage occasionnel. Il en va de même pour les produits à base de lait. En effet, la concentration de crème sur la peau des fesses, toujours confinée dans les couches, favorise les irritations.

Après tout nettoyage, la règle d'or est de bien sécher la peau et tous ses replis, mais en tamponnant plutôt qu'en frottant (avec un mouchoir en papier, par exemple). Tant que le bout de cordon n'est pas bien cicatrisé, évitez de le recouvrir en prenant soin de replier le haut de la couche sous le nombril.

Quelques précautions pour le sexe • Chez la toute petite fille, la vulve doit toujours être savonnée et rincée de l'avant vers l'arrière (l'anus) en dépliant bien. Cette précaution, valable à tout âge, évite d'éventuelles infections. Chez le petit garçon, le nettoyage du sexe doit être fait avec douceur (voir ci-dessous). Actuellement, tous les spécialistes s'accordent pour proscrire le décalottage (tirer vers l'arrière le prépuce, la peau qui recouvre le gland). Avec la croissance du sexe et les érections, celui-ci se fera progressivement au fur et à mesure que le bébé grandira. Ni les pères ni les mères ne doivent donc décalotter le gland.

▶ En cas d'irritations sur les fesses

La peau du bébé est très sensible. Sur les fesses, elle est en permanence au contact des couches, ce qui peut favoriser un échauffement. Elle est également agressée par les selles, les urines et la flore bactérienne. Tout cela entraîne souvent des irritations, plus ou moins importantes. Une peau toujours propre et bien sèche, la suppression de

La toilette du siège

Soulevez d'une main les jambes du bébé. De l'autre, avec du coton ou un gant, savonnez le siège et les cuisses, rincez, et séchez bien. Si vous utilisez du lait ou des lingettes, essuyez ensuite avec un mouchoir en papier.

Chez le petit garçon

Nettoyez délicatement le pénis et les testicules, puis les fesses. Ne décalottez surtout pas le gland. Ensuite, rincez bien avec un autre coton, puis tamponnez pour sécher. Ne vous inquiétez pas si vous notez que l'extrémité de la verge est gonflée, et qu'un liquide jaune sort du prépuce. Ce n'est pas du pus, mais une émission de la muqueuse sous-jacente : cela se soigne par des antiseptiques appliqués avec une compresse.

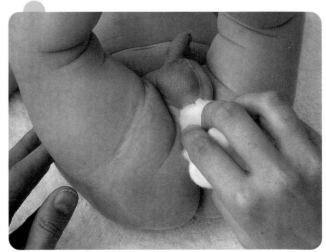

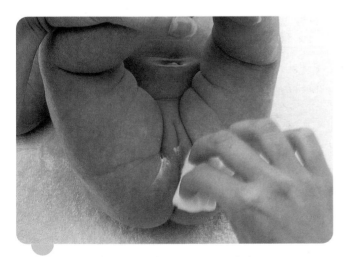

Chez la petite fille

N'oubliez pas de passer dans les moindres replis du sexe, entre les lèvres, en allant toujours de l'avant vers l'arrière (l'anus) et en dépliant bien.

tout produit allergisant ou un peu gras, des couches pas trop serrées, des vêtements amples aident à limiter ces rougeurs. Si cela ne suffit pas, vous pouvez aussi essayer de prendre plutôt des couches en coton hydrophile (en bandes ou en change complet), en vente en pharmacie. Mais, en cas d'irritation importante (érythème fessier), votre enfant sera le plus à l'aise en restant autant que possible les fesses à l'air. L'emploi d'une pommade cicatrisante (disponible en pharmacie) accélérera alors la guérison ; il est toutefois déconseillé d'utiliser ces crèmes de façon préventive. Dès que d'éventuelles petites lésions apparaissent et suintent, on doit consulter le pédiatre.

▶ Quel est le meilleur moment pour la toilette ?

Vous pouvez baigner votre bébé tous les jours, mais ce n'est pas une obligation. S'il dort profondément ou que vous êtes fatigué(e), le bain peut très bien être reporté au lendemain. Seuls les changes, la désinfection du cordon durant les deux premières semaines, et une toilette du visage sont des soins à effectuer chaque jour.

Des horaires réguliers ? • L'heure même de la toilette générale n'a pas grande importance. Mais une certaine régularité dans les horaires sécurise votre enfant et l'aide, jour après jour, à acquérir des repères. Un bain le soir aide certains nourrissons à s'endormir, mais ce n'est pas du tout systématique. Le meilleur moment sera donc celui où vous et votre bébé serez le plus disponibles. Si le bain suit un repas, ce n'est pas un problème. Si votre bébé est affamé, en revanche, il n'appréciera pas du tout !

La notion de plaisir a toute son importance, pour lui comme pour vous. Si vous avez repris le travail, la toilette quotidienne sera souvent un moment de communication et de contact que vous attendrez avec impatience. Et tout cela vaut tant pour les mères que pour les pères, d'ailleurs de plus en plus nombreux à donner fréquemment le bain à leur enfant… sans s'en plaindre du tout !

▶ Quelques préparatifs

Les préparatifs du bain sont minimes. Il suffit de vérifier que la salle de bains est bien chauffée (aux environs de 22 °C), car un bébé se refroidit très vite. Petit coup d'œil : tout le matériel pour le laver puis l'habiller est bien là, à portée de main ? Un bébé ne doit pas rester seul sur une table à langer ou dans une baignoire, même une

Changer le bébé

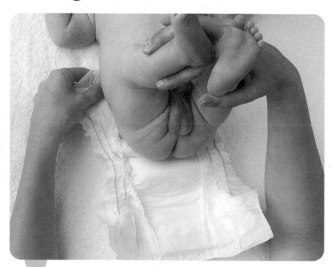

Glisser le change

Le bébé est sur le dos, sur la table à langer, les fesses et le sexe propres et bien secs. Soulevez-lui les fesses et glissez dessous la moitié du change complet.

Replier et fermer

Passez la moitié du change qui dépasse entre ses jambes. Fixez bien avec les pattes adhésives, pour éviter les fuites sur le côté, mais sans trop serrer.

seconde… Si tout est paré, il ne reste qu'à faire éventuellement couler l'eau du bain. Elle doit être tiède (37 °C), et, à l'usage, vous verrez quelle est la quantité de liquide que votre bébé préfère : certains aiment légèrement flotter, et d'autres pas. Par précaution, avant d'installer l'enfant, vérifiez toujours la température avec un thermomètre de bain, ou, l'expérience aidant, avec le dos de votre main ou le coude.

▶ Comment procéder pour le bain ?

Durant les premières semaines, le bain ne doit pas durer trop longtemps. Cinq minutes tout au plus, ce qui laisse à votre bébé le temps de barboter un peu s'il se sent bien et qu'il est détendu. Mais plus il grandira, plus il aura envie de faire durer ce moment.

Savonner et rincer • Au préalable, il faut toujours nettoyer les fesses du bébé, de la même manière que lors du change : cela, bien sûr, pour ne pas souiller l'eau. Souvent, au début, vous aurez tendance à le savonner sur la table à langer, puis à le rincer dans le bain – comme vous l'avez sans doute appris à la maternité. Mais très rapidement, dès que vous aurez plus d'assurance, vous pourrez le savonner directement dans la baignoire, ce qui est beaucoup plus agréable pour lui.

Selon votre envie, vous utiliserez un gant, une petite serviette douce ou, encore mieux, votre main. L'important est que vous passiez bien entre tous les plis de la peau, entre les doigts, derrière les oreilles, sans négliger aucune partie de son corps. Lors du rinçage, veillez à éliminer toute trace de savon et évitez les projections d'eau sur son visage, car ses yeux sont encore fragiles.

Maintenir sa tête • Durant les premières semaines, beaucoup de mamans craignent de ne pas avoir les gestes adéquats pour soulever l'enfant, le mettre dans son bain, le maintenir dans l'eau… Le point délicat est en effet de soutenir autant que possible la tête et la nuque (voir page 56). Lorsque vous soulevez le bébé pour le mettre dans l'eau, vous pouvez glisser une main sous ses fesses, tandis que l'autre soutient la nuque. Il bénéficiera ainsi d'une bien meilleure assise que si vous l'aviez pris sous les aisselles. Une fois dans l'eau, soutenez sa tête avec votre bras, en glis-

Il n'aime pas l'eau ?

Une idée très répandue voudrait que tous les nouveau-nés aiment l'eau. Il est vrai que beaucoup d'entre eux prennent plaisir à se retrouver dans ce liquide qui leur rappelle le milieu utérin. Mais certains bébés n'apprécient pas. Ils ont besoin, pour s'habituer au bain, d'être rassurés durant quelques semaines par la voix et les gestes de leur maman ou de leur papa. Si votre enfant pleure sitôt dans l'eau, n'hésitez donc pas à le rincer assez vite pour ne pas prolonger son désarroi. Vous pouvez aussi essayer d'autres positions, par exemple de l'asseoir, ou encore de prendre le bain de temps en temps avec lui pour le rassurer. La seule condition est alors que l'autre parent soit là pour sécher le bébé dès que le bain est terminé.

sant une main sous son aisselle, tandis que l'autre savonnera. Lorsqu'il sera capable de relever sa tête, vous pourrez le retourner sur le ventre en le maintenant sous la poitrine. Chaque parent, à l'usage, trouvera les gestes les plus sécurisants.

Pas de shampoing • La tête du bébé doit bénéficier du même traitement que le reste du corps. Nettoyez-la avec un savon doux ou un produit hypoallergénique. Le shampoing, même « spécial bébé », reste proscrit jusqu'à 4 mois. Il en va de même pour le sèche-cheveux, qui risquerait d'occasionner des brûlures. En revanche, pour prévenir les croûtes de lait, vous pouvez masser la peau du crâne avec la main enduite de savon. N'ayez pas peur de toucher les fontanelles, elles sont souples mais solides.

▶ Pour bien sécher le bébé

Pour qu'il n'ait pas froid, enveloppez tout de suite votre bébé dans sa serviette ou son peignoir de bain – pour des questions d'hygiène, il est bien qu'il ait son propre linge de toilette. Vous allez maintenant l'essuyer en tamponnant doucement sans frictionner. Commencez par la tête, puis passez bien dans tous les plis, sous les bras, à l'aine, entre les fesses, derrière les genoux…

Les soins après le bain

Voici désormais le bébé bien sec, qui, peut-être, gigote d'aise sur la table à langer. Éventuellement, vous pouvez appliquer une crème ou un lait hydratants. Mais ce soin ne concerne que les bébés dont la peau est particulièrement sèche ; les autres n'en ont pas besoin. S'il a moins de dix jours et que son cordon ombilical n'est pas tombé, c'est le moment idéal pour lui prodiguer les soins en la matière. Si c'est déjà du passé, il ne reste plus qu'à remettre une couche et à habiller l'enfant. Tous les soins du visage, des yeux, des oreilles et du nez viendront juste après. Certaines mamans aimeront finaliser la toilette par un coup de brosse ou une goutte d'eau de toilette (sans alcool !) – à mettre sur les vêtements et non sur la peau ! Mais c'est tout à fait facultatif...

Le cordon ombilical • Le plus souvent, le bout de cordon qui reste sur le nombril se dessèche et tombe spontanément avant le 15e jour. En attendant, il est important de le désinfecter une fois par jour ou dès que la compresse est sale. Pour ce faire, appliquez une solution antiseptique incolore. Ensuite, vous pouvez soit laisser l'ombilic à l'air, ce que conseillent la plupart des maternités, soit le recouvrir d'une compresse stérile.

Il arrive toutefois que, malgré vos soins, le bout de cordon ne tombe pas passé quinze jours ; parfois, il devient rouge, suinte, dégage une odeur désagréable .ou encore comporte un bourgeon. Dans tous ces cas, il faut consulter le pédiatre. Après la chute du cordon, une éventuelle saillie du nombril est en revanche tout à fait anodine. Il s'agit juste d'une petite hernie qui disparaîtra progressivement : inutile de chercher à la réduire en comprimant le nombril du bébé.

La toilette quotidienne du cou et du visage

Les soins du visage, et surtout des yeux, suscitent souvent des protestations de la part des bébés. La seule solution est alors de les rassurer avec la voix et quelques caresses de votre main libre. Vous pouvez prévenir votre enfant que cela va être désagréable, que vous le savez, mais que ce sera bientôt terminé. Même s'il ne comprend pas le sens de vos mots, il sentira bien que vous cherchez à l'apaiser.

Veiller aux replis de la peau • Un coton imbibé d'eau minérale ou de sérum physiologique suffit à nettoyer le visage d'un tout-petit. Soyez attentive aux endroits « cachés » : les replis du cou et l'arrière des oreilles, où surviennent fréquemment de petites lésions suintantes et croûteuses qui cicatrisent très vite avec de l'éosine.

Les yeux de votre bébé demandent également pendant plusieurs mois un nettoyage quotidien. Mais les soins à l'intérieur des oreilles sont inutiles. Le nez n'a besoin d'être nettoyé que si des poussières, des mucosités, de petites croûtes gênent la respiration, car le nouveau-né ne sait pas respirer par la bouche durant les premières semaines. Souvent, les croûtes s'en vont d'elles-mêmes quand il éternue. Tous ces soins du visage sont détaillés ci-dessous.

Des massages, si vous en avez envie

Les massages font du bien à un bébé, de même que tous les contacts tactiles, ou peau contre peau, avec ses parents. Dans certaines cultures, ils sont même partie intégrante des soins donnés au nourrisson. Mais votre bébé ne souffrira pas le moins du monde que vous préfériez plutôt le bercer ou le tenir tout contre vous.

Les soins du visage

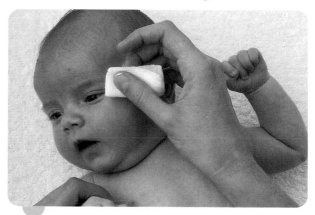

Les yeux

Passez délicatement sur l'œil une compresse stérile imbibée d'eau minérale ou de sérum physiologique, en allant de l'angle interne, près du nez, à l'angle externe. Changez de compresse pour l'autre œil.
Si l'œil larmoie ou sécrète des mucosités jaunâtres qui collent la paupière, consultez le pédiatre : le canal lacrymal peut être bouché par une fine membrane ; cela n'est pas grave mais demande des soins adaptés.

À cet âge, les massages ont surtout une valeur affective. Ne culpabilisez donc pas si vous ne cédez pas à la tendance du moment. Ce type de contacts ne vaut que si vous en avez envie et que si votre enfant, par ses réactions, montre qu'il y prend du plaisir.

Comment procéder ? • Il existe nombre d'ouvrages qui expliquent comment masser un nourrisson, suivant telle ou telle méthode. Mais vous pouvez tout à fait masser selon votre cœur, en quelque sorte effectuer des massages-caresses (et surtout pas des massages toniques, en appuyant !). Les règles de base sont les mêmes que pour les adultes : commencer par les pieds et remonter doucement, aller toujours des extrémités des membres vers le cœur, et, pour le ventre, suivre le sens des aiguilles d'une montre. Au préalable, veillez à ce que la température de la pièce soit suffisante (22 à 25 °C) et enduisez-vous les mains d'une huile à base d'amande douce ou d'un lait hydratant. Le but de l'opération étant de partager tous deux un moment agréable, il est évident qu'il faut arrêter si votre bébé se crispe, manifeste du mécontentement, ou montre une certaine lassitude…

Quelques soucis fréquents

• **L'acné du nourrisson.** Ces petits points blancs sur fond rouge apparaissent assez fréquemment, par poussées, sur le visage et la poitrine, à partir de la 4e semaine. Ils peuvent persister pendant plusieurs semaines. Aucun traitement n'est à prévoir en dehors de la toilette habituelle.

• **Les croûtes de lait.** Si des croûtes se forment sur le cuir chevelu, enduisez le crâne du bébé de vaseline ou de crème hydratante le soir, lavez et rincez le lendemain matin ; les croûtes ainsi ramollies se décolleront avec un peigne pour bébé.

• **L'eczéma du nourrisson.** Rare avant le 3e mois, il est localisé, le plus souvent, au visage, sauf sur le nez et le menton, derrière les oreilles, et peut atteindre les plis des articulations, aux coudes et derrière les genoux. La peau est rouge par endroits, de petites lésions sèches ou suintantes apparaissent, l'enfant a besoin de se gratter. Il faut consulter.

Les oreilles

Roulez en mèche un morceau de coton imbibé d'eau minérale ou de sérum (mais n'utilisez pas de Coton-Tige !). Faites tourner la tête du bébé sur le côté et nettoyez le pavillon de l'oreille en passant bien dans tous les plis. Limitez-vous à l'entrée du conduit, car, en insistant, vous risqueriez de tasser le cérumen plus loin vers le tympan et d'occasionner la formation d'un bouchon. Prenez un autre coton pour l'autre oreille.

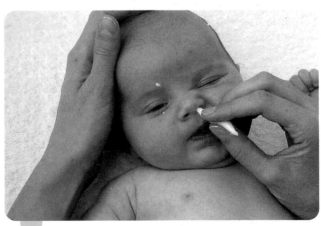

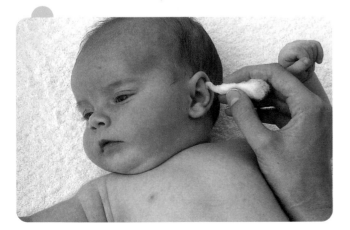

Le nez

Roulez en mèche un petit bout de coton humecté de sérum physiologique et passez-en l'extrémité doucement à l'entrée des narines en veillant à ne pas trop l'enfoncer. Pour humidifier la muqueuse nasale, vous pouvez aussi instiller quelques gouttes de sérum physiologique dans chaque narine. L'important est d'enlever toutes les petites croûtes qui peuvent gêner, notamment lors des repas, la respiration du nouveau-né.

Bien porter son bébé

Un nouveau-né n'est pas si fragile qu'il en a l'air, et l'éventuelle maladresse de ses parents dans les premiers jours ne prête pas à conséquence. C'est toutefois quand sa tête et ses fesses sont bien soutenus qu'il se sent le plus à l'aise et qu'il peut le mieux profiter de vos bras. Voici quelques conseils pour bien porter votre bébé dès la naissance et dans les mois qui suivent.

Prendre votre bébé dans vos bras

Lorsque vous portez votre bébé, vous devez lui procurer un sentiment de sécurité. Il faut éviter à tout prix de le tenir par le haut du corps, au niveau des aisselles, avec les jambes dans le vide. Il convient de toujours soutenir ses fesses en plaçant votre main entre ses cuisses.

Pour sortir votre tout-petit de son lit ou le prendre dans vos bras lorsqu'il est sur la table à langer, placez une main sous ses fesses, entre ses cuisses, et positionnez l'autre main derrière sa nuque : sa tête se trouve alors dans le prolongement de sa colonne vertébrale. Pour le soulever, donnez une impulsion vers le haut avec la main placée sous les fesses (tout votre bras doit participer au mouvement), tout en soutenant la tête de votre bébé avec l'autre main. Vous le

verrez alors presque se redresser, la tête bien droite, très à l'aise. Placez-le ensuite au creux de vos bras, selon les conseils suivants.

Tenir votre bébé dans vos bras

Pour que votre bébé soit complètement détendu dans vos bras, il faut que sa tête soit toujours maintenue dans le prolongement de son dos et que vous l'aidiez à porter le poids de son corps en soutenant ses fesses. Ainsi, après avoir soulevé votre enfant comme décrit précédemment, placez-le de façon que son dos repose sur l'un de vos avant-bras, la tête blottie dans le creux de votre coude. Positionnez l'autre main sous ses fesses pour soutenir son assise. Vous offrez alors à votre bébé une position très sécurisante.

Le développement
du bébé

« Yeux dans les yeux avec ses parents • Dialoguer par le regard, la voix et le toucher • Un bébé déjà tonique • À la découverte de ses mains • Pouce, tétine, ou rien ? • Il apprend par répétition • Une forme de mémoire, mais pas de souvenirs »

Cinq sens pour s'ouvrir au monde

Odorat, toucher, goût, ouïe, vue : par ses cinq sens, votre bébé découvre petit à petit ce qui l'entoure. Mais, avant que son champ d'exploration ne s'ouvre, c'est surtout lors des échanges avec ses parents qu'il mobilise tous ses sens. Avant de pouvoir « agir », le bébé a besoin « d'être » c'est-à-dire d'exister aux yeux de sa maman et de son papa.

◗ Mille sensations nouvelles

À la naissance, l'irruption dans le monde extérieur est une véritable agression pour le nouveau-né. Il découvre alors un milieu inconnu et des sensations nouvelles très désagréables : la faim, le passage du chaud au froid, l'inconfort physique quand il n'est pas tenu ou enveloppé... Il n'avait jamais rien vécu de tel. Ces sensations corporelles sont pour lui aussi étranges que tout ce qu'il voit, entend et sent autour de lui. Votre bébé vit dans un monde qui n'est que sensations : certaines désagréables, comme avoir faim, d'autres agréables comme être rassasié.

Pendant le premier mois, il ne peut s'adapter à ce nouvel espace que grâce à la présence de sa maman. Seules vos réponses à ses besoins – lui donner à manger, le changer, le réchauffer... – le sécurisent. Sans la communication, qui stimule tous ses sens et agit sur son développement, il ne pourrait pas s'adapter à cet environnement. N'oubliez pas à quel point tout est objet d'étonnement pour lui. Ses seuls points de repère sont les odeurs, les sons, les goûts qu'il avait sentis avant de naître : avant tout votre contact chaleureux, votre odeur, votre voix, celle de son père, certain goût dans le lait s'il est nourri au sein, l'ambiance sonore à laquelle il s'est habitué dans le ventre maternel... Or, il reçoit maintenant une multitude d'informations nouvelles, en provenance de son corps ou de l'extérieur. Ses sens sont déjà très performants, la vision exceptée. Il reconnaît certaines odeurs, il discerne les saveurs, il entend bien (et un bruit fort l'agresse !), et toute sa peau est très sensible au toucher. Mais il n'interprète rien. Tout ce qu'il perçoit est seulement plaisir ou déplaisir.

◗ Maman et papa pour tout univers

Votre bébé est totalement dépendant de vous. Le petit d'homme est l'être vivant le plus immature à la naissance : il ne peut rien faire de lui-même, il a besoin de vous pour assurer ses besoins vitaux et pour se sentir en sécurité. Plus vous répondez

La voix, le regard de ses parents et le contact de leur corps permettent au tout-petit d'expérimenter ses premières sensations et de construire progressivement sa relation aux autres.

à ses besoins, plus vous le rassurez et vous vous rassurez. Même si vous ne comprenez pas tous ses pleurs, prenez-le sans hésiter, donnez-lui à boire à la demande. C'est ainsi que vous pourrez l'adapter au monde extérieur. Il grandit grâce à vos soins, mais votre écoute et votre amour participent autant à son développement que le lait que vous lui donnez. Sans une présence aimante, un bébé vivrait en effet dans un monde effrayant et incompréhensible. C'est l'amour qu'il reçoit qui le porte, le soutient, et lui permet de s'intéresser peu à peu à ce qui l'entoure.

Donald W. Winnicott, pédiatre et psychanalyste britannique (1896-1971), affirme qu' « un nouveau-né n'existe que par les liens affectifs qu'il tisse autour de lui », mais il dit aussi qu'une mère « est suffisamment bonne », même si elle en doute elle-même le plus souvent. Dans un premier temps, vous voyez bien, il n'a d'yeux que pour vous, même si vous êtes en compagnie de proches

ou d'amis. Vous êtes tout son univers. Pour lui, chaque soin, chaque tétée, chaque instant d'échanges est intense. Même s'il pleure, ou manifeste son insatisfaction, ce sont les moments où il est en relation avec vous qui font le lien avec sa vie anténatale : ils lui permettent de se construire et d'acquérir la sécurité dite « de base », indispensable pour faire face peu à peu à toutes les difficultés qu'il va rencontrer.

▶ Mimiques et sourires

Dès la naissance, la maman s'adresse à son bébé dans les moments de communication : la tétée, le change, le bain. La réponse du bébé se lit dans son regard. Un nouveau-né peut fixer sa maman « les yeux dans les yeux ». À quelques jours, il est capable de tirer la langue quand on la lui tire, et parfois de sourire, et surtout de soutenir le regard. Il semble si attentif, parfois... Il ne peut être toutefois concentré que dans les moments d'éveil calme suivant la tétée. Quel bonheur alors de communiquer avec lui, « les yeux dans les yeux », avec ou sans mots tendres. Votre regard, votre odeur, le contact de votre corps, votre capacité d'être là (à sa disposition) lui parlent autant que votre voix, et tout cela est pour lui indissociable. Passé 1 mois, ces échanges deviennent plus fréquents et intenses. Dès qu'il est disponible, votre bébé cherche à sa façon à imiter les mouvements de votre visage. De sa petite moue de satisfaction à son premier sourire, entre 3 et 6 semaines, il montre déjà une tentative de communiquer par des mimiques. Il apprend vite. Et, vers 2 ou 3 mois, il commence à sourire spontanément pour manifester son bien-être, la joie de voir son papa le soir... en y associant des sons. Son visage est de plus en plus expressif.

Une vision encore incomplète • Le nouveau-né peut voir ses parents, mais il ne saisit que les zones de contraste (limite définie par le passage entre une zone blanche et une noire). Au début, il distingue le pourtour du visage ; vers 6 semaines, il perçoit les détails. Mais il est difficile de séparer la vue proprement dite de la perception d'ensemble que le bébé a de votre présence. Ce n'est que vers 3 mois qu'il observera tout dans une pièce et, à 4 mois, qu'il discernera les couleurs.

Le point de vue de bébé

Quand j'ai mal ou que je n'arrive pas à m'endormir, ou que je ne me sens pas bien, prends-moi contre toi et porte-moi, même si tu fais autre chose en même temps. Te sentir bouger, parler, me bercer, mon visage blotti contre ton cou, c'est comme revenir avant, quand j'étais dans ton ventre, et je retrouve des odeurs et des sons déjà connus. Être dans tes bras, ça me calme ; ça me redonne « nous tranquille » et ça me construit « moi qui me reconnais », et ça me rassure beaucoup.

▶ Vous lui parlez, il vous répond

Votre bébé est très intéressé par tous les sons sortant de votre bouche. Votre voix et celle de son père l'enveloppent et lui procurent de la sécurité au même titre que vos bras. Après s'être adressé à vous par des regards, le bébé, vers 2 mois, émet aussi des bruits de gorge et des sons où prédominent toujours les voyelles (a et e) : aeu, areu... Il ne peut prononcer ses premières consonnes, et donc quelques syllabes (pa, ba, ma), que vers 8 mois. Son premier babil est à la fois un jeu et un dialogue. Votre bébé gazouille tantôt par pur plaisir, tantôt pour répondre. Là aussi, comme dans les gestes et les regards, une réciprocité s'installe.

Comprend-il les mots ? • Au début, votre bébé est surtout sensible aux intonations (douces ou violentes), et votre voix peut l'apaiser ou le stimuler. Il comprend parfaitement le fond du message, à savoir si vous êtes plus ou moins bien disposé à son égard, mais il ne saisit pas les mots au sens littéral du terme.

Vers 4 ou 5 mois, il associe certains sons à des personnes ou à des objets. Mais ce n'est qu'à partir de 6 mois qu'un bébé peut comprendre diverses situations et repérer les mots répétés régulièrement dans ces occasions : « on va prendre le bain », « je vais préparer ton biberon », « c'est

Le plaisir des contacts tactiles

La peau est un organe sensoriel extrêmement important pour le nouveau-né et le nourrisson. Toucher un bébé, c'est non seulement rentrer en contact avec lui mais aussi lui donner un « contenant » : il a besoin de se sentir tenu et contenu pour appréhender le milieu extérieur. Vous aimez le prendre contre vous, lui prodiguer bisous et câlins, et lui adore ça. Si vous êtes très tactile, vous pouvez sans hésiter le tenir contre vous, peau contre peau. Ce contact intime est sécurisant et agréable pour bébé, notamment dès la naissance ou dans les jours qui suivent. Contre sa maman, il se sent protégé, au chaud, il reconnaît son odeur et les battements de son cœur. Mais ces instants ne valent que s'ils ne suscitent pas de gêne, pour la mère comme pour le père. Dans tous les cas, durant la première année, un bébé a besoin de se sentir tenu pour être en relation avec ses proches lors de certaines difficultés. Petit à petit, votre voix permettra de le prendre moins vite et moins souvent dans les bras.

l'heure du dodo ». Il est d'ailleurs important de nommer assez vite ce qui l'entoure.

Sent-il les émotions ? • Au-delà du langage, votre bébé sent aussi très bien vos sentiments et le climat émotionnel autour de lui : le bonheur, la tristesse, la colère... Il n'interprète rien, il reçoit tout à l'état brut. Ce qui circule entre une mère et son bébé touche sans doute aux émotions les plus intimes de la personne. Vous transmettez à votre bébé beaucoup de ce que vous sentez et de ce que vous êtes, malgré vous. Vous ne maîtrisez pas tout ce qui circule entre vous. Ce n'est pas pour autant qu'il faille culpabiliser quand vous êtes à bout et que vous en avez assez d'entendre pleurer votre enfant.

Il importe bien sûr d'éviter, si possible, toute parole ou geste brusques à son égard. Mais, si vous commettez des maladresses ou si vous vous montrez moins disponible à certains moments, ce n'est pas grave : un bébé se structure sur la relation de fond mère/enfant et pas sur chaque petit incident de la journée.

◗ Moments de calme, moments d'échanges

Lors de vos tête-à-tête affectueux, votre bébé montre parfois sa fatigue en détournant la tête quand vous cherchez son regard, et pleure si vous insistez. Il importe de rester attentif à ces réactions. Un bébé supporte mal qu'on recherche sans cesse son attention. Il a besoin de calme et de vous sentir « là pour lui » plutôt que d'être sollicité en permanence. Dans cette optique, veillez à préserver sa tranquillité lors des visites de proches où tout un chacun ne pense qu'à se faire plaisir. Les moments d'éveil calme sont très courts le premier mois et dépassent rarement une dizaine de minutes par cycle de sommeil. Ils correspondent au bien-être qui suit la tétée. Par la suite, les moments propices vont se multiplier et devenir de plus en plus longs.

Écouter autant que parler • Que ce soit lors du change, de la prise du biberon ou du sein, il est bien de parler à un bébé, mais il ne faut pas l'inonder de paroles ! Il est tout aussi important de pouvoir l'écouter. Comme dans toute relation à deux, c'est un échange. Plus les semaines vont passer, plus vous allez vous étonner devant le désir de communiquer de votre bébé.

Passé l'âge de 2 mois, il cherche délibérément le contact avec vous. Mais ne surestimez pas pour autant ses capacités. Même à 4 ou 5 mois, un nourrisson peut être fatigué par un surcroît de sourires, de jeux et de caresses. Il a aussi besoin de moments où rien ni personne ne le sollicite, si ce n'est lui-même. Il découvre ses mains, ses pieds, gigote, il s'étonne de tout et cherche à comprendre. Il a aussi besoin de calme pour cela. Un bébé, jusqu'à l'âge de 4 ou 5 mois, ne « s'ennuie » jamais ! Il a trop à découvrir.

La découverte du « schéma corporel »

Pendant de nombreux mois, un bébé n'a pas vraiment conscience de son existence propre (en dehors de sa mère). Il va faire connaissance avec son propre corps, et jouer avec, en acquérant de nouvelles compétences. La découverte de ses mains est une étape importante de ce développement.

◗ Le tonus et la mobilité du bébé

Vous avez sûrement constaté combien votre bébé, allongé sur le dos, bouge, agitant bras et jambes, d'une façon qui peut paraître désordonnée aux yeux d'un adulte. C'est ce que les pédiatres nomment « tonus actif ». Ces mouvements ne répondent pas à une intention particulière, ils ne sont pas un signe d'énervement. Votre bébé accroît ainsi son tonus et découvre son corps, certains enfants étant plus actifs que d'autres. Vers 3 mois, votre bébé gesticulera dès qu'il sera content.

Une grande vivacité • À le voir remuer, ce petit bébé, tout mou quand il dort profondément, donne l'impression d'une grande vivacité. Passé

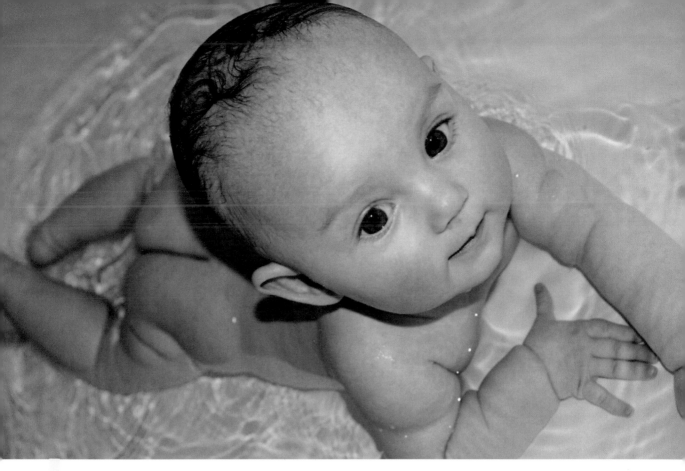

Tout nu dans l'eau, le bébé prend conscience de son corps en découvrant de multiples sensations.

Transat et autres sièges

Un transat est pratique pour une maman. Il vous permet d'effectuer les tâches quotidiennes, tout en gardant un œil sur l'enfant. Lui peut alors vous voir et suivre vos déplacements. Votre bébé, passés les premiers mois, va toutefois découvrir la joie de jouer de façon autonome sur un tapis. Si vous optez de temps en temps pour le transat, préférez les sièges à dos plat et inclinables : votre bébé sera moins engoncé dans une position qui, peut-être, ne lui convient pas encore. Tous les sièges en forme de coque, utilisés en voiture, sont déconseillés. Par sécurité, ne posez jamais le bébé dans son transat sur un meuble en hauteur, et utilisez toujours la ceinture pour qu'il ne glisse pas. Votre bébé n'est capable de rester assis sans fatigue que durant un certain temps : dès qu'il s'affaisse et se met de travers, arrêtez.

2 mois, il est peu à peu capable de bien tendre ses membres, de s'arc-bouter quand il est sur le dos. Entre 3 et 4 mois, il soulève sa tête et s'appuie sur ses avant-bras quand il est sur le ventre, s'il en a l'habitude. C'est aussi l'âge où il éprouve du plaisir quand son papa lui fait « faire l'avion ». Son tonus lui permet maintenant de basculer de manière preste sur le côté, en tentant de se retourner. C'est pourquoi tous les pédiatres conseillent tant de vigilance quand le bébé est sur la table à langer. Dès 5-6 mois, la moindre inattention peut aboutir à une chute...

Sur le dos ou sur le ventre ? • Jusqu'à 5 ou 6 mois, en état d'éveil, votre bébé préfère avant tout être sur le dos. Sur son tapis, c'est dans cette position qu'il peut le mieux voir, s'agiter, tenter des pirouettes, faire bouger ses mains et chercher, vers 5-6 mois, à découvrir ses pieds. Même si elle est bien agréable quand il s'agit de soulager une colique, la position sur le ventre lui offre sans conteste une liberté moindre tant qu'il ne sait pas ramper. Vous pouvez l'installer de temps en temps de la sorte en restant près de lui, mais pas trop longtemps. Un jour, vers 5 mois, votre bébé sera capable de passer de lui-même de la position sur le dos à celle sur le ventre. Environ un mois plus tard, il effectue l'opération inverse. Dès lors, plus autonome, il peut choisir lui-même.

▶ Le maintien de sa tête

Les deux zones les plus lentes à se muscler sont le dos et la nuque du bébé. En effet, l'hypertonie des membres diminue de bas en haut, alors que le tonus de l'axe (la colonne vertébrale) augmente de haut en bas. Dès la naissance, un bébé peut maintenir sa tête dans la position dite d' « ouverture sur le monde » : une de vos mains le soutient au niveau des fesses et l'autre tient son thorax alors qu'il est tourné vers l'extérieur (à l'opposé de la position contre sa maman). Jusqu'à 2 mois, il a toutefois besoin que vous teniez sa tête quand vous le soulevez et l'accueillez dans vos bras, sous peine qu'elle ne chavire en avant

Une main posée sur la nuque de votre bébé, maintenez sa tête avec douceur quand vous le prenez dans vos bras.

ou en arrière. Une fois contre vous, bien soutenu par vos mains ou le creux de vos bras, il sera d'autant plus disposé à vous faire maints sourires. Vers 3 mois, il parvient à maintenir seul sa tête quand vous l'asseyez sur vos genoux, mais cet exercice n'en reste pas moins pour lui un peu fatigant. Après un quart d'heure, la position peut même s'avérer inconfortable et lui demander trop d'énergie, ce qu'il manifestera éventuellement par des pleurs.

▶ À la découverte des mains

Dès la naissance, un bébé a un réflexe d'agrippement très fort. Il est important de glisser votre pouce entre sa paume et son pouce pour le tenir et le sécuriser quand vous le sentez mal à l'aise lors du change, de l'habillage ou de la toilette.

C'est seulement vers 3 mois que vous le verrez découvrir ses mains. Il les regarde bouger, les joint l'une à l'autre et joue avec. Il les observe de manière très attentive, comme si elles le fascinaient. Puis, dans un second temps, il va chercher à prendre, ou du moins à toucher, les objets à sa portée. Au début, il n'a pas la notion des distances, ni des volumes, et souvent il tâtonne. Quand il s'empare d'une cuillère, il la saisit plus avec l'ensemble de sa main qu'avec les doigts. Il ne devient véritablement plus habile que passé l'âge de 5 ou 6 mois.

Ses premiers jouets • Tant qu'il ne sait pas attraper les objets, les jouets ne présentent pas un intérêt primordial. Le bébé peut bien sûr contempler ses peluches, suivre des yeux un mobile, s'intéresser à un jouet musical ou découvrir différentes sensations sur un tapis d'éveil. Mais, de façon générale, un objet ou jouet ne lui plaira que s'il fait appel à ses sens. C'est en général vers 3 mois que le bébé commence à tenir les jouets ou à tapoter un portique, et vers 4 mois à les attraper. Vous pouvez alors lui proposer divers jouets pour satisfaire sa curiosité et favoriser ses activités ludiques (voir page 120).

▶ Pourquoi suce-t-il son pouce ?

Bien des nourrissons suçaient déjà leur pouce lors de leur vie intra-utérine. Ils ne le font plus à la naissance, avant de retrouver, pour la plupart, spontanément ce geste, quelques semaines après. Parfois, « sucer le pouce » se réduit à sucer le côté de la main, voire l'index et le majeur (auquel cas mieux vaut aider le bébé à trouver son pouce). Mais, quoi qu'il en soit, c'est tout à fait naturel. Certains bébés ont un grand besoin de succion. De la sorte, ils éprouvent du plaisir, ils peuvent se rassurer et souvent s'endormir sans pleurer. On note que les bébés nourris au sein manifestent moins ce besoin que ceux alimentés au biberon. Peut-être parce que les premiers ont chaque jour des temps de tétée assez longs, alors que les seconds doivent plus assouvir leur envie de succion en dehors des repas. Il est aussi probable que les mamans ont tendance à donner davantage le sein « à la demande » que le biberon, et la tétée « câlin » (quelques minutes) est aussi utile qu'une tétine ! C'est souvent après le sevrage que le bébé se sert de son pouce. Il trouve là un bon moyen de faire face aux situations difficiles, à la fatigue, et surtout aux séparations.

Sucer les objets • Dès que le bébé peut attraper un jouet, il essaie de le mettre à la bouche. C'est sa façon de faire connaissance. Complétant le toucher, cette succion l'aide à identifier les qualités de l'objet : température, consistance, souplesse… Cette phase dure bien au-delà de 1 an, même si sucer et mordre expriment alors plus une façon de posséder que de mieux connaître. Il est extrêmement important de faire attention aux objets que le bébé risquerait d'avaler, et il ne faut en aucun cas laisser à portée de ses mains quoi que ce soit de petit et de contondant.

Si votre bébé s'endort avec sa tétine, retirez-la lui doucement dès qu'il est endormi, pour ne pas l'habituer à un mouvement permanent de succion.

Pouce ou tétine ?

En général, le besoin de succion fait que votre bébé commence à sucer son pouce vers 2-3 mois, parfois plus tôt. Mais, si vous lui avez donné une tétine avant qu'il ne fasse cette démarche, il s'habitue à cet objet et ne suce pas son doigt. Les dentistes préfèrent la tétine au pouce, parce qu'elle déforme moins le palais, mais, que ce soit le pouce ou la tétine, les déformations sont fonction de la durée d'utilisation.

Il sera plus facile de jeter une tétine que d'enlever le pouce sans la participation active de l'enfant.

Le pouce reste toutefois une solution plus personnelle, car il laisse le bébé libre de s'apaiser ou pas en suçant. Même quand il ne peut pas encore saisir, il sait porter tout seul son doigt à la bouche.

Ce n'est pas le cas de la tétine, qui, au début, est donnée par les parents. Si ceux-ci parviennent à estimer le moment où c'est utile, tout va bien. Mais le jugement des parents sur l'état de « nervosité » ou le besoin de succion de leur bébé est souvent très subjectif ! Si elle est utilisée de manière systématique pour calmer l'enfant, au détriment des échanges et des contacts, la tétine joue un rôle qui n'est pas le sien. Elle deviendra vite un objet dont bébé aura du mal à se passer, parfois pendant des années, au détriment du langage. N'oubliez pas que rien ne pourra remplacer vos bras, votre voix, votre présence, même si cela n'est pas facile durant les premiers mois…

Il grandit chaque jour

Peut-être serez-vous fasciné de voir à quelle vitesse votre enfant grandit. À 5 ou 6 mois, après avoir établi avec vous des liens très forts, il se montre déjà curieux de son environnement. Ses capacités physiques et mentales se sont accrues, liées de manière indissociables. Son vécu n'en reste pas moins très éloigné du vôtre.

▶ Apprendre par répétition

Pour votre bébé, tout est sensations. Par exemple, vers 3 mois, quand il bouge son bras, il ne sait pas que cette main devant ses yeux fait partie de lui, il ne réalise pas que c'est lui qui est à l'origine du mouvement. C'est en répétant ce geste des centaines de fois qu'il va comprendre qu'il peut diriger ce jeu et que son bras fait partie de lui. S'il associe très vite certains éléments (l'odeur du lait, le sein de sa mère et le plaisir qu'il en retire, par exemple), nombre de sensations nouvelles restent dans un premier temps sans signification. Il cherche pourtant à « comprendre », et, à force d'éprouver plusieurs fois telle sensation, il la relie enfin à un objet, une situation ou une personne. Peu à peu, il va non seulement sentir et ressentir, mais aussi agir pour retrouver telle ou telle sensation.

En tant que parents, vous pouvez l'aider en lui offrant une vie régulière, calme, où, jour après jour, reviennent les mêmes actions, les mêmes sensations. Le développement intellectuel, lié à celui du système nerveux, se fait alors tout naturellement, et, graduellement, votre bébé manifestera de plus en plus de curiosité. Vous ne pouvez pas hâter ce processus, et, jusqu'à 4 ou 5 mois, il est inutile de solliciter sans cesse, par des sensations nouvelles, la curiosité d'un bébé. Le plus important est de répondre à ses besoins primaires et de lui apporter de l'affection pour qu'il puisse s'ouvrir au monde en toute sécurité.

▶ Le développement du cerveau

C'est pendant les deux premières années de la vie que le cerveau se développe le plus ; il double de volume. Votre bébé possède à la naissance plusieurs milliards de cellules cérébrales (neurones), reliées entre elles par des connexions nommées synapses. Mais la grande majorité d'entre elles ne sont pas encore fonctionnelles. Elles n'entreront en activité que quand elles transmettront des informations d'une zone du cerveau à une autre, après avoir été stimulées. Le cerveau est encore en quelque sorte une structure qui manque d'un « câblage ».

Relier les sensations • Imaginez par exemple que vous voyez une pomme : cela sollicite l'aire cérébrale de la vue, de l'odorat, du langage, suscite quelques pensées. Votre bébé, lui, sent la pomme, et cette odeur lui plaît peut-être ; il la voit, mais il n'associe pas ces deux sensations (et il sait encore moins qu'il s'agit là d'une pomme !). Mais un jour, quand il l'aura goûtée et regardée régulièrement, il pourra, à force d'expérience, relier l'objet et l'odeur, ou le goût, ce qui correspondra à de nouvelles connexions cérébrales. Ce n'est bien sûr qu'un exemple, car tout participe au développement du cerveau...

Diverses interactions • Le cerveau ne peut se développer qu'en interaction avec l'environnement, et la principale est la relation mère-enfant. Les circuits nécessaires au développement du système nerveux central ne se créent que par stimulations répétitives. C'est au fur et à mesure de la relation du bébé avec ses proches que vont se créer des connexions, qui, à leur tour, vont favoriser de nouvelles acquisitions. Les différentes fonctions cérébrales vont être la résultante de nombreuses sollicitations qui permettent en retour l'action du sujet, ici du bébé. Il faut savoir que, lors de certaines défaillances, d'autres circuits peu-

Le point de vue de bébé

Tout, vraiment tout, m'intéresse : les choses colorées des étagères, les taches du soleil qui bougent dans les arbres, tes yeux qui me sourient, la petite voix de ma sœur ou celle plus grave de papa, le sifflet de la bouilloire, ou ces bâtons qui bougent et deviennent peu à peu les doigts de ma main. Si je regarde avec attention, je respire plus vite et je salive de plaisir. J'adore recommencer et, vous avez-vu ?, dès que vous me dites ce que c'est, j'apprends vite et je passe à autre chose.

vent prendre le relais grâce à d'autres stimulations répétées lors d'une rééducation. Cela est très encourageant quand certaines fonctions sont touchées à la naissance, car, dans certains cas, les espoirs de relais par d'autres zones sont possibles.

Un « câblage » progressif • Les circuits et les interactions entre différentes cellules spécialisées dans une zone du cerveau, ou entre différentes zones, sont de plus en plus nombreux et complexes au fur et à mesure des acquisitions du nourrisson. Quand l'enfant a atteint l'âge de 2 ans, chaque neurone peut avoir jusqu'à 10 000 contacts avec les neurones voisins ; l'enfant a dès lors des images mentales. Mais, à 6 mois, ce n'est pas le cas, et votre bébé ne se représente pas un objet qu'il ne voit pas.

▶ A-t-il déjà de la mémoire ?

Le développement de la mémoire est lié de manière très étroite à celui du cerveau. Très tôt, votre bébé s'imprègne de ce qu'il vit, sans en avoir conscience. Il a déjà une mémoire au sens où certains faits, répétés tous les jours, s'inscrivent en lui de manière très forte : les liens affectifs avec sa mère, par exemple. Dès la vie fœtale, la mémoire analogique (une stimulation donnée et répétée crée un circuit neuronal spécifique) permet au fœtus de reconnaître certains stimulis (odeurs, saveurs, sons). Cette construction se poursuit chez le nouveau-né, sachant que la vue lui permet de découvrir les objets environnants.

Le caractère de votre enfant s'affirme rapidement : il devient une personne à part entière.

Une petite personne

Vers 5 ou 6 mois, un bébé n'accepte plus aussi facilement de rester seul, ou d'être habillé et déshabillé sans rechigner. Il faut tenir compte de sa disponibilité, et y mettre les formes quand on lui impose quelque chose. Votre parole devient de plus en plus importante pour lui présenter et lui faire accepter certaines contraintes, mais aussi pour lui dire qu'on le comprend quand il n'est pas content. Plus il grandit, plus il réagit, et plus il faut lui témoigner du respect sans pour autant ne rien lui imposer.

Pas de souvenirs ? • Un bébé ne possède toutefois pas de mémoire au sens où on l'entend en tant qu'adulte : il ne se souvient pas, ou très peu. Une équipe de chercheurs, réunis autour de la psychologue Carolyn Rovee-Collier, a étudié la durée d'un souvenir chez un bébé. Elle a montré que, à l'âge de 2 mois, un nourrisson se souvient durant une journée qu'il est possible de faire bouger avec son pied le mobile situé au-dessus de son berceau. Un mois plus tard, ce souvenir persiste pendant une semaine ; à 6 mois, durant deux ou trois semaines. C'est un début…

Il faudra attendre l'âge de 2 ou 3 ans pour qu'un petit enfant soit à même de posséder différents souvenirs qu'il gardera des années durant. Avant de se souvenir vraiment d'un fait, le bébé

Par l'affection que vous lui portez, vous offrez à votre bébé la stabilité nécessaire au bon développement de son cerveau.

garde une trace mnésique qui lui permettra, s'il est sollicité régulièrement, de déclencher une perception ou une action identiques.

▶ Comment se perçoit-il ?

Le jour où votre bébé commence à se percevoir comme un être distinct, il accomplit un grand bond en avant. Mais cette connaissance de lui-même ne lui vient qu'à partir de 6 mois. Dans les premiers mois de sa vie, il n'a pas conscience des limites qui définissent son corps. Il n'a aucune idée de ce qui est lui, et de ce qui est autre. La douceur du drap sur lequel il repose, ce visage devant lui, ses gargouillis dans l'estomac, tout n'est qu'un ensemble de sensations. Certains chercheurs pensent toutefois qu'un bébé, dès la naissance, aurait une forme très élémentaire de conscience du corps. Ils ont en effet observé qu'un nouveau-né ne réagit pas de la même façon selon

que c'est son doigt, ou celui d'un tiers, qui est posé sur le coin de sa bouche. Il se connaîtrait donc en quelque sorte par les sensations issues de ses propres muscles et articulations. Plusieurs mois n'en sont pas moins nécessaires pour que cette sensation évolue. Regardez par exemple avec quel étonnement votre bébé observe encore ses mains vers 3 mois, comme si elles ne lui appartenaient pas. Et, quand, deux mois plus tard, il tend ces mêmes mains vers une cuillère dans l'intention de la prendre, il est encore loin de savoir qu'il existe, du moins à la façon d'un adulte.

▶ Il n'a aucune intention !

Il est facile de surestimer ce bébé qui vous sourit, vous regarde, et semble boire toutes vos paroles. Mais, malgré ses étonnantes capacités d'échange et la vitesse à laquelle il se développe, ce tout-petit n'est pas un enfant en miniature. Sa conscience de lui-même est à l'état d'ébauche, même si certaines de ses réactions sont volontaires. Certes, il tend la main vers son biberon parce qu'il a associé cet objet au plaisir de manger. Mais l'intention, chez un bébé, ne va pas tellement plus loin. Il ne pleure jamais par caprice, car il est incapable d'une forme de pensée aussi élaborée. Il sourit et babille quand tout va bien, pleure quand quelque chose le gêne. Lorsque vous le consolez, vous ne lui donnez pas de « mauvaises habitudes », même si, à mesure des mois, vous interviendrez moins vite pour lui laisser le temps de prendre sur lui-même.

Certaines mamans disent parfois que leur bébé est très intelligent, car « il a su très vite comment obtenir ce qu'il veut ». Il est vrai qu'un nourrisson sait bien exprimer ce qu'il ressent, et que sa maman le satisfait parce qu'elle comprend ses besoins. Mais un nourrisson n'est pas doué de volonté. Il n'est absolument pas capable de « manipuler » sa maman, et ne fait rien pour « l'embêter » ; cela supposerait une forme de raisonnement qu'il ne possède pas. Il est vrai qu'à 6 mois il a déjà tout d'un « être social » : il sait très bien réagir à vos sollicitations, et, à l'observer, on pourrait penser qu'il adhère aux intentions de son partenaire. Mais c'est là une vison d'adulte : lui, à cet âge, commence à peine à réaliser qu'il ne fait pas « un » avec sa mère. Il n'est pas étonnant qu'il puisse le manifester par des pleurs dès qu'on le laisse seul.

Veiller à la santé de son enfant

*Comment choisir le médecin qui suivra votre enfant ? •
Le rythme des visites • Les vaccinations • Comment savoir si votre
enfant grandit harmonieusement ? • Les premiers troubles
ou maladies • Quand faut-il consulter le médecin ?*

Un enfant en bonne santé

À sa naissance et dans les jours suivants, votre enfant bénéficie d'une surveillance étroite et de nombreux tests destinés à évaluer sa santé et ses capacités. Puis, tout au long de l'enfance, et ensuite de l'adolescence, des rendez-vous réguliers avec un médecin permettront de contrôler le bon fonctionnement de son corps et d'apprécier son développement. En outre, votre investissement et votre vigilance sont indispensables pour assurer à votre enfant une croissance en bonne santé.

▶ Choisir un médecin pour votre enfant

Dans les quinze jours qui suivent sa naissance, vous devez emmener votre bébé chez un médecin pour une première consultation. Plusieurs possibilités s'offrent à vous : le pédiatre de la maternité, un généraliste de votre quartier habitué aux tout-petits, un pédiatre en consultation privée ou exerçant en hôpital ou bien dans un centre de Protection maternelle et infantile (PMI). Quel que soit votre choix, pour lequel vous pouvez vous appuyer sur les conseils de proches ou du personnel médical de la maternité, ce médecin est plus qu'un spécialiste de l'enfance. C'est un partenaire en qui vous devez avoir confiance. Comme dans tout rapport humain, vous devez ressentir une certaine affinité, fondée sur des valeurs éducatives communes, sur une même vision du rôle de chacun… Cette relation authentique et fiable vous permettra de bien comprendre l'évolution des besoins de votre bébé, de poser toutes les questions qui vous tracassent sans avoir peur d'être mal jugés et de suivre ses conseils en toute quiétude, par exemple en matière d'alimentation.

À ces considérations « humaines », essentielles au futur bien-être de votre tout-petit, s'ajoutent des critères plus concrets : la proximité de votre domicile, utile lors de visites urgentes ou fréquentes (première année), le tarif des consultations et les possibilités de remboursements selon le système social en vigueur, les visites possibles à domicile, les consultations le samedi. Prenez le temps de bien choisir le praticien qui suivra votre bébé. Si le courant ne passe pas avec un médecin, n'hésitez pas à en voir un deuxième. Car, dans l'avenir, il est souhaitable que ce soit la même personne qui examine régulièrement votre enfant.

Le premier rendez-vous • Voici quelques conseils pour votre première visite. Tâchez de venir en couple, pour partager vos impressions, chaque parent étant ensuite susceptible d'accompagner son enfant. Si vous attendez longtemps avant de voir le médecin, cela veut dire soit qu'il est débordé, soit qu'il consacre le temps nécessaire à chaque enfant. Dans le premier cas, tâchez de savoir s'il est victime de son succès ou s'il accumule les actes médicaux (ce qui n'est pas encourageant). Combien de temps passe-t-il en moyenne par visite? Demandez-lui si des adolescents continuent de venir le consulter : si la réponse est positive, c'est un gage de fidélité et de confiance. Et évaluez sa disponibilité : comment se comporte-t-il en cas d'urgence, faut-il toujours des rendez-vous?

Les trois bilans obligatoires • Le médecin que vous avez choisi va donc assurer le suivi médical personnalisé de votre enfant et veiller à son bon développement. Trois « bilans de santé » sont obligatoires en France : dans les 8 jours suivant la naissance, au 9e mois et au 24e mois. Ils complètent les visites régulières pour procéder aux examens de routine (évolution physique et psychomotrice, poids et taille, réactions à certaines stimulations...), prodiguer des conseils adaptés (sommeil, alimentation...) et établir des prescriptions (suppléments éventuels en vitamines).

◗ Apprécier la croissance de votre bébé

La croissance et le développement des enfants obéissent à des critères assez précis. Cependant, chacun possède des caractéristiques morphologiques qui lui sont propres. La croissance s'évalue en comparant, visite après visite, les mesures que le médecin note régulièrement : la taille, le poids, qui est toujours analysé en fonction de la taille, et le tour de tête (périmètre crânien). Ces données chiffrées sont reportées sur un graphique qui dessine une courbe. L'essentiel est que la courbe de croissance de votre enfant soit régulière et reste dans une fourchette de mesures autour de la moyenne.

En effet, les enfants grossissent et grandissent chacun à leur rythme, il n'y a donc pas de « normale », mais une fourchette de mesures à l'intérieur de laquelle se situe 95 % de la population. Toute mesure ponctuelle est sans valeur. Ainsi, même si vous avez l'impression que votre bébé mange peu ou qu'il est moins grand que d'autres enfants du même âge, il ne faut pas vous inquiéter tant que sa courbe reste régulière. En revanche, un ralentissement durable (ou, au contraire, une poussée brutale) de sa taille, une cassure de sa courbe de poids (ou à l'inverse une prise de poids excessive) doivent vous amener à en parler au pédiatre. En prenant conscience des particularités de votre bébé, vous apprendrez à le connaître et à apprécier sa croissance tout au long des années.

Le poids • À la naissance, votre enfant pèse entre 2,5 et 4 kg, la moyenne se situant à 3,5 kg. Puis il perd 10 à 15 % de son poids dans les premiers jours. Mais il les rattrape très vite et gagne de 20 à 30 g par jour pendant le 1er mois, puis 20 g quotidiens entre 3 et 6 mois. Ainsi, entre l'âge de 1 et 3 mois, il prend environ de 600 à 900 g mensuels et, entre 4 et 6 mois, de 400 à 600 g. À 6 mois, avec un poids compris entre 5,6 et 9,2 kg, il est deux fois plus lourd qu'à sa naissance !

La taille • Comparées à celles des enfants plus grands ou d'adultes, les jambes de votre bébé sont proportionnellement petites par rapport à sa tête et à ses bras. Cela est tout à fait normal ; elles vont s'allonger, au fur et à mesure de la croissance, en harmonie avec le reste du corps. À la naissance, votre bébé mesure entre 46 et 55 cm (moyenne de 50 cm). Jusqu'à 3 mois, votre bébé gagne 2 à 3 cm mensuels, puis 1,5 à 2 cm par mois jusqu'à 6 mois où il atteint entre 60 et 70 cm. Sachez que la taille de votre enfant sera en grande partie dépendante de la vôtre, et que, d'une manière générale, celle de la population augmente, entre autres grâce à une alimentation équilibrée.

Le périmètre crânien • Les os du crâne ne sont pas soudés à la naissance, ce qui permet au cerveau de continuer à se développer. Le périmètre crânien, qui est la mesure du tour de la tête, permet de vérifier la bonne croissance de ce dernier. À la naissance, le périmètre crânien est compris entre 33 et 38 cm, et, à 6 mois, entre 40 et 46 cm.

Un enfant en bonne santé • Forts de ces connaissances et des conseils de votre pédiatre, vous pouvez reconnaître un enfant en forme ! Si votre bébé respire la santé, il le montre à divers signes. À sa jovialité, sa tonicité, son appétit, son sommeil, son humeur. Il inspire normalement, mais par le nez : il ne sait pas encore respirer par la bouche, et tout encombrement nasal le gêne. Son ventre est souple, ses selles sont normales.

Un bébé en bonne santé se reconnaît, entre autres, à son humeur enjouée. Dans ses périodes d'éveil, il répond volontiers aux sollicitations de sa maman ou de son papa, et manifeste son contentement par des sourires, voire de francs éclats de rire. À l'inverse, un comportement inhabituel doit vous alerter.

Sa peau est douce et élastique, c'est-à-dire qu'un pli ne persiste pas si vous la pincez délicatement entre deux doigts. À l'inverse, un bébé indisposé ou fatigué est grognon sur la durée, ou apathique ; son comportement et son attitude sont différents. Il pleure, gazouille moins, réclame plus votre présence. Si à ces indices s'ajoutent des symptômes (diarrhée, toux…), vous devez prendre l'avis de votre pédiatre et, au besoin, le consulter. Dans tous les cas, faites confiance à votre intuition de parents. Si vous avez l'impression que votre enfant n'est pas comme d'habitude, n'hésitez pas à prendre rendez-vous.

▶ Le rythme des consultations

À la naissance, la sage-femme ou le pédiatre procède à une série d'examens dès que l'enfant est sorti et que sa mère l'a tendrement enlacé. Le cordon est coupé et désinfecté. Votre bébé est placé au chaud, pesé et mesuré, son cœur et ses poumons sont vérifiés et évalués. Ses voies respiratoires, encombrées par des sécrétions, sont dégagées à l'aide d'une sonde. Viennent ensuite différentes mesures de prévention : il reçoit de la vitamine K contre les risques d'hémorragie du nouveau-né, des gouttes antibiotiques dans les yeux. À partir du 3e jour, un peu de sang lui est prélevé (à la main ou au talon) pour le test de Guthrie, destiné à dépister certaines maladies rares (de la glande thyroïde, par exemple) dont le diagnostic précoce permet un traitement plus efficace – les résultats ne sont donnés que s'ils sont positifs, avant quinze jours. Durant le séjour à la maternité, votre bébé jouit de soins attentifs et le corps médical surveille l'éventualité d'infections contractées pendant la grossesse ou l'accouchement.

La première semaine • Dans les huit jours suivant sa naissance, votre bébé va être examiné de manière plus approfondie : motricité, capacités respiratoires et sensorielles, neurologie (tonus, marche automatique, réflexes…), organes génitaux, articulations, notamment des hanches, courbe de poids, périmètre crânien (volume du cerveau), alimentation, état du cordon…

Cet examen a lieu en général juste avant la sortie de la maternité. À cette occasion, le pédiatre prodigue divers conseils, sur les soins du cordon, le rythme des tétées ou des biberons… Il prescrit de la vitamine D, essentielle pour fixer le calcium dans les os et prévenir ainsi le rachitisme. En effet, cette vitamine est peu présente dans le lait (maternel ou artificiel) et la quantité fabriquée est insuffisante chez les nourrissons, surtout en cas d'ensoleillement faible (la synthèse de la vitamine D par l'organisme se fait sous l'effet du soleil et, chez les enfants, la surface cutanée exposée est faible). C'est pourquoi votre enfant reçoit des doses quotidiennes durant la première année, puis deux fois par an, en hiver et au printemps. La quantité de calcium apportée par l'alimentation (lait, puis produits laitiers et autres aliments) est en revanche suffisante.

Des visites régulières • Il est souhaitable de montrer le nouveau-né au médecin dans la quinzaine qui suit la sortie de la maternité, puis une fois par mois pendant six mois. Ensuite, une visite tous les deux ou trois mois, jusqu'à 3 ans, devrait suffire. Cette fréquence conseillée des visites n'est qu'indicative, vous l'adapterez bien sûr en fonction des circonstances, selon que vous êtes inquiets, que votre enfant est malade, ou, à l'inverse, qu'il ne semble y avoir aucun problème. Retenez cependant que, même si tout va bien, un bébé doit être pesé et mesuré chaque mois pendant les six premiers mois.

Suivi médical et carnet de santé • À chaque visite, le médecin surveille le développement physique et psychomoteur de votre enfant ; il le pèse, mesure sa taille et son périmètre crânien, évalue ses réactions à certaines stimulations, en fonction de son âge. Il précise ou complète les indications en matière de régime alimentaire, prescrit les suppléments en vitamines éventuellement nécessaires. Au moment opportun, il effectuera aussi les vaccinations. L'ensemble de ces informations est consigné sur le carnet de santé (voir encadré ci-dessous). Le médecin qui assure le suivi de votre tout-petit est bien entendu aussi le meilleur interlocuteur pour répondre à vos préoccupations ou vos doutes. N'hésitez surtout pas à lui faire part de vos interrogations ou des problèmes que vous rencontrez dans le quotidien avec votre enfant, même s'ils ne relèvent pas réellement du domaine médical (par exemple, plutôt relationnels).

▶ La vaccination

Vacciner votre enfant est essentiel pour sa santé… et pour celle des autres. Cet acte de santé publique est donc à la fois familial et solidaire, car il sauve des milliers de vie chaque année. Il existe très peu de contre-indications (déficit immunitaire par exemple). La vaccination a permis d'éradiquer des maladies comme la variole, d'en faire reculer

Le carnet de santé

Le carnet de santé constitue la mémoire médicale de votre enfant : examens routiniers ou particuliers, critères de développement dont le poids, la taille et le périmètre crânien, données des consultations, vaccinations, traitements, hospitalisations, antécédents familiaux, interventions chirurgicales… Vous y trouvez aussi des conseils d'ordre médical et domestique. Ce document est donc le lien entre les différents médecins qui auront à s'occuper de votre enfant au cours de sa vie. Il faut le présenter à chaque consultation ou, à défaut, bien y reporter les informations essentielles (poids et taille, vaccinations…) et/ou celles qui ressortent de l'entrevue avec votre médecin. Prenez-en soin, on vous le réclamera à l'occasion de visites médicales relatives à l'éducation ou aux loisirs (école, colonies de vacances, etc.). Pensez à noter vos coordonnées et autres numéros utiles, comme votre centre médico-social. Les références des services d'urgence y figurent (Samu, pompiers, centre antipoison de votre région). Vous pouvez y ajouter, entre autres, le service d'urgence pédiatrique de l'hôpital le plus proche.

certaines (poliomyélite en voie de disparition) ou de limiter l'extension d'autres (tuberculose).

En quoi consiste-t-elle ? • La vaccination consiste à introduire dans le corps de votre enfant tout ou partie d'un micro-organisme incriminé (virus ou bactérie), vivant ou neutralisé en partie, qui, sans provoquer la maladie, oblige l'organisme à se défendre et à produire des anticorps. Ensuite, par l'intermédiaire de cellules spécifiques (lymphocytes T), le corps garde en mémoire ce système de défense et réagit à toute attaque – pour une durée variable selon les vaccins, ce qui explique la nécessité de « rappels ». Ces cellules envoient alors l'information à d'autres cellules, les lymphocytes B, qui produisent les anticorps.

La vaccination peut provoquer une réaction, mais qui n'atteindra jamais celle de la maladie. Il s'agit en général d'une fièvre qui, selon les vaccins, est plus ou moins élevée, dure de quelques heures à trois jours, se manifeste peu de temps après l'injection ou quelques heures ou quelques jours après. De petits hématomes ou une réaction cutanée (tuméfaction pour le BCG) peuvent aussi apparaître à l'endroit de la piqûre.

Votre enfant ne peut être vacciné que s'il est en forme. Il faut donc éviter les périodes où il a de la fièvre, où il est en convalescence (après une varicelle par exemple) ou celles où il subit un épisode allergique. Le médecin saura vous conseiller le moment opportun, qui dépend aussi du calendrier vaccinal (voir tableau ci-contre).

Les vaccinations s'effectuent chez le pédiatre ou le médecin généraliste, dans un centre de Protection maternelle et infantile (PMI) ou un dispensaire. L'injection se fait : pour le BCG par une bague pourvue de petits piquants appliqués sur le bras ou la plante d'un pied ; pour le vaccin pentavalent (coqueluche, diphtérie, tétanos, polyomyélite, hæmophilus influenza), l'hépatite B et le vaccin rougeole-oreillons-rubéole par une piqûre sous-cutanée ou intramusculaire, dans la cuisse ou la fesse.

▶ Principales maladies prévenues par des vaccins

Selon les pays, les vaccinations obligatoires peuvent varier. Certaines, comme le BCG, seront réclamées, notamment lors de l'admission en collectivité (halte-garderie, crèche, puis école). Les autres sont seulement conseillées.

Tuberculose • Cette maladie infectieuse et contagieuse existe toujours en France. Cela est dû à l'augmentation de la précarité et à la résistance à certains traitements de la bactérie responsable, le bacille de Koch. Elle se reconnaît à certains signes : atteinte pulmonaire persistant au-delà d'une quinzaine de jours, toux, fièvre, fatigue. Le moyen de la prévenir est le BCG, qui signifie « Bacille de Calmette et Guérin », bacille tuberculeux d'origine bovine, atténué et rendu inoffensif artificiellement.

Diphtérie • Rarissime en France, cette maladie est suffisamment grave pour justifier la vaccination, obligatoire depuis 1938. Provoquée par une bactérie, la diphtérie est très contagieuse (voie aérienne). Gorge irritée se transformant en angine qui bloque la respiration, fièvre légère et paralysies en sont les principaux signes. La seule défense possible est la vaccination.

Le calendrier vaccinal

Âge	Vaccination(s)
1 mois (à partir de)	• BCG (contre la tuberculose*)
2 mois	• DTCPH (Diphtérie*, Tétanos*, Coqueluche*, Poliomyélite*, Hæmophilus b)
3 mois	• DTCPH (2ᵉ injection) • Rappel du BCG puis une fois par an
4 mois	• DTCPH (3ᵉ injection)
4-6 mois	• Hépatite B (1ʳᵉ injection)
5-7 mois	• Hépatite B (2ᵉ injection)
10-12 mois	• Hépatite B (3ᵉ injection)
12 mois	• ROR (Rougeole, Oreillons, Rubéole)
18 mois	• DTCPH (rappel) • Hépatite B (rappel)
Avant 2 ans	• ROR (2ᵉ injection)
6 ans	• Rappel de DTP (Diphtérie, Tétanos, Poliomyélite), puis rappel tous les 5 ans

Vaccins obligatoires, les autres étant conseillés.

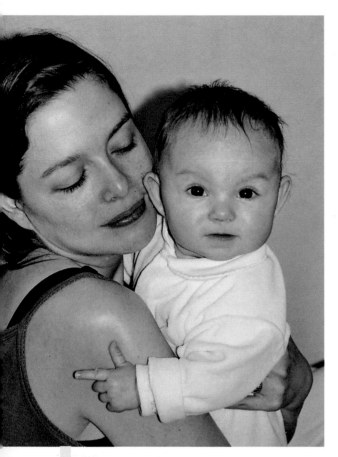

Votre enfant doit être en forme pour réagir au mieux à la vaccination, qui est essentielle pour préserver sa santé.

Ne jamais secouer un bébé

Il ne faut jamais secouer un bébé, en particulier un nouveau-né et un nourrisson de moins de 6 mois. Le geste de le secouer, c'est-à-dire de le tenir par les épaules et de l'agiter d'avant en arrière, est souvent provoqué par l'énervement face à des pleurs difficiles à supporter, notamment en cas de grande fatigue. Les garçons (60 %) sont plus touchés que les filles. Sachez que les conséquences neurologiques peuvent être très graves : un hématome provoque des paralysies ou des retards psychomoteurs variables selon les cas, mais 10 % des enfants en meurent. Vous devez donc en avertir votre entourage et les baby-sitters. Si l'enfant pleure, quel que soit votre état ou celui de la personne qui le garde, le mieux est de lui donner un biberon d'eau ou une tétine, de le caresser, de le promener et de lui parler, lui raconter une histoire ou lui chanter une comptine. Si l'énervement vous gagne au point d'avoir du mal à vous maîtriser, mettez votre enfant dans son lit et éloignez-vous, le temps de retrouver votre calme.

Tétanos • Cette maladie infectieuse grave est provoquée par un bacille présent dans le sol. Elle se manifeste d'abord par des contractures musculaires douloureuses, en particulier au visage. Seules les personnes non vaccinées peuvent être touchées. La vaccination contre cette maladie est obligatoire en France.

Poliomyélite • Due à un virus, elle se contracte par l'absorption d'eau souillée. Exceptionnelle en France grâce à la vaccination obligatoire, elle débute par une angine, une rhinopharyngite ou une gastro-entérite. Dans certains cas imprévisibles, le virus passe dans le sang et atteint le système nerveux. L'atteinte de la moelle épinière entraîne des paralysies douloureuses des membres, plus ou moins étendues, et parfois des difficultés à la déglutition ou des troubles respiratoires.

Haemophilus b • L'Haemophilus influenzae de type b, ou bacille de Pfeiffer, est une bactérie qui provoque des otites et, surtout, des méningites, qui peuvent parfois entraîner des séquelles neurologiques graves (voir page 295).

Hépatite B • Bien que décrié dans la presse, le vaccin de l'hépatite B ne comporte pas de risques pour le nourrisson (ni pour l'enfant avant 13 ans). Il est plus efficace s'il est administré pendant l'enfance plutôt qu'à l'adolescence.

Rougeole, oreillons, rubéole • La rubéole, les oreillons et la rougeole sont classés parmi les maladies infantiles (voir page 226), mais leur apparente bénignité peut être trompeuse. Des répercussions cérébrales (pour la rougeole) peuvent se produire dix ou vingt ans après l'infection, argument qui plaide en faveur de la vaccination. La vaccination contre la rubéole permet de diminuer le risque pour une femme enceinte de contracter cette maladie qui entraîne de graves séquelles chez le fœtus.

Les principaux symptômes et maladies

Durant la grossesse, le fœtus reçoit de sa mère, par l'intermédiaire du placenta, les anticorps contre les maladies qu'elle a contractées, puis, après la naissance, si le bébé est allaité, il reçoit les anticorps contenus dans le lait maternel. Mais ces moyens de défense ne suffisent pas et l'enfant doit acquérir sa propre immunité. C'est au contact des différents microbes que votre bébé va petit à petit faire fonctionner son système immunitaire et le rendre plus performant, ce qui va lui assurer une meilleure défense contre les infections.

▶ Des symptômes aux maladies

Une maladie, chez l'enfant ou l'adulte, se traduit par des signes ou symptômes touchant un ou plusieurs organes. Ce sont ces signes qui vont vous alerter et vous conduire à consulter le médecin, pour qu'il identifie la pathologie en cause et prescrive un traitement au besoin. Les symptômes les plus courants sont la fièvre ; les troubles digestifs (diarrhée, vomissements, manque d'appétit...) ; les difficultés respiratoires (toux, encombrement...) ; enfin, les troubles du comportement (fatigue, somnolence ou, au contraire, irritation ou agitation inhabituelles, troubles du sommeil, pleurs persistants). Bien souvent, au début, vous aurez tendance à vous inquiéter au moindre petit signe et demanderez l'avis de votre médecin. Petit à petit, vous apprendrez à reconnaître un « dérangement » passager d'un trouble qui nécessite une consultation. En revanche, sachez que la fièvre, les vomissements, une diarrhée qui durent plus de 24 heures sans amélioration doivent toujours faire l'objet d'une consultation, car les risques de déshydratation sont importants chez les tout-petits. Dans tous les cas, si vous avez le sentiment que votre bébé est souffrant (changement de comportement), malgré une apparente absence de symptômes, n'hésitez pas à l'emmener chez votre pédiatre.

▶ La fièvre

La fièvre n'est pas une maladie mais une alerte, qui traduit presque toujours une infection. C'est pourquoi elle doit toujours être considérée sérieusement. La température moyenne d'un bébé est de 37 °C, comme celle de ses parents, soit 36,5-37 °C le matin, 37-37,5 °C le soir. Au contraire des adultes, les bébés régulent mal leur température corporelle. D'où l'importance de bien les couvrir quand il fait froid, ou d'éviter de trop les habiller quand il fait chaud. On parle de fièvre lorsque la température corporelle excède 38 °C – entre 37,5 et 38 °C, il s'agit d'une « fébricule ». Il faut alors aider les tout-petits, qui ne peuvent ni transpirer ni frissonner, à réduire leur température par des moyens physiques et médicamenteux.

Prendre la température • Le meilleur moyen de savoir si votre bébé a de la fièvre est de prendre sa température. Il existe plusieurs méthodes. Vous pouvez utiliser un thermomètre rectal, très fiable, ou auriculaire (tirez délicatement le pavillon de l'oreille de l'enfant, puis introduisez doucement dans le conduit auditif l'embout de l'appareil incliné obliquement vers l'avant). Cette dernière méthode a l'avantage d'être très rapide (quelques secondes), mais plus chère. Si vous n'êtes pas très pressés, vous pouvez prendre la température sous l'aisselle. Il

La jaunisse du nourrisson

La jaunisse (les médecins parlent d'ictère) correspond à un excès de bilirubine dans le sang, c'est-à-dire le produit issu de la dégradation des globules rouges, qui se produit naturellement. Cette substance de couleur jaune, si elle est en excès dans le sang, peut pigmenter la peau et les muqueuses du nouveau-né ; en effet, celui-ci possède davantage de globules rouges qu'un adulte, et n'a pas toujours la possibilité de les éliminer en même temps. Banal la plupart du temps, cet ictère est fréquent, survient en général un ou deux jours après la naissance et disparaît avant la 4e semaine. Il exige cependant un suivi médical.

faut alors ajouter 0,5 °C au résultat affiché pour avoir la température exacte.

Que faire ? • En premier lieu, ne couvrez pas votre enfant fiévreux. Laissez-lui seulement un sous-vêtement de coton, retirez les couvertures et veillez à ce que la pièce ne soit pas trop chauffée. Proposez-lui à boire régulièrement de petites quantités d'eau. Vous pouvez lui faire prendre un bain de 2 °C de moins que sa température, pendant 10 à 15 minutes. Sauf contre-indications médicales connues, administrez des médicaments antipyrétiques (contre la fièvre) à des doses adaptées et à un rythme régulier, jusqu'à stabilisation de la température normale. On peut utiliser le paracétamol, à la dose de 15 mg par kilo toutes les six heures, ou l'aspirine, à la dose de 10 mg par kilo toutes les quatre heures. Ces substances agissent en général 20 à 30 minutes après la prise (sous forme orale ou en suppositoire).

Quand consulter ? • Il est fréquent qu'un bébé ait de la fièvre. Pour vous rassurer, demandez conseil à votre pédiatre pour la première fièvre. Si celle-ci diminue sous l'effet des médicaments, qu'elle n'excède pas 24 à 48 heures et ne soit pas accompagnée d'autres signes, inutile d'alerter votre pédiatre. En revanche, si elle dépasse cette durée, qu'elle soit élevée et que les accès se répètent malgré le traitement, vous devez l'appeler et, s'il l'estime nécessaire, il vous recevra. La visite est justifiée aussi si votre enfant a moins de 2 mois, et bien entendu dans les circonstances suivantes : atteinte de la conscience, refus de s'alimenter, éruption cutanée, dégradation de l'état général.

▶ Douleurs intestinales

Durant les tout premiers mois, la digestion peut provoquer chez l'enfant des maux abdominaux ou de petites diarrhées sans conséquence. Il suffit de placer votre bébé sur le ventre, et de le bercer dans vos bras en le massant tendrement. S'il continue à boire, grossir, dormir, inutile de vous inquiéter, mais n'hésitez pas à consulter si certains autres symptômes apparaissent (perte d'appétit, diarrhée, vomissements, fièvre, constipation pendant plus de deux jours).

▶ La diarrhée

Les critères d'une diarrhée sont sa consistance liquide et sa fréquence. En général, la diarrhée est le signe d'une infection (rhino-pharyngite, otite, gastro-entérite…). Chez le nourrisson, si la diarrhée se limite à quelques selles liquides par jour, il peut s'agir d'une intolérance au lait maternisé, que corrige un lait de régime administré pendant 24-48 heures. Le grand risque d'une diarrhée est la déshydratation. Ainsi, si elle est très liquide et très fréquente, il faut réhydrater votre enfant à l'aide de solutions adaptées, vendues en pharmacie. Il faut donner de petites quantités (pas plus de 20 millilitres) toutes les 10 minutes. Le lait peut être remplacé par des produits spéciaux dits « de substitution », et, au besoin selon l'âge du bébé, complété par du riz, des carottes cuites, des compotes à base de coing et de banane. Tout doit revenir dans l'ordre dans les 24-48 heures. Au-delà de cette période ou si la diarrhée s'accompagne d'une fièvre élevée, de vomissements ou d'une altération de l'état général, il faut prendre l'avis du médecin. La présence de sang dans les selles doit aussi vous inciter à consulter.

▶ Régurgitations et vomissements

Il ne faut pas confondre les vomissements avec la régurgitation, petite quantité de lait que le bébé rejette juste après la tétée ou le biberon, qui est tout à fait normale, indolore et inoffensive. Si le rejet de lait survient à distance de la tétée et est abondant, il s'apparente alors à un vomissement (voir reflux gastro-œsophagien).

Malaise du nourrisson

Appelé aussi malaise vagal, il provoque une pâleur, d'où son autre nom de « malaise blanc ». Votre enfant reste immobile et mou, le regard fixe. Ce malaise est dû à un mauvais fonctionnement du nerf vague qui régule la vitesse du cœur. Vous devez essayer de garder votre calme et simplement stimuler votre bébé pour qu'il reprenne conscience. Une visite chez le médecin s'impose afin d'identifier la cause précise du malaise, au besoin à l'aide d'examens complémentaires, et de prescrire un traitement. Le reflux gastro-œsophagien est en général lié à ce phénomène.

Les aliments passent par la bouche, puis sont éliminés par l'anus après avoir été broyés et traités par un processus chimique. Les vomissements traduisent un dysfonctionnement de ce mécanisme. Les vomissements sont le plus souvent bénins. Leur couleur, texture, fréquence et intensité doivent cependant être étudiées, et il faut noter les possibles symptômes associés (diarrhée, fièvre, absence de selles, rots bruyants et fréquents…) ou les changements d'habitudes (par exemple, passage du lait maternel au lait maternisé). Par ailleurs, l'estomac est pourvu d'un orifice (ou pylore), qui communique avec les intestins. Il peut être trop épais (principalement chez les garçons), empêchant les aliments de descendre et provoquant ainsi des vomissements : affamé, votre bébé se rue sur sa nourriture mais ne garde rien. Il s'agit d'une sténose du pylore, qui nécessite une petite intervention.

Que faire ? • Ne rien donner à votre enfant sans l'avis de votre pédiatre, excepté de l'eau, une solution de réhydratation ou un bouillon de légumes. Consultez si un vomissement abondant et continuel fait risquer une déshydratation et s'il existe d'autres symptômes, notamment une altération de l'état général.

La déshydratation

Une exposition excessive au soleil, une fièvre tenace ou, surtout, une diarrhée et/ou des vomissements conséquents réclament une attention particulière, car ils peuvent provoquer une déshydratation, parfois très grave. La déshydratation se signale par une perte de poids rapide et significative, c'est-à-dire supérieure à 5 % du poids total. Outre l'amaigrissement, elle se manifeste par une apathie ou une suractivité, le rejet par vomissement de tout aliment, une bouche sèche, des yeux cernés, des urines moins fréquentes et foncées, une fatigue, des muqueuses sèches, une peau qui reste plissée si vous la pincez délicatement, une dépression de la fontanelle antérieure.

Que faire ? • Une solution dite « de réhydratation », disponible en pharmacie et remboursée par la Sécurité sociale, contenant du sucre et des sels minéraux, permet de réhydrater l'enfant par voie orale. Il faut donner cette solution par petites gorgées, environ toutes les dix minutes. Il est impératif de bien surveiller la perte de poids de votre enfant. Au delà de 5 % de perte, une consultation s'impose ; le médecin déterminera alors si une hospitalisation est nécessaire pour réhydrater l'enfant par perfusion (l'eau représente en effet 80 % du poids des nourrissons). Si l'enfant a d'emblée perdu près de 10 % de son poids, vous devez immédiatement vous rendre dans un service d'urgence.

Le reflux gastro-œsophagien

Si votre enfant régurgite plusieurs fois par jour de manière régulière, ou pleure après la tétée ou le biberon, ou fait de nombreux rots douloureux plusieurs minutes après la tétée, sans doute souffre-t-il d'un reflux gastro-œsophagien, pro-

La mort subite du nourrisson

Elle se définit par le décès brutal et inexpliqué d'un nourrisson lors de sa première année, le risque maximal se situant entre 3 et 6 mois. Des précautions permettraient d'éviter certains de ces décès.

• Le tabac (excitant cardiaque) augmente le risque de mort subite. Il est donc à proscrire avant, pendant et après la grossesse. Il ne faut pas fumer près de l'enfant ni, si possible, dans la maison, ni, à plus forte raison, dans une voiture !

• Coucher votre bébé sur un matelas ferme et sur le dos ou sur le côté est impératif. Cette position a fortement diminué le nombre de morts subites. Car, sur le ventre ou sur un matelas trop mou, un enfant peut s'étouffer avec ses reflux alimentaires.

• Un enfant ne doit pas être trop couvert. Il doit dormir dans une chambre à température moyenne (18-20 °C), sans couette et sans oreiller. Placez un humidificateur dans sa chambre.

• Il faut toujours soigner correctement votre enfant lorsqu'il a un rhume, notamment en désobstruant son nez avec des instillations de liquide physiologique (le bébé ne sait pas respirer par la bouche).

blème purement mécanique, lié à la mauvaise fermeture de l'orifice qui relie l'œsophage à l'estomac (béance du cardia). Celui-ci disparaît autour de l'âge de 1 an, parfois même avant, lorsque l'alimentation commence à se diversifier et que le bébé se tient assis. Le reflux peut être impressionnant (vomissement) ou discret, restant au niveau de l'œsophage qui est alors irrité par les acides gastriques ; dans ce cas, il est douloureux et entraîne des pleurs. Il peut aussi s'accompagner d'une toux sèche et rauque, surtout lorsque le bébé est en position allongée.

Que faire ? • Une consultation chez le pédiatre est nécessaire. Celui-ci vous conseillera de choisir un lait adapté et de surélever la tête de lit de votre enfant pour prévenir le reflux. Dans certains cas, il prescrira des médicaments. Si le traitement est inefficace, il peut s'agir d'une œsophagite, inflammation de l'œsophage, qui nécessite des examens complémentaires.

▶ La constipation

La constipation est en général le signe d'un dérèglement passager du transit intestinal. Mais chaque enfant, même nourrisson, possède son propre rythme. Dès le premier mois, surveillez celui de votre enfant, car l'absence de selles pendant deux ou trois jours ou la survenue d'une selle dure suivie d'une selle molle ne signifient pas qu'il est constipé.

La constipation est attestée si votre enfant ne produit pas de selles pendant plusieurs jours et si, lorsqu'il y parvient enfin, elles sont dures et lui demandent un gros effort parfois douloureux.

Que faire ? • Apprendre à réagir devant une constipation demande que vous preniez au préalable les conseils de votre pédiatre et son avis quand le cas se présente, en particulier pour le recours aux laxatifs. La consultation se justifie si votre enfant souffre, ou si la constipation est associée à une intolérance alimentaire : votre enfant vomit dès qu'il mange, ce qui peut correspondre à une occlusion intestinale. S'il s'agit d'une constipation isolée (sans autre symptôme), préparez le biberon de votre bébé avec de l'eau favorisant le transit (de type Hépar®) et ne changez de lait que sur l'avis de votre pédiatre. Si vous allaitez votre enfant, buvez le même type d'eau et mangez des légumes et des fruits qui contiennent des fibres (pruneaux, par exemple).

▶ La gastro-entérite

Le plus souvent d'origine virale, la gastro-entérite est une infection de l'estomac et des intestins. Spectaculaire et contagieuse, redoutée par les parents, elle est pourtant bénigne, le principal risque pour le bébé étant la déshydratation. Une gastro-entérite n'excède pas deux ou trois jours. Elle se caractérise par une diarrhée, un manque d'appétit, des nausées et parfois des vomissements et de la fièvre.

Que faire ? • Tous les conseils donnés pour la diarrhée, les vomissements et la déshydratation sont à appliquer.

▶ Les hernies

Une hernie correspond à une faille dans les muscles qui entourent les organes de l'abdomen (intestins), ceux-ci pouvant alors passer cette barrière et former une bosse. Le nouveau-né, et le nourrisson, peut être confronté à trois sortes de hernies. La hernie ombilicale (nombril), inguinale (aine), et, chez les filles, la hernie de l'ovaire (pubis, près des grandes lèvres).

Que faire ? • La hernie ombilicale se résorbe en général vers 3 ou 4 ans, quand votre enfant a une musculature abdominale qui se renforce. Rarement, une petite opération s'avère nécessaire. Une intervention chirurgicale est préconisée pour la hernie inguinale (à partir de 6 mois, en l'absence de complication) et pour la hernie de l'ovaire. Il est impératif de consulter le pédiatre, seul habilité à diagnostiquer une hernie et à vous indiquer comment la surveiller et la traiter.

▶ Rhume et rhinopharyngite

Inflammation de la muqueuse nasale, le rhume, courant dès le plus jeune âge, est appelé aussi « rhinite ». En général banal, de durée variable, le rhume s'accompagne d'un écoulement nasal clair puis épais.

La rhinopharyngite est une rhinite qui s'est compliquée ; elle survient souvent aux changements de saison (automne-hiver, printemps-été). Elle se traduit par une fièvre et une toux sèche, puis grasse, mais espacée, et plus active le matin au lever et le soir au coucher.

Que faire ? • Un nouveau-né ne respirant que par le nez, il faut avant tout dégager les voies nasales :
– à l'aide de sérum physiologique salé, le sel jouant le rôle d'antiseptique ;
– avec un mouche-bébé si le nez est très encombré ;
– avec des médicaments si l'écoulement est purulent ;
– en surélevant légèrement la tête du lit pour permettre l'écoulement et empêcher celui-ci d'infecter d'autres régions.

Les habitations étant aujourd'hui très bien isolées, elles favorisent en hiver le confinement et la prolifération des microbes. Aérer les pièces tous les jours pendant au moins 20 minutes. Consultez au premier rhume et à la première rhinopharyngite pour bénéficier des conseils de votre pédiatre et faites-le aussi si d'autres symptômes apparaissent (fièvre permanente résistant plus de 24 heures aux traitements, intensification de la toux, diarrhée et/ou vomissement, état général altéré, cris et/ou pleurs de douleur).

▶ L'otite

L'otite est une infection fréquente et douloureuse. Elle peut avoir pour origine un simple rhume, car la sphère ORL est constituée de réseaux communiquant entre eux. Il est impératif d'en déceler les premiers symptômes : un bébé que rien ne console, des tympans infectés, un rhume persistant et une possible fièvre.

Que faire ? • Consultez dès les premiers symptômes et après le traitement pour vérifier l'état des tympans. L'otite aiguë est guérie par des antibiotiques. Dans l'otite séreuse, un liquide vient se loger derrière le tympan, provoquant une perte d'audition. Des anti-inflammatoires en viennent à bout, avec le renfort fréquent d'antibiotiques. Des otites à répétition peuvent nécessiter d'enlever les végétations.

Otite et paracentèse • La paracentèse est beaucoup moins pratiquée grâce au recours aux antibiotiques très ciblés. Elle consiste, dans le cas d'otites persistantes, aiguës ou séreuses, à inciser le tympan de manière à évacuer la matière purulente. Mais il peut arriver que ces otites débouchent sur une surdité dite « de transmission ». La paracentèse peut alors être suivie de

---

L'appareil respiratoire

Nez bouché, nez qui coule, toux, bourdonnements d'oreille, poitrine prise... ces troubles, d'origine virale ou bactérienne, font partie du quotidien des enfants et des adultes. Favorisés par des facteurs comme le tabac, la pollution et un terrain allergique (acariens, pollen...), ils affectent les deux régions de l'appareil respiratoire et constituent la majorité des motifs de consultation. Le nez, les oreilles, la bouche, le pharynx et le larynx forment la partie supérieure ou « sphère ORL » (oto-rhino-laryngologique). Les maladies ORL les plus fréquentes sont le rhume, la rhinopharyngite, la laryngite, l'angine (rare avant 1 an, voir page 227) et l'otite. Les bronches et les poumons constituent la partie inférieure de l'appareil respiratoire. Les bronches sont des conduits menant l'air aux alvéoles pulmonaires qui communiquent avec le sang, permettant ainsi l'échange entre le gaz carbonique qui sera expiré et l'oxygène qui vient d'être inspiré. La bronchiolite et la bronchite sont les atteintes les plus courantes.

la pose sur le tympan de minuscules drains, ou yoyos, qui assurent l'aération de l'oreille moyenne et évitent les infections (ils s'éliminent spontanément au bout de quelques mois).

◗ La laryngite

Impressionnante mais sans répercussion, la laryngite est une inflammation du larynx qui, en se rétrécissant, provoque une gêne respiratoire et une toux assez impressionnantes. La toux est sèche et « aboyante », la gorge douloureuse, la respiration difficile et sifflante. Les inspirations font un bruit rauque et creusent un espace au-dessus du sternum. Le bébé peut être fiévreux.

Que faire ? • Si votre enfant n'a pas de fièvre, un lait chaud contenant du miel (adoucissant) et du citron (antiseptique) peut le calmer. Vous pouvez également l'installer devant un récipient d'eau chaude, ou humidifier l'atmosphère de la chambre en faisant évaporer de l'eau chaude. Il fait maintenir votre bébé en position assise. Consultez le médecin, surtout en cas de fièvre et/ou de laryngite récidivante. Les anti-inflammatoires à base de corticoïdes, puissants et efficaces en moins d'une heure, sont utiles si la crise ne passe pas. Les antibiotiques ne sont pas forcément nécessaires.

◗ La toux

La toux est une manifestation de l'appareil respiratoire. À l'intérieur des poumons, les bronches sont tapissées de petits cils sensibles qui en assurent la propreté en déclenchant la toux pour expulser des particules inspirées (poussières, bactéries…) ou des sécrétions. La toux peut être due à une irritation de la gorge ou à une infection.

La toux peut être répétitive (c'est la fameuse quinte de toux) ou espacée ; elle intervient le jour (diurne), la nuit (nocturne), lorsque votre enfant est couché ou à certaines saisons. Elle peut être rauque ou « aboyante » (à la manière d'un petit chien). Si elle est sèche, elle intéresse la gorge ; grasse, elle concerne les bronches.

Que faire ? • Que faire ? La toux est une réaction de défense naturelle de l'organisme, qu'il ne faut pas nécessairement combattre. Le médecin indiquera s'il est nécessaire de donner un sirop adapté à votre enfant ou si des séances de kinésithérapie respiratoire sont utiles (quand les bronches, très chargées, gênent la respiration).

◗ La bronchite et bronchiolite

En général d'origine virale, la bronchite est un encombrement des bronches, associé à une toux grasse. Une consultation est nécessaire. Le médecin pourra prescrire des produits expectorants ; il vous conseillera de surélever la tête du lit de votre enfant. Pensez à humidifier sa chambre et à lui donner des bains chauds. Chez les tout-petits, un antibiotique peut être donné pour éviter une surinfection bactérienne.

La bronchiolite • Un bébé n'a pas encore le réflexe de se moucher ou de cracher pour expulser les sécrétions nasales ou bronchiques. Ce constat est d'autant plus flagrant dans le cas de la bronchiolite, maladie due à un virus qui rétrécit les alvéoles pulmonaires et donc le volume d'air dans les poumons, ainsi que l'échange avec le sang. La bronchiolite est différente de l'asthme (voir page 228), même si certains signes sont approchants : une toux quinteuse, plus ou moins sèche et rauque. Votre enfant « siffle » en respirant, fait des efforts pour remplir ses poumons, notamment en creusant le ventre. Il a parfois une fièvre légère et le nez qui coule (rhinite claire).

Que faire ? • Il faut emmener votre enfant chez le pédiatre. En attendant, donnez-lui à boire, surveillez son alimentation et son teint, débouchez son nez à l'aide de sérum physiologique et d'un mouche-bébé. La kinésithérapie respiratoire, impressionnante mais sans danger et très efficace, peut être appliquée à des nourrissons de 1 mois à 2 ans. Elle permet à votre petit convalescent d'expectorer et d'être « dégagé ». Elle peut être associée à la prise de médicaments par aérosols (inhalation).

◗ La coqueluche

La coqueluche, d'origine bactérienne, est contagieuse et grave, mais rare. Elle fait partie de ces maladies dont les bactéries sécrètent des toxines aux effets parfois très néfastes. Les premières victimes sont les nourrissons qui, de ce fait, doivent être vaccinés. Spectaculaire et éprouvante, la coqueluche est marquée par une rhinopharyngite associée à une fièvre légère, ou par une bronchite. Elle se caractérise par une toux quinteuse et rauque, surtout la nuit, qui, en se répétant, provoque des vomissements et une sensation d'étouffement. La crise s'achève par une profonde inspiration.

Outre les traitements qui seront prescrits par son pédiatre, un enfant malade a besoin d'une sécurité affective qui passe essentiellement par la présence rassurante de ses parents.

Que faire ? • Consultez dès l'apparition des premiers symptômes. En dehors de la vaccination, un antibiotique et un traitement adapté contre la toux sont prescrits par le médecin.

◗ Les problèmes de peau

La peau de votre bébé, barrière naturelle protégeant l'intérieur du corps, est un excellent révélateur de sa santé. Fragile et très sensible, elle réagit à des agressions internes ou externes. Les boutons, ou exanthèmes, présentent des caractéristiques permettant d'en identifier l'origine : localisation, évolution, étendue d'une éventuelle rougeur (inflammation), couleur (rouge, violet, bleu…), signes associés (fièvre, démangeaisons…).

Chez le nouveau-né • À la naissance, le visage de votre enfant peut présenter un « purpura », de toutes petites taches violacées dues à l'énergie déployée pour sortir du ventre maternel – si, plus tard, un autre purpura apparaît, surtout avec fièvre et fatigue, il faut consulter aussitôt, en raison d'une suspicion de méningite. Votre bébé peut aussi avoir les premiers jours des petits boutons

rouges et granuleux, dont la nature est encore mystérieuse, et qui s'effacent rapidement. L'angiome consiste en des taches roses ou rouges dues à des malformations de vaisseaux sanguins. On distingue le nævus flammeus qui, rosé et localisé au visage, disparaît après 1 an ; la « fraise », située sur le visage, qui demande un suivi médical même si elle s'efface vers 6 ou 7 ans ; la « tache de vin », ou « envie », aux tons violacés, qui persiste et représente une gêne esthétique, mais dont des traitements au laser, possibles à l'adolescence, limitent fortement la présence.

Votre enfant peut également avoir ce qu'on appelle une « acné du nouveau-né ». Ces petites taches rouges, parsemées sur le visage, disparaissent avec un antiseptique et une hydratation de la peau. Veillez à ne pas utiliser de lessive et/ou d'assouplissant agressifs, qui fragilisent la peau des bébés.

Les réactions de la peau • Dans les semaines et mois qui suivent sa naissance, votre enfant peut être sujet à des atteintes bénignes et faciles à traiter. L'érythème fessier désigne des fesses rougies par le contact avec les urines et les selles ; une hygiène rigoureuse, un traitement antiseptique et des pommades le guériront très facilement. Les plis du cou, des aisselles ou de l'aine peuvent, à force de macération, être le siège de rougeurs ; nettoyez et séchez soigneusement les zones atteintes et appliquez une crème cicatrisante. Malgré les soins de la toilette, il peut subsister des croûtes de lait sur le cuir chevelu que vous pourrez décoller à l'aide de pommades grasses (voir page 55).

Le muguet (mycose de la bouche) ou les aphtes exigent de consulter le médecin. Si votre enfant ne veut plus manger, il peut s'agir d'une stomatite, inflammation de la muqueuse de la bouche, d'origine virale, parfois liée à un herpès, lequel réclame un traitement particulier.

Hormis ces quelques troubles faciles à identifier, toute manifestation au niveau de la peau doit faire l'objet d'une consultation, pour en déterminer la cause (infection, allergie…).

❱ Les problèmes de pieds

La motricité de votre bébé passe par ses capacités neurologiques mais aussi physiologiques. C'est pourquoi le pédiatre surveille ses pieds, véritables piliers qui lui permettront de se tenir debout et de marcher, et ses hanches, pivots grâce auxquels il pourra se mouvoir. Un dépistage très précoce permettra donc un traitement efficace.

Les déformations de pieds décelées à la naissance ont diverses causes, la piste neurologique étant rare. Il s'agit en général de phénomènes d'origine mécanique, par exemple la manière dont le nouveau-né s'est présenté (par le siège) ou sa position à l'intérieur de l'utérus. Rappelons que le pied adhère au sol par le talon, le prolongement du gros orteil (côté intérieur) et celui du petit orteil (côté extérieur)

Il existe de multiples anomalies, dont voici quelques exemples. Le pied dit « talus » ne peut reposer que par le talon. Les pieds se posent sur le sol, mais la pointe tourne à l'extérieur (on parle de metatarsus valgus) : ce problème disparaît en général au moment de la marche. Les pieds tournent en dedans (metatarsus varus) : une rééducation, débutée dans les jours suivant la naissance et enseignée aux parents par un kinésithérapeute, avec ou non l'appui d'un traitement orthopédique, résoudra la question. On recommandera aux parents de caresser l'extérieur du pied de leur bébé pour provoquer une réaction musculaire qui remettra le pied droit.

❱ La luxation de la hanche

Dans les premiers jours qui suivent la naissance, le pédiatre procède à un examen attentif des hanches de votre enfant afin de dépister une luxation, c'est-à-dire la sortie de la tête du fémur du bassin, incident sérieux puisqu'il gênera la marche. Pour cela, il fléchit, écarte et tourne la jambe ; si, au niveau de la hanche, il sent une dénivellation (ressaut), parfois assortie d'un craquement, il fait procéder à une échographie, examen plus fiable que la radiographie à cet âge.

À partir de 4 mois, une radiographie peut être réalisée pour confirmer le diagnostic. Il existe des facteurs de risques : antécédents familiaux, torticolis à la naissance, accouchement par le siège, position anormale des pieds décrites ci-dessus, origine géographique (Bretagne, Massif central et Vendée). Le traitement classique consiste à consolider la tête fémorale dans son logement (cotyle) en maintenant les jambes fléchies et écartées, pendant trois à cinq mois, le plus souvent à l'aide d'un système appelé « harnais ».

Serge Lebovici

*Célèbre psychiatre et psychanalyste français, **Serge Lebovici** (1915 – 2000) est le fondateur de l'École parisienne de psychanalyse de l'enfant et le cofondateur de la revue la Psychiatrie de l'enfant. Participant à la diffusion des idées psychanalytiques en psychiatrie infantile, il a développé ses recherches notamment sur la psychiatrie du nourrisson en s'inspirant des théories de « l'attachement » élaborées par les pédiatres américains John Bowlby et T. Berry Brazelton. Il s'est intéressé aux liens pouvant exister entre la psychopathologie de l'enfant et celle de sa mère. Enfin, il s'est également spécialisé dans les thérapies de groupe : discussions libres, associations d'idées fondées sur un dessin, une situation test, etc.*

« Les séances de kinésithérapie respiratoire sont-elles douloureuses ? »

La kinésithérapie respiratoire a pour but d'entraîner une toux et une expectoration pour désobstruer les bronches. Elle peut être impressionnante pour les parents, surtout si elle est pratiquée chez les tout-petits. Mais elle n'est pas douloureuse, même si l'enfant pleure car il est manipulé par une personne étrangère et contrarié dans ses mouvements respiratoires. ■

« Pourquoi donne-t-on du fluor aux bébés ? Et jusqu'à quel âge ? »

La supplémentation en fluor est recommandée car des études ont permis de mettre en évidence son rôle bénéfique dans la prévention de la carie dentaire. Il est cependant nécessaire d'être vigilant sur les autres sources d'apport de fluor que sont les eaux minérales, le sel enrichi en fluor et les dentifrices utilisés. Les doses quotidiennes administrées sont de 0,25 mg sous forme de solution buvable jusqu'à 6 mois, puis de 0,5 mg jusqu'à 3 ans, enfin de 1 mg au-delà. Après 9 ans, la minéralisation des dents permanentes est en principe achevée et la supplémentation est alors inutile. ■

« Qu'est-ce qu'un pied bot ? Et comment le soigne-t-on ? »

Un pied bot est une déformation complexe du pied que l'on ne peut corriger manuellement et dont les causes sont multiples. Le traitement associe la chirurgie et une kinésithérapie prolongée pendant plusieurs années. Il doit débuter dès la naissance et est confiée à un chirurgien orthopédiste spécialisé. ■

« J'ai entendu parler des « maladies orphelines ». De quoi s'agit-il ? »

Il s'agit du nom donné à certaines maladies rares (moins d'un cas sur 2000 habitants) et qui, parce qu'elles ne touchent chacune que peu de personnes, sont méconnues et ne bénéficient pas de recherches scientifiques approfondies, à la différence de la mucoviscidose, par exemple. Le monde en compterait pourtant environ 8 000, en majorité d'origine génétique, et, en France, près de 100 000 personnes seraient concernées, dont des enfants. Parmi ces maladies orphelines figurent de graves syndromes (Von Hippel-Lindau, Lowe, Gilles de la Tourette, Angelman, Aicardi...) et affections (progéria, maladie des os de verre ou maladie de Lobstein, rétinoblastome...). ■

« Pourquoi les bébés perdent-ils leurs cheveux derrière la tête ? »

Il est aujourd'hui recommandé de coucher les bébés sur le dos. De ce fait, il survient un frottement en arrière de la tête ; les cheveux fragiles du bébé se cassent et une zone dépilée apparaît. Cela n'a aucune conséquence et les cheveux repoussent sans problème très vite, dès que l'enfant commence à se mouvoir. ■

« Faut-il faire vacciner notre enfant si nous partons en voyage ? »

Différents vaccins sont recommandés ou obligatoires, selon votre destination : contre la fièvre jaune, le choléra, certaines méningites, la typhoïde, l'hépatite A... Ces vaccins seront administrés en fonction de l'âge de votre enfant et du pays de destination. Renseignez-vous auprès de l'Institut Pasteur ou d'un hôpital qui dispose d'un service de maladies tropicales. ■

« Pourquoi prescrit-on des antibiotiques même en cas d'angine virale ? »

Quelle que soit leur origine, virale ou bactérienne, les angines se présentent avec les mêmes symptômes. Il n'est donc pas possible avec le seul examen clinique de déterminer la cause exacte de l'angine. Or l'angine bactérienne liée au streptocoque, si elle n'est pas traitée, peut entraîner des complications articulaires et cardiaques graves : le rhumatisme articulaire aigu. Pour mettre en évidence ce germe, il est nécessaire de pratiquer un examen bactériologique de la gorge. La difficulté pratique et le coût de cet examen ont fait préférer l'alternative de traiter toute angine par un antibiotique efficace contre le streptocoque. ■

Faire garder son bébé

Les premières séparations • Crèche ou assistante maternelle agréée ? • Se préparer pour une éventuelle reprise du travail • Se séparer tout en douceur • Le moment des retrouvailles

Quel mode de garde privilégier ?

Le premier critère de choix est souvent très personnel : quand certaines mamans préfèrent confier leurs enfants à une seule et même personne, d'autres ne jurent que par la collectivité. Mais votre décision dépendra aussi des possibilités locales (ce que propose votre commune), de vos horaires et du budget dont vous disposez.

▶ Un choix très personnel

Confier son enfant à autrui pour la première fois ne va pas sans une certaine appréhension. Parfois, une maman a peur, de façon plus ou moins consciente, que son bébé ne s'attache davantage à la personne qui le garde qu'à elle. Pourtant, même tout petits, les bébés savent très bien faire la différence entre leur maman, leur papa, et les autres personnes. Et il est très important que votre bébé reçoive de l'affection de tous ceux qui s'occupent de lui. Il doit être bien soigné, se sentir en sécurité, et savoir que vous avez toute confiance en la personne à qui vous le confiez. Il pourra ainsi s'épanouir sans que cela n'enlève rien à l'amour immense qu'il a pour ses parents.

Avant de trancher, prenez le temps de vous interroger sur ce qui compte pour vous, votre enfant, pour son papa, et pour les aînés s'il y en a. Tout naturellement, vous arriverez ainsi à cerner la formule de garde qui répond le mieux à votre situation. Une chose est certaine : il faut s'y prendre vraiment à l'avance et vous faire confirmer par écrit tout engagement ou inscription. Dans tous les cas, il vaut mieux chercher et trouver une solution durable, afin de ne pas être obligé de changer de mode de garde tous les trois mois ! Vous êtes deux à avoir besoin de stabilité dans l'organisation de votre « nouvelle vie » : votre enfant et vous-même.

▶ Les crèches

Les crèches collectives • Elles accueillent des enfants âgés de 2 mois et demi jusqu'à 3 ans, du lundi au vendredi et, en général, entre 7 h 30 et 19 heures. La plupart du temps, seuls les enfants dont les deux parents travaillent sont admis en crèche. D'ailleurs, plus les places sont rares, et plus il faut réunir de conditions pour postuler. Néanmoins, la proximité du lieu de domicile est un facteur de sélection, car priorité est donnée aux riverains. Aujourd'hui, les crèches collectives sont très prisées : c'est donc dès le début de la grossesse – dans certaines grandes villes, c'est même dès que l'on envisage de mettre un enfant en route – qu'il faut se renseigner afin d'être prête pour l'inscription, qui a lieu en général au 6e mois.

Les crèches collectives peuvent être municipales ou privées, mais, dans les deux cas, elles dépendent de la Direction de l'action sociale enfance et santé (DASES) et de la Protection maternelle et infantile (PMI). L'ensemble du personnel est diplômé : infirmière puéricultrice, auxiliaires de puériculture, éducateurs de jeunes enfants, etc. L'encadrement prévoit une auxiliaire ou éducatrice pour 8 enfants qui marchent ou pour 5 enfants qui ne marchent pas. Les crèches offrent souvent un environnement épanouissant pour les bébés (matériel adapté, équipe de professionnels, habitude des tout-petits), mais ont un fonctionnement assez rigide, notamment en matière d'horaires ou si l'enfant est malade. Par ailleurs, il est possible de bénéficier de réductions d'impôts : renseignez-vous auprès de la caisse d'allocations familiales (CAF).

Les crèches familiales • Elles sont composées d'un réseau d'assistantes maternelles et accueillent à leur domicile un ou plusieurs enfants âgés de 2 mois et demi à 3 ans. Ces assistantes maternelles sont encadrées par la directrice de la crèche familiale, généralement une infirmière puéricultrice diplômée d'État. Le fait d'être au sein d'un réseau offre à l'assistante maternelle la possibilité de faire participer les enfants qu'elle garde à des activités collectives. Ce type de crèche offre l'avantage de la mini-collectivité et en même temps celui d'un accueil personnalisé. Le contrat de travail est passé entre les parents, la directrice de la crèche familiale et l'assistante maternelle, et il définit les modalités d'accueil (horaires, repas). Il ne peut excéder 10 heures par jour ou encore 50 heures par semaine et les tarifs sont calculés en fonction des revenus des parents. Comme pour la crèche collective, des réductions d'impôts sont possibles.

Les crèches parentales • Il s'agit d'associations de parents gérant des structures similaires aux crèches collectives. La crèche parentale est soumise aux mêmes normes de fonctionnement et de sécurité que les crèches municipales. Mais ce sont les parents – encadrés par un ou plusieurs spécialistes de la petite enfance – qui prennent en charge à tour de rôle les enfants, ainsi que le bon fonctionnement du lieu. Cette formule demande ainsi un certain investissement personnel des parents.

La garde chez une nourrice

La nourrice ou « nounou » est une assistante maternelle agréée qui exerce en libéral. Elle reçoit un agrément de la PMI qui porte à la fois sur son logement, sa santé et ses qualités pédagogiques et éducatives. Les assistantes maternelles agréées ont un véritable statut professionnel avec une obligation de formation. La PMI assure un suivi régulier de leurs qualités professionnelles et renouvelle ou non leur agrément tous les cinq ans. C'est donc dans les services de la PMI que vous vous procurerez la liste des assistantes maternelles ; n'hésitez pas à en rencontrer plusieurs avant de vous décider. Ce mode de garde est assez souple : les horaires peuvent être discutés, l'enfant est souvent gardé lorsqu'il est malade, et les tarifs sont éventuellement négociés. Sur ce point, il faut cependant se baser sur un taux qui a pour référence le SMIC horaire.

Tous ces points doivent être évoqués et acceptés par l'assistante maternelle avant la signature de son contrat, ainsi que la rémunération des jours fériés, les dates de vacances et le paiement des heures supplémentaires. Ce mode de garde est plus coûteux que les autres, d'autant plus qu'il n'est pas calculé en fonction des revenus des parents. En revanche, des réductions d'impôts sont possibles et la CAF prend en charge une partie des cotisations aux URSSAF qui découlent de cet emploi.

La garde à domicile

C'est souvent le mode de garde dont beaucoup de mamans rêvent : il évite de réveiller le bébé le matin, de le sortir dans le froid les mois d'hiver et supprime pour les parents les trajets crèche-domicile ou nounou-domicile deux fois par jour. En outre, même si la personne est avant tout

Le point de vue de bébé

Mais qu'est-ce que c'est ? On n'est plus au même endroit, là où je dors et je me réveille, où je mange et je fais la sieste, là où je connais tout le monde et où je sais ce qui va arriver parce que ça se répète. Je ne suis pas d'accord et je vous le crie ! D'abord j'ai cru que c'était du neuf à explorer et maintenant je vois que ça va se répéter sans toi ! Explique-moi, dis-moi de ta voix qui chante que tu vas revenir et, surtout, fais-le vite ! Sinon je ne sais plus ce qui va se passer et ça me fait très peur.

Quel que soit le mode de garde choisi, le retour à la vie active demande une nouvelle organisation. Ne négligez pas le temps d'adaptation dont vous et votre enfant avez besoin.

employée pour s'occuper de bébé, on peut aussi négocier avec elle quelques travaux ménagers ou quelques courses.

Autre élément rassurant : le bébé est gardé chez lui lorsqu'il est malade ! Cependant, ces « nounous » à domicile n'ont pas obligatoirement de formation spécifique. Il est donc indispensable d'en rencontrer plusieurs avant de se décider, et surtout de prendre quelqu'un qui a déjà exercé les mêmes fonctions auprès de jeunes enfants. La garde à domicile reste très certainement la solution la plus onéreuse, même s'il est possible d'envisager une garde conjointe avec d'autres parents du quartier, ce qui réduit les frais. L'employée de maison peut être embau-

chée pour 50 heures par semaine au maximum, sauf négociations préalables à la signature du contrat. Comme avec les assistantes maternelles agréées, il est préférable de se mettre bien d'accord au préalable sur les horaires, les vacances, les jours fériés, etc.

La jeune fille au pair • Elle peut venir de n'importe quel pays au monde pour s'occuper de vos enfants, mais pour un nombre d'heures limité. En contrepartie, vous la nourrissez, la logez et vous l'indemnisez. Elle peut aussi assurer des soirées de baby-sitting et un peu d'entretien de la maison. Elle est inscrite pour suivre des cours de français et aucun travail ne peut lui être demandé pendant ses heures de cours.

La garde par un proche

Bien sûr, il est tentant de confier son enfant aux grands-parents, à une sœur, ou à une amie. La confiance est là d'emblée. Mais, à long terme, cette solution peut s'avérer délicate. D'abord, c'est une véritable astreinte pour la personne, car la garde est quasi quotidienne si vous travaillez. Ensuite, il est plus gênant, en cas de désaccord, de faire des remarques à une personne proche et non rémunéré. Cela risque de créer des tensions que le bébé pourrait ressentir. Il est donc souvent préférable de faire appel à la famille de façon ponctuelle, par exemple si l'enfant est malade ou si la nounou est absente.

Les haltes-garderies

Dirigées par un personnel qualifié (puéricultrices, infirmières, etc.), les haltes-garderies sont en général destinées aux enfants de moins de 6 ans dont l'un des parents ne travaille pas (ou travaille à temps partiel). Elles ont donc pour vocation d'accueillir des enfants pour quelques heures ou quelques demi-journées par semaine, régulièrement ou occasionnellement. Les places sont parfois peu nombreuses, c'est pourquoi il est plus prudent de s'inscrire à l'avance. Pour toute information, contactez la mairie ou les assistantes sociales du service d'aide sociale à l'enfance du département (conseil général).

Apprendre à bien se séparer

Depuis plusieurs semaines ou même quelques mois, vous vivez des instants quasi fusionnels avec votre bébé. Mais vous savez que vous allez devoir bientôt reprendre votre vie professionnelle et laisser votre enfant découvrir le monde sans vous. Un moment délicat qu'il faut bien préparer pour qu'il se passe tout en douceur.

Quand reprendre le travail ?

L'idéal serait de reprendre le travail quand vous vous sentez prête, que ce soit trois mois, six mois ou un an après la naissance de votre enfant. Mais ce n'est pas toujours si simple. Même si elles n'en ont pas très envie, beaucoup de femmes retrouvent leur activité professionnelle au moment où s'achève le congé légal de maternité, dix semaines environ après la naissance. Et, même s'il est possible de rallonger ce délai par quelques jours ou semaines de vacances, la « séparation » vient souvent plus tôt qu'on ne l'aurait souhaité.

Des sentiments en demi-teinte • Les sentiments éprouvés à l'idée de reprendre le travail varient souvent selon l'intérêt que l'on porte à son métier ou son emploi. Les unes sont plutôt contentes de retourner à une activité sociale qui participe à leur équilibre et dont elles ne sauraient se passer ; les autres se demandent comment elles vont bien réussir à passer toute une journée sans leur bébé alors qu'elles se trouvent dans une relation si étroite avec lui. Il est fréquent qu'une maman se sente tiraillée entre ces deux sentiments. Quand vous vous faites des reproches, n'oubliez pas que, si vous êtes épanouie, vous transmettrez à votre bébé votre joie de vivre. Les pédiatres ne fixent pas d'âge idéal à partir duquel confier son enfant à un tiers pour la journée. Et il est tout à fait possible de faire sentir à son bébé qu'on l'aime très fort tout en travaillant à l'extérieur ; cela ne se mesure pas en nombre d'heures.

Opter pour un temps partiel ? • Vous pouvez peut-être d'ailleurs trouver une solution alternative. Beaucoup de femmes optent aujourd'hui pour un temps partiel jusqu'à ce que l'enfant ait 3 ans. N'hésitez pas à vous renseigner sur vos droits en ce domaine (voir Formalités pratiques, page 450 et suivantes).

Savoir se préparer

La reprise du travail est pour bientôt : il est légitime de vous poser une foule de questions, de remettre, par moments, votre choix en cause et de ressentir des pointes de culpabilité à l'idée de confier votre bébé à un tiers. Bref, tous ces sentiments qui se bousculent à l'approche du jour J sont normaux. Pour que tout se déroule bien, il reste à vous y préparer et à préparer votre bébé.

Avant les premiers jours à la crèche ou chez une nounou, apprenez à vous éloigner un peu de votre bébé de temps en temps, en le laissant à son papa ou à une autre personne de confiance. Même si c'est pour seulement quelques heures, cela évite que l'entrée à la crèche ou l'arrivée chez l'assistante maternelle constitue pour tous les deux la première séparation. Parlez à votre enfant de cette future séparation : expliquez-lui que vous devez reprendre votre activité professionnelle, que vous ne l'abandonnez pas et que vous avez trouvé une personne en qui vous avez confiance pour s'occuper de lui en votre absence.

La période d'adaptation • Les crèches et les nounous proposent systématiquement une période d'adaptation qui peut aller de une à deux semaines, rarement moins de trois jours. Vous allez rester avec votre bébé sur son lieu de garde, découvrir avec lui son nouvel univers, discuter avec les personnes qui vont le prendre en charge. Votre tout-petit va ressentir l'intérêt que vous portez à son changement de vie. Peu à peu, votre temps de présence sur son lieu de garde va se réduire afin qu'il soit fin prêt à passer sa première journée seul le jour J.

▶ Au moment de la séparation

Quand vous accompagnez votre enfant le matin, ne le laissez pas trop vite. Il est préférable de « grignoter » un peu sur son temps de sommeil, plutôt que de le « déposer » en deux minutes parce que vous êtes pressée. Ce sera profitable aussi bien pour lui que pour vous. Prenez le temps d'échanger quelques mots avec la puéricultrice ou la nounou. Apportez quelques objets qu'il aime – son doudou bien évidemment, mais également d'autres petits hochets ou peluches. Vous pouvez aussi lui laisser un mouchoir où vous aurez déposé quelques gouttes de votre parfum.

S'il est inutile de faire durer les adieux, ne partez jamais sans lui avoir dit « au revoir » et « à ce soir ». Votre bébé a besoin de comprendre que vous partez et que vous allez revenir. S'il se met à pleurer, rassurez-le, dites-lui qu'il va être bien et passer une belle journée. Une chose est certaine : vous devez vous-même en être convaincue afin de pouvoir lui transmettre votre confiance et votre sérénité. Mais ne craignez pas de lui avouer que, pour vous aussi, c'est dur. Même si vous cherchiez à cacher votre tristesse, il la sentirait. Racontez-lui par exemple que vous allez emporter au travail sa photo et que vous la regarderez en pensant bien fort à lui. La présence du père peut beaucoup vous aider au moment des « au revoir ». Il saura sans doute mieux que vous quand il faut finir par passer le seuil de la porte, et sera là pour vous consoler juste après. Enfin, si votre bébé est gardé par une assistante maternelle, n'hésitez pas à demander à quelle heure vous pouvez la joindre. Puis, quand vous téléphonez, dites-lui d'expliquer à votre enfant que vous avez appelé et que vous l'embrassez très fort. Votre enfant comprendra qu'il est question de sa maman.

Le temps des retrouvailles

La journée est finie, vous retrouvez votre enfant. Cet instant est important aussi. Prenez là encore du temps pour évoquer avec la puéricultrice ou la nounou le déroulement de la journée, ses faits et gestes, ses pleurs, ses rires, ses progrès… Votre bébé sentira ainsi qu'il existe une harmonie entre ses deux lieux de vie. En outre, en instituant ces moments de parole, vous allez établir un climat de confiance avec la personne qui le garde. Or, cette confiance sera bénéfique à tout le monde : à vous, car vous vous sentirez de plus en plus à l'aise avec celle à qui vous avez confié votre enfant, à ce dernier, qui va ressentir une certaine complicité entre les personnes qui s'occupent de lui, et enfin à la nounou ou la puéricultrice qui appréciera l'intérêt que vous portez à ce qu'elle fait pour votre bébé. Une fois rentrée chez vous, n'hésitez pas à raconter à votre enfant votre journée ; réservez-lui un moment pour jouer et échanger. Ces instants privilégiés lui permettront de constater que son nouveau rythme de vie ne modifie en rien la relation qu'il a avec vous.

Le quotidien avec un bébé prématuré

Des laits enrichis pour une croissance plus rapide • Comment protéger ses poumons de toute agression extérieure • Quel mode de garde ? • Savoir quand consulter • Un suivi médical particulier • Le dépistage et la prise en charge d'éventuels retards

La vie en famille

Le quotidien avec un bébé prématuré est le même qu'avec un bébé né à terme. Il faut seulement lui donner une alimentation plus riche, protéger ses poumons de la fumée, des agressions virales et des poussières, et, enfin, s'assurer, grâce à quelques consultations de pédiatres spécialisés, que son développement se déroule normalement.

▶ Enfin, tous ensemble !

Vous voici de retour chez vous avec ce tout petit bébé. Plus que d'autres parents, vous vous sentez peut-être inquiets, surtout si vous avez traversé une période difficile. Il vous semble encore si fragile. Pourtant, son état de santé lui permet maintenant de vivre chez lui, dans sa famille. Vous pouvez avoir confiance dans la décision des médecins : ils ne prennent aucun risque. Vous allez enfin partager le quotidien avec votre bébé, avec son lot d'émotions, de joies et de soucis.

Les pages qui suivent ne sont pas le reflet de la vie quotidienne. Elles mettent juste l'accent sur quelques précautions à prendre. Mais n'oubliez pas que votre bébé est un enfant comme les autres ! Même si vous vous montrez parfois plus attentifs que vous ne le seriez avec un bébé né à terme, même vous si avez tendance à consulter plus vite le pédiatre, votre enfant ne connaîtra pas nécessairement plus de difficultés qu'un autre… Et, comme tout enfant, il aura besoin que vous ayez confiance en ses capacités pour bien grandir.

▶ Une chambre saine

Tous les bébés prématurés sont plus fragiles devant le risque asthmatique. Cela implique de respecter à la lettre des recommandations valables pour tout nouveau-né : ne pas fumer dans la maison, aérer chaque jour la chambre, passer régulièrement l'aspirateur, surtout sur la moquette, éviter de mettre plus d'une peluche dans son berceau. Il est aussi essentiel que votre bébé ait une literie de bonne qualité : il faut choisir un matelas assez ferme, bannir couettes, couvertures et oreillers. La position sur le ventre pour dormir est proscrite, sauf prescription médicale particulière.

▶ Une alimentation plus riche

Comme ils naissent sans avoir achevé leur croissance, les bébés prématurés vont bénéficier d'une alimentation enrichie. Même s'ils étaient tout petits, ils vont ainsi rattraper leur retard, et grandir et grossir plus vite que les bébés de leur âge. C'est d'abord leur périmètre crânien qui rejoindra les valeurs moyennes, puis leur poids, et, enfin,

Après le séjour de votre bébé en service de néonatalogie, votre retour avec lui à la maison est l'occasion de reprendre une vie familiale normale dans laquelle le nouveau-né trouvera sa place en douceur.

plus tardivement, leur taille. Cette évolution, transcrite par le médecin sur une courbe dite « de rattrapage », est plus ou moins rapide selon que le bébé est né à 34 semaines ou à 26 semaines. Mais, à l'âge de 1 an, 90 % des anciens prématurés présentent les mensurations qu'ils auraient eues s'ils étaient nés à terme.

Durant les premiers mois • En pratique, il suffit de suivre les indications fournies à la sortie de l'hôpital, puis par le pédiatre. Si vous allaitez, vous remplacez en général deux des tétées au sein par deux biberons d'un lait très riche, destiné aux prématurés. Si vous donnez le biberon, vous utilisez exclusivement ce lait, jusqu'à ce que votre bébé atteigne 3 kg. Dès l'âge de 3 mois, et avec l'accord du pédiatre, vous passerez directement au lait standard 2ᵉ âge, plus riche en fer et en protéines que le 1ᵉʳ âge. Grâce à tous ces laits enrichis, votre bébé reçoit plus de calories et peut mieux rattraper son retard de croissance.

Après 6 mois • Le lait doit rester le seul aliment jusqu'à l'âge de 5-6 mois. Votre bébé ne grandira pas plus vite parce qu'il se nourrit comme un « grand », au contraire (les légumes et les fruits contiennent fort peu de calories !). En outre, retarder un peu la diversification limite le risque d'allergie. Vers 6 mois, vous pourrez en toute sérénité commencer à donner à votre bébé des petits pots ou des compotes.

▶ Les contacts avec l'extérieur

Il n'est pas question de priver votre bébé de contacts avec l'extérieur, loin de là. Comme tout enfant, il a besoin de découvrir le monde qui l'entoure. Mais son appareil respiratoire reste encore fragile. Même si ses poumons sont bien fonctionnels, ils sont plus sensibles aux agressions extérieures (fumée, poussières, pollution, virus). Toutes les précautions prônées par les médecins visent à limiter deux risques majeurs : les infections, susceptibles de complications, et le développement d'un asthme. Elles sont à moduler selon le passé médical de l'enfant. S'il est né après 33 semaines d'aménorrhée et qu'il n'ait pas eu besoin d'aide respiratoire, il est presque aussi résistant qu'un bébé né à terme. Si l'état du bébé, en revanche, a nécessité une ventilation assistée durant plusieurs semaines, il est fondamental de protéger son appareil respiratoire de toute agression. Une fois passées les deux premières années, il n'y aura plus lieu de s'inquiéter, même pour les très grands prématurés.

Le mode de garde • Durant la première année, il est très déconseillé de placer le bébé en crèche, surtout l'hiver, car il risquerait de contracter une infection si un autre enfant est malade. Sachez qu'en France il est possible d'obtenir une allocation spécifique de garde d'enfant à la maison, qui permet de s'arrêter de travailler durant 4 mois renouvelables (vous trouverez toutes les informations auprès des caisses d'allocations familiales). La deuxième année, vous verrez avec le médecin si votre bébé peut intégrer sans risque une collectivité ou s'il vaut mieux attendre un peu.

Les sorties • Toujours pour les mêmes raisons, il est mieux d'éviter, lors des sorties, les transports en commun, les grands magasins le samedi, les espaces confinés, et, en général, tout lieu où le risque de contamination virale est plus important. Mais vous pouvez tout à fait promener votre bébé partout ailleurs. Durant le premier hiver, par précaution, vous resterez chez vous les jours de forte pluie ou de gel. Vous achèterez peut-être un landau ou une poussette avec nacelle qui protège mieux du froid et de la pollution. Lors des visites de proches, vous vous assurerez que personne n'est enrhumé. Mais, là encore, il ne s'agit pas de mettre la famille et le bébé sous cloche !

▶ Quand consulter ?

Comme pour tout bébé, dans les douze premiers mois, il est important de consulter assez vite si l'enfant a de la fièvre, s'il tousse, ou dès qu'il montre un comportement inhabituel (s'il dort davantage ou refuse de s'alimenter, par exemple). Les affections suivantes sont plus fréquentes chez les bébés prématurés. Connaissant leurs principaux symptômes, vous saurez mieux les repérer…

Un début d'asthme ? • Les symptômes d'équivalent asthmatique sont une toux sèche nocturne, un essoufflement lorsque le bébé tète ou fait un effort, ou une respiration sifflante. En les traitant rapidement, on évite bien souvent qu'un asthme ne s'installe de façon définitive. Passé 2 ans, si l'enfant n'a manifesté aucun souci respiratoire, vous pouvez vous dire que tout va bien. Mais si ce n'est pas le cas, sachez que, grâce aux traitements, la situation peut très bien se régulariser dans les années à venir, voire entre 6 et 8 ans.

Prématurés et grands prématurés

Tous les bébés nés avant terme ne sont pas des prématurés. Les médecins n'utilisent ce qualificatif que pour les naissances avant 37 semaines d'aménorrhée. Il ne faut pas confondre non plus prématurés et grands prématurés, car l'état de santé et de maturité physiologique d'un bébé né à 36 semaines ou né à 26 semaines n'ont rien de comparable.

- **S'il est né entre 32 et 36 semaines d'aménorrhée,** l'enfant se développe, sauf cas exceptionnels, sans rencontrer aucun problème particulier, et le risque de séquelles dans les années qui suivent est vraiment très minime.
- **S'il est né entre 28 et 31 semaines,** la situation est plus délicate, surtout durant les premières semaines. Des complications sont possibles, et le suivi médical sera plus rigoureux.

La plupart de ces enfants vont toutefois grandir sans rencontrer de souci majeur.

- **S'il est né entre 24 et 27 semaines,** le maintien en vie durant les premières semaines est plus aléatoire. Des difficultés ultérieures sur le plan psychomoteur surviennent parfois, sans être systématiques. Certains de ces enfants vont aller très bien. Mais d'autres nécessitent parfois une aide médicale ponctuelle, lors de l'acquisition de la marche ou du langage par exemple.

Les reflux gastro-œsophagiens • Il est normal qu'un bébé recrache un peu de lait avec le rot dans l'heure qui suit le biberon. Mais, si votre enfant régurgite plus d'une heure après son repas ou durant son sommeil, de façon répétée, il faut consulter. Les reflux gastro-œsophagiens (remontées acides venant de l'estomac) cessent spontanément entre 6 et 9 mois, mais le traitement (lait épaissi ou médicaments) évite une irritation de l'œsophage ou des poumons.

En cas d'hernie inguinale • L'hernie inguinale se manifeste chez la petite fille par une boule au niveau de l'aine, et chez le petit garçon par le volume plus important de l'une ou des deux bourses. Ce problème nécessitera une petite opération. Pour une petite fille, il faut consulter vite, au plus tard sous 48 heures. Pour un petit garçon, la situation est moins urgente sauf si la hernie devient dure ou rouge, ou si l'enfant vomit : il faut alors se rendre aussitôt à l'hôpital.

Un suivi médical particulier

Plus les années passent sans qu'aucune difficulté n'ait été repérée, plus les éventuelles séquelles liées à une naissance prématurée seront bénignes. Par précaution, les médecins suivent toutefois certains grands prématurés jusqu'à l'école primaire. Assurés que tout souci sera pris en charge, vous pouvez jouer sereinement votre rôle de parents.

▶ Davantage de consultations

Au moins durant la première année, le bébé prématuré doit bénéficier d'un suivi par une équipe spécialisée. Cela se fait tout naturellement : à la sortie de l'hôpital, le médecin du service de néonatalogie vous fixe un premier rendez-vous, puis un suivant, et ainsi de suite, jusqu'à ce que ce ne soit plus nécessaire. La durée et la fréquence de ce suivi varient pour chaque enfant, selon le degré de prématurité et les problèmes rencontrés lors des premières semaines. Pour les enfants nés après 32 semaines, une surveillance particulière pendant un à deux ans est le plus souvent suffisante. Pour les bébés nés plus tôt, les médecins restent vigilants pendant plusieurs années, parfois jusqu'à l'entrée à l'école primaire.

Une astreinte utile • Pour les parents, le calendrier des visites peut paraître un peu astreignant. Il est pourtant important de le suivre jusqu'au bout. Un enfant de 2 ans qui n'a jamais rencontré

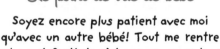
Le point de vue de bébé

Soyez encore plus patient avec moi qu'avec un autre bébé ! Tout me rentre dedans si fort ! Je n'ai pas eu assez long-temps mon matelas d'œuf enveloppant anti-choc, d'eau, de sons mouillés, de musiques du corps de maman, de sommeil dans son ventre. Laissez-moi le temps d'arriver, nous avons eu si peur ensemble, je dois m'habituer à tout ce trop de tout. Je suis très intéressé et j'ai parfois très peur en même temps, expliquez-moi, sécurisez-moi, et je vais y arriver comme les autres !

de difficulté pourra, par exemple, avoir besoin d'un peu d'aide lors de l'acquisition du langage. Avec une prise en charge rapide, il sera mieux préparé à intégrer plus tard le système scolaire.

Même si, le plus souvent, le médecin dit que tout va bien, il serait dommage de se priver de ce dépistage… Si vous déménagez, vous pouvez vous adresser à n'importe quel centre d'action médico-sociale précoce (CAMSP) : de telles structures spécialisées existent dans toutes les régions de France.

▶ L'importance du dépistage

En dehors de la surveillance de l'appareil respiratoire, les consultations destinées aux anciens bébés prématurés permettent de dépister d'éventuels troubles. Ainsi, dans le domaine psychomoteur, on va surveiller la mobilité des membres, puis la marche, puis, plus tard, l'évolution du langage et tout ce qui touche à la motricité fine (éventuelle difficulté à écrire, maladresse).

La psychomotricité • Les étapes du développement moteur se succèdent toujours dans le même ordre. Il en va de même pour l'acquisition progressive du langage. Chez les enfants prématurés, toutefois, ces apprentissages sont souvent plus tardifs. Par exemple, il est probable que votre bébé marchera à 18 mois plutôt qu'à 1 an. Ce décalage de quelques mois avec un bébé né à terme est normal, et il serait inutile, voire néfaste, de chercher à accélérer son rythme. Seul le médecin saura estimer si l'enfant a réellement besoin d'une aide. Quand c'est le cas, votre enfant suivra un certain nombre de séances avec un personnel spécialisé : psychomotricien ou kinésithérapeute pour les troubles moteurs, orthophoniste pour ceux du langage.

Le développement cognitif • Même pour les très grands prématurés, les soucis liés à un retard intellectuel sont exceptionnels. Mais ces tout-petits nés très tôt rencontrent parfois des troubles de l'attention à l'école maternelle : ils passent sans cesse d'une activité à une autre, ils ont du mal à se concentrer, et l'apprentissage de la lecture et de l'écriture deviendront de ce fait plus difficiles. Une prise en charge adaptée permettra de soutenir ces enfants de manière efficace.

La vision et l'audition • Il arrive que l'audition pâtisse d'une naissance précoce, mais c'est assez rare, et les médecins le détectent assez vite. En revanche, les anciens prématurés ont souvent besoin de lunettes, pour cause de myopie, d'astigmatie ou d'hypermétropie. Il est mieux de

s'en apercevoir assez tôt, d'où l'importance de consulter un ophtalmologiste pédiatre : entre 9 mois et 1 an, puis à 2 ans, 4 ans et 7 ans.

▌ Parent ou professionnel, à chacun son rôle

Même si elle vous pèse parfois, la vigilance des médecins permet de vivre en toute sérénité votre rôle de parents. Laissez donc aux professionnels le soin de surveiller le développement de votre bébé. Faites-leur confiance. Quand une éventuelle anomalie nécessite des séances de kinésithérapie ou d'orthophonie, ne cherchez pas à intervenir. Par exemple, il serait très néfaste de répéter à la maison les gestes ou les exercices que le spécialiste fait effectuer à votre fils ou votre fille. Certaines acquisitions prennent parfois un peu de temps, mais ce délai est important pour votre enfant. Il apprend à son rythme et, plus le climat autour de lui sera serein, sans pression de votre part ou de la part de la famille, plus il éprouvera du plaisir à progresser.

Comme tout enfant, il a surtout besoin d'être valorisé et de ne pas se sentir en situation d'échec. À trop vouloir surveiller sa santé ou ses progrès, vous pourriez oublier votre rôle de parents : partager des jeux, des câlins, donner des repères et des « non » quand il commence à devenir plus autonome, faire preuve à la fois d'écoute et de fermeté... bref être un papa ou une maman comme les autres.

Robert Debré

Robert Debré *(Sedan 1882 – Le Kremlin-Bicêtre 1978) a fait de son service clinique des Enfants-Malades un centre de réputation mondiale. Ce grand pédiatre a consacré sa vie à la recherche, et essentiellement à la lutte contre les maladies infantiles (diphtérie, scarlatine, etc.). Il a été l'un des pionniers de la protection maternelle et infantile et de la médecine scolaire. Il a aussi étudié l'influence de l'environnement dans le développement de l'enfant. On lui doit la fondation de l'Unicef (Fonds des Nations unies pour l'enfance) avec Ludwig Rajchman en 1946.*

Les vaccinations

Plus que tout autre, un bébé prématuré doit recevoir sans attendre tous les vaccins prévus aux âges habituels. Par précaution, le médecin pratique en plus :

– le vaccin contre le pneumocoque ;

– le vaccin contre la grippe lors des deux premiers hivers (il est souvent conseillé aux parents de se faire eux aussi vacciner) ;

– le Synagis, un anticorps destiné à protéger contre les bronchiolites à VRS (réservé à certains grands prématurés et prescrit par un pédiatre hospitalier).

Et du côté du père ?

Petit éclairage supplémentaire sur le rôle et le quotidien des papas... • Nouvelle vie, nouveaux rythmes • Paternité et statut social • Serai-je à la hauteur ? • Les échanges avec le bébé • Détendre le lien fusionnel entre la mère et l'enfant

Un quotidien au rythme du bébé

Votre enfant est arrivé. Et avec lui, la fatigue, les premières nuits blanches, mais aussi toute l'émotion et la joie qu'apporte la vie quotidienne avec un nouveau-né... Ce temps d'adaptation n'excède pas en général les premiers mois. Un rythme de vie plus reposant devient possible dès que le bébé fait ses nuits.

Une autre organisation

La vie au jour le jour n'est plus la même avec un nouveau-né. Et si c'est votre premier enfant et que vous aviez une vie sociale très riche, les premières semaines vont bouleverser toutes vos habitudes. L'époque où vous ne vous souciez ni des horaires ni des réveils difficiles, et où il suffisait de tenir bon jusqu'au prochain week-end pour s'octroyer un repos récupérateur, est révolue, du moins pour un temps. Désormais, les longues matinées à dormir ne sont plus qu'un souvenir.

La paternité (et la maternité) implique non seulement de nouvelles responsabilités, mais aussi de nouveaux horaires. Et certains jeunes pères ont parfois du mal à accepter sereinement de réaménager leur quotidien. Il n'est pas si facile de passer d'une organisation fondée sur la liberté personnelle, à une vie tournant entièrement autour des besoins d'un nouveau-né. Pour vous et votre compagne, il va falloir apprendre à vivre à un tempo qui n'est pas le vôtre, du moins durant les premiers mois. Si vous allez vers votre bébé et profitez de cette vie de famille, les contraintes journalières pèseront peut-être à certains moments, mais s'accompagneront aussi de grandes joies. Si vous vous crispez sur tout ce qui perturbe votre quotidien, ces changements seront sans doute moins simples à vivre.

Des nuits en pointillé

La vie d'un bébé est constituée de rendez-vous rituels et incontournables : le repas, la toilette, le sommeil, encore le repas... Et ce n'est pas à ce nouveau-né de s'adapter à votre rythme d'adulte, mais bien à vous de respecter ses besoins physiologiques. Les premiers temps, les nouveaux pères s'émerveillent de leur nouvelle existence. Puis la fatigue s'installe. Autant en prendre son parti : elle risque bien de durer quelques mois... Le soir, vous n'avez souvent plus qu'une envie : vous coucher et dormir.

Une période transitoire • Mais tout cela n'est que provisoire. Après quelques semaines, vous aurez vous aussi trouvé votre vitesse de croisière.

Après tout, on s'habitue vite à se lever la nuit, quitte à se coucher un peu plus tôt le soir. Et, bientôt, ces premières nuits en pointillés ne seront plus qu'un lointain souvenir qui vous fera sourire. Patience, donc… Beaucoup de bébés font leurs nuits après l'âge de 3 mois, et la très grande majorité avant 6 mois. Vous et votre compagne pouvez alors trouver un nouvel équilibre.

Des moments uniques • N'oubliez pas que ces premières semaines sont uniques. Les sorties à deux, la vie sociale, sont seulement en suspens, le temps que le bébé grandisse un peu et que vous établissiez déjà ensemble des liens solides. Vous prendrez petit à petit vos marques, mais si vous êtes passé à côté des émotions qu'offrent ces premières semaines, il sera impossible de faire machine arrière. La vie de famille vous réservera d'autres joies, mais elles seront différentes.

Et la relation du couple ? • Certes, l'arrivée d'un enfant fait voler en éclats l'ancien rythme de vie du couple. Mais la vie avec un nouveau-né ne se résume pas aux nuits en pointillé. Par la découverte de ce bébé et les échanges avec lui, elle est riche d'émotions qui enrichissent également votre relation de couple. En effet, au-delà du bouleversement du quotidien, vous vous découvrez aussi sous un jour différent. Par son attitude envers l'enfant, votre compagne dévoile de nouvelles facettes de sa personnalité. Et vous de même.

Le point de vue de bébé

C'est drôle comme j'éprouve d'autres sensations quand je suis avec lui. C'est une tout autre ambiance. Quand il est pressé, c'est déshabillé, plongé, tourné, aspergé, savonné, rincé et séché, vite fait, bien ou mal fait ! Et puis, quand il a le temps, il agit autrement, on rigole, ça ressemble à ce que fait maman. Quand ils sont tous les deux, c'est encore mieux, j'adore ! C'est parce qu'ils ont le temps, c'est calme, on est tout contents ensemble, et ça nous fait vraiment beaucoup de bien.

▶ Sous le regard des autres

Vous avez remarqué ? On ne vous regarde plus de la même manière qu'avant. Au travail, dans votre immeuble ou votre cercle d'amis, les regards portés sur vous et votre femme ne sont plus les mêmes. Ils se font tour à tour complices, admiratifs ou bienveillants. Il y a ceux qui aimeraient bien être à votre place pour revivre toute l'émotion qui accompagne les débuts de la paternité. Ceux qui semblent vous dire « Bienvenue au club ! Maintenant, vous êtes des nôtres » et vous font comprendre que vous avez franchi une étape. Ceux qui sourient de votre état de léger flottement, entre épuisement et excitation, amusés de vous voir sur un petit nuage. Votre statut a changé par le simple effet de la naissance du bébé.

Des papas très fiers • Désormais, vous n'êtes plus seulement marié, fiancé ou concubin : vous êtes aussi père. Ce nouveau rôle est socialement gratifiant. Pour celui qui avait la vague et désagréable impression de ne pas être pris au sérieux, tout va enfin changer. Au début, il est le plus heureux des hommes. Il se sent invulnérable, rien ne peut l'atteindre. En même temps, ce nouveau statut peut aussi entraîner quelques bouleversements dans la tête du nouveau père. Et, après les premiers moments d'euphorie, certains se sentent assaillis par des interrogations existentielles. N'ayez pas d'inquiétude : c'est tout à fait normal…

S'appuyer l'un sur l'autre

Bien qu'incontournable, la fatigue est mauvaise conseillère quand on s'occupe d'un enfant : elle peut entraîner impatience, énervement et précipitation. Cela vaut pour la maman comme pour le papa. Dès que l'un ou l'autre en ressent le besoin, il est donc important de pouvoir passer le relais et de s'appuyer l'un sur l'autre. Il suffit parfois de peu, pour souffler et se détendre : sortir marcher ou s'isoler une demi-heure par exemple. Avec un peu d'organisation, vous devriez trouver le moyen de vous offrir l'un à l'autre ces pauses, sous une forme ou une autre : ces temps de repos, si brefs soient-ils, seront pour vous deux – vous trois, même – bien bénéfiques.

Entrer dans la peau d'un père

Le père tout neuf s'interroge : sera-t-il à la hauteur ? Saura-t-il « faire comme il faut » ? Quelle place va-t-il parvenir à prendre auprès de l'enfant ? Mais, comme la maman, il dépasse en général ses doutes et ses inquiétudes lors des échanges quotidiens avec son enfant. Il n'existe pas une seule façon d'être père, et il est bien normal de tâtonner un peu avant de se sentir à l'aise.

▶ Le souci de « bien faire »

Le nouveau père s'inquiète de savoir s'il sera capable de jouer correctement son rôle. Aujourd'hui, en effet, l'exigence de performance envahit tous les aspects de la vie quotidienne, bien au-delà du monde du travail. Certes, la pression sociale vis-à-vis des pères reste moins forte que celle pesant sur les mamans : tenues d'être à la fois de « bonnes » mères, des femmes épanouies, et performantes au travail, elles ne sont pas dans une position très confortable. Les pères, eux, sont encore soumis à une exigence moindre en dehors de la sphère professionnelle. Sans doute faut-il voir là le vestige d'une tradition selon laquelle leur mission consiste, avant tout, à rapporter de quoi manger à la maison. Nombre de pères se sentent toutefois désireux de se

Entre fierté et peur de ne pas être à la hauteur, le papa tout neuf apprend son « métier ».

montrer « à la hauteur ». Ils se sentent obligés d'« assumer », eux aussi. Sans toujours savoir, d'ailleurs, en quoi consiste cette obligation...

▶ Des questions légitimes

Va-t-il faire comme il faut ? Et que signifie « faire comme il faut » ? Le père s'interroge. Certains s'appuient sur les conseils de proches, amis ou parents. D'autres s'intéressent à la littérature consacrée à la famille pour y trouver conseils pratiques et recommandations astucieuses. D'autres encore se plongent dans la presse féminine, avec le secret espoir de glaner quelques conseils. Car les questions ne manquent pas. Que faire quand le bébé pleure ? Est-ce que je ne risque pas de lui faire mal en le prenant dans mes bras ? Est-il possible de se baigner avec lui, et jusqu'à quel âge ? Autant de questions que partagent nombre de pères débutants, sans toujours oser s'en ouvrir à leur entourage. À tort : elles sont légitimes et n'ont rien de ridicule.

En parler à deux • Le plus simple, c'est encore d'en discuter avec la maman, qui elle aussi découvre son nouveau rôle. Se parler, ne rien cacher de ses doutes et de ses interrogations, pour le père comme pour la mère, est déjà un premier pas sur la voie d'une association familiale réussie. Pour l'un comme pour l'autre, il n'y a ni performances à accomplir ni modèle à suivre aveuglément. Tout le charme du « métier » de parent consiste à inventer et trouver ses propres solutions. Il est normal de commettre des maladresses ou des erreurs. Personne ne connaît la « recette » d'une paternité (ou d'une maternité) réussie. L'important est d'aimer son enfant et de s'y consacrer pleinement.

▶ Un soutien efficace à la maison

Les six premiers mois de la vie de l'enfant ne relèvent pas exclusivement de la compétence de la mère. Au contraire, le père joue un rôle essentiel. Il contribue d'abord à favoriser la sérénité au sein du foyer. Il lui appartient de susciter un environnement favorable à la maman et au nouveau-né pendant les tout premiers mois. Après le retour de la maternité, il s'efforce de répondre aux attentes de la mère et de faire en sorte que le quotidien soit le moins contraignant possible dans les semaines qui suivent. Compte tenu de l'état de fatigue de sa compagne et de son besoin de reprendre des forces après l'accouchement, c'est à lui d'assumer diverses tâches afin de la libérer au maximum des corvées domestiques. Mais un père n'est pas seulement là pour soutenir la mère, loin de là. Il est aussi un acteur essentiel de la relation familiale en train de se construire.

▶ Les échanges avec le bébé

Même si, après neuf mois dans le ventre maternel, le bébé semble d'abord mieux rassuré par sa mère que par son père, il s'attachera vite très fort à vous si vous allez vers lui. Il existe, pour un père, diverses façons de favoriser la création d'un lien avec son bébé. Dans les premières semaines, cette relation passe par des gestes concrets au moment des rendez-vous incontournables que sont le repas, le change ou le bain. Mais même si vous ne vous investissez pas dans ces soins de base, vous pouvez répondre à ses demandes affectives, en le berçant pour l'apaiser ou en échangeant avec lui sourires et câlins. Si vous lui manifestez votre amour, si vous êtes curieux de lui, il montrera lui aussi des réactions affectueuses. Peu importe comment vous manifestez votre présence de père dès lors que vous êtes là pour lui.

Certains craignent peut-être cette relation naissante. Ils se sentent mal à l'aise face à des sentiments nouveaux qu'ils n'ont jamais éprouvés à ce jour. Pourtant, cette relation de proximité corporelle contribue à sécuriser l'enfant et à construire le lien paternel avec lui.

▶ Détendre le lien entre la mère et l'enfant

Quand vous souhaitez vous occuper davantage du bébé, mais que votre femme est réticente, n'hésitez pas à insister. Dites-lui que ces contacts corporels sont bien pour le bébé et pour vous. La plupart des pédiatres estiment que le nouveau-né se développe mieux sur le plan psychomoteur si on le prend dans les bras, le berce et le soigne de diverses façons – ce dont bénéficie tout bébé qui a des contacts avec chacun de ses parents. Si votre femme agit comme si le bébé lui appartenait, il est d'ailleurs essentiel que vous l'aidiez à établir une relation moins fusionnelle avec l'enfant. Légitime dans les premières semaines qui suivent la naissance, la « fusion » mère-enfant n'a pas vocation à se prolonger au-delà. C'est par ses échanges avec son bébé que le père jouera tout naturellement ce rôle de « séparateur » et occupera la place qui lui revient auprès de l'enfant.

Les nouveaux pères sont arrivés

Avant, tout était simple. Pour schématiser, la mère restait chez elle à s'occuper des enfants. Le père, lui, partait affronter le monde extérieur. Il rentrait avec tout ce qui était nécessaire à la subsistance de sa famille. À la maison, les rôles de chacun étaient clairement définis et répartis. À la mère revenait le soin de nourrir, laver, soigner et habiller les enfants. Le père ne s'occupait jamais de ces tâches. Elles étaient considérées comme « naturellement » maternelles et féminines. Tout juste consentait-il à jouer avec ses enfants et à les ouvrir sur le monde. Aujourd'hui, les rôles et les activités des deux parents ne sont plus aussi tranchés que dans ce schéma traditionnel. Désormais, les hommes n'hésitent plus à prendre en charge les tâches obligatoires du quotidien. Même si la mère continue d'assumer la majorité des travaux domestiques, le père s'investit de plus en plus dans les soins de l'enfant. Il prépare son repas, le fait manger, lui donne le bain, l'habille... Il est présent tout au long des étapes de son éducation, sans avoir pour autant le sentiment de déroger à un statut social. Certes, il reste encore des progrès à accomplir. On ne balaie pas en un revers de main des décennies de préjugés et d'habitudes de comportement. Mais les pères sont sur la bonne voie...

Le bébé de 6 mois à 1 an

- La vie à la maison
- Le développement du bébé
- Jeux et activités d'éveil
- Veiller à la santé de son enfant
- Et du côté du père ?

Le bébé à 8 mois

Les repas

Le bébé prend quatre repas. Il est habitué aux différents aliments qui lui sont proposés : lait de suite et laitages, céréales, légumes, viande (ou poisson ou œuf), fruits. Installé dans sa chaise haute, toujours bien attaché, il découvre les petits morceaux dans la purée ou les fruits écrasés, sous votre regard attentif.

Le sommeil

La nuit, le bébé dort d'un sommeil profond pendant dix à douze heures. Il fait une longue sieste d'environ deux heures l'après-midi. Le petit somme du matin a tendance à disparaître, mais certains bébés ont encore besoin de se reposer à ce moment-là.

Les relations

Le bébé expérimente son pouvoir sur les objets. Il les fait tomber, les frappe pour faire du bruit. Il enlève la serviette sous laquelle un jouet vient d'être dissimulé : il a compris qu'une chose cachée ne cesse pas d'exister. Il attrape ses cuisses, tortille ses oreilles et touche ses cheveux. Il devient méfiant envers les personnes inconnues. Il s'attache à un « doudou ».

Les mouvements

Le bébé tient assis tout seul. Il rampe et commence en général à se déplacer à quatre pattes. Les fesses pointées en arrière, il reste debout pendant quelques instants en s'appuyant, par exemple, aux barreaux de son lit. Ses mains deviennent de plus en plus habiles. Il peut saisir deux objets à la fois et est capable de les passer d'une main dans l'autre.

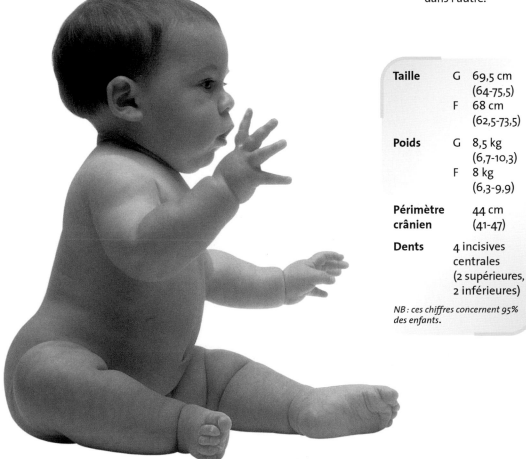

Taille	G	69,5 cm (64-75,5)
	F	68 cm (62,5-73,5)
Poids	G	8,5 kg (6,7-10,3)
	F	8 kg (6,3-9,9)
Périmètre crânien		44 cm (41-47)
Dents		4 incisives centrales (2 supérieures, 2 inférieures)

NB : ces chiffres concernent 95 % des enfants.

Le bébé à 12 mois

Les repas

Ayant pris l'habitude de manger des purées moins lisses, le bébé peut accepter des aliments écrasés à la fourchette. La viande ou le poisson lui sont présentés à côté de la purée.
Il veut prendre lui-même des morceaux de nourriture ; il les porte à sa bouche, les ressort avec ses doigts, les regarde, puis les mange.

Le sommeil

Le bébé dort de dix à douze heures, se réveille une ou deux fois par nuit – et se rendort le plus souvent tout seul.
Son sommeil est moins profond, plus agité.
La sieste de l'après-midi dure toujours environ deux heures.

Les mouvements

Le bébé reste debout sans appui. Il se redresse seul. Il marche peut-être, tenu par une main ou sous les aisselles, ou même déjà seul.
Il utilise avec adresse le pouce et l'index pour saisir les petits objets, ramasser les miettes…
Il lâche volontairement un jouet, le reprend, le jette. Il sait placer un petit objet dans un plus grand.

Les relations

Le bébé montre qu'il comprend le sens de plusieurs mots :
« donne », « tiens »,
« au revoir », « bravo »
Il sait aussi ce que veut dire « non ».
Il connaît les prénoms de ses frères et sœurs.
Il reconnaît de plus en plus de catégories d'objets : il tente d'« enfiler » toutes les chaussures, de boire dans tous les verres, montre son image dans le miroir, se sourit.
Il commence à dire ses premiers mots : ma-ma, pa-pa…

Taille	G	69,5 cm (64-75,5)
	F	68 cm (62,5-73,5)
Poids	G	8,5 kg (6,7-10,3)
	F	8 kg (6,3-9,9)
Périmètre crânien		44 cm (41-47)
Dents		4 incisives centrales (2 supérieures, 2 inférieures)

NB : ces chiffres concernent 95% des enfants.

La vie à la maison

Un grand besoin de sommeil • Si votre bébé ne fait pas encore ses nuits • Le coucher, un moment délicat • Diverses causes possibles d'éveils nocturnes • L'organisation des journées • Lors des soirées ou des séjours chez des amis • Les premiers pleurs de peur

Il dort comme un grand

Désormais, votre enfant est tout à fait capable de dormir plus de dix heures d'affilée la nuit, et s'il montre des difficultés pour s'endormir seul, vous pouvez vous montrer plus fermes. Pour bien « faire ses nuits », le bébé a toutefois besoin des rituels du coucher et d'une grande régularité dans les activités journalières.

▶ De longues nuits et deux siestes par jour

Un bébé a toujours un grand besoin de sommeil entre 6 mois et 1 an. Il dort encore de 14 à 16 heures par jour. Mais son rythme est désormais régulier : il fait le plus souvent une grande nuit de 11 à 12 heures et deux siestes dans la journée, l'une dans la matinée, l'autre, plus longue, dans l'après-midi. Vers 1 an, le petit somme du matin deviendra inutile pour la plupart des enfants. Mais avant cet âge, les deux siestes restent nécessaires, quelle que soit leur durée. Certains jours, votre bébé restera un long moment éveillé avant de s'endormir. Laissez-le tout de même dans son lit : même s'il ne dort pas, il se repose. Le fait de supprimer les siestes n'aide absolument pas le bébé à s'endormir plus facilement le soir, bien au contraire... La qualité du sommeil d'un bébé dépend pour l'essentiel de la régularité des rythmes journaliers, ponctués par les repas, les sorties, le bain, le jeu. Il importe de suivre tous les jours à peu près les mêmes horaires, tant pour le coucher du soir, entre 20 h et 21 h 30, que pour les siestes. C'est vous qui donnez le tempo, et il ne faut pas attendre que votre bébé manifeste de trop grands signes de fatigue.

▶ Le sommeil, un révélateur

Certains bébés sont de plus gros dormeurs que d'autres et ce, dès les premières semaines de la vie... Mais un enfant en bonne santé et heureux ne dort jamais ni trop, ni pas assez. Tant qu'il est en forme et de bonne humeur, il n'existe aucune raison de s'inquiéter. Si ses rythmes de sommeil changent brusquement, si vous notez de sa part une attitude inhabituelle, mieux vaut toutefois rester attentif(ve). Un plus grand besoin de sommeil ou, au contraire, des difficultés pour dormir sont parfois le signe d'une maladie. N'est-il pas fiévreux ? Si tout va bien côté santé, vous détecterez peut-être un changement de comportement lorsqu'il est éveillé. Semble-t-il triste ? Est-il moins joueur ? Essayez d'en comprendre la raison, le sommeil peut être dans ce cas un révélateur.

Instaurez dès les premiers mois un rituel de coucher qui facilite le moment de la séparation pour la nuit.

Parlez-lui doucement, les paroles rassurent beaucoup les bébés, accordez-lui plus de temps, et, le cas échéant, discutez avec la personne qui le garde dans la journée pour repérer ce qui ne va pas. N'oubliez pas toutefois qu'un bébé est très sensible à son environnement, et que, si le climat autour de lui est par exemple tendu, cela rejaillira sur son sommeil, d'une façon ou d'une autre…

▶ La séparation du soir

En général, vers 6 mois ou un peu plus tard, le nourrisson ne se satisfait plus du petit rituel du coucher, destiné à le prévenir qu'il est l'heure de dormir. Il ne suffit plus de le poser tendrement dans son lit en lui chuchotant quelques mots, et de partir après avoir déclenché le mobile musical et éteint la lumière. Votre bébé cherche à prolonger le plus possible ce moment avec vous, et, dès que vous franchissez la porte, il pleure parfois assez fort. L'instant de la séparation devient dès lors bien plus délicat, pour lui comme pour vous.

Un cap délicat • Cette attitude nouvelle est liée au fait que le bébé prend conscience de la séparation et perçoit désormais sa mère comme « indispensable » : dès lors, tout éloignement d'elle, même momentané, lui fait peur. Il appréhende la solitude de la nuit et a du mal à s'endormir seul. Il a donc besoin d'être rassuré, et de passer un moment calme avec vous avant le coucher. Mais, après le « bonne nuit », il vous faudra aussi être ferme, car il est capable de s'endormir seul. Peu à peu, il va acquérir assez de confiance intérieure pour s'endormir sans pleurer.

Rester un peu • Chaque famille a ses propres rituels du coucher. L'important est de se séparer en y mettant les formes, sans précipitation. Ce moment de transition peut par exemple inclure quelques minutes de jeu calme, de lecture. Vous expliquez ensuite à votre bébé qu'il est temps de dormir, avec des paroles rassurantes – « papa et maman ne sont pas loin », « tu vas faire de beaux rêves, à demain »–, sans marquer d'hésitation en sortant de la chambre.

Il est normal que le rituel du coucher dure plus de cinq minutes, mais il ne doit pas se prolonger durant une heure ! Si votre bébé a déjà un «doudou», ce dernier l'aidera à s'endormir, à surmonter la séparation (voir page 118). À défaut, vous pouvez lui laisser une peluche, qu'il choisira peut-être lui-même.

S'il pleure très fort • Une fois la lumière éteinte, il vous faut résister aux pleurs, qui vous donnent tellement envie de retourner près de lui. Si les cris s'intensifient, et si vous êtes sûr(e) que rien ne le gêne, rassurez-le par des mots en restant dans l'obscurité. Peu à peu, vous essaierez de l'apaiser à distance. Le principal est que vous soyez vous-même convaincu(e) du bien-fondé de votre décision. Si vous adoptez chaque soir la même attitude, l'endormissement et le sommeil se feront petit à petit plus paisibles. Au sortir de cette phase, votre bébé sera devenu plus autonome.

▶ Quelques causes d'éveils nocturnes

Les éveils nocturnes caractérisent encore le sommeil à 6 mois, à 1 an, et même bien plus tard. Le plus souvent, votre bébé se rendort de lui-même, plus ou moins vite, sans pleurs, et vous ignorez qu'il s'est en fait éveillé et rendormi une ou deux fois dans la nuit. Si des pleurs surviennent toutes les nuits (ou presque), ils indiquent que votre bébé ne parvient pas à se rendormir seul et qu'il a encore besoin d'apprendre à «faire ses nuits» sans votre aide (voir encadré ci-dessous). Si ces pleurs nocturnes sont occasionnels, il existe diverses raisons possibles.

Mal-être ou maladie ? • Votre bébé peut pleurer lors d'un réveil nocturne si le rituel de coucher a été ce jour-là un peu modifié, ou s'il a vécu dans la journée un événement désagréable – cela peut être un fait très anodin du point de vue d'un adulte (l'aboiement soudain d'un chien à côté de la poussette, par exemple). Dans ce cas, il ne vous reste qu'à le rassurer par quelques mots, sans vous éterniser dans sa chambre. Mais, si les pleurs sont intenses, il faut rester attentif à son état physique.

Avant 1 an, les nourrissons n'ont pas encore de cauchemars, et votre bébé a peut-être mal. Dès 4 mois, il est susceptible d'avoir de petits accès de fièvre, car il commence à être confronté aux infections. Entre 5 et 9 mois, il peut aussi souffrir parce que sa première dent est en train de sortir (même si cela explique moins souvent les pleurs nocturnes qu'on ne le pense). Enfin, s'il pleure manifestement de douleur, il peut s'agir d'une otite, notamment s'il a le nez bouché. Dans toutes ces situations, votre bébé a bien sûr besoin de réconfort et d'une réaction de votre part.

S'il ne fait pas ses nuits à 5-6 mois

Chaque enfant apprend plus ou moins vite à « faire ses nuits ». Mais, à 6 mois, il devrait y être parvenu. Si ce n'est pas le cas, la situation mérite toute votre attention. Le plus souvent, à cet âge, le problème est lié au fait que le bébé n'a pas été habitué à s'endormir seul : il ne sait donc pas non plus retrouver le sommeil quand il se réveille la nuit, d'où ses appels à l'aide. Cette attitude s'explique aisément s'il s'est toujours endormi dans les bras de sa mère, ou dans le lit de ses parents, ou en leur présence, ou encore s'il reçoit la nuit une tétée (dont il n'a plus besoin). Dans tous les cas, l'avis du pédiatre sera une aide précieuse. Mais les parents peuvent aussi essayer, progressivement bien sûr, d'instaurer de nouvelles façons de faire en suivant ces quelques conseils et en sachant que de violentes crises de larmes seront sans doute inévitables !

• Veiller à ce que l'heure des siestes, du coucher et du réveil soient chaque jour les mêmes, en étalant si besoin cette réorganisation sur une quinzaine de jours, pour que le changement ne soit pas trop brutal.

• Bien respecter tous les soirs le même rituel lors du coucher, poser le bébé dans son lit avant qu'il s'endorme, et limiter chaque jour le temps de présence auprès de lui, pour parvenir enfin à quitter la chambre dans un délai raisonnable.

• Éviter de le prendre dans les bras lors des réveils nocturnes, ou de lui donner à manger ou à boire ; le laisser chaque jour pleurer quelques minutes supplémentaires avant d'entrer dans sa chambre.

• Ne jamais supprimer de sieste pour qu'il dorme mieux la nuit, cela ne ferait qu'entraîner un manque de sommeil préjudiciable à sa santé.

Un certain équilibre

Après la totale dépendance du nouveau-né et avant les premiers «non» et «moi je», la vie avec un bébé de 6 à 12 mois est vraiment plaisante, à plus d'un titre. Toute la famille a atteint alors un certain équilibre, et la journée du bébé s'inscrit bien dans celle des adultes. Il pleure moins, il joue plus, que du bonheur !

▶ Une période plus calme

Tout est plus simple dès que votre bébé fait ses nuits et mange à heures régulières. Après le bouleversement des premiers mois, une nouvelle vie de famille se met peu à peu en place. Le couple retrouve souvent son intimité, mise à mal par les nuits hachées, et hésite moins à s'octroyer des soirées de détente. Vous retrouvez des plaisirs ou des envies mis entre parenthèses. Vous – la maman et le papa –, les éventuels frères et sœurs, chacun a fait connaissance avec le nouveau-venu et a pris ses repères. Pour tous, c'est une période plus calme qui commence…

Le bébé n'est plus le pivot autour duquel tout s'organise. Il fait partie de la famille, au même titre que ses autres membres, et, progressivement, l'aménagement du quotidien tient davantage compte des besoins de chacun. Vos journées sont, certes, bien remplies, même si vous ne travaillez pas. Mais vous retrouvez un rythme plus adapté à votre vie d'adulte, et moins fatigant. C'est vous désormais qui découpez la journée à votre convenance, en conjuguant vos impératifs et les besoins du bébé.

▶ De la régularité avant tout

Tous les pédiatres vous le diront : le bébé a besoin de régularité. Mais il ne s'agit pas pour autant de se transformer en métronome ! L'important est que les activités diurnes se déroulent chaque jour dans le même ordre. Le bébé accorde ainsi son horloge interne sur le temps des adultes et comprend que la journée se découpe en grands tableaux : le repas, la sieste, le moment de jeu, la promenade, le bain… Vers 5 ou 6 mois, il saisit les différentes situations, le plaisir du repas ou du bain par exemple, et s'attend à ce qu'elles se succèdent de la même façon que la veille…

Il importe juste de respecter des horaires précis (mais pas à la minute près) pour les repas, les siestes et le coucher du soir (entre 20 h et 21 h 30). La nuit risque d'être agitée si vous écourtez la

Respectez des horaires réguliers pour les repas, les siestes, le bain et le coucher.

sieste ou si vous le couchez plus tard que de coutume parce que vous avez de la visite. Si certains soirs, vous ne rentrez pas à l'heure prévue, mieux vaut décaler un peu l'heure du coucher plutôt que de supprimer le bain ou le moment câlin avec lui.

Si vous travaillez • Une maman qui travaille a souvent plus de facilités à mettre en place une organisation rigoureuse : elle n'a de toute façon pas le choix. Mais les activités du soir, le repas, la toilette, le rituel du coucher revêtent pour elle comme pour le bébé une importance particulière. Toutefois, ne culpabilisez pas si, certains jours, vous êtes très fatiguée et peu disponible. Quand c'est possible, il vaut alors mieux déléguer le bain et/ou le repas au papa, et souffler un peu. Le moment d'échanges et de jeux que vous passerez ensuite avec votre bébé n'en sera que plus agréable pour vous deux.

Sorties et vacances

Vous constaterez assez vite que votre bébé n'aime guère les grands changements de cadre de vie, de rythme, de personne... Quand il est perturbé, cela se répercute sur la qualité de son sommeil, et donc sur son comportement. Votre bébé s'adaptera toutefois bien plus facilement aux situations nouvelles si la plupart des journées sont marquées par la régularité. Lorsque vous changez ses habitudes, tout est question de mesure : un peu de nouveauté, mais des points de repère. Si vous l'emmenez par exemple en week-end chez des amis, préservez les moments en tête-à-tête, évitez de le passer de bras en bras, et surtout, le soir, respectez le rituel du coucher, sans précipitation, comme à la maison. Il acceptera alors bien mieux de s'endormir ailleurs que dans sa chambre.

De façon générale, lors des sorties ou des départs en vacances, il faut essayer de maintenir les horaires en matière d'alimentation et de sommeil (siestes comprises). Il est bien aussi de lui expliquer pourquoi il se trouve dans un nouvel environnement, et de lui présenter les lieux où il va vivre avec vous et les personnes qu'il va rencontrer. Pour éviter bien des larmes, n'oubliez pas bien sûr d'emporter en toutes circonstances son «doudou» ou ses objets familiers. Pour le reste (trajets, exposition au soleil...), vous pouvez prendre les mêmes précautions que lors des premiers mois (page 42). Enfin, il est normal que les retours de vacances soient souvent un peu difficiles : après avoir eu son papa et sa maman toute la journée, le bébé a de nouveau du mal à accepter la séparation du matin. Et il vous faudra alors quelques semaines, et de la patience, pour revenir à la situation antérieure.

Les soins quotidiens

Le quotidien est maintenant plus paisible parce que vous connaissez mieux votre bébé. Vous sentez très bien, par exemple, quand il est fatigué ou quand il ne demande qu'à jouer. Ses comportements vous plongent rarement dans le désarroi. Vous restez plus sereine devant ses pleurs car vous pouvez les expliquer. Le bébé, de son côté, se montre plus tranquille. Il ne connaît plus d'épisodes d'éveil agité, et la plupart des pleurs liés à l'inconfort physique ont disparu. Au contraire, les activités quotidiennes, telles que les repas ou le bain, prennent une dimension nouvelle, tant le bébé ne rate pas une occasion de jouer, de vous faire partager ses initiatives, et de profiter de votre présence.

Exit les pleurs de faim • Vers 6 mois, le bébé ne pleure plus à cause de la faim si ses repas sont réguliers. Le matin, souvent, il se réveille sans larmes, patiente en jouant jusqu'à ce que vous vous occupiez de lui. Si l'attente est trop longue, il lance quelques cris pour signifier que ça suffit, et ne se met à pleurer que si le repas ne vient toujours pas. Il se nourrit d'ailleurs volontiers et n'a plus mal au ventre, ou exceptionnellement.

Les plaisirs du bain • Votre bébé adore jouer dans son bain, qui peut durer entre un quart d'heure et une demi-heure. Si vous le sollicitez, il participe d'ailleurs de façon plus active à la toilette et au change. Essayez par exemple de mettre des mots sur vos gestes, comme «donne-moi ton pied pour que je l'essuie», ou «allez, il faut se retourner sur le ventre» ou «aide-moi à enfiler ta

---

Vive la promenade !

Observer la curiosité croissante d'un enfant est l'un des grands plaisirs des parents. Après avoir vécu une période fusionnelle avec sa maman, le bébé, à partir de 5 ou 6 mois, se montre intéressé par un environnement plus large. Lors de la promenade quotidienne, il observe avec une grande attention ce qui l'entoure. Installé en position inclinée dans sa poussette, puis, dès que cela ne le fatigue plus, en position assise, il fait connaissance avec divers lieux. Vous pouvez dès lors envisager de l'amener le week-end dans des parcs ou des fermettes, de lui montrer des coins de nature et des animaux. Après 1 an, quand il saura marcher, les sorties imposeront de votre part plus de vigilance, pour éviter qu'il ne se fasse mal. Pour l'heure, ces moments de découverte ne sont que pur bonheur.

La peur de perdre sa maman peut déclencher des crises de larmes à chaque séparation.

il n'apprécie pas qu'on le touche s'il n'en a pas envie. Il faut y mettre les formes : lui présenter la personne et attendre qu'il se sente en sécurité. Les proches ou les amis ne tiennent pas toujours compte de ses sentiments, à vous de modérer doucement leur enthousiasme.

Les séparations • Les pleurs peuvent aussi être intenses dès que vous vous séparez de votre bébé. Il suffit parfois que vous le laissiez seul dans son parc pour qu'il se mette à crier. Les pleurs au moment du coucher sont également fréquents. En définitive, dans toutes ces situations, la peur est toujours la même : celle de vous perdre. Il traverse une phase où toute séparation est pour lui angoissante. Cela correspond à la période où il prend conscience qu'il est un être distinct de vous et des autres. Chaque fois que vous sortez sans lui, il convient donc de lui expliquer avec conviction qu'il va être avec telle personne qu'il aime bien, et que vous serez bientôt de retour. Mais surtout, dites-lui que vous partez. De même, lors des retrouvailles, dites-lui que vous allez maintenant rester avec lui. Que vous sortiez pour une soirée, ou que vous le laissiez pour un week-end, la situation est aussi difficile : ses pleurs vous font mal. Il faut pourtant bien passer la porte et, comme pour le coucher, sans montrer d'hésitation. Si vous revenez aussitôt pour repartir cinq minutes après, il n'y comprendra rien, et pleurera davantage. Ne vous sentez pas coupable : votre bébé s'apaisera peu après votre départ, faites-lui confiance.

Calmer par la voix • Quelle que soit la cause des pleurs, vous pouvez maintenant rassurer votre enfant sans le prendre dans vos bras, en demeurant en face-à-face : des paroles apaisantes, des gestes rassurants, comme tenir la main, ont souvent de l'effet. Vous faites passer le message essentiel par la fermeté et la tendresse du toucher et par le ton de votre voix. Plus vous aurez confiance dans la capacité de votre enfant à supporter de nouvelles situations, y compris désagréables, plus il grandira avec assurance et sérénité.

veste, tends-moi le bras » : ce sera un grand plaisir de constater qu'il y parvient peu à peu, et que vos mouvements peuvent être synchronisés. Un bébé de plus de 6 mois, davantage conscient de son corps, pleure parfois lors du change ou de l'habillage.

Certains apprécient assez peu de rester allongés ou assis de manière passive : leur donner alors un objet à examiner est un bon moyen de détourner leur attention. Quand il tiendra bien debout, votre enfant appréciera peut-être, que vous le changiez, l'habilliez ou le déshabilliez dans cette position.

▶ Les pleurs de peur

Entre 6 mois et 1 an, la peur devient l'une des principales causes de pleurs de votre bébé. Il peut hurler devant des personnes qui ne lui sont pas familières, surtout si elles veulent le prendre dans les bras. Plus conscient de lui-même,

Le point de vue de bébé

Je connais bien mon lit, ma chambre et toutes les habitudes de mon dodo, mais quand je suis malade, ça me fait redevenir tout petit. J'arrive pas à dormir tout seul quand je respire mal et que ça fait plein de bruit dans ma poitrine, et que j'ai le nez bouché. Si je dors avec vous, je sais de nouveau où je suis, si j'entends des voix, je sais que c'est vous qui êtes là : ça me rassure beaucoup et je me rendors. Et vous savez, dès que j'irai mieux, je retrouverai ma chambre et je serai très content.

Le développement du bébé

> *Des variations d'un bébé à un autre • Quand saura-t-il s'asseoir ? • L'étape facultative du « quatre pattes » • Tenir debout avant de marcher • Des mains de plus en plus habiles • Premiers effets de la conscience de soi • La peur de la séparation • Il aime jouer à perdre et retrouver • Pourquoi le « doudou » ?*

Il maîtrise mieux son corps

Semaine après semaine, votre bébé développe de nouvelles capacités motrices qui lui ouvrent les portes de la découverte. De la position couchée, il va passer à la position assise, puis debout, et enfin se mouvoir. Le passage par le « à quatre pattes » lui permettra d'aller à la conquête d'un espace qui lui tendait les bras depuis des mois. Il va dès lors pouvoir saisir les objets usuels de son environnement.

▶ Une période d'énormes progrès

Il y a six mois à peine, vous serriez contre vous un petit être totalement dépendant de vous. Maintenant, vous vivez avec un bébé qui essaie de se déplacer, de toucher à tout, qui mange peut-être assis sur sa chaise haute… Il communique de mieux en mieux, comprend de plus en plus. Bref, ses progrès sont spectaculaires.

Un corps de plus en plus tonique • Il n'est besoin d'aucun « apprentissage parental » pour qu'un bébé progresse sur le plan moteur et expérimente de lui-même, petit à petit, de nouvelles positions, de nouveaux enchaînements, pour s'asseoir ou se déplacer. Tout bébé effectue spontanément – et à son rythme – les mouvements que son corps lui permet, même si, en le sollicitant par le jeu, vous pouvez faciliter les choses. N'oubliez pas qu'il lui faut déjà de bons muscles dans les cuisses ou l'abdomen pour parvenir à s'asseoir. Rester quelques secondes debout, puis marcher, impliquent encore d'autres conditions physiologiques. La curiosité naturelle est un bon stimulant pour se déplacer ou jouer assis, alors, inutile de se mettre à « quatre pattes » pour inviter le bébé à le faire, ni de le forcer à se mettre debout quand il refuse, ni de l'inciter à marcher quand il n'arrive pas à amorcer les pas. Chaque nourrisson atteint à son rythme la maturité musculaire et neurologique nécessaire à tel ou tel geste. À âge égal, tous les bébés ne sont pas capables des mêmes prouesses, et c'est tout à fait normal. Certains bébés sont très actifs physiquement, alors que d'autres sont très statiques jusqu'à 1 an, voire plus…

Chaque bébé va à son rythme • Ces différences d'un enfant à un autre sont pour l'essentiel d'origine constitutionnelle, mais elles sont aussi influencées par l'environnement. Parfois, le bébé progresse au rythme même auquel s'est développé son père, ou sa mère, ou l'un de ses grands-parents. Et, si votre aîné savait presque marcher à 1 an, votre cadet, lui, ne fera peut-être ses premiers pas que vers 16 mois. Souvent utilisées dans le langage courant, des expressions telles que « il est en avance », « il est en retard » induisent un jugement de valeur qui n'a pas lieu d'être. Toutes les précisions d'âge données dans cet ouvrage sont d'ailleurs des moyennes ; elles ont seulement une valeur indicative.

Le bébé est un tout • Le fait qu'un enfant atteigne plus ou moins vite une certaine tonicité corporelle ne dit rien sur son état de santé, son développement intellectuel, son degré de bien-être... et n'a aucune incidence sur l'avenir. Le bébé est un tout, c'est son développement global (psychomoteur) qui importe, et non un décalage isolé, moteur ou psychique. Le développement n'est pas une course à l'exploit, il ne peut se faire que dans une relation affective qui tienne compte des capacités de l'enfant, sans le forcer et en respectant ses aptitudes. On peut éveiller le bébé lors des activités de jeu sans pour autant être obsédé par les résultats ni se perdre en comparaisons avec les frères et sœurs ou les amis.

Le point de vue de bébé

Je sais à vos yeux, à votre voix qui caresse ou qui fait froid si ce que j'ai envie de faire est bien ou pas. À force de tirer sur la queue du chat, et c'est drôle parce qu'il miaule, j'ai compris que vous disiez « pas d'accord ! ». Mais quand je me dresse sur mes jambes pour m'accrocher au parc et bouger, je vois, j'entends que vous êtes très contents et que vous m'encouragez. Ça me donne envie de le refaire, encore et encore, pour vous voir me regarder et entendre alors votre rire joyeux.

▶ En position assise

La position assise sollicite les muscles du dos, des cuisses et de la nuque. Il n'est donc pas étonnant que les bébés, dans les premiers mois, ne parviennent pas à se maintenir en équilibre de la sorte. D'abord, le nourrisson est capable de rester semi-assis, en appui contre le corps de sa maman ou de son papa. Vers 3-4 mois, il commence à avoir assez de tonus dorsal pour tenir en position semi-assise, calé contre des coussins, à condition que cela ne dure pas trop longtemps.

Avec appui • À 6 mois, en général, il peut tenir assis avec appui, mais il a des problèmes d'équilibre : il faut bien le caler pour qu'il puisse se servir de ses deux mains pour jouer. Vers cet âge, vous pouvez l'installer dans sa poussette en position inclinée, mais ce n'est que vers 8-9 mois qu'il pourra faire des promenades en position assise. Vers 1 an, il passera également en siège auto face à la route. Si, à 6 mois, votre bébé est très heureux allongé sur le dos, ne le forcez pas à s'asseoir. Il est inutile de lui imposer une position assise quand il se fatigue. Un jour, il parviendra à s'asseoir tout seul.

S'asseoir seul ? • Que c'est difficile ! De lui-même, votre bébé essaie de se redresser quand

Parc et trotteur

Dès 4 mois, votre bébé va facilement s'adapter dans un parc, installé dans une des pièces communes. Cet espace clos constitue pour lui une sorte de salle de gymnastique totalement sécurisée, un lieu adapté à sa taille et à ses capacités, où il peut se mouvoir (ce n'est pas une prison !). Vous pouvez alors vaquer à vos occupations l'esprit tranquille, pendant qu'il jouera seul (entre 6 mois et 1 an). Veillez toutefois à ce que le parc soit doté de barrières en bois, et non de filets, trop souples pour que le bébé puisse s'y accrocher. Dès que votre enfant va se déplacer, il aura du mal à rester dans le parc. S'il commence à le tirer avec lui en marchant, c'est qu'il est vraiment temps d'arrêter de l'utiliser !

Quant au trotteur, il est jugé sans intérêt, voire déconseillé par la plupart des pédiatres. Au-delà du plaisir procuré aux parents, il ne permet pas les efforts musculaires préparant à la marche, et prive l'enfant du plaisir d'expérimenter ses propres capacités. En outre, il permet au bébé de toucher à tout à un stade où il est difficile de lui opposer des refus.

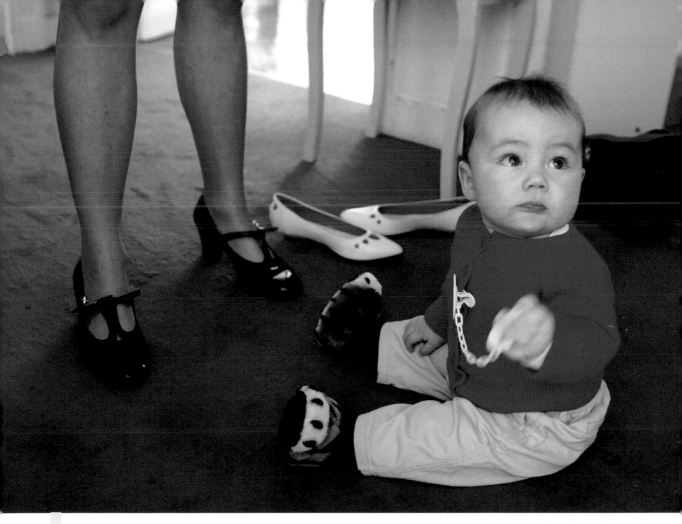

Lorsqu'il acquiert la position assise, votre enfant découvre les personnes et les choses sous un angle nouveau. Il modifie ainsi son point de vue sur le monde.

il est allongé sur le dos, et il y parvient le plus souvent si vous l'aidez avec vos doigts, parfois bien avant 6 mois. Pour se mettre assis seul, il faudra qu'il trouve la technique et cela peut prendre du temps… C'est très variable d'un enfant à un autre, certains y arrivent à 8 mois, d'autres vers 1 an. Pour ce faire, votre bébé utilise tout son corps, en se tournant par exemple d'abord sur le côté, et attrape les points d'appui à sa portée. Il trouve de lui-même la manière qui lui convient le mieux, et vous ne pouvez qu'applaudir à ses progrès. Mieux vaut ne pas intervenir durant ses efforts. Un bébé qui essaie de passer tout seul de la position couchée à la position assise ne se fait jamais mal quand il retombe.

Progressivement, il commence seul à se maintenir sans soutien : il fait le dos rond, penche sa tête vers ses jambes et tente de prendre appui sur ses avant-bras. Pour se maintenir sans l'aide de ses mains, il faut qu'il ait déjà acquis un certain équilibre, ce qui demande souvent plus de temps que la capacité de tenir la tête et le dos bien droit. Un jour, pourtant, vous le verrez assis en train d'agiter fièrement les doigts. Liberté nouvelle ! Plusieurs semaines peuvent toutefois encore s'écouler avant qu'il se sente assez à l'aise pour jouer dans cette position.

▶ Premiers déplacements

Le besoin de se déplacer apparaît plus ou moins vite selon le tonus musculaire et le tempérament des bébés. Les uns, avant 8 mois, vont ramper partout dans le salon dès qu'ils en ont le loisir. D'autres, plus âgés, restent la plupart du temps sur le tapis où on les a installés et ne vont se déplacer qu'entre 10 mois et 1 an.

En rampant ou « à quatre pattes » • Avant de maîtriser la position assise, un bébé peut se déplacer très tôt en roulant sur lui-même, puis en rampant, à partir de 6-8 mois. Il peut se montrer très rapide quand il va d'un point à un autre. Par la suite, certains vont opter pour le classique « quatre pattes », entre 8 mois et 1 an, tandis que d'autres trouvent plus commode d'avancer assis. Faire du « quatre pattes » est très important pour travailler l'équilibre et agit également sur la vue (la coordination oculaire) en faisant disparaître de faux strabismes.

Que votre bébé manifeste un goût certain pour le mouvement ne signifie pas qu'il marchera plus tôt. Il est des experts ès « quatre pattes » qui se montrent peu enclins à se lever, et à risquer la chute, alors que leur technique est si efficace… ; à l'inverse, certains bébés passent directement de la position assise à la station debout, sans étape intermédiaire. Se lever, marcher, est un acte instinctif, et chaque enfant le fait à son heure.

Il cherche à se redresser • Depuis plusieurs semaines déjà, votre bébé apprécie peut-être de rester debout sur vos genoux, tenu sous les aisselles : il saute des deux pieds et semble ne pas s'en lasser ; il se plaint même parfois quand vous le rasseyez contre vous. Ce sont ses premières tentatives pour se redresser. Dès l'âge de 6 mois, un bébé adore se redresser sur ses jambes quand sa maman ou son papa le soutient sous les bras. Vers 10 mois-1 an, il sera capable de rester debout en s'appuyant sur un meuble, si vous l'avez placé dans cette position. Mais il ne pourra parvenir à se redresser de lui-même que s'il sait déjà s'asseoir tout seul. Il y parviendra plus ou moins vite. Bien sûr, il a besoin dans les premiers temps d'un objet auquel se tenir, et utilise tout ce qui est à sa portée : un pied de chaise, les barreaux du parc ou, tout simplement, les jambes de ses parents.

Les premiers pas • En se dressant pour marcher, le bébé franchit un cap important. Mais il est encore instable. Son dos est penché vers l'avant lorsqu'il est debout, ses pieds sont écartés pour augmenter l'appui. Lorsqu'il tente un jour ses premiers pas en s'appuyant au mur ou si vous le tenez par derrière, sa démarche est encore maladroite et balancée. Il faut compter des semaines, voire deux ou trois mois, avant qu'il coordonne ses mouvements pour bien faire des pas. La dernière étape est celle de l'équilibre : le bébé ne pourra marcher qu'à partir du moment où il tiendra debout seul sans appui (comme cela a été le cas pour la position assise). L'âge de la marche peut

Ramper

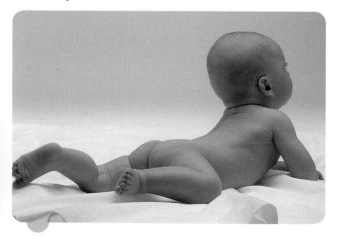

À chacun sa technique

Le fait de ramper précède souvent le « quatre pattes ». Mais tous les bébés ne rampent pas et certains se déplacent en roulant sur eux-mêmes dès 5 mois. Chaque enfant a en effet sa propre façon de se déplacer : sur le ventre comme un nageur ; sur les fesses en pliant les jambes tel un rameur ; ou encore en crabe sur les genoux, les fesses pointées en arrière…

Laissez-le faire

Peu importe la manière dont il s'y prend. Laissez-le adopter la technique qui lui convient le mieux pour atteindre ce qui le tente. Encouragez ses efforts par vos regards attentifs, et, éventuellement, par des mots. Et ne vous inquiétez pas s'il recule au lieu d'avancer…

ainsi se situer entre 1 an et 16 mois (voir page 185). Quoi qu'il en soit, il ne faut pas forcer le bébé à marcher, et encore moins le mettre dans un trotteur pour l'exercer…

▶ Prendre et manipuler

Votre bébé attrape tout objet à portée de main et l'examine très attentivement. Il le touche, le retourne en tous sens, vous le tend si vous êtes près de lui. Progressivement, il devient de plus en plus habile. Dès 6 mois, il passe un objet d'une main à l'autre. Vers 8 mois, il découvre que le pouce et l'index forment une pince très utile. Il va manipuler de mieux en mieux les jouets et aussi les chercher quand ils sont hors de portée. Le bruit qu'il produit en frappant deux objets, le phénomène de la chute quand il les laisse tomber… tout cela est nouveau et le fascine !

Tout est jouet ! • Dans son parc ou dans le coin d'une pièce, vous pouvez donc regrouper divers jouets autour du bébé, mais il est inutile de lui en proposer trop, au risque de le désintéresser très vite. Il va se familiariser avec cet espace et choisir de lui-même les jouets qui l'intéressent. Il est à même d'identifier leur couleur, leur texture, leur mouvement et leur sonorité. Il les différencie et les reconnaît. Dès qu'il est en mesure de se déplacer, il s'intéresse aussi aux objets usuels – avec tous les dangers que cela peut présenter, d'où l'intérêt de le mettre dans un parc ou la nécessité de sécuriser l'environnement.

Laissez-lui l'initiative • Quand vous lui offrez ses premiers cadeaux, il apprécie autant l'emballage que le contenu. Si, parfois, vous ne résistez pas à l'envie de lui montrer « comment ça marche », laissez-le aussi le découvrir tout seul. C'est ainsi qu'il peut le mieux s'approprier le jouet et accroître son expérience. Il est déjà capable d'initiative, apprécie de manipuler à sa façon et de découvrir à son rythme. Le plus souvent, il a bien plus besoin de votre regard tendre que d'une aide concrète. Vos jeux ensemble, d'un point de vue affectif, n'en restent pas moins pour lui des moments privilégiés, tout comme vos tête-à-tête et vos câlins.

▶ Protéger plus qu'interdire

Bien sûr, le besoin d'explorer de votre bébé n'est pas exempt de risques. Il n'a aucune conscience du danger, et c'est donc à vous de tenir hors de

Se redresser

Tout est appui

Maintenant qu'il peut non seulement bouger mais se déplacer par ses propres moyens, le bébé adore explorer l'espace où il vit. Il vaut mieux veiller à ne rien laisser traîner par terre, sauf ses jouets ou ses petits meubles, qui lui fournissent un appui nécessaire pour se relever. Cela n'est pas une mince affaire : les fesses sont encore bien lourdes et l'équilibre, instable.

À genoux

À genoux, le bébé se sert de ses mains. Lorsque celles-ci trouvent un appui plus élevé que le sol, le champ de vision de l'enfant se modifie, s'agrandit. De même, lorsqu'il se redresse en s'agrippant aux barreaux de son parc ou aux pieds d'une table, il fait de nouvelles découvertes. Il ne va pas tarder à grimper sur les fauteuils, à tenter d'escalader les chaises. Laissez-le faire, mais gardez l'œil sur lui.

Le moindre objet peut être source de jeu. En attrapant et manipulant les objets que vous lui donnez, votre enfant assouvit sa curiosité et améliore son habileté.

John Bowlby

John Bowlby (Londres 1907 – Skye 1990) est le pédiatre et psychiatre anglais à l'origine de la théorie de l'attachement. Avec ses études sur les enfants délinquants et sur les orphelins, il découvre les conséquences pathologiques de privation du lien mère-enfant et démontre la nécessité d'un lien d'attachement entre le bébé et sa mère. Le nouveau-né a un besoin inné et fondamental d'être en contact avec un être humain. Ces besoins se manifestent par divers comportements (s'agripper, sucer, suivre, sourire...). Bowlby met ainsi en avant l'importance de l'angoisse liée à la peur de séparation dans le développement normal de chaque individu.

sa portée tout ce qui pourrait le blesser : objets coupants ou lourds, objets en verre, en plastique cassable ou produits toxiques, tissus qui s'effilochent... Il faut réaménager l'espace auquel votre enfant a accès : si vous ne l'avez pas déjà fait, mettez des protections aux prises électriques, rendez inaccessibles les médicaments et les produits ménagers, faites attention aux escaliers... (voir page 365). Car il n'est pas possible de multiplier les « non » à l'infini.

Si votre bébé répond aux interdits dangereux, grâce à votre intonation particulière, il passera outre tous les interdits de confort (télévision, chaîne hi-fi, objets de décoration)... Votre bébé a besoin de se déplacer, de toucher, de manipuler, d'assouvir sa curiosité, il n'est pas possible de tout lui interdire. Il est également normal qu'il suce tout ce qu'il trouve. Outre ses mains, sa bouche reste, même passé 1 an, un moyen essentiel de connaître ce qui l'entoure. Cette soif de découvrir est essentielle à son épanouissement.

Vers une autonomie relative

Tandis qu'il acquiert une plus grande autonomie de mouvements, votre bébé construit aussi peu à peu sa personnalité. Mois après mois, il prend conscience de deux faits majeurs, liés l'un à l'autre : il est un être distinct de vous et de ce qui l'entoure ; un objet ou un être continue d'exister même s'il ne le voit plus. Dès lors, il manifeste sa crainte lors de la perte d'un objet ou de votre absence...

▶ La naissance d'un individu

Vers 4-5 mois peut-être même avant selon certains chercheurs, un bébé posséderait déjà une vague conscience de son corps. Puis, tandis que s'accroît cette connaissance de lui-même, va poindre l'idée qu'il est un être distinct des autres, qu'il est différent de ce qui l'entoure, objets ou êtres humains. Cette prise de conscience est bien sûr lente, et difficile à mesurer. Elle se manifeste en général vers 6 mois.

C'est une période un peu difficile pour le bébé : il peut pleurer lors de chaque séparation avec ses parents, ou lorsqu'il est face à des inconnus et qu'il n'a pas eu le temps de s'adapter à eux. Il connaît ses premières peurs. Cette étape vers la conscience de soi ne sera pas terminée le jour de son premier anniversaire, loin de là... Mais, quand, vers 18 mois, il se reconnaîtra sur une photographie, un pas essentiel aura été franchi.

L'expérience du miroir • En observant l'attitude d'un bébé face à un miroir, les chercheurs ont pu comprendre comment l'enfant acquiert peu à peu la conviction qu'il est un être autonome. Ce stade dit « du miroir », décrit notamment par le psychologue Henri Wallon (1879-1962) et le psychanalyste Jacques Lacan (1901-1981), se déroule en plusieurs étapes.

• **Vers 5-6 mois,** le bébé perçoit son image dans le miroir, il lui sourit, mais ne sait pas que c'est la sienne. À 6 mois, quand il voit son père ou sa mère dans le miroir, il les reconnaît et se retourne vers eux, pensant les voir en double.

• **Vers 8-9 mois,** il se reconnaît, mais, quand il tend la main vers son image, il est surpris de ne pas arriver à la toucher. Il lui arrive parfois de regarder le miroir lorsqu'on l'appelle.

• **Vers 12 mois,** il comprend que le miroir lui renvoie un double des objets environnants, et en particulier de lui-même. Le miroir devient pour lui un jeu : il se sourit, fait des grimaces, touche et lèche la glace. S'il voit le reflet de sa mère ou de son père, il le regarde attentivement puis se tourne vers la personne réelle.

• **Vers 18 mois,** il reconnaît sa propre photographie et celle de ses proches. Désormais, l'enfant a franchi une nouvelle étape fondamentale. Il possède une vision globale de son corps : il constate qu'il est un être distinct des autres, et il repère bien les différentes personnes de la famille.

▶ Un nouveau rapport avec ce qui l'entoure

Peut-être un jour remarquerez-vous que votre bébé cherche du regard tel ou tel objet qu'il voulait saisir et que vous avez éloigné de ses mains. C'est le signe qu'il commence à réaliser que les objets existent même quand il ne les voit plus. Si vous cachez par exemple sous un tissu le jouet d'un nourrisson âgé de moins de 6 mois, il ne réagit pas : pour lui, l'objet n'existe plus. Si vous renouvelez l'expérience après l'âge de 6 mois, le bébé va tirer le tissu à lui, et rire de joie d'avoir retrouvé son jouet.

Il sait jouer seul

Même s'il réclame souvent votre présence, et si les séparations le perturbent parfois, votre bébé s'occupera tout seul durant des temps de plus en plus longs, que vous vous teniez à une certaine distance ou dans une autre pièce. Il ne faut pas oublier d'initier ces moments et de les accompagner de paroles justes et rassurantes. Ces occasions d'activité sans maman ni papa sont importantes pour lui, et les lui offrir est aussi une façon de l'aider à développer sa personnalité et à se trouver bien avec lui-même.

La permanence de l'objet • Vers 8 mois, le bébé acquiert la faculté de se souvenir assez d'un objet pour constater qu'il a disparu, et même tenter de le rechercher. Cette nouvelle étape est désignée comme celle de la «permanence de l'objet» par le spécialiste de la psychologie de l'enfant, Jean Piaget (1896-1980). Elle est primordiale, car elle signifie que l'enfant est désormais capable de se représenter mentalement un objet qui n'est pas présent. Dès lors, tous les jeux liés au fait de perdre et de retrouver (le fameux jeu du «coucou»... ou du «cache-cache») vont avoir un franc succès. Ils vont aider le bébé à expérimenter qu'un objet caché peut réapparaître, et donc le rassurer.

Jeter, à répétition • De lui-même, votre bébé joue à perdre et à retrouver. Il prend un objet, le relâche, le reprend de nouveau, le jette plus loin, et le réclame s'il est hors de portée. Il semble répéter inlassablement ce scénario, et vous vous lassez bien avant lui... Selon votre degré de patience tel ou tel jour, vous participez plus ou moins longtemps. Mais, dans tous les cas, soyez persuadé(e) que votre bébé ne cherche pas à mettre vos nerfs à l'épreuve. Tous les enfants font de même dès 8 mois. Et ils le font jusqu'à ce qu'ils soient convaincus que l'objet existe bel et bien. C'est leur façon d'apprendre...

Les jeux de cache-cache • Votre bébé adore aussi que vous jouiez à cache-cache avec lui. Le visage caché dans vos mains, vous écartez les doigts, et il rit de bonheur. Un coussin fait écran entre vos deux visages, vous le déplacez, « je suis là », « je ne suis pas là », « je suis là ». Il comprend ainsi petit à petit que vous ne disparaissez jamais complètement. Tous les jeux où vous faites semblant de le lâcher et de le rattraper ont la même fonction. De tels échanges peuvent toutefois l'exciter ou l'inquiéter s'ils durent trop longtemps. Au moindre signe de mécontentement, mieux vaut arrêter.

▶ L'angoisse de la séparation

En prenant conscience, entre 6 et 9 mois, qu'il est différent des objets et des êtres qui l'entourent votre bébé va réaliser la perte et la séparation. Cela l'intrigue, l'inquiète et peut même le perturber au point qu'on parle d'« angoisse de séparation ». Il va avoir peur de perdre sa maman, et, dans une moindre mesure, son papa et ses frères et sœurs. Toute absence peut le faire pleurer. Il va lui être difficile de jouer seul, de quitter ses parents au moment du coucher... C'est le moment d'utiliser le langage pour se séparer. Il faut mettre l'enfant en situation de jeu avant de le laisser dans son parc, aménager la séparation du soir avec un rituel adapté. Chaque situation nouvelle mérite des explications, des présentations, une adaptation progressive qui ne peuvent se faire qu'avec vous ou par l'intermédiaire d'une personne connue.

« Maman, que je t'aime ! » • Jusqu'à présent, votre bébé pouvait sourire à toute personne qui lui témoignait un intérêt bienveillant. Désormais, il fait une distinction très nette entre les personnes familières et les autres. Lorsqu'un(e) inconnu(e) le prend dans ses bras, il pleure parce qu'il a peur. C'est le signe que sa mère est devenue son « objet d'amour », disent les psychanalystes. Pour lui, elle est unique et préférée à quiconque. Il associe tout visage qu'il ne connaît

---

Son premier mot est « pa-pa »

Entre 6 et 8 mois, votre enfant s'amuse à associer des sons, à former des syllabes, à désigner ainsi les objets et à les appeler pour essayer de les faire venir à lui. Ces premières syllabes, qui sont en général des « ba », « da », « pa », « ta », peuvent désigner toutes sortes de choses. Lorsqu'il dit pour la première fois « pa-pa », il peut penser tout aussi bien à sa mère qu'à son père : il lui est, en effet, beaucoup plus facile de prononcer des consonnes sonores tels le « p » ou le « t » que le « m » de maman. Quand il pleure, il dit souvent « ma-ma » et ce bien avant 8 mois ! Vers 1 an, les nourrissons comprennent le sens d'un grand nombre de mots, associés aux situations habituelles de soin, d'alimentation, de jeux, de la famille... Certains bébés savent même en prononcer quelques-uns, mais la plupart commenceront par jargonner (langage préverbal ou « baby talking »). La vitesse d'acquisition du langage (voir page 206) varie beaucoup d'un enfant à un autre.

Une fois dépassée l'angoisse de la séparation, votre enfant ne se blottit plus dans vos bras pour s'y réfugier, mais accepte de se tourner vers l'extérieur et les autres.

pas à l'absence éventuelle de sa mère. Le père, les frères ou les sœurs, au contraire, lui sont d'autant plus chers qu'ils sont directement liés à l'image de sa maman.

Il éprouve de nouveaux sentiments • Comme vous devenez pour lui irremplaçable, mais que vous n'êtes pas toujours là, votre enfant peut aussi éprouver pour la première fois une certaine agressivité à votre égard (mais aussi vis-à-vis de son père). C'est à ce moment que le bébé découvre combien le même objet, en l'occurrence sa mère, peut être à la fois source de plaisir et de déplaisir. Mais ce bouleversement affectif est essentiel pour qu'il apprenne peu à peu à se rassurer lui-même et à se façonner un univers personnel. Vous pouvez juste tempérer ces angoisses.

Comment le rassurer • Il faudra du temps pour que votre bébé comprenne qu'une séparation n'est pas une perte. Et c'est par des marques d'amour et par des mots que vous, ses parents, l'aidez et l'accompagnez dans ce cheminement. S'il vous sent disponibles et attentifs, au départ comme au retour (quand vous travaillez), l'enfant supportera mieux vos absences. Chaque fois que vous devez partir, plus que jamais, expliquez-lui que vous allez revenir bientôt (voir page 86). Au retour, n'hésitez pas à lui parler du manque que vous avez ressenti ou de récapituler sa journée.

Peu à peu rassuré de voir que vous revenez toujours et que vous ne l'abandonnez pas, il apprendra à accepter les séparations, à jouer tout seul et, vers 18 mois, à se montrer de nouveau plus confiant devant autrui. Vous constaterez cette évolution en observant la façon dont il se tient dans vos bras : alors qu'il avait tendance à se blottir contre vous, à enfouir son visage

Le doudou a une grande importance pour votre enfant. Il l'a choisi parmi tous les objets dont il dispose et ne le quitte plus. Attention aux pertes et aux oublis qui seraient difficilement acceptés.

contre votre poitrine et à replier ses bras sur vous, il va peu à peu se redresser, tourner son visage vers l'extérieur et tendre les mains vers les êtres autour de lui.

▶ L'importance du doudou

Quand l'enfant prend conscience de la séparation, très souvent, il se lie d'affection avec un objet qu'il choisit pour combler le manque. Il prend possession d'une chose extérieure à son corps qui n'est ni son pouce ni ses doigts. Le pédiatre et psychanalyste britannique Donald Winnicott (1896-1971) désigne l'objet élu sous le nom d' «objet transitionnel». Il explique que l'amour de l'enfant pour cet objet marque une transition entre la période où le bébé ne fait qu'un avec sa mère et une étape ultérieure où il cesse de s'identifier à elle. Certains enfants, toutefois, n'élisent aucun « objet de leur cœur », et c'est leur pouce, ou une

tétine, qui les aide à se consoler dans les moments difficiles. Cela leur suffit.

Le choix de l'objet • Votre bébé est davantage sensible à la texture et à l'odeur d'une chose qu'à ses formes ou même à sa couleur. Ainsi, sans que vous sachiez pourquoi, il va jeter son dévolu sur un morceau de tissu informe, alors qu'il dispose de nombre de peluches. C'est son choix, et, même si vous le souhaitiez, vous ne pourriez pas l'inciter à aimer un objet qu'il n'a pas élu lui-même. Il considère d'ailleurs ce « doudou » comme sa création, et non comme un cadeau de votre part. Winnicott insiste sur la nécessité d'admettre que chaque bébé doit pouvoir, en quelque sorte, « créer le monde » à nouveau. Il montre que l'objet transitionnel est une première expression de cette action créative. C'est pourquoi le doudou est si précieux pour l'enfant – et mérite tout votre respect.

Au quotidien avec « doudou » • Dès que vous n'êtes plus présente, ne serait-ce que lors des réveils nocturnes, le « doudou » est là, qui veille à votre place. Vous avez tout intérêt à ne pas l'oublier avant un départ en week-end, car votre bébé se consolerait avec peine. Sur cet objet qu'il a choisi, votre enfant a tous les droits, y compris celui de l'abîmer : il exprime à son égard de l'amour et de l'agressivité, et c'est normal. En cas de perte, il ne trouvera pas toujours un « remplaçant ». Vous pouvez essayer de lui offrir un objet semblable, mais il ne se laissera pas tromper et aura souvent besoin d'un peu de temps pour l'adopter. C'est aussi par son odeur unique que le « doudou » rassure votre bébé, et c'est pour cette raison qu'il vaut mieux ne pas le laver trop souvent. Pendant plusieurs mois, plusieurs années peut-être, cet objet transitionnel va rester irremplaçable. Plus tard, lorsque la transition sera accomplie, l'enfant le délaissera de lui-même, sans aucune tristesse.

▶ Explorer tout en étant rassuré

Certains jours, votre bébé vous réclame beaucoup, ne s'apaise que si vous êtes près de lui, demande à sa façon des câlins. À d'autres moments, il semble très bien jouer et s'activer tout seul, et vous sentez presque un pincement au cœur en constatant qu'il devient plus indépendant et s'éloigne un peu. Certaines mamans, alors, ne résistent pas à la tentation de manifester leur présence et vont lui parler ou jouer avec lui. Quel est le plus dépendant des deux ?

Un ballet d'allers et de retours • À moins de 1 an, un bébé amorce déjà avec sa mère une sorte de danse, un mouvement incessant d'aller et retour, qui caractérise les rapports des enfants avec leurs parents. Par exemple, un tout-petit de 2 ans, au square, part en exploration, pas bien loin, puis, sans que sa maman ne lui demande rien, il revient vers elle, et puis repart, et ce à maintes reprises. Votre bébé, bien sûr, n'a pas encore cette autonomie. Mais il n'en est plus très loin. Il a peur de vous perdre, votre absence l'angoisse, mais, dès qu'il se sent en sécurité, il prend plaisir à être le propre acteur de ses jeux et de ses mouvements.

L'ancrage affectif • Bien sûr, vous êtes le pivot vers lequel il se tourne pour trouver l'amour, la sécurité et la confiance pour repartir... Votre regard et votre attention lui sont essentiels pour qu'il trouve l'audace de mener à bien ses explorations. Mais, rassuré par votre présence et votre assentiment, il éprouve ensuite un grand plaisir à accomplir tout seul tel ou tel progrès.

Donner à votre enfant cette confiance attentive est le plus beau cadeau que vous puissiez lui faire. Pour lui, être regardé est plus important que trouver à chaque instant le soutien de vos mains. Il a besoin que vous soyez là pour le rassurer, que vous répondiez à ses appels... tout en le laissant découvrir combien de choses il est déjà capable de faire par lui-même.

Son premier anniversaire : une date symbolique

« Un an déjà ! », se dit-on souvent lors du premier anniversaire, tant les mois ont passé vite... Beaucoup de parents ont alors envie de « marquer le coup » et d'inviter pour l'occasion grands-parents, parrain et marraine et autres amis proches. Même s'il est encore petit, votre enfant sera ravi de sentir qu'une fête se prépare pour lui. Vous pouvez tout à fait lui en expliquer la signification : vous êtes fiers de ce premier anniversaire, de la façon dont il a grandi, et vous, ses parents, avez envie de partager ce jour avec ceux que vous aimez et qui l'aiment. Évitez toutefois que tout le monde se précipite sur lui, restez avec lui le temps qu'il s'adapte à toutes ces présences. S'il a peur, ne le laissez pas passer de bras en bras.

Il appréciera sûrement de souffler la bougie s'il y arrive, de manger du gâteau et de découvrir ses jouets. Laissez-lui le temps de savourer ces instants, même si vous et vos invités avez hâte de voir ses réactions : ôter les emballages fait aussi partie de son plaisir... Si tous ont été très généreux, vous pourrez d'ailleurs préférer réserver certains cadeaux pour plus tard. Chaque famille gère cela à sa façon. Dans tous les cas, votre bébé retiendra avant tout l'ambiance de fête et de tendresse qui l'entourait !

Jeux et activités d'éveil

La découverte des jouets • Comment choisir parmi tous les produits du commerce • Développer les sens de votre enfant par des activités d'éveil • Quelques idées pour jouer avec lui • Premiers livres, premières histoires • Les bébés nageurs

Les premiers « vrais » jouets

À 6 mois, votre enfant se sert de ses deux mains. Grâce à ces deux « instruments magiques », à la fois autonomes et partenaires, il assemble des pièces simples, pousse bientôt devant lui, à quatre pattes, un objet qui roule, agite ou frappe ce qui peut produire des sons amusants. Il est capable de jouer et de manier des objets : c'est désormais l'âge des premiers véritables jouets.

▶ Jouer, pilier essentiel de l'éveil

Au début de sa vie, c'est surtout avec son propre corps (ses pieds, ses mains) ou avec le corps de son père et de sa mère que votre enfant commence à jouer. Mais, à partir de l'âge de 6 mois, il cherche à s'approprier certaines choses. Il est désormais capable de saisir plusieurs objets à la fois, de les changer de main, d'identifier leur couleur, leur texture, leur mouvement et leur sonorité. Il sait tout à la fois les manipuler, les différencier et les reconnaître. Il aime les porter à sa bouche pour les sucer ou les mordre, et s'amuse à les lancer au loin pour chercher à les faire revenir. Dans un parc ou dans le coin d'une pièce, vous pouvez donc regrouper autour de lui différents jouets. Il va ainsi se familiariser avec cet espace de jeu et choisir de lui-même les objets qui l'intéressent et auxquels il va s'attacher. En outre, c'est pendant cette période que votre bébé fait une découverte merveilleuse, celle du mouvement volontaire autonome : il apprend à ramper, se redresse même sur ses jambes dans son lit, prend ce qu'il veut, lâche et jette. C'est aussi l'âge où il commence à manger des aliments solides et à comprendre de nombreux mots, même s'il ne parle pas encore. À présent, il est véritablement acteur de son développement.

▶ Quels jouets choisir ?

Pour votre enfant, tout objet est susceptible de se transformer en jouet, ce qui ne l'empêchera pas d'être particulièrement sensible à ceux que vous lui offrirez. Comment choisir un jouet parmi les très nombreux produits proposés sur le marché ?

Avant tout, regardez bien les âges indiqués sur la boîte d'emballage. Il est inutile, voire néfaste, de vouloir stimuler son bébé en lui offrant des jouets « de grand ». L'idéal est de privilégier les jeux qui favorisent l'éveil des sens, l'apprentissage de la motricité et les capacités d'imitation. Mais, surtout, soyez attentifs aux réactions de votre

Les jouets sont source d'éveil pour votre enfant. Il découvre les formes et les textures en les manipulant mais aussi en les suçant. Choisissez donc toujours des jouets adaptés à son âge.

tout-petit ; c'est lui-même qui, en fonction de son tempérament, son stade de développement, ses goûts, vous fera savoir quel type de jouets a sa préférence.

Des jouets « affectifs » • Les jouets que l'on offre traditionnellement à un nourrisson de 6 ou 7 mois ont bien souvent un rôle essentiel dans sa vie affective. Ainsi, les peluches ou les poupées, choisies de préférence en tissu les premiers mois, deviennent rapidement un objet d'attention et d'amour pour votre enfant, et parfois même un « objet transitionnel » (voir page 118).

Des jouets qui bougent • Si vous décorez sa chambre avec un mobile, veillez à l'accrocher à un endroit où il ne l'a pas constamment sous les yeux, pour ne pas le fatiguer. Votre bébé va être très attiré par ses couleurs, son mouvement ou sa musique et va chercher à s'en emparer et à le sucer. La prudence s'impose donc. Dès que

votre enfant devient capable de le toucher, rangez-le ou installez-le bien en hauteur.

Les jouets pour le bain • Après 8 mois, les jouets pour le bain sont essentiels : votre bébé, assis dans son bain, s'amuse inlassablement à faire couler l'eau, à laisser flotter ou à faire couler et remonter petits animaux, bateaux et autres personnages…

Les jouets à déplacer • Tous les jouets qu'il faut tirer, pousser ou faire rouler vont accompagner votre enfant dans son apprentissage de la marche et l'aider à mieux coordonner ses mouvements. Les jeux de cubes qu'il faut empiler ou encastrer développent son habileté et son intelligence : votre tout-petit apprend à bien les manipuler, à reconnaître leurs formes et leurs couleurs.

Avec des cubes, votre bébé peut également s'adonner au jeu de construction-démolition, prendre et jeter, rituel important qui révèle notamment combien l'enfant prend conscience de son pouvoir sur les objets (voir page 116).

Des jouets pour faire comme les adultes • Les établis et tous les jeux sur lesquels il faut frapper permettent au bébé d'exprimer son agressivité, mais également de s'exercer à maîtriser ses gestes. Ils lui donnent aussi l'occasion d'imiter les plus grands. Or, tous les jeux basés sur l'imitation du monde réel et des adultes (téléphone, trousse de médecin ou de bricolage, dînette, ferme, garage) aident indéniablement l'enfant à construire sa personnalité, même si à cet âge, ces panoplies sont encore sommaires.

▶ Optez pour des jouets conformes

Les jouets des tout-petits font l'objet d'une surveillance et d'une réglementation particulières. Quelques précautions s'imposent donc lors de l'achat des jouets ou lors de leur utilisation ultérieure. Ainsi, les jouets de votre bébé doivent, entre autres, être en bon état et propres.

Des normes à respecter • Vérifiez sur les emballages la conformité des articles (alimentation électrique, compartiment de piles, matériaux autorisés…) ; le logo CE qui garantit les normes européennes en matière de sécurité, les coordonnées du fabricant, les âges limites d'utilisation et les âges préconisés. Suivez scrupuleusement les précautions d'emploi ainsi que les notices de montage et d'utilisation.

Les jouets des frères et sœurs • Veillez à ce que votre bébé ne puisse pas utiliser, lorsqu'il se trouve tout seul, les jouets de son grand frère (un soldat en plastique par exemple) ou de sa grande sœur (les petits articles d'une maison de poupée). En effet, comme un bébé porte tout à la bouche entre 6 mois et 1 an (et souvent bien au-delà), il risque de s'étouffer en avalant de petits objets. Cependant, comme il sera irrésistiblement attiré par les jouets des « grands », offrez-lui la possibilité de les découvrir en votre présence : il pourra ainsi satisfaire sa soif intense de découverte en toute sécurité.

Jouer avec des objets

Manipuler

Le bébé passe volontiers ainsi de longs moments à s'occuper tout seul. Il saisit les pièces de ses jeux de construction, les change de main, les pose, les reprend, les déplace, quand il ne les porte pas à sa bouche… Entasser et démolir la pile, prendre et rejeter de façon répétée deviennent vite un jeu favori… et révélateur : améliorant sans cesse son habileté, l'enfant prend peu à peu conscience de son pouvoir sur les choses.

Examiner

Après avoir joué avec son corps, ses mains, ses pieds, le bébé s'intéresse aux objets, à partir de 6 mois environ. Capable de se tenir assis et devenu plus habile à utiliser sa main comme une pince, il sait ainsi attraper des cubes et autres volumes (de la main droite aussi bien que de la main gauche). Attiré par leurs couleurs ou leurs formes, il les examine attentivement, apprend à les reconnaître et à les distinguer les uns des autres : il développe son intelligence.

Les activités d'éveil

L'objectif des activités d'éveil est d'aider votre enfant à construire son autonomie physique, à accroître son acuité sensorielle et à mieux apprivoiser son environnement. Avant l'âge de 1 an, vous allez surtout faire découvrir à votre bébé combien ses sensations peuvent être riches et variées. Avec très peu de matériel, vous pouvez imaginer bien des jeux qui sauront l'amuser et aiguiser sa curiosité.

▶ Le plaisir de toucher

Votre bébé devient capable de nouveaux jeux, mais ne délaissez pas pour autant tout ce qui peut contribuer à aiguiser son sens du toucher.

Texture et température • Confectionnez des glaçons multicolores, multisaveurs et multiformes en versant, dans des formes à découper les biscuits, disposées dans une assiette, de l'eau additionnée de sirop et en déposant l'assiette au congélateur. Placé devant un bol de ces glaçons, posé près d'un bol d'eau tiède, votre bébé y plongera les mains à tour de rôle, éventuellement avec votre aide, et découvrira texture et température.

Des sacs de découverte • On peut se les procurer dans le commerce, ou les confectionner soi-même avec un tissu solide et fin. Ces sacs contiennent des objets divers (évitez toujours, bien sûr, les objets de petite taille que le bébé pourrait porter à sa bouche et avaler accidentellement). Emplissez chaque sac d'un élément différent et cousez-le solidement : votre enfant aura plaisir à découvrir des formes et des sons sans pouvoir voir ce qu'il touche.

Pommes de pin • Gratter, manipuler, respirer, autant de découvertes à faire avec des pommes de pin à rechercher sous différents types de conifères au cours des promenades au parc ou au bois pour multiplier les plaisirs.

▶ Sentir et goûter

Ne délaissez pas non plus tout ce qui peut contribuer à développer le goût et l'odorat de votre enfant : texture, forme, odeur, la nature continue de permettre de fascinantes découvertes pour votre enfant.

Fruits et légumes • Remplacez pour quelques minutes, en surveillant votre bébé, les objets qu'il manipule habituellement (cubes, petits jouets) par une carotte, un poireau, une mandarine, une tomate-cerise – toujours bien lavés…

Les tailles et les formes • Bien avant de savoir les nommer, votre enfant peut commencer à appréhender les notions de forme et de taille, tout simplement en manipulant des objets. Sur la tablette de sa chaise haute ou sur le sol, de façon à faciliter sa liberté de mouvement, proposez-lui des objets de différentes formes : cubes, disques en plastique, boules, cylindres, mais aussi ustensiles du quotidien…

▶ Écouter et s'émerveiller

À cette période de la vie, votre enfant est ravi d'élargir la palette de ses sensations sonores. Lisez-lui des histoires, chantez-lui des chansons : ces moments introduisent la beauté, la cohérence,

Les bébés nageurs

L'eau calme et apaise, c'est bien connu. Cet élément est aussi, pour votre enfant, un milieu propice à son épanouissement. À partir de 4 mois, il peut faire partie des « bébés nageurs ». Vous choisirez une piscine de la Fédération des activités aquatiques d'éveil et de loisirs. Les séances, qui se déroulent dans des bassins aménagés à cet effet, sont menées par des professionnels compétents (maîtres nageurs, psychomotriciens…). Cette activité familiale, qui suit le propre rythme d'adaptation de votre enfant, favorise son équilibre, lui dévoile ses capacités sensorielles et motrices. En effet, il goûte les plaisirs de l'eau, d'abord avec vous et dans vos bras, puis librement au cours de jeux aquatiques (immersions, tapis, ballons, planche…). Il prend confiance en lui et découvre son corps. Votre présence l'aide également à progresser.

Bien souvent, les objets de la vie quotidienne intéressent autant votre enfant que les « vrais » jouets que vous lui donnez. Mettez donc à l'abri tout ce qui pourrait le blesser, ainsi que les bibelots fragiles.

la passion des mots associés à l'image ou à la musique. Il aime être lové sur vos genoux et vous écouter, apprécie les belles images : autant de raisons de lui lire un livre chaque soir. Bientôt, à l'âge de la parole, il réclamera toujours le même. Mais, pour l'instant, c'est la variété qui l'intéresse. Il existe aujourd'hui des livres spécialement conçus pour les tout-petits. Ils sont fabriqués dans des matériaux résistants (carton épais, revêtement imperméable) ou en tissu (ce qui permet au bébé d'associer lecture et plaisir tactile) ; sur chaque page figure une simple image (objet quotidien, animal, fruit...) ou une petite scène.

Objets sonores • Parce qu'il peut faire ce qu'il veut avec ses mains, c'est pour votre bébé l'âge de frapper sur des objets sonores : une cuillère en bois et, devant lui, une petite casserole retournée, une boîte de carton, une planche à découper en bois : montrez-lui que chaque objet résonne différemment.

▶ Prévenir les dangers

À partir de 8 ou 10 mois, l'enfant parvient à se mouvoir de façon autonome. Il a vite accès à un grand nombre d'objets. Si vous le laissez circuler à sa guise, veillez à assurer sa sécurité (voir page 360) et à préserver également votre « territoire » en mettant hors de sa portée les bibelots auxquels vous tenez. Ne le laissez surtout pas manipuler des objets trop petits qu'il pourrait avaler, ni des objets coupants ou lourds qui risqueraient de le blesser.

Proscrivez également les tissus qui s'effilochent (et avec lesquels il pourrait s'étouffer), les objets enduits de peinture toxique et ceux en verre ou en plastique cassables. N'oubliez jamais que votre enfant va être attiré par une multitude de choses ; vous devez donc le protéger du danger potentiel que représentent les produits ménagers, les casseroles sur la cuisinière, les prises électriques, les aiguilles à coudre et à tricoter, etc.

Veiller à la santé de son enfant

Contrôler la croissance de votre enfant • Les poussées dentaires • Comment déceler des problèmes visuels ou auditifs ? • Que faire en cas de convulsions fébriles ? • Comment traiter l'eczéma ? • Prévenir les hépatites • Le bon usage des médicaments • Le traitement de la douleur • Si votre enfant est hospitalisé

Un enfant en bonne santé

Le sixième mois marque une étape dans le développement de votre enfant. Celui-ci gagne en autonomie, prend des repas diversifiés, s'épanouit et fait preuve d'une insatiable curiosité. C'est aussi très souvent l'époque des premières poussées dentaires, qui, selon les enfants, se passent plus ou moins facilement. Maintenant que vous connaissez bien votre bébé, vous n'avez, la plupart du temps, aucun mal à savoir s'il est en bonne santé ou souffrant. Cependant, vous devez être attentifs à certains signes pour prévenir d'éventuels problèmes visuels ou auditifs.

▶ Apprécier la croissance de votre enfant

Il est primordial de contrôler soigneusement la croissance de votre enfant, grâce aux mesures – taille, poids, tour de tête (périmètre crânien) et rapport poids/taille (ou corpulence) – que le médecin effectue à chaque visite. Aussi est-il conseillé de peser et de mesurer votre bébé tous les mois jusqu'à l'âge de 2 ans, puis au moins chaque semestre jusqu'à 6 ans.

Les courbes de croissance • Ces données chiffrées sont reportées sur un graphique présenté dans le carnet de santé de votre enfant, sur lequel apparaissent plusieurs courbes de référence. L'essentiel est que la courbe de croissance de votre enfant soit régulière (elle suit toujours la même courbe de référence). En effet, les enfants grossissent et grandissent chacun à son rythme, il n'y a donc pas de « normale », mais une fourchette à l'intérieur de laquelle se situe 95 % de la population. Toute mesure isolée est sans valeur. Ainsi, même si vous avez l'impression que votre bébé mange peu ou qu'il est moins grand que d'autres enfants du même âge, il ne faut pas vous inquiéter tant que sa courbe reste régulière. En revanche, un ralentissement durable (ou, au contraire, une poussée soudaine) de sa taille, une cassure de sa courbe de poids (ou, à l'inverse, une prise de poids excessive) doivent vous alerter et vous amener à en parler au pédiatre.

Quelques repères • En moyenne, les enfants prennent de 350 à 450 g mensuels entre 6 mois et 1 an. À l'âge de 1 an, ils ont triplé leur poids de naissance ; ils pèsent alors entre 7,4 et 11,9 kg.

Jusqu'à 1 an, ils grandissent de 1 à 1,5 cm chaque mois. En un an, ils gagnent 25 cm ; ils mesurent entre 68 et 79 cm à leur premier anniversaire. À cet âge, le périmètre crânien est compris entre 43 et 49 cm.

Bilan de santé • Le neuvième mois, le pédiatre procède à un bilan de santé obligatoire, à l'issue duquel il vous remet un formulaire à envoyer à votre caisse d'allocations familiales. Il s'intéresse aux conditions de vie de l'enfant (Vit-il chez ses parents ? Qui s'en occupe la journée ?), à sa croissance (poids, taille, périmètre crânien), à son développement psychomoteur (Tient-il assis sans appui ? Réagit-il à son prénom ? Se déplace-t-il ?). Il examine les organes, les membres, notamment les hanches et les pieds, en vue de la marche, et évalue l'audition et la vision. Il fait un « état des lieux » des affections en cours ou passées (infections ORL à répétition, convulsions, reflux gastro-œsophagien, eczéma…) et des vaccinations. Bien entendu, comme lors des autres consultations, il vous donne des conseils en matière d'alimentation, de sommeil, et est là pour répondre à toutes vos interrogations.

▶ Les poussées dentaires

La sortie de la première dent est une étape importante, que vous guettez souvent avec attention. À la fois parce qu'elle signifie que votre bébé grandit tout doucement – il va passer de la nourriture liquide ou mixée aux aliments solides –, et aussi parce que vous avez entendu dire dans votre entourage qu'elle pouvait se passer plus ou moins tranquillement selon les enfants.

Les dents de lait • À la naissance, les mâchoires de votre enfant renferment 20 dents encore invisibles (mais apparentes sur les radiographies), appelées « bourgeons dentaires ». Les premières dents sortent en général autour de 6 mois. Ce sont les 2 incisives centrales de la mâchoire inférieure, suivies des 2 incisives centrales de la mâchoire supérieure. Parfois, les incisives latérales apparaissent avant, ce qui donne à votre enfant un sourire de diablotin ! Les 8 incisives sortent de manière régulière (une par mois) ou alors en quelques jours ; chaque enfant a son propre rythme, qu'il est impossible de prévoir. En principe, à l'âge de 1 an, votre enfant a 8 dents. Entre 12 et 18 mois apparaissent les premières molaires et entre 18 mois et 2 ans, les canines sortent. Les deuxièmes molaires poussent entre 2 ans et 2 ans et demi. Ainsi, en l'espace de deux années, votre enfant s'est équipé de 20 dents dites « de lait ».

Entre 5 et 6 ans, les dents de lait commencent à tomber pour être remplacées par les dents définitives. Dès que les premières dents de lait de votre enfant sont sorties, vous devez les nettoyer au moins une fois par jour (dans ce cas, après le dernier repas) avec une brosse à dents adaptée à son âge, sans utiliser de dentifrice (qu'il pourrait avaler). Même si les dents de lait sont temporaires, il est primordial d'en prendre bien soin (brossage régulier, pas de boissons sucrées avant le coucher, ni de bonbons, contrôle régulier) pour assurer une dentition définitive de qualité.

Quand les dents poussent • L'apparition d'une dent peut être à l'origine d'une douleur intense.

Quelques principes d'hygiène

L'hygiène est fondamentale quel que soit l'âge de l'enfant. Même si un enfant doit s'armer au contact de bactéries et de virus, la prévention est un atout majeur dans la lutte contre les maladies. L'hygiène passe par la suppression de produits nocifs comme le tabac et les vapeurs toxiques, ou allergisants telles les poussières, riches en acariens. Pour prévenir les rhumes, laissez en permanence un saturateur rempli d'eau sur le radiateur de la chambre de votre bébé pendant la saison froide. Vous pouvez également vous procurer dans le commerce un humidificateur d'atmosphère.

N'oubliez pas de vous laver les mains au savon avant de tenir votre bébé, avant de lui faire sa toilette et ses soins ou avant de lui donner quelque chose à absorber (repas, médicament…). Le gant de toilette doit être changé après chaque utilisation. Évitez le contact avec des personnes enrhumées, ainsi que les endroits confinés et très fréquentés.

Les signes sont différents selon les enfants, voire inexistants chez certains. La plupart du temps, votre bébé manifeste l'envie de mordre ou de mâchonner des objets. Souvent grognon, il se met à pleurer d'un coup sans raison apparente. Ses gencives sont gonflées et rouges. Il peut avoir une petite hausse de température (moins de 38 °C), les joues rouges, des fesses irritées, une baisse d'appétit, parfois des selles plus molles que d'habitude (la diarrhée importante est en général liée à un autre phénomène). Attention, à cet âge, il ne faut pas associer systématiquement la fièvre (plus de 38 °C) à une poussée dentaire. Il existe trois façons de calmer la douleur, sachant que votre douceur et votre compréhension sont indispensables. La première solution est de masser la gencive et de donner à votre enfant des anneaux de mastication. La deuxième consiste en des sirops et autres baumes apaisants. La troisième est le recours à l'aspirine ou au paracétamol, en application directe ou en solution buvable (demandez conseil à votre médecin).

La supplémentation en fluor • À 6 mois, votre enfant doit recevoir des doses régulières de fluor, déterminées par votre pédiatre (notamment en fonction de l'apport en fluor de certaines eaux). Le fluor est bénéfique pour limiter les caries dentaires ; il peut être donné sous forme de gouttes ou de comprimés à dissoudre.

▶ Prévenir les problèmes de vue

Il est possible de dépister certaines anomalies visuelles dès le plus jeune âge. Vous pouvez vous-mêmes détecter divers signes qui doivent vous inciter à consulter votre médecin :
– regard qui n'« accroche » pas ou ne suit pas un objet, larmoiement (signe d'une possible conjonctivite ou d'un canal lacrymal non perméable) ;
– désintérêt devant les stimuli (lumière, jouet, visage familier…) ;
– strabisme occasionnel ou persistant (après 6 mois) ;
– clignement des yeux et froncement de sourcils fréquents.

À ces symptômes s'ajoutent des terrains favorables, comme une naissance prématurée ou des antécédents familiaux.

Une prise en charge précoce des troubles de la vision permet très souvent une correction rapide et efficace, car la vue, en constante pro-

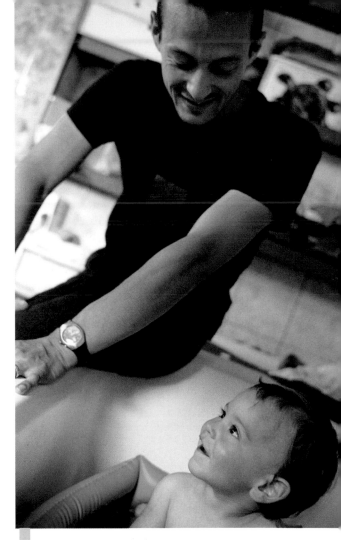

La santé de votre enfant passe avant tout par une bonne hygiène, avec des produits adaptés.

gression, atteint sa maturité vers 9 ans. Lors du bilan des 9 mois, le pédiatre, en fonction des résultats, vous dirigera ou non vers un ophtalmologue. Le port de lunettes est possible pour les tout-petits. Il existe des montures adaptées, aux branches souples. Larges pour permettre de voir en haut, en bas et sur les côtés, elles sont pourvues d'un rembourrage pour tenir sur leur petit nez encore dépourvu de racine.

▶ Prévenir les troubles auditifs

L'audition participe activement à l'apprentissage du langage, à la communication avec les autres, mais aussi à la construction de la personnalité de votre enfant. Il est donc impératif de savoir s'il entend bien ou si, provisoirement ou définitivement, il présente une baisse (hypoacousie) ou une perte importante ou totale (surdité) de l'audition. Il existe deux catégories de troubles auditifs.

L'hypoacousie et la surdité congénitales, dites « de perception », touchent l'oreille interne et le nerf auditif. Elles peuvent avoir plusieurs causes (infectieuse, génétique, traumatique durant la grossesse ou l'accouchement ; prématurité...). La baisse circonstancielle, dite aussi « de transmission », se produit après la naissance et concerne l'oreille moyenne. Elle peut être due à des otites à répétition, du fait de l'épaississement du tympan, à un traumatisme ou à un traitement médical.

Une atteinte de l'audition se repère à certains indices qu'il faut remarquer :
– manque de réaction aux stimulations sonores (voix, bruits), sachant que, dès 3 mois, un bébé tourne la tête vers la source sonore et qu'à 8 mois il réagit à son nom et imite les sons ;
– retard de langage (défaut de vocalisation à 4 mois, de modulation de syllabes vers 6 mois) ;
– absence de compréhension de certains mots et de babillage, possibles à partir de 9 mois ;
– insensibilité aux chuchotements.

L'audition est testée dès la naissance, et doit l'être régulièrement dans les premières années. En cas de troubles, un audiogramme est effectué dans un service spécialisé (audiologie), qui établit les fréquences (graves et aiguës) auxquelles votre enfant est plus ou moins sensible. Un appareillage adapté est tout à fait possible à 1 an, grâce aux progrès considérables réalisés dans ce domaine. Un enfant appareillé peut suivre une scolarité parfaitement normale et vivre une enfance heureuse.

Les soucis de santé et leur traitement

Entre 6 mois et 1 an, votre bébé est susceptible de rencontrer les mêmes microbes qu'auparavant et donc de souffrir de maux identiques : rhinopharyngite, gastro-entérite, otite, bronchite, eczéma... À partir de 6 mois, il est d'ailleurs plus fragile vis-à-vis de ces affections, car les anticorps maternels, transmis pendant la grossesse, disparaissent progressivement. Les convulsions fébriles touchent le plus souvent les enfants entre 6 mois et 4 ans ; elles nécessitent votre vigilance et une réaction rapide de votre part. Par ailleurs, il est utile de savoir soulager la douleur de votre enfant et de connaître les conditions d'une éventuelle hospitalisation.

▶ Les convulsions fébriles

Les convulsions fébriles sont souvent redoutées par les parents, mais seule une faible proportion d'enfants est susceptible d'en faire (moins de 5 %). Elles peuvent se produire lors d'une élévation brusque de la température (qui passe par exemple de 37 à 39 °C en quelques minutes) et sont liées à une immaturité neurologique. Elles peuvent aussi survenir lors d'une chute brutale de la fièvre. Elles durent en général quelques minutes, parfois une demi-heure. L'enfant se raidit, jette sa tête en arrière, ses yeux sont révulsés, puis, quelques secondes plus tard, ses bras et ses jambes sont secoués par des spasmes incontrôlables. Il reprend ensuite conscience plus ou moins vite et reste somnolent ou s'endort. Il ne faut surtout pas se laisser impressionner par l'aspect spectaculaire de la convulsion. Le premier réflexe est de placer votre enfant sur le dos, la tête tournée pour lui éviter de suffoquer s'il vomit. Ensuite, traitez la fièvre avec un suppositoire antipyrétique adapté à l'âge de votre enfant. Une fois la crise passée, consultez votre pédiatre pour un examen. Si la crise vous paraît longue, contactez le SAMU pour la faire cesser (recours au Valium®).

Les convulsions fébriles étant le plus souvent liées à une infection, il faut rechercher celle-ci pour la traiter. Une convulsion courte et simple n'influe pas sur le développement de l'enfant. Si elle est répétitive et/ou prolongée, il vaut mieux envisager une hospitalisation pour procéder à un bilan médical, et prévoir, le cas échéant, un traitement de fond.

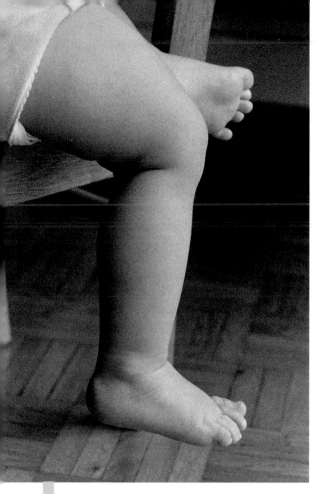

La peau de votre bébé, fragile protection contre les agressions, doit être bien hydratée.

Pour éviter les crises convulsives, il faut surveiller et traiter la fièvre chez un enfant, mais il n'est pas toujours possible de prévoir une montée brutale de la température.

Les problèmes de peau

La peau de votre bébé participe à la protection de son corps contre les agressions extérieures (rayonnement, infections, contusions…) ; elle est aussi essentielle dans les relations sensorielles. Sensible et douce, elle nécessite d'être hydratée et surveillée. Les problèmes de peau sont souvent des motifs de consultation ; comme ils sont visibles, tout en reflétant un souci de santé, ils portent atteinte à l'image que les parents ont de leur enfant.

L'eczéma • Cette maladie chronique de la peau, appelée aussi « dermatite atopique », en constante progression, touche aujourd'hui près de 20 % des enfants. D'origine multiple, notamment héréditaire, elle peut survenir dès l'âge de 3 mois pour disparaître en principe au fil des années.

Elle se manifeste par poussées, à diverses occasions, souvent liées à l'énervement ou au stress. L'eczéma se présente sous la forme de rougeurs parfois suintantes et risquant de s'infecter, surtout aux plis des coudes, derrière les genoux et sur le visage. Les lésions donnent envie de se gratter, ce qui est très gênant pour le bébé, et risque de l'empêcher de bien manger ou bien dormir.

Une crème hydratante et une crème émolliente appliquées régulièrement, ainsi qu'une hygiène corporelle appropriée (avec un produit sans savon), permettent d'atténuer les poussées. Celles-ci doivent être traitées aussitôt. Si les symptômes persistent, le pédiatre peut préconiser un traitement corticoïde en crème, efficace dans l'immense majorité des cas, voire des antalgiques si l'eczéma est douloureux. Des antibiotiques peuvent aussi être prescrits en cas de surinfection. Consultez dès l'apparition de rougeurs de ce type et n'agissez pas sans l'avis du médecin pour éviter d'aggraver les poussées.

Les dartres • Votre bébé peut être sujet à des dartres, taches ovales, sèches, jaunâtre à rouge, qui peuvent avoir diverses origines (irritation de la peau par une lessive ou un savon, dermatose, mycose, eczéma…). Il faut alors consulter votre pédiatre pour en déterminer la cause et débuter un traitement.

Les troubles digestifs et urinaires

Votre enfant a grandi, mais il reste sensible à certaines maladies de ses premiers mois (voir page 74). Par exemple, la gastro-entérite et la

La roséole

Entre 6 mois et 2 ans, votre enfant peut présenter, sans aucun autre signe, une température élevée (39-40 °C) pendant trois jours, suivie d'une éruption de petites taches rose pâle sur le tronc (mais ni sur les bras ni sur les jambes) qui disparaissent en quatre jours environ. Il s'agit de la roséole, ou exanthème subit, maladie virale bénigne, qui, hormis celui de la fièvre, ne nécessite pas de traitement.

diarrhée réclament les mêmes soins, avec une différence liée à la diversification de l'alimentation. En effet, il vaut mieux alors supprimer le lait et ses dérivés, ainsi que les fruits et les légumes, excepté la pomme, la banane, le coing et la carotte, excellents anti-diarrhéiques, et donner du riz. Votre bébé peut contracter des maladies intestinales liées à l'enfance, telle l'oxyurose, parasitose due aux oxyures, ces petits vers blancs très contagieux qui provoquent des démangeaisons anales, et qu'un traitement vermifuge élimine facilement.

Infections urinaires • Votre tout-petit peut être atteint par une infection urinaire, que confirmera une analyse des urines. Elle est suspectée chez les nourrissons présentant une fièvre persistante, une baisse de l'appétit et du poids ainsi que des troubles digestifs. Un traitement antibiotique est prescrit ainsi que des examens permettant de dépister d'éventuelles malformations de l'appareil uro-génital.

▌ Prévenir les hépatites

L'hépatite virale est une maladie du foie, plus ou moins grave selon le virus en cause. Il en existe trois principales. L'hépatite A, la plus courante, en général bénigne, se contracte par voie digestive (eau, aliments…), et souvent en milieu collectif. D'une durée variable, elle incube quelques jours et se reconnaît à des symptômes rappelant ceux de la grippe : fièvre, fatigue, appétit altéré, urines foncées, selles pâles. Des vomissements et une diarrhée sont possibles. Cette hépatite provoque un ictère, c'est-à-dire une jaunisse. Cet ictère touche la peau, les muqueuses et parfois le blanc des yeux. L'hépatite B, plus rare mais plus sérieuse, s'attrape par voie sanguine et sexuelle, ce qui, a priori, ne concerne pas les petits enfants. Incubant jusqu'à plusieurs mois, elle présente les mêmes signes que l'hépatite A et dure plus longtemps. Elle exige une surveillance médicale en raison de son rôle dans l'apparition d'une possible cirrhose du foie. L'hépatite C, qui se contracte comme l'hépatite B, est rare mais grave, car elle est susceptible de devenir chronique.

Il existe un vaccin contre l'hépatite A, recommandé aux enfants qui voyagent dans des pays exposés, et un vaccin contre l'hépatite B. Celui-ci est plus efficace s'il est administré avant 2 ans, d'où l'intérêt de la vaccination plutôt à cet âge qu'à l'adolescence, période où les risques de contracter l'hépatite B sont par ailleurs plus importants.

▌ Soulager la douleur

Avoir mal n'est pas réservé à l'adulte. Un nourrisson, et même un fœtus, ressent la douleur. En l'absence de vocabulaire, sa manière de l'exprimer et de se défendre est le pleur ou un changement d'attitude, indices auxquels il faut être attentif. La douleur est repérable quand elle est externe, par exemple une brûlure ou un choc. Mais elle est difficile à déceler si elle est interne : elle accompagne alors un simple dérangement ou une maladie, qui se manifeste par des symptômes divers. Même un mal de tête doit toujours être pris en compte. Lorsqu'elle se prolonge, lors de pathologies chroniques, à la douleur physique s'ajoute une dimension psychique. Dans tous les cas, vous devez rester calmes et prendre en considération la manière qu'a votre enfant de « gérer » la douleur, certains étant plus résistants que d'autres. Mais rappelez-vous que tout enfant a besoin d'être consolé et encouragé, qu'il s'agisse de grands ou de petits maux (voir page 366).

Traiter la douleur • Sur le plan purement médical, la douleur se traite de trois manières. Les

René Diatkine

Psychiatre et psychanalyste français d'origine russe, **René Diatkine** *(Paris 1918 – 1998) est considéré comme l'un des principaux acteurs du renouvellement de la psychanalyse et de la psychiatrie de l'enfant. Une partie de ses travaux ont porté sur le handicap mental et les enfants psychotiques : ils ont montré l'importance du lien familial pour ces enfants. Scandalisé par les conditions déplorables dans lesquelles étaient internés les malades mentaux, il s'impliqua, avec Serge Lebovici notamment, dans la création du Service d'aide à la santé mentale du XIIIe arrondissement de Paris (plus tard Centre Alfred Binet), où le respect des malades était un principe fondamental. Il s'est intéressé, entre autres, aux troubles du langage et de l'apprentissage du langage écrit.*

Un enfant convalescent, de retour à la maison après une hospitalisation, a besoin d'être entouré de l'affection de ses parents. N'hésitez pas à lui montrer votre soutien par de menus cadeaux et attentions.

antalgiques ou analgésiques, anti-inflammatoires du type aspirine ou paracétamol, soulagent dans les cas courants (fièvre, douleur dentaire...). Les anesthésiques locaux se présentent sous la forme de patchs ou d'injections sous-cutanées, voire de péridurales. Les anti-douleurs puissants, comme les dérivés de la morphine de type codéine (pour les enfants âgés de plus de 1 an), permettent de soulager les très fortes douleurs résistant aux traitements de premier niveau.

La piqûre • Votre enfant doit forcément passer par l'étape redoutée de la piqûre, ne serait-ce que pour ses vaccins. Il est important de l'assister avant, pendant et après cette expérience. D'abord, expliquez-lui pourquoi il sera piqué et où exactement (posez la question à votre médecin au préalable). Il existe des patchs anesthésiants très utiles pour certaines piqûres. Ne lui cachez pas qu'il peut avoir mal, décrivez-lui la sensation,

aussi vive que brève. Pendant la piqûre, restez avec lui, faites preuve d'une grande tendresse, puis reconnaissez son courage et félicitez-le. Il en sera fier, comprendra qu'il a traversé ce moment difficile pour son bien, et sera sûrement sensible à la récompense que vous aurez choisie.

▌ Bien utiliser les médicaments

On ne peut pas prescrire à un nourrisson les mêmes médicaments qu'à un adulte. À chaque symptôme ou maladie correspond un traitement particulier, qui évoluera en fonction de l'âge du malade. La fièvre, la diarrhée ou la migraine ne se traitent pas grâce aux mêmes remèdes chez un enfant et chez un adulte, qui les toléreront et les élimineront différemment. Il importe donc de toujours suivre scrupuleusement les prescriptions du médecin et surtout de ne jamais pratiquer d'automédication.

Les différentes formes • Donner un médicament, surtout à un bébé, n'est pas toujours simple. Sachez que, si votre pédiatre vous conseille une crème plutôt qu'un sachet à diluer dans un liquide, sa décision est fondée. Il existe quatre modes d'administration courants. L'application sur la peau est plutôt simple, sauf si votre enfant ne tient pas en place, ce qui peut être le cas à partir de 6 mois. Le suppositoire sera plus facile à mettre si vous le placez auparavant au frais ; levez les jambes de votre enfant et maintenez-les en l'air, introduisez le suppositoire et serrez doucement ses fesses pour qu'il ne l'expulse pas. Attention de ne pas introduire le suppositoire du mauvais côté (conformez-vous bien au mode d'emploi).

Les gouttes pour le nez sont assez aisées à donner. Pour l'oreille, votre enfant doit être couché sur le côté et rester dans cette position quelques instants. Pour les yeux, il sera sur le ventre, tête tournée sur le côté, les gouttes étant placées dans la commissure intérieure de l'œil, paupière écartée. L'embout du flacon ne doit pas entrer en contact avec la peau (contamination du flacon). Essuyez les petites larmes éventuelles avec une compresse stérile. Et parlez tendrement à votre enfant.

Certains médicaments en solution buvable peuvent être introduits malicieusement dans le biberon pour en cacher le goût. Mais d'autres nécessitent une seringue pourvue d'un piston pour introduire lentement et délicatement le liquide dans la bouche de votre bébé. Celui-ci a en général aussitôt le réflexe de la tétée, alors qu'il a au contraire tendance à rejeter la cuillère à doser.

▶ Si votre enfant doit être hospitalisé

Il arrive que la maladie de votre enfant impose une hospitalisation, pour en rechercher les causes, et/ou le traiter, voire l'opérer. Cette décision est prise, soit par le médecin, soit par vous-même dans les cas d'extrême urgence, auprès du service concerné. Quels que soient la nature de la maladie et l'âge de l'enfant, une hospitalisation exige de vous de l'amour, de la tendresse et de la disponibilité, ainsi que de la pédagogie.

Entrer à l'hôpital est plutôt inquiétant, tant pour votre enfant que pour vous. Malgré vos appréhensions, essayez de rassurer votre enfant, et dites-lui bien que ce n'est pas lui qui est responsable, mais la maladie ! Qu'il s'agisse d'une opé-ration, d'un traitement ou d'examens, vous devez lui en expliquer le déroulement, l'utilité et les bienfaits. En fonction de l'âge de votre enfant, vous utiliserez, bien sûr, un langage, des comparaisons et des images adaptés, ainsi qu'un vocabulaire positif. L'association Sparadraps édite des livrets gratuits, en général disponibles dans les hôpitaux, qui sont de formidables outils pour donner des explications, même aux enfants les plus jeunes.

Le séjour • Vivre pendant quelques jours dans un monde inconnu qui n'a rien d'un hôtel n'est pas évident, et s'avère déstabilisant, même pour un adulte. Pour préparer votre enfant, peu avant son séjour, montrez-lui l'hôpital et/ou le service quand c'est possible. Si l'équipe médicale l'accepte, il pourra faire sa connaissance. Le jour de l'admission à l'hôpital, et surtout de l'opération, restez avec votre enfant et répondez à ses questions, à ses demandes affectives. Pensez à emporter des objets personnels, comme des livres, des jouets ou, bien entendu, son doudou. S'il a subi une anesthésie, il les trouvera à son réveil… en même temps que votre sourire. Pendant l'hospitalisation, tâchez de consacrer du temps à votre enfant. Soyez à l'heure à chacune de vos visites et dites-lui toujours quand vous reviendrez. Certaines entreprises accordent des droits aux parents dont les enfants sont hospitalisés. Renseignez-vous auprès du service des ressources humaines ou de votre mutuelle.

La douleur • Les équipes médicales établissent aujourd'hui une « échelle de douleur », non pas d'après les indications des parents, mais selon les réactions de l'enfant. En outre, une douleur qui s'installe et nécessite une hospitalisation est aujourd'hui mieux combattue grâce à la possibilité qu'a la maman de séjourner auprès de son enfant. Sa présence crée un climat rassurant et confiant, qui évite les effets secondaires (mauvaise humeur, mélancolie…).

Le retour • Une fois à la maison, votre enfant, surtout s'il est convalescent, doit faire l'objet d'une attention particulière. Ne lésinez pas sur les petites attentions, comme des cadeaux ou son plat préféré. Après une telle expérience, il aura peut-être besoin d'extérioriser ce qu'il a vécu, par des pleurs ou des rires. Accompagnez-le dans ces moments et laissez-le s'exprimer. Tout rentrera progressivement dans l'ordre.

Les réponses à vos questions

" Notre enfant est né avec une dent, est-ce normal ? "

C'est tout à fait normal, un bébé peut naître avec une dent. Toutes les dents peuvent aussi très bien sortir à l'âge de 1 an, voire par «vagues» à partir de 6 mois. Là encore, rien d'anormal. Chacun possède ses caractéristiques dentaires, l'âge de 6 mois restant une moyenne. ■

" Que devons-nous faire si notre enfant a mal et pleure ? "

La souffrance doit toujours être prise en considération. En toutes circonstances, essayez de rester calmes et consolez votre enfant par des gestes, des attitudes, des paroles. Les pleurs ont forcément une cause qu'il faut aussitôt rechercher. C'est votre priorité. De même, si votre enfant est plus grand, il ne faut pas lui cacher qu'il peut avoir mal, par exemple pour une piqûre faite par le pédiatre, qui doit toujours être présenté comme un ami qui lui veut du bien. Il sera mieux armé, sécurisé et plus facile à consoler au besoin. ■

" Faut-il ou non décalotter les petits garçons ? "

Le sexe d'une petite fille ou d'un petit garçon fait partie de son intimité. Décalotter un garçon, c'est-à-dire dégager la peau qui recouvre le gland, est un geste qui peut être traumatisant. Par exemple, à la naissance, il est normal que cette peau adhère, et forcer le décalottage, soi-disant par mesure d'hygiène, est douloureux, sans compter les possibles complications (œdème, saignement, étranglement du gland…). De même lorsqu'il est plus grand. Aujourd'hui, contrairement à ce qui se faisait autrefois, les pédiatres préconisent de laisser opérer la nature, et d'aviser vers 3 ou 4 ans. Si le décalottage s'avère impossible, par exemple à cause d'un phimosis (prépuce très serré), une intervention chirurgicale bénigne y remédiera ; vous prendrez alors soin de bien y préparer l'enfant. Cela n'empêche pas de surveiller les testicules, et de prévenir votre pédiatre s'ils vous semblent anormaux. ■

" Notre enfant est âgé de 8 mois, doit-il porter des chaussures ? "

Ce n'est pas obligatoire, sauf s'il fait froid ou que votre bébé se dresse sur un sol inégal qui pourrait heurter la sensibilité de ses pieds. Marcher pieds nus aide à muscler les pieds et les jambes. À moins d'être précoce, votre bébé marchera vers 12 à 14 mois. Il sera alors temps de lui mettre des chaussures adaptées à la marche. ■

" Existe-t-il des médecins ORL spécialisés dans le suivi des enfants ? "

L'ORL, ou Oto-rhino-laryngologie, est une spécialité chirurgicale. Parmi ces chirurgiens spécialisés, certains sont particulièrement formés à la prise en charge des enfants. C'est le cas de la plupart des ORL installés en cabinet, car les enfants constituent une grande part de leur clientèle. Dans les hôpitaux des grandes villes, il existe des services d'hospitalisation et de consultation d'ORL pédiatrique. ■

" Notre enfant ne semble pas pressé de tenir assis ou de s'essayer au « quatre pattes ». Faut-il s'inquiéter ? "

Au cours des visites, le médecin surveille les acquisitions de votre enfant. Chaque tout-petit a son propre rythme de développement. Certains enfants sont plus mobiles, alors que d'autres sont plus bavards et concentrent leur attention sur le langage ! Certaines acquisitions (tenue assise, déplacement, marche) surviennent à des âges variables qu'il faut prendre comme des repères et non comme la norme. ■

" Lorsque notre enfant a de la fièvre, doit-on le laisser déshabillé, même s'il a les mains et les pieds froids ? "

Il est impératif de découvrir un enfant qui a de la fièvre, car c'est le premier moyen pour faire baisser la température. La fièvre traduit une élévation de la température corporelle interne, qui peut être très différente de la température de la peau ou des extrémités (par contraste beaucoup plus basse). Seule la température centrale importe en cas de fièvre. ■

Et du côté du père ?

Petit éclairage supplémentaire sur le rôle et le quotidien des papas... • Aider son enfant à explorer le monde • Poser déjà des limites pour l'aider à grandir • Père et mère : une même compétence, des gestes différents • Vive le paternage !

Six mois, déjà !

Après les six premiers mois, les échanges avec l'enfant prennent une nouvelle dimension, deviennent plus riches. Que ce soit lors des jeux ou des soins quotidiens, le père aide l'enfant à découvrir le monde qui l'entoure et contribue à distendre le lien fusionnel avec la mère... C'est aussi le moment de poser les premières limites, ce que les papas font souvent plus naturellement que les mamans.

▶ Davantage d'interactivité entre le bébé et ses parents

Les premières semaines, la relation avec le bébé se faisait le plus souvent du père ou de la mère vers l'enfant, même si des liens se sont déjà tissés, qui font que l'enfant se tourne aussi vers eux. Il s'agissait avant tout de s'occuper de lui, de le nourrir et de veiller sur lui. Après les six premiers mois, l'interactivité s'accroît. Avide de découvrir le monde autour de lui et de se l'approprier, l'enfant sollicite de plus en plus son entourage. Il fait – au moins au sens figuré – ses premiers pas dans le jeu social. Il éprouve une plus grande curiosité pour son entourage, tourne la tête vers autrui et cherche à attirer son attention. Sa perception de l'autre se met en place. L'enfant réagit à son prénom, même lorsqu'il est prononcé par une personne étrangère au cercle de famille. Devant ce bébé plus vif que jamais, le papa peut savourer avec encore plus d'intensité les échanges et les moments de complicité.

▶ Les joies de la découverte

Comme dans les tout premiers mois, vous accompagnez le bébé dans tous les moments du quotidien. Il a toujours autant besoin d'être sécurisé : au père de savoir rassurer et protéger. Mais le papa peut aussi apporter d'autres repères. Car l'enfant a soif de découvrir le monde. Même si, pour l'instant, son univers se limite au salon et au couloir de l'appartement ou de la maison...

À vous de jouer les guides et les accompagnateurs au service de ses premières velléités d'aventurier et de l'initier aux charmes de la découverte. Le père est là pour encourager l'enfant à explorer le monde et à prendre plus d'autonomie. La mère a peut-être plus de difficultés à favoriser cette marche vers l'indépendance – qui reste encore d'ailleurs très relative à cet âge... Le père, lui, ne fait que continuer à distendre le lien mère-enfant. Il incite son fils ou sa fille à voler de ses propres ailes. Même si, pour ce tout-petit, il ne s'agit que d'effectuer ses premiers pas...

❱ Des jeux différents avec chaque parent

Mois après mois, les jeux de votre enfant évoluent. Mais ce qui ne change pas, c'est l'importance que revêtent ces jeux dans votre relation à tous les trois. Dans la représentation traditionnelle et un peu schématique de la répartition des rôles entre les deux parents, à la mère revenaient les « choses sérieuses » tandis que le jeu relevait davantage du père. Le soir, en rentrant du travail, il se devait de sacrifier à ce rituel avant que ne vienne l'heure du coucher, où la maman reprenait ses droits. Aujourd'hui, la palette du père est heureusement plus large, et la mère prend aussi sa part de ces moments privilégiés, pour peu qu'elle se ménage, avec l'aide du papa, la disponibilité nécessaire.

« Avec papa, c'est plus tonique » • Il n'en reste pas moins que les jeux partagés avec le papa portent sa marque et seront probablement différents de ceux que la maman a envie de proposer. En outre, ils ne seront pas les mêmes selon qu'ils s'adressent à un garçon ou à une fille. Avec son fils, le père sera plus volontiers dans le mouvement, dans l'action et la tonicité. Leurs jeux seront souvent plus corporels, à grands coups de roulades et de bagarres « pour de rire ». Mais la petite fille aussi aimera faire la course à quatre pattes avec son père...

Là encore, dans les activités ludiques, on retrouve cette volonté paternelle d'ouvrir l'enfant sur l'extérieur et de le confronter à son environnement. Sans le souci de le préserver à tout prix, mais, au contraire, avec l'envie de lui faire découvrir ses capacités et le monde qui l'entoure, même au prix de quelques bosses...

Plus le bébé grandit et plus une réelle complicité s'établit entre lui et son papa.

❱ Poser les premières limites

Les premiers mois, vous n'hésitiez pas à vous relever dès l'instant où vous entendiez votre enfant pleurer. Entre 6 mois et 1 an, il n'y a plus besoin de faire preuve du même empressement. Le temps du sommeil est aussi celui de l'apprentissage de la séparation d'avec les parents. L'enfant, aidé par les rituels du coucher, doit

Quelle attitude quand le bébé est malade ?

Existe-t-il une différence de comportement entre le père et la mère quand l'enfant est malade ? Leur capacité à s'en occuper est la même, personne n'en doute. Le père est tout aussi apte à prendre les décisions nécessaires, à se tourner vers le médecin quand la situation l'impose, et à donner ses médicaments à l'enfant. Il se révèle souvent moins alarmiste que la maman. Il ne s'affole pas dès que le thermomètre enregistre une petite poussée de fièvre. Il cherche plutôt à dédramatiser la situation et à rassurer, une attitude qui permet bien souvent d'éviter la panique et de trouver dans le calme la solution la plus adéquate. À condition de ne pas verser dans l'excès inverse et de ne pas minimiser les signes annonciateurs de la maladie !

apprendre à se détacher d'eux pendant la nuit. Quant aux parents, ils ont bien le droit de récupérer de leurs récentes nuits blanches et de se retrouver ensemble… Ce n'est pas rendre service à l'enfant que de répondre systématiquement à ses pleurs nocturnes.

Ne pas céder au moindre appel • Cette incitation à l'autonomie relève en particulier de la fonction émancipatrice du père. C'est à lui qu'il appartient de poser les limites et de les faire respecter. C'est un rôle parfois ingrat (qui peut causer quelques frictions dans le couple), mais valorisant sur le long terme : il contribue à construire l'identité de l'enfant. Il l'aide ainsi à grandir en lui permettant de découvrir ses propres limites pour mieux les dépasser.

▌ Visites médicales : le père aussi…

« Vous direz à votre femme ceci… N'oubliez pas de signaler à la maman cela… » Longtemps, les pères qui emmenaient leur enfant se faire soigner eurent droit à ce genre de phrase infantilisante. Comme si leur visite chez le médecin relevait de l'incongruité. Comme s'ils n'effectuaient cette démarche que par intérim à la place de la mère, seule vraie responsable de la santé de l'enfant. Le père se voyait cantonné à une simple fonction de messager – et encore, bien heureux quand le corps médical le jugeait digne de transmettre le message. Heureusement, la situation change depuis quelques années.

Un papa aussi compétent que la maman • De plus en plus de papas s'occupent, et bien, de leur bébé malade, même quand il n'est pas besoin de conduire l'enfant (et sa maman affolée) aux urgences. Aujourd'hui, ils sont de plus en plus nombreux à fréquenter les salles d'attente des pédiatres. Avec la nouvelle génération de pères, avec la multiplication des divorces et des « pères célibataires », ils s'impliquent dans tous les aspects de la vie quotidienne, à commencer par les questions de santé. Et ils sont enfin reconnus comme des partenaires à part entière et dignes de confiance par le corps médical.

Agir en toute masculinité

Un père peut-il prendre et prend-il effectivement en charge l'ensemble des fonctions éducatives avec la même légitimité et le même savoir-faire que la mère ? Il semble bien qu'il n'y ait plus de nos jours de domaine réservé à l'un des deux parents, mais une façon de faire différente selon chaque sexe. C'est avec ses gestes à lui que le papa se laisse aller aux joies du paternage.

▌ Père, mère, à chacun son style

Les pères sont tout aussi compétents que les mères pour assumer la fonction parentale. Ils ont la même légitimité et la même capacité pour prodiguer au bébé tous les soins et toute l'affection nécessaires. L'allaitement excepté, il n'existe pas de gestes exclusifs, réservés à l'un ou à l'autre parent. Pas plus que le jeu n'est le domaine réservé des papas, le bain, l'habillement, les soins à l'enfant ne sont plus l'apanage des mamans : ils relèvent des deux parents. Chacun montre seulement des approches particulières, s'exprimant à travers des gestes différents. Le père peut donc s'occuper de son bébé autant qu'il le souhaite, sans craindre de mal faire et surtout en laissant jouer sa sensibilité personnelle, qui n'est pas celle de la mère. Il ne doit pas hésiter à se laisser aller au plaisir du « paternage », lequel pourrait se définir comme le fait de s'occuper d'un enfant en toute « masculinité », avec sa propre conception de la vie et de l'éducation.

La mère rassure, le père encourage • Chaque parent montre en effet un style propre dans son comportement envers l'enfant. La mère aura tendance à se montrer plus protectrice et plus enveloppante. Ses gestes semblent offrir un cocon rassurant : elle aura tendance à ramener son enfant vers elle quand elle le tiendra dans ses bras. Le père, lui, le tournera volontiers vers les autres, comme s'il voulait l'inviter à ouvrir ses yeux sur le monde qui l'entoure. Comme s'il semblait lui dire : « Regarde, il se passe quantité de choses passionnantes autour de toi. Il n'appartient qu'à toi d'explorer la vie. Vas-y, fonce ! »

En l'incitant à partir à la découverte du monde, le père aide son enfant à acquérir confiance en lui. Celui-ci comprend qu'il ne doit pas avoir peur de s'aventurer vers l'extérieur : son papa est là pour l'encourager et veiller sur lui, à un âge où la curiosité ne doit surtout pas être bridée par l'appréhension de l'inconnu. Le père ne doit pas craindre sa maladresse ni ses manières « bourrues ». Il ne doit pas non plus travestir sa personnalité – en s'efforçant, par exemple, de parler d'une voix plus douce qu'à l'habitude. Il est préférable, au contraire, d'assumer pleinement sa singularité, quitte à surprendre le bébé avec des gestes et des intonations à l'opposé de ceux de la maman. Cette singularité permettra à l'enfant de faire la différence entre ses deux parents.

Et puis, grâce à cette implication du père dans la vie quotidienne, l'enfant voit que sa mère n'est pas seule à s'occuper de lui. On peut espérer que, plus tard, il ne limitera pas le rôle des femmes aux activités domestiques. Autant l'habituer très tôt aux nouveaux modèles familiaux...

▶ Partager les tâches au sein du couple

La publicité, reflet des changements de la société, ne s'y est pas trompée. Elle n'hésite pas à mettre en scène des papas « maternants », montrant régulièrement des hommes dans une relation corporelle de proximité avec leurs enfants, qu'il s'agisse des repas, de la toilette ou des câlins.

Le regard de la société • Des mesures institutionnelles accompagnent ces mutations. Par exemple, le congé de paternité, instauré en 2002. En permettant au père de s'absenter de son travail pour s'occuper de son enfant après la naissance, il confirme cette implication grandissante et toute l'importance de son rôle. Il l'autorise à l'assumer et lui offre une reconnaissance symbolique qui faisait défaut jusqu'alors. Mais c'est aussi un signal d'encouragement à aller plus loin, pour vaincre les résistances encore à l'œuvre dans de nombreuses entreprises et chez bon nombre d'hommes.

Gérer à deux les surcharges • Si le père d'aujourd'hui ne s'exprime plus seulement à travers son travail ou son statut social, mais aussi dans son rôle domestique, c'est dans la vie quotidienne au fil des mois, au-delà des quelques jours de congés autorisés, qu'il va falloir trouver, à deux, la disponibilité parentale auprès de l'enfant.

Savoir se rendre disponible... tandis que chacun se trouve confronté aux exigences simultanées et contradictoires de la vie professionnelle et de la vie familiale. Vaste programme ! C'est pourtant la condition nécessaire, sinon suffisante, pour permettre à chacun de s'enrichir et de se réaliser en tant que parent et au bénéfice de l'enfant. Alors, pour que tous trois profitent de véritables temps forts d'une relation réussie, le papa fera concrètement en sorte, non pas d'« aider » sa compagne à la maison, mais bien plutôt de « partager les tâches ». Ce n'est pas la maman qui s'en plaindra...

Les joies du paternage

Aujourd'hui, les pères reconnaissent que le fait d'élever leurs enfants est non seulement bénéfique pour ceux-ci, mais aussi nécessaire à leur propre équilibre. Ils n'hésitent plus à affirmer que cette implication est primordiale dans la relation à leurs enfants et dans leur épanouissement personnel. Ils ont besoin de se sentir plus présents dans leur vie. Pour autant, ils n'ont pas l'impression d'exprimer une part soi-disant féminine de leur personnalité. Au contraire, ils se sentent pleinement pères et pleinement masculins dans leurs gestes. Ils ont pris conscience de la richesse d'émotions et d'enseignements que recèle l'éducation pas à pas des enfants. Se montrer doux, tendre, attentionné et soucieux de leur bonne santé comme de leur équilibre, ce n'est pas faire preuve de féminité. C'est tout simplement remplir son rôle paternel.

L'alimentation jusqu'à 1 an

- L'allaitement maternel
- Nourrir son enfant au biberon
- Du lait aux aliments solides
- Et du côté du père ?

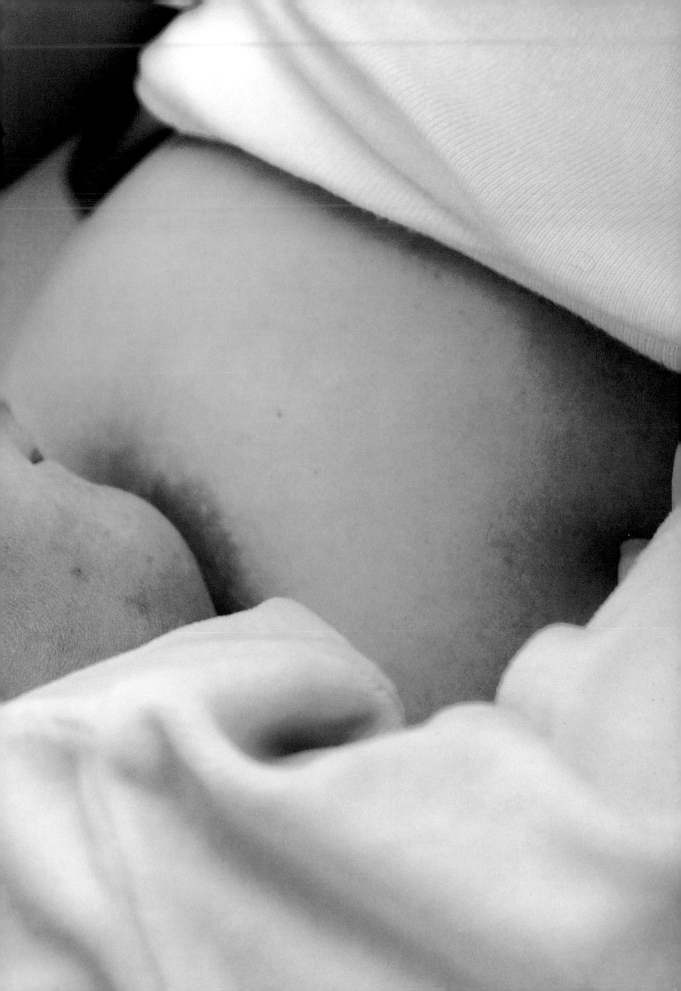

L'allaitement maternel

Commencer l'allaitement • Comment faire ? • Quel rythme adopter ? • Prendre de bonnes habitudes • Les petits problèmes de l'allaitement • Quand et comment sevrer son enfant ? • Allaitement et reprise du travail

Les premières tétées

Les quelques jours à la maternité sont l'occasion d'apprendre à donner le sein, car allaiter demande une certaine technique, et donc de l'entraînement. Profitez de votre séjour pour faire part de vos interrogations et de vos inquiétudes au personnel médical, de façon à rentrer chez vous avec le maximum de réponses.

▶ Colostrum et lait maternel

Avant la véritable montée de lait, aux alentours du troisième jour après la naissance, c'est le colostrum, liquide citrin épais et peu abondant, qui va nourrir votre enfant.

Le colostrum • Ce véritable concentré de lait est tout à fait adapté aux premiers besoins de votre bébé. Très laxatif, il facilite l'élimination rapide du méconium (les toutes premières selles du nouveau-né), limitant ainsi les risques d'ictère (jaunisse) du nourrisson. Très riche en graisses, en sucres, en sel et en protéines, il permet au bébé de ne pas souffrir d'hypoglycémie (baisse du taux de sucre dans le sang) ou de déshydratation.

Le colostrum est extrêmement précieux pour la santé de votre bébé, car il est son premier moyen de défense contre les microbes. En effet, il contient une forte concentration de substances appelées IgA sécrétoires, qui ont un pouvoir anti-infectieux et stimulent en outre le développement du système immunitaire. Ainsi, non seulement votre enfant sera mieux protégé contre les infec-tions, mais il mettra plus rapidement en place ses propres défenses immunitaires.

Le lait maternel • Favorisant une bonne digestion, le lait maternel s'adapte aux besoins du bébé, qu'il soit né à terme ou prématurément, semaine après semaine, pendant toute la durée de l'allaitement.

Au début de la tétée, le lait est clair, riche en eau et en lactose ; il est alors principalement hydratant (lait aqueux). Il s'épaissit ensuite pour devenir un « lait crémeux » plus nourrissant (la quantité de matière grasse est alors multipliée par quatre). Il est ainsi préférable de donner à téter d'abord un sein, puis l'autre, en alternance.

La composition du lait maternel change selon les femmes, il varie d'un jour à l'autre et même durant la journée. Ainsi la teneur en matière grasse s'élève-t-elle entre 6 heures et 10 heures du matin ; elle est également plus forte le jour que la nuit. Toujours à la température voulue, aseptique, le lait peut changer de goût en fonction de l'alimentation de la maman.

Pour allaiter votre bébé en toute discrétion quand vous ne pouvez pas vous isoler, soulevez un pan de votre chemise en défaisant simplement deux ou trois boutons du bas.

Allaiter : de nombreux avantages

L'allaitement présente de nombreux avantages tant pour la mère que pour l'enfant. À court terme, en donnant à l'enfant des anticorps contre plusieurs infections, le lait maternel réduit principalement les risques de maladies gastro-intestinales (diarrhée), voire respiratoires (asthme), les otites et les rhinopharyngites.

Le fer que contient le lait maternel est aisément assimilable par le bébé. Du côté de la maman, l'allaitement peut prévenir des hémorragies après l'accouchement en facilitant la rétraction de l'utérus par les contractions (aussi appelées « tranchées »), qui augmentent sous l'effet des hormones (dont l'ocytocine) intervenant dans la lactation. L'allaitement présente également des effets bénéfiques à long terme : il amoindrit les risques d'allergie, d'obésité et de diabète juvénile chez l'enfant. Chez la mère, l'allaitement prolongé diminue le risque de cancer du sein.

Les débuts de l'allaitement

Souvent, quand elle commence à allaiter, une maman reçoit des avis contradictoires qui peuvent être très déroutants. Voici donc quelques conseils pratiques pour savoir si le bébé tète bien, si vous avez suffisamment de lait, bref, pour évaluer si tout se passe bien.

Un apprentissage à deux • Ne perdez jamais de vue que l'allaitement se fait à deux. Certaines femmes se préparent très bien à l'allaitement, mais les premières tétées ne se déroulent pas comme elles le désirent. Le bébé a aussi sa part de responsabilité ! Il peut avoir du mal à prendre le sein, s'énerver, etc. Vous êtes tous les deux en apprentissage, et il vous faudra quelques jours pour vous adapter.

Les deux premières heures • Dans l'idéal, le premier « contact-tétée » se fera dans les deux heures qui suivent la naissance, en salle d'accouchement. La maman est alors très réceptive, tous les sens de son bébé sont en éveil et ses réflexes, particulièrement développés. Mais cette première tétée n'est pas toujours facile ; patience et calme sont de rigueur. Laissez votre bébé venir seul au sein, laissez-le découvrir instinctivement la tétée. Les tentatives d'aide (très courantes en France) ont le plus souvent pour conséquence de perturber le nourrisson, voire de l'amener à refuser de prendre le sein. En effet, si le bébé est mis de force au sein, il peut se mettre à crier et sa langue est alors collée à son palais et non plus en gouttière sous le sein. Il lui est alors physiologiquement impossible de téter.

Si votre enfant ne tète pas d'emblée correctement, ne vous affolez pas. Laissez-lui le temps de vous découvrir. Vous aurez très prochainement de nombreuses autres occasions pour lui apprendre à téter de façon efficace ! N'oubliez pas que vous n'avez aucune obligation de « résultat » pour cette première tétée, mais que ce moment d'intimité, ce contact peau à peau, cet instant où vous découvrez votre enfant et où il vous découvre lui-même est très important.

Dans les heures qui suivent • Après sa venue au monde, durant une vingtaine d'heures, votre bébé sera assez fatigué : très souvent, il s'endort... et vous aussi ! Il a besoin de reprendre des forces, car sa naissance a été une vraie épreuve physique et il a dépensé beaucoup d'énergie. Cependant, les seins doivent être stimulés pour favoriser la montée de lait. En effet, le nombre de tétées et l'efficacité de la stimulation durant les premiers jours conditionnent la production de lait pour toute la durée de l'allaitement. N'hésitez donc pas à inciter gentiment votre bébé à téter, grâce à quelques petites astuces.

• Gardez-le contre vous : votre odeur, le contact avec votre peau peuvent éveiller en lui des envies de téter.

• Observez-le pour reconnaître les premiers signes indiquant qu'il est disponible pour une mise au sein. Les mouvements rapides des yeux signalent qu'il est en sommeil léger (une mise au sein pen-

Les bonnes postures pour allaiter

• **Allongée sur le côté.** Cette position, particulièrement délassante, est conseillée en cas de cicatrice d'épisiotomie douloureuse ou de césarienne, si vous souhaitez rester dans votre lit la nuit, et pour vous reposer. Allongez-vous sur le côté, la cuisse bien remontée et surélevée par un coussin. Posez votre tête sur un oreiller, afin d'avoir la nuque bien détendue. Installez votre bébé à même le lit, la bouche à hauteur du mamelon, le visage tourné vers votre sein et le ventre contre le vôtre. Vous pouvez placer un coussin dans son dos pour éviter qu'il ne roule.

• **Assise dans un canapé.** Utilisez si possible un coussin d'allaitement rempli de micro-billes, qui vous permet de vous caler parfaitement, ou alors plusieurs coussins. Asseyez-vous au fond du canapé, de façon à ramener le buste en avant sans effort (au besoin, ajoutez un coussin dans le dos), les jambes surélevées. Installez votre bébé sur le coussin, au creux de votre bras, son ventre contre votre corps, son visage face au sein.

• **Assise sur une chaise.** Surélevez vos pieds grâce à un petit tabouret ou un gros coussin, pour avoir les genoux plus élevés que les hanches, ou bien croisez vos jambes. Au besoin, glissez un coussin entre le dossier et le haut du dos, pour ne pas avoir à vous pencher vers votre enfant. Placez ensuite votre bébé au creux de votre bras, sur des coussins, à hauteur du sein, tout son corps contre le vôtre. Le bras de votre bébé qui se trouve tout contre vous est placé sous votre bras.

dant le sommeil profond est vouée à l'échec !) ; le mouvement des lèvres et de la langue, le port des mains à sa bouche, les bruits de succion et les mouvements de son corps sont autant d'indices qui vous permettront de savoir que votre bébé est prêt à téter. Ce n'est qu'en dernier recours, lorsqu'il est vraiment affamé, qu'il hurle ! Il vous faudra alors le calmer pour qu'il tète correctement.

• Lors d'une tétée, proposez chaque sein, puis mettez votre enfant à la verticale sur votre épaule (pour qu'il fasse éventuellement un rot), caressez ses pieds, son visage, ne le couvrez pas trop, changez sa couche.

▶ La mise au sein

Il est essentiel de savoir correctement mettre votre bébé au sein, car les crevasses et autres désagréments sont en majorité dus à une mauvaise position au sein. Vous devez être confortablement installée, sans tension musculaire. Aidez-vous au besoin de coussins ou d'oreillers, placés sous votre coude et sous votre enfant pour qu'il soit au niveau de votre sein, et dans votre dos pour ne pas avoir à vous pencher vers lui. Le corps de votre bébé est contre le vôtre. Son oreille, son épaule et sa hanche sont dans le même alignement, c'est-à-dire qu'il ne doit pas faire de torsion pour téter ; son nez et son menton touchent votre sein, et son ventre est contre le vôtre (imaginez que nus tous les deux vos nombrils se touchent).

Pour faciliter les choses, vous pouvez lui présenter votre sein avec votre main en la mettant en position du « C », c'est-à-dire en positionnant votre pouce au-dessus du sein et les autres doigts joints en dessous, loin de l'aréole.

Maintenant, votre bébé doit ouvrir tout grand sa bouche (comme s'il bâillait !). Vous pouvez l'aider en lui disant « ouvre » (très vite, vous verrez qu'il repère ce signal), en lui caressant la lèvre inférieure avec le mamelon ou en lui abaissant le menton délicatement avec vos doigts. À ce moment, amenez rapidement votre bébé au sein en vous aidant du bras qui le soutient. Il doit prendre tout le mamelon (téton) et autant d'aréole qu'il peut dans la bouche ; votre mamelon doit toucher le fond de son palais.

Une sensibilité accrue • Durant les premiers jours, l'allaitement peut donner une impression de sensibilité accentuée. Lorsqu'il tète, le bébé le fait avec beaucoup de force : par conséquent,

Le rot est-il nécessaire ?

Habituellement, un bébé correctement installé au sein n'a pas besoin de faire de rot après chaque tétée : les seins ne contenant pas d'air, il ne peut pas en avaler ! Mais, si votre bébé boit goulûment et bruyamment, qu'il devienne de plus en plus maussade au cours de la tétée, il se peut qu'il ingurgite beaucoup d'air et ait besoin de faire un rot. N'hésitez pas à interrompre la tétée, à lui faire faire un rot et à lui offrir à nouveau le sein. Cela ne lui coupera pas l'appétit, bien au contraire, puisque son confort s'en trouvera amélioré !

ne vous étonnez pas des sensations d'étirement que vous pourrez ressentir.

Biberons, tétines, téterelles • Évitez l'emploi de biberons et de tétines qui perturbent la succion du bébé ainsi que les « bouts de sein » en silicone (aussi appelés « téterelles ») : ils bouchent les pores des canaux lactifères, ce qui entraîne des douleurs au sein et au mamelon. Ils imposent en outre au bébé une mauvaise position au sein, très difficile à corriger ensuite.

▶ Le bon déroulement de la tétée

Pour vous assurer que votre bébé tète bien, vérifiez que ses lèvres sont bien retroussées vers l'extérieur sur le sein. Sa langue est positionnée en avant et fait comme une gouttière sous votre sein (en recouvrant la gencive inférieure). Sa tempe bouge au rythme des succions, et, lorsqu'il déglutit, des mouvements se devinent en bas derrière l'oreille (alternance régulière d'environ deux succions pour une déglutition).

Vous ne devez pas entendre de bruit de claquement, ni voir ses joues se creuser. Vous ne devez ressentir aucune douleur (seulement une sensibilité les premiers jours). Le bébé est calme pendant la tétée et semble repu une fois celle-ci terminée. Si vous avez l'impression que vous ou votre bébé êtes mal positionnés, recommencez, et ce autant de fois que nécessaire. Ne retirez pas votre bébé en le tirant en arrière : sa force de succion est telle que vous risqueriez d'avoir mal ! Glissez plutôt votre auriculaire dans la commissure de ses lèvres ; il ouvrira d'instinct la bouche et vous pourrez sereinement vous repositionner.

▶ La montée de lait

La montée de lait a lieu entre le deuxième et le troisième jour après l'accouchement. La production de lait devient alors plus importante pour s'adapter aux besoins croissants de l'enfant (son estomac, qui pouvait contenir de 5 à 7 ml de lait le jour de sa naissance, contient 30 ml trois jours plus tard !). Les seins peuvent être très tendus, gonflés, et donc souvent douloureux. Ne mettez pas de coupelles d'allaitement dans votre soutien-gorge ; elles ne feront qu'aggraver la situation en stimulant la lactation. Cette sensation douloureuse ne durera pas : les tétées vont en effet équilibrer votre production de lait.

Vous pouvez, pour éviter les taches dues aux « fuites de lait », mettre des coussinets d'allaitement (en coton, et non plastifiés, pour limiter la macération). Et, si toutefois vous avez trop de lait, renseignez-vous auprès de la maternité pour savoir si vous pouvez en donner au lactarium de votre ville ou de votre département.

▶ Trouver le bon rythme

Donner le sein est un instant privilégié et un moment d'échanges entre la maman et son bébé. Vous avez besoin d'être détendue, et la présence d'autres personnes peut avoir un effet stressant. Votre bébé a d'ailleurs lui aussi besoin de calme, surtout durant les premiers jours.

Quelle durée ? • Pour arriver à comprendre votre bébé et ses besoins, tâchez d'oublier votre montre et observez-le. Il n'y a pas de durée « normale » pour un allaitement au sein. Cela peut varier de 10 à 40 minutes, sans toutefois dépasser de 45 à 60 minutes… Tout dépend de la qualité de la succion du bébé et du flux de lait. Il est possible d'apprendre à repérer une succion efficace : les premiers mouvements vont être rapides, puis amples, et vous entendrez votre bébé déglutir régulièrement après un ou deux mouvements.

À la fin de la tétée, les pauses entre les succions seront de plus en plus longues. De votre côté, vous pourrez ressentir une réelle envie de dormir ou une sensation de soif. Aussi, à chaque tétée, prévoyez un grand verre d'eau.

Quelle fréquence ? • Le rythme des tétées va mettre un certain temps à se stabiliser : au début, le nourrisson risque de s'endormir sans être totalement repu, et de redemander à téter peu de temps après. Petit à petit, la situation se stabilise et on atteint en général de 8 à 12 tétées par jour quelque temps après être rentrée chez soi (une tétée toutes les deux ou trois heures). Au début, donnez les deux seins à chaque tétée, même si vous avez l'impression que votre bébé récupère et s'est un peu assoupi.

Produire du lait : ce qui se passe dans votre corps

La lactation commence et se maintient grâce à l'hypophyse, qui sécrète deux hormones essentielles à la production du lait maternel, la prolactine et l'ocytocine.

La prolactine active la production de lait dans les cellules alvéolaires, à partir du sang. Son taux augmente pendant la grossesse, et la mise au sein accroît encore sa sécrétion. Véritable « hormone du maternage », elle a un rôle apaisant, qui provoque une sensation de détente après une tétée.

L'ocytocine provoque les contractions des alvéoles, qui chassent le lait dans les canaux lactifères. Le lait s'accumule dans les sinus lactifères, derrière le mamelon et l'aréole. Le taux d'ocytocine augmente dès la mise au sein. Au cours de la tétée, les décharges d'ocytocine sont perçues par la maman, car elles déclenchent également des contractions utérines. Lors des premières semaines d'allaitement, ces pics hormonaux peuvent se produire sous la simple influence de facteurs émotionnels (en réaction aux pleurs du bébé, par exemple), et déclencher des réflexes d'éjection anarchiques, ou « fuites de lait ». À l'inverse, ces réflexes d'éjection peuvent être inhibés par des situations de stress, la douleur ou bien l'anxiété.

◗ Un peu découragée ?

On peut être convaincue des bienfaits de l'allaitement, s'y être préparée pendant des semaines, aborder cette démarche avec beaucoup de sérénité et connaître pourtant des moments de découragement. Tout cela est bien normal. Fatigue de l'accouchement, épisiotomie éventuelle, bébé qui a du mal à prendre le sein, baby blues, sentiments confus. Bref, toutes les conditions sont réunies pour que votre résolution d'allaiter soit un peu mise à mal.

N'hésitez pas à partager ces instants de doute avec quelqu'un : le personnel de la maternité, le papa, une amie, peu importe. L'essentiel est de ne pas avoir honte « de ne pas y arriver ». Et, si ce sont les larmes plutôt que le sourire qui viennent, ne culpabilisez pas ! Revoyez avec la sage-femme la position que vous prenez pour allaiter, posez toutes les questions qui vous traversent l'esprit. Tout rentrera dans l'ordre peu à peu si vous en parlez et si vous vous faites aider.

René Arpad Spitz

Médecin et psychanalyste américain, **René Arpad Spitz** *(Vienne 1887 – Denver, Colorado, 1974) a surtout travaillé sur les échanges émotionnels entre le bébé et sa mère. Il a montré que, lorsque le « dialogue mère-enfant » ne peut s'établir entre 3 mois et 1 an (dans le cas des bébés confiés à des institutions, par exemple), le nourrisson souffre de carences affectives qui débouchent sur des troubles psychotiques graves. Il définit la naissance de la vie psychique du nourrisson à travers différents stades de développement et grâce à trois organisateurs essentiels (la mère, l'étranger et le « non »). Il est l'auteur de nombreux ouvrages, dont* De la naissance à la parole. La première année de la vie de l'enfant *(1965).*

L'allaitement au fil des jours

Une fois chez vous, un rythme régulier de tétées va s'installer petit à petit et vous pourrez savourer pleinement ces instants précieux avec votre bébé. Cependant, il arrive parfois que vous rencontriez des petits soucis ; certains conseils pratiques vous permettront la plupart du temps d'y remédier facilement.

◗ Les besoins du bébé

Un bébé en bonne santé, qui a une succion efficace, trouvera naturellement un rythme qui lui convienne. En moyenne, un nouveau-né boit entre 8 et 10 fois par jour, voire 12. La quantité de lait dépend de la fréquence des tétées et de l'efficacité de la succion du bébé. Des tétées courtes et fréquentes stimuleront davantage votre production lactée que des tétées longues et peu nombreuses.

Au bout de quelques semaines, vos seins seront moins gonflés et moins tendus. Cet assouplissement indique que votre production lactée s'adapte aux besoins de votre bébé. Pour être certaine que la succion de ce dernier est efficace, vérifiez que votre bébé mouille 5 ou 6 couches par jour et fait au moins 2 à 5 selles par jour – les quantités de selles peuvent diminuer à partir de 6 semaines, et c'est tout à fait normal.

Pas assez de lait... • La peur de ne pas avoir assez de lait ou de produire un lait de mauvaise qualité est fréquente chez les mamans, et souvent injustifiée. Retenez que l'allaitement obéit à la loi de l'offre et de la demande : plus le bébé tète, plus la production lactée augmente ; moins il tète, moins vous aurez de lait ! Pour augmenter votre production lactée, vous pouvez :

• mettre régulièrement votre bébé au sein (la fréquence est un facteur beaucoup plus déterminant que la durée des tétées) ;

• porter des coupelles d'allaitement qui stimulent le mamelon ;

• adapter votre alimentation (voir page 146).

... ou trop de lait ? • Ce problème, nettement moins fréquent que le précédent, peut aisément transformer l'allaitement en véritable parcours du combattant pour la maman ! Le bébé s'étouffe sous la pression du lait, tousse, crache, avale de travers... et se met à hurler de frustration ! De plus, il peut faire de nombreux rots, souffrir de coliques et émettre des selles vertes, parce qu'il avale beaucoup d'air à chaque tétée.

• Adaptez votre position d'allaitement à la situation, soit en le mettant au sein le plus verticalement possible – installez-le par exemple à califourchon sur votre genou –, soit en positionnant sa tête plus haut que votre sein en allaitant allongée (voir page 142).

• Retirez-lui le sein lorsque le réflexe d'éjection est trop fort, en épongeant le lait ou en le recueillant avec un récipient. Remettez votre bébé au sein lorsque le lait ne gicle plus.

• Faites plusieurs pauses pour lui permettre de faire son rot.

La principale mesure à prendre est de réduire la stimulation mammaire ; ne proposez qu'un sein à chaque tétée, ne portez pas de coupelles, tirez votre lait uniquement pour vous soulager et éviter un engorgement. Et, surtout, ne désespérez pas, ce problème passe avec le temps ; votre bébé apprendra à maîtriser le flot de lait, ses besoins vont augmenter et votre production, s'adapter !

Mère et femme à la fois

L'attention que réclame un nouveau-né, la fatigue liée au manque de sommeil, les variations hormonales peuvent être responsables d'une baisse du désir sexuel après l'accouchement. Quant à l'allaitement, qui superpose une fonction nourricière à la fonction érotique du sein, il peut troubler l'un ou l'autre partenaire. L'essentiel est de préserver un bon dialogue dans le couple et des moments d'intimité à deux. Gardez à l'esprit que votre nouveau rôle de mère ne vous empêche en rien d'être pleinement femme. Il n'y a d'ailleurs aucune restriction physique ou physiologique aux relations sexuelles de la mère qui allaite.

▶ L'hygiène de vie

L'allaitement n'est pas fatigant, mais il implique de respecter une certaine hygiène de vie.

Bien se nourrir • L'alimentation est aussi importante pour vous que pour votre bébé. Produire environ 800 ml de lait chaque jour nécessite de l'énergie : ce n'est pas le moment de vous mettre au régime. Mais, au début de l'allaitement, vous pourrez aussi être sujette à des fringales ; aussi, pour éviter le grignotage, veillez à vous préparer de vrais repas équilibrés. Soyez particulièrement attentive :

• au calcium, pour que la croissance de votre enfant ne se fasse pas au détriment de vos os ; 3 ou 4 produits laitiers par jour sont conseillés ;

• au fer, pour reconstituer vos réserves après l'accouchement ; privilégiez les viandes, les poissons, les œufs ;

• aux lipides, pour le cerveau du bébé qui continue de se développer ; enrichissez votre lait en acides gras essentiels en variant les matières grasses ;

• aux boissons, pour rester bien hydratée et favoriser la lactation ; buvez par exemple un verre d'eau avant chaque tétée.

Il est possible que votre bébé n'apprécie pas le goût prononcé ou la digestion difficile que certains aliments confèrent à votre lait, entraînant des gaz (c'est le cas, par exemple, des oignons, du chou, des asperges ou des plats épicés si vous n'en consommiez pas durant votre grossesse). N'abusez pas du café et du thé, car la caféine et la théine passent dans le lait. Enfin, évitez les aliments qui peuvent diminuer la production lactée, comme le persil, la menthe, la sauge et la rhubarbe. À l'inverse, vous pouvez consommer des aliments stimulant la production lactée, comme l'anis vert, le carvi, le fenouil et la verveine des Indes.

Se reposer • La fatigue peut être à l'origine d'une insuffisance de lactation. Même si ce n'est pas facile, surtout si vous avez déjà des enfants, essayez de vous octroyer des moments de repos, au rythme du bébé. Dormez par exemple en même temps que lui ou allaitez en position allongée : vous pourrez, après la tétée, vous assoupir et récupérer un peu.

Attention aux médicaments et à l'alcool • Veillez à ne jamais prendre de médicaments sans avis médical, car certains passent dans le lait maternel. Proscrivez toute boisson alcoolisée,

y compris le vin et la bière (qui, à ce que l'on sait, n'a jamais augmenté la production lactée !).

Allaitement et contraception • Il existe plusieurs méthodes de contraception pendant l'allaitement. L'allaitement ne constitue en aucun cas une méthode de contraception en soi, et vous pouvez tomber à nouveau enceinte, même si vous allaitez, et même avant le retour de couches.

• Les méthodes naturelles de régulation (méthode Billings, etc.) : elles sont plus difficiles à utiliser pendant l'allaitement, avant le retour de couches.

• Les contraceptifs locaux (spermicides, préservatifs, diaphragme, etc.) : ils peuvent être utilisés seuls ou en association.

• Le stérilet : certains professionnels de santé refusent de le poser chez les femmes allaitant, en raison d'un risque accru d'expulsion. Mais ce risque est abaissé s'il est posé entre quatre et six semaines après l'accouchement.

• Les contraceptifs hormonaux : seuls les progestatifs sont considérés comme compatibles avec l'allaitement. Ils peuvent toutefois diminuer la production lactée, et il est donc recommandé de commencer à les utiliser seulement après les huit premières semaines d'allaitement. La prise d'œstrogènes abaissant très fortement la production lactée chez certaines femmes, ces contraceptifs doivent donc être évités pendant l'allaitement.

▶ Troubles et complications

Même vous vous êtes bien préparée à l'allaitement, des petits troubles ou des complications surviennent parfois. Les téterelles (« bouts de sein ») peuvent contribuer aux problèmes d'allaitement et aggraver très rapidement la situation. Évitez donc d'en utiliser.

L'hypersensibilité des mamelons • Le bout de vos seins est souvent assez douloureux, surtout dans les premiers temps de l'allaitement. Cet inconfort peut être lié au bébé, qui ne prend pas correctement dans sa bouche l'ensemble du mamelon et de l'aréole. Prenez le temps de bien positionner votre bébé au sein (voir page 142). En général, cette hypersensibilité diminue au fur et à mesure de l'apprentissage de la mère et de l'enfant.

Les crevasses • Elles peuvent être dues soit à une position incorrecte du bébé au sein pendant l'allaitement, soit à une peau qui reste trop

Donald Woods Winnicott

Pédiatre et psychanalyste anglais, **Donald Woods Winnicott** *(Plymouth 1896 – Londres 1971) fut un esprit original. Il s'attacha aux problèmes des tout jeunes enfants et souligna l'importance des relations mère-nourrisson, qu'il concevait comme une unité indissociable. Il a observé les attitudes adoptées inconsciemment par la mère (manière de porter son enfant, de le soigner, de le laver...), et en a déduit qu'elle sait instinctivement ce qui est bon pour son bébé. Lorsque ces attitudes font défaut, elles peuvent créer des troubles chez le nourrisson, mais il affirme cependant qu'il existe toujours une possibilité de réparer un traumatisme. Il a aussi mis en avant l'importance du jeu en tant que mode de découverte et d'exploration du monde. Enfin, il a contribué aux recherches sur « l'objet transitionnel » (pouce, peluches...).*

humide (salive) ou qui est séchée trop rapidement (emploi d'un sèche-cheveux), soit encore à certains savons ou crèmes qui sensibilisent la peau. Le mamelon est alors irrité et risque de se crevasser, comme une gerçure ; il peut même saigner.

Pour y remédier, vérifiez votre position d'allaitement et la position de votre bébé au sein (voir page 143), séchez délicatement les mamelons après chaque tétée sans frotter (tapotement avec du papier absorbant ou un linge doux) et supprimez les autres facteurs irritants. Vous pouvez, si vous le souhaitez, protéger le mamelon avec une crème à base de lanoline anhydre purifiée et porter des coquilles pour aérer la gerçure et aider la crevasse à cicatriser. Pour prévenir ou limiter les crevasses, une astuce consiste à mettre quelques gouttes de lait maternel sur le mamelon, après avoir essuyé la salive du bébé.

L'engorgement des seins • L'engorgement est un phénomène transitoire dû à un afflux excessif de lait. Quand il a lieu, il commence en général entre le troisième et le cinquième jour après la montée de lait et alors que le rythme des tétées est encore anarchique. S'il est traité rapidement, il dure entre 12 et 48 heures.

Pour désengorger les seins, il faut faire téter son bébé plus souvent. Plus les tétées seront fréquentes, plus vite le problème d'engorgement sera résolu. Les seins étant très tendus, le lait peut s'écouler avec difficulté. Effectuez alors des massages doux en appuyant de la poitrine vers le mamelon par des mouvements circulaires (en insistant un peu aux endroits douloureux), afin de drainer le sein et de stimuler le réflexe d'éjection. Si vos aréoles sont fermes et que votre bébé n'arrive pas à prendre correctement le sein, vous pouvez également exprimer un peu de lait (manuellement ou avec l'aide d'un tire-lait) afin d'assouplir votre poitrine.

Les douches chaudes et les enveloppements chauds (avec des gants de toilette) sont aussi très efficaces et préconisés avant le massage. Ils favorisent la vidange du sein. Une fois le sein bien assoupli, appliquez au contraire un linge froid pour réduire l'œdème et la douleur. Attention : n'utilisez pas de coupelles d'allaitement, car elles entraîneraient de nouveau un engorgement mammaire par « sur-stimulation ». En cas de fièvre, parlez-en à votre médecin qui pourra vous prescrire de l'aspirine. La poursuite de l'allaitement constitue la part essentielle du traitement de l'engorgement et de ses complications.

La lymphangite ou mastite • C'est une inflammation de la glande mammaire pendant l'allaitement – une zone rouge et douloureuse apparaît sur le sein, qui est tendu ; elle s'accompagne d'une fièvre qui peut s'élever à plus de 39 °C. Elle est due à l'obstruction d'un canal lactifère. La mère ressent les mêmes symptômes que ceux de la grippe. Il faut impérativement se coucher, boire beaucoup et mettre le bébé au sein, pour favoriser la désobstruction du canal. Si la douleur est trop importante, on peut la soulager par de l'aspirine. Les facteurs prédisposants sont la fatigue et le stress, aussi le repos absolu est-il nécessaire pour favoriser la guérison. N'hésitez pas à consulter un spécialiste de l'allaitement qui vous aidera à identifier les causes de lymphangite afin d'éviter une récidive.

L'abcès du sein • Une lymphangite mal soignée peut évoluer en abcès. Il s'agit d'une lymphangite très forte avec écoulement de pus. Le plus souvent, un traitement chirurgical rapide s'impose (drainage du sein), ainsi qu'une antibiothérapie et du repos, mais l'allaitement peut se poursuivre du côté du sein non touché. L'abcès du sein est un problème sérieux, mais extrêmement rare.

▶ Combien de temps allaiter ?

Il n'existe pas de « norme » en ce qui concerne la durée d'allaitement. L'âge du sevrage relève souvent d'un « phénomène culturel » et des facilités offertes par les pouvoirs publics aux mamans (information, soutien...). Mais la durée de votre allaitement est aussi une histoire personnelle, un choix familial ; vous pouvez en discuter avec le papa qui pourra vous apporter le soutien dont vous avez besoin.

Allaitement et reprise du travail • Souvent, l'âge du sevrage est déterminé par la reprise du travail, mais sachez qu'il est tout à fait possible, si vous souhaitez continuer à allaiter votre enfant, d'envisager un sevrage partiel. Vous gardez par exemple les tétées du matin et du soir ; dans la journée, soit votre bébé boira des biberons de lait artificiel, soit vous tirerez votre lait sur le lieu de travail et le conserverez, pour qu'il soit ensuite donné à votre enfant. La solution du sevrage par-

La conservation du lait maternel

• **À température ambiante.** 12 heures entre 27 et 32 °C pour le colostrum (6 premiers jours après l'accouchement) ; 24 heures à 15 °C, 10 heures de 19 à 22v°C, 6 heures à 25 °C pour le lait mature.

• **Au réfrigérateur.** 8 jours entre 0 et 4 °C ; 15 jours entre -5 et 0 °C (compartiment à glace/freezer).

• **Au congélateur.** 4 mois à -10 °C (compartiment congélation du réfrigérateur) ; 6 mois à -19 °C (congélateur ***). Pour la conservation du lait frais, utilisez des récipients en plastique ou des sachets spéciaux disponibles en pharmacie. Il n'est pas indispensable de stériliser les contenants avant utilisation. Un lavage et un rinçage soigneux suffisent dans la majorité des cas.

tiel permet souvent aux mamans de vivre plus facilement les premières séparations, lorsqu'il faut retourner travailler. Le bonheur de retrouver ces moments d'intimité lors de la tétée du matin et du soir se conjugue alors avec un retour en douceur à une vie sociale.

▸ Le sevrage partiel

Si vous décidez de donner à votre bébé, en votre absence, des biberons de lait artificiel, il est inutile de vous y prendre longtemps à l'avance. En effet, plus longtemps vous allaiterez exclusivement, plus votre allaitement pourra se poursuivre sans difficulté. Parfois, les bébés qui ont été nourris au sein refusent de boire au biberon. En effet, la succion de la tétine est très différente de celle du mamelon. En outre, lorsque leur maman leur présente le biberon, ils ne comprennent pas forcément ce qu'elle attend d'eux. Dans ce cas, organisez-vous pour que ce soit si possible une autre personne – le papa ou l'assistante maternelle – qui propose à votre enfant son premier biberon, en dehors de votre présence. Il l'acceptera sans doute alors plus volontiers.

Renseignez-vous également lorsque vous achetez les biberons ; certaines marques sont plus adaptées aux bébés allaités au sein. Quoi qu'il en soit, rassurez-vous ; les bébés finissent toujours par téter au biberon. Pour le choix du lait artificiel, demandez l'avis du pédiatre.

Une adaptation rapide • Vos seins mettront quelques jours à s'adapter à ce nouveau rythme de tétées ; pendant trois ou quatre jours, vous risquez, en fin de journée, d'avoir les seins gonflés et tendus, et éventuellement quelques pertes de lait. Remettez des coussinets d'allaitement dans votre soutien-gorge pour éviter de tacher vos vêtements. Mais, assez rapidement, vos seins produiront juste la quantité de lait dont votre bébé a besoin. Les jours où vous ne travaillerez pas, vous pourrez, selon votre envie, soit continuer les biberons la journée, soit donner le sein à toutes les tétées.

▸ Tirer son lait

Si vous décidez de tirer votre lait, sachez que le Code du travail prévoit différentes dispositions pour faciliter l'allaitement. Commencez à tirer votre lait environ 15 jours avant de travailler pour vous entraîner. Les meilleurs tire-lait sont électriques à double action (ils se louent en pharmacie et sur prescription médicale). Tirez votre lait régulièrement (toutes les 3 ou 4 heures, à adapter ensuite) pour maintenir une bonne production lactée.

En votre absence, le lait pourra être donné à la tasse ou au biberon. Il doit toujours être manipulé avec des mains propres et ne jamais être réchauffé au micro-ondes ni bouilli, afin de ne pas détruire ses propriétés. Pour le réchauffer jusqu'à 37 °C, il faut le passer sous le robinet d'eau chaude. Il a souvent un aspect grumeleux et sa couleur peut varier du blanc au marron.

▸ Le sevrage total

Si vous décidez d'arrêter l'allaitement, le sevrage devra alors être le plus progressif possible afin qu'il soit facilement vécu par vous et votre bébé. Supprimez une tétée dans la journée tous les deux ou trois jours et votre production lactée diminuera doucement sans inconfort. La tétée du soir puis la tétée du matin, qui pourront être préservées plus longtemps, seront les dernières à être supprimées.

Après un sevrage total, la glande mammaire a besoin d'environ trois semaines pour revenir à son état antérieur. Si vous avez sevré votre bébé depuis quelques jours et que vous regrettiez déjà votre décision… n'hésitez pas à le remettre au sein, votre production lactée va s'adapter de nouveau à la demande !

▸ Le sevrage naturel

Vous pouvez également laisser votre bébé vous indiquer qu'il ne désire plus téter. L'introduction des solides en est la première étape. La plupart des bébés montrent qu'ils sont prêts à accepter des solides au milieu de la première année. Reconnaissez ces petits signes : il essaie d'attraper les aliments et de les porter à la bouche, il tient assis, il ne repousse pas systématiquement les aliments avec la langue et ses demandes de tétée se sont considérablement accrues depuis 5-6 jours. Vous pouvez alors commencer à introduire d'autres aliments. Si vous, ou le papa, êtes allergiques, certaines précautions alimentaires peuvent être nécessaires (voir page 160). Progressivement, la quantité et la diversité des aliments solides augmenteront et le nombre et la durée des tétées diminueront.

Les réponses à vos questions ❓

" Je suis épuisée, est-ce du fait de l'allaitement ? "

Ce n'est pas l'allaitement qui vous fatigue, mais les rythmes du bébé, les réveils nocturnes... sans compter les éventuels frères et sœurs ! L'allaitement permet de gagner en simplicité ; pas de préparation de biberons, pas de courses supplémentaires à porter. Vous pouvez emmener votre bébé partout avec vous, votre lait est toujours immédiatement prêt ! Et même si vous avez l'impression de vivre dans une bulle, calez le plus longtemps possible votre rythme sur celui du bébé : quel que soit le moment de la journée, dormez lorsqu'il dort, afin d'augmenter votre dose de sommeil quotidien ! ◼

" Mon enfant est malade, puis-je continuer à lui donner le sein ? "

Oui, n'arrêtez surtout pas ! Votre présence, votre chaleur, vos bras le rassurent et il a d'autant plus besoin de votre lait qu'il refuse généralement toute autre nourriture. Et s'il souffre d'une gastro-entérite, il est même recommandé d'augmenter le nombre de tétées, la composition de votre lait étant adaptée à cette pathologie. ◼

" J'ai des « fuites de lait » très gênantes, que puis-je faire ? "

Pour arrêter un réflexe d'éjection, il suffit de faire pression sur les mamelons. En présence d'un tiers, vous pouvez croiser les bras et serrer votre poitrine ; l'arrêt sera immédiat... en toute discrétion ! En cas de fuites de lait fréquentes, portez des coussinets d'allaitement en coton (non plastifiés à l'intérieur pour éviter les crevasses) et des vêtements à motifs, en attendant que votre production lactée se régule ! ◼

" Mon bébé va être hospitalisé, dois-je le sevrer ? "

Vous pouvez être obligée, pour des raisons médicales, de vous séparer de votre bébé. Cette épreuve semble toujours trop longue, mais n'implique pas forcément un arrêt de l'allaitement. Au contraire, continuer à allaiter permet de maintenir des liens avec votre bébé, et de le rassurer par votre présence. La mère a parfois la possibilité de rester jour et nuit près de son enfant. N'hésitez pas à en faire la demande à l'équipe soignante. ◼

" Je vais être hospitalisée, dois-je sevrer mon bébé ? "

N'hésitez pas à faire part à l'équipe soignante de votre souhait de continuer à allaiter. Elle pourra peut-être choisir des traitements adaptés à l'allaitement et vous fournir un tire-lait. Si votre traitement le permet, votre lait sera conservé et donné à votre bébé. Dans le cas contraire, tirer votre lait vous évitera les engorgements et entretiendra votre production lactée, pour reprendre l'allaitement dès votre retour à la maison, ou dès la fin de votre traitement. ◼

" Mon bébé commence à avoir des dents. Va-t-il me mordre ? "

De même que vous n'avez pas besoin de vos dents pour boire, votre bébé n'utilise pas ses dents pour téter ! Mais si ses gencives le font souffrir, il a besoin de mâchouiller ; vous pouvez lui donner un anneau de dentition à mordiller. Et, s'il veut s'exercer sur vos mamelons, expliquez-lui gentiment, mais fermement, que vous n'êtes pas d'accord : il comprendra très vite ! ◼

" Est-il nécessaire de changer sa garde-robe pour allaiter ?

À l'exception des robes, toutes les tenues permettent d'allaiter discrètement ! Si vous portez un chemisier, défaites quelques boutons du bas et mettez votre bébé au sein en soulevant un des pans. Avec un tee-shirt ou un pull, soulevez de même le bas du vêtement. Pour une discrétion absolue, enfilez en plus un gilet ouvert et croisez les jambes. Les soutien-gorge d'allaitement sont plus confortables les trois premiers mois, lorsque vos seins sont lourds et la production lactée, irrégulière. Mais, ensuite, vous pouvez remettre des soutien-gorge classiques. La nuit, durant les premiers mois, vous pouvez porter un soutien-gorge ou une brassière si vos seins sont très lourds, pour être plus à l'aise. ◼

Nourrir son enfant au biberon

« Les laits artificiels ont-ils les mêmes qualités que le lait maternel ? • Quel type de lait choisir ? • Tétine en caoutchouc ou en silicone ? • Préparer le biberon • Quelle quantité donner et à quelle fréquence ? • Faut-il stériliser les biberons ? • Changer de lait en cas de soucis digestifs ? • Les rots du bébé »

Les laits artificiels

Vous avez décidé de donner le biberon à votre bébé, car vous vous sentez davantage à l'aise dans cette manière de nourrir votre enfant. L'essentiel, dans ce moment intime, est de se trouver bien, détendue, en harmonie avec son bébé et avec soi-même. C'est cela que votre enfant ressentira avant tout : votre bien-être, votre bonheur de le nourrir et l'amour avec lequel vous accompagnez ce geste.

▶ La qualité des laits artificiels

Les laits artificiels, élaborés sur le modèle du lait maternel, pour la plupart à partir de lait de vache, sont soumis à une réglementation précise et rigoureuse, qui garantit leurs qualités nutritionnelles et sanitaires, permettant à votre enfant d'avoir une croissance harmonieuse et une bonne santé. Ils n'ont cependant pas toutes les qualités du lait maternel ; ils sont ainsi dépourvus d'anticorps qui protègent contre certaines infections. Ils peuvent, comme le lait maternel, constituer le seul aliment de votre bébé jusqu'à 6 mois et au-delà. Il est conseillé de poursuivre le lait maternisé jusqu'à 1 an. Le lait de vache non maternisé est en effet vingt fois moins riche en fer que les laits artificiels et trois fois moins en acide linoléique, et il est trop riche en protéines.

Les laits artificiels sont principalement proposés en poudre, permettant un dosage précis. Il existe aussi des laits artificiels liquides, disponibles en brique, le plus souvent destinés aux enfants de plus de 4 mois. Le prix de revient est toutefois plus élevé que celui du lait en poudre. La plupart de ces laits sont disponibles en pharmacie et en grande surface, où ils sont souvent moins onéreux.

▶ Choisir le lait le mieux adapté

Il existe différents types de lait, en fonction de l'âge de l'enfant. En outre, certains laits ont des propriétés particulières.

Les laits 1er âge • Ils sont adaptés aux besoins des bébés de la naissance à 4-5 mois, pendant toute la période où le seul aliment est le lait. Appelés aussi « laits pour nourrissons », ils sont très proches du lait maternel.

Les laits 2e âge • Ils sont destinés aux bébés dont le menu quotidien contient au moins un repas complet sans lait, soit jamais avant l'âge

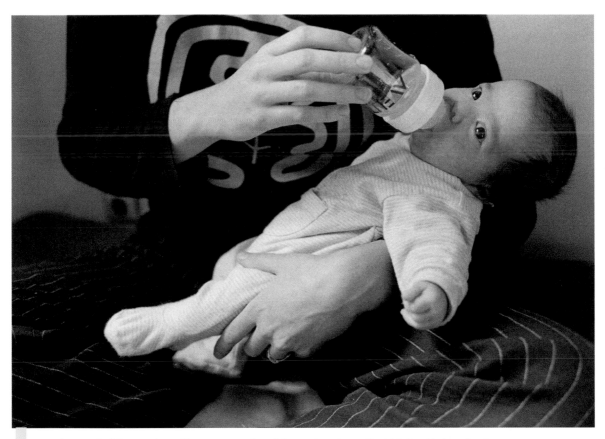

Pour donner le biberon, installez-vous confortablement, votre enfant bien calé dans les bras. Inclinez suffisamment le biberon pour que la tétine soit toujours pleine, jusqu'à la fin.

de 4 mois et plutôt vers 6 mois. Connus également sous le nom de « laits de suite », ils sont moins proches du lait maternel.

Les laits de croissance • Ils conviennent aux enfants à partir de 1 an et jusqu'à 3 ans. Ils sont notamment enrichis en fer et sont mieux adaptés aux besoins de l'enfant que le lait de vache de consommation courante.

Quand changer de lait ? • À la maternité, l'équipe médicale vous a proposé des biberons tout faits, prêts à l'emploi, avec un lait que votre enfant va donc essayer pendant au moins une semaine. Une fois de retour à la maison, vous continuerez avec le même type de lait. Si, après quelques jours, il vous semble que votre bébé ne le tolère pas bien, consultez votre pédiatre qui vous en conseillera un autre. S'il le juge nécessaire, il pourra vous proposer des laits aux propriétés particulières. Par exemple, si votre enfant a des coliques, il peut vous orienter vers un lait fermenté ou moins riche en lactose. En cas de régurgitations (rejets de petites quantités de lait après les repas), il vous indiquera un lait épaissi, enrichi en caséine. Si votre bébé est constipé, il vous conseillera un lait plus riche en protéines solubles qui maintiennent les selles mieux hydratées. Il existe, par ailleurs, des laits hypoallergéniques, qui peuvent contribuer à réduire les risques d'allergie. Ils sont destinés aux enfants ayant un terrain allergique (un des parents ou des frères ou des sœurs allergiques).

▶ Le choix des biberons

Durant les six premiers mois, le biberon doit comporter avant tout des graduations précises et lisibles de façon que vous puissiez, sans difficulté, doser le lait et évaluer la quantité bue. Évitez donc dans un premier temps les biberons avec des dessins, auxquels votre bébé ne fera attention que plus tard. Les biberons en plastique sont incassables mais ils risquent de se ternir au fur et à mesure de la stérilisation ; en verre, ils sont plus faciles à nettoyer et résistent mieux à la stérilisation. Mais le biberon en verre devient dangereux à partir de 6 mois, quand votre enfant commence à le tenir tout seul (toujours sous votre regard attentif). La forme cylindrique est la plus classique ; la triangulaire est plus facile à nettoyer, car elle rend le biberon plus stable puisqu'il ne roule pas. La forme coudée – inclinée à 30° – permet à la maman de donner le biberon confortablement et évite au nourrisson d'avaler de l'air (la tétine est toujours remplie). Il existe des biberons ergonomiques, qui permettent aux enfants plus grands de les prendre sans difficulté.

Par commodité, au début, vous aurez besoin de 4 à 6 biberons. Avant l'achat, assurez-vous que la forme du biberon permet un lavage facile au goupillon et qu'elle est adaptable à votre moyen de stérilisation et de chauffe.

▶ Tout savoir sur les tétines

Il est parfois nécessaire de faire un ou deux changements avant de trouver la tétine avec laquelle votre bébé va être à l'aise. Deux matières sont disponibles : en caoutchouc (couleur marron) et en silicone (transparente). Les premières sont plus souples, mais s'usent plus vite et résistent moins à la stérilisation. En outre, elles ont un aspect rugueux et peuvent laisser un léger arrière-goût dans la bouche. Les secondes sont plus dures et s'endurcissent un peu plus avec la stérilisation, mais elles ont en revanche un toucher lisse et sont sans odeur. Il existe des tétines dites « à débit variable », qui possèdent une fente à leur extrémité permettant de choisir entre trois vitesses, et des tétines à débit unique qui sont percées de deux ou trois trous plus ou moins importants selon l'âge de l'enfant. Chaque type de tétine existe en 1er âge et 2e âge.

Trois formes • Aujourd'hui, chaque marque a sa forme qui est souvent le résultat de recherches poussées. L'objectif est de présenter à l'enfant une tétine qui respecte la morphologie de la cavité buccale. Il existe trois formes : à bout rond dit « en cerise », à bout physiologique reprenant la forme du sein maternel, et enfin à valve pour réguler l'entrée d'air et le débit du lait. Choisissez celle qui vous plaît : si votre enfant boit sans difficulté, n'en changez pas ; sinon essayez un autre modèle. N'oubliez pas de vérifier que vos tétines soient compatibles avec les biberons.

Bien préparer et donner un biberon

Désormais, c'est vous ou votre compagnon qui préparez les biberons. Peut-être, comme beaucoup de mamans, vous demandez-vous si vous nourrissez votre enfant selon ses besoins. N'oubliez pas que votre bébé, lui, sait bien exprimer qu'il n'a plus faim ou qu'il en veut encore. Et, si vous avez des doutes, le pédiatre peut vous conseiller.

▶ Préparer le lait

Avant toute chose, lavez-vous correctement les mains. Versez dans le biberon la quantité d'eau nécessaire, définie parfois avec votre pédiatre : eau du robinet ou eau en bouteille (plate, de source ou minérale, mais toujours adaptée aux nourrissons). Réchauffez le biberon au bain-marie, avec un chauffe-biberon ou au micro-ondes (ce dernier n'est pas dangereux, mais chauffe fort) avant de verser la poudre de lait. En effet, cette dernière se diluera mieux dans une eau tiède. Une fois l'eau chauffée, ajoutez les cuillerées mesures en pensant à bien « raser » la cuillère afin d'enlever la poudre en excès. Respectez toujours la règle d'or : une cuillerée mesure de lait en poudre pour 30 ml d'eau. Ensuite, fermez le biberon avec le bouchon afin de le secouer énergiquement pour bien mélanger et éviter les grumeaux. Enfin, installez la tétine, sans visser à fond, et faites tomber une goutte de lait sur votre poignet pour vous assurer de sa bonne température.

Pas de préparation à l'avance • Le biberon doit être bu dès qu'il est prêt ; ne le préparez pas à l'avance, le lait pourrait devenir un bouillon de culture. Pour une balade ou pour la nuit, vous pouvez maintenir de l'eau tiède dans un biberon stérile, mais vous devrez ajouter la poudre de lait au dernier moment. Et, surtout, ne faites jamais boire à votre bébé un reste du dernier biberon.

▌ Combien de biberons ?

Au début, donnez les biberons à la demande du bébé plutôt que selon un horaire trop précis, tout en respectant tout de même un délai de 3 heures entre chaque tétée, le temps de la digestion. Les premiers biberons sont donc irréguliers dans le temps, comme en quantité. Certains nouveau-nés boivent 10 g par biberon ; d'autres prennent 40 g. Il faudra quelques jours d'apprentissage au bébé pour qu'il trouve son rythme.

Observez ses réactions • Un bébé de 1 mois prend environ six repas par jour, et parfois un pendant la nuit. De façon générale, le meilleur indicateur est son attitude : s'il ne finit pas son biberon, c'est que la dose est trop importante ; à l'inverse, s'il boit jusqu'à la dernière goutte, vous pouvez lui en proposer plus. Ne forcez jamais votre enfant à finir un biberon s'il le refuse pendant un quart d'heure ; il n'a sans doute pas faim. Dans l'idéal, il vaut mieux lui proposer davantage

L'utilisation de farines

▌l est possible d'utiliser des farines dans les biberons en général vers le 4e mois et toujours en petite quantité, mais elles ne sont pas indispensables. Comme elles contiennent de l'amidon, un glucide qui se digère lentement, elles assurent une meilleure satiété. Elles améliorent aussi la digestion du lait et permettent au bébé de découvrir une texture plus consistante. On les utilise généralement dans le dernier biberon du soir afin de « caler » un peu plus l'enfant pour la nuit. Entre 4 et 6 mois, il est conseillé de prendre des farines instantanées sans gluten, à base de riz ou de maïs, sans sucre ajouté. Après 6 mois, on peut choisir des farines arômatisées (miel, caramel, fruits). Les quantités dépendent de l'âge de l'enfant ; demandez conseil à votre pédiatre.

de lait que pas assez. Si votre enfant réclame un biberon la nuit, c'est qu'il n'a pas encore assez de réserves pour s'en passer. L'horaire du biberon de nuit se décalera progressivement jusqu'à coïncider avec celui du premier biberon du matin. De même, le passage de six à cinq ou même quatre repas par jour se fera naturellement : le pédiatre vous indiquera dans quelles proportions augmenter les doses pour chaque repas.

Exemples de quantités • Les quantités journalières nécessaires dépendent de chaque enfant, l'essentiel étant que sa courbe de poids évolue régulièrement et que la faim ne le fasse pas pleurer. De façon très générale, le premier mois, on propose 6 ou 7 biberons de 90 ml chacun, puis, le 2e mois, 6 ou 7 biberons de 120 ml et, le 3e mois, 5 biberons de 150 ml. À 4 mois, les bébés boivent souvent 5 biberons de 180 ml ou 4 biberons de 210 ml. Enfin, lors du sixième mois, alors que la diversification débute, il faut toujours proposer au moins 500 ml de lait par jour, répartis en 2 ou 3 biberons et ce jusqu'à 1 an. Ces dosages sont des indications à adapter en fonction de l'appétit du bébé, de l'évolution de sa croissance et de son rythme de prise des biberons.

▌ Les bonnes positions

Nourrir son enfant est toujours un moment privilégié, un plaisir partagé. Au début, vous vous trouverez peut-être un peu maladroit(e), mais votre bébé ne sentira pas moins combien vous faites attention à lui. Très vite, une fois que tous les gestes vous seront devenus familiers, vous profiterez pleinement de cet échange. D'où l'importance que vos positions à tous deux soient confortables. Prenez le temps de bien vous installer, en position semi-assise, et au calme. Prenez ensuite votre bébé sur vos genoux, dans une position semi-verticale, ni trop couchée ni trop droite, et placez-le au creux de votre bras, le visage face à vous. Calez le bras qui le soutient avec un coussin ou l'accoudoir du fauteuil. Laissez les bras de votre bébé libres, pour qu'il aille à la découverte du biberon. Veillez aussi à ce que son nez soit bien dégagé pour qu'il respire à l'aise.

Pour que votre bébé avale le moins d'air possible, la tétine doit toujours être bien pleine de lait : pour ce faire, il suffit de bien incliner le biberon. En outre, si vous tenez le biberon fermement, pour qu'il ne bouge pas, la succion du bébé en sera facilitée. Chaque bébé boit à son rythme, avec ou sans pause, et plus ou moins vite. Si le vôtre boit très rapidement, n'hésitez pas à lui retirer le biberon doucement afin qu'il ne s'étrangle pas.

Pour qu'il digère bien • Après la tétée, tenez un instant votre bébé droit pour favoriser son rot. Si celui-ci tarde à venir, vous pouvez tapoter doucement son dos. S'il s'agite pendant la tétée, c'est qu'il a peut-être besoin de faire un rot. Une fois soulagé, il reprendra son repas. Ne vous inquiétez pas s'il régurgite un peu de lait après la tétée : il a tout simplement trop bu et trop vite. Sachez aussi que, jusqu'à 1 an au moins, un bébé ne peut pas prendre seul son biberon, il pourrait s'étouffer.

▶ Laver et stériliser les biberons

Dès que votre bébé a fini, lavez abondamment le biberon avec de l'eau savonneuse et nettoyez-le bien à l'aide du goupillon que vous n'oublierez pas de faire passer aussi sur la bague à vis et le protège-tétine. Rincez avec de l'eau chaude et faites sécher le biberon en le posant à l'envers sur du papier absorbant. À l'aide du petit goupillon, faites de même pour la tétine, que vous devez toujours séparer du pas de vis. Si vous lavez l'un et l'autre au lave-vaisselle, repassez-les sous l'eau chaude pour enlever les traces de produit.

Stériliser ou pas ? • La stérilisation n'est pas obligatoire, mais, à défaut, il est impératif d'observer des règles d'hygiène rigoureuses : avoir les mains très propres quand on manipule le biberon ; laver le biberon et la tétine dès que le bébé a fini de manger, sans attendre ne serait-ce qu'une demi-heure ; essuyer aussitôt soigneusement avec un essuie-tout jetable ; ne pas réutiliser un biberon dans lequel a stagné un fond de lait.

Mais vous pouvez vous sentir plus tranquille en stérilisant les biberons de votre enfant. Dans ce cas, vous pouvez les stériliser pendant les trois premiers mois, mais la durée de stérilisation dépend aussi de la résistance de votre bébé aux microbes. Si votre nourrisson est malade (bronchiolite, gastroentérite), il est préférable de poursuivre ou de reprendre pendant cette période la stérilisation. Passé le cap des 5 mois, vous pouvez ranger le matériel utilisé. Il existe quatre façons de stériliser.

La stérilisation à froid • Dans un bac plastique adapté, on peut mettre jusqu'à six biberons et leurs tétines et stériliser avec une seule pastille de stérilisation. Trente minutes sont nécessaires pour obtenir le résultat voulu. Pratique quand on voyage, puisque c'est le seul mode de stérilisation qui ne nécessite pas de branchement. À noter qu'un léger goût de chlore peut persister.

La stérilisation au micro-ondes • Placez 4 à 6 biberons dans un bac approprié avec un couvercle. Dix minutes seulement suffisent. C'est un système peu encombrant, léger, mais qui nécessite un micro-ondes partout où l'on se trouve.

La stérilisation électrique • Ce principe permet de stériliser jusqu'à 9 biberons (intéressant pour les parents de jumeaux). Quoique rapide (de 10 à 15 minutes pour stériliser), il reste cependant le système le plus encombrant et le plus onéreux.

La stérilisation par ébullition • Des récipients spéciaux existent dans le commerce, mais une grande casserole fait également l'affaire. Dans l'eau bouillante, les tétines sont stérilisées en 10 secondes et les biberons en 30 secondes. C'est le système le moins onéreux, mais il reste peu pratique : on se brûle souvent les doigts !

Les rots du bébé

Au biberon, vous n'échapperez pas au rituel du « rototo » ! Vous pouvez attendre que le bébé ait fini son biberon ou prendre une pause à mi-chemin, lui faire faire un premier rot, puis reprendre jusqu'à la fin, avant un deuxième rot. Cette méthode accroît le confort du nouveau-né et peut aussi atténuer les reflux s'ils sont fréquents. Un bébé qui a besoin de faire un rot et qui n'y parvient pas se tortille, fait la grimace et manifeste éventuellement son « mal-être » par des gémissements. Si le rot ne vient pas :

• posez votre bébé le ventre contre votre épaule en tapotant tout doucement son dos ou en le massant ;

• essayez aussi en frottant doucement mais rapidement le bas du dos (en tenant votre bébé assis par exemple) ;

• si le rot tarde trop et qu'il faille coucher le bébé, celui-ci finira par pleurer pour vous signifier sa gêne ; reprenez-le alors dans vos bras et faites-lui faire son rot.

Du lait aux aliments solides

> *Pourquoi la diversification ne doit être ni trop précoce, ni trop brutale • Doit-on continuer à donner du lait et en quelle quantité ? • Quels sont les premiers aliments à proposer ? • Combien de repas par jour ? • L'organisation des menus • Peut-on utiliser des petits pots et des surgelés sans risque ? • Des précautions sont-elles nécessaires en matière d'hygiène alimentaire ?*

L'apprentissage de nouveaux goûts

À partir de 6 mois, le lait ne suffit plus à couvrir les besoins nutritionnels d'un bébé. Vous allez donc, petit à petit, introduire de nouveaux aliments dans les menus de votre enfant : des céréales, des fruits, des légumes, etc. La diversification est une étape importante dans la vie de votre enfant ; elle lui permet de découvrir de nouvelles saveurs, ce qui est souvent pour lui une source de joie. Cependant, elle ne doit être ni trop précoce (jamais avant 4 mois et de préférence après 6 mois), ni trop rapide.

▶ Une étape tout en douceur

Pour ne pas provoquer de troubles digestifs dus à une adaptation insuffisante de la flore intestinale de votre bébé, la diversification doit se faire progressivement. Dans l'idéal, vous n'introduirez qu'un aliment nouveau à la fois et laisserez un intervalle de quelques jours entre chacun. Les quantités doivent être augmentées peu à peu, en débutant toujours avec de petits volumes. Cette introduction prudente doit respecter les goûts de votre bébé et ne jamais être imposée. L'objectif est de lui faire découvrir un autre type d'alimentation et de nouvelles saveurs. S'il n'apprécie pas, au début, la petite cuillère ou son contenu, il l'acceptera un autre jour. Dans tous les cas, rassurez-vous : avec son lait, il est bien nourri.

▶ Du lait et encore du lait

La diversification ne doit pas être trop complète. En effet, elle risquerait de faire diminuer la quantité de lait de l'alimentation de votre enfant. Or le lait reste l'aliment de base du nourrisson. Sachez qu'une diversification réussie passe par la consommation de 500 à 750 ml de lait par jour jusqu'à l'âge de 1 an.

Pourquoi des laits spécifiques ? • Les laits 1er âge ou laits pour nourrissons (de 0 à 4 mois) et les laits 2e âge ou laits de suite (de 4 mois à 1 an) sont dérivés du lait de vache, mais ils ont subi diverses transformations. Ils contiennent moins de protéines, plus de lipides d'origine végétale et d'acides gras essentiels. Soumis à une réglementation, ils contiennent également des taux précis de minéraux, de fer, d'oligoéléments et de vitamines, notamment la vitamine D. En revanche, le lait de vache de consommation courante est inadapté jusqu'à l'âge de 1 an au moins. Il est beaucoup trop riche en protéines et en sels minéraux, et trop pauvre en acides gras essentiels et en fer. C'est pour cela qu'il est fortement conseillé de donner des laits adaptés aux besoins de l'enfant en fonction de son âge.

▶ Les laitages et les fromages

À partir de 6 à 8 mois, vous pouvez proposer à votre bébé d'autres produits laitiers, dont il faut tenir compte dans sa ration journalière de lait. Yaourts, petits-suisses, crèmes desserts, fromages, ce n'est pas le choix qui manque ! En moyenne, 125 ml de lait correspondent à 100 g de fromage blanc, 30 g de fromage ou 4 petits-suisses.

Si les laitages constituent l'essentiel de l'apport lacté du nourrisson, en dessert ou au goûter, il est préférable de choisir des fromages blancs, des petits-suisses ou des yaourts destinés aux enfants en bas âge (ils sont enrichis en fer et en acides gras essentiels et appauvris en protéines). Si vous achetez des produits non spécifiques pour enfant de plus de 6 mois, évitez de choisir ceux qui sont parfumés ou sucrés. En effet, la plupart apportent 12 à 15 % de sucre, soit l'équivalent de 3 morceaux de sucre. Si vous tenez à sucrer les produits laitiers, ajoutez une petite cuillerée à café de gelée de fruits ou de miel. Évitez la confiture, qui peut contenir des peaux ou des graines. Selon l'envie de votre bébé de « porter à sa bouche », vous pouvez lui proposer des lamelles fines et moelleuses de fromage à pâte molle ou persillée avec un peu de pain. Laissez-vous guider par son goût. Si vous aimez les fromages à goût fort, il peut lui aussi les apprécier. Surveillez-le bien pendant cette découverte gustative pour qu'il n'avale pas de travers (fausse-route).

▶ Les céréales pour l'énergie

Pour ménager les intestins de votre bébé, introduisez dans son régime des farines 1er âge, instantanées, non lactées et non sucrées, sans gluten, au riz et au maïs. Mélangées au lait à raison d'une puis de deux cuillerées à café dans le premier biberon de la journée, elles permettront à votre bébé de mieux attendre son déjeuner quand il est à 4 repas. En outre, ces céréales facilitent le

Ajoutez une petite cuillerée de gelée de fruits ou de miel dans des laitages nature, cela éveille le goût de votre enfant sans apporter trop de sucre.

passage du biberon à la cuillère. À partir de 8 mois, vous pourrez parfois lui donner un petit biscuit pour bébé. Il adorera le tenir à la main et le mâchonner ! Vous pouvez aussi lui proposer une croûte de pain assez dure, mais, comme pour le biscuit, toujours sous votre regard attentif.

Semoule, pâtes et riz • Vous pouvez les introduire si votre bébé accepte bien les grumeaux, vers 9-10 mois. Faites cuire la semoule et les pâtes normalement ; le riz doit être très cuit. Ne salez pas l'eau de cuisson. On peut aussi les préparer dans du lait dit « de suite » ou même dans du lait de vache de consommation courante.

▶ Les légumes pour éduquer peu à peu son palais

À 6 mois, les légumes ne sont pas réellement indispensables à la croissance du bébé. En revanche, il est important de les proposer à cet âge afin de l'habituer à des saveurs variées et de lui apporter des fibres. Sous forme de purées de légumes bien mixées, vous pourrez lui faire goûter une puis deux ou trois cuillerées à café avant son biberon de lait le midi. Vous augmenterez petit à petit les quantités (environ 60 g à 6-7 mois, puis 90 g à 8-9 mois, puis 120 g à 10-12 mois), en diminuant alors en proportion le lait. Il peut s'agir d'un légume additionné d'un peu de pomme de terre afin de faire une purée plus onctueuse.

Parmi ces légumes, vous pouvez choisir : haricots verts, tomates (épluchées et épépinées), courgettes, épinards, bettes, betteraves rouges, carottes, courges, potirons, salades cuites variées, endives, artichauts, champignons. Plus tard, vers 8 mois, habituez votre enfant aux crudités. En lui proposant, mixés en début de repas, de la carotte, du concombre, des tomates (épluchées et épépinées), de l'avocat, vous le familiariserez à une nouvelle présentation. Les quelques cuillerées à café (deux ou trois) qu'il acceptera n'ont pas encore d'intérêt nutritionnel. Mais vous préparez l'avenir, car il deviendra peut-être un amateur de hors-d'œuvre… S'il n'aime pas les légumes à la petite cuillère, vous pouvez peu à peu les mélanger au biberon de lait.

▶ Les fruits pour les vitamines

Bien mûrs, les fruits peuvent être proposés cuits ou crus, en jus ou en compote. Évitez dans un premier temps les fruits exotiques et les fraises à cause des risques d'allergie, ainsi que les baies (framboises, mûres), qui contiennent des graines très dures. Mixez au dernier moment (laisser en attente un fruit épluché ou un jus favorise la perte de la vitamine C) un ou plusieurs fruits, en utilisant un peu de banane ou de pomme pour servir de liant. Ne rajoutez pas de sucre. Ainsi votre bébé pourra se familiariser avec des saveurs authentiques.

Proposer du jus de fruits est aussi un moyen de faire découvrir un goût nouveau à votre bébé, mais ce n'est pas une étape obligatoire. C'est une boisson qui ne doit pas prendre la place du lait ni celle de l'eau. Si les jus de fruits frais sont trop acides au goût de votre enfant, optez pour des jus préparés pour bébés, souvent plus doux.

▶ La viande, le poisson et les œufs

Vers 8-9 mois, votre bébé va progressivement manger plus de purée de légumes et/ou de fruits, et boire moins de lait parce qu'il sera rassasié. Ce sera le moment d'introduire la viande (bœuf, veau, agneau, blanc de poulet, maigre de jambon), mais en très petite quantité (environ quatre cuillères à café, soit 20 g). Puis, entre 10 mois et 1 an, vous pouvez proposer du poisson. Attention, maquereau, thon, hareng, sardine ont un goût très fort et sont longs à digérer… Vous pouvez aussi désormais donner à votre enfant du jaune d'œuf (d'abord dur, puis mollet). Le blanc d'œuf étant une substance allergisante, il est conseillé de ne pas le proposer avant 1 an.

Allergies alimentaires : vigilance !

À l'occasion de la diversification, certains nouveaux aliments introduits dans les menus de l'enfant peuvent provoquer des manifestations allergiques (eczéma, urticaire, rhinite, diarrhée). En outre, de nombreuses études ont montré que l'introduction de l'alimentation diversifiée, lorsqu'elle se fait trop tôt (avant 4 mois), peut entraîner par la suite des réactions allergiques. En effet, le risque de sensibilisation est maximal durant les premiers mois de la vie. C'est pour cela que les pédiatres conseillent aujourd'hui de commencer la diversification plus tard, en fonction des besoins de votre bébé. Certains aliments « allergènes » ne doivent pas être proposés trop tôt chez le petit enfant dont la barrière intestinale n'est pas complète (jamais avant 1 an) : les plus fréquents sont le lait de vache, l'œuf, le poisson, l'arachide, le soja, le blé. Si l'un des membres de la famille (vous, votre compagnon ou vos autres enfants) a des allergies, votre enfant risque fort d'avoir lui-même un terrain allergique. Dans ce cas, tout autre aliment que le lait maternel ou le lait artificiel hypoallergénique ne doit pas être introduit avant 6 mois, voire plus tard. Mais sachez qu'un enfant peut développer une allergie alimentaire même si personne n'est allergique dans sa famille…

▶ Les matières grasses

Tant que votre enfant boit plus d'un demi-litre de lait de suite, il n'est pas nécessaire d'ajouter des matières grasses dans ses légumes. Vers 7-8 mois, la quantité de lait de suite diminuant mais restant égale à 500 ml/jour, votre enfant reçoit moins de matières grasses essentielles. Il convient donc d'ajouter à chacun des repas sans lait de suite 1 à 2 cuillerées à café de beurre ou d'huile. Les huiles de soja et de colza ont la préférence des scientifiques, mais il est bon de varier et d'employer aussi les huiles de maïs, d'olive, de tournesol, les mélanges d'huiles multivégétales sans arachide (à cause du risque d'allergie) préparés par l'industrie.

▶ Une affaire de goût

Les enfants montrent une grande malléabilité en matière d'apprentissage alimentaire. C'est d'ailleurs grâce à cela qu'ils peuvent s'adapter à toutes les cuisines de toutes les régions du monde. Bien sûr, cette souplesse peut varier d'un enfant à un autre. Mais, dans tous les cas, la facilité avec laquelle un enfant d'environ 8 à 12 mois accepte des aliments nouveaux dépend de la variété des goûts et des odeurs rencontrés avant cet âge. C'est pour cela que la diversification, en dehors de son importance sur le plan nutritionnel, est une étape si cruciale pour l'avenir. Si les préférences et les aversions alimentaires sont modelées par les expériences de la petite enfance, de nombreux chercheurs s'accordent à penser que les goûts sont également en rapport avec la saveur du lait maternel (si la maman allaite), lui-même dépendant de ses habitudes alimentaires. C'est ainsi par exemple qu'une maman qui mange de l'ail aura un lait au goût d'ail et que l'enfant aimera l'ail plus tard... Un bébé nourri au biberon devrait donc avoir une alimentation plus variée encore. En effet, le lait industriel a toujours le même goût et ses papilles gustatives risquent de ne pas être assez stimulées si la diversification est insuffisante. Reste qu'elle ne doit jamais être trop précoce. Tout est donc affaire de dosage...

L'organisation des repas

Votre enfant mange maintenant quatre fois par jour. Même s'ils ne ressemblent pas encore complètement aux vôtres, ses repas sont plus élaborés qu'avant et de plus en plus variés. Au début, pour lui faire goûter ses premières cuillerées, vous pouvez le tenir dans vos bras ou le mettre dans son transat, si celui-ci comporte une position assise. Puis, vers 7-8 mois, vous l'installerez dans une chaise haute, attaché et sous surveillance : il sera tout à son aise pour faire ses découvertes culinaires.

▶ Conseils et précautions

Au début, vous proposerez à votre enfant des purées bien mixées, puis, vers 10-11 mois, des aliments écrasés à la fourchette ou moins mixés. Donnez-lui une cuillère en même temps que vous le nourrissez ; cela lui permettra de se familiariser avec cet étrange « outil », et laissez-le se barbouiller de temps en temps. De la même façon, offrez-lui la possibilité de prendre avec les doigts et de porter à sa bouche des petits morceaux de fruit, de fromage ou de légume fondant. Il sera ainsi plus actif dans cet apprentissage et découvrira par lui-même le plaisir de manger.

Attention à l'excès de protéines • Consommer trop de protéines d'origine animale (sous forme de lait de suite, de viande, de poisson, de jaune d'œuf, de fromages, de laitages) n'est pas souhaitable pour la santé des jeunes enfants. Ainsi, pour éviter les risques d'excès, il vaut mieux donner de la viande (ou du poisson, ou de l'œuf à partir de 10-12 mois) à un seul des repas principaux, en respectant les quantités ci-dessous :
– entre 8 et 9 mois : 20 g par jour, soit quatre cuillères à café ;
– entre 10 et 12 mois : 30 g par jour, soit six cuillères à café ou une cuillère à soupe.

À partir de 7-8 mois, ajoutez aux purées de légumes un peu de beurre ou d'huile, mais ne salez pas.

Sucre et sel à éviter • Pour faciliter l'intro-duction de nouveaux aliments dans le régime de votre bébé, ne sucrez pas l'eau, les compotes et les fruits crus écrasés ou râpés ; il découvrira ainsi la saveur originelle des produits. N'ajoutez pas non plus de sel : ses fonctions rénales ne sont pas encore matures. Quand vous les goûtez, ses aliments peuvent vous paraître fades.

▶ Le petit déjeuner

Si votre enfant aime son biberon du matin, il n'y a pas lieu de le lui supprimer. Il peut boire de 200 à 250 ml de lait 2ᵉ âge, sans oublier quelques cuille-rées à café de céréales spéciales bébé. Maintenant, le mélange peut être plus épais qu'au début. Tenez compte de la consistance que votre bébé apprécie. Suivant les farines et leur composition, pour une même consistance, vous pourrez en mettre plus ou moins. Le principe d'un bon petit déjeuner est primordial. Si votre enfant aime moins son biberon, faites le mélange dans un bol. Vous pouvez aussi lui proposer du pain, des céréales, un laitage ou

un fruit. Il pourra ainsi prendre son petit déjeuner en famille, comme un grand, même si c'est encore vous qui le lui donnez à la cuillère !

▶ Le déjeuner

En entrée • Une mini-entrée de légumes crus mixés nature, ou peu assaisonnés de quelques gouttes de vinaigrette, peut ouvrir le repas.

En plat principal • Il est constitué d'une purée de légumes mixés, puis, vers 11 mois, de légumes écrasés à la fourchette ; il existe aussi dans le commerce des purées déshydratées ou prêtes à l'emploi. Quelle que soit la purée, ajoutez une noisette de beurre ou une cuillerée à café d'huile (toutes sont conseillées sauf l'huile d'arachide), mais pas de sel. Les viandes, jambon, foie, poisson ou œuf dur ne seront pas toujours mélangés aux légumes, afin que votre bébé apprenne à diffé-rencier les goûts… et les couleurs. Pensez aux ali-ments prêts à l'emploi, associant légumes, viande ou poisson, ou œuf, ou fromage, et féculent, qui sont bien pratiques (voir ci-après).

En dessert • Vous pouvez proposer des fruits crus mixés ou écrasés, ou cuits en compote, ou un laitage, voire un peu de lait au biberon si votre bébé ne raffole pas de la petite cuillère.

▶ Le goûter

Ce sera sans doute encore un biberon (200 à 250 ml de lait 2e âge), à moins que votre enfant ne préfère un laitage ou un bol de lait 2e âge épaissi de céréales pour bébé. Si votre enfant n'apprécie pas trop le lait, vous pouvez aussi préparer une crème avec du lait 2e âge : bouilli, il apporte le même taux de fer. Peu à peu, vous ajouterez un ou deux biscuits ou des croûtes de pain (la mie est indigeste si elle n'est pas mâchée), ou une biscotte écrasée dans du lait, ou des fruits crus bien mûrs, d'abord mixés puis en petits morceaux ou cuits en compote. Surveillez votre enfant lorsque vous lui donnez des aliments en morceaux : il risque de les mettre en entier dans sa bouche et de ne pas être capable de les retirer ou, pire, d'avaler de travers (fausse-route).

▶ Le dîner

En plat principal • Vous pouvez donner à votre enfant de 200 à 250 ml de lait 2e âge, auquel vous ajoutez des céréales aux légumes ou du tapioca ou de la semoule, pris à la petite cuillère ou au biberon selon la consistance. Vous pouvez le remplacer par une soupe de légumes. Variez les légumes et les mélanges ; évitez les salsifis, les poivrons, l'oseille, les feuilles de chou, indigestes ; utilisez aussi les soupes et les purées déshydratées ou prêtes à l'emploi, et les petits pots. Ajoutez dans ce repas de légumes une noisette de beurre ou une cuillerée à café d'huile comme à midi, mais en variant. Si vous avez servi de la viande, un peu d'œuf dur (le jaune et le blanc) ou du poisson au déjeuner, n'en donnez pas au dîner.

En dessert • Si le dîner est composé d'une soupe de légumes, le dessert peut être à base de laitage, avec une initiation au fromage. Mais, si vous avez préparé ce repas avec 200 à 250 ml de lait, il y a assez de produit d'origine animale. Un fruit sera alors le bienvenu.

▶ Les aliments « tout faits »

Entre vos activités professionnelles, la maison, les courses, les enfants… pas toujours facile de cuisiner chaque jour des produits frais. Si vous souhaitez parfois simplifier la préparation des repas de votre bébé, vous pouvez sans crainte utiliser des aliments prêts à l'emploi conçus tout spécialement pour les enfants (petits pots, en brique, déshydratés, etc.). Sachez que la législation impose aux industriels et aux agriculteurs des normes extrêmement sévères en matière de diététique infantile. Ces produits ne contiennent ni colorants, ni conservateurs, et sont soumis à des contrôles de qualité permanents. De plus, leurs teneurs en sucre et en sel sont réglementées. Pour plus de sécurité encore :
– vérifiez que la mention « aliment adapté à l'enfant » soit bien inscrite sur l'emballage ;
– respectez toujours la date de péremption ;
– lavez le couvercle avant d'ouvrir le petit pot ;
– soyez attentif au « pop » que produit le couvercle à l'ouverture, c'est une garantie de fraîcheur.

Afin que votre enfant s'habitue à des sensations différentes, veillez à ne pas utiliser toujours les mêmes produits, et profitez des week-ends pour lui faire découvrir le goût des aliments frais.

▶ Les surgelés

Les légumes et fruits surgelés vendus dans le commerce ne sont pas soumis aux mêmes exigences que les produits destinés spécifiquement

De la succion à la mastication

Plus que la nature des aliments, l'aspect le plus délicat de la diversification alimentaire du bébé porte sur l'évolution de la texture des aliments, qui doit concorder avec son développement neurologique. Le rôle de la dentition est secondaire dans un premier temps, car le passage de la succion à la mastication est un véritable apprentissage débutant à l'âge de 6 mois, sans rapport avec la présence ou non de dents. Le début de la mastication est la première période charnière de l'acquisition de l'autonomie alimentaire. La seconde étape importante se situera vers 12 mois, quand l'enfant commencera à manifester un intérêt évident pour la consistance des aliments.

Après une journée de grande activité, il arrive que votre bébé vous surprenne et s'endorme dans sa chaise haute alors que vous venez à peine de lui donner son dessert.

aux enfants. Cependant, si vous respectez bien les règles de congélation, vous pouvez sans crainte les utiliser. Ils présentent même des avantages par rapport aux fruits et légumes frais. Ils ne subissent pas la même déperdition en vitamines ni la même dégradation par les nitrates que celles des fruits et légumes frais puisqu'ils ont été surgelés sur le lieu de récolte. Vous pouvez très bien mélanger ces surgelés à des produits frais, par exemple un peu de merlan et une purée de potiron surgelée. Pensez aussi à congeler vos potages frais cuisinés en grande quantité. Pour cela, utilisez des bacs à glaçons, vous disposerez ainsi de cubes de carotte, de poireau, etc., qui agrémenteront les repas de votre enfant. Mais ne congelez pas de potage maison si vous y avez ajouté de la viande. Seuls les légumes peuvent être congelés sans danger. Il existe également des préparations surgelées conçues pour les bébés, en tablettes individuelles, faciles à utiliser.

La conservation des aliments

La plupart des produits frais, les briques de lait ouvertes, les aliments à décongeler… doivent être conservés entre 0 et 4 °C. Pour être certains de la bonne conservation des produits, placez un thermomètre à différents endroits dans votre réfrigérateur en le laissant chaque fois toute une nuit. Le matin, relevez la température. Ainsi vous pouvez savoir où se trouve la zone la plus froide. Conservez les petits pots ouverts au réfrigérateur et consommez-les sous 48 heures. Ne donnez pas à votre bébé un potage préparé depuis plus de 2 jours (pour éviter l'effet nocif des nitrates contenus dans les légumes vieillis).

Concernant les surgelés, un certain nombre de règles doivent être scrupuleusement respectées :
– ne rompez jamais la chaîne du froid ;
– tout produit décongelé doit être consommé dans les 48 heures ;
– ne recongelez jamais un produit décongelé.

Les réponses à vos questions ?

❝ Notre bébé est très potelé, devons-nous nous inquiéter ? ❞

Sauf en cas d'erreurs alimentaires manifestes (trop grandes quantités de lait avec apport excessif de farines, de sucre ou de protéines), l'obésité n'est pas un problème du nourrisson, mais plutôt de l'enfant plus grand. Certains bébés « profitent » plus que d'autres, et leurs bourrelets s'atténueront lorsqu'ils bougeront davantage. Si votre bébé vous paraît trop « gros », surveillez avec le pédiatre sa courbe de croissance, rediscutez de son alimentation, et, si tout va bien, laissez-vous aller à admirer votre beau bébé potelé. ■

❝ Notre enfant refuse de manger. Quelles sont les solutions possibles ? ❞

Faites-lui prendre ses repas à des heures régulières et dans le calme, et ne lui donnez pas le dessert avant les légumes « pour qu'il avale au moins quelque chose ». Variez les préparations et ne mélangez pas systématiquement tous ses aliments en une purée unique. Le repas ne devrait pas durer plus d'une vingtaine de minutes. Efforcez-vous d'être disponible à ce moment-là. Mais, surtout, évitez les « scènes » pénibles : ne le forcez pas à tout prix à manger, et ne le laissez pas seul face à son repas. L'appétit des enfants est variable. S'il grandit et grossit harmonieusement, si son état de santé est bon, restez serein(e). En revanche, s'il ne prend pas de poids et grandit peu depuis plusieurs mois, consultez votre pédiatre. ■

❝ Quand notre enfant devrait-il commencer à manger à la cuillère ? ❞

Durant les premiers mois, le bébé reçoit ses aliments presque directement dans la gorge en tétant. Vers 5-6 mois, il apprend à avaler les aliments posés sur sa langue ou le jus de fruits donné à la cuillère. D'abord, c'est vous qui manierez la cuillère : placez les aliments bien dans sa bouche et non pas sur le bout de sa langue, sinon il va les recracher. Certains enfants savent très tôt sucer et mastiquer ; d'autres n'y parviennent qu'à 8 mois ou au-delà. Vers 10 ou 11 mois, encouragez-le à manger seul avec ses doigts : bâtonnets de concombre, fromage mou, croûte de pain, etc. ; il les pince entre le pouce et l'index ou les prend à pleines mains. Le résultat peut surprendre, mais c'est un début. L'acceptation de la cuillère, puis des morceaux est très variable. N'hésitez pas à compléter avec un biberon, sauf au déjeuner qui doit être le repas d'apprentissage « social ». ■

❝ Notre enfant accepte mieux la nouveauté lorsque ce n'est pas nous qui lui donnons à manger. Que faire ? ❞

Il est possible qu'à la crèche, chez l'assistante maternelle ou chez la nourrice, votre enfant accepte plus volontiers les nouveaux plats qu'il vous refuse. Ne soyez pas déçu(e) si le soir il rejette le potage que vous avez préparé avec soin. Il se trouvera mieux avec un simple biberon, entre vos bras... ■

❝ Je suis végétarienne. Mon enfant peut-il suivre le même régime ? ❞

En raison d'un risque de carence en fer, essentiel à la croissance, le régime végétarien est à éviter chez le jeune enfant. Il en va de même pour le régime végétalien qui exclut toute protéine animale et présente de ce fait de graves risques d'anémie. ■

❝ Toutes les viandes sont-elles bonnes pour notre bébé ? ❞

En théorie, toutes les viandes, en dehors des abats du type cervelle, peuvent être données à un bébé à partir de 8 ou 9 mois. Cependant, quelques règles de prudence sont à observer :
– évitez les viandes trop grasses ;
– n'achetez jamais de viande déjà hachée mais veillez à ce que cela soit fait devant vous ;
– si vous souhaitez hacher la viande vous-même, nettoyez toujours soigneusement les ustensiles avant et après ;
– ne donnez jamais de viande saignante à votre enfant. Seule la cuisson (et la congélation) détruit les parasites comme le ténia et le toxoplasme (responsable de la toxoplasmose). ■

Et du côté du père ?

" *Petit éclairage supplémentaire sur le rôle et le quotidien des papas... • La question de la fonction nourricière et la place du père • Si la maman allaite • Apprendre à donner le biberon • Quand le bébé commence à manger des aliments solides* "

Nourrir : un enjeu symbolique fort

Prendre en charge la nourriture de son enfant revêt une importance toute particulière dans la vie d'une mère, mais aussi d'un nouveau père. À cette action répétée plusieurs fois par jour s'attache une dimension symbolique forte. Or, si la mère est nourricière par nature, pour le père, c'est différent.

▶ Mère nourricière, père nourricier ?

Nourrir son enfant est évidemment un acte empreint d'une forte valeur symbolique, et le premier sans doute dans lequel s'investit pleinement la mère, qu'elle ait choisi d'allaiter ou de nourrir son enfant au biberon. La fonction paternelle ne passe pas nécessairement par cette étape. Pourtant, certains hommes se projettent dans la relation avec leur enfant à travers un statut de « papa nourricier » et s'imaginent en train de donner le biberon, mais cela ne représente pas un préalable à l'épanouissement de leur rôle de père. Ceux qui ont déjà acquis l'expérience de la paternité savent d'ailleurs que l'enjeu ne se situe pas sur ce terrain. Certains pères « débutants » peuvent avoir tendance à conférer à la nourriture et au fait de nourrir leur enfant une charge affective excessive. D'autres, a priori convaincus de leur inutilité en la matière, se mettront complètement en retrait. Reste donc à trouver sur ce point la bonne distance...

▶ Quelle place pour le père ?

Certains pères ont du mal à aborder sereinement leur participation à la fonction nourricière. Cela traduit parfois leurs interrogations sur la place qu'ils cherchent (ou non) à occuper auprès de l'enfant – et la place que la mère leur laisse, les premiers mois notamment. Certains se sentent à une place subalterne et craignent d'être exclus de la relation étroite qui s'instaure, après la naissance, entre la mère et le bébé. Ils s'imaginent déjà cantonnés dans un statut de spectateur. Ils pensent ne servir à rien et éprouvent un sentiment d'inutilité, voire une vague culpabilité à l'idée de laisser la maman se débrouiller toute seule.

Sous la pression sociale de l'évolution du statut du père, qui les pousse à prendre une part active à tous les gestes quotidiens concernant leur enfant, ils ressentent d'autant plus douloureusement ce qu'ils interprètent – à tort ? – comme une mise à l'écart. D'où la volonté de certains pères d'affirmer leur présence en s'efforçant à tout prix de donner le biberon.

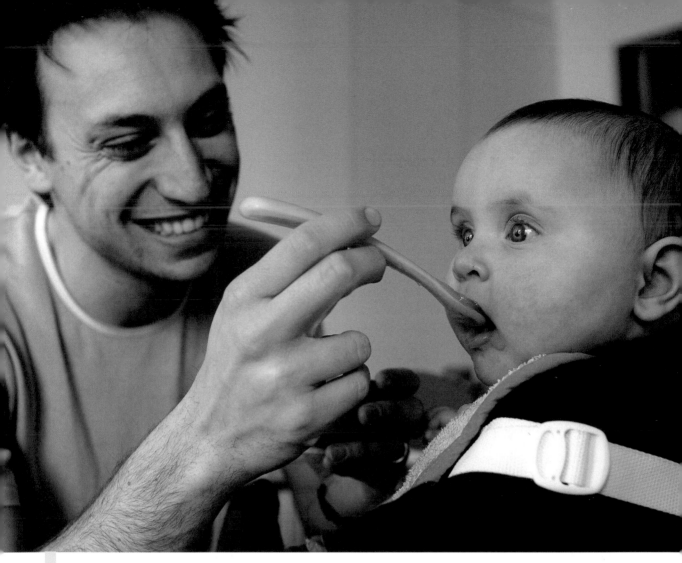

Dès que l'alimentation de l'enfant commence à se diversifier, il est plus facile pour le père de prendre une part active aux repas, s'il souhaite partager avec la maman le rôle nourricier. Même si le papa privilégie souvent l'efficacité, il doit respecter le rythme de son enfant et faire du repas un moment d'échanges.

Participer, à sa manière • Il n'est pourtant pas bien grave que le père ne nourrisse pas directement son enfant, quelles que soient les raisons qui expliquent cet état de fait : soit que la maman allaite, soit qu'il soit souvent absent au moment du biberon, soit, tout simplement, qu'il n'ait pas envie de s'investir dans ce domaine. Il ne doit pas en déduire pour autant qu'il est exclu, ni qu'il est incompétent. Ce n'est pas nécessairement en donnant le biberon qu'un père trouvera plus facilement sa place au sein de la relation familiale qui s'instaure entre lui, la mère et l'enfant. Il existe quantité d'autres manières de participer et de jouer un rôle auprès de son bébé : le calmer quand il pleure, lui donner son bain, échanger des sourires avec lui, participer à son éveil ou au suivi médical avec le pédiatre, etc.

▶ Éviter d'en faire une question de principe

Ne pas allaiter ne réduit pas le papa à un témoin passif, et ne pas donner le biberon n'implique pas de rester inactif au moment des repas. Dans ces deux situations, rien n'empêche que le père participe, à sa manière, ne serait-ce qu'en apportant le bébé dans les bras de sa maman, puis, après la tétée, en lui prodiguant des câlins pour favoriser l'endormissement. Malgré le rôle croissant que les pères jouent dans le quotidien des bébés, nourrir reste peut-être encore une fonction très maternelle, du moins dans les tout premiers mois. Que la maman donne le sein, ou que le papa ne se sente pas à l'aise avec un biberon, il importe de ne pas voir là un problème ni de faire de ce sujet une question de principe...

Partageons le travail...

Certes, la mère est en première ligne pour nourrir le bébé, mais le père, s'il le désire, a la possibilité de participer, même quand la maman allaite. Passé les premiers mois, dès que le bébé ne se nourrira plus exclusivement de lait, le père et la mère pourront remplir à part égale cette fonction nourricière, chacun avec son propre style.

▶ Trouver sa place si la maman allaite

Les premiers jours, tout le monde s'émerveille de cette intimité – la maman, bien sûr, qui conserve de cette façon avec son enfant une étroite proximité physique, le papa aussi sans doute, encore un peu dépassé par l'événement de la naissance. Mais, après quelques semaines, le père peut vivre mal ce prolongement naturel du lien que la mère entretient avec son enfant.

Quand le père se sent exclu • Peut-être certains pères trouvent-ils que la relation fusionnelle se prolonge un peu trop ? Ils se sentent vaguement hors jeu et éprouvent le sentiment diffus que la maman leur « vole » leur enfant. Même si ce n'est là qu'un fantasme, la situation peut finir par leur sembler pesante.

Il arrive même que certains pères trouvent que l'allaitement élimine la dimension érotique du sein, alors que d'autres éprouvent au contraire un sentiment inverse. Mais cette éventuelle sensation d'exclusion, qui n'est pas le fait de tous, provient en fait d'une erreur de perspective.

Aider par son affection • En réalité, il importe que le père respecte ce qui se joue entre la mère et l'enfant. Le père doit aussi se dire que le temps nourricier ne dure... qu'un temps. Au fil des semaines, il trouvera naturellement sa place au sein de cette nouvelle relation à trois. Alors, patience... Durant cette étape assez brève, il doit accepter lors des tétées cette intimité normale et nécessaire entre la mère et l'enfant. Sa place n'est pas pour autant négligeable, loin de là : il est là pour aider la maman, lui apporter son soutien, notamment la nuit (voir encadré), et, enfin, la conforter dans son rôle de mère. Tout comme le père, elle est en plein apprentissage, et le regard confiant et amoureux de son compagnon revêt beaucoup d'importance pour elle...

▶ Opération biberon ? Pas si facile...

Ils l'ont vu répéter tellement de fois par la maman... Ils sont persuadés bien souvent qu'il n'y a rien de bien compliqué à accomplir ce geste. Et puis, ils ont envie de soulager un peu la maman. Alors, de plus en plus de pères décident de donner le biberon quand ils sont présents. Après tout, pourquoi n'y arriveraient-ils pas eux aussi ? Certes, il faut tout à la fois trouver la bonne position et adopter le bon rythme. Se montrer attentif au bébé et rester concentré. Ne pas se laisser distraire, ni s'imaginer qu'il s'agit d'une opération machinale. Rude affaire, parfois !

Il arrive d'ailleurs que certains pères se laissent gagner par l'impatience. Les voilà prêts à se remettre en question. Surtout quand ils constatent que leur enfant réagit plus favorablement avec sa maman. Alors quoi ? Seraient-ils incapables de faire « comme il faut » ? En réalité, le père et la mère doivent se dire qu'ils ne sont pas égaux devant le biberon. Plus exactement, ils n'ont pas la même manière de procéder.

S'épauler durant la nuit

Même si la maman allaite, rien n'empêche le papa de lui donner un coup de main. En se levant la nuit pour aller chercher le bébé quand il manifeste sa faim, par exemple.

Ou encore en aidant la maman à s'installer confortablement et en restant près d'elle, en s'assurant qu'elle n'ait besoin de rien. Plutôt que de se laisser aller au sommeil, il peut aussi, une fois que tout est terminé, prendre le bébé dans ses bras, s'occuper de lui, l'aider à se rendormir et le recoucher. Ce prolongement du repas nocturne constitue une étape importante, où le père a un véritable rôle à jouer, tout en permettant à la mère de souffler un peu.

▶ S'adapter au rythme du bébé

Les gestes masculins sont plus rapides et plus brusques, là où l'enfant a besoin de régularité et de tranquillité. L'homme se montre parfois moins présent à ce qu'il fait. Il peut éprouver des difficultés à s'adapter au rythme de l'enfant. Certes, la maman peut l'aider à trouver ce rythme et à accomplir les bons gestes. Mais ce n'est pas si simple… Il arrive même que le papa s'énerve un peu, comme si les choses n'allaient pas assez vite – ce qui n'arrange pas la situation. Pourtant, cela ne signifie pas que le père est incapable de mener à bien cette délicate opération.

Persévérer sans se braquer • Si cela ne marche pas, le papa ne doit surtout pas se culpabiliser. Il lui reste à persévérer patiemment, encore et encore. Et, s'il ne se sent toujours pas à l'aise en donnant le biberon, il n'y aura rien de déshonorant à passer la main. Dans ce domaine, il est vraiment inutile de se braquer.

Le bébé aussi a ses préférences • Il faut parfois que le père accepte l'idée que le bébé peut préférer être nourri par sa maman. Après tout, il est déjà un individu à part entière, avec ses désirs et ses préférences. Son jeune âge ne l'empêche pas de faire des choix ! Il s'exprime à sa manière, par les pleurs et par le langage corporel. Et sa réticence à accepter le biberon quand il est tenu par son papa n'est peut-être rien d'autre que la manifestation de ce choix…

▶ Quand l'enfant passe aux aliments solides

Plus l'enfant grandit, plus il devient autonome dans son rapport à la nourriture. Dès que l'enfant passe du lait aux aliments solides, les deux parents peuvent également prendre en charge la fonction nourricière. La frontière entre la part de la mère et la part du père s'estompe, pour finir par disparaître après quelques mois. Le père n'a plus aucune raison de se sentir exclu, et il donnera à manger à son enfant en affirmant sa différence par son attitude, ses gestes, l'intonation de sa voix, différents de ceux de la maman.

Des différences bénéfiques • La maman prend volontiers davantage de temps lors des repas, se montre plus douce, et l'enfant a tendance à rechercher son appui pour se sentir rassuré. Le père, quant à lui, privilégie plus souvent « l'efficacité » et une certaine rapidité – même s'il doit

Pendant que la maman prépare le biberon, le papa peut aider le bébé à patienter un peu.

veiller toutefois à ne pas se précipiter ni à procéder de manière mécanique. En particulier, il ne doit jamais oublier de croiser son regard avec celui de son enfant, contribuant ainsi à sa sérénité. Loin de chercher à gommer ces différences avec la mère, le père devra s'efforcer au contraire de les assumer et de les valoriser. Il restera pleinement masculin dans sa manière de nourrir son enfant. Cette différence d'approche se révèle structurante : elle contribue à permettre à l'enfant de différencier ses deux parents, jusque dans cet acte répété – et partagé – de la vie quotidienne qu'est le moment du repas.

L'enfant
de 1 à 3 ans

- Bien nourrir son enfant

- Le sommeil

- La marche et la propreté

- La vie affective et le langage

- Jeux et activités d'éveil

- Veiller à la santé de son enfant

- Et du côté du père ?

L'enfant à 14 mois

Les repas

L'enfant est à quatre repas quotidiens. Il boit du lait pour enfants en bas âge, appelé communément « de croissance ». Les aliments qui lui sont proposés sont de plus en plus variés. Il accepte des plats non mixés. Il adore manger en votre compagnie ; il « pioche » avec ses doigts des petits morceaux, et les porte à sa bouche avec délectation.

Le sommeil

L'enfant a souvent un sommeil agité au cours de cette période d'apprentissage intense. Il dort de dix à douze heures par nuit, et deux à trois heures l'après-midi. Les difficultés d'endormissement, les cauchemars et les terreurs nocturnes apparaissent.

Les mouvements

L'enfant marche seul, en général. Il monte les escaliers à quatre pattes. Il s'assied seul, s'accroupit pour ramasser quelque chose. Il tombe souvent, mais se relève aussitôt. Il sait tirer un jouet derrière lui et lancer une balle maladroitement. Il manipule les objets avec les deux mains, indifféremment. Il adore empiler les objets et détruire ensuite ses « constructions ».

Les relations

L'enfant comprend des ordres simples et veut de plus en plus « faire tout seul ». Il explore son corps. Débordant de vitalité, il découvre l'espace autour de lui, obéit peu et commence à s'opposer. Il joue seul le plus souvent. Il découvre les autres enfants, mais ses réactions à leur égard sont encore agressives. Comme il est encore inconscient du danger, il faut veiller à sa sécurité.

Taille	G	80,5 cm (74-87)
	F	79 cm (72-85)
Poids	G	11,2 kg (8,8-13,8)
	F	10,6 kg (8,5-12,9)
Périmètre crânien		47,5 cm (44,5-50,5)
Dents		4 premières molaires

NB : ces chiffres concernent 95 % des enfants.

L'enfant à 2 ans et demi

Les repas

L'enfant apprécie de prendre ses repas en même temps que toute la famille et mange presque la même chose que les grands.
Il découvre de nouvelles saveurs. Les repas sont plus calmes ; ils deviennent une occasion d'échanges.
Il mange seul et refuse d'être aidé. Il utilise une fourchette.

Le sommeil

L'enfant dort de dix à douze heures la nuit, et encore deux heures l'après-midi. Les difficultés du coucher persistent et les cauchemars sont fréquents.

Taille	G	90,2 cm (84-97)
	F	89 cm (82-95)
Poids	G	13,2 kg (10,8-16)
	F	12,6 kg (10,2-15,3)
Périmètre crânien		49 cm (45,5-52)
Dents		4 secondess prémolaires, soit 20 dents de lait

NB : ces chiffres concernent 95% des enfants.

Les relations

L'enfant comprend le sens de nombreux mots usuels, connaît les parties de son corps, les vêtements... Il peut enregistrer plusieurs idées à la fois. Il parle seul, pose des questions, se désigne par « je », utilise les articles, la négation et les adverbes. Il s'oppose encore à ses parents, mais il est moins agité. Il s'intéresse vraiment aux enfants de son âge. Il découvre son sexe, les attitudes et les jeux deviennent différents chez les filles et les garçons. Il est propre pendant la journée, parfois la nuit.

Les mouvements

L'enfant court sur une pente raide, un terrain accidenté. Il porte des objets encombrants.
Il gribouille, fait des traits. Lorsqu'on l'habille, il coopère, tend ses bras ou ses jambes. Il empile ou emboîte les cubes, fait des puzzles simples, associe deux objets de la même couleur.

Bien nourrir son enfant

À la découverte des saveurs et des textures • Quels aliments privilégier ? • Des exemples de menus • Que faire face à un appétit capricieux ? • Transformer les repas en un plaisir partagé • Attention à l'obésité • Penser aux dents de l'enfant

Vers une alimentation de « grand »

Les repas occupent une place très importante dans la vie de votre enfant… et dans la vôtre. Il mange désormais, sinon comme vous, du moins les mêmes aliments que vous, à peu de choses près, et fait des progrès avec sa petite cuillère. Habituez-le toujours très progressivement à de nouveaux produits, à des préparations de consistance et de saveur différentes, et ne vous focalisez pas trop sur son assiette.

▶ De 12 à 18 mois : les goûts s'affirment

Entre 6 et 12 mois, votre enfant a appris à boire dans un gobelet avec bec verseur et à manger à la cuillère, ce qui ne l'empêche pas d'apprécier toujours ses biberons. Ses besoins de nourriture se sont diversifiés, il se montre moins vorace et parfois plus désireux de jouer que de manger. Il a ainsi commencé à prendre volontiers avec les doigts les petits morceaux, à se barbouiller de purée… Maintenant, son appétit se stabilise mais devient aussi plus capricieux. Sachez que, de l'âge de 12 à 18 mois, sa croissance n'est plus aussi rapide. C'est la période où il commence à exprimer nettement ses goûts et… ses dégoûts.

Moins de mélanges, plus de petits morceaux • Proposez-lui une alimentation variée, riche mais sans excès, et régulière. Il va apprendre à reconnaître les légumes et les fruits qui sont de moins en moins mélangés et va poursuivre son initiation à de nouvelles textures. Les plats ne seront plus obligatoirement mixés, puisqu'il peut commencer à accepter les petits morceaux (aptitude qui peut parfois n'être acquise qu'après 18 mois) : fruits bien mûrs, légumes cuits et tendres, petites cubes de fromage, poisson émietté ou viande prélevée sur le rôti familial et coupée très fin.

Il n'est pas nécessaire que l'intégralité de son repas soit en petits morceaux : il en faut éventuellement un peu pour l'habituer en douceur à cette nouvelle façon de manger. Le matin, il préférera parfois remplacer sa bouillie ou son biberon par des tartines ou des céréales et du lait au chocolat. Il commence à mâcher, d'ailleurs ses molaires sortent pendant cette période, même si apprendre à mastiquer n'a rien à voir avec la présence ou non de dents.

Dans tous les cas, mieux vaut lui servir des quantités modestes afin qu'il puisse en réclamer, plutôt que de le voir refuser de finir. Vers l'âge de 18 mois, parfois avant ou plus tard, votre enfant commence à vouloir manger tout seul avec sa cuillère ; même s'il en met un peu partout, laissez-le faire, car c'est ainsi qu'il deviendra quelques mois plus tard un véritable expert !

▌ De 18 mois à 3 ans : votre enfant mange de tout

Autour de 2 ans, les recettes spécifiques ne sont plus nécessaires. Votre enfant a appris à goûter beaucoup d'aliments et les a appréciés. Insensiblement, il s'est initié aux habitudes de la famille. Néanmoins, il ne mâche pas encore suffisamment. Certains aliments, comme les lentilles ou les petits pois, les légumes crus riches en fibres, comme les radis, ne peuvent pas encore lui être proposés, car il risque de les avaler tout rond, faute de mastication. Comme il ne peut pas participer totalement au repas familial, c'est à vous de concevoir des menus variés et équilibrés de telle sorte que votre enfant ne soit pas exclu. Cependant, vers 2 ans et demi, au moment où il va parler et commencer à manier la fourchette, il risque à nouveau de traverser une période pendant laquelle il fera quelques manières pour manger...

▌ Quels aliments exactement ?

À partir de 1 an, votre enfant fait quatre repas par jour : un petit déjeuner, un déjeuner, un goûter et un dîner. Veillez à ce que tous les groupes d'aliments soient présents dans son alimentation, sans pour autant que la constitution de ses repas ne devienne un casse-tête. L'équilibre alimentaire se fait sur une journée, parfois même sur plusieurs jours. Attention au sel, il faut limiter son utilisation.

Des produits laitiers à tous les repas • Passé l'âge de 1 an, le lait 2e âge est moins nécessaire. Il existe toutefois des laits recommandés pour les enfants de 1 à 3 ans. Ce sont des laits de suite liquides, dits « de croissance », qui présentent l'intérêt d'apporter du fer et des acides gras essentiels. Cependant, si votre enfant a régulièrement consommé jusqu'à 1 an 1/2 litre de lait 2e âge par jour, il peut aussi boire le même lait de vache que la famille à condition que celui-ci ne soit pas complètement écrémé.

Pour lui assurer un apport suffisant en calcium, vous pouvez lui proposer des yaourts ou des fromages. L'idéal est de varier le plus possible les fromages, car, pour un apport en protéines voisin,

Vers 2 ans, un enfant commence à bien boire dans un verre, et l'eau du robinet lui convient.

leur apport en calcium varie de 50 à 250 mg. Ainsi, lorsqu'un fromage est mou et gras (pourcentage de matières grasses élevé), il est pauvre en calcium. Un yaourt, deux petits-suisses ou 20 à 30 g de fromage contiennent la même quantité de protéines qu'un verre de lait. Il faut en tenir compte, car il n'est pas souhaitable que votre enfant consomme trop de protéines. Ainsi, il ne faut pas dépasser 800 ml de lait et produits laitiers par jour. Privilégiez les laitages destinés aux enfants en bas âge jusqu'à 18 mois, car ils sont plus riches en fer, vitamines et acides gras essentiels.

Des féculents en fonction de son appétit • Riches en amidon, ce sont des aliments énergétiques. En farines, sous forme de pain, ou en flocons grillés (blé, avoine, riz, maïs, etc.), les céréales sont indispensables au petit déjeuner, après le long jeûne de la nuit. Les pommes de terre, les pâtes ainsi que le riz peuvent être donnés en alternance avec les légumes cuits. À partir de 18 mois, vous pouvez donner des légumes secs bien cuits (lentilles, pois cassés), en purée délayée avec un peu de lait. Le pain accompagne tous les repas.

Progressivement, de la viande, du poisson et des œufs • Cette famille d'aliments apporte des protéines (de 16 à 20 g pour 100 g de viande ou de poisson), des minéraux (fer, zinc, iode, phosphore) et des vitamines. Les œufs peuvent remplacer la viande ou le poisson. Répartissez entre le déjeuner et le dîner 30 g de viande ou de poisson (6 cuillerées à café) ou un œuf. Il est conseillé de donner du poisson à votre enfant au moins deux fois par semaine.

Des légumes et des fruits à chaque repas • Riches en eau, les fruits et les légumes sont des sources de sels minéraux. Ce sont aussi les principales sources de vitamine C et de carotène (provitamine A). Cette dernière se trouve principalement dans les légumes et les fruits colorés (carotte, abricot, tomate, melon, etc.).

Proposez des légumes et des fruits crus au moins deux fois par jour. Un repère facile pour faire les menus du déjeuner et du dîner est de prévoir à chacun de ces repas un légume cru ou des fruits crus. Ainsi l'alimentation apportera des fibres, des minéraux et des vitamines qui n'auront pas été altérés par la cuisson. Si votre enfant délaisse les légumes, proposez-lui en remplacement des fruits cuits et/ou crus. La cuisson idéale des légumes est la vapeur, ce qui préserve les vitamines.

Des matières grasses de diverses origines • Outre les matières grasses qui se trouvent déjà dans la viande, le poisson, les fromages, etc., vous pouvez utiliser du beurre, de la crème fraîche, de la margarine ou différentes huiles, en très petite quantité (une noisette de beurre, une cuillerée à café d'huile, une cuillerée à café de crème fraîche).

Attention à la mayonnaise, aux sauces… et aux frites ! Une fois par semaine suffit largement. Enfin, les viennoiseries et les biscuits contiennent également de nombreuses graisses cachées, alors tâchez d'en limiter la consommation.

Attention aux produits sucrés • On ne le répétera jamais assez : les produits sucrés ne sont pas

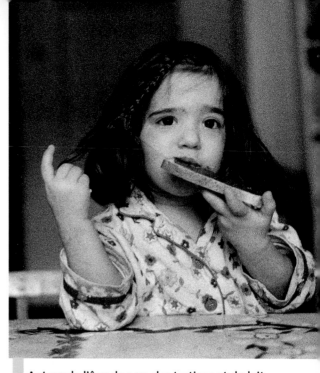

Autour de l'âge de 1 an, des tartines et du lait peuvent remplacer la bouillie au petit-déjeuner.

indispensables à une alimentation équilibrée ; leur consommation devrait rester raisonnable. Un dessert sucré de temps en temps certes, mais rien ne doit devenir une habitude… et encore moins le moyen d'un chantage. Au dessert, privilégiez les fruits frais, entiers ou en salade, les compotes peu sucrées ; sucrez modérément les laitages. Attention aux biscuits du commerce : goûters très appréciés, ils sont néanmoins souvent très riches en sucre et en matières grasses. N'hésitez pas à les remplacer par du pain et du chocolat, avec un verre de lait. Réservez les bonbons et autres friandises aux jours de fête.

De l'eau à volonté • C'est la seule boisson indispensable à la santé. Vous pouvez utiliser l'eau du robinet, qui est contrôlée, ou des eaux en bouteille, de source ou minérales. Veillez à ce que celles-ci ne contiennent pas trop de sodium.

▶ Suggestions de menus

Ces exemples de repas sont donnés à titre indicatif. Ne vous focalisez pas trop sur l'assiette de votre enfant. N'insistez pas sur les quantités ni sur le nombre de repas. Parfois, à 2 ans, certains enfants préfèrent encore prendre un biberon de lait et des céréales en remplacement ou en complément du repas du soir. Si c'est le cas de votre tout-petit, laissez-lui ce plaisir, il s'habituera petit à petit à varier sa nourriture.

Au petit déjeuner • De l'eau à volonté.
• Lait normal ou enrichi en fer, parfumé ou non, au bol, à la tasse ou au biberon, ou autres produits laitiers (yaourt à boire, ou petits-suisses, ou fromage à tartiner).
• Céréales spéciales bébé ou ordinaires (mais peu sucrées), ou pain ou biscottes.
• Fruit frais ou fruit pressé ou un demi-verre de jus de fruit sans sucre ajouté.

Au déjeuner • De l'eau à volonté.
• Initiation à une entrée de légumes cuits ou crus légèrement assaisonnée : tomates persillées, carottes râpées, fond d'artichaut ou concombres émincés.
• Féculents ou légumes verts, ou un mélange des deux en purée ou en petits morceaux, avec une noisette de beurre ou une cuillerée à café d'huiles variées (pâtes ou carottes Vichy, ou purée de pommes de terre, ou épinards hachés, ou printanière de légumes).
• Viande, ou poisson (escalope de dinde, steak haché ou filet de daurade ; 30 g = 6 cuillerées à café) ou œuf.
• Produit laitier (fromage blanc ou tomme).
• Fruit de saison bien mûr (banane, pomme, abricot...) présenté en lamelles.
• Du pain pour accompagner le plat.

Au goûter • De l'eau à volonté.
• Lait ou autres produits laitiers, céréales, ou pain, ou biscottes, suivant le même principe que pour le petit déjeuner.
• Éventuellement fruit de saison ou compote peu sucrée.

Au dîner • De l'eau.
• Entrée (concombre) s'il n'en a pas eu au déjeuner.
• Légumes ou féculents en alternance avec le plat du déjeuner (si vous avez servi des pâtes à midi, proposez des carottes, ou inversement), ou une soupe de légumes plus ou moins riche en légumes ou en féculents.
• Produit laitier.
• Fruit frais si le dîner n'inclut pas de légumes.
• Du pain si le dîner est à base de légumes.

La parole de l'enfant

Que c'est bien de manger du neuf ! Mais parfois je refuse, juste pour dire « je » et voir comment ils vont réagir, ou parce que c'est pas beau à voir et que ça ne me fait pas envie. S'ils font la grosse voix qui gronde, ça me fâche et me fait peur, et parfois je vais continuer malgré moi et on va être très en colère les uns contre les autres. S'ils sont patients ou s'ils n'insistent pas trop, je me sens compris et respecté, et je vais goûter, parce que j'ai vraiment bien envie de découvrir !

Un appétit parfois capricieux

Vous préparez avec amour des menus équilibrés et, une fois sur deux, votre enfant grappille, rechigne ou refuse tout bonnement de goûter tout nouvel aliment ? Ne vous alarmez pas et n'insistez jamais pour qu'il mange. Le forcer risquerait d'entraîner des blocages. Maintenez le rythme des repas, n'introduisez que très progressivement de nouveaux aliments et essayez de manger en même temps que lui.

▶ Soignez la présentation des aliments

Si votre enfant dédaigne son assiette, chipote, recrache ce qu'il a dans la bouche... patientez et observez son attitude au repas suivant. Essayez de ne pas vous énerver et laissez les choses rentrer dans l'ordre d'elles-mêmes. S'il se montre difficile mais qu'il n'est pas malade (il n'a pas de rhume, ses gencives ne sont pas irritées par des dents qui poussent...), il finira par manger ce dont il a besoin. Au contraire, si vous le forcez, vous risquez de provoquer des « scènes » pénibles qui ne feront qu'aggraver les choses. Cherchez plutôt à le tenter en faisant un petit effort d'imagination. Faites-lui goûter la carotte crue alors qu'il ne la connaissait qu'en purée ou en soupe, en lui disant qu'il va manger comme un petit lapin ; présentez le poisson grillé sur de petites feuilles de salade, l'omelette découpée en petits morceaux amusants, des mini-sandwichs, les fruits de saison cuits ou crus dans du fromage blanc, etc. Évitez surtout de lui donner à manger entre les repas et ne lui offrez pas de friandises à grignoter.

Un moment de plaisir partagé

Votre enfant prendra d'autant plus de plaisir à manger et à s'initier à la cuisine familiale que vous partagerez ses repas avec lui. En effet, les repas sont un moment d'échange privilégié et la convivialité ouvre souvent l'appétit. Tâchez de le faire manger à des heures régulières et dans le calme ; tout se passera beaucoup mieux si la personne, que ce soit la maman ou le papa, qui lui donne à manger est disponible, attentive et détendue pendant ce tête-à-tête d'une demi-heure. Il est inutile de prolonger le repas plus longtemps si votre enfant est braqué et ne veut rien prendre. Dans ce cas, espacez les repas le plus possible – au besoin n'en donnez que trois – et surtout ne lui proposez rien entre-temps.

Jusqu'à 2 ans environ, faites-le manger seul, avant le repas familial, et consacrez-lui toute votre attention. Quand il sera capable de manger sans votre aide et (presque !) proprement à la petite cuillère, installez-le à table avec vous, sur sa chaise haute, et laissez-le manger sans le bousculer. L'enfant apprécie beaucoup le rituel du repas en famille avec sa serviette, son gobelet, sa petite cuillère et sa peluche ou son jouet fétiche à côté de lui. Mais, lorsqu'il a terminé, inutile de l'obliger à rester à table avec tout le monde pour un repas qui, pour lui, n'en finit pas.

Un changement à la fois

Lorsque vous introduisez une nouveauté dans les habitudes ou l'alimentation de votre enfant, vous lui demandez un nouvel apprentissage, et donc des efforts. C'est pourquoi vous ferez chaque changement progressivement, sans le forcer, sans le presser, en lui laissant le temps de découvrir et d'apprécier.

Ne vous découragez pas au premier refus, mais ne vous obstinez pas non plus : si votre enfant se détourne la première fois, refaites une tentative quelques jours plus tard. Proposez-lui un nouvel aliment au repas qu'il préfère et que vous lui faites prendre vous-même ; choisissez un jour où il est en forme ; attendez qu'il ait bien savouré cet aliment avant de lui en faire goûter un autre.

Si votre enfant a une croissance harmonieuse, même en mangeant de manière irrégulière, ne soyez pas trop exigeants et aidez-le patiemment à franchir les étapes à son rythme. Songez que, entre 1 et 3 ans, les apprentissages sont nombreux : marche, langage, propreté...

Pensez à ses dents !

Dès 2 ans ou 2 ans et demi, apprenez-lui à se brosser les dents. Choisissez une petite brosse à dents très souple, mais n'utilisez pas de dentifrice au début. Montrez-lui les mouvements à faire, de bas en haut, devant et derrière, pendant un long moment. Ne recherchez pas la perfection : sachez que le brossage restera encore longtemps maladroit et partiellement efficace, mais l'habitude sera prise ! Et c'est l'essentiel. À vous de compléter par un brossage soigneux les essais de votre enfant. Permettez-lui de mastiquer dès qu'il le peut, en lui proposant une croûte de pain, des morceaux de pomme... Et, surtout, ne lui donnez pas de sucreries en dehors des repas ou avant de le coucher.

Attention à l'obésité !

Menus déséquilibrés, excès de protéines et de sucres ajoutés, grignotages tout au long de la journée et manque d'activité physique au profit de la télévision, de l'ordinateur et des consoles de jeux sont les principaux facteurs incriminés dans l'augmentation de l'obésité infantile. Aujourd'hui, elle touche 10 % des enfants et dans 1 % des cas seulement sa cause est hormonale, métabolique ou génétique. Cependant, pas de panique, un bébé tout rond n'est guère inquiétant si sa courbe de poids, établie dans son carnet de santé, est harmonieuse. Si, en revanche, elle pointe brusquement vers le haut et qu'elle franchisse successivement deux ou trois courbes de référence, il est primordial de faire suivre votre enfant avant que l'obésité ne s'installe. D'autant que, plus l'obésité commence tôt, plus elle sera difficile à traiter (voir page 244).

Notre fils de 2 ans ne déjeune pas à la maison. Devons-nous prendre certaines précautions ?

Si votre enfant passe la journée à la crèche, chez une assistante maternelle ou chez ses grands-parents, renseignez-vous sur son menu de midi pour composer celui du soir. Complétez, mais ne proposez pas la même chose qu'au déjeuner : mettez l'accent sur les légumes ou les féculents, les crudités ou les fruits crus, s'il n'en a pas mangé, par exemple. Et donnez-lui toujours un produit laitier. ■

Notre fillette hurle dès qu'elle entre dans sa chambre, et il est impossible de la coucher. Que faire ?

Il peut arriver, sans qu'on sache pourquoi, qu'un enfant soit terrorisé dès qu'il s'agit d'aller dormir. Dans ce cas, il n'y a guère de solution en-dehors de votre chambre, car aucun rituel ne le calmera. Il est hors de question de mettre votre fille dans votre lit, installez-la sur un matelas ou mettez son petit lit provisoirement à côté du vôtre, tout en lui expliquant qu'elle rejoindra sa chambre dès qu'elle sera rassurée. N'attendez pas des mois pour essayer de la réinstaller dans sa chambre, mais quelques semaines sont parfois nécessaires. En attendant, continuez à jouer avec elle dans sa chambre pour montrer que c'est son espace et qu'elle peut y trouver du plaisir… ■

Que doit-on penser des yaourts à boire ?

Si votre enfant refuse le lait du matin, vous pouvez le remplacer éventuellement par des yaourts à boire. En effet, ces produits laitiers fournissent un apport équilibré en calcium et en protéines et conviennent donc bien au petit déjeuner ou au goûter de votre enfant. ■

Y-a-t-il des aliments interdits aux enfants de moins de 3 ans ?

Outre l'alcool, le café, le thé et les épices fortes, il est recommandé de ne pas donner aux enfants de moins de 3 ans d'abats d'origine bovine (cervelle, foie). En revanche, ils sont en mesure de digérer les légumes secs, les cornichons, la moutarde ou le citron. ■

Notre petit garçon de 2 ans n'a jamais sommeil. Faut-il supprimer la sieste ?

Tous les enfants ont besoin de dormir, qu'ils en manifestent le désir ou non. Sans sommeil, il est difficile de favoriser les apprentissages, et votre fils sera de plus en plus agité et voudra de moins en moins dormir. La sieste est indispensable à son âge, de même qu'il est impérieux qu'il dorme à des heures normales. Certains enfants ont plus de difficultés que d'autres à accepter la séparation du soir. Plus vous favorisez les activités excitantes, moins votre fils pourra se calmer pour s'endormir. Essayez de lui consacrez du temps le soir, jouez avec lui dans sa chambre, trouvez un nouveau rituel adapté à son âge. Si les câlins et les mots n'y font rien, faites appel à votre pédiatre ou à l'aide d'un(e) psychologue. ■

Comment combattre ses monstres imaginaires ?

Votre enfant n'est pas toujours capable de faire la différence entre le réel et l'imaginaire, mais il a besoin d'être rassuré. N'entrez pas dans son jeu, ne faites pas semblant de tuer le monstre, cela lui donnerait de la réalité. Sans nier la véracité de ses peurs, dites à votre enfant que tout va bien, qu'il est en sécurité, que vous êtes là. N'hésitez pas à lui expliquer qu'il est plus fort que les monstres et qu'il va les vaincre (c'est-à-dire vaincre sa peur). ■

Est-il préférable de donner des biscuits secs ou aux fruits plutôt que des biscuits au chocolat ?

Les tartelettes et gauffrettes sont équivalentes aux biscuits au chocolat. Tous ces produits contiennent des sucres et des graisses cachées. N'en donnez à votre enfant que de temps en temps, et préférez le plus souvent un goûter composé d'un fruit, d'un laitage et de pain avec du chocolat, du miel ou de la confiture. ■

Le sommeil

Installer un bon rythme • Les rituels du coucher • Les différentes phases du sommeil • Mémoriser et rêver • Combien d'heures doit-il dormir ? • Cauchemars, refus d'aller au lit... les difficultés passagères • Aider son enfant à dépasser ses angoisses

Favoriser le sommeil de son enfant

Votre enfant partage de plus en plus les grands moments de la vie de la famille et en apprécie l'animation. Il lui est donc difficile, parfois, de renoncer à ses activités ludiques et à votre présence pour aller dormir dans sa chambre. Vous l'aiderez à franchir cette étape en instaurant un rituel pour le coucher.

▶ Une séparation plus difficile qu'auparavant

De plus en plus actif, particulièrement ouvert à la nouveauté, votre enfant, à partir de 1 an, peut éprouver des difficultés à vous quitter le soir pour aller se coucher. Certains événements de la journée peuvent le « marquer » et l'empêcher de trouver le sommeil ou le réveiller la nuit. Il commence aussi parfois à faire des cauchemars. Les difficultés d'endormissement sont inhérentes à son stade de développement : il prend plus conscience de l'absence de ses parents et, pour déjouer cette peur tournant parfois à l'angoisse, il les réclame toujours plus. Tout est bon pour les avoir encore un peu à ses côtés : un dernier bisou, une dernière histoire, et surtout les pleurs auxquels vous aurez du mal à résister. Petit à petit, grâce à vous, il va pouvoir se séparer en douceur et s'endormir sans rechigner. Mais tout changement venant perturber le cours de sa vie (voyages, nouvelle nourrice, entrée en crèche, etc.) risque aussi d'affecter son sommeil. Alors, patience...

▶ Ritualiser le coucher

Afin de permettre à votre enfant d'avoir un endormissement paisible et sans angoisse, vous pouvez accompagner le coucher de divers rituels : objets familiers bien en place, doudou à portée de main, veilleuse allumée... Cette mise en scène le rassure à l'approche de la nuit, adoucit son sentiment de solitude et retarde, bien sûr, l'instant de la séparation. Montrez-vous le plus disponible possible et respectez ses habitudes. Votre enfant a besoin de ce moment où vous êtes vraiment là pour lui. Asseyez-vous sur le bord de son lit, dans le calme de sa chambre, avec une lumière tamisée et racontez-lui une histoire, lisez le livre de son choix ou commentez les images. Vous pouvez aussi lui chanter une chanson ou simplement lui dire des mots tendres.

Le délicat moment de la séparation • Cependant, il faut savoir fixer les limites de ce temps partagé. Et cette séparation est bien sûr le point le plus délicat. Quittez votre enfant en douceur mais avec une certaine fermeté, le dernier baiser donné. S'il réclame un bisou supplémentaire, une dernière histoire, vous pouvez transiger une dernière fois pour mieux résister ensuite. S'il pleure, vous appelle, laissez passer un petit moment, n'allez pas le voir immédiatement. S'il vous sent déterminé(e), cela le rassurera ; si vous manquez de conviction, il lui sera impossible de se calmer.

Quand le rituel est perturbé • Sorties, vacances, dîner entre amis..., bien sûr votre vie ne tourne pas exclusivement autour de votre enfant, et les rituels du coucher peuvent être perturbés. Si vous faites garder votre enfant un soir, parlez-lui-en dès le matin, tâchez de lui consacrer un moment plus long que de coutume et dites-lui clairement que vous ne serez pas là au moment où il se couchera, mais que vous viendrez l'embrasser en rentrant. Expliquez à la personne qui s'en occupera ses rituels de coucher, pour qu'elle puisse les reproduire. Si des amis viennent dîner chez vous, essayez de ne pas trop changer ses habitudes, même s'il peut veiller un peu plus tard.

En vacances, respectez le même rythme qu'à la maison et emportez quelques petits objets familiers, ou instaurez des rituels propres aux vacances (lecture avec les cousins si vous êtes en famille, au revoir à toute la basse-cour si vous êtes à la campagne...). Enfin, ne repoussez jamais le moment du coucher sous prétexte de « profiter » encore un peu de votre enfant. Il a besoin de repères stables et, à son âge, toute exception devient vite la règle. Il ne comprendrait donc pas votre inflexibilité le jour suivant.

▶ Il apprend en dormant

Le sommeil est essentiel à tous. Mais, chez l'enfant, en plus de la récupération de la fatigue physique et nerveuse, il sert à la mise en place des circuits nerveux et favorise de nombreuses fonctions mentales et psychiques, comme la mémorisation et l'apprentissage. C'est lors des premiers mois que l'enfant structure son futur sommeil d'adulte. Au début, le bébé ne fait pas la différence entre le jour et la nuit, les périodes de sommeil sont de 3 à 4 heures. Puis, à partir de 4 mois, les cycles de sommeil vont s'organiser en deux grandes entités : le sommeil profond ou lent, et un sommeil plus léger, plus agité, dit « paradoxal ». Une fois installés, ces cycles persistent toute la vie.

Le sommeil lent • C'est par lui que débute la nuit de votre enfant. Il comporte quatre stades,

Un sommeil suffisant et bien rythmé assure la santé physique et psychique de l'enfant.

Enfant couche-tôt ou enfant couche-tard ?

Tous les enfants n'ont pas le même rythme de sommeil. L'enfant couche-tôt montre des signes de fatigue dès 19 heures : son activité décline, il se frotte les yeux, suce son pouce... Profitez de cette période pour déclencher sans tarder l'opération « rituel du coucher ». L'enfant couche-tard, lui, est éclatant de vitalité à 21 heures et l'idée de se coucher le stimule encore davantage. Il est alors nécessaire de fixer des limites à l'intérieur desquelles il trouvera son équilibre et où vous pourrez préserver votre tranquillité : tâchez de ne pas repousser l'heure du coucher après 21 h 30. Prévenez-le que le moment est bientôt venu d'aller au lit et que vous allez vous consacrer à lui pour lui permettre de se séparer de vous en douceur.

du moins profond, correspondant à l'endormissement, au stade IV, le plus profond. Le corps est alors immobile, la respiration, régulière. Les médecins ont mis en évidence que la sécrétion de l'hormone de croissance n'a lieu pratiquement qu'à ce stade du sommeil. Le sommeil lent est indispensable pour se reposer après les efforts de la journée et pour reconstituer l'énergie nécessaire au sommeil paradoxal.

Le sommeil paradoxal • On l'appelle ainsi car le dormeur a l'air agité. Son visage est animé de mouvements oculaires rapides, de mimiques diverses ; des petites secousses agitent ses pieds et ses mains, alors que ses muscles sont décontractés ; le rythme cardiaque et respiratoire est accéléré. Le sommeil paradoxal est un véritable travail, il joue un rôle important dans la capacité à mémoriser des connaissances, mais aussi à produire des rêves ou des cauchemars. Les notions nouvellement acquises sont mieux intégrées lorsqu'elles sont suivies d'une période de sommeil. Le contenu des rêves varie selon l'âge, le sexe et le milieu culturel. Les rêves d'un jeune enfant sont en rapport avec ce qui s'est passé dans sa vie le jour précédent. Après l'acquisition du langage et de la pensée, les rêves seront plus élaborés et vont exprimer le souhait que soit réalisé ce qui n'a pu l'être dans la réalité. Ils vont aussi permettre à l'enfant de dépasser de façon symbolique les éventuels conflits ou problèmes qu'il rencontrera. Ce seront de véritables rêves.

Durant la deuxième partie de la nuit, les réveils sont plus fréquents, et les périodes de sommeil paradoxal, plus prolongées. Cela explique que l'on rêve plus et que l'on est plus susceptible de faire des cauchemars et de se réveiller. Vers 5 heures du matin, certains enfants peuvent sauter un cycle et se réveiller en gazouillant sans pour autant solliciter leurs parents. Si c'est le cas de votre enfant, laissez-le se rendormir. En intervenant, vous risquez d'induire chez lui un besoin de présence permanente.

La parole de l'enfant

J'ai peur du noir, parce que, si je ferme les yeux, parfois, je vois des choses qui font peur et je ne sais pas toujours ce qui est vrai ou faux. Alors prenez le temps de m'aider à me remplir de vous avant d'être seul. Les bisous et les histoires dans vos bras avant de dormir, ça m'aide à savoir que le loup n'est là que dans ma tête. Et soyez vite là quand j'ai un cauchemar, car si je me réveille, c'est terrifiant. Ouf, vos voix, et votre présence me rassurent une fois de plus !

Refus de dormir et réveils nocturnes

Vous faites preuve d'une infinie patience, déployez toute la tendresse dont vous êtes capable, et pourtant votre enfant n'arrive pas à trouver le sommeil ou se réveille plusieurs fois dans la nuit. Les réveils nocturnes sont fréquents entre 1 an et 3 ans ; s'il n'existe pas de recette miracle pour y remédier, quelques conseils peuvent vous aider.

▶ Il n'arrive pas à s'endormir seul

Cette situation, très éprouvante pour les nerfs des parents, requiert beaucoup de patience et de conviction. Pour venir à bout de ces séances de pleurs, voire de cris, vous devez permettre à votre enfant de s'endormir seul grâce à un « sevrage » progressif de vos interventions. Dans un premier temps, acceptez qu'il pleure une dizaine de minutes, puis revenez le rassurer par une simple caresse ou une parole de tendresse. S'il se remet à pleurer dès que vous le quittez, attendez un peu plus avant de revenir. Dites-lui alors avec calme et fermeté que vous êtes là, qu'il ne peut rien lui arriver de fâcheux, mais qu'il est l'heure de dormir et que vous êtes à côté. Le but est d'augmenter progressivement l'intervalle de temps entre deux interventions tout en disant après la troisième (ou plus) que vous ne reviendrez pas. Le papa est

souvent plus convaincant, et, dans ce cas, il ne faut pas que la maman hésite à faire appel à lui. Au début, sans doute votre enfant continuera-t-il à pleurer, mais il saisira peu à peu qu'il n'est pas délaissé dans son sommeil et qu'il peut compter sur votre présence aimante même quand il dort. Il parviendra à s'endormir seul et cessera de pleurer quand il sentira votre fermeté et votre conviction.

Il se réveille dans la nuit

Les réveils nocturnes correspondent souvent à des éveils normaux entre deux phases de sommeil, pour lesquels il ne faut pas intervenir – votre enfant se rendort seul après quelques minutes. Mais il peut aussi s'agir de cauchemars ou de terreurs nocturnes, lors de réveils brusques et impressionnants, entre 1 et 2 ans. Sachez les distinguer, car la conduite à adopter est différente.

Les cauchemars • Ce sont de «mauvais» rêves qui se produisent en période de sommeil paradoxal, c'est-à-dire plutôt en fin de nuit. Votre enfant se réveille affolé et se met à crier, ou à pleurer de plus en plus fort. Il faut intervenir, le rassurer et l'aider à se rendormir calmement. Le lendemain, reparlez-lui de ce qui s'est passé, avec ses propres mots et dédramatisez la situation.

Les terreurs nocturnes • Plus fréquentes à cet âge, elles surviennent en début de nuit (moins de trois heures après l'endormissement), provoquant un éveil partiel et brutal pendant le sommeil profond. L'enfant hurle, a l'air paniqué et se débat, puis se calme sans se réveiller. Malgré les apparences, il dort et ne vous reconnaît pas. Ne vous inquiétez pas et ne le réveillez sous aucun prétexte. Il est inconscient de ce qui lui arrive et votre désarroi ajouterait à sa confusion. Contrairement à ce que son attitude laisse penser, il n'éprouve pas de vraie angoisse comme dans un cauchemar. Ne lui reparlez pas de cet épisode le lendemain ; d'ailleurs, il ne s'en souviendrait pas.

Savoir se faire aider

Si vous n'arrivez pas à résoudre les troubles du sommeil de votre enfant et que vous soyez à bout de forces, n'hésitez pas à consulter votre pédiatre pour vous faire aider. Le simple fait d'évoquer ces difficultés, mais aussi le contexte dans lequel elles s'inscrivent, permettent souvent à l'enfant de se sentir pris en compte et aux parents de trouver plus facilement des solutions. Il suffit parfois de revoir l'organisation de la journée (activités de jeux, horaires de la sieste ou des repas) pour que l'enfant dorme mieux.

Haro sur les médicaments

Si votre enfant rencontre des difficultés de sommeil, écartez tout recours aux médicaments. Ils sont rarement efficaces quand vous n'agissez pas sur la peur de la séparation par un nouveau rituel : rien ne remplace la relation. Certains traitements prescrits trop facilement, sirops, voire psychotropes banalisés, peuvent installer une dépendance précoce qui se révélerait très handicapante à l'âge adulte. Leur usage doit être réservé à des cas très précis. En revanche, certains remèdes homéopathiques peuvent être efficaces pour faire face à la plupart des problèmes. Il vaut mieux consulter un médecin homéopathe, car ils sont prescrits en fonction du tempérament de l'enfant (coléreux, sujet au cauchemar, etc.). Vous pouvez aussi utiliser des tisanes légèrement sucrées additionnées de quelques gouttes de teinture de passiflore ou de valériane, mais, là aussi, demandez au préalable l'avis du médecin.

Combien d'heures doit-il dormir ?

À partir de 1 an, la sieste du matin n'est plus nécessaire – mais, si votre enfant éprouve encore le besoin de dormir dans la matinée, ne supprimez pas ce moment de récupération. En revanche, il est important de respecter la sieste de l'après-midi dont la durée, selon les enfants, peut être de deux à trois heures. Même s'il passe la moitié de ce temps sans dormir, votre enfant se repose. L'heure du coucher devrait se situer entre 20 h et 21 h 30 et l'heure du réveil entre 7 heures et 9 heures. N'oubliez pas que, pour que le jeune enfant dorme bien, il est important que le rythme de son sommeil soit régulier, tout comme le rythme de sa journée. Ce sont en effet les activités journalières qui permettent d'avoir ensuite une bonne nuit. Les deux sont indissociables.

La marche et la propreté

> *Soutenir ses premiers pas • S'il a les jambes arquées ou les pieds en dedans • Le choix des chaussures • Sera-t-il droitier ou gaucher ? • Les conditions préalables à l'acquisition de la propreté • L'achat du pot et autres préparatifs • Pour que tout se passe sans heurts • Jusqu'à quand lui mettre une couche la nuit ?*

De la marche au « moi tout seul »

La marche marque le début d'une nouvelle étape dans la vie du bébé (et de ses parents !). Enfin, il accède à la verticalité et à l'espace des « grands » : tous ses efforts vont être consacrés à cet apprentissage, aux dépens des autres activités. Puis, une fois la marche acquise, les progrès se succèdent à un rythme rapide : courir, escalader, monter les escaliers… son désir d'explorer ce qui l'entoure ne connaît plus de frein.

▶ Un grand bond en avant

Un jour, votre bébé trouve la force de lâcher la main qui le soutient. Ce n'est pas rien ! La marche est une étape essentielle du développement neurologique de l'enfant, elle lui permet de conquérir enfin l'espace à trois dimensions qui l'entoure et de « partir à l'aventure ». Bientôt, dans quelques semaines peut-être, votre tout-petit va courir partout, en criant de joie quand vous le poursuivez. Tout va changer, pour lui et pour vous…

Dans un premier temps, apprendre à bien marcher lui demande beaucoup d'efforts, et c'est son activité essentielle. Mais, bien vite, c'est aussi un formidable moyen d'accéder à tout ce qui l'environne et qui le tente depuis des mois. Il va découvrir le monde en y mettant toute son énergie, mais il aura besoin de votre confiance et reviendra se rassurer auprès de vous pour mieux repartir.

▶ Les premiers pas

C'est votre bébé qui sentira le moment propice pour se lancer. Avant tout, il doit tenir debout tout seul, puis commencer à marcher avec un appui, à partir de 10 mois à 1 an. Il s'aide alors soit de vos mains, soit des siennes, en attrapant les montants du parc, les chaises ou les coussins du canapé. Ses progrès de coordination et d'équilibre lui permettent ensuite de se servir d'une seule main, voire d'un doigt. Après quelques semaines ou plus, votre bébé va faire seul deux ou trois pas, et retomber sur ses fesses de surprise. S'il a eu peur après cette première tentative, il ne récidivera pas de sitôt, et il lui faudra quelques jours, voire deux ou trois semaines pour reprendre confiance. Ses premiers pas sont hésitants, peu coordonnés, avec les jambes écartées pour assurer un meilleur appui. Faute de savoir s'accroupir, il se laisse tomber pour s'arrêter, puis retente l'expérience, encore et encore. Il lui faut du temps pour coordonner ses mouvements et effectuer des pas plus harmonieux et plus sûrs. D'ici là, les chutes sont souvent nombreuses, la plupart du temps sans gravité, tant il est souple. Elles ne l'empêchent en aucune façon de persister et de progresser.

▶ Faut-il l'aider ?

C'est un grand plaisir de tenir son enfant par la main, de l'accompagner lors de ses premiers pas, et pourquoi s'en priver ? L'important est de suivre son rythme d'apprentissage à lui : s'il n'essaie pas de marcher de lui-même, ne le forcez surtout pas ; et, s'il a besoin de vous, ne le lâchez pas. Il suffit de respecter ses initiatives, sans chercher à les prévenir ni à les freiner.

Pas de hâte ! • On voit parfois dans les jardins publics des bébés tenus sous les aisselles et incités ainsi à avancer : ils font de façon quasi réflexe les mouvements de la marche, mais posent leurs pieds sans assurance ni stabilité. Visiblement, ils ne sont pas prêts, et il est totalement inutile de les « entraîner » de la sorte. Ils ne marcheront pas plus vite... Il faut aussi se rappeler que le trotteur, dans lequel le bébé, avant 1 an, se trouve comme suspendu, n'aide en rien à marcher.

À quel âge ?

Le tonus et la force musculaires, ainsi que le sens de l'équilibre, sont très variables d'un bébé à un autre. Il n'existe pas de normes, et il est préférable de ne pas comparer les performances des tout-petits. Ce qui compte, c'est que chacune des étapes du développement (marche, langage, propreté) ait lieu au cours d'une période donnée, dite « période sensible », et non pas à un âge précis. Ainsi, votre bébé, comme la plupart des enfants, marchera entre 10 et 16 mois. Sachez qu'il n'existe aucune corrélation entre la précocité de la marche et l'éveil de l'intelligence. Mais, si vous vous inquiétez, rien ne vous empêche d'en parler au pédiatre, que le retard soit supposé ou réel (supérieur à 18 mois).

Sans la main • Entre l'étape où il marche en appui contre un mur et celle où il avance seul durant plusieurs mètres, votre enfant prend de l'assurance. Il cherche son équilibre, trouve peu à peu son centre de gravité et la meilleure façon de tenir debout et de tomber. Il faut qu'il puisse mener ces expériences à son rythme. Il va découvrir ses capacités et... trouver ses limites.

Quand il commence à marcher sans appui, laissez-le s'éloigner de vous, il n'ira pas loin et reviendra vite. Sous votre regard, il se sentira rassuré, heureux de votre approbation, fier de lui. Certains jours, il aura envie de votre aide, car tous ces efforts exigent beaucoup d'énergie. Parfois, il vous appellera s'il tombe, et vous le remettrez debout. Mais, le plus souvent, si vous lui laissez l'initiative, il se relèvera seul.

▶ Jambes arquées et pieds en dedans

Il arrive assez souvent que la position des jambes ne soit pas parfaite quand l'enfant commence à marcher. Certains bébés ont les genoux légèrement tournés vers l'extérieur et présentent une démarche en « o » (en cow-boy), les jambes légèrement arquées. D'autres, à l'inverse, ont les genoux qui se touchent presque et marchent les pieds déviés vers l'intérieur. Ces petites imperfections ne prêtent pas à conséquence. Elles ne gênent pas le tout-petit et vont se corriger dans les mois ou les années à venir (au plus tard vers 4 ans). Vous pouvez toutefois en parler au pédiatre, qui vérifiera l'absence d'anomalie et saura vous conseiller. Par exemple, pédaler en tricycle et marcher pieds nus dans le sable ou sur la moquette sont de très bons exercices quand le pied tourne vers l'intérieur. Le port de semelles orthopédiques ou les séances de rééducation sont rarement indiqués et ne s'imposent que dans des situations très particulières.

▶ Prudent, mais inconscient

Dès qu'il sait marcher, votre enfant a enfin tout loisir de manifester sa curiosité insatiable. Il veut aller partout, toucher à tout, escalader le canapé et la table basse, regarder par la fenêtre... Quant à vous, vous craignez surtout qu'il ne se blesse. Les risques d'accidents, il est vrai, ne sont pas négligeables. Pour sa protection, il est important d'aménager à la maison des espaces sûrs et sans embûches, de mettre hors de portée les objets dangereux, d'interdire l'accès de la cuisine et de la salle de bains. Les prises doivent être protégées, les médicaments et les produits ménagers mis hors de portée, l'escalier rendu inaccessible.

Un tout-petit n'a qu'une conscience assez limitée du danger, il évalue par exemple encore mal les distances. Pourtant, il est prudent, à sa façon. Il peut fuir vers vous si un chien aboie à proximité, il ne touche plus de façon volontaire un objet avec lequel il s'est fait mal... Parfois, quand il est dans un lieu inconnu, il guette votre regard pour savoir s'il peut avancer sans crainte. Progressivement, il obéira davantage à vos « non », si leur intonation est convaincante (surtout quand vous avez peur pour lui), et comprendra que tel ou tel acte est dangereux.

« Il s'est encore fait mal ! » • Il faut du temps pour qu'un enfant connaisse mieux son environnement, et cet apprentissage n'est pas encore terminé à 3 ans. Il apprendra, entre autres, à force d'expérience : quelques petites plaies et bosses sont inévitables. Pour l'aider à prendre conscience de certains dangers, rien ne remplace le langage. Il faut lui expliquer pourquoi il est tombé ou s'est cogné, lui montrer pourquoi « ça fait mal » en lui faisant sentir légèrement, par exemple, que la casserole ou le fer à repasser dégagent de la chaleur, ou que le couteau et la ronce piquent... Pour qu'un interdit soit respecté, il faudra le répéter souvent : un petit enfant ne fait aucune différence entre ce qui est « bien » et ce qui est « mal », et sa soif de découvrir prend toujours le dessus. À vous de fixer les limites, à la maison comme à l'extérieur... Certaines prises de risque sont possibles, d'autres ne sont pas négociables. Mais un enfant à qui l'on répèterait à chaque initiative « tu vas te faire mal » pourrait percevoir le monde comme très inquiétant. De même, multiplier les interdits ne pourra que briser ses élans et le brimer inutilement.

▶ « Je pars, je reviens »

Même lorsqu'il commence à bien marcher, votre tout-petit ne s'éloigne jamais très loin de vous, et il revient régulièrement à vos côtés. Il a besoin

Les premiers pas

Avec vos deux mains

Pour permettre à l'enfant de prendre confiance, tenez-vous derrière lui et donnez-lui vos deux mains.

D'une main

Si vous le tenez d'une seule main, prenez l'une puis l'autre, pour ne pas fatiguer le même bras.

Bientôt tout seul

Quand vous le sentez en équilibre, retirez doucement votre main ou laissez-lui tenir seulement un de vos doigts. Il vous lâchera bientôt.

Les premiers pas sont un émerveillement pour l'enfant comme pour ses parents. Encouragez-le et montrez-lui votre fierté devant ses progrès.

de sentir votre regard, d'être rassuré. Si d'aventure, il se laisse emporter par son élan et ne vous voit plus, il peut fondre en larmes. Il ne profite pleinement de ses explorations que s'il se sent en sécurité. Bien sûr, chaque enfant a son tempérament : les uns se montrent très audacieux, les autres plus timides. Ces comportements sont aussi fonction de l'attitude des parents. Un enfant qui sent l'angoisse de sa mère se refrène, mais peut se montrer plus confiant quand il est avec son papa. Malgré ces variations, les tout-petits montrent en général dans leurs déplacements ce double mouvement : ils s'éloignent et reviennent… C'est la manifestation concrète de ce qui se passe en eux : leur besoin d'être rassuré est aussi fort que leur envie de partir. Quand votre petit s'éloigne en courant et que vous le poursuivez, puis l'attrapez, il hurle de joie de sentir qu'il est si

mobile mais qu'il trouve pourtant le refuge de vos bras : il n'aura de cesse de recommencer tant cela lui plaît !

Une relation moins physique avec vous ? • Quand il est en phase d'exploration et qu'il vient vous montrer ses découvertes, votre enfant de 2 ans n'apprécie pas toujours que vous le preniez sur vos genoux et le reteniez contre vous. Il a besoin de votre attention, peut-être d'un encouragement, mais désire aussi vite retourner à son jeu. Vous êtes toujours son refuge, mais votre regard, vos paroles et votre écoute peuvent suffire. Il n'a pas toujours envie d'être câliné ou de répondre à vos caresses. Par instants, vous en êtes peut-être un peu peiné, car vous pensez que votre bébé vous échappe déjà, mais ce n'est qu'une impression. C'est grâce à ses parents qu'un enfant acquiert l'assurance nécessaire pour affronter le monde extérieur. Il porte alors en lui le regard et la confiance de sa maman et de son papa : c'est là un véritable attachement !

▶ « Moi tout seul »

Plus votre enfant développe ses capacités physiques, plus il manifeste l'envie d'effectuer un certain nombre d'actions par lui-même. Autour de 2 ans, marcher ou courir ou se hisser sur un fauteuil ne présentent plus de difficulté, et il commence à savoir monter et descendre les escaliers. Il est de plus en plus habile avec ses mains, sa dextérité lui permet de dessiner ou peindre, de jouer au ballon, de faire des constructions, de travailler de la pâte à modeler… mais aussi d'utiliser la télévision, le magnétoscope et l'ordinateur. C'est l'âge où il dit « moi tout seul », et ne se prive pas d'employer ce mot pour s'affirmer. Que ce soit lors des repas, de la toilette, de l'habillage, pour toutes les activités quotidiennes, il veut souvent « faire tout seul », comme un grand. Mais le laisser faire demande souvent du temps, et beaucoup de patience de votre part.

Lors de l'habillage • Le matin, au réveil, si vous êtes pressé, son désir de s'habiller sans aide, voire de choisir ses vêtements, n'est pas toujours bienvenu… Un « non » catégorique risque fort de déclencher des pleurs ; cédez, et c'est le retard garanti. Alors, vous allez imaginer divers compromis et astuces, et vous deviendrez vite expert dans l'art de la négociation : par exemple, c'est vous qui faites, mais vous avez vraiment besoin de « son aide ». Il serait dommage de décourager son désir d'autonomie, car c'est ainsi qu'il apprend. Bien sûr, quand vous êtes disponible, vous pouvez lui laisser plus de latitude, et vous serez alors surpris de voir à quelle vitesse il assimile certains gestes. À l'âge de 3 ans, certains tout-petits savent se déshabiller seuls.

Droitier ou gaucher ? • La plupart des bébés sont ambidextres, ce qui signifie qu'ils se servent aussi bien de chacune des deux mains. Vers 3 ans, ou plus tard, ils peuvent toutefois montrer une plus grande habileté avec la droite ou la gauche, mais ce n'est pas systématique. Si votre enfant ne manifeste aucune tendance particulière, vous pouvez éventuellement l'inciter à se servir plutôt de la main droite, en mettant à sa droite les objets dont il se sert (crayon, jouets, couverts…), sans insister. Mais, s'il semble préférer l'emploi de la main gauche, laissez-le faire pour le moment comme bon lui semble.

La parole de l'enfant

C'est vraiment très bien de pouvoir aller partout toucher ce que je voyais et qui me faisait envie. Mais parfois c'est « gros yeux et pas touche », et ça m'énerve. Je ne veux pas qu'on m'empêche de faire ce que je veux. Mais ils sont plus têtus que moi pour certaines choses, alors que je veux faire tout comme eux, surtout avec les machines qui bougent et font du bruit. Expliquez-moi, je comprends, mais je ne suis pas sûr d'accepter ! J'y reviendrai encore quand ça me chantera !

Ses premières chaussures : quand et lesquelles ?

Tant que votre bébé ne sait pas marcher, les chaussures sont une gêne pour lui. Plus il peut bouger librement ses pieds, mieux c'est : cela muscle notamment la cheville. Quand il commence à se mettre debout, des chaussettes antidérapantes ou des chaussons avec semelle souple suffiront à le protéger du froid du sol et d'éventuels dérapages. Vous pouvez lui choisir ses premières chaussures quand il commence vraiment à marcher. Pour lui conférer un bon appui, elles doivent bien enserrer la cheville, être munies de semelles non glissantes assez fermes, d'un petit talon et de bouts ronds. En moyenne, durant la première année de marche, vous aurez besoin de deux ou trois paires. Achetez-les au fur et à mesure et surtout en présence de votre enfant, pour qu'il puisse les essayer. Il a besoin d'une chaussure réellement adaptée à son pied pour ses premiers pas ; des chaussures trop grandes l'empêcheraient de marcher. Il est bon de vérifier également de temps en temps que les orteils ne cognent pas le bout de la chaussure : les petits ont du mal à exprimer leur « mal de pied ».

L'acquisition de la propreté

Comme l'apprentissage de la marche ou du langage, l'acquisition de la propreté est le fruit d'une maturation physiologique et psychique du tout-petit.
Les parents « n'apprennent » pas à l'enfant à être propre, mais ils l'aident à y parvenir quand il est réellement prêt.

▶ Les conditions nécessaires

Devenir propre n'est pas un apprentissage, mais une étape délicate, pas toujours facile à franchir. En général, on considère qu'un enfant est susceptible d'aller sur le pot vers 18 mois, mais sous certaines conditions, physiologiques et affectives.

Contrôler ses sphincters • Pour les selles comme pour les urines, savoir se retenir implique de pouvoir commander les sphincters, qui sont des muscles en anneaux permettant l'ouverture et la fermeture de l'anus et de l'urètre. Pour ce faire, il faut que certaines terminaisons nerveuses entre le cerveau et la moelle épinière soient en place. C'est la première condition. Selon la psychanalyste Françoise Dolto (1908-1988), ce développement neurologique est atteint quand l'enfant sait monter et descendre un escalier. Mais, même si c'est le cas, il faut encore que ce tout-petit soit en mesure de contrôler ses sphincters, ce qui ne va pas de soi.

Être conscient qu'il « fait » • Entre 18 mois et 2 ans, le bébé se rend compte qu'il a fait ou qu'il va faire une selle. Puis, ses sensations s'affinent petit à petit au point qu'il pourra prévenir lorsqu'il a envie d'aller à la selle. Mais, même s'il peut retenir ou expulser, il n'a pas pour autant la velléité d'utiliser le pot. En général, il laisse partir l'urine plus facilement que les selles. À un âge où il s'accapare tout, il est pour lui difficile, voire angoissant, de lâcher son caca dans un pot. Il y a donc tout un cheminement à parcourir entre le désir de faire et la capacité de faire vraiment. C'est pourquoi certains enfants se cachent et s'accroupissent pour émettre leur selle. Il est inutile d'enlever la couche pour rendre votre enfant propre s'il n'a pas conscience qu'il peut maîtriser ses sphincters.

▶ Ce qui est en jeu

Un tout-petit entretient un rapport très particulier avec ce qui sort de son corps. Ses selles, comme toute sécrétion, sont presque un prolongement de lui-même ; elles ne suscitent de sa part ni dégoût ni honte. Il peut avoir envie de les toucher, de les sentir (voire de les utiliser pour décorer les murs si vous n'y prenez garde). La valeur qu'il donne à ses selles permet de mieux saisir tout ce qui sous-tend l'acquisition de la propreté : en langage psychanalytique, le boudin fécal est un « objet d'échange » – on le donne, ou on le refuse…

Fier et effrayé à la fois • Devant son pot, un tout-petit éprouve souvent de la fierté de voir ce que son corps a produit. Quand il vous le montre avec un grand sourire, c'est qu'il est très content de vous faire ce cadeau. Mais, la première fois, il peut également se mettre à pleurer et se sentir très inquiet, comme s'il perdait quelque chose de lui. Certains enfants sont effrayés de voir leurs selles disparaître dans la cuvette des toilettes. Dans ce cas, il est bien de leur laisser le temps de voir la selle dans le pot et d'éviter de tirer la chasse d'eau devant eux.

« Ce qui sort de mon corps, c'est moi »

Tout ce qui sort de son corps intéresse le tout-petit. Des tripotages de nez en public aux exclamations de fierté après un gaz, rien ne le gêne. Ses sécrétions, quelles qu'elles soient, sont une production personnelle. Il ne s'agit donc pas de susciter un sentiment de honte, mais de lui expliquer peu à peu que tout cela relève du domaine intime. Tout comme la masturbation… (voir page 266).
Cet engouement pour son corps explique également qu'un enfant se rebelle parfois de façon énergique quand il faut lui couper les cheveux ou les ongles.

Il est maître de son corps • Réussir à expulser ses selles, ou au contraire à les retenir, apprend en outre à l'enfant un fait très important : il est désormais capable d'agir comme bon lui semble avec ce qui sort de lui, avec ce qui lui appartient ! Tout naturellement, de façon plus ou moins consciente, il va donc tantôt chercher à vous satisfaire, tantôt manifester une forme de refus et faire dans ses couches, sans pour autant le faire « exprès ». Il est essentiel d'accepter certaines défaillances, qu'elles soient explicables ou pas. Forcer un enfant à être propre, s'il ne le veut pas ou ne le peut pas, est une forme de violence.

Peur de grandir ? • La vitesse à laquelle un enfant acquiert la propreté varie beaucoup selon les rapports qu'il a avec sa mère et son père, sa vie affective, sa perception de lui-même. S'il est dans une période d'opposition systématique (voir page 195), ou s'il est troublé parce que sa mère est enceinte, par exemple, ce n'est pas le bon moment. Se passer de couches signifie devenir grand, aller vers l'inconnu et perdre certains avantages. Même s'il manifeste un désir d'indépendance, il ne veut pas renoncer pour autant aux liens étroits tissés avec vous. Il lui faut donc trouver d'autres avantages au fait de grandir, et ce n'est qu'à travers vos paroles confiantes et votre relation que vous l'aiderez.

▶ Quelques préparatifs possibles

Dans l'apprentissage de la propreté, les parents jouent surtout un rôle d'accompagnement mais c'est bien sûr à eux de donner à l'enfant plusieurs repères. Dès que votre tout-petit sait qu'il a fait dans sa couche, vous pouvez mettre cela en mots (« tu as fait un beau caca ») et acquérir un pot. Montrez-le-lui, laissez-le s'asseoir dessus, habillé ou non : ce sera un moyen de le familiariser avec cet objet et de lui expliquer que sa fonction sera bientôt de recevoir le contenu des couches. Même s'il a bien compris comment faire et où, il a encore besoin de votre confiance. « Tu vas faire un beau pipi-caca » sont des paroles plus positives que « il faut que tu fasses dans le pot » ou « tu n'es plus un bébé ».

Lorsque vous l'avez ainsi préparé, vous n'avez plus qu'à attendre patiemment qu'il ait envie d'utiliser son pot – que vous laissez à sa disposition, dans les toilettes ou la salle de bains. Ne vous inquiétez pas, l'acquisition de la propreté peut se faire en quelques jours, même si vous attendez depuis des mois et qu'il doive être scolarisé.

Le choix du pot • Il est important de choisir un pot confortable, bien stable, facile à utiliser… et attrayant. Votre enfant devra l'adopter en toute confiance, car c'est cet objet qui recevra « ses cadeaux ». Évitez les pots intégrés à un siège ou à une chaise haute, sur lesquels se mélangent le jeu, l'alimentation et l'élimination. Chaque activité a sa valeur en elle-même. Il existe des sièges qui s'adaptent sur la cuvette des toilettes, mais ils sont réservés aux enfants de plus de 3 ans, capables de s'installer sur la cuvette et d'en redescendre seuls.

Quand votre enfant apprend la propreté, préférez des habits faciles à défaire et à remettre.

▶ « Quand sera-t-il prêt ? »

Si vous parvenez à trouver le bon moment pour apprendre à votre enfant l'usage du pot, il est probable que cette étape se passera bien, pour lui comme pour vous. L'acquisition de la propreté peut prendre au mieux quelques jours, ou se prolonger durant plusieurs mois. Cela dépend de plusieurs facteurs, mais commencer trop tôt peut rendre cette étape plus malaisée, et provoquer des blocages (fausse constipation).

Des gestes significatifs • Souvent, le tout-petit manifeste de lui-même qu'il est capable d'utiliser le pot. Il attire l'attention de ses parents sur le fait qu'il a fait « pipi » ou « caca ». Parfois, c'est très explicite, il vous le dit verbalement, mais il peut aussi pointer du doigt sa couche. Parfois, il tire juste sur son pantalon et se montre grognon quand sa couche est souillée. Vous ferez peut-être alors quelques tentatives pour lui proposer le pot, en lui expliquant ce que vous attendez de lui. Mais n'insistez pas s'il fait dans sa couche quelques minutes après. Vous retenterez l'expérience quelques semaines plus tard… Ces tâtonnements sont normaux et permettent à l'enfant de s'habituer à l'idée d'aller sur le pot.

En revanche, un tout-petit qui ne manifeste aucun intérêt pour ses selles n'est en général pas prêt pour cette nouvelle étape. Si, passé 2 ans, il ne s'intéresse toujours pas à la question, vous pouvez lui dire « je crois que tu as fait caca », quand c'est le cas. Cela l'aidera à en prendre conscience et à le signaler lui-même. Vous lui montrez ainsi l'intérêt que vous portez à cela – sans pour autant en faire une obsession.

▶ Proposer sans forcer

Si vos premières tentatives ont reçu un bon accueil, vous pouvez proposer le pot à votre enfant une ou deux fois par jour – ne le sollicitez surtout pas en permanence ! Au début, il ne vous le demandera pas. Le moment propice ? L'heure où il fait habituellement ses selles ou quand vous le voyez pousser, ou le matin au réveil, ou le soir avant le coucher. Bien sûr, ne le forcez pas, et, si rien ne vient, ne le laissez pas essayer trop longtemps (pas plus de 5 à 10 minutes). Quand il arrivera à faire de manière régulière, c'est votre tout-petit qui prendra l'initiative, demandera son pot ou ira le chercher dans les toilettes, et vous appellera quand il aura fini. Ce schéma varie bien

sûr selon les enfants. Certains seront par moments dans de bonnes dispositions, et, la semaine suivante, préféreront de nouveau le « confort » des couches. D'autres s'habitueront au pot avec une facilité déconcertante. Chacun devient propre à son rythme, avec ou non des phases de retour en arrière. Chercher à forcer un enfant risque de bloquer le processus et de provoquer des rétentions « douloureuses » des selles.

Valoriser ses efforts • Durant cette période, votre tout-petit a besoin de se sentir soutenu. N'hésitez pas à lui dire « bravo » ou à applaudir quand son pot est bien rempli, sans verser non plus dans l'excès. Vous pouvez l'encourager, mais sans pour autant lui montrer que cela vous touche s'il n'y arrive pas : l'enjeu deviendrait pour lui trop important. Ne le réprimandez pas s'il n'y parvient pas ; au contraire, laissez-le tranquille un certain temps avant de recommencer en lui disant : « Ce n'est pas grave, tu y arriveras plus tard. » Les enfants de cet âge sont souvent contrariés quand ils échouent et vos reproches ne feraient qu'accroître ce sentiment d'insatisfaction, voire de culpabilité.

▶ Limiter les tensions

L'acquisition de la propreté peut susciter de réelles tensions si les parents considèrent les oublis ou les refus d'aller sur le pot comme une preuve de

Filles et garçons

Ce n'est qu'après 3 ans qu'un enfant intègre la différence sexuelle, même s'il sait bien avant qu'il est un garçon ou une fille et qu'il ait pu voir la différence d'organes génitaux dans la fratrie. Chacun s'identifie très tôt au garçon ou à la fille que les parents voient en lui (notamment dans les jeux). L'enfant essaye ensuite d'imiter le parent de son sexe, mais il peut aussi reproduire à certains moments des attitudes du parent de sexe opposé. Les comportements varient beaucoup en fonction du tempérament : il est tout à fait possible qu'une petite fille soit très douce, et sa sœur turbulente et casse-cou. Et il en va de même pour les petits garçons…

Avant de supprimer la couche de nuit, demandez à votre enfant s'il est prêt.

Et la nuit ?

Garçons et filles deviennent souvent propres le jour avant 3 ans, la perspective de la maternelle y contribuant... La propreté de nuit nécessite souvent quelques mois supplémentaires, voire une année, même si elle peut être acquise en même temps que celle de jour. Le principal obstacle est parfois l'immaturité vésicale et, en général, le sommeil profond.

D'une part, l'enfant relâche ses sphincters quand sa vessie se remplit et, d'autre part, il ne se rend pas compte de son besoin d'uriner. Ne supprimez la couche de nuit que si votre enfant en exprime le désir et que vous sentiez qu'il y est prêt (plusieurs nuits de suite sans incident). Il n'est pas utile de limiter la boisson le soir, ni de réveiller votre enfant en pleine nuit pour qu'il urine.

« mauvaise volonté », voire comme un échec de leur part. Dans ce cas, il est essentiel de dédramatiser, de se rappeler qu'il n'y a pas urgence. Car, plus la demande parentale est contraignante, plus le tout-petit résiste, ou, sous la pression, va « perdre les pédales ». Pour éviter une crispation inutile, mais surtout dans l'intérêt de l'enfant, il importe de respecter les principes suivants, en toutes circonstances :

– éviter d'associer les selles à l'idée de saleté ;

– ne pas enlever les couches pour le « rendre propre », car il risquerait de s'oublier partout et d'en être très « choqué » ;

– bannir toute parole dure ou humiliante (« tu es sale », « tu sens mauvais », « tu vas rester un bébé », « tu n'iras pas à l'école ») s'il refuse d'aller sur le pot ;

– éviter de demander dix fois par jour à l'enfant (même gentiment) s'il a envie de faire pipi ou caca ou s'il veut aller sur le pot ;

– ne pas parler de ses éventuelles difficultés lors des réunions de famille, en sa présence ou non, ni prendre à témoin un autre adulte ou un de ses frères ou sœurs de son « échec » ;

– ne pas convier de nombreux spectateurs à venir le voir sur le pot.

Quelques soucis possibles • L'acquisition de la propreté peut être un peu difficile quand l'enfant traverse une période affective délicate, ou s'il n'était pas vraiment prêt... Mais, si vous acceptez ses refus avec calme et n'insistez pas, la situation va s'améliorer. Certains tout-petits n'ont aucun problème pour faire pipi dans le pot, mais préfèrent émettre leur selle dans la couche et, si possible, en se cachant. Ils ont besoin de temps pour acquérir la maturité nécessaire. Si vous êtes inquiet, n'hésitez pas à en parler au pédiatre. Quelques points méritent en outre toute votre attention...

• Si le transit de l'enfant est irrégulier, inutile de lui proposer le pot tous les jours à la même heure. Il vous faudra être plus attentif, car c'est alors son attitude qui pourra vous indiquer s'il a envie.

• S'il est constipé à la suite de vos tentatives, il peut d'autant plus retenir ses selles qu'il sent que c'est douloureux quand il « pousse », ce qui aggrave la situation. Il importe alors de consulter un pédiatre, et de ne pas chercher de solutions soi-même. Une consultation sera également bienvenue s'il a souvent de la diarrhée.

La vie affective et le langage

La période du « non » • Pourquoi tant de colères ? • Comment l'aider petit à petit à se maîtriser • La question de l'obéissance • Les enfants entre eux • Partager ses jouets ? Trop dur ! • Jargon, premiers mots et phrases courtes • Une prononciation imparfaite • Encourager son plaisir à parler • Au sujet de la politesse

Les relations avec ses parents

Entre 18 mois et 3 ans, les phases d'opposition et d'affirmation de soi sont normales ; les « non », les crises de colère ne sont pas des « caprices ». Ils marquent une étape cruciale, durant laquelle l'enfant veut s'approprier la maîtrise de son corps et de ses décisions. Mais il n'en a pas toujours les moyens, et c'est aux parents de lui imposer des limites, pour sa propre sécurité.

▶ Il se sent exister

La vie avec ce tout-petit est merveilleuse, car tout le fascine et il déborde d'énergie. Il n'est pas de jour où il ne fasse de nouvelles découvertes, où il ne vous étonne par ses progrès. Il cherche à vous communiquer ses émotions, vous fait fondre par sa tendresse, vous ravit par sa gaieté.

Mais le quotidien n'est pourtant pas toujours tout rose. Vous êtes parfois las de voir qu'il s'oppose à des activités aussi banales que mettre son pyjama ou manger à table. Vous aimeriez souvent que son désir d'indépendance se manifeste de façon plus modérée. Ses bêtises vous surprennent et sont parfois dangereuses. Il a besoin que vous lui donniez des repères, des limites, et que vous l'aidiez à contrôler ses émotions. Si vous acceptez qu'il puisse dire « non », ce qui est une forme de respect, et si vous êtes convaincu d'agir avec raison, il sera plus simple de lui faire accepter des contraintes. Il ne faut pas raisonner en terme de rapport de forces. Les oppositions d'un tout-petit ne sont jamais des attaques personnelles, il s'agit de son vécu et non de vous. Certaines fois, il dépassera les bornes ; certains jours, vous serez injuste – mais peu importe s'il sent que vous l'aimez inconditionnellement.

▶ « Non » pour s'affirmer

Dès que votre tout-petit sait dire « non », vers 1 an, il ne se prive pas d'employer ce mot plusieurs fois par jour. C'est sa façon de s'affirmer. Vous voulez sortir et lui mettre son manteau ? Le voici qui secoue négativement sa petite tête et prononce le mot fatidique. Vous lui proposez un yaourt en fin de repas ? Même réponse. Vous lui annoncez qu'il est temps de dormir ? Toujours « non » ! Cette phase d'opposition systématique peut durer de quelques jours à plusieurs mois…

C'est en conjuguant l'écoute et la fermeté que vous aiderez le mieux votre enfant à passer de l'opposition systématique à la maîtrise de soi.

De « faux » refus ? • Le plus souvent, votre tout-petit n'exprime pas un vrai refus mais signifie par là qu'il a aussi son mot à dire. En quelque sorte, il s'accorde un délai de réflexion. Si vous lui laissez quelques minutes sans chercher à le persuader, vous constatez en général qu'il fait ce que vous lui avez proposé. Si cela ne marche pas, il suffit souvent de contourner le problème. Ce n'est pas un « non » d'adulte, et l'erreur serait d'y voir une provocation ou l'expression d'une réelle volonté. Il arrive toutefois, surtout passé 2 ans, que l'opposition de l'enfant ait davantage de force. Ces premiers conflits sont inévitables. Le tout-petit cherche des limites, il exprime ses conflits intérieurs : c'est parfaitement normal. À vous de tenir compte du décalage entre ce qu'il voudrait faire et ce dont il est capable, sans pour autant l'empêcher d'être un individu à part entière.

▶ Il a besoin de s'exprimer et d'être entendu

Plus il devient capable de nouvelles prouesses, plus votre enfant découvre qu'il existe une infinité d'obstacles à ses désirs : il veut courir derrière l'aîné, et il tombe ; il veut construire et tout s'effondre ; il veut toucher ce bibelot et vous l'en empêchez ; il veut vous imiter en prenant les allumettes et vous le grondez… Qu'il ne parvienne pas à mener à bien une action, ou que vous lui opposiez un « non » sans appel, le résultat est le même : il manifeste son mécontentement par des cris et des pleurs. Un tout-petit se laisse vite déborder par ses émotions, ce qui l'empêche d'utiliser des mots. Il hurle d'ailleurs aussi bien de joie que de colère. Il ne peut s'exprimer autrement, et il en est encore plus ainsi qu'il se sent obligé d'accepter certaines contraintes. Pour lui permettre de se contenir, il est inutile de tout résoudre à sa place, ni d'essayer sans arrêt de soulager sa peine. L'apprentissage de la frustration est nécessaire à sa maturation. Vouloir faire taire un enfant en revenant sur un « non » serait une solution aussi inadéquate que montrer une grande sévérité. Vous pouvez en revanche mettre des mots sur ses cris en lui montrant que vous le comprenez et que vous l'avez entendu.

Vertus et limites des explications • Quand votre enfant cherche à vous dire qu'il est fâché ou désorienté, vos paroles sont importantes pour lui. Elles lui signifient que vous comprenez son désarroi. Mais il ne faut pas s'attendre à ce que vos explications soient suivies d'un effet immédiat. S'il pleure par exemple parce que vous sortez sans lui, il ne sera pas consolé pour autant. Mais vos explications l'aideront à se calmer plus vite et plus facilement. Il importe qu'il se sache entendu. Quand il crie après un refus ou une interdiction de votre part, il suffit de lui dire simplement : « Je sais que tu veux cela, mais je ne suis pas d'accord. » En revanche, il est inutile de justifier tous vos « non ». Vous pouvez expliquer de temps en temps le pourquoi de certains interdits, de la façon la plus simple possible, quand les circonstances s'y prêtent. Mais, souvent, la situation dépasse ses capacités de compréhension. N'oubliez pas son âge. Chercher à parlementer ou à convaincre un tout-petit est une entreprise vaine. Le plus souvent, une attitude ferme l'aide davantage que de longs discours. Plus vous vous justifiez, moins il sera convaincu : certains interdits ne se discutent pas !

La parole de l'enfant

Pourquoi ma tête sait ce que je veux et que ma main n'y parvient pas ? Je voudrais tant faire comme eux : toucher l'ordinateur, couper les légumes ou dessiner des éléphants, ou être grand comme papa pour prendre les jouets en haut de l'armoire. Mes ronds sont pas beaux, même s'ils disent le contraire. Et ça me met très en colère si ma grande sœur veut dessiner à ma place. Il faut juste être attentif, me regarder faire, et m'encourager, et ça me rend très patient, et je me sens fier.

▶ **Comprendre ses désarrois**

Souvent, les parents repèrent l'état émotif de leur enfant. Par exemple, ils savent déceler les signes avant-coureurs d'énervement, quand la fatigue gagne ou que les sollicitations extérieures sont trop importantes. Ils peuvent alors l'orienter vers des activités plus calmes. Certains comportements restent toutefois un peu mystérieux ou paraissent disproportionnés. Ils sont parfois simplement dus à toutes les tensions internes qui agitent l'enfant, et qui ont débuté bien avant la « goutte d'eau qui a fait déborder le vase ».

Les spasmes du sanglot

Il arrive parfois qu'un tout-petit soit si contrarié qu'il semble perdre connaissance. Cette manifestation angoissante est bien connue des pédiatres qui parlent de « spasme du sanglot » : l'enfant crie, pleure et, par un phénomène réflexe, bloque sa respiration ; son teint devient rouge foncé, parfois bleuté, son corps devient tout mou, et ses yeux sont souvent fixes. Bien que très spectaculaires, ces crises ne sont jamais dangereuses et n'entraînent aucune séquelle.

Comment réagir ? Face aux spasmes du sanglot, les parents ne peuvent rien faire, si ce n'est tenter de rester calme, ce qui leur est souvent impossible. Dans tous les cas, il ne faut pas positionner l'enfant tête en bas, ou le secouer pour qu'il reprenne sa respiration : celle-ci sera déclenchée de manière réflexe par l'augmentation du gaz carbonique dans le sang. Dès que le bébé respire de nouveau, et c'est très vite le cas, une attitude rassurante est le meilleur moyen de l'apaiser. Une consultation ultérieure chez le pédiatre sera utile et permettra ensuite d'obtenir des conseils personnalisés sur la conduite à tenir. Après un spasme du sanglot, vous aurez peut-être tendance à céder davantage à votre enfant. Ce n'est généralement pas la bonne solution. Pour être sécurisé et réconforté, il a aussi besoin de limites. Plus vous parviendrez à rester (à peu près) serein face à des réactions extrêmes, plus vous éviterez leur répétition.

Des élans contradictoires • Il veut bien manger, mais sans renoncer à jouer ; il demande une autre histoire mais il tombe de sommeil. Tous les moments de transition, de passage d'une activité à une autre, sont souvent délicats. Heureusement que papa et maman sont là pour décider, même s'il proteste. Le tout-petit vit tous ses désirs sans faire le tri, au point d'être souvent submergé. Il est bien qu'il apprenne peu à peu à choisir : entre deux jouets ou entre deux vêtements par exemple. Mais il ne faut pas trop lui en demander. Il lui est pénible d'être soumis à des choix qui ne sont pas de son âge : « Tu préfères rester avec maman ou aller au square avec grand-mère ? » – il veut les deux, bien sûr ! De même, rien de plus perturbant pour un tout-petit que d'entendre des directives contradictoires de la part de ses parents, ou de constater que les interdictions valent certains jours, et d'autres pas.

Une mini « crise d'adolescence » • Les sentiments contradictoires sont pour lui encore plus délicats quand ils concernent les relations avec ses parents. Chaque fois qu'il s'oppose à votre volonté pour affirmer la sienne, l'ambivalence de ses sentiments à votre égard le panique. Quand, vers 3 ans, il devient capable de dire « ze t'aime plus ! », il le pense vraiment sur l'instant mais pas dans son for intérieur. En même temps, il a très peur qu'en affirmant son individualité il en vienne à perdre votre amour, à vous décevoir. Cette crainte, sous-jacente à bien des conflits, est pour lui terrible. Et seule votre attitude pourra le rassurer… Partagé entre son désir d'autonomie et son sentiment de dépendance, l'enfant connaît avec ses parents des tensions (amour, hostilité) qui présentent des analogies avec l'adolescence : l'opposition et la dureté des sentiments, seulement apparentes, sont libératrices pour le tout-petit.

▶ Face à ses crises de colère

Les premières crises de colère d'un tout-petit laissent plus d'une maman ou d'un papa désemparés. Les parents en sont d'autant plus affectés quand elles se déroulent dans un lieu public. Voir son enfant se rouler par terre devant les caisses du supermarché n'est pas très plaisant. Alors vous explosez malgré vous. La solution idéale est bien sûr de garder son calme et, parfois, de laisser juste passer l'orage.

Apaiser par des mots ou laisser crier ? • Dans certains cas, votre enfant parviendra à se contenir si vous lui parlez d'une voix ferme et posée, en le tenant éventuellement des deux mains ou contre vous pour le rassurer. Cette attitude n'est toutefois efficace que si vos paroles ou vos gestes ne transmettent aucun énervement, si vous êtes en accord avec vos convictions intérieures. S'il sent en vous une colère contenue, ou si vous le secouez, l'enfant paniquera et s'énervera encore plus. Le succès de la démarche, dans tous les cas, n'est pas garanti. Un tout-petit en colère n'est pas toujours à même d'entendre vos paroles, a fortiori quand il est fâché contre vous. S'il crie et trépigne de plus belle, mieux vaut alors vous éloigner et le laisser un peu se calmer seul, ou lui demander d'aller dans sa chambre. Progressivement, sa colère va retomber.

Se réconcilier après • Quand tout est terminé, il faut lui manifester de nouveau votre affection. Il a besoin d'entendre ou de sentir que vous l'aimez toujours, ce qui lui permettra à terme de

---

Les colères des parents

De temps en temps, il arrivera que l'attitude de votre enfant vous mette en colère et que vous perdiez le contrôle de vous-même. Ces colères ne sont pas bien graves tant qu'elles restent ponctuelles et ne s'accompagnent d'aucun geste brutal (fortes fessées, claques, etc.). Elles montrent à l'enfant que certains comportements de sa part peuvent avoir des conséquences fort désagréables. Bien sûr, quand tout va mieux, il est important d'expliquer ce qui s'est passé et de manifester votre amour. Si vous regrettez sincèrement votre mouvement d'humeur, parce que vous le jugez après coup disproportionné, vous pouvez présenter des excuses. Mais cette démarche n'a de valeur que si vous êtes vraiment sincère ; sinon, elle n'a pas lieu d'être. Vos colères n'ont pas d'incidence sur votre enfant s'il sent malgré tout que vous l'aimez : la richesse de la relation affective efface ces mouvements d'humeur.

Vous n'avez pas à justifier toutes vos décisions. S'il est absolument nécessaire que votre enfant obéisse, le ton de votre voix doit suffire à lui indiquer qu'il n'y a pas à discuter.

comprendre que l'amour des parents subsiste en toutes circonstances. Les réconciliations sont importantes après tout conflit, et encore plus si vous l'avez grondé. C'est l'occasion de lui expliquer dans le calme pourquoi vous vous êtes fâché, ou de l'aider à comprendre son propre comportement, si vous le pouvez.

▶ « Il ne m'obéit pas »

Ce n'est que très progressivement que les tout-petits apprennent à respecter les limites et les interdits. Il est normal qu'un bébé de 18 mois n'obéisse pas, et fasse maintes tentatives avant de saisir que certains « non » sont permanents. Il fera rapidement la distinction entre les interdits dangereux et les interdits de confort (plante verte, chaîne hi-fi), qu'il mettra longtemps à respecter. Entre 2 et 3 ans, il peut chercher à attirer votre attention en bravant certains inter-

dits. Dans ce cas, vous allez marquer votre désapprobation : hausser le ton, infliger une petite punition, lui demander de dire « pardon »... Mais, parfois, l'enfant ne changera d'attitude que si, en compensation, vous vous occupez davantage de lui. Bien sûr, si on laisse un enfant faire des bêtises sans réagir, il sera privé de repères et continuera de plus belle pour attirer l'attention, au risque de se mettre en danger. À l'inverse, une très forte sévérité mettrait en place des rapports « dominant-dominé », source d'un grand sentiment d'angoisse et de repli sur soi. Tout cela n'est pas simple à gérer, la désobéissance n'est pas une simple « provocation », elle ne résulte pas de « caprices », l'enfant est souvent pris dans des réactions qu'il a du mal à contrôler et qui révèlent des causes plus complexes. Les conduites à risque répétées nécessitent d'ailleurs l'avis d'un pédiatre ou d'un psychologue.

Ni châtiments corporels, ni humiliations • Il n'est pas toujours aisé de trouver l'attitude adéquate, surtout après une journée fatigante. Mais soyez persuadé(e) que la bonne solution ne réside jamais dans les extrêmes. Les châtiments corporels n'induisent qu'incompréhension et souffrance, qu'il s'agisse d'une douche froide, d'une claque ou d'une fessée violente. Ce n'est jamais la peur, mais le respect mutuel, qui doit motiver l'obéissance. Dans le même esprit, il faut se méfier de menaces telles que « si tu n'es pas sage, je vais t'abandonner », car l'enfant prend cela très au sérieux et se trouve confronté à ses peurs les plus profondes. Enfin, il importe de ne pas humilier ou dévaloriser le tout-petit par des remarques telles que : « tu es méchant », « tu n'y arriveras jamais », « je ne te fais plus confiance ». S'ils sont limités et suivis d'excuses, ces dérapages verbaux ne prêteront pas à conséquence. Mais il ne s'agit pas de les employer de manière systématique. Tout dénigrement fait perdre à l'enfant la confiance en lui dont il a tant besoin.

▶ Dans les jupes de maman

Il est assez fréquent qu'un tout-petit sollicite énormément sa mère après avoir montré plus de distance pendant plusieurs semaines. Il la suit partout, s'enquiert de ses faits et gestes, veut manger sur ses genoux, pleure quand elle s'en va ou se fâche dès qu'elle s'intéresse à autrui. Cette phase culmine en général entre 18 mois et 2 ans, quand l'enfant a appris à marcher. Elle présente des analogies avec l'angoisse de la séparation (voir page 116). Ce tout-petit a besoin de se rassurer à votre contact, de ressentir votre amour avant de repartir à la conquête de son environnement. Après avoir découvert la joie d'explorer sans votre aide, au prix de beaucoup d'efforts, il réalise à quel point vous restez indispensable. Il revient ainsi obtenir confirmation que vous êtes toujours là pour lui. Cela ne dure en général qu'un temps, et l'enfant redevient ensuite moins exigeant à votre égard. Vous n'êtes bien sûr pas tenue de céder à tout durant cette période, car votre tout-petit a parfois tendance à agir comme si vous lui apparteniez. Le but est de le détromper en douceur, et de le rassurer sans vous laisser tyranniser.

Un retour en arrière ? • Durant toute sa croissance, votre enfant va alterner les périodes où il demande davantage de preuves d'amour et des périodes où il devient plus autonome. C'est tout à fait normal. Chaque retour vers vous l'aide à se rassurer avant d'aller de nouveau de l'avant. De même, après une période d'intense apprentissage, ou après un événement marquant, il connaît souvent une phase où il régresse et semble redevenir plus bébé. Cela peut se manifester dans ses rapports avec ses parents, dans les domaines du langage, de la propreté ou du sommeil... Mais chacun de ces « retours en arrière » n'est qu'une façon de se rassurer et de se préparer à une nouvelle évolution. Tous ces comportements ont tout à fait leur raison d'être. Il est donc nécessaire de les respecter et ne pas s'en alarmer.

S'il est agressif avec vous

Rares sont les tout-petits qui, entre 18 mois et 3 ans, n'adoptent pas des conduites considérées comme agressives vis-à-vis des adultes ou des autres enfants. C'est l'âge où ils jettent leurs jouets, donnent des coups de pied, tapent et, parfois, cherchent à griffer ou à mordre. Mais, bien que ces attitudes soient normales, une maman ne doit pas accepter que son petit garçon ou sa petite fille la frappe, même s'il n'a que 16 mois. Votre première réaction devra être de maintenir l'enfant, de prendre ses mains en lui disant, avec un « non » très ferme, que cela vous fait mal. S'il traverse une véritable crise de colère, vous le laisserez se calmer seul, avant de lui expliquer posément pourquoi il ne doit pas agir ainsi. En revanche, il ne faut surtout pas répondre à la violence par la violence. La technique « œil pour œil, dent pour dent » aurait pour seul effet d'humilier le tout-petit, sans lui apprendre à se maîtriser. N'hésitez surtout pas à demander conseil à votre pédiatre si les gestes agressifs sont très fréquents et que vous ne sachiez plus quoi faire.

Les enfants entre eux

Un tout-petit apprend beaucoup au contact des autres enfants. À 18 mois, fréquenter de temps en temps la garderie lui sera profitable. S'il n'a ni frère ni sœur, s'il ne va pas en collectivité, des réunions familiales avec d'autres enfants et des promenades au square lui donneront l'occasion de côtoyer ses semblables.

▶ Premiers contacts

Il est important de favoriser des rencontres régulières entre les enfants dès la deuxième année. C'est pour eux non seulement une façon d'apprendre de nouveaux aspects de la vie en société, mais aussi de se confronter à l'image que leur renvoient des enfants de leur âge (et pas seulement les adultes). Un tout-petit ressent en général peu de méfiance à l'égard d'un autre enfant. Même s'il ne le connaît pas, il s'approche de lui avec curiosité, sans appréhension, et cherche à le toucher. Les deux enfants s'observent, s'effleurent, se courent l'un derrière l'autre, s'imitent.

Rencontrer d'autres enfants est le moyen d'apprendre une nouvelle forme de sociabilité.

Mais ils peuvent aussi se tirer les cheveux, se frapper ou se mordre quand ils se sentent menacés ou dépossédés. Aux yeux des adultes, ces échanges paraissent parfois agressifs, mais il serait abusif de conclure que l'enfant qui tape son semblable lui manifeste une réelle hostilité ou est doté d'un mauvais caractère. De tels comportements sont normaux, et évoluent en général après un temps d'adaptation plus ou moins long, indispensable pour jouer en groupe.

▶ Quand faut-il intervenir ?

Les attitudes incontrôlées des tout-petits sont surtout à surveiller, et à maîtriser, quand les enfants sont d'âge différent. Si votre tout-petit de 22 mois a un geste brusque envers un bébé, il est évident qu'il faut intervenir. Mais, si l'autre enfant est a priori capable de réagir, mieux vaut attendre un peu. Peut-être, après une première prise de contact, chacun va-t-il retourner à ses jeux ? L'intervention des parents au moindre trouble peut dramatiser un geste assez banal. Bien sûr, il ne faut pas laisser votre fils ou votre fille taper un enfant qui ne se défend pas, ni accepter la situation inverse. Mais, si chacun réagit, tous deux vont découvrir que les coups font mal, et ils hésiteront avant de récidiver. Plus les adultes laissent les enfants se débrouiller, plus ils leur permettent d'apprendre à vivre ensemble.

Punir un enfant qui frappe ? • En général, un jeune enfant qui a fait mal à un autre, et déclenché des pleurs violents, est souvent effrayé par la réaction qu'il a suscitée. Il a parfois autant besoin que l'autre d'être calmé et réconforté. Il est essentiel sur le moment qu'il sache que vous n'approuvez pas. Mais rien ne vous empêche par la suite de lui expliquer calmement que son geste a entraîné une douleur, qu'il va devoir apprendre à contrôler ses mains (ou ses dents), et qu'il existe d'autres façons d'aborder autrui. Sans dramatiser ni minimiser son acte… Une punition est inutile, car elle risque d'être incomprise et de renforcer le sentiment de culpabilité. Si, au bout de quelques mois ou après l'âge de 3 ans, votre enfant se montre toujours violent avec ses camarades (ou à votre égard), il sera temps d'en parler au pédiatre pour chercher une solution.

▌ Jouer côte à côte avant de jouer ensemble

Même s'ils se reconnaissent et s'attirent, les enfants ne jouent pas réellement les uns avec les autres avant 2 ans et demi environ. Ils jouent plutôt côte à côte. Leur capacité à s'imiter est néanmoins étonnante. Dans un bac à sable, deux petits de 18 mois ne font pas de pâtés ensemble, mais, si l'un tape sur son seau, ou le remplit de sable, l'autre fait souvent de même. Ainsi, ils se stimulent mutuellement et apprennent beaucoup l'un de l'autre. Bien souvent, il arrive que le cadet accomplisse des prouesses pour imiter l'aîné, tandis que le plus âgé modifie son attitude pour se rapprocher de celle du tout-petit.

Progressivement, cette forme de communication va évoluer. Passé 30 mois, certains acceptent qu'un autre enfant achève ce qu'ils ont entrepris. Ils peuvent commencer à partager leurs jeux, voire à échanger leurs jouets, au moins pour un bref instant. Cette faculté à jouer à deux varie toutefois beaucoup d'un enfant à un autre. Dans tous les cas, les parents ne peuvent pas imposer des jeux en commun. Si votre tout-petit joue encore dans son coin, laissez-le faire, en sachant qu'il ne perd pas une miette du spectacle qu'offre l'autre enfant… Il lui faudra un peu de temps pour franchir le pas et jouer à deux.

Il ne prête pas ses jouets

Peut-être en avez-vous déjà fait l'expérience : votre tout-petit n'aime pas du tout prêter ses jouets ! Et, si vous insistez, ce sont des cris et des larmes. Ce n'est pas de l'égoïsme de sa part. Tous les petits de moins de 3 ans se montrent très possessifs, entretenant avec leurs affaires un rapport affectif très fort. Et, plus ils aiment un jouet, plus c'est un déchirement de le céder à autrui, même pour 5 minutes. Cela équivaut presque à donner une part de soi. Il est encore un peu tôt pour la notion de partage. Jouer avec autrui demande déjà à votre tout-petit beaucoup d'efforts. Ne l'obligez pas à partager avec son frère et sa sœur, laissez-lui du temps. Quand il se sentira moins menacé dans son intégrité, il laissera les autres toucher de temps en temps certains de ses jouets…

Parler et se faire comprendre

À partir de 1 an, votre tout-petit commence à parler. Il formule ses premiers mots noyés dans son jargon, avant de les associer bien des mois plus tard. Les progrès sont toutefois très inégaux d'un enfant à un autre, et certains privilégient longtemps le langage du corps avant de passer à une autre étape.

▌ Le langage préverbal, ou jargon

Passé son premier anniversaire, votre enfant peut commencer à jargonner (langage préverbal), en y incluant éventuellement quelques mots. Aux quatre ou cinq syllabes plus ou moins articulées de la fin de sa première année succède le « parler bébé ». Dans la période 6 mois-1 an, votre enfant avait compris d'abord les situations, puis certains mots simples associés aux gestes quotidiens. Maintenant, il produit des sons comme s'il voulait commenter ce qui l'entoure. Le jargonnement, d'abord bref, devient plus long et rythmé après quelques semaines. Même si les phrases restent incompréhensibles, les intonations ressemblent au parler adulte : il imite les interrogations, les exclamations, il exprime le plaisir ou la colère par la tonalité de sa voix. C'est une musique sans paroles. Il chantonne d'ailleurs à cet âge, mais ce n'est que par la suite qu'il mémorisera des airs de chansons qu'il apprécie.

Gestes et intonations • Certains bébés passent des syllabes au langage des gestes et s'en contentent pendant des semaines, voire quelques mois. Ils accompagnent ces mouvements d'intonations différentes, en fonction de ce qu'ils veulent exprimer. À 1 an, tous les enfants commencent à montrer du doigt ce qu'ils n'arrivent pas à toucher pour qu'on le leur donne, mais sans doute aussi pour poser des questions. D'ailleurs, la maman n'hésite pas à dire « tu veux cela, je vais (ou je ne peux pas) te le donner » ou « c'est un... ».

Quand elle est associée à un geste et à l'expression du visage, la musicalité d'un cri peut tout à fait se substituer à des mots, le son le plus fréquent étant le « hein » insistant pour dire « donne ». Il ne faut pas s'inquiéter de l'absence de mots avant l'âge de 2 ans et ne pas s'efforcer de faire parler l'enfant. Rien ne vous empêche toutefois de mettre des notes – des mots – sur sa musique !

◗ Les premiers mots

La progression du langage se fait par différentes étapes qui vont du jargon à la possibilité de faire des petites phrases. Les premiers mots apparaissent souvent après 1 an, mêlés au jargon, mais le vocabulaire reste pauvre pendant quelques mois, n'excédant pas dix à quinze mots. C'est quand l'enfant commence à répéter de lui-même les mots, et à en enregistrer de nouveaux, vers 18 mois, qu'il progresse de façon plus visible. Bientôt, il va associer deux ou trois mots simples sans utiliser de verbe. Ces débuts du langage sont une étape du développement neurologique qui nécessite un environnement favorable : sécurité affective et activités de jeu. Votre enfant peut commencer à identifier des animaux sur les livres et à se servir d'un imagier pour s'exercer de manière ludique. Mais cela ne doit être en aucun cas un apprentissage « travaillé ».

Le plaisir de nommer • Dire ses premiers mots peut procurer à votre tout-petit un plaisir aussi intense qu'effectuer ses premiers pas. Nommer, donner sens est aussi une façon de s'approprier son environnement. Cette joie des mots varie toutefois beaucoup d'un enfant à un autre, apparaît à certaines périodes, s'atténue nettement à d'autres. Il aura du plaisir à utiliser les mots qui désignent tout ce qui lui fait plaisir ou a de la valeur pour lui. Nombre d'entre eux ont une fonction utilitaire : « tiens », « donne », « bain », « eau », « pain »... Il peut également dire ses propres mots basés sur les sons qu'il entend : les uns sont communs à bien des enfants, tel « vroumvroum » pour un véhicule à moteur ; d'autres sont des créations personnelles, qui n'appartiennent qu'à lui.

Tout un message en un mot • De 1 à 2 ans, le tout-petit comprend bien plus de mots qu'il ne

Le bilinguisme

Si votre langue maternelle, que vous soyez la mère ou le père, n'est pas le français, vous souhaiterez sans doute que votre enfant soit bilingue. Cela se fera naturellement si chacun parle au bébé, dès la naissance, dans sa langue d'origine. Le père et la mère doivent chacun utiliser impérativement sa langue maternelle quand il ou elle est seul(e) avec lui, et peuvent se servir de la langue qu'ils souhaitent quand la famille est au complet. Vers 2 ou 3 ans, l'enfant dira indistinctement des mots dans l'une ou l'autre langue, souvent en les mélangeant, sans se poser de questions. Il apprendra ensuite à dissocier le français et la langue d'origine de la mère ou du père. Un enfant bilingue ne rencontre en principe aucun problème scolaire particulier, y compris pour apprendre à lire et à écrire. Il n'y a donc aucune raison d'hésiter si tel est votre choix. À la façon d'un révélateur, le bilinguisme ne pose problème qu'aux enfants qui ont des difficultés préalables de langage. Apprendre une langue supplémentaire de façon très précoce ne se justifie toutefois que s'il s'agit de la langue maternelle du père ou de la mère, la langue maternelle étant celle de l'affect. Mais, si tel n'est pas le cas, cette démarche n'a aucune raison d'être à cet âge.

Avec l'acquisition du langage, votre enfant prend plaisir à nommer. En mettant des mots sur ce qu'il découvre ou vous montre, vous l'aidez à élargir son vocabulaire.

peut en exprimer. On estime que, vers 18 mois ou 2 ans, il peut parfois en prononcer entre cinquante et soixante-quinze, mais qu'il en comprend près de trois cents – ce n'est toutefois qu'une indication moyenne. De ce fait, le message est en général plus complexe qu'il n'y paraît. Lorsqu'il prononce « maman » en votre présence, il peut vouloir vous dire : « je suis content que tu sois là » ou « pourquoi as-tu pris ton sac ? », ou « ta robe est jolie »… Pour lui, le sens d'un mot est souvent plus étendu que pour un adulte. « Papa » peut désigner non seulement son père, mais encore tous les adultes masculins qu'il connaît ; le terme « wouwou » peut englober les chiens, les chevaux et les chats, etc. Parfois, au contraire, l'enfant restreint le sens : certaines

petites filles réservent le terme « poupée » à leur poupée préférée et ne l'emploient jamais pour d'autres jouets du même type.

▶ Les premières phrases

Vers 2 ans, ou plus tard, l'enfant parvient un jour à associer deux ou trois mots pour décrire un fait précis : « papa pa(r)ti », par exemple. Cette étape est très importante, car elle marque une nette progression de ses capacités d'expression. Il réussit à dire clairement ce qu'il veut et n'est plus obligé de le montrer. Au début, ses phrases sont de style télégraphique : « veux bonbon ». Il exprime la négation par l'apposition de « non » ou « pas » devant un autre mot, par exemple : « pas dodo ». Pour exprimer l'interrogation, il emploie parfois « qui »

L'enfant sait compléter son vocabulaire par des gestes, des expressions et des intonations.

ou « quoi », mais, surtout, il utilise l'intonation du questionnement. Peu à peu, de 2 à 3 ans, il passe de la simple juxtaposition de deux mots à une formulation correcte. Il va faire des phrases de plus en plus riches, plus compréhensibles et mieux construites. À 2 ans, il dit par exemple « pinpin Thomas » pour désigner son lapin en peluche. Ensuite, il dira « lapin de Thomas » puis « lapin de moi », avant de déclarer correctement « mon lapin ». Mais ce respect de la grammaire vient dans un second temps, en général après 3 ans.

Quelques repères • L'usage des articles et des pronoms est très progressif. Si l'enfant connaît assez vite « moi », puis « toi », les « je », « me », « te », « nous » apparaissent plus tard. Ses premières prépositions concerneront la possession – « à (moi) »,

« de (maman) » « pour (moi, papa) ». Enfin, votre tout-petit assimile d'abord les adverbes de lieu (« ici », « là-bas ») avant de pouvoir manier les adverbes de temps (« avant », « après », « puis ») : le futur et le passé restent encore à 3 ans des notions très floues (voir page 262).

▶ Une progression très variable selon les enfants

Il est inutile de s'inquiéter si votre enfant de 1 an ne dit pas de mots, certains commencent seulement à parler vraiment entre 18 mois et 2 ans. Lorsqu'il apprend à marcher, le bébé concentre toute son énergie sur l'action et sur la découverte qu'elle permet. L'acquisition du langage nécessite alors quelques mois de plus.

Chaque enfant se développe à son rythme et acquiert à un moment variable des capacités nouvelles, qui pourront s'exprimer plus ou moins selon l'ambiance qui l'entoure. Plus vous serez focalisé sur la question du langage, plus cela risque de poser de problèmes à votre enfant. Quand il commence à parler, il peut dire les mêmes mots pendant des semaines, sans en apprendre de nouveaux. Là encore, pas d'inquiétude ! Il suffit d'être patient. Un jour, comme s'il y avait eu un déclic ou qu'un obstacle avait été surmonté, votre enfant, d'un seul coup, va mettre en pratique tout ce qu'il a assimilé. Il est vrai que le langage est un outil indispensable pour se faire comprendre par d'autres personnes que ses proches. C'est impératif pour la scolarisation, qui a souvent lieu à 3 ans. Mais tout peut se débloquer rapidement avant cette immersion ou dès que le besoin s'en fait sentir.

Quand s'inquiéter ? • Passé 2 ans, il faut bien sûr s'inquiéter d'une absence de jargon et de mots, et en parler au pédiatre. Si votre enfant ne présente pas de retard dans d'autres domaines, il s'agira souvent d'un décalage. Les pédiatres ne parlent d'ailleurs de « retard vrai » qu'en l'absence totale de mots à 3 ans.

Si votre enfant ne parle pas beaucoup, n'en déduisez pas pour autant qu'il veut « rester bébé », ni qu'il est « paresseux ». Il ne le fait pas exprès. Et ne vous sentez pas non plus responsable. Pour avancer, un bébé doit pouvoir affronter le fait de quitter un état pour entrer dans un autre où il rencontre de nouvelles inconnues… Cela prend plus ou moins de temps.

Une prononciation imparfaite

Un bébé prononce mal, que ce soit en écorchant les mots, en intervertissant le « che » avec le « s » ou le « f » avec le « l ». Il est normal que sa prononciation soit très imparfaite. Un petit enfant qui apprend à parler ne prononce que la fin ou le début des mots (« va » pour vache, « enco » pour encore), il utilise souvent des mots à lui : « mapa » pour « papa ». Plus tard, il dupliquera les syllabes (comme « crocrodile »), ou fera des inversions telles « bourette » au lieu de brouette. C'est en étant confronté au langage des adultes qu'il va former son oreille et qu'il va pouvoir rectifier sa façon de faire, au fur et à mesure de ses capacités neurologiques et de ses aptitudes à aller de l'avant en toute sécurité.

N'intervenez pas ! • Il ne faut pas forcer votre enfant à répéter les mots, ni le reprendre, ni le contrarier en lui disant qu'il parle mal. Certaines syllabes sont pour lui difficiles à prononcer. Il fait ce qu'il peut. Votre insistance risquerait de le lasser, d'atténuer son plaisir de communiquer, voire de créer des blocages. Il suffit, de temps en temps, de redire ses paroles en rectifiant les erreurs et, éventuellement, en les enrichissant (« oui, c'est un avion ; il vole très haut dans le ciel »). Les bonnes formulations lui seront bientôt plus familières.

Quel langage employer ? • Si charmant soit le « parler bébé », il est bon toutefois de ne pas l'encourager. Comment l'enfant pourra-t-il progresser si ses parents déforment les mots ou reproduisent ses maladresses ? C'est en écoutant les adultes que le tout-petit apprend à parler correctement, que l'on s'adresse à lui ou pas. Le mieux est donc d'employer des mots usuels, des phrases courtes, qui conviennent tout à fait à son âge. Il n'est utile ni d'user d'un style « télégraphique », ni de surveiller votre langage comme si vous passiez une épreuve de français. Méfiez-vous seulement des expressions idiomatiques qui peuvent le rendre perplexe (« prendre ses jambes à son cou », par exemple) : il les interprétera au pied de la lettre et ne comprendra pas…

Comment l'encourager ?

Comme pour l'acquisition de la marche ou de la propreté, la contrainte, ici, n'a pas lieu d'être. Il n'existe aucune méthode pour hâter le processus. Les parents participent juste à rendre le langage attrayant pour l'enfant. Cela se fait tout naturellement si vous-même prenez du plaisir à parler à votre tout-petit, à l'écouter, à chercher à comprendre ce qu'il veut dire, à lui lire des histoires… La musicalité de votre voix et les intentions qu'elle porte pourront susciter son envie de

---

Mémoire, raisonnement et langage

Depuis sa naissance, le bébé enregistre durant son sommeil les événements répétitifs ou marquants de la journée. Grâce à la mémoire dite « analogique », il va reconnaître progressivement des objets comme son biberon, des temps forts comme le bain, les lieux et les personnes qu'il voit tous les jours, et enfin des mots. Souvent, dès 1 an, certains enfants discutent (à leur manière) dans leur lit, le soir, avant de s'endormir : plus tard, les parents se rendront compte qu'ils se « racontent » ainsi les événements de la journée.

Avec l'acquisition de la marche, le développement neurologique de l'enfant va s'accélérer. Une forme de mémoire plus élaborée et dite « cognitive » permet de nouveaux mécanismes mentaux : établir une relation de cause à effet, traiter l'information en cherchant à la comprendre, être susceptible d'anticiper… Toutes ces capacités nouvelles vont notamment s'exprimer dans le langage par l'arrivée des questions « pourquoi ? ». L'enfant, susceptible d'intégrer des notions plus complexes, peut aussi respecter les interdits liés à un danger, et les exprimer par des mots : « chaud », « pas toucher », « pointu »… Il garde également une mémoire des lieux durant plusieurs mois : non seulement il reconnaît tel ou tel endroit, mais il l'associe aussi éventuellement à un événement marquant pour lui, et le fait remarquer par un mot ou une phrase. Enfin, dans sa troisième année, un nouveau bond en avant aura lieu avec le développement croissant de l'imaginaire qui s'exprimera notamment dans les jeux où l'enfant met en scène des personnages qu'il fait parler (poupée, dînette, figurines).

parler, dès qu'il en sera capable. Et il progressera s'il a le sentiment d'être compris.

Parler et laisser parler • Un tout-petit prend en général plaisir à parler et écouter s'il se sent considéré comme un véritable interlocuteur. Il a besoin qu'on s'adresse à lui, mais il aime aussi répondre à son tour, avec les mots dont il dispose, ou, à défaut, par des gestes ou des attitudes. S'il a l'impression qu'il n'a pas la possibilité d'intervenir, ou qu'on ne l'écoute pas, la parole perd tout attrait : elle ne lui permet pas d'être entendu !

Ne pas devancer ses désirs • De même, si ses parents (ou ses aînés) précèdent toujours ses envies, il a peu d'occasions de s'exprimer. Un simple exemple : s'il tend le doigt vers une bouteille d'eau, vous pouvez soit lui verser à boire, soit lui demander s'il en veut. La seconde option, plus intéressante, l'aide à formuler. Et vous aurez peut-être la surprise qu'il dise « eau-papa », parce qu'il voulait juste par son geste proposer à son papa de se servir... À plus d'un titre, il importe de lui donner l'occasion de parler. Devant les autres adultes, vous pouvez le laisser s'expliquer lui-même : un peu par gestes, un peu par mots, il parviendra à se faire comprendre. Il peut être néfaste de parler en son nom.

Le plaisir des histoires • Le tout-petit apprécie d'abord que son papa ou sa maman commentent pour lui un livre illustré. Puis sa capacité à comprendre les mots et à les associer aux images va permettre de passer petit à petit des commentaires aux histoires. Certaines lui plaisent énormément par leur sonorité, ou l'étonnent, et il éprouve plus ou moins vite un réel plaisir devant la musique du langage : il est sensible aux rimes, aux répétitions de syllabes, comme dans « hippopotame », au rythme d'un texte. C'est pourquoi il demande souvent que vous répétiez la même histoire pendant des semaines.

Qu'elles soient lues, ou inventées si vous en avez envie, les histoires lui permettront aussi de passer de la réalité à l'imaginaire au moment du coucher, et de s'endormir...

▶ Son premier « je »

Au « à moi » de 2 ans révolus va succéder le « je », en général vers 3 ans... Cela marque une étape importante dans la conscience de soi et dans l'acquisition du langage. Les premiers « je » correspondent au moment où les capacités d'élocution sont meilleures et où apparaissent des réflexions, des raisonnements, des associations...

Tous ces progrès influent sur le comportement. Désormais capable d'exprimer un souhait, de dire qu'il a mal et où, bref de mieux se faire comprendre, l'enfant peut dépasser le simple stade du « non » et exprimer plus souvent son accord. Ses échanges avec ses parents, mais aussi avec les autres enfants, s'en ressentent, en mieux. Si, d'une voix forte, il exprime sa désapprobation, il éprouve moins le besoin de frapper celui qui veut lui prendre son jouet. Les mots rem-

Entrer à la maternelle avant 3 ans ?

En théorie, les écoles maternelles acceptent les tout-petits à partir de 2 ans, à condition qu'ils soient propres et si des places sont disponibles. Mais il faut savoir que l'enfant trouvera là davantage de contraintes que s'il va en crèche ou chez une nounou. Souvent, il est préférable de préparer la scolarisation par une étape intermédiaire si vous ne travaillez pas et que l'enfant n'a jamais été gardé en crèche ou par une assistante maternelle. Une immersion brutale en collectivité peut générer des peurs insurmontables.

De même, l'entrée à la maternelle est déconseillée si l'enfant est en train d'apprendre à être propre, ou si vous êtes enceinte. Il faut de toute façon tenir compte de ses capacités avant d'envisager de l'y inscrire. S'il est très « collé » à sa maman, et de tempérament plutôt timide, il est mieux que vous l'aidiez d'abord à se sentir plus à l'aise en société, car ce n'est pas l'école qui le fera à votre place. Ensuite, il faut s'assurer que l'établissement saura répondre aux besoins de l'enfant : le temps prévu pour la sieste est-il suffisant ? Pourra-t-il se reposer davantage s'il en a besoin ? L'école accueille-t-elle déjà des enfants de son âge ? Trouvera-t-il la compréhension nécessaire s'il mouille de temps en temps sa culotte ?

Si les réponses vous satisfont, vous pouvez tenter l'expérience, d'abord à mi-temps (seulement le matin ou l'après-midi). Vous verrez alors si cette expérience lui est profitable.

En améliorant son expression, l'enfant affine sa perception de soi, de ses émotions et de sa volonté, et enrichit ses relations avec autrui, en particulier avec ses parents.

placent de temps en temps certains pleurs ou certains gestes de possession, d'agressivité, de douleur… Maintenant qu'il est davantage susceptible d'exprimer verbalement sa colère ou sa détresse, votre tout-petit les manifeste moins souvent par des hurlements ou en se roulant par terre : le langage lui permet de mettre des mots sur ses propres émotions à mesure qu'il parvient à les dominer. Bientôt, votre enfant se racontera à voix haute des histoires, ou se servira de ses propres mots pour se rassurer et donner sens à ce qu'il vit. Moment un peu symbolique, le premier « je veux » révèle ainsi aux parents combien ce tout-petit devient de plus en plus autonome. Il va chercher désormais à intervenir encore plus sur son entourage.

Au sujet de la politesse

Le meilleur moyen d'apprendre la politesse à un enfant est de lui montrer l'exemple. Vous ne pouvez lui enseigner la nécessité de dire «bonjour», «merci» et «s'il-te-plaît» que si vous-même utilisez ces mots dans votre vie quotidienne et en particulier quand vous vous adressez à lui. En général, vers l'âge de 2 ans, un enfant est à même de remercier de temps en temps, et le fait avec fierté si vous lui manifestez ensuite votre satisfaction. Mais il est encore trop petit pour que ce soit systématique.

Apprendre la politesse à un enfant est un travail de longue haleine, et cela va bien au-delà de la maîtrise de certains mots et de leur emploi à bon escient. En matière de vie en société ou de respect d'autrui, votre enfant se base avant tout sur le respect qu'on lui témoigne. C'est par mimétisme qu'il voudra faire « comme les grands » s'il est lui-même considéré comme sujet à part entière. Dès qu'il commence à marcher et à parler, il est capable d'intégrer petit à petit certaines formules dites de politesse. Il lui faudra des années pour se plier à certaines normes (parfois d'ailleurs discutables et souvent non respectées par les adultes). Ce n'est qu'à partir du cours préparatoire qu'il utilisera le « vous ».

Jeux et activités d'éveil

Des jeux de logique pour comprendre le monde • Développer son agilité • Peinture, pâte à sel et autres activités artistiques • Cultiver son imaginaire • Musique et danse • Découvrir par la lecture et les spectacles • La nature pour terrain de jeu

De 1 à 2 ans, des jeux pour se construire

Essayer, comprendre, imaginer, créer sont les maîtres mots de la période cruciale qui s'annonce. Le jeu va permettre à votre enfant de tester ses capacités et ses limites, de prendre confiance en lui, de construire son identité et son équilibre. Les activités d'éveil soutiendront ses progrès en matière de mouvements. Elles l'aideront à comprendre la logique et les conséquences des choses, à enrichir son vocabulaire et à devenir autonome.

▶ De grands apprentissages

Entre l'âge de 1 et 2 ans, votre enfant accumule les expériences, se sert de ses réussites et de ses échecs. Il intègre de nouveaux gestes et comportements : marcher, monter un escalier, courir, porter, lancer, tirer, sauter, être propre, manger seul. Son caractère et son langage s'affirment, comme sa capacité à dire non. Intellectuellement, votre enfant élabore de véritables histoires autour du jeu, avec ses mots à lui.

À partir du dixième mois, votre bébé prend conscience de sa liberté de mouvement. Debout, il a une ligne d'horizon modifiée et il sait qu'il peut aller partout. Il part à la découverte du monde des grands, sous votre œil attentif. Profitez-en pour lui parler, lui expliquer ce qu'il peut faire et ce qu'il doit éviter. En même temps, aidez-le à perfectionner les capacités qui influeront sur le jeu et, donc, sur son évolution. Tout se met en place pour que votre bébé grandisse en harmonie avec son corps et son esprit. Et pour qu'il atteigne cette autonomie qui le propulsera en toute sécurité dans l'univers des grands.

▶ Découvrir l'espace et la logique

Que c'est bon de tenir sur ses jambes quand on est resté si longtemps allongé ou assis ! Dès qu'il sera stable sur ses deux jambes et saura bien marcher, votre enfant va en effet s'empresser de découvrir de nouveaux plaisirs : monter et descendre un escalier, courir, sauter, se balancer, grimper… : autant d'exercices qui lui permettent d'explorer l'espace tout en développant ses capacités motrices. Il est essentiel de favoriser son agilité à se déplacer et sa capacité à se situer dans l'espace. Jeu de ballon, objet à pousser ou à tirer et autres sauts l'aideront à être responsable de son propre corps. À vous de le guider sans limiter les découvertes. N'hésitez pas à l'emmener au grand air, dans les aires d'activité des jardins publics où il pourra utiliser des appareils spécialement conçus pour l'exercice physique, et notamment escalader sans danger.

La logique des choses... • Votre enfant découvre une double dimension où il doit trouver sa place : l'individu qu'il est et son environnement. Les jeux, dont il est l'acteur ou le spectateur, l'aideront. Par exemple, s'amuser avec un miroir participe à la reconnaissance de soi, de son image, de son corps. Les activités d'association avec les objets facilitent le développement de la logique tout en bâtissant un vocabulaire : le train et la gare, la poire et le poirier, le crayon et la couleur... Dans tous les cas, votre enfant comprendra la relation entre l'objet et la situation.

Ressentir et associer • Sentir, écouter, toucher... La conquête du monde qui entoure un enfant passe par la vue, mais aussi par les autres sens. Entre 1 et 2 ans, l'enfant reconnaît les objets par les mots, le goût, les sons, la manipulation. C'est l'âge du touche-à-tout !

Vous pouvez lui proposer des imagiers ou créer vous-mêmes vos supports, ou encore puiser vos idées dans la maison ou au-dehors. Par exemple, confectionnez une « chaussette surprise » contenant des objets divers et simples. Votre enfant plonge la main, les yeux fermés, et annonce fièrement ce que c'est : une voiture, une balle, un cube... Vous pouvez également réaliser des jeux basés sur l'écoute avec différents sons que votre enfant s'amusera à identifier : instrument de musique, cris d'animaux, téléphone, bruits familiers...

▶ Petit matériel pour un artiste en herbe

Chacun s'est extasié devant les toutes premières prouesses artistiques de son enfant. En l'encourageant et en lui témoignant la tendresse dont il a besoin, vous serez les acteurs de son épanouissement, qu'il soit ou non l'auteur d'un véritable chef-d'œuvre. Tout petit déjà, il a besoin du dessin et de la peinture pour exprimer ce qu'il ressent, sa manière de voir le monde, ainsi que les choses telles qu'il les voit. N'hésitez pas à lui montrer l'exemple, car, à cet âge, il commence à imiter, comme il le peut, les adultes.

Les godets de peinture • Plusieurs godets contenant des peintures de différentes couleurs, spécialement conçues pour les enfants, une

Les jeux d'éveil permettent à votre enfant de développer sa logique de manière ludique.

grande feuille de papier, un pinceau large : voilà le matériel suffisant pour que votre petit artiste se surprenne lui-même et vous subjugue. Installez-le sur sa chaise haute, assurez-vous que le manche de son pinceau est assez long. Attention à la stabilité des godets !

Il existe aussi de la peinture au doigt dont il se régale en établissant un contact avec la matière. En plus, pouvoir faire ce qui est d'habitude interdit, quelle aubaine...

Le pochoir • En posant de la couleur, avec une éponge imbibée ou un gros stylo-feutre, sur un dessin découpé posé sur une feuille de papier, votre bébé obtient la forme initiale en retirant la découpe.

Les premiers dessins • Votre enfant ne sait pas encore lire et écrire. Sa petite main a du mal à tenir le crayon ou le marqueur (que vous choisirez lavable à l'eau, c'est préférable), d'où l'utilité de l'aider. Mais il est curieux de tout et s'aide des images pour comprendre. Le dessin est donc un moyen formidable pour formaliser ce qui ne l'est pas encore, et complète la peinture. Jouez avec lui en lui proposant, par exemple : « Je commence, tu termines. » Vous tracez une courbe, à lui de finir le ballon, le soleil, ou un simple trait.

La pâte à sel • Malaxer de la pâte à sel ou de la pâte à modeler, puis créer des formes ayant un sens, est captivant. La pâte à sel est une source de plaisirs infinis, car on la fabrique soi-même avant de la façonner. Mélangez dans un récipient 2 mesures de farine, 1 mesure de sel et quelques gouttes d'huile. Ajoutez progressivement de l'eau pour former la pâte. Apprenez à votre enfant comment fabriquer des formes simples (boule, rouleau), à partir desquelles il pourra créer une multitude d'objets.

Le monde réel

Entre 1 et 3 ans, les enfants adorent les animaux. N'hésitez pas à emmener votre tout-petit dans une ferme ou un parc animalier pour qu'il se confronte avec les bêtes en chair et en os (voir page 263). Il verra ainsi autre chose que le monde recréé par les livres et d'autres supports et apprendra à faire la différence entre l'imaginaire et la réalité. Même en faisant les courses, n'hésitez pas à vous arrêter devant la poissonnerie pour qu'il puisse admirer les crabes, les poissons ou encore les crustacés dans l'aquarium.

De 2 à 3 ans, des jeux pour devenir grand

Votre bébé est maintenant un enfant. Vocabulaire, notion de temps et d'espace, expression des désirs : il poursuit la découverte de son identité et se familiarise avec différentes abstractions. À la fin de la deuxième année se mettent en place les jeux imaginaires qui favorisent sa créativité, sa réflexion et son intelligence. Jouer le fait grandir et constitue aussi un moyen de communiquer avec les autres, particulièrement les enfants de son âge.

▶ Comprendre, imiter, associer

Son regard s'aiguise, sa compréhension s'accroît, son sens esthétique s'organise. Un enfant de 2 à 3 ans peut s'exprimer, ne serait-ce que par le non, et puise autour de lui la matière de son expérience et de son vécu. Il est donc normal qu'il cherche à reproduire ce qu'il observe : gestes, attitudes, paroles, images... Vous pouvez rendre ces imitations cohérentes et personnalisées en lui procurant des jeux dont il sera le metteur en scène et l'acteur, donc le maître. Il suffit par exemple de puiser dans les activités quotidiennes, comme le téléphone ou la « dînette ».

Associer et ranger • Que de questions ! Votre enfant est insatiable, curieux de tout, à l'affût de la moindre explication puisqu'il doit apprendre la signification et l'usage de chaque objet. Comme il adore s'amuser avec vous, poursuivez sur le chemin des activités d'associations en lui proposant vos propres schémas (le pot de yaourt et la petite cuillère, la brosse à dents et le tube de dentifrice, le crayon et le taille-crayon par exemple). Ou, mieux, en le laissant établir des liens entre des objets et des situations, inventer ses logiques et son monde. Même petit, un être humain a besoin de son jardin secret et d'une liberté reconnue. À ce propos, tirez parti de l'occasion pour lui apprendre à associer jouets et chambre : savoir ranger son espace de vie revient à l'occuper vraiment, à respecter les autres et soi-même, à en retirer une grande satisfaction. Par exemple, recycler les boîtes à chaussures pour y mettre les jouets par catégories : les petits animaux ensemble, une boîte pour les poupées, une autre pour les petites voitures, les Legos, les chevaliers, les crayons et les feutres...

Votre enfant vous imite pour faire « comme les grands ». Et grâce à son sens de l'observation et à une habileté croissante, il vous étonne souvent.

▶ Affiner ses mouvements

À pieds joints, en marchant ou en sautant, l'enfant de 2 à 3 ans est de plus en plus assuré sur ses jambes et maîtrise de mieux en mieux ses mains. Et il le montre ! D'où le besoin d'affiner ses mouvements et sa préhension. Il faut alors exploiter ses goûts prononcés tout en aidant sa concentration. Quel plaisir de presser, remplir, visser, empiler, malaxer, broyer et tourner... À la maison, bien installé sur sa petite chaise, il pourra s'adonner aux jeux de manipulation : découpage de formes dessinées sur une feuille, peinture aux doigts, collage de gommettes auto-adhésives, sculpture à la cuillère, pâte à modeler, gros puzzle... Dehors, il jouera dans les bacs à sable remplis d'ustensiles aussi variés que seau, pelle, tamis et autres moules colorés à remplir.

Lancer et viser • Réussir à lancer une balle et à atteindre une cible est un excellent exercice de motricité. Il faut beaucoup d'équilibre, un bon maintien du haut du corps et des bras. Proposez une boule de papier et une grande bassine, puis augmentez l'enjeu avec une balle rebondissant à lancer dans une corbeille à papier de plus en plus éloignée. Et c'est aussi drôle de se renvoyer mutuellement la balle.

Le parcours balançoire • Comment avancer sur une planche de balançoire, d'abord à quatre pattes, puis debout ? Tentez l'expérience avec votre enfant, en restant à ses côtés. Étonnés, vous observerez qu'il s'amuse à maintenir la stabilité de son corps, à attendre le moment où le point de bascule sera atteint.

Jouer seul ou à plusieurs

Dans sa chambre ou près de vous, votre enfant peut jouer seul. Toucher ses pieds, tendre l'oreille au bruit d'un trousseau de clefs… tout est prétexte au jeu. Souvent, il découpe son activité en plusieurs étapes : il manipule des objets, imite les autres, reproduit une scène de la vie courante, établit des projets, invente des histoires, réfléchit. En s'appuyant sur ce qu'il a déjà vécu, il utilise toutes les possibilités que lui offrent un objet ou une situation. Vous constaterez que le jeu solitaire n'est pas l'ennui. Si votre enfant semble « s'embêter », ne cherchez pas forcément à le stimuler,

laissez-le trouver seul un sujet d'activité en puisant dans ses ressources ou en se découvrant de nouvelles capacités. Ces moments d'inactivité favorisent, contre toute apparence, son développement intellectuel. Vous serez surpris !

Grandir et se lier • C'est le temps des premiers copains. Alors que, en général, les enfants établissaient auparavant peu de contacts ludiques, à partir de 2 ans, ils apprécient la compagnie d'enfants de leur âge ou plus âgés, ils commencent à jouer entre eux, souvent en petits groupes. Le jeu concourt en effet à la prise de contact, à l'échange, à la création de liens parfois intenses et souvent durables. Les amitiés existent quand on a 3 ans. Elles se nouent à la crèche, à la halte-garderie, à la ludothèque, au parc, dans les familles, etc.

À tout âge, créer et découvrir

L'imagination est nécessaire à l'équilibre de votre enfant et au développement de sa personnalité. Elle stimule sa curiosité et enrichit ses expériences. Elle lui donne le désir de créer des liens avec les autres, afin de partager découvertes et émotions. Au plaisir d'imaginer des histoires se mêle celui de créer – formes, couleurs, sons, mouvements. Artiste polyvalent, votre enfant exprime ce besoin avec de plus en plus d'habileté. Il trace des formes, expérimente la palette des couleurs, chante des comptines ou découvre les gestes de la danse. Tout son corps participe ainsi activement à l'éveil de son esprit.

Une imagination débordante

Un infatigable metteur en scène ! Un enfant ne cesse d'imaginer en se servant de la réalité quotidienne : il joue à « faire semblant », scénarise, interprète des rôles avec ou sans le support de jouets. Un jour, il prépare un gâteau, sert du jus d'orange, baigne sa poupée, couche son ours, conduit une voiture, téléphone… Une autre fois, il mime des scènes de sa vie sociale : jouer la « nounou », le docteur, la marchande. Un peu plus tard, ses livres ou d'autres sources visuelles inspirent ses jeux : la princesse, le loup, le dinosaure. Vers 2 ans et demi ou 3 ans, son entourage lui procure d'autres thèmes d'inspiration (gestes, intonations…). Quelle que soit la forme du jeu, votre enfant cultive son imaginaire, exprime son bon-

heur ou sa manière de gérer des difficultés, canalise aussi ses pulsions. Voici quelques pistes qui l'aideront à développer sa créativité.

Laisser du temps à la rêverie • Respectez les moments d'inactivité où votre enfant laisse courir son imagination, laissez-lui le temps de rêver les yeux dans le vague.

Faire semblant • À côté de ces moments nécessaires de solitude, montrez-lui que vous vous intéressez à lui, joignez-vous à ses jeux, entrez de temps en temps dans son monde imaginaire. Vous aussi, « faites semblant ».

Inventer • Aidez-le à inventer des situations originales et distrayantes en lui racontant ou lisant des histoires, en mimant des personnages ou des situations.

En jouant à plusieurs, les enfants développent leur sociabilité et créent des liens qui peuvent être très durables.

Commenter • Regardez et commentez avec lui ou pour lui les illustrations de ses livres.

Faire comme les grands • Tout en respectant son monde imaginaire, donnez à votre enfant l'occasion de vivre avec vous des expériences réelles. Associez-le à de petites tâches domestiques ou non de façon amusante, confectionnez ensemble un gâteau ou construisez une cabane avec un drap et des chaises, par exemple.

Découvrir • Puisez dans les domaines de la vie, de la nature ou de la technique pour exciter sa curiosité et son imagination. Faites-lui découvrir les fleurs, les arbres, les insectes, les avions, les voitures et autres machines...

Jouer à plusieurs • Mettez votre enfant en contact avec d'autres enfants ; chacun, en apportant son invention, enrichit le jeu. Il prendra plaisir à ces rencontres. Quel que soit son déroulement, cette confrontation est formatrice et l'aidera à s'adapter à la réalité.

Se déguiser • Les déguisements ne manquent pas pour permettre à votre enfant de transposer la réalité à son échelle et lui donner un support concret pour vivre des situations extraordinaires (déguisements de fée, de princesse, de héros, de chevalier, etc.). De simples objets courants lui suffisent même pour recréer un monde à la mesure de son imagination.

▶ L'art et les mains

À partir de sa deuxième année, votre enfant inaugure sa période « artistique ». Il aime laisser une trace de son activité sur la surface de son choix

Que faire en cas de bêtises ?

Coups de feutres sur la peinture du mur ou le papier peint, salle de bains transformée en mare à canards, télécommande de la télévision en panne : autant de maladresses ou d'exploits... souvent originaux !

Comment réagir ? Tout d'abord, montrez-vous très présents lors de sa quête d'autonomie et respectez son rythme. Sachez anticiper et prévenir les faux pas avec quelques précautions : mieux vaut mettre à l'abri les objets fragiles ou trop dangereux, surtout autour de l'âge de 1 an. Faites prendre conscience à votre enfant de ses bêtises en lui montrant leurs conséquences et en l'aidant à « recoller les morceaux ». Mais expliquez calmement et répétez les mêmes mots pour qu'il comprenne vraiment le mode de fonctionnement et les règles de sécurité des objets, et qu'il respecte les autres personnes.

Il vous faudra rester fermes sur les limites à ne pas franchir, notamment si vos interdits sont liés à un danger. Quand c'est moins important, vous pourrez vous montrer plus souples. Si vous vous êtes emportés, rétablissez le dialogue. Instaurez une sorte de pacte de confiance en lui accordant des responsabilités.

(mur, sable, terre, papier, tableau), avec son doigt, sa main ou à l'aide d'un instrument (crayon, pinceau, feutre, etc.). Il est capable de tracer volontairement des lignes horizontales ou inclinées, il comprend mieux comment fonctionnent les objets, cherche à imiter l'attitude d'un adulte qui écrit. Regardez-le s'échiner sur sa feuille en traçant des spirales ! Assez habile pour jouer avec des cubes, enfiler des anneaux, encastrer des objets, il peut aussi se transformer en architecte pour créer d'invraisemblables châteaux avec ses jeux de construction.

Formes et couleurs • Tout dessin d'enfant raconte une histoire, même si son trait et ses couleurs ne correspondent pas forcément à la réalité. Il est donc souhaitable de commenter son œuvre avec lui, de laisser libre cours à sa fantaisie et de lui permettre d'utiliser des techniques originales en toute liberté. À la crèche, les enfants peignent sur de vastes supports au mur ou sur le sol, avec les doigts, les mains, voire les pieds, ou avec de gros pinceaux. Le résultat est souvent étonnant. Chez vous, vous pouvez fixer de grandes feuilles de papier au mur, éventuellement agrémentées de collages de tissu, de carton, de feuilles d'automne, etc. Surtout, gardez sa production en la datant. Il aura plus tard plaisir à la consulter pour se rappeler. Elle constitue une trace écrite de son évolution. Lorsqu'il peint ou dessine, votre enfant apprécie d'être bien installé (support à sa portée ou à sa hauteur) et de travailler dans la bonne humeur. Par exemple, mettez-lui un tablier en plastique, en transformant cette contrainte en rite : c'est son « costume » de peintre.

▶ Musique, chant, danse

Tout enfant est friand de sons. S'il lui arrive de faire du bruit, c'est pour créer un son, le reproduire ou manifester sa présence, voire exprimer une opinion. Il importe donc de l'aider à apprivoiser les sons, à leur donner un sens, à les différencier. Solliciter ainsi son écoute, éveiller son attention affineront son oreille et l'aideront dans l'acquisition du langage et même de l'écrit.

Écouter • Ayant baigné dans une atmosphère musicale avant même sa naissance, de façon ponctuelle ou permanente, votre enfant a forcément acquis une sensibilité à cet art. Mais il est important qu'il puisse, dans l'avenir, exprimer ses préférences en s'appropriant la culture de son temps. Pour le moment, il aime aussi écouter des chansons enfantines et des comptines, où mélodies et paroles sont simples, faciles à reconnaître et à répéter.

Composer • Le petit enfant est capable de « composer ». Avec le langage, d'abord, il découvre la variété de l'univers sonore : il module les intonations de sa voix et se met à chanter. Les objets de la vie quotidienne deviennent autant d'instruments potentiels : une cuillère contre une casserole, deux verres qui tintent l'un contre l'autre, un jouet cognant les barreaux du lit... Prolongez cet apprentissage en lui confiant un tambourin, un xylophone ou des maracas. Et composez ensemble la plus belle des partitions !

Danser • Frapper des mains, faire des gestes, se contorsionner... La musique s'exprime aussi par le corps, surtout si l'enfant le fait avec plaisir et harmonie. Il danse en écoutant de la musique, en chantant. Les rondes traditionnelles seront pour plusieurs années un des jeux qui lui donneront le plus de joie.

Jeux de filles, jeux de garçons

À partir de 2 ans et demi ou 3 ans, les enfants ont vraiment une idée de leur sexe. Entre autres parce que les parents ont, de façon inconsciente, un comportement différent selon qu'il s'agit d'une fille ou d'un garçon, ce qui oriente dès la naissance le développement de l'identité sexuelle. On a coutume de dire que les filles ont plus tendance à jouer à la poupée, à la cuisine ou à s'habiller en « dames », et que les garçons sont davantage occupés à se déguiser en justiciers, à se poursuivre ou à foncer sur leur camion. Mais ces activités sont interchangeables et participent à l'épanouissement personnel. Un garçon jouant à la dînette aura tout simplement envie de faire la cuisine, et sa virilité n'en sera pas atteinte pour autant. De même, une fille s'amusant avec des voitures restera en tout point féminine.

Les activités culturelles

La culture ! Un petit enfant est comme une plante, il a besoin d'être nourri pour grandir. Aussi les activités culturelles adaptées à son âge enrichissent-elles son vécu et favorisent-elles son épanouissement. Les livres, les spectacles, la musique, tout ce qui peut solliciter l'oreille ou le regard, le passionnent. Encouragez cette curiosité intellectuelle en y répondant avec attention.

▶ Le monde des livres

Les bibliothèques et les librairies regorgent d'ouvrages adaptés à tous les âges. Votre enfant adorera toujours que vous lui racontiez des histoires. Car la lecture est un moment privilégié d'échanges et souvent de câlins, tant dans la journée que pour le rite du coucher. D'abord, le livre permet de découvrir le monde, la vie quotidienne, la nature, les techniques, les coutumes de pays étrangers et bien d'autres aspects de la vie. Outil de distraction et d'éveil à la connaissance des choses et de soi-même, il ouvre et développe l'esprit autant que l'imaginaire, suscite émotions et interrogations, c'est-à-dire toute la matière nécessaire à l'épanouissement.

Entre 1 et 3 ans, vous constaterez que votre enfant est sensible au ton de votre voix, à la couleur, à l'ambiance des illustrations, ainsi qu'à vos commentaires. Pour sa plus grande joie, lancez-vous et faites l'acteur, avec force gestes et mimiques, en changeant de voix en fonction des personnages. Une chose importante : la compréhension (scénario, mots…) augmente avec l'âge mais expliquer telle ou telle situation au plus petit ne peut que l'enrichir et susciter chez lui d'autres questions. Lorsqu'il saura parler, vous le surprendrez parfois se racontant l'histoire à lui-même ou inventant des épopées extraordinaires.

▶ Des spectacles pour être au cœur de l'action

Pour un enfant, le monde est un spectacle permanent. Il dévore tout ce qui est autour de lui, les yeux grands ouverts. Il nourrit ainsi son imagination d'aventures auxquelles il peut participer. Marionnettes, théâtre approprié et autres salles de cinéma sont autant d'occasions supplémentaires d'élargir son expérience de manière originale.

Les marionnettes • Ces spectacles sont particulièrement adaptés aux petits de moins de 3 ans, car ils les impliquent totalement. Guignol, loups, princesses, rois, magiciens, bons et méchants, etc., tous ces personnages sollicitent leur imaginaire et leurs réactions. Interpellés, les enfants participent à l'action, répondent, crient, tapent dans leurs mains. Bref, ils s'identifient aux héros et vibrent intensément. Les enfants peuvent aussi inventer leurs propres spectacles. Tout peut devenir marionnette au bout du doigt : dés à coudre, personnages en feutrine, vieux gant

Un enfant s'éveille à la musique en écoutant, mais aussi en composant librement avec les sons.

décoré… Aidez votre tout-petit à confectionner des marionnettes et à mettre en scène une histoire derrière un théâtre improvisé.

La toile et la scène • Il existe aujourd'hui des spectacles de théâtre, préconisés par des crèches, et des courts-métrages d'animation spécialement conçus pour les enfants de ces âges. Il est bon de se renseigner, car certaines salles de cinéma réservent les moyens ou longs métrages aux plus de 3 ans, ne serait-ce qu'en raison du fort volume sonore des projections.

▶ Le petit écran

Mesure, attention et moments choisis sont les trois règles entourant l'utilisation de la télévision et de ses supports (vidéo et DVD). En effet, en dehors de très courtes émissions réservées aux petits ou de dessins animés, ce média n'est pas adapté aux enfants de moins de 3 ans.

La machine à images • Un enfant est fasciné par le flux de sons et d'images de la télévision. Mais il ne les comprend pas forcément alors que ces informations s'impriment dans sa mémoire, pouvant alors le perturber. Il est donc important de sélectionner soigneusement les émissions correspondant à son stade de développement et à ses facultés d'apprentissage. En outre, le poste ne doit être allumé que par les parents et les temps de programmes seront limités pour éviter toute accoutumance. La télévision n'est pas une baby-sitter, et ne peut remplacer les moments d'intimité familiale et de jeux. En revanche, quand votre enfant sera plus grand, elle pourra s'avérer un remarquable outil pédagogique si elle est utilisée avec raison et organisation (voir page 279).

Bandes et disques • La vidéo et le DVD permettent de sélectionner les programmes de qualité conformes à l'âge de votre enfant. Dessins animés, films d'animation ou documentaires enrichissent son imagination ou comblent sa curiosité. Devenu spectateur, et non plus acteur du jeu, il a besoin que vous lui commentiez les images. Vous établissez ainsi un échange fructueux qui peut l'aider à comprendre le monde.

Arnold Lucius Gesell

Le psychologue Arnold Lucius Gesell *(Alma, Wisconsin, 1880 – New Haven, Connecticut, 1961) fut le fondateur, à l'université Yale, de la Clinique du développement de l'enfant. Là, il observa le comportement de nourrissons et d'enfants à l'aide de tests, de films, de miroirs sans tain. Il mit ainsi au point une échelle de développement de la motricité, du langage, de l'adaptation et des réactions à l'égard d'autrui, s'appliquant aux enfants de 4 semaines à 5 ans.*

Le corps et la nature

C'est une certitude : la maîtrise du corps va de pair avec l'envie de se dépenser. Votre enfant éprouve vite le besoin de courir, de sauter, d'avancer sur un camion, de taper dans un ballon… Encouragez et favorisez ce besoin d'expression physique. La campagne offre un cadre idéal à ce genre d'activités, tandis que les villes disposent de jardins publics pour y consommer son trop-plein d'énergie.

▶ En pleine nature

La nature est un univers où l'on se sent bien, particulièrement les jeunes enfants. Peuplée d'animaux, elle excite leur envie d'explorer : fourmis, coccinelles, vers de terre, lézards, vaches, poules, lapins ou oiseaux sont autant de créatures étranges à découvrir, sans oublier les plantes et les fleurs à portées de main. Les jouets et les livres pour enfants exploitent largement cette attirance spontanée pour le monde naturel.

Des joies irremplaçables • La nature est une occasion de satisfaire sa curiosité et d'éveiller sa sensualité. Jouer dans l'herbe d'un pré, respirer l'odeur des foins coupés, admirer un champ de coquelicots, cueillir un bouquet de pâquerettes, ramasser des petits cailloux ou des coquillages au bord de la mer sont des joies simples mais irremplaçables. Si vous vivez en ville, emmenez aussi souvent que possible votre enfant à la campagne, en montagne ou au bord de la mer, en attendant qu'il soit assez grand pour y aller dans le cadre de colonies de vacances ou de classes « vertes ».

Un monde vivant • Arpenter la campagne permet de faire des rencontres étonnantes, parmi lesquelles il faut aider votre enfant à reconnaître les quelques dangers possibles. En l'avertissant dès ses premiers mois, il saura distinguer les végétaux et les animaux à risque. Par exemple, il deviendra évident pour lui que les petites boules rouges si tentantes des plantes ne sont pas des bonbons, et que des abeilles posées sur les fleurs ont horreur que l'on s'approche.

Le sport avant 3 ans ?

Les trois premières années de la vie d'un enfant sont avant tout celles de son développement psychomoteur naturel. On ne peut donc pas parler de sport, puisque celui-ci nécessite des efforts musculaires coordonnés, une résistance, une concentration dont un petit de cet âge n'est pas capable.

Il faut privilégier sa croissance et son équilibre. Le jeu reste le moyen de se dépenser. En outre, il lui apporte la maîtrise corporelle (course, saut, toboggan, poutre, ballon...).

Le physique étant indissociable du mental, votre enfant progresse aussi en lançant, attrapant, roulant, traînant... Autant d'exercices ludiques en toute liberté et sans les règles de bienséance imposées aux grands. Tout en le surveillant avec attention et patience, vous pouvez l'y encourager, l'accompagner en promenade, lui sur son tricycle, vous sur votre vélo par exemple.

La nature à domicile • En ville ou à la campagne, il n'est pas rare de rencontrer des fleurs, des plantes vertes et différents animaux domestiques. Tout enfant doit apprendre dès son plus jeune âge à respecter ces êtres vivants. Par exemple, un chien et un chat sont de formidables compagnons, affectueux et disponibles. Mais ce ne sont pas des jouets. Ils détestent qu'on leur tire la queue ou les oreilles et risquent de le montrer avec vivacité. En sachant cela, votre enfant évitera un possible coup de griffe ou de dents qui pourrait avoir de graves conséquences. En outre, ne laissez jamais seuls l'enfant et l'animal, surtout dans la chambre, et apprenez au chien ou au chat qu'il faut aussi respecter ce petit d'homme.

▶ Les espaces publics

Les villes ne disposent pas toujours de vastes prairies où s'ébattre. Alors, comment faire ? Vous pouvez emmener votre enfant dans les jardins publics (ou botaniques) qui garantissent à la fois la sécurité et des espaces de jeu réservés aux enfants (bac à sable, pelouse...). Il courra sans doute derrière les moineaux, humera les fleurs, et s'essaiera, tout à son aise, à ses premiers tours de tricycle. Certains de ces parcs possèdent des structures : escalade, toboggans, balançoires, tourniquets, bascules et parfois manèges. Et qui sait, votre enfant peut aussi faire des rencontres avec des petits de son âge. C'est l'occasion de connaître un début de vie en société, de se faire des amis mais aussi d'être confronté aux règles et aux aléas de toute relation humaine.

▶ Les jeux d'eau

L'enfant est familiarisé avec l'eau dès avant sa naissance. À la maison, vous avez constaté souvent les vertus apaisantes de l'eau en le laissant s'amuser avec quelques jouets flottants dans la baignoire. Vous l'avez peut-être même inscrit chez les « bébés nageurs », mais sous certaines conditions (voir page 123). S'il vaut mieux éviter la piscine avant 2 ans, en raison du bruit et de l'eau chlorée, après cet âge, l'enfant y acquiert, en barbotant, une confiance envers l'eau et une autonomie certaines. De même à la mer, dans sa baignoire ou dans le bassin gonflable du jardin. L'essentiel est de toujours le surveiller, de l'équiper de bouées homologuées et de lui apprendre à nager, à son rythme et sans jamais le forcer.

Veiller à la santé de son enfant

S'assurer du bon développement de son enfant • La première visite chez le dentiste • La prévention des caries • Constituer sa pharmacie de base • Oreillons, scarlatine, varicelle… : les différentes maladies infantiles • Comment reconnaître les allergies et s'en prémunir ? • Si votre enfant est asthmatique • Le traitement des angines • L'ablation des amygdales et des végétations

Un enfant en bonne santé

La deuxième année de vie constitue pour votre enfant la période des grandes découvertes, marquée par la marche et les débuts de la parole. Utilisant ses sens, il comprend, assimile des gestes, des situations, des couleurs, des mots… Il montre aussi son caractère. Bref, il se construit à partir d'une foule d'informations. Pour cela, il est important de surveiller sa santé afin de lui offrir tous les atouts de son évolution.

▶ Apprécier la croissance de votre enfant

À son 24e mois, votre fille ou votre fils quitte son statut de nourrisson pour entrer dans l'enfance à proprement parler. Autant dire que cette étape est essentielle. C'est pourquoi, à cette date, votre pédiatre effectue un bilan de santé obligatoire. Il tient compte des conditions de vie de la famille, procède aux mensurations classiques (poids, taille) afin de dresser les courbes de croissance (voir page 125), mesure le périmètre crânien pour juger du bon développement du cerveau. Il vérifie le fonctionnement du corps et évalue les capacités psychomotrices et sensorielles de votre enfant. Les informations sont ensuite reportées sur le carnet de santé, ainsi que sur un formulaire qu'il vous remet à l'issue de la consultation et que

Une bonne santé est un atout essentiel pour un développement physique et psychique équilibré.

vous devez expédier à votre Caisse d'allocations familiales. Grâce à ce bilan, le médecin peut apprécier les performances de votre enfant mais aussi détecter certaines faiblesses, notamment visuelles et auditives, et le diriger le cas échéant vers un autre spécialiste.

Quelques repères • Entre 1 et 2 ans, votre enfant prend en moyenne 200-250 g mensuels, même si cela peut varier d'un mois à l'autre. À son deuxième anniversaire, il a quadruplé son poids de naissance, qui est donc compris entre 9,2 et 14,9 kg. À 3 ans, il pèse de 11,2 à 17 kg, selon sa morphologie. Entre 1 et 2 ans, votre enfant gagne environ 1 cm chaque mois ; il a, à son deuxième anniversaire, une taille comprise entre 78 et 92 cm. À 3 ans, il mesure entre 86 et 102 cm. Le périmètre crânien atteint, à 2 ans, de 45 à 52 cm, et, à 3 ans, de 47 à 54 cm. Ces chiffres concernent 94 % des enfants.

▶ Des dents saines

Les dents de votre enfant nécessitent une attention particulière. Il est en effet essentiel de préserver les dents de lait, pour assurer une denti-

tion définitive en bon état. Si une dent de lait est cariée, elle perd sa vitalité, ne constitue plus une barrière et fragilise l'os sous-jacent. Un abcès est alors possible, avec un risque de détérioration de la dent définitive. Ainsi, entre 2 et 3 ans, c'est le moment de rencontrer le dentiste pour la première fois. Ensuite, une visite semestrielle ou annuelle est recommandée, suivant les conseils du praticien.

La première visite chez le dentiste • Vous devez expliquer à votre enfant, en restant simples et positifs, ce qu'est un dentiste : son rôle, son univers, ses drôles d'instruments et de machines, ses gestes, ses méthodes… Aidez-vous au besoin de supports comme des livres et des brochures de professionnels de la santé. Il en existe de très bien faits. Le message à faire passer est que ce « docteur des dents » est là pour son bien ; utilisez des images pour qu'il comprenne bien. Par exemple, dites-lui qu'il sera aussi fort qu'un tigre avec ses belles dents…

Lors de la consultation, le dentiste vérifie l'état de la dentition, donne d'éventuels soins et, surtout, apprend à votre enfant comment s'occuper

Se brosser les dents

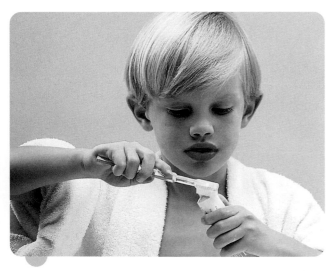

Brosse à dent et dentifrice

Choisissez une brosse à dent à poils souples, dont le manche et la tête sont adaptés à la main et à la bouche de votre enfant. Dès qu'il sait cracher, donnez-lui un peu de dentifrice, dont le fluor participe à la prévention des caries. Avant, le pédiatre peut prescrire une supplémentation en fluor. Habituez votre enfant à se brosser les dents quotidiennement.

De bonnes habitudes

Dès l'apparition des premières dents de votre enfant, brossez-les avec une petite brosse souple. Vous pouvez commencer à lui apprendre le geste vers 1 an et demi ou 2 ans, quand il sait bien se servir d'une cuillère. Expliquez-lui que le brossage se fait de la gencive vers la dent, en haut et en bas, et n'hésitez pas à vérifier que le nettoyage est bien fait.

de sa bouche. Il prévient aussi d'éventuels défauts qui pourraient demander l'intervention d'un orthodontiste. Celui-ci n'interviendra qu'à partir de 8-9 ans, sur les dents définitives.

La prévention des caries • Tout d'abord, réservez les sucreries et les sodas aux moments exceptionnels, évitez le biberon de lait juste avant le coucher et procurez à votre enfant une alimentation équilibrée. Dès que ses premières dents apparaissent, brossez-les avec une brosse à poils souples adaptée à son âge, de préférence après chaque repas. Ensuite, vers 1 an et demi ou 2 ans, dès qu'il commence à maîtriser l'usage de la cuillère, apprenez-lui à se brosser les dents – mais n'hésitez pas à « passer derrière » pour assurer un bon nettoyage. Le dentifrice n'est pas recommandé à cet âge où l'on ne sait pas encore bien cracher. Par ailleurs, le fluor renforce l'émail dentaire, qui résiste ainsi plus efficacement aux caries. Garantie pour l'avenir, il est prescrit en doses quotidiennes de la naissance à l'âge de 2 ans.

Si, malgré votre surveillance et vos soins, votre enfant a mal en buvant ou en mangeant chaud, sucré ou très froid, si son haleine est nauséabonde... il a des risques d'avoir une carie, infection due à une bactérie qui s'attaque à l'émail (en surface) puis à l'ivoire (en profondeur). Il faut alors aller consulter le dentiste, qui vérifiera si la dent est effectivement cariée et la soignera, le cas échéant.

Si votre enfant se casse une dent • Entre 1 et 3 ans, votre enfant, de plus en plus intrépide, peut tomber et se casser une dent. Le premier réflexe doit être de conserver les morceaux ou la dent entière dans du sérum physiologique. Puis, demandez à votre dentiste de vous recevoir en urgence. Il pourra recoller le fragment ou la dent (l'incisive est la plus touchée), ou replacer la dent si elle s'est déplacée. Il vérifiera que la pousse définitive, en dessous, n'est pas endommagée. En cas de saignement abondant de la gencive, comprimez avec une compresse propre, avant de consulter aux urgences.

▶ Bien voir et bien entendre

Contrôler sa vue ? • À l'issue d'une consultation, votre pédiatre peut vous conseiller de consulter un ophtalmologue, notamment si votre enfant présente des signes de faiblesse visuelle, ou si des antécédents familiaux justifient une simple visite de contrôle (voir page 127).

Sachez que, dans l'hypermétropie, l'image se forme derrière la rétine ; l'enfant voit mal de près comme de loin car les contours des objets et des lignes sont déformés.

Dans la myopie, l'image se forme en avant de la rétine ; l'enfant voit mal de loin. L'astigmatisme, défaut de la courbure de l'œil, donne des images déformées dans la vision de près ; l'enfant distingue mal les formes.

Dans l'amblyopie, un œil, en cas de strabisme, d'hypermétropie ou d'astigmatisme, perd peu à peu ses facultés. L'ophtalmologue, grâce à différents tests, précisera le défaut visuel de votre enfant et les mesures à prendre : port de lunettes, rééducation...

La pharmacie de base

Il est important que vous ayez une pharmacie contenant les principaux produits nécessaires à votre enfant, de 1 à 6 ans. Cette pharmacie doit impérativement être hors de portée de votre enfant.

Pour les soins courants, prévoyez :
• des compresses stériles ;
• de l'alcool à 60 % vol ;
• de l'eau oxygénée ;
• un antiseptique non piquant ;
  • du sparadrap et des pansements adhésifs prédécoupés ;
    • des bandes de type Velpeau® ;
    • des crèmes pour les chocs, les brûlures, les érythèmes ;
  • du tulle gras ;
• des ciseaux à bouts ronds ;
• une pince à épiler pour les échardes ;
• un thermomètre ;
• un mouche-bébé ;
• de l'aspirine, du paracétamol (il en existe diverses formes : poudre, sirop, suppositoires ; ne les mélangez pas avec les boîtes pour adultes) ;
• des sachets de solution orale de réhydratation ;
• de petits flacons-doses de sérum physiologique.

La conjonctivite • Votre enfant peut avoir une conjonctivite, trouble fréquent entre 1 et 3 ans, d'origine bactérienne ou, plus souvent, virale. Il présente alors des yeux rougis, qui le brûlent et le démangent. Du pus peut suinter et former une croûte blanche au réveil. Le traitement consiste en un collyre antibiotique et/ou antiseptique, appliqué après avoir nettoyé les yeux avec du sérum physiologique.

La perte d'audition • Elle se repère si l'enfant réagit peu à la stimulation sonore, a un retard de langage, voire ne parle pas avant 2 ans. Ce déficit peut être passager ou définitif. Il exige toujours une consultation du pédiatre, qui dirige l'enfant vers un service spécialisé pour évaluer le degré de perte. Les prothèses auditives, très performantes, sont associées à un soutien orthophonique, afin de pallier le retard et de préparer la scolarisation.

Les principaux troubles et maladies

En même temps que votre enfant découvre les joies de la marche, de la course, des sauts, il expérimente les chutes, les chocs et autres blessures. Entre 1 et 3 ans, il a plus de risques de contracter une maladie infantile, d'avoir une angine ou de souffrir d'allergie, même si toutes ces maladies peuvent survenir avant.

❱ Les accidents

À partir du moment où votre enfant marche, il va de découverte en découverte. Il a l'esprit aventurier, mais n'a pas encore réellement conscience du danger. C'est donc l'âge des premiers bleus et autres blessures plus ou moins bénignes, qui, s'ils participent à son apprentissage de la vie, nécessitent néanmoins vos soins attentifs.

Les chocs • Foulure, chute et autres chocs provoquent des ecchymoses (bleus) que vous traiterez par des baumes réparateurs, du type arnica, par exemple. Il se peut aussi que votre enfant se heurte la tête. Dans ce cas, particulièrement pour un tout-petit, consultez si le choc a été intense ou a provoqué une plaie. Surveillez attentivement votre enfant pendant quarante-huit heures, y compris la nuit. Appelez absolument le médecin si vous constatez un changement dans son comportement qui pourrait évoquer un traumatisme crânien : il vomit, se montre particulièrement excité (ses cris sont plus aigus) ; il manifeste une somnolence inhabituelle ; il fait des mouvements anormaux ; son regard devient asymétrique ; un saignement de nez ou d'oreille apparaît.

Les plaies • Écorchure, coupure, écharde, peau qui saigne… votre enfant se blesse et pleure. Vous devez d'abord le consoler, le calmer et vous occuper de la plaie. Lavez-vous les mains et net-toyez-la à l'eau claire et fraîche, à l'aide d'une compresse stérile. Appliquez un antiseptique qui ne pique pas et mettez un pansement. Les enfants en raffolent et cela a souvent pour effet immédiat de redonner le sourire ! Mais pensez à l'enlever la nuit pour que la plaie s'aère et cicatrise.

Les brûlures • Leur gravité dépend de la zone concernée, de l'état de santé et de l'âge de l'enfant, de leur origine et, surtout, de leur étendue, car la peau est une barrière contre les infections. Classées en trois degrés, les brûlures exigent des soins immédiats. Dans tous les cas, il faut faire couler de l'eau fraîche sur la zone brûlée pendant 10 minutes pour arrêter la progression de la chaleur. Si la peau est simplement rouge (brûlure du premier degré), appliquez une crème apaisante et cicatrisante de type Biafine®. Si des cloques apparaissent (brûlure du deuxième degré), mieux vaut prendre l'avis du médecin. La guérison prend de quelques jours à deux semaines. Si la brûlure est étendue ou due à un produit chimique, appelez les secours d'urgence.

❱ Les maladies infantiles

Le terme de « maladies infantiles » désigne les infections, virales ou bactériennes, qui atteignent l'enfant le plus souvent à partir de 1 an. La vaccination (voir page 70) a permis leur net recul en

France. Leur diagnostic doit toujours être confirmé par un médecin. Les maladies infantiles les plus courantes sont les oreillons, la rougeole, la rubéole, la scarlatine (la seule d'origine bactérienne) et la varicelle (qui frappe à tout âge). On y ajoute la coqueluche, qui touche aussi le nourrisson. Ces maladies contagieuses (souvent par la salive) se déroulent en trois phases de durée variable : le microbe incube, envahit rapidement l'organisme, et provoque les symptômes. Il n'est pas toujours possible d'éviter la contagion, surtout en collectivité. Le meilleur moyen de s'en prémunir est de vacciner votre enfant, du moins pour les vaccins qui sont au point (oreillons, rougeole, rubéole, coqueluche).

▶ Les oreillons

Après trois semaines d'incubation, les premiers symptômes apparaissent : le visage de votre enfant est déformé, sa déglutition difficile, sa bouche sèche. Une tuméfaction en arrière de la mâchoire apparaît. À ces signes s'ajoutent souvent des maux de tête et une fièvre modérée. Cette maladie, en général bénigne, s'attaque aux glandes salivaires (parotides). La contagion, qui débute une semaine avant les premiers signes, se poursuit encore une dizaine de jours.

Des précautions avec les médicaments

• Ne donnez pas de votre propre initiative certains médicaments prescrits antérieurement par le médecin pour une maladie qui vous semble analogue.
   Votre enfant dispose de traitements adaptés à son âge et à chaque cas.
      • Conservez les ordonnances dans une pochette spéciale.
      • Notez de manière accessible les numéros d'urgence.
• Prévoyez une trousse de secours pour vos déplacements (voiture, train...).
• Donnez à votre pharmacien les médicaments périmés et ceux qui ne vous sont plus utiles ; tant que leur date est valide, ils pourront servir à des populations défavorisées.

Que faire ? • Après le diagnostic du pédiatre, le meilleur remède est la lutte contre la fièvre et la douleur, une alimentation semi-liquide et le repos, jusqu'au dégonflement. Toute complication, comme une migraine pouvant faire suspecter une méningite, doit amener à revoir le médecin.

▶ La rougeole

Maladie virale contagieuse, la rougeole atteint les enfants à partir de 6 mois, mais aussi les adultes, chez qui elle se révèle plus grave. La contagion débute six jours avant la déclaration de la maladie et se termine six jours après. C'est une infection physiquement éprouvante. Elle commence par des yeux larmoyants et rouges, un écoulement nasal, une grosse fièvre, une toux rauque, sèche et fréquente. Quelques jours plus tard apparaît l'éruption cutanée : de petits boutons rouges gagnent l'arrière des oreilles, le cou puis tout le corps avant de s'effacer progressivement.

Que faire ? • Si la rougeole est en principe bénigne chez l'enfant qui s'en remet bien, elle peut parfois donner de graves complications nerveuses ou respiratoires au moment de la maladie, mais aussi des années plus tard. C'est pourquoi la vaccination est recommandée. La consultation n'est possible qu'à l'apparition des premiers symptômes. Le traitement est celui de la fièvre.

▶ La rubéole

La rubéole, quand elle est visible, se caractérise par une brève éruption cutanée sous la forme de petites taches rouges ou roses, situées sur le visage, puis sur le tronc et les membres. Elle peut s'accompagner d'une légère fièvre. La contagion commence six jours avant l'apparition des symptômes et se termine six jours après.

Que faire ? • Comme pour les oreillons ou la rougeole, la vaccination est essentielle, surtout s'il s'agit d'une fille, car la rubéole est grave pour les femmes enceintes (malformations du fœtus). La vaccination permet donc de protéger la petite fille de ce futur risque, mais aussi de préserver les femmes enceintes non immunisées. La rubéole est très discrète et peut très bien passer inaperçue.

▶ La scarlatine

Bénigne et plutôt rare, la scarlatine, d'origine bactérienne, est exceptionnelle avant 1 an. La contagion commence la veille de l'éruption cutanée et

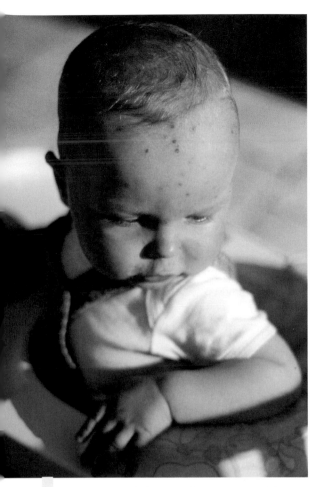

Le traitement de la varicelle, qui vise à réduire les démangeaisons, évite l'infection des boutons.

se dessèchent, laissant place à de nouvelles qui finissent aussi en croûtes au bout d'une dizaine de jours. Le traitement consiste surtout à enrayer l'envie de se gratter (ou prurit), qui peut provoquer une infection et des cicatrices. Un sirop anti-histaminique et des pommades spéciales appliquées localement réduisent les démangeaisons.

Que faire ? • Demandez l'avis de votre pédiatre par téléphone, pour être certains de votre diagnostic. Consultez si la fièvre persiste et si l'éruption est importante.

Les premières angines

Votre enfant est de plus en plus en contact avec l'extérieur. Il intensifie aussi son expérience de la vie en collectivité, en famille, à la crèche ou dans les lieux publics. Tout cela entraîne obligatoirement des maladies liées à son âge et qui, même si elles sont sans gravité, réclament votre vigilance. Il s'agit en particulier de l'angine. Cette maladie, rare avant 1 an mais fréquente chez l'enfant, peut être virale. Dans ce cas, le plus fréquent, elle est souvent accompagnée d'une pharyngite (rougeur du pharynx). D'origine bactérienne, elle est plutôt isolée. L'angine correspond à l'inflammation des amygdales dites « palatines », parce qu'elles sont situées de part et d'autre du voile du palais. Elles sont rouges et ont augmenté de volume. Les autres signes sont une gorge qui picote, de la fièvre (38,5-39 °C), une déglutition pénible, des maux de tête, l'apparition de deux ganglions sous la mâchoire.

Que faire ? • Consultez dès l'apparition des signes décrits ci-dessus. Même si elles sont le plus souvent virales, les angines nécessitent un traitement antibiotique, en prévention de complications graves (rhumatisme articulaire aigu, glomérulonéphrite). Il est en effet très difficile de distinguer les angines virales des angines bactériennes, et les mesures de prévention sont donc primordiales.

se termine quand le traitement agit, soit environ deux jours plus tard. Les symptômes sont une grosse fièvre, une angine, des plaques rouges sur le corps, une langue rouge framboise.

Que faire ? • Votre pédiatre prescrira un antibiotique préventif ou curatif (consultez-le au moment où la maladie se déclare).

La varicelle

La contagion de cette maladie virale bénigne commence la veille de l'éruption cutanée et dure une semaine. Votre bébé peut l'attraper dès 2 mois, âge auquel il ne possède plus les anticorps de sa mère contre la varicelle. Après l'apparition de petits boutons rouges sur la tête, votre enfant se couvre de petites vésicules renfermant une sécrétion transparente. En une semaine, il affronte plusieurs poussées, les anciennes vésicules, qui

Enlever les amygdales et les végétations ?

Les amygdales et les végétations participent à la protection contre l'intrusion des microbes par le nez et la bouche. Les amygdales, parvenues à maturité entre 18 mois et 2 ans, jouent aussi un rôle dans l'immunisation, car elles produisent des anticorps qui s'attaquent aux virus et aux bactéries. Il faut pourtant parfois les enlever dans des cas précis (mais jamais avant 3 ou 4 ans) : si elles sont trop grosses, encombrent la bouche, gênent l'alimentation, provoquent des ronflements nocturnes qui peuvent déboucher sur des apnées gênantes ; ou encore si les amygdales, déjà fragiles et endommagées, laissent se développer des angines répétitives.

Les végétations sont des tissus situés en arrière de la fosse nasale, qui diminuent de volume vers l'âge de 5 ou 6 ans. Elles peuvent, chez un nourrisson, réagir vivement, grossir et empêcher la respiration par le nez. En cas de gonflement lors d'une rhinopharyngite, elles peuvent boucher la trompe d'Eustache qui aère le tympan et le relie à la bouche, ce qui provoque une otite. Si les infections se répètent et que les traitements soient inefficaces, il faut alors envisager leur ablation, mais l'opération n'est possible qu'à partir de 1 an.

▶ Les allergies

L'allergie est une réaction de défense excessive de l'organisme face à certaines substances étrangères (allergènes). Les allergènes les plus fréquents sont la poussière (composée d'acariens), le pollen, les plumes et poils d'animaux, mais aussi certains médicaments, produits cosmétiques et aliments. L'allergie se manifeste par différents troubles aigus ou chroniques : urticaire, eczéma, œdème, diarrhées, vomissements, toux, rhinite…

Que faire ? • Si vous sentez que votre enfant est sensible à une matière, un aliment, une saison comme le printemps, il est important de procéder à des tests. Ceux-ci sont menés par un allergologue et effectués sur la peau, sous la forme de patchs (timbres) ou de minuscules piqûres. Ainsi appliquées, les substances suspectées révèlent ou non une allergie.

Des antécédents familiaux méritent une vigilance particulière. Lorsque survient une manifestation allergique, il faut avoir l'avis de votre pédiatre et suivre ses conseils. Surtout en cas d'œdème de Quincke, réaction impressionnante (importante gêne respiratoire et œdème du larynx) à traiter en urgence.

▶ Le cas particulier de l'asthme

L'asthme touche plus de 3 millions de personnes en France et un tiers ont moins de 15 ans. Cette maladie, devenue un problème de santé publique, fait même l'objet d'une « journée spéciale » chaque année. L'asthme est provoqué par des causes multiples : infections respiratoires à répétition, poils, plumes, poussières, acariens… Cette

Prévenir l'allergie aux acariens

Les acariens sont responsables des allergies dans près de 50 % des cas. Ces bêtes minuscules se nourrissent de peaux mortes et produisent des déjections provoquant des allergies : il faut alors supprimer leurs repaires favoris (moquette, peluches…). Ces mesures préventives, destinées à limiter les risques au maximum, sont aussi valables pour toute source domestique d'allergie :
- assurez un ménage impeccable : chassez les moutons de poussière, même dans les dépendances, et les moisissures (salle de bains…) ;
  - aérez les pièces tous les jours ;
  - nettoyez régulièrement le linge personnel et le linge de maison ;
  - éliminez blattes et cafards ;
  - maintenez une température de 20 °C environ (les acariens se développent d'autant plus à la chaleur) ;
- évitez tout ce qui est fabriqué avec des plumes et de la laine, comme les couvertures, les coussins et les couettes ;
- enveloppez matelas et oreillers dans des housses spéciales anti-acariens ;
- limitez les peluches au minimum ;
- remplacez les matières à risques (moquette et tapis, doubles-rideaux, tentures) par des revêtements sûrs (parquet, carrelage, peinture ou papier mural, voilages).

Une maison saine et bien aérée, une nourriture dans laquelle les aliments allergènes sont introduits avec parcimonie sont de bons moyens de limiter les risques d'allergies et/ou d'asthme chez votre enfant.

maladie entraîne un rétrécissement des bronches, une gêne respiratoire et un sifflement lors de l'expiration. L'enfant pâlit et transpire.

Que faire ? • Soyez prévoyants et consultez le pédiatre s'il existe des antécédents allergiques familiaux, même si votre enfant n'est ni sujet aux allergies ni asthmatique. Les traitements (aérosols à base de corticoïdes et kinésithérapie respiratoire, par exemple) dépendent du degré de l'asthme, évalué en fonction de la fréquence et de l'intensité des crises. Mais il faut savoir qu'ils ne suppriment pas totalement la maladie. C'est pourquoi la première mesure est d'identifier la cause allergique éventuelle de l'asthme (le plus souvent domestique) en liaison avec le pédiatre et les professionnels de santé, et de prendre les mesures préconisées.

Ginette Raimbault

Psychanalyste française, **Ginette Raimbault** *est directrice de recherche de l'INSERM, dont elle a dirigé l'Unité de recherches psychanalytiques et sociologiques en Santé publique. Elle étudie en particulier les relations entre l'équipe médicale, l'enfant malade et sa famille à l'hôpital Necker-Enfants-Malades de Paris. Elle s'intéresse notamment aux répercussions psychologiques des maladies chroniques et des maladies graves sur l'enfant malade. Son livre* L'enfant et la mort *analyse le concept de la mort chez l'enfant à travers divers témoignages.*

Et du côté du père ?

Petit éclairage supplémentaire sur le rôle et le quotidien des papas... • Faire admettre les premières règles de la vie sociale • En association étroite avec la maman • Donner d'autres repères en matière d'identité sexuelle • Des papas plus complices

L'apprentissage des règles

« **M**oi tout seul » : l'enfant commence à affirmer son individualité. À partir de l'âge de 1 an, il part à la découverte du monde extérieur et intègre bientôt les premières règles sociales. Le père est là pour l'aider dans cette voie, soutenu par la maman : durant cette période, il est en effet essentiel que les parents soient d'accord sur les règles éducatives, et le manifestent clairement.

▶ Une vraie petite personne

Vers 12 mois, le processus d'individualisation de l'enfant se met en route. Il commence à devenir un « petit d'homme ». Il se tient debout, fait ses premiers pas et se risque à explorer le monde qui l'entoure. Prudemment, dans un premier temps, puis en prenant de plus en plus d'assurance et de liberté... Si le rôle du père reste dans la continuité des premiers mois, des évolutions se dessinent. Les jeux restent orientés vers les activités d'éveil. Mais ils se font plus physiques, laissant la part belle à la confrontation et à la « bagarre » symboliques. Le père doit entrer dans l'imaginaire de son enfant et s'immerger dans son monde, ce qui est parfois difficile pour certains. L'interaction avec l'enfant devient plus nette.

▶ On est poli, merci !

« On dit merci à la dame », « Dis bonjour au monsieur », « Mets ta main devant la bouche quand tu bailles » : entre 1 et 3 ans, les parents commencent à sensibiliser leur enfant aux exigences de la politesse. Si le père, garant traditionnel du respect des premières règles sociales, joue là un rôle important, la mère, plus souvent présente auprès de l'enfant, ne manquera pas non plus une occasion de montrer l'exemple. Car il ne sert à rien d'exiger du tout-petit ce que les adultes ne mettent pas toujours eux-mêmes en pratique.

C'est aussi par son comportement que le père fera comprendre à l'enfant qu'il ne sert à rien de crier ou de s'énerver pour obtenir ce qu'il désire et qu'il doit respecter l'autre. Il lui enseignera les rudiments de la vie en groupe, indispensables à une intégration en douceur dans la société, la famille, le cercle des amis, et bientôt à l'école maternelle.

▶ Un front uni devant l'enfant

Le processus de socialisation de l'enfant est engagé. Mais il ne passe pas seulement par l'apprentissage des règles formelles de politesse. Il

Alors que le caractère de son enfant s'affirme, le père doit se montrer ferme et parfaitement accordé avec la mère dans les règles qu'ils fixent ensemble.

implique également que l'enfant sache qu'il ne peut pas toujours obtenir ce qu'il veut, et qu'il se verra opposer un « non » ferme et sonore chaque fois que sa demande sera jugée irrecevable. Il doit admettre qu'il n'est plus ce bébé qui n'a qu'à demander et se mettre à pleurer pour voir la moindre de ses attentes satisfaite. Bref, il lui faut comprendre qu'on ne fait pas toujours ce que l'on veut dans la vie... Au père de se montrer ferme bien sûr, mais aussi à la mère, dont le rôle, en soutien de celui du père, est indispensable : elle ne doit pas hésiter à dire « non », elle aussi (et à mettre fin à cette relation fusionnelle qu'elle a développée avec son bébé).

Parler d'une seule voix • Une attitude cohérente de la part des deux parents est d'autant plus importante que l'enfant entre dans une phase d'opposition. Il découvre avec joie l'effet de ses « non » à lui et savoure le plaisir de la contestation. À sa manière, il teste la résistance qui lui est opposée. Il teste aussi, sans bien sûr s'en rendre compte, la solidité et l'homogénéité du couple parental et la capacité de ses parents à montrer un front uni face à ses exigences et à ses désirs. Père et mère doivent donc parler d'une seule voix. À eux de marquer les limites à ne pas dépasser pour ne pas se laisser déborder.

▶ Aider l'enfant à construire son identité

Passé l'âge de 2 ans, chaque parent jouera aussi un rôle essentiel en permettant à l'enfant de se construire en tant qu'individu sexué. Le père peut contribuer à définir cette identité par son comportement. Parfois sans même s'en rendre compte, sa manière d'être sera différente selon qu'il aura une fille ou un garçon. Il encouragera la première dans sa volonté de plaire et jouera avec elle le grand jeu de la séduction, tandis qu'il aura tendance à se montrer plus viril dans ses rapports avec le second. Autant de comportements différenciés qui permettront à l'enfant de s'identifier aux « signes extérieurs » de son sexe. L'enfant pourra ainsi acquérir la confiance en soi nécessaire et se sentir rassuré quant à son identification en tant que fille ou garçon.

▶ Pour que la maman laisse de la place au père

C'est par l'association étroite de deux parents que l'enfant peut le mieux grandir. Cela implique, bien sûr, que la maman laisse le père prendre sa place. C'est à elle de faciliter cette prise de relais en l'encourageant à affirmer son rôle. En lui permettant d'occuper une place plus importante, elle sera pour sa part en mesure de réinvestir son propre rôle social, qu'elle a peut-être laissé de côté en accédant au statut de mère. Le papa, lui, appréciera de passer des moments en tête-à-tête avec son enfant et de conduire leurs rapports à sa manière, sans être soumis au regard et à l'appréciation critique de la maman.

Favoriser la relation père-enfant • C'est donc aussi à la mère de faire un effort et de ne pas monopoliser la relation avec l'enfant. Ce qui n'est pas évident pour toutes les mamans… Certaines appellent parfois de leurs vœux un papa plus impliqué dans le quotidien. Mais, si elles incitent bien volontiers le père à s'investir davantage dans les tâches ménagères, elles éprouvent parfois quelques difficultés à lui laisser le champ libre dans la relation avec leur enfant. Aux pères de les rassurer et de leur montrer qu'ils sont, tout autant qu'elles, capables de se débrouiller !

Savoir rester proche de son enfant

Un peu de fermeté dans certaines situations n'empêche nullement de rester proche de son enfant. La relation père-enfant, incluant aussi beaucoup de tendresse, est aujourd'hui plus riche qu'elle ne l'était voilà quelques années. Le père doit s'efforcer de la préserver pour ne pas laisser se relâcher ce lien.

▶ La complicité n'attend pas la parole !

Rappeler les règles, donner des repères n'empêche pas le père de développer un rapport de proximité et d'intimité avec son enfant. Au fur et à mesure que celui-ci grandit, bon nombre de papas se sentent d'ailleurs de plus en plus à l'aise dans cette relation, alors qu'ils avaient tendance à se tenir en retrait les premiers mois.

Le risque de trop de distance • « Les enfants, c'est intéressant à partir de 3 ans », affirment – à tort – certains pères, persuadés qu'ils pourront plus facilement trouver un terrain de complicité que durant les toutes premières années. Cette vision repose sur l'idée que le père doit laisser la mère en première ligne en attendant que l'enfant grandisse et ressemble de plus en plus à un futur petit adulte. Selon eux, il n'est « intéressant » qu'à partir du moment où il développe l'usage de la parole. Il est vrai que, avant, la relation s'appuie surtout sur le langage du corps, dans lequel excelle « naturellement » la maman et où les pères se sont longtemps sentis exclus. Le père traditionnel ne s'autorisait pas – ou, plutôt, les conceptions dominantes en matière d'éducation ne l'autorisaient pas – à s'investir spontanément dans la relation avec le tout-petit. D'où une tendance à entrer assez tardivement dans cette relation et à garder, pour certains, pendant toute leur vie, une certaine distance avec leur enfant. Une distance physique, tout d'abord : le père ne s'occupait pas des soins corporels ou de la toilette et se montrait souvent peu enclin aux câlins. Mais aussi une distance émotionnelle qui se traduisait par une difficulté à partager des confidences et aborder des sujets trop intimes.

Les « nouveaux pères » • Heureusement, de nombreux pères ne se reconnaissent plus dans cette représentation traditionnelle. Ils savent qu'un enfant est « intéressant » dès son plus jeune âge. Il n'est pas besoin d'attendre qu'il maîtrise le langage et puisse clairement exprimer ses désirs pour connaître un véritable échange avec lui. Les contacts passent par le regard, par les gestes et par toute une communication non verbale qui fait une place au père dès la naissance.

▶ Préserver la force du lien

Aujourd'hui, le père entre bien plus tôt dans la relation avec son enfant. Il ne craint plus d'être présent à tous les stades de son développement. Son champ d'intervention s'est diversifié : il s'occupe du bain comme de la préparation du repas, des câlins autant que des jeux. La dimension physique et corporelle de l'éducation n'est plus le domaine réservé de la mère. Au même titre qu'elle, le père est là aussi pour sécuriser l'enfant. Il n'est plus cantonné au rôle de garant de l'autorité. La force nouvelle de ce lien père-enfant est un bien précieux à préserver...

Ne pas prendre du champ • Quand l'enfant commence à marcher et affirme un semblant d'autonomie, certains pères peuvent avoir toutefois l'impression que leur présence est moins indispensable. Accaparés par les exigences de leur vie professionnelle, ils peuvent être tentés de se mettre en retrait et de laisser de nouveau la maman jouer les premiers rôles, s'imaginant que le leur est devenu secondaire. L'enfant risque alors d'éprouver un manque dans sa relation future au père. Pour combler ce manque, il peut avoir tendance, plus tard, à calquer ses goûts sur ceux de son père au lieu d'affirmer ses choix personnels et son autonomie. Le père devrait donc veiller à préserver la proximité et l'intensité de la relation avec son enfant afin d'éviter que la méconnaissance de l'autre – et le risque de distance – ne s'installe.

Lorsque l'enfant commence à marcher, le père peut s'impliquer dans une nouvelle dimension de l'éducation en poussant son tout-petit à faire plus de découvertes.

L'enfant de 3 à 6 ans

- Bien nourrir son enfant
- Le sommeil
- Un comportement de « grand »
- L'identité sexuelle
- Jeux, activités d'éveil et loisirs
- L'école maternelle
- Veiller à la santé de son enfant
- Et du côté du père ?

L'enfant à 4 ans

Les relations

L'enfant parle correctement. Il pose des questions parfois incessantes. Il est capable d'échanger des idées. Il chante et écoute des comptines. Son monde imaginaire est très riche. Il croit au merveilleux. Il aime écouter des histoires et regarder des livres d'images. Il joue à « faire semblant ». Il apprend à être attentif. Il apprécie de plus en plus les jeux collectifs, attend son tour pour jouer, coopère avec les autres. C'est le début des amitiés enfantines. Il est propre, sauf quelques « accidents » la nuit.

Les rythmes

L'enfant a des repas analogues à ceux des adultes, mais en quantité moindre. Il mange et boit seul proprement. La nuit, l'enfant dort désormais d'un sommeil profond pendant dix à douze heures. La sieste dure une ou deux heures, mais certains enfants n'en font plus.

Les mouvements

L'enfant court, grimpe partout, relance et rattrape un ballon qu'on lui lance. Il saute à pieds joints. Il apprend à faire du vélo sans stabilisateurs. Il commence à se déshabiller puis à s'habiller seul. Il exerce son habileté dans des jeux de construction aux emboîtements de plus en plus compliqués. Il dessine avec des feutres et il peint.

Taille	G	101 cm (93-109)
	F	99 cm (92-107)
Poids	G	15,5 kg (12,5-19)
	F	14,5 kg (11-17)
Dents		L'enfant a 20 dents de lait

NB : ces chiffres concernent 95% des enfants.

L'enfant à 5 ans et demi

Les mouvements

L'enfant sait sauter à cloche-pied. Il a besoin de jouer en plein air, de courir et de se dépenser. Il fait du vélo, apprend à nager, à jouer au football. Il se déshabille et s'habille seul. Il trace des petits cercles, des boucles, des petits ponts et d'autres formes au graphisme précis : dans quelques mois, il abordera l'écriture.

Les rythmes

L'enfant mange de tout. Son appétit et ses goûts sont fluctuants. L'enfant dort pendant dix à onze heures la nuit. Il doit toujours se coucher tôt. La sieste n'a plus cours, sauf parfois les week-ends.

Les relations

L'enfant parle bien. Il écoute et observe avec attention. Il ne fait toujours pas très bien la différence entre la réalité et l'imaginaire (il ne « ment » pas), ni entre le tien et le mien (il ne « vole » pas). À l'école, il réalise des choses en groupe avec ses camarades. Il peut faire des puzzles de 50 pièces. Il commence à se repérer dans le temps (matin, soir ; hier, demain) et dans l'espace (derrière, devant ; gauche, droite ; dessous, dessus).

Taille	G	110 cm (102-120)
	F	109 cm (100-121)
Poids	G	18,5 kg (14-23)
	F	17 kg (13-21)
Dents		Les premières dents de lait tomberont à partir de 6 ans

NB : ces chiffres concernent 95% des enfants.

Bien nourrir son enfant

*Une alimentation riche et variée pour soutenir sa croissance •
À la découverte de nouvelles saveurs • Le petit déjeuner et le goûter,
à ne pas négliger • S'il montre de l'aversions pour certains
aliments • Mon enfant mange-t-il trop ou pas assez ? • Réfréner
ses envies de friandises • Prévenir le surpoids et l'obésité*

Confirmer les bonnes habitudes

Depuis qu'il est entré à l'école maternelle, votre enfant est plus actif que jamais. Afin de soutenir sa croissance, ses quatre repas journaliers doivent donc être variés, équilibrés, et pris à heures régulières. C'est durant l'enfance que se forment le goût et le sens d'une alimentation équilibrée. Le plaisir de bien manger implique un véritable apprentissage que les parents doivent mener avec souplesse et inventivité.

▶ Quels aliments exactement ?

Désormais votre enfant participe pleinement aux repas familiaux et son alimentation est peu ou prou identique à celle des adultes, même s'il faut respecter les bons équilibres et les quantités adaptées. Si la régularité des repas quotidiens est de mise, la quantité de nourriture est fonction de l'appétit de l'enfant. Ne soyez pas inquiet si vous considérez que le vôtre a un « petit » appétit. Il importe juste que ses quatre repas soient équilibrés – entendez par là qu'ils comportent, sur une journée, des produits laitiers, de la viande ou du poisson ou des œufs, des fruits et des légumes, des produits céréaliers et, dans une moindre mesure, des matières grasses.

Des produits laitiers trois ou quatre fois par jour • Du calcium, et encore du calcium pour la croissance et une bonne minéralisation des os ! Jusqu'à 4 ans, votre enfant a besoin de prendre 600 mg de lait ou laitage par jour en moyenne, puis 700 mg jusqu'à 9 ans. C'est pourquoi vous pouvez lui proposer des produits laitiers trois ou quatre fois par jour. Sous forme de lait à boire au petit déjeuner ou au goûter, de fromage, de yaourts, etc. Le lait, qu'il soit entier, demi-écrémé ou écrémé apporte toujours autant de calcium. Seule la quantité de matières grasses change. En ce qui concerne les fromages, variez les plaisirs et n'abusez pas des portions à tartiner: souvent riches en matières grasses et en sel, elles fournissent peu de calcium.

Des féculents et du pain à chaque repas • Riches en amidon, ce sont des aliments importants pour le fonctionnement des muscles et du cerveau. Contrairement aux aliments sucrés (pâtisseries, sodas, bonbons), les féculents, le pain et autres céréales fournissent une énergie qui se libère progressivement dans le corps. En prendre

Votre enfant a besoin de quatre repas qui s'équilibrent sur la journée. Veillez à compléter les repas pris à l'extérieur (cantine ou crèche) par ceux que vous lui servirez à la maison.

à chaque repas permet donc à votre enfant d'attendre le repas suivant sans grignoter. Le pain peut faire partie de tous les repas, surtout si ceux-ci ne comportent pas de produit céréalier (riz, semoule, pâtes, blé entier ou concassé, lentilles, pois chiches, pommes de terre, etc.). Et sachez que vous pouvez associer dans un même plat féculents et légumes, qui sont parfaitement complémentaires.

De la viande, du poisson ou un œuf, une ou deux fois par jour en alternance • Riches en protéines, les viandes, poissons et œufs devraient être présents à l'un des deux repas principaux. De 50 à 70 g de viande ou de poisson par jour suffisent à votre enfant. S'il mange à la cantine, sa ration sera de l'ordre de 60 à 70 g ; vous pouvez donc ne pas servir de viande le soir ou lui en donner en faible quantité si vous savez qu'il finit rarement sa viande à la maison. Trop consommer

Jean Piaget

Psychologue et pédagogue suisse, **Jean Piaget** *(Neuchâtel 1896 – Genève 1980) s'intéressa à la psychologie des enfants qu'il observa de façon systématique. Il décrivit le développement de la pensée et du langage en quatre phases : un stade sensori-moteur, de la naissance à 2 ans (l'enfant apprend par l'expérience) ; un stade préopératoire, de 2 à 7 ans (la perception des objets concrets peut être remplacée par des mots) ; un stade des opérations concrètes, de 7 à 12 ans (les objets sont classés selon leurs ressemblances et leurs différences) ; un stade des opérations formelles, à partir de 12 ans (l'enfant commence à faire des expériences d'opérations abstraites logiques).*

de protéines n'est en effet pas recommandé. Toutes les viandes apportant des quantités quasiment équivalentes en fer et en protéines, n'hésitez pas à varier les menus en favorisant les morceaux les moins gras (poulet sans peau, escalopes de dinde, steak haché à 5 % de MG, filet de colin, etc.).

Des légumes et des fruits à chaque repas • Riches en vitamines, minéraux et fibres, peu caloriques, les légumes devraient être présents aux deux repas principaux. Les fruits peuvent compléter le petit déjeuner, le goûter (entiers ou en jus) ou constituer un dessert (en compote, au four, gratinés, en salade, ou crus à éplucher). Tâchez de ne pas les présenter exclusivement comme des aliments «bons» pour la santé, mais de les faire apprécier à votre enfant aussi pour leurs qualités gustatives. Pour cela, sachez les préparer de façon variée.

▶ L'organisation des repas

La journée s'articule toujours autour des quatre repas, qui, lorsqu'ils sont bien équilibrés et servis à des heures régulières et éloignées les unes des autres, permettent à votre enfant de ne pas grignoter.

Le petit déjeuner • Depuis que votre enfant va à l'école maternelle, le petit déjeuner, plus que jamais, se doit d'être un repas à part entière qui lui fournira l'énergie nécessaire pour la matinée. Quelques tartines de pain avec du beurre, de la confiture, du miel, ou une fine couche de beurre de cacahuète, un fruit entier ou pressé en jus, ainsi qu'un bol de lait ou un yaourt, voilà un parfait petit déjeuner !

Si vous préférez les céréales au pain, méfiez-vous de celles vendues dans le commerce destinées aux enfants. Elles sont souvent trop sucrées ou particulièrement grasses. Leur consommation devrait n'être qu'occasionnelle. Au quotidien, privilégiez les céréales peu sucrées (type muesli).

Si votre enfant réclame encore un biberon de lait, pas de problème, laissez-lui ce plaisir, tout en lui suggérant régulièrement de le remplacer par un yaourt ou un bol de lait. Il finira par renoncer de lui-même à cette habitude. Dans tous les cas, ne le laissez pas partir le ventre vide, avec en poche quelques biscuits à grignoter dans la matinée, et évitez, comme pour le goûter, de recourir aux viennoiseries, qui seront réservées à des moments exceptionnels.

Le goûter • Ce repas, à l'instar du petit déjeuner, répond aux besoins alimentaires spécifiques de votre enfant et ne doit pas être improvisé. Veillez à ce qu'il ne soit pas trop proche de l'heure du dîner. Si votre enfant goûte à la maison, vous pouvez lui proposer un fruit (fruit frais, compote ou jus de fruits sans sucre ajouté), un produit laitier (yaourt, fromage, verre de lait) et un produit céréalier (de préférence une tartine de pain). Évitez de lui proposer systématiquement des biscuits et des sodas. Si vous n'êtes pas là à cette heure de la journée, composez le goûter que lui donnera la personne qui s'occupe de lui. En cas de passage « obligé » par la boulangerie, tâchez de ne pas céder au pain au chocolat ou au croissant, mais optez plutôt pour un petit pain complet individuel (aux noix, noisettes ou raisins secs).

Si votre enfant goûte à l'école, prévoyez des aliments qui peuvent séjourner toute la journée dans son cartable à température ambiante : une petite boîte de lait UHT, une tartine de pain avec du fromage pasteurisé, un fruit à croquer. Et ne lui donnez pas un second goûter de retour à la maison. S'il a faim, avancez plutôt l'heure du dîner.

Le déjeuner et le dîner • Des féculents, des légumes, de la viande ou du poisson ou un œuf à l'un des deux repas, un produit laitier, un fruit et de l'eau à volonté. Ainsi peut-on résumer la composition de ces deux repas principaux. À partir de là, toutes les combinaisons, présentations, préparations sont possibles, suivant votre disponibilité et les goûts de la famille. Les légumes seront cuits ou proposés crus en hors-d'œuvre. S'il n'y a pas de féculent dans la composition du plat, n'oubliez pas de proposer du pain (complet

La parole de l'enfant

Maintenant que je connais ce que j'aime, je veux bien goûter des aliments nouveaux. Mais il y a des trucs qui sentent bizarre ou que je trouve laids : les huîtres, rien à faire, c'est dégoûtant, mais le camembert, miam ! Parfois, j'adore et, si vous ne me surveillez pas, j'en veux trop et je peux être malade. Si vous m'empêchez d'en manger, parfois je boude ou je me mets en colère. Mais si vous n'y faites pas trop attention, je me raisonne moi-même la fois suivante, et c'est mieux ainsi.

de préférence). Les fruits seront présentés frais, en compote ou en salade. Quant aux produits laitiers, fromage, yaourt (idéalement nature à aromatiser soi-même), fromage blanc..., chacun pourra décider selon son envie. Souvenez-vous qu'il n'est pas nécessaire de donner des protéines à votre enfant à chacun de ces repas (de 50 à 70 g de viande ou d'un équivalent par jour suffisent). Si vous y tenez vraiment, servez-lui de plus petites quantités. Et gardez en tête ces proportions : la quantité de viande doit toujours être inférieure à celle des légumes et des féculents qui servent d'accompagnement, la quantité de légumes étant supérieure ou égale à celle des féculents.

Lui apprendre le goût de « bien manger »

Apprendre à son enfant à bien manger, à éviter le grignotage entre les repas, et à apprécier la variété de vos menus n'est pas toujours facile... Ses goûts et son appétit sont fluctuants ; il peut même, à l'occasion, manifester une véritable aversion pour certains aliments. Essayez cependant de vous montrer patients et de ne jamais le forcer à finir son assiette, au risque de le braquer pour longtemps.

▶ Non aux repas à la carte !

Après une journée de travail, il est difficile parfois de lutter pour faire accepter à son enfant un potage de légumes ou des haricots verts. Surtout quand on sait qu'une assiette de pâtes au gruyère serait engloutie sans difficultés... Mais, à long terme, ne proposer à son enfant que ce qu'il souhaite manger n'est pas un service à lui rendre. Le goût s'acquiert petit à petit et c'est aux parents d'assurer cet apprentissage. Un enfant ne peut pas savoir ce qui est bon pour lui. Cette notion lui est totalement étrangère. Faire plaisir à son enfant de temps à autre en lui confectionnant son plat favori, d'accord, mais à condition de rester dans les limites du raisonnable. Les menus devraient être composés pour toute la famille, sans traitement de faveur particulier pour votre enfant. C'est dans ce contexte qu'il pourra se familiariser avec de nouvelles saveurs, textures et odeurs... En revanche, vous pouvez parfois lui laisser le choix d'un plat dans une même famille d'aliments. Par exemple, préfère-t-il les radis ou les carottes râpées ? Attention, si ce n'est ni l'un ni l'autre, ne proposez pas du saucisson !

▶ Des périodes de rejet sans importance

Règle de base : ne dramatisez pas si votre enfant refuse de toucher à son assiette ou rejette un nouvel aliment. On ne le dira jamais assez : il ne faut en aucune façon forcer un enfant à manger. S'il refuse un plat, servez-lui une portion symbolique, quitte à reprendre l'assiette pleine à la fin du repas – sans faire de commentaires. La nourriture ne devrait jamais être un objet de conflit ni de chantage affectif.

Si ces rejets se prolongent, essayez de lui proposer des plats qui ont sa faveur, tout en restant

À table, comme un grand

Depuis ses 3 ans, le maniement de la cuillère n'a plus de secret pour votre enfant et il s'initie vaille que vaille à la fourchette. Vers 4 ans, il va commencer à utiliser un couteau à bout rond pour tartiner son pain et couper des aliments mous. À partir de 6 ans, il saura couper sa viande... et vous pourrez être fiers de lui, car cet apprentissage n'est pas des moindres. N'hésitez pas à lui inculquer lentement mais sûrement les bonnes manières, notamment mâcher la bouche fermée. Vous pourrez, à l'occasion, l'emmener au restaurant et il sera très heureux de manger comme un grand.

dans le cadre d'une alimentation équilibrée. S'il affectionne les tomates, eh bien ! donnez-lui des tomates en potage, en tarte, à croquer, en attendant que la « crise » passe. Jouez également sur la variété dans une même famille d'aliments. S'il n'apprécie pas la viande rouge, il acceptera probablement le poulet ou le jambon ; s'il n'aime pas le fromage, il consentira sans doute à prendre un yaourt. Essayez dans tous les cas de préserver une ambiance détendue durant les repas et ne cédez pas sur les friandises sous prétexte qu'il doit « mourir » de faim.

◗ « Notre enfant mange-t-il trop ou pas assez ? »

En général, les enfants savent très bien réguler leur appétit en fonction de leurs besoins. C'est donc à votre enfant de « décider » de la quantité de nourriture qu'il veut prendre. Ne vous inquiétez pas s'il a, selon vous, un « petit » appétit. S'il grandit à son rythme, déborde d'énergie, joue et semble heureux, tout va bien ! Entre outre,

l'appétit d'un enfant varie beaucoup d'un repas à un autre. Si le vôtre mange parfois peu au déjeuner, il se « rattrapera » sûrement le soir. Ne le forcez donc jamais à manger et n'usez surtout pas d'arguments affectifs.

Toutefois, si votre enfant ne semble pas très bien percevoir ses sensations de faim et de satiété, vous pouvez l'y aider.
• Donnez-lui ses repas à heures régulières en veillant à ce qu'il ne grignote pas avant de passer à table.
• Servez-lui de petites quantités et ne le resservez jamais sans qu'il en ait fait la demande.
• À l'inverse, apprenez-lui à ne jamais se resservir sans votre permission.
• Laissez-le manger à son rythme et ne le forcez pas à finir son assiette.
• Proscrivez les phrases du type : « Encore une petite cuillère pour me faire plaisir ». Votre enfant mange parce qu'il a faim et non pour vous être agréable.
• Enfin, sachez parfois distinguer une demande de nourriture d'un besoin de câlins.

◗ Variez les plaisirs

Pour que les repas restent un moment de plaisir partagé, changez de temps en temps vos habitudes. Pourquoi ne pas organiser un pique-nique le week-end ? De même, à la maison, le repas style « dînette » est souvent très apprécié des enfants. Plutôt que de vous échiner à préparer des plats très sophistiqués, proposez à tous un croque-monsieur, des petites saucisses cocktail, des petits cubes de fromage, une tarte aux épinards, des légumes crus à manger avec une sauce à base de fromage blanc aux herbes, etc. Ces buffets dînatoires réjouiront tout le monde. Pour un goûter de fête, fabriquez des brochettes de fruits auxquelles vous ajouterez une ou deux guimauves. Plus vous resterez léger vis-à-vis de la nourriture, moins votre enfant vous opposera des comportements de rejet.

◗ Faites-lui découvrir les « coulisses » de la cuisine

Apprendre à bien manger passe aussi par le plaisir de la découverte des aliments. Pourquoi ne pas emmener votre enfant faire le marché avec vous ?

Au marché • Comparez avec lui la couleur, l'aspect, voire la texture de différents fruits et

---

Quelques équivalents et repères

• En quantité de protéines,
50 g de viande = 50 g de poisson = 1 œuf
= 50 g de jambon (une tranche fine).
• 1 steak haché préemballé équivaut
à 100 ou 120 g de viande.
• 1 pavé de poisson surgelé pèse environ
de 80 à 120 g.
  • La même quantité de calcium (environ
200 mg) est apportée par : 1 verre moyen
(ou un petit bol) de lait de vache, soit
150 ml ; 1 yaourt nature de 125 g ;
20 g de fromage de type emmental ou comté
(1 part individuelle emballée) ;
50 g (1/5e) de camembert.
• 1 grande portion de frites apporte
l'équivalent de 2 cuillerées à soupe d'huile.
• 1 cannette de soda de 33 cl contient
l'équivalent de 6 morceaux de sucre.
• Une barre chocolatée standard contient
l'équivalent de cinq morceaux de sucre et
d'une cuillerée à café d'huile.

Pour stimuler l'appétit de votre enfant et développer son goût, variez les aliments ainsi que les modes de préparation.

légumes ; montrez-lui l'étal du poissonnier en nommant les différents poissons, coquillages et crustacés, arrêtez-vous devant les fromages et proposez-lui d'en choisir un à sa convenance. Faites-lui aimer la nourriture dans ce qu'elle a de plus varié et de plus vivant.

Au restaurant • Expliquez-lui les différents plats proposés au menu. À l'occasion, emmenez-le à la ferme. Et, si vous avez la chance de posséder un jardin, aménagez un mini-potager dont il pourra prendre partiellement soin.

À la cuisine • Enfin, faites-le participer à la préparation des repas. Les enfants adorent cuisiner, en général. Malgré son jeune âge, il pourra par-semer un plat de gruyère ou de persil, disposer des tomates ou des tranches de jambon sur une assiette, mélanger les composants d'une sauce, malaxer une pâte, écosser des petits pois, etc. Au passage, vous lui expliquerez vos gestes, les ingrédients employés et les modes de cuisson. Toutes choses qui lui feront découvrir que tout ce que l'on mange n'est pas sous vide, surgelé ou en paquet et que la nourriture, même lorsqu'il s'agit de légumes, ça peut être « rigolo » !

▶ Les bons réflexes contre le surpoids

Pas question de devenir des obsédés de la balance et de mettre tous les enfants au régime. Mais les chiffres sont alarmants. En dix ans, l'obésité infantile a doublé. En France, 10 % des enfants de 5 à 12 ans sont concernés. Si cette tendance se maintient, un quart des enfants de cette tranche d'âge seront en surpoids dans vingt ans. Et l'on sait bien qu'un excès de poids dans l'enfance prédispose à l'obésité à l'âge adulte.

Pour vous assurer que votre enfant n'accumule pas de kilos superflus, faites-le peser et mesurer régulièrement chez le médecin. Vous suivrez ainsi sa courbe de corpulence (inscrite dans son carnet de santé) et noterez l'évolution de ce que l'on appelle l'« indice de masse corporelle » (IMC), c'est-à-dire son poids par rapport à sa taille (au carré), suivant son âge et certains critères médicaux. Cette surveillance effectuée par le pédiatre est primordiale, et ce dès le plus jeune âge. N'oubliez pas en effet que, plus les mauvaises habitudes s'installent tôt, plus il est difficile de les combattre à l'âge adulte.

Durant les premiers mois, le bébé mange beaucoup et se constitue des réserves. Il est tout rond et c'est bien normal. Son IMC est maximal à 1 an. Ensuite, lorsqu'il commence à marcher et à grandir, la courbe amorce une lente descente jusqu'à 6 ans environ. C'est à partir de là que l'IMC remonte, signe que l'enfant s'étoffe à nouveau jusqu'à la fin de sa croissance. Le moment où la courbe reprend son ascension est appelé « rebond ». C'est un phénomène tout à fait normal. Mais on observe actuellement des « rebonds » qui débutent dès 3 ans. Et, là, c'est inquiétant.

Il y a fort à parier que tout rentrera dans l'ordre si l'on sait rapidement réagir. Dans tous les cas, il n'est pas question de mettre au régime un enfant

Eau plate en bouteille ou eau du robinet, votre enfant doit boire jusqu'à plus soif, pendant les repas, mais aussi en dehors, surtout au moment de ses activités physiques.

trop gros mais d'instaurer de bonnes habitudes.

• Respectez le rythme des quatre repas par jour en insistant sur le petit déjeuner et le goûter pour éviter les grignotages dans la journée.

• Limitez les aliments gras et sucrés au profit des légumes et des fruits.

• Réservez les friandises et les sodas pour les goûters d'anniversaire, les fêtes de famille et les occasions exceptionnelles… et, dans tous les cas, bannissez des placards les paquets de biscuits, de bonbons, les barres chocolatées et autres gâteaux à apéritif.

• Encouragez votre enfant à faire de l'exercice, que ce soit du sport, de la marche à pied, du vélo ou des jeux de plein air.

• Veillez à ce qu'il ne passe pas un temps déraisonnable devant la télé ou sa console de jeux (source d'inactivité et de grignotage).

Enfin, appliquez ces bonnes habitudes à toute la famille, afin que l'enfant « trop rond » ne se sente ni frustré ni puni.

Non à la collation matinale

Nutritionnistes et pédiatres ont tranché : la collation matinale, encore souvent donnée à l'école maternelle, n'est plus adaptée au régime alimentaire de nos enfants (seuls 7 % des enfants arriveraient encore le ventre vide à l'école). Cette décision se justifie d'autant plus que cette pause traditionnelle de 10 heures s'est transformée, dans bien des cas, en un véritable repas à base de biscuits, céréales et boissons sucrées, trop riche en sucre et en graisses. Un vrai petit déjeuner équilibré constitué d'un laitage, d'un produit céréalier, d'un fruit (ou jus de fruits), pris avant de quitter la maison, doit permettre à votre enfant de « tenir » jusqu'au déjeuner. Si cette pause existe encore dans l'école de votre enfant, parlez-en à l'instituteur ou au directeur.

Les réponses à vos questions (?)

Comment réagir quand un enfant rejette systématiquement tous les légumes qu'on lui propose ?

Les légumes font souvent partie des aliments les plus rejetés par les enfants. Ne dramatisez surtout pas cette situation. Tâchez en revanche d'apprendre à votre enfant à les apprécier sans jamais le forcer. Vous pouvez essayer de jouer sur les associations féculents/légumes dans un même plat. Proposez-lui par exemple un gratin de blé concassé à la tomate, aux oignons et aux courgettes ; de la semoule et des légumes pour couscous ; une pizza aux légumes ; un gratin de brocolis et macaronis. Vous pouvez également « égayer » ses haricots verts en les nappant légèrement de sauce tomate, recouvrir le chou-fleur de sauce blanche. Dans tous les cas, consommez vous-même des légumes et montrez-lui que vous aimez cela. Les enfants ont tendance à reproduire les comportements qu'ils observent autour d'eux. ■

Notre fille de 3 ans aime de moins en moins les produits laitiers. Pouvons-nous lui donner à la place des préparations à base de lait de soja ?

Le lait de soja et ses dérivés apportent beaucoup moins de calcium que les produits à base de lait de vache. Il ne peut donc en aucun cas se substituer au lait sur le plan nutritionnel. Essayez peut-être de proposer à votre fille des produits laitiers variés : yaourts nature ou fromage blanc sucrés au miel, à la confiture ou à la crème de marron, lait aromatisé avec de la vanille ou de la cannelle, lait mixé avec des fruits. Dans les plats que vous préparez, vous pouvez également utiliser du lait, du yaourt ou du fromage râpé : béchamel, gratins, soufflés, riz au lait, clafoutis, etc. ■

Notre fils de 4 ans réclame encore un biberon de lait au petit déjeuner. Faut-il s'en inquiéter ?

Ne vous inquiétez pas outre mesure si votre enfant à encore besoin d'un biberon de lait le matin. Au petit déjeuner, proposez-lui, en plus de sa dose de lait, une tartine de pain et faites régulièrement des tentatives pour lui faire accepter l'usage du bol, sans insister exagérément. Il finira, tôt ou tard, par renoncer à son biberon. En outre, donnez-lui de préférence du lait demi-écrémé pour éviter qu'il ne se prive d'autres aliments. Le lait entier est très riche et pourrait en effet lui couper l'appétit. ■

Depuis la rentrée, notre fils déjeune à la cantine. Comment « compenser » d'éventuelles carences ?

Bien sûr, même s'il vous est possible de consulter les menus affichés à l'école, vous n'êtes pas là pour « contrôler » les prises alimentaires de votre enfant, c'est-à-dire ce qu'il mange réellement, et cela vous angoisse. Dites-vous tout d'abord que votre fils, comme tous les enfants, sait réguler son appétit et qu'il ne risque pas d'avoir faim en sortant de table. Ensuite, l'équilibre alimentaire ne se fait pas sur un seul repas mais sur la journée, voire sur plusieurs jours. Pour le reste, vous avez appris à connaître votre cher petit. Si spontanément il n'est pas tenté par la viande ou les légumes, il y a fort à parier que « livré à lui-même », il ne se rue pas sur les brocolis et le steak haché à la cantine. À vous, le dîner venu, de proposer plutôt des légumes, des fruits et des protéines. Aussi aurez-vous l'assurance que ses besoins sont bien couverts. ■

Les barres « lait et chocolat » peuvent-elles remplacer un produit laitier ?

Mieux vaut éviter le plus possible de donner des barres chocolatées au goûter. Elles sont très riches en sucre et en graisses. En outre, sachez que les barres « lait et chocolat », souvent présentées comme de « bons aliments » pleins de lait et de calcium, ne peuvent en aucun cas être considérées comme des substituts aux produits laitiers. Elles contiennent en moyenne quatre fois plus de matière grasse, deux fois plus de sucre et quatre fois moins de calcium qu'un grand verre de lait. Alors, là aussi, à distribuer avec parcimonie ! ■

Le sommeil

Votre enfant a besoin de s'endormir tôt • Modifier les rituels du coucher en fonction de l'âge • Une chambre et un lit de « grand » • Quelques interdits incontournables • S'il a peur d'aller au lit • Que faire en cas de somnambulisme ou d'excès de sommeil ?

Respecter son rythme

Bien dormir est indispensable à la santé, à l'équilibre et au bon développement de votre enfant. Cependant, les besoins et les rythmes de sommeil diffèrent de l'un à l'autre. Il vous revient donc de bien respecter son horloge personnelle afin de favoriser son sommeil. La facilité avec laquelle il se lève le matin et le dynamisme qu'il manifeste dans ses activités sont les signes d'un repos suffisant.

◗ Comment aider votre enfant à bien dormir ?

Comme à 1 ou 2 ans, votre enfant a besoin de se coucher tôt et de connaître un sommeil réparateur. Vous l'aiderez en vous montrant compréhensif et déterminé lors du coucher. Quelles que soient les difficultés, la solution n'est jamais la punition ni le médicament : votre enfant demande surtout des horaires de sommeil réguliers et d'être rassuré avant d'affronter la nuit.

Des horaires réguliers • Autour de 3 ans, un enfant dort encore 12 à 14 heures par jour : il fait, en moyenne, une nuit de 10 ou 12 heures et une sieste de 2 heures. Même si les besoins en sommeil diffèrent d'un enfant à un autre, la sieste reste indispensable jusqu'à 4 ans révolus. Surtout si votre enfant va à l'école le lendemain, l'heure du coucher doit se situer aux alentours de 20 h-20 h 30. N'oubliez pas que la scolarisation fatigue beaucoup les petits enfants. S'il est important de tenir compte de son « horloge biologique » et de

suivre son rythme à lui, il faut aussi respecter les besoins de sommeil propres à son âge – c'est aux parents et non à lui de décider. Si votre enfant est « couche-tôt », saisissez les premiers signes de fatigue pour engager sans tarder le processus du coucher. S'il est « couche-tard » et que sa vitalité ne faiblit pas, n'attendez pas qu'il montre de la fatigue pour le coucher à une heure raisonnable. Il faut éviter les couchers tardifs et irréguliers, sans dramatiser lorsque cela se produit exceptionnellement. Le sommeil ne se rattrape ni ne se stocke. Celui d'avant minuit est indispensable pour récupérer de la fatigue de la journée et permettre non seulement la sécrétion de l'hormone de croissance, mais aussi pour favoriser la mémorisation des apprentissages lors du sommeil paradoxal (voir page 182). Enfin, tout changement dans le rythme du coucher est préjudiciable. Ainsi, le passage à l'heure d'été ou à l'heure d'hiver peut perturber certains enfants pendant près d'un mois, suscitant de leur part de la fatigue et de la nervosité.

246 • L'enfant de 3 à 6 ans

Un moment de disponibilité totale • Le coucher est pour l'enfant un grand moment d'intimité à partager avec ses parents. Consacrez-lui un temps suffisant pour lui lire des histoires (même effrayantes, dès lors qu'elles finissent bien !), parler avec lui des événements de la journée, le câliner avant de lui demander d'aller se coucher. Les rituels établis, qui évoluent régulièrement en fonction de l'âge, lui permettent d'aborder dans de bonnes conditions cette délicate séparation de la nuit.

Ils s'intensifient dans la troisième année : l'enfant exige que ses affaires soient disposées d'une certaine façon, ou bien il veut que vous lui racontiez toujours la même histoire, et de la même manière… Ces rituels du coucher vont s'atténuer ou disparaitre aux alentours de la cinquième année. Le « doudou » joue toujours pour l'enfant son rôle de réconfort au moment de l'endormissement.

La parole de l'enfant

Je ne vois pas pourquoi je dois dormir seul dans ma chambre, alors que papa et maman dorment ensemble tout le temps. Normal, qu'ils n'aient pas peur du noir ! Moi j'ai personne dans mon lit pour me rassurer si je vois des monstres. Parfois, je vais jusqu'à leur porte pour entendre qu'ils dorment. Papa ronfle un peu, ça me rassure et je vais me recoucher, mais parfois , c'est si silencieux que je les réveille pour être sûr qu'ils sont vivants. Puis on se rendort, chacun dans son lit.

▶ Calme et confort

La maison ne doit pas être trop bruyante à l'heure du coucher. Le soir, ne surexcitez pas votre enfant et évitez qu'il joue devant un écran d'ordinateur. Dessiner, écouter des histoires sont, en revanche, des activités relaxantes. Si l'un de vos enfants empêche son frère ou sa sœur de dormir, séparez-les un moment, et posez comme condition au retour de tous dans la chambre commune sa bonne attitude à lui, il aura vite envie de ne plus se trouver seul.

Pour son confort, sa chambre ne doit pas être trop chauffée. Il doit pouvoir allumer en toute sécurité la lumière s'il le désire (lampe de chevet à portée de main). Son lit doit être assez grand pour qu'il puisse y prendre sa position préférée, avec ses jouets favoris, s'il le souhaite. Pensez aussi que, si votre enfant a grignoté sans manger de vrai repas, il risque d'avoir faim au moment d'aller dormir.

Des difficultés passagères

À présent, votre enfant dort dans un lit de « grand », avec son « doudou » et une lampe de chevet à portée de main. Il semble ainsi avoir acquis une certaine autonomie. Il se peut néanmoins que son sommeil connaisse des perturbations passagères, fréquentes entre 3 et 6 ans. Pour l'aider à surmonter ces éventuelles difficultés, faites preuve de compréhension, mais aussi d'une certaine détermination.

▶ La peur d'aller au lit

Peur du noir, crainte de voir surgir des monstres cachés dans le placard… les peurs irrationnelles de votre enfant rendent parfois le moment du coucher un peu fastidieux. S'il traverse une période difficile, pleure dès qu'il s'agit d'aller dormir, réclame la lumière ou la porte ouverte, veut que vous restiez avec lui, voire demande à dormir dans votre lit… rassurez-le. Sans nier la réalité de ses craintes, dédramatisez-les avec un peu d'humour, persuadez-le qu'il va être le plus fort. Et, avec une détermination sans faille, dites-lui qu'il ne peut rien lui arriver de fâcheux, mais que vous voulez qu'il reste dans son lit. Même s'il n'est pas toujours facile de ne pas céder, faites preuve de conviction et d'autorité, ce qui est pour lui l'attitude la plus rassurante : si vous êtes vous-même persuadé(e) du bien-fondé de vos paroles, vous convaincrez d'autant plus facilement votre enfant.

Les angoisses lorsqu'il s'endort

On appelle « illusions hypnagogiques » ces phénomènes sensoriels qui se produisent peu avant l'endormissement, provoquant des sensations physiques angoissantes pour l'enfant : violente secousse de tout le corps, impression de chuter dans le vide, sensation de paralysie d'un membre, ombre qui s'étire au plafond ou sur un mur évoquant un monstre... Ces illusions inquiétantes surviennent dans un état de semi-conscience qui fait que l'enfant s'en souvient le lendemain, ce qui lui fait redouter le moment d'aller dormir. N'hésitez pas à en parler avec lui : cela le rassurera.

Cauchemars et terreurs nocturnes

Comme entre 1 et 3 ans, votre enfant peut être réveillé par des cauchemars ou des terreurs nocturnes (voir page 184). Pour mémoire, les cauchemars sont des rêves terrifiants qui réveillent brutalement votre enfant en fin de nuit : il hurle de peur et a besoin d'être réconforté. Au réveil, il se souvient de son rêve et peut le décrire. Après avoir été assez rassuré, il se rendort facilement. Si les cauchemars se répètent nuit après nuit et sont trop intenses, ils cachent sans doute un problème que le médecin vous aidera à découvrir.

Culminant entre 3 et 4 ans, les terreurs nocturnes surviennent moins de trois heures après l'endormissement. Votre enfant hurle, et se débat, puis se calme sans se réveiller. Ne le réveillez surtout pas, il est inconscient de ce qui lui arrive et votre désarroi ajouterait à sa confusion. Consultez le médecin si les terreurs nocturnes se produisent plusieurs jours de suite.

Somnambulisme et excès de sommeil

Votre enfant se réveille dans la première partie de la nuit, déambule quelques minutes avant d'aller se recoucher... Au réveil, il ne se souvient de rien. Ne vous inquiétez pas : il n'y a aucun danger qu'il se retrouve en équilibre sur le rebord du balcon. Cependant, si les crises deviennent trop fréquentes et que les manifestations s'intensifient (panique de l'enfant), il faut consulter.

Si, pendant plusieurs jours, votre enfant dort plus que d'habitude, réclame son lit plutôt que ses jeux, manque d'entrain, il est souhaitable de voir le médecin. En effet, ces signes peuvent révéler une maladie ou un trouble.

Le pipi au lit

Ce trouble, appelé « énurésie », est fréquent, et se produit plutôt en début de nuit, sans perturber le sommeil. Il touche en majorité les garçons. Inutile de vouloir le traiter avant la cinquième année, tant que l'enfant ne maîtrise pas ses sphincters en phase de sommeil profond. Ne punissez pas votre fils si cela lui arrive. Responsabilisez-le, par exemple, en lui demandant de se changer seul. Sans chercher à le culpabiliser, aidez-le à prendre conscience de son corps, car sa motivation personnelle est essentielle.

« Est-ce que je peux venir dormir avec vous ? »

Votre enfant ne cesse d'observer ce qui l'entoure et cherche à comprendre comment fonctionnent les grandes personnes. Il tente aussi de percer à jour le lien affectif qui existe entre son père et sa mère. Pourquoi veulent-ils rester seuls ? Qu'est-ce qu'ils font lorsqu'ils ferment la porte de leur chambre ? Tout ces mystères attisent sa curiosité. Alors, si votre enfant demande à venir dormir avec vous, dites-vous bien que c'est moins parce qu'il a peur de rester seul que parce qu'il conteste l'intimité entre ses parents. En fait, il tente d'exercer une véritable prise de pouvoir. Le petit garçon voudrait bien prendre la place de son papa dans le lit, et la petite fille, celle de sa maman (voir page 269). Ne cédez pas, afin que votre enfant comprenne bien que sa mère ou son père ne lui appartient pas, et que l'autre parent a son mot à dire. Il faut lui expliquer que les parents ont le droit d'être seuls, tous les deux, mais qu'il ne doit pas être jaloux. En fait, toute la difficulté est d'amener votre enfant à respecter votre intimité sans qu'il se sente exclu. L'interdit doit être clair : le lit des parents représente une frontière à ne pas franchir. Vous lui donnez ainsi des repères. Votre enfant en a un réel besoin pour se structurer pyschologiquement.

? Les réponses à vos questions

❝ Notre enfant grince beaucoup des dents durant son sommeil. Existe-t-il une façon d'arrêter ce trouble ? ❞

Ce bruit peut certes être désagréable pour l'entourage mais il ne doit pas vous inquiéter s'il est occasionnel. Cependant, si cela devient habituel, il est possible que votre enfant rencontre de petites difficultés psychologiques. Rassurez-le, parlez-lui ou évoquez cette question avec votre pédiatre pour y remédier. Si votre enfant grince également des dents dans la journée, cela peut traduire une anomalie de la position des dents. Un orthodontiste pourra facilement traiter ce problème. ∎

❝ Notre fils de 4 ans ronfle énormément. Est-ce normal ? ❞

Il est tout à fait banal que votre enfant ronfle pendant un gros rhume. En revanche, lorsque les ronflements sont constants, très audibles et entrecoupés par des pauses parfois impressionnantes, il convient de s'inquiéter. En effet, il peut s'agir d'un syndrome d'apnées obstructives du sommeil : une maladie qui, en l'absence de traitement, peut se compliquer. À ces ronflements nocturnes s'ajoutent alors des perturbations diurnes, plus discrètes : l'enfant est volontiers hyperactif et, paradoxalement, fait facilement la sieste. Il a mal à la tête, plutôt le matin, et ses performances scolaires chutent. La première cause de ce syndrome est l'hypertrophie des amygdales palatines. Quand, chez les petits ronfleurs, l'espace entre les amygdales est trop faible, l'intervention pour les enlever est parfois conseillée. Les ronflements disparaissent aussitôt. ∎

❝ Dois-je céder lorsque notre fille réclame de la lumière pour s'endormir ? ❞

Vous pouvez tout à fait lui installer une veilleuse dans sa chambre, ou entrebâiller la porte et laisser la lumière du couloir allumée sans que son sommeil n'en soit altéré. Dans tous les cas, installez-lui une lampe de chevet accessible. Le fait de pouvoir allumer la lumière quand bon lui semble devrait la rassurer. ∎

❝ Je suis maman célibataire et je laisse parfois mon fils de 5 ans dormir avec moi. Y-a-t-il un inconvénient à cela ? ❞

Oui, cela risque de lui poser plus tard des problèmes, et cela fait partie des interdits concernant l'inceste. La sexualité infantile de votre fils risque d'être perturbée par cette proximité, d'autant qu'il est à l'âge où le complexe d'œdipe favorise le désir d'occuper la place d'un partenaire masculin auprès de sa mère. Enfin, le jour où vous retrouverez un compagnon, votre fils risque de se montrer jaloux. Soyez donc intransigeante, l'interdit de dormir avec vous ne se discute pas. Réservez à votre enfant des temps de câlins le matin ou le soir, mais exigez qu'il dorme dans son lit. ∎

❝ À chaque retour de vacances, le coucher redevient un cap difficile. Que faire ? ❞

Tout changement de lieu, d'habitudes peut perturber un jeune enfant. C'est la régularité des activités et leur répétition qui le rassurent et, cela n'est pas toujours possible lors d'un voyage court ou de vacances. Dès le retour, il faut bien expliquer à votre enfant qu'il est à la maison avec vous, ses jouets, son « doudou »... Après quelques jours, ou quelques semaines, tout rentrera dans l'ordre si, malgré ses pleurs, vous ne cédez pas à son refus d'aller se coucher... ∎

❝ Depuis peu, notre fille de 5 ans fait des des cauchemars chaque nuit et ne veut plus aller à l'école. Comment l'aider ? ❞

Les troubles du sommeil révèlent en général des difficultés survenues de jour, sans qu'on puisse toujours préciser ce qui les a déclenchés. Dans le cas présent, ils s'associent à une phobie scolaire qui peut être la cause ou la conséquence des troubles. Il est important d'en parler à votre enfant pour essayer de l'aider, et de chercher un éventuel problème du côté de l'école. Mais, le plus souvent, même si trouvez la cause, votre enfant n'en dormira pas mieux. Quand ce type de dysfonctionnement s'installe, il est important de consulter votre pédiatre qui vous adressera à un psychologue s'il le juge utile. ∎

Un comportement de « grand »

De plus en plus autonome

De 3 à 6 ans, l'enfant poursuit ses progrès sur le plan moteur, mais son évolution la plus évidente concerne sa vie intellectuelle et émotionnelle. Maîtriser une colère, vouloir tout comprendre, manifester des choix sont autant d'exemples d'une individualité qui s'affirme et d'une autonomie croissante.

▶ Les gestes du quotidien

La plupart des enfants essayent de se débrouiller seuls dès qu'ils le peuvent. Si les parents les laissent prendre des initiatives, ils parviennent à effectuer sans aide nombre de gestes quotidiens. Poussés par le désir de « faire comme des grands », ils apprennent beaucoup en imitant les adultes ou les aîné(e)s.

Se laver et s'habiller seul(e) • Ils parviennent ainsi plus ou moins vite à enfiler ou enlever leurs vêtements ou à se savonner et se rincer lors du bain. Cependant, même à 4 ou 5 ans, certains gestes restent encore difficiles : boutonner sa veste, lacer ses chaussures, utiliser une fermeture Éclair, bien se laver les dents… Le meilleur moyen d'encourager ces progrès est de montrer et d'expliquer comment faire quand vous disposez du temps nécessaire. L'habileté viendra à force d'expérience. Une fois que votre enfant saura effectuer certains gestes, il aura toutefois encore besoin de vous, pour ne pas se trouver seul « à tout faire » : votre soutien devient dès lors plus affectif que pratique. Ce n'est qu'à l'entrée en primaire qu'il se passera plus volontiers de votre aide.

Lacer ses chaussures • Vers 3 ans, un enfant sait défaire ses lacets, mais il sera capable de les nouer seulement vers 6 ans. Lacer ses chaussures est pour l'enfant une opération délicate, qui exige à la fois habileté manuelle et réflexion. Montrez-lui patiemment comment faire en vous plaçant non pas face à lui mais derrière, afin qu'il ne voie pas vos mains et vos gestes à l'envers. Laissez-le essayer tout seul, même si ce n'est pas parfait, mais gare aux chutes : vérifiez, avant qu'il ne se relève, que ses lacets sont bien noués.

▶ Il aime vous aider

Désormais, vous confiez de temps en temps à votre enfant de petits travaux : aider à mettre la table, arroser les plantes sur le balcon ou au jardin, trier les chaussettes, entre autres. Il est en général assez fier que vous sollicitiez sa contribution… et vous lui apprenez ainsi que chacun a sa part dans les tâches domestiques.

Même s'il cherche d'abord à vous imiter, ou à montrer ce dont il est capable, il agit aussi avec l'intention de vous aider. Il n'est pas toujours efficace, pas toujours disponible, mais sa bonne volonté est souvent indéniable – dans quelques années, il rechignera bien davantage. Tout cela ne signifie pas, bien sûr, que l'enfant a un goût inné pour la propreté et le rangement…

Ranger sa chambre • Il faudra beaucoup de temps avant qu'il n'acquière en la matière certains automatismes. Mettre de l'ordre présente de l'intérêt quand cela devient un jeu, et il ne faut pas croire qu'il va ranger sa chambre de lui-même. Vous pouvez toutefois l'initier progressivement à mettre ses vêtements sales dans le panier à linge, à déposer ses chaussures en bas du placard, à regrouper ses jouets. Vers 5 ou 6 ans, il rangera de la sorte quand vous le lui demanderez, tout en cherchant aussi à se dérober.

▶ L'âge des « pourquoi ? »

Il n'est qu'à regarder un petit enfant devant une fourmilière, par exemple, pour constater avec quelle intensité il observe. Il s'étonne sans cesse, vous questionne sans relâche : « Pourquoi le monsieur a une barbe ? », « Pourquoi les arbres perdent leurs feuilles ? », etc. Plus son univers s'élargit, plus il vous sollicite. Cette soif de saisir « comment ça marche » n'a d'égale que sa volonté d'essayer de faire fonctionner tout mécanisme : tourner les clefs, appuyer sur les boutons… Tout cela est du même registre. À partir de 3 ans, l'enfant cherche sans cesse les liens de cause à effet. Souvent, la question sous-jacente est : « Comment, moi, vais-je pouvoir agir ou intervenir ? », car il est encore centré sur lui-même. Mais, plus il grandit, plus ses champs d'intérêt s'élargissent. Vers 5 ans, à l'âge où émerge le sentiment de justice, ses questions prennent parfois un tour plus grave, et il peut s'étonner devant un clochard allongé dans la rue, par exemple. Vers 6 ans, quand il quittera le monde de l'imaginaire pour entrer dans la réalité, apparaîtront notamment des questions sur la mort (voir page 314).

Comment répondre ? • Au moment des premiers « pourquoi ? », les questions se succèdent, mais, parfois, semble-t-il, le tout-petit n'écoute pas vraiment votre réponse. Il est comme pris

S'habiller et se déshabiller

D'abord avec votre aide

À partir de 2 ans, l'enfant coopère volontiers lors des séances d'habillage, mais il met encore ses deux pieds dans la même jambe du pantalon. Vers 3 ans, il commence à enfiler seul ses chaussettes (un peu de travers, il est vrai), son manteau ou sa robe de chambre (sans être capable de les fermer). Malgré sa bonne volonté, il lui est plus facile de se déshabiller que de s'habiller. Soyez patient s'il s'énerve un peu et ne lui en demandez pas trop.

Puis de temps en temps seul

Il faudra attendre 4 ans pour qu'il puisse s'habiller sans aide, bien qu'il ait encore des difficultés avec l'encolure et les manches. Après 4 ans, il distingue le dos du devant et peut donc enfiler un tee-shirt ou un pull ; il arrive à boutonner les gros boutons, à mettre ses chaussures sans se tromper de pied. Évitez de faire à sa place pour aller plus vite et ne l'obligez pas à s'habiller seul avant 5 ans quand il ne veut pas…

par le plaisir de nommer et d'exprimer tout ce qui l'étonne. Parfois, il cherche juste à attirer votre attention. Bien sûr, vous n'êtes pas toujours disponible, mais il serait dommage de le rabrouer. Il est bon de marquer que vous êtes sensible à sa soif de comprendre. Si ses questions vous dépassent un peu, expliquez les choses à votre façon. Il est néanmoins impératif de tenir compte de son âge et de ne pas lui donner des explications qui le dépassent et risquent de l'inquiéter. Ses réactions peuvent être un bon indicateur. D'un point de vue émotionnel, il est encore incapable de «gérer» certaines informations, et il a besoin que vous ménagiez sa sensibilité.

▶ Les débuts de l'autodiscipline

Votre enfant a maintenant bien intériorisé certains interdits. Mais il lui est encore difficile de résister à la tentation. Parfois, il enfreint délibérément vos consignes, et s'attend à ce que vous le grondiez : il « cherche ses limites ». Il suffit alors d'être ferme sans pour autant user de violence ni le punir. Ce n'est qu'à partir de 4 ans et demi qu'il obéira à certaines contraintes sans rechigner et sans que cela lui coûte.

L'importance d'expliquer • Il serait toutefois abusif de voir une intention dans chacun de ses actes. Nombre de ses bêtises sont encore liées à des incompréhensions. Certains interdits s'appliquent pour lui à des situations bien spécifiques, et il ne les considère plus comme tels quand le contexte change : par exemple, vous lui avez défendu de s'approcher du bassin dans le parc près de chez vous, et il obéit, mais cette règle ne s'étend pas pour lui à tous les points d'eau. En outre, l'exception justifie la règle : vous dites une fois « oui », et c'est à son point de vue un « oui » définitif.

Pour qu'il parvienne un jour à bien distinguer si un acte est permis, toléré dans certaines situations, ou inacceptable, il importe que vous expliquiez les raisons de vos interdits, avec clarté et concision. Bien sûr, quand il court un danger, le ton de votre voix doit l'arrêter aussitôt, et l'explication viendra ensuite. De même, quand il s'oppose à vous ou qu'il est en colère, toute explication est vaine, et il faut attendre le bon moment.

La notion de responsabilité • Peu à peu s'ébauchera en lui l'idée qu'il est responsable de ses actes, ce qui ne l'empêchera nullement de faire de temps en temps des bêtises. Sa première compréhension des notions de « bien » et « mal » apparaît notamment dans ses jeux (fessée à la poupée, etc.). Souvent, au prix d'un effort sur lui-même, il parvient à maîtriser ses envies pour se comporter selon vos attentes. Il ressent alors déjà, et à juste titre, une grande fierté. Bien sûr, cette prise de conscience sera bien plus difficile s'il obéit seulement par peur et que ses parents fassent preuve d'une grande sévérité. Pour apprendre l'autodiscipline, l'enfant a en effet besoin d'un cadre d'une certaine souplesse, où la fermeté s'accompagne d'écoute et de respect pour ce qu'il est.

▶ Des colères moins fréquentes

Vers 5 ans, l'enfant se maîtrise mieux. Il se met moins facilement en colère. Il lui arrive pourtant encore de perdre le contrôle. Comme à 2 ou 3 ans, il a toujours besoin de vous sentir ferme et rassurant à la fois, puis, une fois l'orage passé, de se réconcilier avec vous (voir page 198). Vous pouvez sans doute repérer les situations où il perd pied. Peut-être lui faites-vous parfois des demandes encore trop difficiles à exécuter, comme enlever à l'instant ses jouets du tapis du salon ? Quand il refuse d'obtempérer ou se met en colère, il est inutile d'insister et de le pousser à bout : il faut attendre l'accalmie.

Un besoin de compliments ?

Votre enfant conforte son estime de lui-même dans tous les petits gestes quotidiens. Et il a aussi besoin que vos compliments soulignent ses progrès : quand il réussit pour la première fois à fermer son blouson, ou qu'il a pris l'initiative de se laver les mains avant le repas, par exemple. Il importe toutefois que sa fierté découle avant tout de son acte, plus que de vos louanges. Il est judicieux de le complimenter à bon escient, mais sans excès. Trop de « bravos » pourraient d'ailleurs laisser penser que vous sous-estimiez ses capacités, et terniraient un peu son plaisir d'avoir réussi.

Ranger peut être un jeu et l'occasion d'apprendre à associer et à trier. Respectez cependant la logique de rangement de votre enfant sans toujours imposer votre propre vision de l'ordre.

Maintenant, vous pouvez en outre chercher avec lui des moyens de juguler ses colères. Pour chaque enfant, selon la situation, la solution sera différente. L'objectif est de trouver une alternative lors des premiers signes d'énervement et de lui proposer par exemple une autre activité, un temps mort, ou une sortie dans le jardin…

▶ Sentiments agressifs et gestes de violence

L'agressivité des petits enfants entre 3 et 5 ans inquiète souvent les parents. Du moins quand elle se manifeste par de la violence. Frapper et mordre, en effet, ne sont pas acceptables, et l'enfant doit apprendre peu à peu à canaliser de telles réactions. Sachez toutefois que ce n'est pas toujours une agressivité délibérée, mais souvent une perte totale de contrôle, ou parfois un moyen de se défendre quand l'enfant ne parvient pas à recourir au langage.

Dissocier violence et agressivité • Quant à l'agressivité sans violence, elle ne demande pas votre intervention, car elle est simplement une affirmation de soi. Les petites filles notamment montrent souvent à cet âge un comportement autoritaire. Les petits garçons, il est vrai, sont pour leur part plus tentés de se battre. Ils se trouvent en effet face au dilemme suivant : d'un côté, ils constatent que la force est une caractéristique masculine valorisée ; de l'autre, on leur demande de ne pas frapper. Un peu compliqué, non ? Ils auront donc souvent besoin d'aide pour bien dissocier force et violence. Mais, filles ou garçons, tous les enfants devront découvrir peu à peu qu'ils ont le droit d'éprouver des sentiments agressifs, mais qu'il ne faut pas faire mal à autrui.

Hostile en paroles • Les mots constituent parfois un bon exutoire à l'hostilité ressentie : « Elle m'énerve, je vais la tuer », « Je vais le couper en morceaux, et puis le brûler » : les petits enfants ont parfois un langage violent, et il faut se garder de porter alors un jugement moral. Ces paroles leur permettent justement de ne pas passer aux actes. De même, il est bon de ne pas se formaliser de leur franchise, qui, en soi, est d'ailleurs une bonne chose. Votre petite fille a tout à fait le droit de ne pas aimer sa tante Sophie, et de vous le dire de façon très directe. Mais vous pouvez bien sûr la reprendre si elle lance « je t'aime pas » quand elle la voit. Elle apprendra plus tard qu'il faut peser ses mots, même en l'absence de l'intéressé(e).

Le souci d'autrui ?

Respecter les autres n'est pas pour le petit enfant une valeur en soi. Mais il découvre par exemple que, s'il est poli, les adultes se montrent approbateurs et bien disposés à son égard. Il constate que, s'il malmène les autres enfants, il suscite des pleurs ou de la violence. Peu à peu, il apprendra à tenir compte des sentiments d'autrui. La meilleure façon de l'aider est de lui montrer l'exemple en matière de politesse, et de poser des limites quand il se montre agressif ou simplement maladroit dans ses relations. Peu à peu, vers 3-4 ans, la confrontation avec les autres enfants laissera place aux jeux interactifs entre copains, notamment en milieu scolaire. Mais ce n'est que vers 5-6 ans que l'enfant pourra commencer à faire sien le sens moral que ses parents cherchent à lui transmettre.

Une évolution en dents de scie

Comme à tout âge, votre enfant, de 3 à 6 ans, ne grandit pas en passant successivement d'une étape à une autre. Au contraire, son évolution est ponctuée d'apparentes régressions. Il se remet à parler « bébé », il frappe de nouveau, il refait pipi au lit... Pour le pédiatre T. Berry Brazelton, « chaque nouvelle poussée de développement moteur, cognitif ou émotionnel, est souvent annoncée par une désorganisation et une régression dans le comportement de l'enfant ».

Vous pourrez le vérifier souvent. Ce petit enfant ressemble de plus en plus à un adulte miniature à l'approche de son sixième anniversaire. Mais ne vous y trompez pas ! Par ses « retours en arrière », il montre son besoin d'être rassuré et de s'appuyer sur vous pour franchir les difficultés et aller de l'avant. Grandir est tentant mais fait souvent peur...

Doudou, pouce et tétine • Certains parents s'inquiètent parfois que leur enfant, à 5 ans, ait encore besoin de son « doudou » ou de sucer son pouce de temps en temps, quand il est fatigué.

Il fait encore pipi au lit

• **Les petits « oublis ».** La plupart des enfants sont propres la nuit entre 3 et 4 ans. Ils peuvent toutefois avoir des fuites épisodiques jusqu'à 6 ans, parfois à la suite d'une petite contrariété. Même si cela se reproduit plusieurs nuits de suite, évitez de montrer à l'enfant que vous êtes mécontent, car il ne le fait pas exprès et est en général le premier vexé de s'être mouillé. Il est inutile d'en faire toute une histoire, de le traiter de bébé ou de prendre des mesures de précaution. En général, tout rentre dans l'ordre en quelques jours.

• **Un problème persistant ?** Si ces incidents se répètent chaque nuit durant plusieurs semaines, votre enfant rencontre sans doute une difficulté qu'il ne parvient pas à exprimer autrement : un conflit à l'école, l'arrivée d'un petit frère, une crainte inavouée... Là encore, une réaction de colère ne pourrait qu'aggraver la situation. Le pédiatre pourra en revanche vous donner quelques conseils. Prenez rendez-vous pour ce motif, en y associant votre enfant ; vous lui expliquerez qu'il va pouvoir parler avec le docteur, et que celui-ci va essayer de l'aider, et de comprendre ce qui se passe sans le juger.

• **S'il n'a jamais été propre.** Une consultation s'impose si, à 4 ans, votre enfant n'a jamais été propre la nuit. Cette énurésie ne présente encore aucun caractère alarmant et peut être liée à une immaturité physiologique, notamment en état de sommeil profond. Mais mieux vaut la signaler au médecin.

Il n'y a pas lieu de s'inquiéter. Certains enfants ne rangent définitivement le doudou au placard qu'après l'entrée à l'école primaire. D'autres sucent encore leur pouce bien plus tard, dans l'intimité. En revanche, passé 3 ans, l'enfant doit se déshabituer de sa tétine, qui devient un frein aux progrès du langage. Comme le biberon, elle favorise la persistance de la déglutition dite primaire, qui empêche la langue de se placer correctement pour prononcer certains sons, et qui, en outre, favorise le décalage des mâchoires... et la déformation du palais. Dites à l'enfant que vous ne le comprenez pas quand il parle la tétine dans la bouche. Pour une transition en douceur, prenez l'habitude de l'oublier dans la journée et de ne pas la proposer au moindre pleur.

Il s'exprime de mieux en mieux

À partir de 3 ans, l'enfant parle de mieux en mieux, ce qui n'exclut pas jurons et gros mots ! Il fait d'autant plus de progrès que ses contacts avec les autres sont de plus en plus fréquents. Mais c'est aussi à cet âge qu'apparaissent parfois certaines difficultés d'élocution. Avant de vous inquiéter outre mesure, parlez-en à son pédiatre.

▶ Le pouvoir des mots

Passé 3 ans, un enfant éprouve en général un grand plaisir à se faire comprendre par les mots. Et, progressivement, le langage supplante les autres modes de communication. Le tout-petit découvre là un moyen d'action bien plus efficace que les gestes ou les cris. Par ses mots, il peut exprimer ses sentiments, obtenir ce qu'il veut, faire cesser une situation gênante, séduire ou mettre en colère... Bref, il constate qu'il peut agir sur son entourage et sur lui-même. Tout cela se répercute sur sa compréhension de soi et sur ses rapports avec autrui.

Des progrès rapides • Pour encourager ses progrès, il n'est rien de mieux que de dialoguer avec lui et de le faire participer aux conversations familiales. Il aime toujours autant que vous lui lisiez des histoires, et ces moments privilégiés l'aident à acquérir du vocabulaire. Un jour, si l'humour est une vertu familiale, vous aurez peut-être la surprise de l'entendre faire un jeu de mots. Avec l'entrée à l'école maternelle (voir page 282), la maîtrise du langage s'accélère.

Amené à parler avec l'institutrice ou avec les autres enfants, le tout-petit fournit de nouveaux efforts. Il ressent plus que jamais la nécessité de comprendre et d'être bien compris d'autrui. Entre eux, les enfants jouent d'ailleurs beaucoup avec les mots, même si cela passe bien souvent par l'invention d'insultes étonnantes, qui traduisent une réelle inventivité.

Un moulin à paroles ? • Certains, avant de fêter leur quatrième anniversaire, sont déjà devenus de vrais petits « moulins à paroles ». Et plus d'un parent, d'abord si fier, soupire désormais devant ce flux ininterrompu de mots. Les « tu parleras à ton tour » commencent à ponctuer les repas... Mais, même si vous fixez quelques limites, il importe de rester disponible et de ne pas rabrouer sans cesse un enfant qui découvre la joie de parler.

Entend-il bien ?

Vers 3 ans, les difficultés de langage peuvent être parfois dues à des problèmes d'audition. Les parents constatent alors que l'enfant n'entend pas quand ils chuchotent. Le trouble auditif peut être toutefois si léger qu'il passe inaperçu, mais il perturbe tout de même l'apprentissage du langage. Le fait de parler fort, de parler mal ou de souffrir d'otites à répétition sont des signaux d'alerte. En cas de doute, n'hésitez pas à en parler au pédiatre.

Enrichir son vocabulaire, stimuler son imagination, favoriser la concentration : la lecture a de multiples vertus pédagogiques, mais reste avant tout un plaisir qui se partage.

Pourquoi tant de gros mots ? • Même un petit enfant très poli peut dire des gros mots. La plupart du temps, il ne connaît pas leur sens exact. Face à d'autres enfants, il utilise parfois les jurons pour manifester une hostilité ou se sentir puissant ; face à ses parents, il les emploie pour marquer son indépendance ou susciter une réaction. Si vous vous montrez indigné, il pourra trouver cela très amusant. En revanche, si vous lui expliquez que les gros mots peuvent choquer autrui ou lui faire de la peine, il sera plus sensible à vos arguments.

Peu à peu, en prenant conscience que le gros mot peut être blessant, votre enfant l'utilisera de moins en moins devant des adultes. Encore faut-il bien sûr que l'entourage familial donne le bon exemple : quand il commence à parler, l'enfant qui dit des mots orduriers imite en général… ses parents. Après l'âge de 4 ou 5 ans, les gros mots prennent une signification nouvelle, et permettent d'agresser ou de ridiculiser les petits copains ; ils remplacent alors l'usage de la force…

▶ La grammaire « naturelle »

Passé 3 ans, le petit enfant abandonne peu à peu le style télégraphique et commence à mieux maîtriser la syntaxe. Il est étonnant de constater combien il va appliquer de lui-même les principales règles grammaticales, en montrant un réel esprit logique. Bien sûr, de nombreuses erreurs émaillent encore son discours, mais il sait de mieux en mieux employer les pronoms, conjuguer les verbes, accorder les adjectifs, utiliser les prépositions de lieu (dans, sur, sous, à), puis les adverbes de temps (aujourd'hui, demain, etc.), sans toutefois bien saisir leur sens exact. À 4 ans, un tout-petit, souvent, sait exprimer de façon précise une question ou une exclamation, il enchaîne correctement plusieurs membres de phrase, il utilise ses premières subordonnées circonstancielles : « Il est parti parce que tu es méchant » ; « Je te montrerai mon livre quand tu reviendras. » Il a beaucoup enrichi son vocabulaire. Certes, le développement du langage n'est pas achevé à 5 ans. Mais l'enfant a alors acquis les règles et les mécanismes de base concernant la prononciation des mots et leur sens, la structure de la phrase et la capacité de rendre compte d'une situation donnée de façon adéquate.

▶ Soucis de prononciation et petit bégaiement

Entre 3 et 4 ans, la prononciation est souvent imparfaite, et ces petits défauts ne signalent aucun trouble. Certains enfants articulent bien chaque son isolément, mais ne parviennent pas à prononcer correctement des mots entiers : ils disent «crompette» pour «trompette», «pestacle» pour «spectacle», «saucette» pour «chaussette», «grapeau» pour «drapeau», etc.

Il « zozote » • Nombre d'entre eux éprouvent également des difficultés à prononcer certains sons : par exemple, ils disent « ze » au lieu de « je », « z'aime » plutôt que « j'aime ». Cette anomalie courante, souvent jugée amusante par l'entourage, est due au fait que l'enfant continue à déglutir en plaçant la langue en avant des incisives, comme les bébés lorsqu'ils tètent.

Il bégaie un peu • Enfin, il est fréquent que le petit enfant connaisse une phase de bégaiement quand il franchit une nouvelle étape. Il répète certains mots ou bute sur certaines syllabes. Parfois, emporté par le désir de s'exprimer, il va un peu trop vite, comme si son envie de parler dépassait sa capacité à le faire. Ce bégaiement, dit « physiologique », disparaît en général en quelques mois. Il n'y a donc pas lieu de s'inquiéter – ni de lui faire répéter les mots, ni de s'exprimer à sa place. Cette petite difficulté suscite parfois chez l'enfant pleurs et colère, mais il la surmontera tout seul si l'entourage reste serein. Le véritable bégaiement, dit « pathologique », est de nature bien différente. Il peut apparaître à n'importe quel âge, parfois après un événement traumatisant, alors que l'enfant maîtrisait déjà bien le langage : il est permanent, et non occasionnel.

▶ S'il ne parle pas ou parle peu

Une consultation s'impose lorsqu'à 3 ans ou plus l'enfant ne dit que quelques mots, n'emploie pas le pronom « je » et ne construit aucune phrase. Le problème est parfois moins prononcé : le tout-petit parle, mais de façon peu intelligible, et seuls ses parents et sa nounou le comprennent. Ses phrases sont très courtes, il communique mal avec les enfants de son âge et presque pas avec les adultes. Parfois, il s'agit d'un retard dit « simple », car isolé (sans aucun autre trouble). L'acquisition du langage est alors juste décalée dans le temps, et la situation se régularise souvent spontanément. Il peut être toutefois utile de s'assurer que l'enfant entend bien. S'il ne pro-

Quand consulter un orthophoniste ?

Avant de vous rendre directement chez un orthophoniste, il vaut mieux demander au préalable l'avis du pédiatre. La surveillance régulière de votre enfant permet un dépistage précoce des troubles du langage. Le médecin s'assurera de l'absence d'une cause organique (la surdité, par exemple), ou d'une cause psychologique avant de conseiller un bilan orthophonique.

Dans les cas suivants, il est possible qu'il vous oriente ensuite vers ce spécialiste du langage :
– l'enfant ne construit aucune phrase et ne dit pas « je » passé l'âge de 4 ans ;
– l'enfant parle toujours en « zozotant » passé l'âge de 5 ans ;
– l'enfant a des difficultés de prononciation et use encore du « parler bébé » passé l'âge de 4 ans (exemple : « so » pour « chaud ») ; et il n'est pas compréhensible pour d'autres personnes que ses proches.
Les parents estiment parfois qu'ils peuvent résoudre les problèmes de prononciation en incitant leur enfant à répéter et à mieux articuler. Cela ne ferait qu'aggraver le problème. Seul un orthophoniste est à même de mener une rééducation efficace en cas de difficultés.

gresse pas suffisamment, il faut consulter et, si possible, effectuer un bilan orthophonique vers 4 ans. Une éventuelle rééducation ne sera toutefois possible que vers 4 ans et demi en général.

▶ De la parole à la lecture ?

Le désir d'apprendre à lire est très variable d'un petit enfant à un autre. Quand les parents ont transmis assez tôt l'amour des livres, garçons et filles manifestent parfois, dès 4 ou 5 ans, l'envie de comprendre ce qui est écrit. Ils prennent leur illustré préféré, dont ils connaissent l'histoire presque par cœur, et font semblant de lire à voix haute : « Je lis, maman », disent-ils. À l'école maternelle, les enfants bénéficient déjà d'une initiation aux lettres et aux mots, et, si cet apprentissage leur plaît, ils le manifestent aussi à la maison. Vous pouvez alors, quel que soit l'âge, répondre à leurs questions et les accompagner dans cette découverte. Vous prendrez peut-être tous deux plaisir à regarder et commenter un abécédaire, par exemple. Mais, si tous ces petits signes noirs n'intéressent pas votre tout-petit, cette démarche est inutile. C'est en général à 6 ans que les enfants apprennent à lire. Avant cet âge, il ne faut pas les pousser s'ils ne manifestent pas en la matière d'envie particulière. Un apprentissage subi sans plaisir, et de façon prématurée, conduit le plus souvent à du rejet ou peut aller à l'encontre des méthodes utilisées ensuite à l'école primaire.

Le refuge d'un monde imaginaire

Votre enfant se raconte des histoires, s'invente des compagnons de jeu, attribue aux objets une vie et un mode de pensée. Il croit au Père Noël et à la petite souris. Grâce à ce monde merveilleux, il développe son intelligence, se réconforte ou se fait peur, et commence à s'adapter à la réalité de la vie sociale.

▶ La magie au quotidien

L'enfant, de 3 à 5 ans, vit encore dans un monde à mi-chemin entre le réel et l'imaginaire, et ne distingue pas vraiment bien rêve et réalité. Vous pouvez le constater à chaque instant. Pour lui, les objets sont doués de vie. Votre petit garçon dit « méchante » à la table dans laquelle il vient de se cogner ; votre petite fille pense que, si elle mange beaucoup d'ailes de poulet, elle pourra s'envoler… Ils imaginent que, s'ils souhaitent très fort quelque chose, cela adviendra. Ils croient pouvoir faire mal à autrui rien qu'avec des pensées hostiles. Tout est possible dans ce monde magique. C'est à la fois merveilleux et effrayant. Le petit enfant jouit là, et seulement là, d'un pouvoir illimité. Dans ses jeux, il devient lui-même un personnage de conte, construit des scénarios, lutte contre des ennemis invisibles. Mais tout cela n'est jamais détaché de lui. Ce sont ses propres conflits, ses envies, ses craintes, ses désirs, ses rêves qu'il met en scène. Quand ils jouent à « on ferait comme si on était… » ou se déguisent, les

En justicier ou en belle dame, l'enfant s'invente, dans ses jeux, plus grand que dans la réalité.

Le monde imaginaire de votre enfant est son jardin secret : n'essayez pas d'y entrer de force.

enfants deviennent des héros, mais aussi des papas ou des mamans. Quand ils s'adressent à leurs jouets, ils se confrontent à eux-mêmes. Elle gronde sa poupée après une punition ; il insulte son nounours parce qu'il est fâché contre lui-même. Ils réinterprètent leur vie, avec toutes ses joies et ses frustrations... C'est aussi pour eux une façon très intelligente de se construire et d'affronter le réel.

▶ Un domaine réservé

Les adultes, dans ce monde-là, ont vite fait de déranger. C'est un lieu très intime. Si votre petit garçon est en train de combattre on ne sait qui à grands coups d'épée, il sera très gêné de vos éventuelles questions. C'est pour lui une activité sans doute plus intime que la masturbation (voir page 266). Parfois, il ouvrira la porte du domaine

et vous racontera des histoires. Si vous le questionnez trop, si vous cherchez à analyser, il la refermera. Il convient soit de rester en retrait quand vous n'êtes pas invité, soit d'écouter plutôt que de commenter ou de chercher à entrer dans le jeu. En vous transformant en spectateur discret, respectueux, parfois attentif, vous aurez tout loisir d'apprécier toutes les capacités imaginatives de votre enfant.

Père Noël et contes ▪ Il existe toutefois des situations privilégiées où parents et enfants partagent ce monde imaginaire : les fêtes de Noël, l'arrivée de la petite souris, la collecte des œufs à Pâques, la lecture d'histoires... Les contes traditionnels, notamment, recèlent en eux tout ce qui soucie les enfants : des sentiments profonds, de la peur, des mariages, des méchantes belles-mères, des puissants cruels, des rivalités entre frères et sœurs, et même l'inceste, comme dans *Peau d'âne*. Les petites histoires douces et lénifiantes, sans conflit, sans personnage effrayant, parlent moins aux enfants de 4 ou 5 ans... En leur lisant des contes, vous pourrez ensemble, pour un temps, vous retrouver dans le même univers.

▶ Histoires et fabulations

Lorsqu'il s'invente des histoires, le petit enfant se fait souvent plus puissant qu'il ne l'est et montre son désir de dépasser ses propres limites. Cette tendance apparaît aussi dans la façon dont il relate certains événements. De retour de l'école, il raconte parfois à ses parents des exploits pas tout à fait conformes à la réalité, voire dit l'inverse de ce qui s'est passé. Si vous sentez des failles dans son discours et que vous l'interrogiez davantage, il manifeste un malaise et souvent s'enferre. Tout cela est normal, et mieux vaut prendre ces petites fabulations avec le sourire, sans insister ni le traiter de menteur. Quand l'enfant travestit la réalité de manière systématique, devant vous ou devant ses pairs, il peut exprimer de la sorte une peur de ne pas être à la hauteur de vos demandes, ou un manque d'assurance. C'est alors une forme d'appel à l'aide. Peut-être a-t-il besoin de sentir davantage que sa famille l'aime tel qu'il est ? C'est en le rassurant, en évitant surtout les critiques et les moqueries, que vous l'aiderez à moins transformer la réalité. Sans chercher à interpréter de façon systématique, il importe parfois d'entendre le message caché sous la fable : tel petit garçon dont le père était souvent absent racontait chaque lundi matin à l'école ses formidables chasses avec son papa…

Les amis imaginaires

Certains enfants s'inventent parfois des compagnons imaginaires. Ils se confient à lui quand ils sont seuls, racontent ses actions à leurs parents et, souvent, ont recours à lui quand ils se trouvent dans une situation difficile. Ils ont commis une bêtise, c'est lui (ou elle) ! Ils ne veulent pas aller chez le docteur, et vous le disent par son intermédiaire… Le compagnon imaginaire peut ainsi endosser tout ce que l'enfant ne veut pas assumer. La même attitude se manifeste parfois avec la poupée ou la peluche préférée… Les parents montrent en général, et à raison, qu'ils ne sont pas dupes, mais l'enfant n'abandonne pas pour autant cet appui. Et il l'utilisera tant qu'il lui est difficile d'affronter ses actes ou ses sentiments. Quand votre enfant accuse son nounours d'un acte qu'il a commis, cela ne signifie pas une absence de remords, c'est souvent l'inverse : il est si fâché de lui-même qu'il transfère sa bêtise sur la poupée ou l'être imaginaire. Parvenir à savoir si l'enfant est perturbé par son acte, ou s'il choisit la voie de la facilité, vous aidera sans doute à moduler vos réactions. Votre enfant peut vous dire beaucoup par cet intermédiaire, et il vous le dit de cette façon parce qu'il n'est pas prêt à le formuler autrement. Quand il exprime ainsi certaines angoisses, vous pouvez entrer dans ce mode de dialogue, et lui répondre en disant : « Dis à ton ami que… » pour mieux faire passer le message. Dans tous les cas, n'essayez pas de persuader votre enfant que son « ami » n'existe pas. Pour certains garçons et filles timides, l'ami imaginaire constitue un réel soutien.

Frayeurs, monstres et cauchemars

Même s'ils en sont la partie sombre, les frayeurs et les cauchemars participent aussi du monde imaginaire de l'enfant. Ils sont très fréquents à l'âge de 4 ou 5 ans. La journée, le tout-petit manifeste des peurs nouvelles. Désormais, alors que ce n'était pas le cas avant, le voici effrayé par les voitures ou la foule, ou les chiens, ou les araignées… Le soir, vous devez parfois examiner toute sa chambre avec lui, parce qu'il redoute la présence de monstres sous le lit ou dans les placards. La nuit, il se réveille en hurlant de peur à cause de ses cauchemars.

La peur d'être « méchant » • Tout cela est révélateur de ce qui le tourmente, et notamment de sa peur très forte et très réelle d'être un « enfant méchant ». Quand il éprouve de la colère contre son papa ou sa maman, par exemple, c'est comme s'il leur avait affirmé son hostilité, car, pour lui, les pensées ont autant de valeur que les actes. Quand il a contrarié sa grand-mère en hurlant au supermarché pour avoir des bonbons, et qu'elle a cédé, il sait, à 4 ans, qu'il a mal agi. Les petits enfants s'effraient de ressentir tous ces sentiments qu'ils ont déjà catalogués comme « mauvais ». Cela se traduit par des frayeurs et des cauchemars. Les monstres, ce sont en quelque sorte leurs propres pensées.

Les premiers « mensonges »

Il est délicat de parler de mensonge avant 6 ou 7 ans, car l'enfant mêle encore le rêve et la réalité. Il est toutefois fréquent que le tout-petit cherche à dissimuler ses bêtises. « C'est pas moi », lance-t-il, même si vous le prenez sur le fait. La phrase suivante, qui a valeur d'aveu, est souvent : « je l'ai pas fait exprès ». Ce mensonge survient parfois quand l'enfant est effrayé par les conséquences de ses actes. Votre petite fille a voulu essayer de se maquiller et a fait tomber votre boîte de fard préférée… Catastrophe ! Nier apparaît alors la seule issue possible. Elle essaie de faire comme si tout cela n'avait jamais eu lieu. Une punition s'impose, bien sûr. Mais le mensonge en soi ne doit pas être considéré comme une intention délibérée de tromper, c'est un simple mécanisme de défense. Prenez-le donc comme tel, et expliquez pourquoi vous n'aimez pas qu'elle mente. Le petit enfant avouera d'ailleurs d'autant plus vite que vous lui proposez un moyen de « racheter sa faute » ou de se faire pardonner.

Comment l'aider ? • Face à ces frayeurs, vous ne pouvez que le rassurer, éventuellement l'inciter à raconter ses cauchemars, et, au besoin, installer une veilleuse dans la chambre. Dès qu'il se sentira plus à l'aise avec lui-même, dès qu'il dissociera mieux actes et pensées, dès qu'il trouvera des solutions pour canaliser ses colères et son agressivité, frayeurs et cauchemars diminueront. Pendant cette période, il vous faut veiller, plus que jamais, à préserver l'estime qu'il a de lui-même, et ne pas s'offusquer quand il donne libre cours à ses sentiments en frappant ses jouets. Il ne faut pas le juger lui, en tant qu'individu, ou lui donner des qualificatifs définitifs (paresseux, nerveux, idiot, violent, etc.), mais plutôt critiquer ses actes, ou telle ou telle attitude ; ainsi, mieux vaut dire « tu as mal agi, ton comportement n'était pas correct », plutôt que « tu es très méchant(e) », « tu es terrible », etc.

▶ Apprendre la désillusion

Grandir ne va pas sans une certaine désillusion. Il s'agit aussi d'accepter ses limites et des frustrations de toutes sortes. L'enfant de 6 ans a accompli une petite part de ce long chemin. Il se réfugie moins souvent dans l'imaginaire, car il est mieux armé pour faire face aux divers aspects de la réalité. Il réalise de plus en plus que ce ne sont pas ses pensées mais ses actes qui influent sur son existence. Il constate qu'il ne suffit pas de rêver pour agir. Il joue toujours à faire semblant, mais le « on ferait comme si » se transforme souvent en « quand je serai grand(e)… ».

« Quand je serai grand(e) » : de l'imagination au réel • L'imagination permet maintenant de rêver l'avenir plus que de transformer le présent. Le monde, par certains aspects, devient plus prosaïque. À cet âge, les enfants apprennent souvent de leurs pairs que le Père Noël n'existe pas, et, si on leur raconte une histoire rocambolesque, ils disent parfois : « Ce n'est pas possible. » Ce glissement vers un autre mode de pensée est l'effet non seulement d'une meilleure conscience de soi et de ses capacités, mais aussi de la découverte du monde réel. Tant de progrès, tant d'avancées ont eu lieu entre 3 et 6 ans ! Les parents ont parfois un pincement au cœur car ils voient là la fin de la prime enfance. Mais tout n'était pas si rose au pays des fées et des monstres… Une autre étape s'ouvre maintenant, avec l'entrée à l'école primaire, aussi riche, aussi passionnante que celles qui viennent d'être franchies.

La parole de l'enfant

Ma copine a un petit chat, et je l'envie beaucoup. C'est doux, ça joue et ça fait des ronrons et puis, quand on est triste, on peut lui parler et lui raconter ses secrets. Elle n'aime pas trop penser à lui donner à manger et à aider à nettoyer sa caisse, mais elle adore jouer avec lui en balançant une petite balle au bout d'une ficelle. Un chat, c'est plus rigolo qu'un poisson rouge ou qu'un lapin, mais ça peut griffer parfois. N'empêche, j'aimerais bien en avoir un, moi aussi !

Quelle notion du temps ?

« Nous partirons dans un quart d'heure » : pour un enfant de 3 ans, cette phrase n'a d'autre signification que « on va partir ». Le temps des horloges ne lui parle pas, seul importe encore son temps à lui, dans lequel 15 minutes peuvent être, selon les circonstances, très longues ou très brèves.

Des précisions telles que « demain », « dans une semaine », « dans trois mois » n'ont pas davantage de sens. Il sait juste qu'elles indiquent le futur, « après », par opposition au passé, « avant ». « L'heure d'aller au lit », « la journée avec maman », « le moment où papa rentre » seront pour lui des repères plus évocateurs que les heures précises ou les noms des jours de la semaine.

Ce n'est qu'entre 4 et 5 ans qu'il deviendra plus réceptif aux notions de temps et de durée et cherchera à les comprendre. Il commence alors à distinguer le présent du passé et du futur. Il comprend hier, aujourd'hui et demain. Enfin, vers 6 ans, il pourra découvrir les jours de la semaine et mieux connaître et repérer les horaires de la journée.

Les animaux familiers

Vers 4 ans, le petit enfant ne demande qu'à aimer un animal familier,
et il peut nouer avec un chien ou un chat une relation profonde.
Avec votre aide, il devra toutefois apprendre à respecter ses besoins.

Les enfants sont en général très attirés par les animaux. Il n'est que de voir le succès des parcs animaliers auprès des tout-petits ! À 2 ans, le citadin se montre curieux, quoique parfois sur ses gardes, face à un animal qu'il ne connaît pas. À 4 ans, il a souvent envie de le caresser, de s'en occuper, et pose maintes questions à son sujet.

Les liens avec l'enfant

C'est plus le désir de donner de l'affection que le besoin d'en recevoir qui pousse l'enfant à vouloir un animal. Il va vite en faire un confident et lui accorder une place importante. Vers 3 ou 4 ans, il lui prête souvent des sentiments analogues aux siens. Quand il le câline, cela l'apaise. Il joue avec lui au papa et à la maman, et montre une attitude à la fois protectrice et autoritaire, se comportant à son égard comme avec un « bébé ». Plus l'enfant grandit, plus il pourra assumer certaines responsabilités vis-à-vis de cet ami. Des liens aussi étroits ne sont toutefois possibles qu'avec certains animaux.

Quel animal adopter ?

Les poissons et les canaris, par exemple, imposent moins de contraintes qu'un chat ou un chien. Mais les câlins seront limités, et l'enfant trouvera surtout du plaisir à les observer. Si vous vous tournez vers les rongeurs, préférez le cochon d'Inde, en général doux et affectueux, et oubliez les hamsters et les lapins, qui peuvent facilement mordre ou griffer. Le chat est assez indépendant, et le petit enfant devra en tenir compte. Il découvrira qu'il ne peut rien lui imposer, mais cette relation peut être très enrichissante. Reste le chien... C'est le seul animal qui puisse vraiment jouer avec un tout-petit. Il se comporte avec lui comme il le ferait avec un chiot, se montre patient et rarement agressif. Encore faut-il qu'il soit bien dressé et ni trop âgé ou trop jeune (un chiot exige de la disponibilité et un vieux chien a besoin de beaucoup de ménagements). Si vous n'avez jamais eu de chien, demandez conseil avant l'adoption, ne serait-ce que pour bien comprendre les besoins et les attitudes de l'animal, et optez pour une race réputée pour son caractère tranquille.

Un choix de vie

Avec un chien, vous vous engagez pour au moins dix ans, et encore plus longtemps avec un chat. Avoir un animal de compagnie est un choix de vie. Il ne faut pas prendre la décision d'en adopter un uniquement pour faire plaisir à votre enfant. Il faut bien lui expliquer que ce n'est pas un jouet qu'on peut mettre de côté lorsqu'on n'en a plus envie. Mais, si vous êtes vous-mêmes attirés par un animal, vous offrirez à votre enfant une occasion unique de se confronter avec la vie : prendre soin d'un être vivant, partager ses joies, ses blessures parfois. C'est une belle expérience et une école du respect.

Des règles à respecter. En général, si l'enfant dépasse les bornes, l'animal s'en va. Mais un geste brusque, un doigt dans l'œil ou un coup sur la truffe risquent de susciter par réflexe une morsure ou un coup de griffe. Mieux vaut donc surveiller du coin de l'œil les échanges entre l'enfant et l'animal. Jusqu'à 5 ou 6 ans, le tout-petit ne réalise pas toujours qu'il fait mal. Il peut par affection serrer si fort son cochon d'Inde que ce dernier, prêt d'étouffer, va le mordre.

L'enfant doit apprendre quelques règles : laisser l'animal en paix lorsqu'il mange ou qu'il dort, éviter d'approcher trop près son visage de la gueule, reconnaître les signes de mécontentement, ne jamais lui couper toute voie de retraite. Votre enfant découvrira vite que son compagnon s'écarte de lui s'il le maltraite. Il en sera peiné et fera plus attention. Leur relation ne pourra que s'enrichir mois après mois.

L'identité sexuelle

« *Dis maman, comment on fait les bébés* » • *Masturbation et jeu du docteur* • *Respecter la pudeur de son enfant* • *Un comportement plus sexué* • *La phase œdipienne* • *Un(e) petit(e) séducteur(trice) à la maison* • *Unis devant l'enfant*

La découverte du sexe

Masturbation, jeu du docteur, exhibitionnisme, questions sur la naissance sont monnaie courante entre 3 et 6 ans. Le petit enfant achève de découvrir son corps et prend conscience des différences entre filles et garçons. Selon les réactions des parents, il vivra tout cela avec plus ou moins de joie ou de gêne.

▶ Un intérêt accru pour la zone génitale

Vers 1 an, le bébé découvre son sexe et le touche, lors du bain ou du change. Les mères sont souvent inquiètes du fait que le garçon tire sur son sexe, mais c'est tout à fait normal. Il est bien d'ailleurs à cet âge de nommer le sexe, chaque maman optant pour le mot de son choix… Ce n'est qu'après 3 ans, toutefois, que la sexualité infantile se manifeste de manière évidente. Elle se traduit d'abord par diverses explorations personnelles de l'enfant, puis, vers 4-5 ans, par une curiosité accrue pour le corps des autres enfants. Au départ, le tout-petit va poser de plus en plus de questions sur les différences entre filles et garçons. Le garçon sait qu'il a un zizi comme son père, mais il peut demander pourquoi sa sœur n'en a pas. La fille, elle, exprime sa crainte de manquer de quelque chose : « Je n'ai pas de zizi ? » Garçons et filles vont ensuite bâtir différentes théories sur la façon dont on fait les enfants (« le bébé est sorti du nombril » ou « des fesses »), et

s'interrogent sur les rapports amoureux de leurs parents. Ils sont d'ailleurs contents d'entendre que « papa et maman s'aiment », et de constater des témoignages de cet attachement, tels que baisers et gestes tendres. Tout cela va de pair avec l'évolution du comportement, qui devient plus sexué : les jeux violents des garçons, la pratique du cheval à bascule, les mises en scène avec les poupées, les jeux du docteur, de « papa et maman ». La découverte du sexe, de 3 à 5 ans, accompagne la différenciation en tant que fille ou garçon. Celle-ci correspondra plus ou moins aux stéréotypes féminins ou masculins, selon le tempérament, l'environnement, et les demandes implicites des parents.

▶ Les frayeurs des tout-petits

Avant 3 ans, même s'il a conscience qu'il est fille ou garçon, le petit enfant a en encore une idée assez floue de ce que cela signifie. S'il a été en contact assez tôt avec des enfants de l'autre sexe, à la crèche ou à la maison, il sait sans doute que

Au contact d'autres enfants ou de ses frères et sœurs, l'enfant découvre l'existence du sexe opposé et commence à définir sa propre identité sexuelle.

les uns ont un « zizi » et les autres « une zézette ». Mais, s'il n'a ni frères ni sœurs, il peut ne pas avoir vu la différence sexuelle physique. Un petit garçon de 3 ans peut penser en voyant pour la première fois une petite fille qu'elle a perdu son pénis, et en déduire que le sien aussi peut disparaître. À l'inverse, une petite fille se demandera pourquoi elle est différente si elle a seulement côtoyé des garçons. Ces angoisses de castration ne sont pas toujours faciles à détecter quand l'enfant ne sait pas parler : elles se traduisent parfois par des crises de pleurs lors du change. Mais, passé 3 ans, le tout-petit peut en général verbaliser ses craintes par des questions plus ou moins précises. Le petit garçon demandera en parlant d'une petite fille : « où est son zizi ? » « est ce que je peux le perdre ? », et la petite fille, de son côté, dira : « je voudrais un zizi comme lui » ou « pourquoi il n'y a rien à la place du zizi ? » Les parents auront alors l'occasion d'expliquer ce qui distingue les filles et les garçons en évitant d'entrer dans le mécanisme exact de la procréation, insupportable à cet âge.

▶ Un désir d'avoir les deux sexes à la fois

Malgré toutes les explications, les tout-petits vont garder longtemps le désir plus ou moins conscient d'être dotés des attributs des deux sexes. Ils réaliseront peu à peu que ce n'est pas possible, mais n'accepteront cette idée que vers 5-6 ans. Leurs comportements ambivalents jusque-là sont donc tout à fait normaux.

Du côté des petites filles • Il n'est pas rare qu'une petite fille de 4 ou 5 ans cherche à faire pipi debout. Certaines tirent même sur leur sexe dans l'espoir de le rallonger. Souvent, cela ne trahit que l'envie d'avoir un pénis ou de voir si elle parvient à imiter l'autre sexe — les garçons montrent tant de fierté au sujet de leur « zizi » ! Ces gestes peuvent s'accompagner temporairement de l'affirmation répétée qu'elle voudrait être un garçon. La petite fille peut alors chercher à adopter les jeux et la tenue des garçons.

Du côté des petits garçons • De leur côté, les petits garçons vont faire semblant d'être enceinte ou d'allaiter. Ils n'acceptent pas encore l'idée qu'ils ne porteront jamais de bébé, et jouer à la maman les aide à abandonner cette illusion. Plusieurs psychanalystes estiment d'ailleurs que la capacité des pères à « materner » leur vient de la petite enfance et du temps où ils imitaient leur mère. Il n'y a donc aucune raison de vous inquiéter si votre fils joue à la poupée, ou se promène avec un coussin sous son tee-shirt.

▶ Comment leur parler de tout ce qui touche au sexe

Spontanément, votre enfant vous posera beaucoup de questions sur le sexe : d'abord sur les organes génitaux, puis sur la façon de faire les bébés et enfin sur vos rapports amoureux. L'enfant se doute qu'il se passe des choses dans la chambre entre son papa et sa maman, c'est pourquoi il a tant envie de les rejoindre, et parfois de les séparer. Vous appréhendez peut-être ces questions, mais sachez qu'elles ne demandent pas des réponses au pied de la lettre.

Un langage imagé • Des mots simples, imagés, suffisent. L'imaginaire doit primer sur une réalité qui est choquante dans le détail. Il ne s'agit pas de faire un cours d'anatomie, car certaines précisions seraient insupportables à l'enfant : l'acte sexuel, ou encore la sortie du fœtus par le vagin (mieux vaut éviter de leur dire par où sort le bébé)... Un langage symbolique, au contraire, convient parfaitement : « papa et maman s'aiment très fort », « papa a mis une petite graine dans le ventre de maman », « le bébé a grossi puis est sorti quand il était suffisamment grand ». Pour l'enfant, l'essentiel est d'être le fruit de l'amour qui lie ses parents. En revanche, les psychologues déconseillent de raconter des histoires de choux, de roses ou de cigognes : le tout-petit serait de toute façon vite détrompé, et informé, parfois de façon brutale, par les enfants de son âge...

Livres et animaux • Si vous vous sentez gêné, il existe pour vous aider des livres destinés aux tout-petits. En outre, la proximité de certains animaux de compagnie peut contribuer à illustrer la procréation. Si vous n'habitez pas à la campagne, vous pouvez tout à fait visiter une fermette ou un parc animalier au printemps, et montrer à l'enfant une portée issue d'un papa et d'une maman...

Une découverte en douceur • L'enfant se forgera une idée sur la naissance et la sexualité en mêlant vos explications et ses propres théories. Son imaginaire le protège de la « violence » que serait pour lui l'acte sexuel en lui-même. Ce n'est que peu à peu qu'il parviendra à une compréhension plus conforme à la réalité. Accompagnez et respectez ce lent cheminement, encore inachevé à 6 ans, sans jamais précéder les questions de l'enfant. Il faudra parfois attendre la pré-puberté pour que certains aspects de la procréation soient recevables. Faites d'ailleurs très attention aux programmes télévisés, certaines scènes pouvant facilement choquer un petit.

▶ Les explorations corporelles

Dans un premier temps, le tout-petit touche ses organes génitaux pour mieux se connaître et éprouve de la sorte diverses sensations. Il s'explore lui-même et y trouve du plaisir. D'abord tournée vers lui-même, cette curiosité tout à fait normale s'étend vers 5 ans aux autres enfants de son âge. S'il est parfois nécessaire d'intervenir, les parents doivent le faire de façon mesurée, et surtout sans punir, ni faire peur ni susciter un sentiment de honte.

Masturbation et exhibitionnisme • Les enfants, surtout à partir de 4 ans, peuvent se mas-

« Pipi-caca-boudin »

Quel parent n'a pas ressenti un jour une certaine lassitude à entendre répéter avec délectation « caca-boudin », « fesses », « zizi » et autres ? Dans les cours de récréation, dès 3 ans, ces mots sont presque des expressions magiques, un code de reconnaissance, une façon de se dire « bonjour ». Au moment où le petit enfant finit d'acquérir la propreté, et sait qu'il ne doit pas toucher ses selles et ses urines, l'attirance naturelle pour tout ce qui sort de lui (voir page 190) trouve ainsi l'une de ses dernières manifestations. En parlant « pipi-caca » entre eux, les petits enfants transgressent un interdit, pour parvenir au final à mieux l'accepter. À la maison, les réactions en général mitigées des parents peuvent tout à fait limiter l'usage de tels mots.

turber assez souvent. Il ne s'agit pas toujours d'une réelle masturbation mais le plus souvent de « tripotages » à la moindre occasion, de « caresses » au moindre ennui, et surtout de « chevaucher » avec plaisir tout ce qui s'y prête. Le mieux est de manifester un certain détachement vis-à-vis de ces pratiques, sans pour autant les cautionner. Il est important de dire à l'enfant que cela ne se fait pas n'importe où et devant n'importe qui, et que la véritable sexualité est une affaire de grands. Les tout-petits, inconscients de la gêne qu'ils suscitent, se montrent en effet parfois très exhibitionnistes, filles comme garçons. Grâce à vos explications, ils comprendront peu à peu que le sexe, ou les fesses, sont des parties du corps très intimes. Si ces attitudes deviennent trop fréquentes, il faut montrer sa désapprobation et en discuter avec le pédiatre.

La petite fille et son vagin • Lors de ses explorations intimes, il peut arriver que la petite fille introduise des objets dans son vagin, pour « mesurer » sa profondeur. Il est essentiel de lui dire que c'est dangereux, qu'elle peut se faire mal, et que c'est donc strictement interdit. En cas de corps étranger dans le vagin, il faudra une visite médicale pour retirer l'objet. Il y a alors fort à parier qu'il n'y aura pas de récidive, mais si, malgré tout, cette pratique persiste, n'hésitez pas à consulter un(e) psychologue.

Il « joue au docteur » • Un jour, peut-être, vous surprendrez votre enfant et un de ses amis à moitié nus dans la chambre. Et ils vous diront qu'ils jouent au docteur. Les enfants, vers 5 ans, aiment beaucoup s'examiner les uns les autres et se comparer. Ils le font entre filles, entre garçons, ou entre fille et garçon. Voyant cela, vous éprouverez peut-être de la gêne et demanderez aux intéressés de venir au salon. Mais évitez de montrer une réaction horrifiée, qui ne pourrait que donner un attrait supplémentaire à la chose.

Tant que les enfants sont du même âge, et manifestent le même attrait pour ces jeux, il n'y a aucune raison de s'inquiéter : ils se touchent de façon très innocente. Ce ne sont que des jeux d'enfant, n'y projetez pas toutes les horreurs concernant la délinquance sexuelle. Il importe toutefois de s'assurer que votre fils ou votre fille n'éprouve aucune réticence à ces jeux. Restez attentifs s'il n'a plus envie d'aller chez tel(le) ou tel(le) ami(e), par exemple, et cherchez à savoir

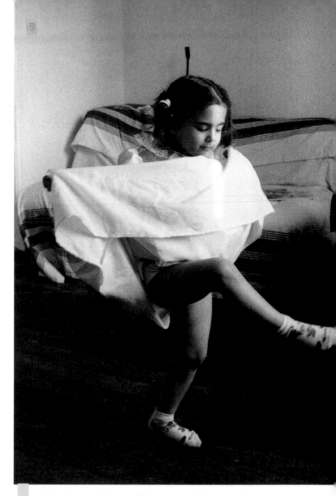

Expliquez avec simplicité à votre enfant que le sexe est une zone intime à ne pas exhiber.

pourquoi. Et, de façon générale, précisez-lui bien, ne serait-ce qu'une fois, qu'il doit être d'accord, et, surtout, qu'il doit refuser si cela le dérange.

▶ Questions de pudeur

L'attitude vis-à-vis du corps varie beaucoup d'une famille à une autre, et l'enfant, à l'image de ses parents, apprendra à se montrer plus ou moins pudique. Entre 4 et 5 ans, il est déjà partagé entre la fierté d'exhiber son corps et l'envie, à certains moments, de ne pas être vu d'autrui, même de ses parents. Si vous prenez cette pudeur au sérieux, vous lui montrerez que son corps n'appartient qu'à lui. À cet âge, vous pouvez d'ailleurs déjà lui expliquer que nul ne peut le toucher ou le regarder sans sa permission. C'est l'un des messages importants à transmettre.

Vis-à-vis de ses parents... • Vers 3 ou 4 ans, un tout-petit cherche parfois à voir le corps de ses parents s'ils restent toujours vêtus en sa présence. Vers 5 ou 6 ans, en revanche, les voir nus le met parfois mal à l'aise. Il peut trouver leurs corps un peu effrayants, voire repoussants, ou encore se sentir diminué en comparant avec sa propre anatomie. Tous ces sentiments doivent être pris en compte, de même que le refus éventuel d'être lavé en présence d'un tiers, voire par son parent de sexe opposé. L'enfant signifie ainsi qu'il est temps de prendre quelque distance, et que la salle de bains n'est plus un espace public. À l'heure actuelle, bien des parents s'exhibent nus devant leurs enfants dès la naissance, sans penser à mal. Mais, dès que l'enfant s'intéresse à leur sexe ou au sien, il vaut mieux éviter cette promiscuité. C'est aussi en cachant votre corps que vous lui donnerez la notion que le sien lui appartient et qu'il ne doit pas être accessible à tous.

... ou des frères et sœurs • La question de la pudeur peut aussi se poser entre frères et sœurs. Le bain en commun commence-t-il à susciter un peu trop d'excitation, ou au contraire de la gêne, pour l'un ou l'autre des enfants ? Peut-être sont-ils maintenant trop grands pour se laver ensemble. S'ils sont de sexe différent et partagent la même chambre, ils demanderont d'ailleurs vers 5-6 ans à disposer chacun de leur espace. Si vous disposez d'une seule pièce, vous pouvez, avec quelques astuces, préserver à chacun une intimité : bibliothèque-armoire, paravent, tentures, etc. Cela vaut d'ailleurs aussi si les enfants sont de même sexe.

▶ Un comportement plus sexué

Sachant désormais qu'il est de sexe masculin ou féminin, le tout-petit va chercher à marquer de manière plus forte son appartenance à l'un des deux groupes. Il caricature même parfois les adultes, en poussant à l'extrême certains traits jugés plus féminins ou masculins. Une petite fille peut se montrer extrêmement coquette et séductrice ; un petit garçon jouer les « petits durs » et fabuler sur ses capacités physiques. Plus tard, vers 6 ans, garçons et filles forment souvent des groupes distincts dans les cours de récréation, avec bien sûr des exceptions. Ils se critiquent parfois les uns les autres, même si personne ne leur a jamais rien appris de tel. « Les garçons sont bêtes », affirment certaines petites filles au cours préparatoire ; dans l'autre sens, les remarques désobligeantes fusent aussi. Chacun va essayer plus ou moins de se démarquer de l'autre sexe et de correspondre à l'idée qu'il a de la fille ou du garçon. Le modèle qu'offrent les parents joue alors un rôle certain. Mais l'attitude des autres enfants, l'environnement social, et surtout le tempérament, modèrent toutefois cette influence.

▶ Filles turbulentes et garçons craintifs

Les façons de s'affirmer en tant que fille ou garçon sont aussi nombreuses qu'il existe d'individus. Ce n'est que l'un des aspects de la construction de la personnalité. Certains garçons aiment d'emblée à prouver leur force. Certaines filles se distinguent par leur calme. Mais il existe aussi beaucoup de petites filles très physiques, qui font la loi au jardin public, et des petits garçons craintifs et prompts à pleurer. Ces traits n'entraveront en rien leur détermination future.

À une époque où la société marquait de manière très nette les différences entre hommes

La conscience de son sexe et le modèle parental déterminent le comportement sexué de l'enfant.

Coquetterie et regard d'autrui

À 4 ans, garçons et filles se montrent parfois très soucieux de leurs vêtements ou de leur coiffure. Cela participe de leur désir d'affirmer leur sexe, et, plus largement, leur identité. Ces revendications sont parfois moins futiles qu'elles n'en ont l'air. Tel petit garçon ne se sentira sûr de lui qu'avec telle paire de chaussures aux pieds, et telle petite fille, qu'avec sa barrette rouge.

Nécessairement, vous serez souvent en désaccord, mais il importe d'entendre aussi ces demandes. Votre petit garçon peut être réellement gêné de porter telle coiffure, qui, selon lui, le fait « ressembler à une fille ». Votre petite fille peut détester la petite robe que vous aimez tant parce qu'on s'est moqué d'elle. Dans la cour de récréation, les regards sont parfois très critiques... Au-delà de ces considérations, céder de temps en temps montre aussi à l'enfant que vous tenez compte de ses choix et de ses sentiments.

et femmes, ces attitudes « hors normes » étaient parfois réprimées. Aujourd'hui, cela n'a plus de raison d'être. Toute petite fille concevra plus ou moins vite l'idée d'être un jour maman. Tout petit garçon saura qu'il pourra un jour faire des bébés à une femme. Chacun sera d'autant plus heureux dans sa peau d'adulte de tel ou tel sexe qu'il aura pu se construire en se sachant accepté tel qu'il était, sans se sentir obligé de « changer ».

À chacun son tempérament • Malgré vous, vous influez sur la façon dont votre enfant se perçoit en tant que fille ou garçon : il s'identifie à vous, il ressent votre approbation ou votre malaise, il perçoit le statut de sa mère ou de son père comme plus ou moins attrayant... Il n'est donc pas utile de le pousser à se comporter de façon plus « virile » ou plus « féminine ». Il a surtout besoin, que, par votre regard, votre soutien, vous l'aidiez à s'affirmer. Si votre petit garçon est timide, il a besoin de votre aide pour apprendre à aller vers les autres, à son rythme. Si votre petite fille est très bagarreuse, il lui faudra peu à peu parvenir à mieux se maîtriser. Mais cela n'est pas une question de sexe, et chacune de ces remarques vaut tant pour les filles que pour les garçons...

La phase œdipienne

Pour se construire en tant que fille ou garçon et affirmer sa personnalité, l'enfant se rapproche alternativement de l'un et l'autre de ses parents. Il noue avec chacun d'eux des relations ambivalentes, empreintes tour à tour d'hostilité et d'amour. Pour les psychanalystes, c'est une étape essentielle, appelée « complexe d'Œdipe ».

▶ Qu'est-ce que l'Œdipe ?

La légende d'Œdipe est issue de l'Antiquité grecque. Elle rapporte l'histoire d'un enfant, abandonné à la naissance par ses parents. Une fois adulte, cet enfant, nommé Œdipe, est amené, lors d'une querelle, à tuer un homme dont il ignore qu'il est son père, puis à épouser la femme de cet homme, c'est-à-dire sa propre mère. Lorsque, plus tard, il comprend ce qui s'est passé, Œdipe ne supporte pas ce qu'il a fait et se crève les yeux. Sigmund Freud s'est servi de ce mythe

pour illustrer la relation triangulaire qui se noue entre un enfant et ses parents sur le plan affectif, dans l'inconscient. De nos jours, la plupart des psychanalystes pensent toujours que surmonter le complexe d'Œdipe est l'étape fondamentale qui mène à l'autonomie.

La théorie de Freud • Le complexe d'Œdipe se définit comme « l'ensemble des désirs amoureux et hostiles que l'enfant éprouve à l'égard de ses parents » (Sigmund Freud, *Introduction à la psychanalyse*). L'un des aspects les plus connus de cette théorie est que le petit enfant, de 3 à 5 ans, nourrit des sentiments d'amour pour le parent de sexe opposé au sien et éprouve des sentiments de rivalité, d'hostilité, vis-à-vis du parent de son sexe. Le petit garçon recherche les caresses de sa mère et aime lui donner des preuves de sa force, tandis que son père lui apparaît comme un rival qui lui inspire à la fois de l'admiration et de la jalousie. La petite fille, elle, recherche aussi la tendresse de sa mère, mais s'oppose facilement à elle, et se tourne alors vers son père, qu'elle veut enjôler et accaparer. Pour résoudre son conflit intérieur, l'enfant cherchera donc à s'identifier au parent du même sexe en s'efforçant de lui ressembler. Il peut ainsi espérer séduire le parent du sexe opposé, tout en recevant l'approbation du parent de son sexe. Ce ne sont là toutefois que quelques grandes lignes de la théorie freudienne.

▶ Il imite chacun de ses parents

Dans la vie de tous les jours, les parents constatent souvent que l'enfant, selon les périodes, se tourne davantage tantôt vers son père, tantôt vers sa mère. Pendant quelques semaines, quelques mois, l'un d'eux devient le « préféré »

Premiers amis, premières amours

Votre enfant connaîtra un jour les joies et les chagrins de l'amour. Et cela peut même survenir assez tôt. Les « fiancé(e)s » ne manquent pas dans les écoles maternelles. Ils marchent main dans la main, se font de gros bisous sur la bouche, s'assoient l'un à côté de l'autre... comme les « grands ». Tout cela ne va pas très loin et reste toujours très innocent. Les sentiments n'en sont pas moins forts, et les larmes, sincères, quand tout finit. Votre enfant sera blessé si vous vous moquez de lui. En s'attachant à un enfant de l'autre sexe, ou du sien, il connaît ses premières grandes émotions affectives en dehors de sa famille. Désormais, il est susceptible d'aimer ou de vouloir être aimé par quelqu'un d'autre que son papa, sa maman, ou ses aîné(e) s. C'est signe qu'il grandit...

(sans que cela soit vrai dans le fond !), puis c'est le tour de l'autre. De la sorte, le tout-petit apprend à se séparer de l'un de ses parents, puis de l'autre ; il imite l'un puis l'autre ; il s'identifie à l'un et cherche à séduire l'autre. Malgré lui, il s'imprègne des traits marquants de ses deux parents : celui de son sexe, à qui il veut ressembler, et celui de l'autre sexe, avec lequel il cherche une réelle intimité. Par exemple, une petite fille peut copier sa maman, au point d'adopter certaines intonations de voix, une façon de marcher, de s'adresser aux autres, et, dans le même temps, montrer une audace qui lui vient de son père... Un petit garçon reproduit de la même façon les attitudes de son papa, adore jouer et se mesurer avec lui, mais ne montrera pas moins à certains moments une sensibilité toute maternelle. Plus que jamais, l'enfant se met en relation très étroite avec ses parents, et s'imprègne en quelque sorte de ce qu'ils sont. Mais il le fait en des temps différents, en nouant des relations privilégiées avec l'un puis avec l'autre. Tout ce qui se joue là est particulièrement important pour la construction de sa personnalité et de son identité sexuelle. Mais il est normal que les parents se sentent parfois un peu désorientés... pour ne pas dire remis en cause.

▶ Vous vous sentez exclu(e) ?

Quand il se rapproche du parent de sexe opposé, l'enfant se comporte parfois de manière extrême. Il ne veut plus que l'autre lui donne le bain, il fait semblant de ne pas entendre quand il (elle) lui parle, il le (la) regarde parfois comme un(e) intrus(e). Des phrases telles que « Je joue avec papa (maman). Laisse-nous ! » sont du domaine du possible. Le parent repoussé de la sorte en conçoit parfois de la peine, voire de la colère ou de la jalousie. Ces sentiments sont compréhensibles, mais il importe de ne pas oublier que l'enfant a toujours besoin de ses deux parents, et qu'il le sait de manière très intime et très forte. Si le parent qu'il « délaisse » en venait à s'écarter de lui, il serait totalement désemparé, et cela ne pourrait qu'encourager son comportement exclusif avec l'autre. À l'inverse, si le parent « exclu » manifeste toujours son amour, sa disponibilité et son absence de ressentiment, l'enfant se tournera vers lui dès qu'il en sentira le besoin – ce qui ne saurait tarder !

▶ Un(e) grand(e) séducteur(trice)

Pour le parent qui est l'objet de l'« idolâtrie » de l'enfant, la situation n'est pas non plus toujours simple. Filles et garçons, vers 4 ans, sont de grands séducteurs. Ils savent très bien charmer, faire plaisir, et répondre aux attentes implicites de leurs parents. Autant dire qu'il est difficile de rester insensible. Quel papa ne se sent pas fondre quand sa petite fille hurle de joie dès qu'il arrive, puis se love sur ses genoux en disant « mon papa, je t'aime » ? Quelle maman ne se sent pas heureuse quand son petit garçon se montre particulièrement affectueux et attentionné ? Il est bon toutefois de freiner certains élans. Un jour, nécessairement, le petit garçon dira à sa maman qu'il est amoureux d'elle, ou qu'il veut l'épouser plus tard. Et la petite fille demandera à son papa pourquoi ils ne partent pas tous les deux, sans maman. Il est normal que, vers 4 ou 5 ans, l'enfant exprime de tels désirs. Mais il est tout aussi normal qu'il apprenne alors de votre bouche que tout cela est strictement impossible. Quand le couple est uni, et le montre à l'enfant, la situation est en général assez simple, et chacun pose gentiment les barrières nécessaires. En revanche, quand l'enfant assiste à des conflits et que le père ou la mère se montre un peu trop complaisant, il devient plus délicat de passer à l'étape suivante.

▶ L'importance de « faire bloc »

Plus le couple est uni, plus l'enfant pourra surmonter ses conflits intérieurs. Il a en effet besoin d'éprouver la solidité de la relation amoureuse existant entre ses parents : il peut alors se sentir moins coupable de désirer la disparition du parent de même sexe, et acquérir la certitude que ni l'un ni l'autre ne le rejettera. Il est assez facile de faire sentir à l'enfant que ses parents sont solidaires : soutenir le (la) conjoint(e) quand il est en butte aux attaques de l'enfant ; parler plus que jamais d'une même voix ; préserver des moments d'intimité pour le couple ; rester très fermes sur l'interdit de dormir dans le lit conjugal... Quand, durant cette période, les parents vivent des relations difficiles, voire envisagent de divorcer, il est important qu'ils appliquent aussi la plupart de ces règles, en sachant que l'enfant n'est pas dupe de leur relation de couple. Il ne faut surtout pas laisser un tout-petit devenir partie prenante d'un conflit conjugal, et encore moins l'y encourager, surtout pas à cet âge (voir page 316). Il s'agit à tout moment de pouvoir séparer ce qui concerne l'enfant (la relation parentale) et ce qui ne le concerne pas (la relation de couple, celle de deux adultes).

▶ Vers une relation moins exclusive

Vers 6 ou 7 ans, l'enfant a en général plus ou moins surmonté le conflit œdipien, et ses relations avec ses parents deviennent moins passionnelles. Pour Freud, c'est la fin temporaire des émois liés à la découverte de la sexualité et l'entrée dans la phase dite « de latence ». La personnalité de l'enfant s'est beaucoup affirmée, et il se comporte de plus en plus comme une petite personne indépendante. Il est maintenant capable de vivre des relations affectives très fortes avec d'autres adultes que ses parents, ou avec des enfants de l'autre sexe. L'entourage prend davantage d'importance dans sa vie. Déjà, il a fait sa première rentrée à l'école des grands, vit davantage de joies et de chagrins en dehors de vous. C'est une autre étape qui commence.

Dans la phase œdipienne, l'enfant est très tendre et séducteur avec le parent de sexe opposé.

Jeux, activités d'éveil et loisirs

Jeux solitaires, jeux collectifs • Des livres pour grandir • Activités sportives et culturelles : comment choisir ? • Les spectacles pour enfants • Du bon usage de la télévision • L'ordinateur pour jouer et découvrir • Internet sous surveillance

À la maison, un univers merveilleux

Choisir ses vêtements, jouer au papa et à la maman, réparer sa petite voiture... À partir de 3 ans, votre enfant s'intègre au monde des grands et se responsabilise tout en gardant la fraîcheur et les occupations de son âge (vélo, histoires, déguisement, balançoire...). L'école lui transmettra les apprentissages abstraits, que sont notamment la lecture et les mathématiques. À la maison, proposez-lui des activités d'éveil qui viendront s'ajouter aux jeux qu'il pratique déjà depuis son premier anniversaire.

▶ Il était une fois les grands...

Devenir grand, c'est aussi apprendre ce que font les grands. La maison regorge d'occasions d'initier un enfant de manière plaisante aux aspects concrets de la vie. De nombreuses tâches lui sont accessibles sous votre attention vigilante et tendre. En même temps, il pourra commencer à compter, à trier, à ordonner. Si les jeux que vous proposez à votre enfant ont un rapport avec ce qu'il apprend en classe, il vaut mieux éviter que ce soit des leçons ou des confrontations avec de nouvelles difficultés. En revanche, vous pouvez initier ou encourager des activités complémentaires de sa formation scolaire.

Ranger, nettoyer, trier... • Les tâches ménagères, auxquelles votre enfant aime participer si vous l'y invitez, lui enseigneront mille secrets : assembler des paires avec les chaussettes, trier les vêtements, ranger les courses que vous aurez faites ensemble...

Cuisiner • Un enfant adore casser des œufs, tourner la farine, goûter les sauces. Faites un gâteau avec lui. En pesant, en cherchant la bonne ligne sur le verre doseur, votre enfant, avec votre aide active, apprendra déjà sans le savoir à compter et à lire.

Faire de la décoration • Bricoler avec ses outils en plastique, faire un vase en pâte à modeler, afficher fièrement ses dessins dans sa chambre... tout enfant recourt aux jeux de manipulation qui lui assurent adresse, initiative et contribution au déroulement de la vie familiale. En participant au décor, il s'affirme encore davantage.

Les objets et l'imaginaire • Le décor familier peut fournir des prétextes à inventer. Une cuillère en bois pour fabriquer un bonhomme souriant, une cagette transformée en berceau, des boîtes à chaussures transformées en château... Votre enfant exploitera tout. Avec l'âge, il organisera davantage ses jeux et les rendra plus réalistes.

Les sens • Parce que votre enfant prépare son entrée dans l'univers des apprentissages abstraits, vous pouvez poursuivre les expériences purement sensorielles. En effet, c'est sur elles que reposent les acquisitions. Sur de petites coupelles, posez un peu de confiture de framboises, de sirop d'orange, de mayonnaise, etc. Yeux bandés, votre enfant devra reconnaître les saveurs et les nommer. Puis, son bandeau retiré, il pourra reconnaître les ingrédients à la couleur, au goût.

Une passion : les livres

Le livre est l'aliment de l'imagination : les dessins racontent des histoires et les mots forment des dessins. Si votre enfant a pris goût aux livres depuis ses premières années, notamment grâce à vos lectures et commentaires qui leur donnent vie, il a de plus en plus plaisir à relier les phrases et leurs illustrations. Montrez-lui qu'au moyen des lettres on fabrique des mots qui racontent des choses. Tout en lisant, établissez une relation entre le lecteur que vous êtes et votre enfant, qui, lui, ne dispose que de l'image : invitez-le à s'interroger sur le texte en lui faisant deviner la suite possible d'une scène, amenez-le à commenter ce qu'il voit et ce qu'il comprend.

Des mots reconnaissables • L'enfant qui ne sait pas encore lire est confronté à l'écrit dans de

Grâce au dessin, l'enfant raconte des histoires sans mots et découvre le plaisir des couleurs.

Il était une fois les histoires...

L'enfant est friand d'histoires inventées. Racontez-lui des épopées en reprenant ses sujets de prédilection : récits d'animaux, d'enfants, aventures, contes, etc. L'action doit être rapide : pas trop de détails ni de détours. Surtout, ménagez le suspense (« tout à coup…, mais au moment où… »). Mettez-y le ton, interprétez les personnages avec leurs qualités et leurs défauts, leur apparence. Demandez-lui de participer au récit. À ses yeux brillants, vous verrez qu'il vibre à tel passage effrayant ou au dénouement que vous veillerez à rendre heureux : le méchant est puni et le bon récompensé.

multiples occasions : les lettres ou cartes postales de la famille qui sont lues avec lui, où il peut reconnaître son prénom lorsqu'il est cité, les plaques de rues qui lui sont familières, les étiquettes d'emballage des produits qu'il utilise tous les jours. Exploitez toutes ces occasions de stimuler son envie de découvrir le monde des lettres.

Les mots et les notes • Le solfège est une préparation à la lecture : les notes sont des dessins associés à des sons que l'on reproduit avec un instrument, flûte ou piano, par exemple.

Les moyens • Le goût de la lecture s'épanouit plus facilement dans une maison où le livre a sa place, où la famille lit, achète, offre, discute des livres. Il existe des ouvrages pour enfants à tous les prix, mais des bibliothèques et des ludothèques proposent des coins de lecture aménagés, où ils peuvent consulter seuls des livres. Un abonnement – à leur nom – à une revue spécialisée peut aussi constituer un plaisir attendu impatiemment.

La vie en société

L'école, les centres de loisirs, les copains de son âge : tout concourt à l'ouverture de votre enfant vers les autres. Confronté aux lois de la collectivité, il expérimente les joies, les chamailleries, les réconciliations. Cela ne l'empêche pas de rester aussi contemplatif, d'aimer jouer seul et de laisser vagabonder son imagination.

▶ Les jeux collectifs

Jouer avec des enfants de son âge ? C'est important et infiniment structurant. Entre 3 et 5 ans vient le goût de la collectivité. Votre enfant découvre alors d'autres personnalités (déjà marquées !), le respect des rythmes et des préférences de chacun, sa place au sein du groupe, son autonomie… Une véritable école de la vie où le jeu tient une place centrale.

Les jeux de société • Ils sont idéaux pour apprendre le partage, la communication, l'entraide, le respect des règles, la patience d'attendre son tour, la volonté de gagner mais aussi la « sagesse » de savoir perdre. Adaptés en fonction des âges et des niveaux, notamment les règles, ils font appel à l'adresse, la mémoire, la logique, la réaction à de nouvelles situations, la réflexion et la culture générale. Votre enfant et ses copains se régaleront des billes, dominos, petits chevaux, jeux de reconnaissance, parcours d'aventures…

Nature et loisirs • Les centres de loisirs et les structures d'accueil en dehors de l'école, accessibles à partir de 3 ans, sont des occasions de partager les joies de la vie en groupe. Les animateurs et les intervenants extérieurs éventuels sont spécialement formés pour apporter à votre enfant la détente dont il a besoin. Art, culture, nature, exercices physiques et repos sont au menu de ces journées très remplies, en période scolaire comme pendant les vacances. Certains centres organisent même de courts séjours (deux ou trois jours au maximum) très encadrés et centrés sur un thème, comme dormir sous un tipi ou s'initier aux joies de la poterie. Quant aux célèbres « colos », il est préférable de les réserver aux plus de 6 ans, puisqu'elles nécessitent d'être plus indépendant, en particulier sur le plan affectif. La séparation doit se préparer, même pour les parents !

▶ Vive les fêtes !

En fin d'année à l'école, pour l'anniversaire de votre enfant ou simplement pour inviter un ou plusieurs de ses copains, la fête est un rendez-vous formidable où chaque participant met en pratique ses acquis. Et, quand le goûter se mêle aux réjouissances, c'est le paradis !

La fête et les jeux • Votre enfant adore être impliqué dans les décisions : date, invitations,

---

Jouer tout seul

Lorsqu'il est seul, votre enfant utilise tout ce qui est à sa portée pour nourrir son imagination. Tous ces jeux font appel au langage, qui ne peut que se développer.

- **Imaginer.** Petites voitures, couverts de table, boîtes en carton ou boîtes de conserve, poupées, personnages ou peluches animées sont les supports de scénarios qu'il improvise à partir de sa vie quotidienne. Il s'implique dans ces histoires et cherche ainsi le moyen de maîtriser des situations.
- **Imiter.** Il aime beaucoup les jeux d'imitation : la marchande, la dînette, le garagiste, etc.
- **Manipuler.** À ces activités s'ajoute un goût prononcé pour la manipulation, qui favorise adresse, préhension, créativité et réflexion : les constructions de cubes ou de papiers collés et colorés, le petit bricolage, la pâte à modeler.
- **Bouger.** L'enfant a un besoin accru de bouger pour dépenser son énergie, mais aussi apprendre à coordonner ses mouvements, éprouver sa souplesse… bref, pour connaître son corps.
- **Assembler.** Les puzzles et autres jeux d'assemblage développent l'esprit logique de votre enfant.

Le goûter d'anniversaire : un peu de fatigue pour les parents, mais des souvenirs inoubliables.

thèmes et, bien sûr, la liste des invités. Prévoyez une durée adaptée (2 heures suffiront à ces âges) et un nombre raisonnable d'enfants (6 à 8 au maximum, dont le ou les vôtres). Et surtout animez tout en vous faisant discret et vigilant. Pour les jeux, dans la maison ou à l'extérieur, tout ce petit monde fera preuve d'une imagination débordante, même à partir d'objets rudimentaires (cartons, serviettes, assiettes en plastique…). Vous pouvez aussi leur proposer des activités en privilégiant la variété et en alternant calme et dépenses physiques : colin-maillard, ballon, pêche au canard, imitations, course au trésor, cache-cache…

Se déguiser • Panoplie, vieux vêtements, costume improvisé, maquillage… le déguisement permet à votre enfant d'interpréter un rôle, notamment ses héros préférés, et de donner libre cours à sa créativité. Un plaisir qu'il goûtera pendant longtemps.

Le goûter • Inutile de préparer un festival gastronomique ! Lorsqu'ils font la fête, les enfants sont pressés et préfèrent grignoter (pâtisseries en petits morceaux, jus de fruits et pailles, inévitables bonbons, en quantités raisonnables…).

Le corps et l'esprit : un tout

Football, rugby, arts martiaux, natation, ski… l'univers des sports s'est ouvert et adapté aux jeunes enfants. L'activité physique favorise le sommeil, libère les émotions, soulage les tensions. Bref, elle exerce une influence bénéfique sur l'épanouissement corporel et sur le bien-être de l'enfant. C'est aussi une culture de la vie qui libère l'esprit, concourant ainsi à créer les conditions des apprentissages culturels.

▶ Les activités sportives

Jeux d'adresse, saut, course, balançoire ou nage procurent aux enfants des plaisirs infinis. À 3 ans, ils peuvent même partager vos activités sportives, comme l'équitation (poney) ou le vélo. Mais ils éprouvent aussi parfois l'envie de pratiquer un sport de leur choix, collectif ou individuel. Ils ont besoin en cela d'être guidés par leurs parents, et surtout de suivre leurs centres d'intérêt. Une seule différence avec la pratique des plus grands : l'absence de compétition et d'entraînement au

sens strict du terme. Le sport est plus simplement une occasion de jouer, de suivre des règles, de se connaître et de faire partie d'une équipe, même s'il est individuel.

Un exercice au quotidien • Quelle aubaine de pouvoir courir, se rouler par terre, manipuler un ballon avec de plus en plus d'adresse. Les sports offrent toutes ces possibilités. Mais la vie de tous les jours regorge d'occasions à saisir : jardiner, marcher jusqu'à l'école au lieu de prendre la voiture, se promener dans les jardins…

▶ Les nouveaux plaisirs

Glisser, déraper, se retenir… sont parmi les exercices favoris des enfants. Justement, à côté des sports classiques, sont apparues les disciplines de glisse qu'ils affectionnent particulièrement, et très tôt. Chacune ayant ses particularités, l'encadrement sera assuré par des professionnels ou des parents compétents. Le port de protections (poignets, genoux, coudes, tête) est obligatoire, surtout pour les casse-cou !

Le skateboard • Il nécessite une maîtrise de l'équilibre et de la souplesse.

Les patins à roulettes • Il en existe deux types : les quads, avec deux paires de roues parallèles, et les rollers in line (« en ligne »), avec quatre roues alignées. Les rollers sont très prisés par les enfants, qui petits, ne les utilisent que pour se promener. Les pratiques acrobatiques viendront plus tard…

La trottinette • Ne requérant aucune compétence, elle est très appréciée des enfants. Légère et pliante, elle est conçue pour rouler sur des surfaces lisses ; l'enfant doit anticiper les obstacles (nids-de-poule, grilles, fentes…).

▶ Les activités culturelles

Ces activités ouvrent l'esprit des enfants à l'esthétique, à l'analyse et leur permettent de développer créativité et concentration. Votre enfant peut être

Se défouler, tester son adresse et sa force sont des exercices dont l'enfant a un besoin quotidien.

La petite reine

Le vélo est une des activités préférées des enfants. Outre le plaisir et le sentiment de valorisation que l'enfant en retire, il permet de développer la musculature, la capacité respiratoire, l'endurance cardiaque et la coordination des mouvements. Au début, un tricycle est particulièrement recommandé. L'utilisation de roulettes (ou stabilisateurs) permet ensuite de résoudre le problème de l'équilibre chez le très jeune enfant. C'est aussi la meilleure façon pour lui d'apprendre à pédaler. Ensuite, le vélo doit être adapté à l'âge de l'enfant et à l'activité envisagée (route, VTT…). Le port d'un casque est fortement conseillé.

---

porté vers la musique, le théâtre, les arts plastiques, la danse. Quel que soit son choix, il nécessite efforts et persévérance, qui s'ajouteront au temps scolaire déjà bien chargé. Attention donc à ne pas surcharger son emploi du temps, car il a aussi besoin de rêver, voire de s'ennuyer, pour laisser place à sa créativité.

Comment choisir ? • Le bon choix est celui qui, à terme, lui apportera des satisfactions et renforcera l'estime qu'il a de lui-même. L'activité choisie doit correspondre à ses envies et à ses aptitudes, plutôt qu'aux vôtres. Quand il s'est décidé, expliquez-lui qu'il s'agit d'un véritable engagement. Si vous n'êtes pas certains que ce choix lui convient, attendez un peu et, vers 7-8 ans, vous l'inscrirez dans un club plus conforme à ses goûts et sa personnalité.

Les ateliers multi-activités • Des ateliers permettent à votre enfant, dès 3 ans, de s'exprimer

Dans un atelier multi-activités, votre enfant s'initie à de nombreuses techniques manuelles ou artistiques et découvre son potentiel créatif.

sur le plan artistique, en conjuguant diverses techniques et différents matériaux. Des animateurs initient les petits à la peinture, au collage, au modelage, à la céramique, à la fabrication de masques, de marionnettes, etc. Ces ateliers créatifs ne sont pas des garderies ; l'inscription, en général pour l'année, demande de l'assiduité et de la ponctualité. Avant de vous engager, proposez à votre enfant une séance d'essai.

Les spectacles • Ateliers de marionnettes, d'initiation au conte et à l'imagination… le théâtre est accessible aux petits enfants, dès 4 à 6 ans, selon les programmes. Ils apprennent à faire le clown, à se déplacer sur une scène, à monter eux-mêmes leur spectacle. Une activité qui fait grandir et découvrir sa voix, son corps, le mouvement. Il existe aussi des représentations de théâtre pour enfants, notamment lors de festivals. De même, les cinémas programment régulièrement des films pour jeune public, avec des temps de projection adaptés en fonction des âges. Les plus petits ayant

du mal à se concentrer et à rester en place, il vaut mieux se renseigner au préalable…

Une initiation à la musique et à la danse • C'est possible dès 3 ans, sur des percussions comme les tambourins, les maracas, les tiges de bambous remplies de sable que l'on renverse… Plus tard, la pratique d'un instrument plus classique dans une école de musique nécessitera une vraie détermination. Votre enfant peut aussi s'essayer au chant ; des magnétophones à volume réglable lui seront utiles. Accompagnez-le dans ses comptines, ses chansons préférées, pour entraîner et perfectionner son oreille. Et, qui sait, il a peut-être un joli brin de voix ?

Associée à la musique, la danse aide à la maîtrise de son corps et de l'espace, en apprenant à coordonner des petites séries de mouvements. Possible dès 3 ans, elle développe chez votre enfant grâce, agilité, sens du rythme et de l'équilibre. De même, chez vous, n'hésitez pas à danser avec lui. Ce sont souvent des moments très gais.

Télévision et ordinateur

Pratiques et séduisants, rapides et magiques... la télévision, ainsi que ses supports (vidéo, DVD, jeux), et l'ordinateur se sont imposés dans les foyers. Les loisirs des enfants n'y échappent pas. Ces deux médias y occupent une place certaine, mais qu'il vous appartient de bien définir.

▶ La télévision

Il touche les boutons, et reste fasciné devant l'écran coloré où tout bouge ! L'enfant sait très bien, dès son plus jeune âge, ce qu'est une télévision. Utilisé avec circonspection et maîtrise, le petit écran est pour lui une incontestable ouverture sur le monde, dont le rôle éducatif et pédagogique est indéniable. Mais son usage est avant tout sous la responsabilité des parents.

Une alliée de l'imagination • Remarquable moyen d'accès au savoir, la télévision transmet une culture de l'image et de l'audiovisuel à votre enfant. Il y rencontre mille personnages imaginaires ou réels, des situations gaies ou tristes, des pays proches ou lointains, qui élargissent son horizon... toutes choses fournissant matière à nourrir son imagination. La télévision est également l'occasion de commenter avec ses camarades d'école une émission regardée la veille. Elle participe ainsi à la formation des références communes qui vont marquer sa génération : il y a une génération Titeuf, comme il y a eu une génération Zorro ou Casimir.

▶ Le bon usage de la télévision

La télévision n'est pas un outil anodin. Elle peut, si son utilisation n'est pas assez maîtrisée, influer sur la santé de l'enfant. Trois domaines sont concernés et réclament votre vigilance.

Le sommeil • Un enfant de 3 à 6 ans a besoin de 10 à 12 heures de sommeil. Autant dire qu'il ne peut pas regarder la télévision après 20 heures, même une vidéo ou un DVD. En outre, il faut éviter toutes les scènes violentes ou perturbantes (à caractère sexuel). Elles modifient le rythme de son sommeil paradoxal, celui des rêves, primordial pour son équilibre. Et, bien sûr, pas de télévision dans sa chambre !

La vue • Six fois la diagonale de l'écran : c'est la distance conseillée entre l'écran et les yeux de

---

Quelques règles à propos de la télévision

• **La télévision en chiffres.** Dans les pays industrialisés, 98 % des enfants ont accès à la télévision. La moitié des foyers sont équipés de deux récepteurs, et 70 % des ménages possèdent un magnétoscope. On évalue à plus de 100 minutes par jour le temps passé par les 4-10 ans devant la télévision, ce qui est beaucoup trop, particulièrement pour les plus jeunes.

• **Les parents.** L'accès à la télévision est sous votre autorité ! Pour ménager la vue de votre enfant, éviter la fatigue, et lui permettre de faire autre chose, limitez son utilisation (jour, heure et durée). Ce n'est pas une baby-sitter économique.

• **La préparation.** Notez les émissions destinées aux enfants dans les revues spécialisées et choisissez avec le vôtre le programme au préalable, pour éviter les discussions ultérieures. Utilisez le magnétoscope pour enregistrer les fictions et les documentaires à regarder au moment que vous estimerez opportun.

• **L'usage.** Pendant que votre enfant regarde la télévision, gardez la télécommande pour éviter qu'il ne change de chaîne. Si vous lui mettez la cassette de son dessin animé préféré (que vous-même connaissez d'ailleurs par cœur !), laissez-le la regarder tout seul. En revanche, lorsque vous ne connaissez pas l'émission, restez auprès de lui : outre le plaisir du moment partagé, vous pourrez développer en lui le sens du jugement en discutant ensuite de ce que vous aurez vu ensemble.

votre enfant. Il faut que la pièce ne soit ni trop éclairée, ni trop sombre, et l'image doit être nette.

L'alimentation • Manger devant l'écran est déconseillé, surtout des sucreries et des pâtisseries. L'enfant ne se dépense pas physiquement comme c'est la cas dans une activité créative ou motrice, toujours préférable.

▶ Protéger sans interdire

La télévision demande certaines précautions pour prémunir votre enfant de conséquences sur son comportement. N'oubliez pas qu'il est encore fragile, impressionnable, et que sa tendance à imiter les adultes ne s'est pas effacée. La meilleure prévention est de rester à côté de votre enfant lorsqu'il regarde la télévision ; cela vous permet de choisir les programmes et surtout de commenter les images qu'il regarde.

La violence • Un sujet épineux ! Des études démontrent que, sur le court terme, une scène agressive augmente la probabilité d'un comportement agressif chez l'enfant. La violence, subie de plein fouet par le biais de l'image, peut l'influencer ensuite. Sa banalisation réclame une vigilance accrue. Pour la prévenir, il existe des moyens de sélectionner les programmes. En plus du système de signalétique du Conseil supérieur de l'audiovisuel (CSA), un système de verrouillage individuel équipe la majorité des téléviseurs, ainsi qu'un code parental (pour le câble et le satellite). Pour les vidéos et les DVD, le choix (achat, prêt et location) se fera avec vous et dans le dialogue.

Télévision contre lecture ? • Le temps passé devant le petit écran est du temps qui n'est pas consacré à d'autres activités. Mais l'enfant qui regarde la télévision ne lit pas forcément moins que s'il ne la regardait pas. Tout est une fois de plus une question de modération. Un plaisir n'est plus un plaisir s'il est excessif.

▶ Ordinateurs et consoles

L'ordinateur est maniable, attractif, ludique et rapide. Votre enfant va d'abord surtout l'utiliser pour jouer. Mais ce vecteur de communication, d'information, de détente et d'éducation le suivra tout au long de sa scolarité, jusqu'à l'université. D'où l'importance d'un bon apprentissage.

Un ami du savoir • L'ordinateur fait désormais partie de l'univers des enfants, au domicile comme à l'école. Au début, le tout-petit tâtonne devant l'écran, la souris, le clavier. C'est à vous de le guider. Bien encadré, il va développer son autonomie, son pouvoir de décision, de réflexion et d'initiative. Mais, attention : l'ordinateur ne remplace pas le livre, le dessin, le disque ou les jeux entre copains, et, surtout, il ne vous remplace pas ! En outre, l'écran étant fascinant, à vous de convaincre votre enfant qu'une utilisation excessive l'empêche de profiter d'autres formes de savoir et de loisirs. Comprenant que ce n'est qu'un allié, votre enfant nourrira aussi son imaginaire et sa culture avec d'autres expériences.

Jouer et découvrir • Entre 3 et 6 ans, l'ordinateur est surtout ludique, mais rien n'empêche de l'utiliser avec une approche pédagogique. Votre rôle est alors primordial. Ainsi, n'utilisez pas l'ordinateur comme une machine à enseigner d'usage facile : les logiciels d'apprentissage de la lecture ou des mathématiques peuvent parfois être ennuyeux pour l'enfant, car ils sont fondés sur la mise en évidence des faiblesses du petit élève (« C'est la mauvaise réponse, recommence encore une fois »). En pratique, vous disposez de deux types de logiciels :
– le premier, didactique, est adapté à chaque âge : il fonctionne en général selon le principe des questions/réponses, et votre enfant reçoit une récompense s'il répond correctement ;
– le second type, pédagogique, est plutôt réservé aux 5-6 ans ; il les aide à s'initier à l'écriture, la

Célestin Freinet

D'abord instituteur puis pédagogue, **Célestin Freinet** *(Gars 1896 – Vence 1966) fonda à Vence son propre établissement, où il mit au point de nouvelles techniques éducatives basées sur l'intérêt, l'activité, la libre expression, le travail collectif et la responsabilité individuelle. Il introduisit l'imprimerie à l'école et les échanges interscolaires. Il a élaboré un matériel pédagogique permettant le travail scolaire individuel. Freinet est à l'origine du mouvement de l'École moderne française (1944). Il a beaucoup contribué à l'évolution des méthodes d'enseignement dans les années 1960.*

lecture, le calcul et les langues, tout en développant le raisonnement et la compréhension.

Des précautions indispensables • Il est primordial que votre enfant se tienne à une bonne distance de l'écran, dans une pièce assez éclairée. Les temps d'utilisation doivent être courts (15 à 30 minutes). Enfin, vérifiez bien que votre fils ou votre fille n'est pas « photosensible », c'est-à-dire très sensible à la vue de lumières clignotantes ou d'éléments géométriques contrastés. Jouer sur l'ordinateur ne doit occasionner ni changement de comportement ni trouble physique. Ces recommandations valent également pour les consoles de jeux, fixes ou portables (de type Game Boy®), à utiliser avec modération, ni trop souvent, ni trop longtemps. Celles-ci ne sont d'ailleurs pas indispensables au développement de votre enfant.

▶ Les disques « magiques »

Il « navigue » ! C'est ainsi que votre enfant accède aux informations d'un CD-ROM, au lieu de tourner les pages d'un dictionnaire. Une manière de consulter radicalement différente.

Le plaisir de l'apprentissage • L'avantage des CD-ROM est de concentrer une masse de données sur une petite surface. L'enfant peut passer d'un sujet à un autre, obtenir la définition d'un mot, grossir ou rétrécir une image, compléter ses connaissances avec d'autres textes, des séquences animées, du son. La navigation étant personnalisée, ce « multimédia » est un outil pédagogique très utile. Il peut être idéal pour des programmes éducatifs généraux ou spécifiques, adaptés à la tranche d'âge ou au niveau scolaire de l'enfant. Il existe aussi des encyclopédies, générales ou thématiques. Il s'agit d'une mise en images des anciennes éditions sur papier.

Le rapport humain reste essentiel • Si votre enfant ne comprend pas, le CD-ROM ne peut pas jouer le rôle d'un parent ou d'un instituteur. Une machine est en effet incapable de repérer l'incompréhension et sa cause, et d'apporter la réponse adaptée. Ici encore, l'ordinateur reste un formidable support, mais dénué de l'importance qu'ont les rapports humains.

▶ Les fils de la Toile

Être assis et visiter le bout du monde est un des attraits d'Internet. Les enfants aiment cette magie, la rapidité des contacts, la diversité des

Sur Internet, les petits ont moins besoin d'aide que d'une surveillance attentive des contenus.

sites proposés. Et vous constaterez qu'ils peuvent assimiler ces technologies plus vite que vous ! Mais, si votre aide n'est pas toujours nécessaire pour apprendre les rudiments, votre présence est ensuite indispensable.

Contrôler l'accès • Internet exige une précaution majeure et vivement recommandée : le filtrage. L'enfant doit savoir que, sous couvert de sites anodins, il peut tomber sur des adresses « dangereuses » (sites pédophiles, pornographiques ou vantant des positions extrémistes). Vous utiliserez donc des filtres d'accès (logiciels). Ces programmes dressent des listes de sites illicites mis à jour par des spécialistes, ou choisis selon des critères personnels, ou repérables par des mots clés.

Les « chats » • Discuter ou échanger des informations en temps réel avec un ami ? C'est ce que propose le « chat » (« discussion », en anglais). Il se pratique à deux (chat privé) ou à plusieurs internautes, qui utilisent un pseudonyme. Dans ce dernier cas, il faut être prudent et n'envoyer ni renseignements ni photos (on ne sait pas qui est l'interlocuteur). Il peut être d'ailleurs dangereux de laisser un jeune enfant discuter sur un « chat » public en votre absence.

L'école maternelle

La maternelle, une étape capitale • Quelques démarches en prévision de la rentrée • Aider son enfant à s'adapter à son nouvel univers • Qu'apprend-on à l'école ? • Les premiers copains de classe • Respecter le jardin secret de son enfant • Comment s'organise une journée type en petite, moyenne et grande section ?

La grande rentrée

L'entrée à l'école maternelle est une formidable ouverture sur la vie. C'est aussi pour votre enfant et vous-même une grande étape à franchir. Il est donc important de vous préparer tous à ces changements, afin d'aborder les premiers temps en douceur et de favoriser votre adaptation mutuelle.

▶ Une étape à préparer

Préparez votre enfant à l'entrée à l'école maternelle est bien utile pour éviter les éventuelles appréhensions. Ainsi, si votre enfant n'a jamais été séparé de vous, vous pouvez, de temps à autre, le confier, dans les deux ou trois mois précédant la rentrée, à la halte-garderie, à ses grands-parents... Il mettra à profit ces petites séparations pour s'initier à d'autres relations. En sachant quitter sa famille sans craindre de la perdre, votre enfant anticipera d'autant mieux l'école.

Ménagez-vous des moments de complicité pour parler de la maternelle. Selon son caractère, présentez-lui l'école comme un univers attirant. Expliquez-lui pourquoi on va à l'école, quels bénéfices il va tirer de la maternelle, qui marque son entrée dans le statut des « grands ». Utilisez des détails concrets (la maîtresse l'aidera à mettre ses chaussures) et réalistes (on y fait beaucoup de choses amusantes, mais il y a des règles à respecter). Racontez-lui tout ce qu'il va découvrir, dites-lui qu'il pourra se faire de nouveaux copains, peindre comme un grand, apprendre des chansons, jouer... Vous pouvez aussi utiliser des supports, des livres spécialisés, par exemple. Une autre solution : le témoignage d'enfants plus âgés, l'idéal étant une sœur ou un frère.

Visiter l'école • Sur votre proposition ou celle de l'établissement, une visite de l'école au mois de juin précédant la rentrée est très bénéfique. Des journées « portes ouvertes » sont parfois organisées avant les vacances d'été. Votre enfant découvrira son futur univers : la salle de classe, avec un mobilier adapté à sa taille, des objets et des jeux déjà familiers (petites cuisinières, dînettes, poupées et peluches, tricycles, jeux de construction, puzzles, cubes à emboîter, peinture, livres...). Il pourra voir les petits lits pour la sieste, la salle de repas, les toilettes à sa mesure. Il explorera la cour de récréation et ses installations : petite

Chaque maternelle applique un projet pédagogique au sein duquel votre enfant va développer ses compétences. Les activités manuelles et créatives occupent une place importante pour atteindre cet objectif.

maison, toboggan, structures à escalader. Enfin, il rencontrera sa maîtresse ou son maître et les autres adultes qui l'entoureront durant l'année.

Avant la rentrée, promenez-vous avec votre enfant autour de l'école pour rendre cet endroit familier. Marquez tous ses vêtements et ses chaussures, ainsi que les chaussons éventuels. Souscrivez une assurance scolaire et rendez-vous disponible le jour de la rentrée. L'idéal est, bien entendu, d'avoir ses deux parents présents.

◗ Les formalités

La maternelle est gratuite et facultative mais fortement conseillée – l'école, où plutôt l'instruction, n'est obligatoire que de 6 à 16 ans. Elle concerne les enfants, français ou étrangers, à partir de l'âge de 3 ans. Ils peuvent être admis s'ils ont atteint 2 ans avant la rentrée. Dans ce cas, tout dépend des places disponibles, mais aussi de leur aptitude physique (motricité, propreté...) et psycho-

logique. Votre enfant doit en général être inscrit au plus tard au mois de juin précédant la rentrée. La mairie indique l'école de votre secteur, ou, si vous préférez un autre établissement, elle enregistre votre demande de dérogation. Elle vous délivre un certificat d'inscription sur présentation du livret de famille, d'une pièce d'identité, d'une attestation des vaccinations (antidiphtérique, antitétanique, antipoliomyélitique, BCG) ou de leur contre-indication, d'un justificatif de domicile. Présentez ensuite ce document à la direction de l'école, accompagné de ces pièces et d'un certificat médical attestant que la santé de votre enfant est compatible avec le milieu scolaire.

L'inscription est renouvelée automatiquement chaque année, sauf indication contraire de votre part (déménagement, changement d'école...). Il se peut que ces règles diffèrent dans certaines communes. Renseignez-vous auprès de votre mairie ou de l'inspection académique.

Les premiers jours : s'adapter en douceur

Le jour tant attendu est arrivé ! Muni de son petit sac ou cartable qui lui donne l'air responsable d'un « grand », votre enfant franchit le seuil de la maternelle. Commence alors une période d'adaptation qui nécessite une bonne communication entre les parents et les enseignants. Pour aider votre enfant à se séparer de vous en douceur, laissez-le emporter un lien concret avec sa famille, son doudou, un simple objet, un livre ou une « boîte à bisous ». Il n'y a rien de plus normal.

Si votre enfant verse des larmes de crocodile dès son arrivée, rassurez-le : dites-lui que vous le comprenez, gardez le sourire et restez détendus. Dans la classe, montrez-lui les jeux qui d'habitude l'intéressent, suscitez sa curiosité pour les jeux nouveaux qu'il va avoir la chance de découvrir. Rapprochez-le de tel enfant qu'il connaît déjà pour l'avoir rencontré dans l'immeuble, au jardin public ou à la crèche. Enfin, embrassez-le pour lui dire au revoir et confiez-le à la maîtresse. En excellente professionnelle, elle captera son attention pour vous permettre de partir. En venant le chercher, vous apprendrez que ses pleurs ont cessé presque aussitôt !

Votre enfant ne s'habituera pas forcément à l'école dès la première journée. Si c'est le cas, essayez d'organiser sa rentrée sur plusieurs jours, en accord avec l'enseignant et en commençant par un mi-temps. S'il refuse d'aller à l'école, ne le forcez pas. Si vous le pouvez, sa rentrée peut être décalée, le temps de lui donner le goût de la classe... Sachez que vos relations avec la maîtresse sont essentielles, surtout durant l'acclimatation qui, en principe, n'excède pas un mois, voire deux. En parlant ouvertement des points positifs ou plus difficiles, une confiance mutuelle s'instaure, propice à l'équilibre de votre enfant. Il doit savoir que sa maîtresse l'aime, au même titre qu'une « nounou » ou que toute personne qui s'occupe souvent de lui. Sans cette dimension affective, il ne peut pas s'adapter.

Pendant cette étape de grandes découvertes, votre enfant a plus que jamais besoin de repères rassurants. De ce fait, il est important de bien préserver les habitudes de la maison, comme l'heure des repas et du coucher.

Apprendre et comprendre

La maternelle est un lieu d'apprentissage où l'enfant se confronte avec les autres, aiguise son intelligence et sa créativité. Complémentaire du cercle familial, elle n'a rien à voir avec une crèche améliorée puisqu'elle suit un véritable plan pédagogique. Elle modifie en profondeur les jeux et l'univers relationnel de votre enfant et, par les activités qu'elle lui propose, le prépare à sa scolarité future.

L'école de la vie

La maternelle possède un atout essentiel : elle initie votre enfant à la vie ! Plongé dans un univers inconnu, il expérimente la collectivité, tisse des relations, prend des habitudes. Confronté à des enfants de son âge qui lui renvoient sa propre image, il profitera pleinement de cette approche, mais se heurtera aussi à de petits obstacles qui le feront grandir. Continuant à construire sa personnalité, il apprend à se connaître et à connaître « l'autre », celui avec lequel il échange, joue, coopère dans ses activités, mais aussi avec lequel il s'affronte. Bref, il se « socialise ». Même à la maison, il choisit ce qu'il veut raconter, préférant garder pour lui les éléments de ce qui est déjà son jardin secret. N'hésitez pas cultiver cette intimité, indispensable à l'épanouissement : chacun, grand ou petit, a besoin d'un espace de liberté !

L'école est un monde d'adultes différents des parents ou du reste de la famille. Ce sont d'abord les « maîtresses » et les « maîtres ». Ces professionnels ont suivi plusieurs années d'études supérieures. Leur rôle consiste à éduquer les enfants tout en respectant leurs rythmes et leurs besoins.

Ils les intéressent à diverses activités et conduisent leurs jeux en maintenant une relation affective et une discipline fondée sur des limites simples à respecter. Responsables de leur classe et de la pédagogie, ils sont aidés dans certaines tâches par des assistantes : toilette ou habillage, préparation du matériel pédagogique... Les enfants côtoient aussi les responsables de la cantine, de la garderie, de l'entretien.

La maternelle confronte l'enfant avec les règles de vie en communauté, qui diffèrent des consignes familiales, même si certaines se ressemblent (propreté, tenue à table...). La maîtresse joue un rôle central, par son autorité et par les références qu'elle propose à votre enfant. Il doit ainsi respecter les exigences d'horaires et de rythmes. Il se familiarise avec des rituels nouveaux (activités, gymnastique, cantine, sorties, garderie), dans des locaux qui ont chacun une fonction spécifique et où il doit se repérer.

▌ Développer ses capacités

Pendant trois ans, la maternelle prépare votre enfant aux principes fondamentaux de l'école élémentaire, à travers une pédagogie adaptée à son stade de développement. Elle enseigne comment « apprendre à apprendre » tout en développant les activités créatrices. Ce faisant, elle lutte contre les inégalités en offrant les mêmes chances aux enfants issus de tous les milieux sociaux.

La maternelle a plusieurs objectifs : développer toutes les capacités de votre enfant, tant intellectuelles que physiques, ouvrir son esprit pour lui permettre de former sa personnalité et lui donner les meilleures chances de succès ultérieur. En se sentant entouré et apprécié, il y gagnera l'autonomie nécessaire pour poursuivre une scolarité qui va occuper un quart de sa vie. Si les activités se présentent sous forme de jeux, elles ne sont pas sans objet : à travers elles, l'enfant apprend à réfléchir et exerce toutes ses facultés. C'est en trouvant du plaisir dans le jeu que votre enfant pourra petit à petit apprécier des activités plus élaborées appelées « travail ».

À raison d'environ 25 heures par semaine, ces trois années demandent à votre enfant une grande énergie qui explique sa fatigue le soir, son besoin de se détendre ou de se défouler, et de dormir. Pour lui permettre d'assurer cette dépense intellectuelle et affective, il est impératif de respecter son sommeil et ses moments de récupération. Cette longue période réclame votre implication, tant auprès de votre enfant que de l'école (associations de parents, réunions de l'école, fêtes et kermesses...). Si vous le pouvez, essayez de participer à des sorties ou des ateliers.

▌ Projet pédagogique et activités

Langage, équilibre, notion du temps et de l'espace, vocabulaire, poésie, musique, écriture... La maternelle, par une large palette éducative, apprend aussi à votre enfant à prendre la parole, à écouter, à dialoguer pour mieux comprendre et se faire comprendre. L'enseignement respecte un pro-

Commencer l'école à 2 ans ?

Des études montrent que plus la scolarisation de l'enfant est précoce, plus sa scolarité s'en trouve facilitée. Mais scolariser les enfants de 2 ans est l'objet d'une controverse. Les partisans affirment que l'enfant bénéficiera de l'apport des plus âgés et protestent lorsqu'il ne peut être admis faute le place, la priorité étant laissée aux plus grands. Les opposants avancent que le petit est plongé dans un univers inadapté à son âge et sa maturité ; de plus, il devra effectuer quatre années au lieu de trois, l'entrée en CP se faisant à l'âge de 6 ans. Il est vrai que les structures ne permettent pas toujours une bonne intégration de ces tout-petits. À cet âge, ils n'ont pas les mêmes rythmes que leurs aînés, et leurs besoins sont différents : sommeil, câlins, disponibilité des adultes, autonomie, propreté aléatoire... Pour des raisons d'effectifs et de sécurité, la maîtresse ne peut satisfaire une telle demande qui monopoliserait une partie de son temps. C'est pourquoi les autorités n'encouragent pas cette initiative. Il est donc préférable d'attendre que votre enfant ait 3 ans, ou de le diriger vers des structures adaptées, comme les jardins d'enfants, intermédiaires entre la crèche et l'école.

Outre leur aspect ludique, une danse, une chorégraphie ou un enchaînement de mouvements sportifs développent chez votre enfant la maîtrise de l'expression corporelle, la mémoire et le sens du rythme.

gramme scolaire fixé à l'échelle nationale, chaque école appliquant son propre projet pédagogique, dont les parents peuvent prendre connaissance. Ce dernier est défini en fonction de divers critères, notamment financiers et humains (nationalités, environnement...). L'équipe enseignante le concrétise par quatre grands types d'activités.

Expression orale et écrite • Votre enfant apprend à communiquer lors de situations d'expression individuelles ou collectives. Commentaire d'un récit ou d'images, jeux vocaux, chants, extraits musicaux, comptines développent sa voix, facilitent la maîtrise du langage, affinent son oreille. Ronds, traits, coloriage, alphabet ou copie du prénom : le graphisme développe son habileté manuelle et le familiarise avec l'écrit.

Activités physiques • La récréation et les exercices physiques programmés (ballon, saut, glissade...) permettent à votre enfant de connaître son corps et favorisent la coordination des mouvements et la libre expression corporelle.

Science et technique • Jardinage, bricolage, fabrication et classement d'objets, jeux, matières, assemblage (couleur, forme), montage et démontage ou encore informatique, tout cela passionne votre enfant. Il exerce son sens de l'observation et sa capacité à découvrir le monde.

Art et esthétique • Votre enfant développe son sens créatif et sa capacité d'imagination par la découverte d'outils et de techniques : il se familiarise avec les formes d'art (peinture, sculpture, photo, musique) à travers des reproductions, la vidéo, la visite de musées ou d'expositions...

Évaluer • Chaque fin de trimestre, en principe, la maîtresse vous remet un livret d'évaluation qui dresse le bilan des compétences de votre enfant, tant comportementales que scolaires. Chaque critère est apprécié selon trois niveaux : acquis (A), en cours d'acquisition (EA), non acquis (NA). Pour les deux derniers, il est inutile de s'inquiéter : parlez-en avec la maîtresse, et vous constaterez qu'il possède un rythme bien à lui !

La vie à la maternelle

Entre 3 à 6 ans, la journée à l'école est longue, mais elle est ponctuée de rituels qui concourent à donner des repères dans le temps. De la petite à la grande section, chaque tranche d'âge bénéficie d'un rythme et d'un enseignement spécifiques qui suivent l'évolution naturelle des enfants.

▶ Les grands principes

L'instruction, de la maternelle au CM2, comprend trois cycles correspondant à l'évolution des apprentissages. Ces cycles prévoient un certain nombre de compétences à acquérir, réparties dans trois domaines. Pour la maternelle, il s'agit seulement du domaine du langage, et de celui du « transversal » : savoir travailler, se repérer dans le temps et l'espace, bases du savoir. Ces acquisitions sont encadrées par des règles simples qui, pour votre enfant, ont valeur d'exemple.

La maternelle, comme toute école, demande de respecter les horaires d'arrivée et de sortie. En général, une marge de 20 minutes est laissée aux parents, par exemple, entre 8 h 50 et 9 h 10 si l'entrée est à 9 heures. Les garderies du matin et du soir sont plus souples mais limitées à des heures précises. Les récréations sont fixées le matin et l'après-midi. Tout enfant doit être confié à ses parents ou à des personnes accréditées.

Les repas sont soumis à des critères nutritionnels et sanitaires, définis par le ministère de l'Éducation nationale. Votre enfant peut, bien sûr, déjeuner à la maison, la coupure étant appréciée.

La collation de 10 heures a été proscrite par une circulaire, dans le cadre d'une vaste question dont elle n'est qu'un petit élément : l'obésité (voir page 243). En mars 2004, l'Agence française de sécurité sanitaire (AFFSA) a dénoncé les cas d'enfants qui, ne prenant pas de petit déjeuner, se rabattent sur la collation et n'ont plus faim à midi. Mais des établissements tolèrent la collation sous certaines conditions. Renseignez-vous auprès de l'école.

Sachez que la publicité est prohibée à l'école. Les bijoux sont déconseillés. Les simples médicaments comme l'aspirine sont interdits, mais il faut impérativement signaler certains problèmes de santé, notamment les allergies et surtout les contre-indications alimentaires. Les parents sont toujours prévenus en cas de problème.

La maternelle n'est pas l'école élémentaire : votre enfant n'a pas besoin de travailler à la maison. Dans certaines écoles, on remet parfois aux parents à la fin du mois le «journal de classe», sous forme d'un cahier, par exemple, où figurent les travaux que votre enfant a réalisés, et les comptines ou les poésies qu'il a apprises.

Dons et précocité

La formule « intellectuellement précoce » remplace aujourd'hui les termes de « surdoué » ou de « petit génie ». La précocité, présente dans tous les milieux sociaux, émerge surtout à partir de 6 ans, mais peut se dessiner en maternelle. Elle concerne des enfants dont les capacités d'apprentissage sont à l'évidence d'au moins deux ans en avance par rapport à la moyenne de leur tranche d'âge. Elle se détecte à différents signes (rapidité de réflexion, curiosité, maturité, sensibilité, capacité de la mémoire...). Mais un élève précoce reste un enfant comme les autres. Il a simplement besoin d'un accompagnement particulier afin de le mettre en confiance, de le rassurer, de garantir son évolution. En effet, l'inadaptation peut être source d'échec. En mars 2002, le rapport Delaubier de l'Éducation nationale constatait que la précocité, soit un QI supérieur à 130 (moyenne nationale de 100), touchait 2,3 % de la population scolaire, soit quelque 200 000 élèves de 6 à 16 ans. Alors, si votre enfant est en avance, parlez-en à l'école et à la médecine scolaire. Si les signes de précocité semblent se confirmer, vous pouvez également contacter les associations spécialisées.

Votre enfant va gagner en autonomie et, dès la moyenne section, n'aura plus besoin d'aide aux toilettes.

Les petits et les moyens

Les petite et moyenne sections constituent le cycle des « apprentissages premiers ». La première année, votre enfant fonde son expérience sur le jeu. Il conserve des habitudes liées à son âge. La plupart des enfants dorment encore environ deux heures après le déjeuner. Les maternelles sont en général équipées d'une salle de repos où chaque enfant dispose d'un lit. Le doudou est accepté, mais uniquement lors de la sieste et à la sortie. Les petits disposent aussi de toilettes adaptées à leur taille. Une auxiliaire est là pour les aider. En cas d'« accident », les enfants sont aussitôt changés.

La moyenne section marque le début d'une réflexion approfondie, fondée sur la logique, l'association d'éléments, des méthodes personnelles, des jeux plus complexes… La sieste n'a plus cours, le doudou reste à la maison. Votre enfant n'a presque plus besoin d'être aidé aux toilettes. Il grandit et devient de plus en plus autonome.

Les grands

La grande section forme, avec le CP et le CE1, le cycle des « apprentissages fondamentaux ». C'est dire son importance. Votre enfant y acquiert des outils qui l'aideront à maîtriser la lecture et l'écriture au cours préparatoire. Il n'apprend donc pas à lire et à écrire, mais à s'y préparer. En découvrant le lien entre l'oral et l'écrit, il s'initie au son des mots, aux syllabes, à la reconnaissance visuelle et auditive des lettres. Il continue aussi à dessiner, jouer et s'exprimer par divers moyens. Cette dernière étape constitue une porte ouverte sur la grande école et une étape fondamentale de son développement.

Le mercredi et les vacances

Lorsque les parents travaillent le mercredi ou en période de vacances scolaires, en dehors de la famille et des baby-sitters – option pratique, mais coûteuse –, ils peuvent confier leur enfant, dès l'âge de 3 ans, à un centre spécialisé qui propose des activités variées. Il en existe deux catégories. Les centres de loisirs, soumis au contrôle du ministère de la Jeunesse et des Sports, sont encadrés par des professionnels diplômés, et financés par la CAF et la mairie. Les centres d'animation sont financés par des associations bénéficiant de subventions municipales, ou par d'autres sources, et contrôlés par la mairie, mais pas par le ministère.

Veiller à la santé de son enfant

Un corps en bonne santé avant l'entrée à l'école maternelle • La médecine scolaire • Attention aux troubles auditifs et visuels • Apprendre à votre enfant la notion d'équilibre alimentaire • Pallier les problèmes de pieds plats • Fatigue, grippe, migraine... : reconnaître et traiter les principaux troubles • Lutter contre les poux

Un enfant en bonne santé

Autour de 3 ans, votre enfant franchit à nouveau une grande étape : il entre à l'école maternelle. C'est le début du long chemin de l'apprentissage scolaire (même si celui-ci se fait encore essentiellement sous forme de jeux), qui va capter une grande partie de son énergie. Une bonne santé est donc indispensable pour profiter au mieux de toutes les nouvelles découvertes de cette période.

▶ Apprécier la croissance de votre enfant

Entre ses 3 ans et ses 6 ans, il est recommandé d'amener votre enfant chez le médecin au moins deux fois par an, sans compter bien évidemment les périodes où il est malade. Ces visites, moins fréquentes qu'auparavant, demeurent essentielles. En effet, outre les mesures habituelles (poids, taille) reportées sur les courbes de croissance, le pédiatre vérifie que toutes les conditions sont réunies pour que votre enfant grandisse harmonieusement. Comme pour tous les examens précédents, les comptes-rendus de ces consultations sont notés dans son carnet de santé.

Dans le cadre de ce suivi médical semestriel, une visite avant l'entrée en maternelle est conseillée, pour faire le point sur le développement physiologique, psychomoteur, émotionnel et sensoriel de votre enfant. En outre, un bilan est pratiqué juste avant 4 ans, par votre pédiatre, le médecin de la Protection maternelle et infantile (PMI) ou le médecin scolaire. Il prend en compte les conditions de vie de votre enfant, dont le sommeil et l'alimentation, ses capacités visuelles et auditives, l'état de sa dentition, ses aptitudes physiologiques et psychomotrices, sans oublier sa taille et son poids.

Le bilan avant l'entrée au CP • Entre 5 et 6 ans, âge de la grande section de la maternelle, la médecine scolaire procède, sur convocation, à un bilan (gratuit) de votre enfant, en vue de son entrée au CP. Le médecin étudie, en votre présence, les points suivants : vaccins, alimentation, langage, rythme de vie et ambiance familiale, dentition, motricité, équilibre, acuité sensorielle, solidité des os qui supporteront le fameux cartable (colonne vertébrale). La vue (couleurs, relief) et l'ouïe (sons acoustiques) sont testées afin de déceler d'éventuels déficits (c'est la meilleure période pour dépister les infirmités sensorielles débutantes et éviter les handicaps qu'elles peuvent entraîner). Pour que tous ces tests soient fiables, il est capital de laisser s'exprimer votre enfant tout seul. Le résultat de ce bilan est consigné d'une part sur le carnet de santé, d'autre part dans le dossier médical de votre enfant. Ce document, confidentiel, le suivra jusqu'à la fin du collège. Il ne vous sera accessible qu'à l'entrée au lycée.

▶ Prévenir les troubles auditifs

Dès la naissance, l'audition de votre enfant est surveillée de près. Il peut cependant arriver, par exemple à la suite d'otites à répétition, que celle-ci fonctionne moins bien. Un bruit assourdissant peut également endommager l'oreille (baladeurs, musique trop forte, son de certaines salles de cinéma). Il est donc impératif de suivre l'évolution auditive de votre enfant, et de prévenir le pédiatre si vous avez un doute. Toute perte non compensée entraîne un retard dans le langage (l'ouïe participe à la reconnaissance et à la compréhension des mots, des phrases et donc des raisonnements) et, par conséquent, dans l'apprentissage scolaire. En outre, toute baisse de l'audition détectée tardivement est plus longue à corriger.

La Protection maternelle et infantile

Des organismes publics ont pour vocation d'assurer et de diffuser les informations sur la santé des enfants. Ce rôle est dévolu par exemple au Comité français d'éducation pour la santé (CFES). Il existe aussi des structures publiques spéciales, chargées de la santé maternelle et infantile, et regroupées sous le terme de Protection maternelle et infantile (PMI). Leur action, assurée par des médecins et divers spécialistes (sages-femmes, puéricultrices, assistantes sociales), prévoit notamment des consultations de suivi et/ou de dépistage des enfants. Renseignez-vous auprès des services sociaux de votre mairie, pour savoir de quelle PMI vous dépendez.

Que faire ? • La détection de troubles auditifs s'effectue essentiellement grâce aux parents. Sans céder à l'obsession, vous devez être attentifs au niveau de langage de votre enfant, à son comportement, aux répercussions d'otites ou de rhino-pharyngites à répétition, à ses réactions aux sons et aux voix… Si l'appareillage n'est pas toujours nécessaire, un soutien orthophonique est recommandé. Si votre enfant a déjà été traité pour des problèmes ou s'il est déjà appareillé, il faut consulter le spécialiste et l'audioprothésiste au moins une fois par an, et procéder à un audiogramme annuel.

▶ Surveiller la vision

La vue est un sens tout aussi essentiel que l'ouïe. Elle mérite une vigilance équivalente dès la naissance. Une perte visuelle, quelle que soit sa nature (amblyopie, myopie, hypermétropie…), gêne l'apprentissage de la lecture, créant ainsi un décalage avec les autres enfants du même âge, et un retard scolaire.

Que faire ? • À partir de 3 ans, des visites régulières chez l'ophtalmologue peuvent avoir lieu ; pour le rythme, suivez les conseils de votre pédiatre. Un enfant atteint 10/10e d'acuité visuelle entre 4 et 5 ans. Par mesure de prévention, observez si le vôtre se cogne plus que d'habitude, cligne ou plisse des yeux, louche, si ses gestes manquent de coordination, s'il se plaint de ne pas voir les images de son livre, autant d'indices d'un possible déficit visuel. Vérifiez aussi qu'il ne confond pas les couleurs, en raison d'une mauvaise perception du vert et, surtout, du rouge : ce phénomène appelé daltonisme ne concerne que les garçons. Cette recherche, capitale pour le confort et la sécurité de votre enfant (feux rouges par exemple), est possible dès l'âge de 3 ans. Si votre enfant a déjà des lunettes, il doit consulter l'ophtalmologue au moins une fois par an. S'il doit en porter, choisissez de préférence des modèles légers et à l'épreuve des chocs. Le port de lentilles est préconisé pour les plus de 7 ans, mais peut être prescrit dès 3 ans.

▶ Attention à l'équilibre alimentaire

La santé de votre enfant passe aussi par l'apprentissage de la notion d'équilibre alimentaire. Maintenant, il est assez grand pour comprendre

que grignoter n'importe quoi à n'importe quelle heure, surtout devant la télévision, est formellement déconseillé. Ce ne sont pas les aliments en soi qui sont responsables de déséquilibres et de dérèglements, mais la manière de les utiliser, et en particulier d'en abuser. L'essentiel est que votre enfant mange varié et selon son appétit, à table, lors des quatre repas quotidiens (voir page 238).

Commencez par l'initier, de manière ludique, aux catégories alimentaires qui figureront dans ses menus : le lait et ses produits ; les viandes (blanches et rouges), les poissons (gras et maigres) et les œufs ; les matières grasses ; les céréales et leurs dérivés comme le pain ; les aliments sucrés ; les fruits et les légumes. Parlez-lui aussi des boissons (par exemple les sodas qui, trop sucrés, ne devraient pas être servis aux repas), sachant que le corps ne peut se passer d'eau dans la journée. Profitez-en pour vous documenter ; vous en apprendrez vous aussi sans doute beaucoup. Il existe une multitude de supports prévus à cet effet. Enfin, n'hésitez pas à associer votre enfant aux courses, à la préparation des repas, moyens formidables pour l'initier aux plaisirs et aux règles de la bonne table, et à rechercher des présentations de plats originales et esthétiques.

Petits soucis alimentaires • Il se peut que, pour des raisons diverses, votre enfant, malgré vos efforts et vos tentatives, peine, voire refuse de manger tout ou partie de ses repas. Si sa santé et sa croissance sont bonnes, il n'y a pas lieu de vous inquiéter. Votre enfant utilise sans doute ce moment pour vous mettre à l'épreuve. Jamais un enfant en forme ne se laisse mourir de faim ! Il mange simplement ce dont il a besoin. La meilleure tactique est d'ignorer la provocation, d'agir comme d'habitude, de le servir avec parcimonie, d'être enjoué et naturel sans lui accorder d'attention ou de félicitations excessives. Et ne le forcez jamais à manger, au risque de le bloquer ! De toute façon, il reprendra progressivement une alimentation normale.

Si votre enfant refuse de manger et qu'il présente des troubles (perte de poids, comportement différent, fièvre…), il faut prévenir le pédiatre.

Les principaux symptômes et maladies

La croissance et le développement de votre enfant s'accompagnent d'une prise de conscience de ses capacités. Il accumule les occasions de faire de nouvelles expériences, dont les maladies font partie. Il participe maintenant activement à la fois au diagnostic – en exprimant clairement par la parole ses sensations et ses douleurs – et au traitement de celles-ci – en acceptant plus ou moins facilement les remèdes.

▶ La fatigue

La fatigue de votre enfant, qui fragilise sa santé, est due à la croissance, à l'école, et au rythme de vie, particulièrement en hiver où le froid et la lumière moins présente sont éprouvants pour son petit organisme. Des règles simples permettent de l'atténuer. Car un corps fatigué se protège moins contre les agressions, en particulier ORL. Chaque enfant ayant son propre rythme, soyez attentifs à celui de votre fils ou fille : ainsi, entre 3 et 6 ans, au moins dix heures de sommeil sont en moyenne nécessaires pour récupérer, le coucher devant s'effectuer vers 20 heures. En outre, évitez le soir une surconsommation de télévision ou un surcroît d'activités d'éveil.

En cas de fatigue persistante • Humeur altérée, sommeil perturbé, léthargie ou, au contraire, suractivité, moins de plaisir au jeu, cernes sous les yeux… sont des signes qui ne trompent pas. Ils dénotent une fatigue importante qui nécessite de consulter votre pédiatre s'ils persistent. Il faut alors identifier la cause même de cette fatigue. Elle peut être due à un virus, une anémie (déficit en fer), ou plus rarement à une carence en vitamines. Il peut s'agir aussi d'un trouble d'ordre affectif et/ou psychologique,

Le rythme scolaire, la croissance, un coucher trop tardif ou un manque de sommeil sont autant de facteurs de fatigue pour votre enfant. Des nuits de dix heures en moyenne préservent son énergie et ses défenses.

Déceler et corriger les pieds plats

Après 3 ans, le pied dodu et « plein » du bébé laisse place à un pied cambré naturellement par la voûte plantaire. Le pédiatre est alors en mesure de diagnostiquer le phénomène des « pieds plats » : la voûte ne comporte pas de courbure et repose entièrement sur le sol. Ce défaut se règle de lui-même dans la grande majorité des cas.
Sinon, il est corrigé par la marche pieds nus, si possible sur du sable, et par des sports réputés pour muscler la voûte plantaire, comme la danse ou la bicyclette, sans oublier le port de chaussures pourvues d'une semelle bien formée.

car un enfant de cet âge peut être dépressif. Quelle qu'en soit l'origine, le pédiatre vous conseillera. La solution réside surtout dans une réadaptation du rythme et de l'alimentation de votre enfant, à qui vous donnerez des occasions de se dépenser (activités sportives) pour une fatigue « saine ».

▶ La grippe

Vers 6 ans, votre enfant, s'étant progressivement immunisé, cesse d'être la proie des infections rhinopharyngées, du moins dans les proportions de ses premières années. Mais il reste sensible aux infections de l'appareil respiratoire, au premier rang desquelles figure la maladie hivernale par excellence : la grippe. Elle se caractérise par une grosse fièvre (39-40 °C), une grande fatigue générale, des frissons, des courbatures, des yeux rouges, une toux sèche, une possible diarrhée et des vomissements.

Que faire ? • Consultez votre pédiatre dès l'apparition des symptômes. Le traitement consiste à combattre la fièvre et les éventuels troubles digestifs. Bien hydrater votre enfant est primordial. Le vaccin n'est préconisé que pour les adultes, en général les personnes âgées, et, parmi les enfants, seulement pour ceux qui, fragilisés par des pathologies chroniques, présentent des risques majeurs. La grippe est contagieuse (postillons) : pour épargner votre enfant, il faut éviter de le mettre en contact avec des personnes atteintes.

La sinusite

Certains rhumes (rhinites) peuvent atteindre les sinus, cavités situées sous les orbites et de chaque côté des fosses nasales. La sinusite n'apparaît pas avant 5 ou 6 ans, car elle concerne les sinus, qui ne se développent qu'à partir de 2 ans. Des caries dentaires non traitées peuvent aussi être en cause. Encombrés, les sinus provoquent une fatigue, une fièvre, des maux de tête (sensation de « barre » au front). Le nez est bouché, l'audition, difficile, la tête, lourde.

Que faire ? • Il faut réagir aussitôt pour soulager votre enfant, mais aussi pour éviter que la sinusite ne s'installe et devienne chronique, donc plus difficile à guérir. Le pédiatre prescrit des gouttes nasales, des lavages de nez suivis de la pulvérisation d'un antiseptique. Des antibiotiques et des anti-inflammatoires sont aussi envisageables. Le médecin étudiera également l'éventualité d'un terrain allergique et le rôle possible de facteurs environnementaux (tabagisme, pollution…).

Les poux

Tous les parents redoutent que leur enfant ne revienne un jour de l'école avec des poux ou que l'établissement n'affiche un avis d'épidémie à la porte d'entrée ! Les poux sont des insectes se nourrissant de sang humain et, de ce fait, responsables de maladies parasitaires appelées « pédiculoses ». Celles-ci se déclarent au niveau de la peau ou du pubis (le morpion). Concernant les enfants vivant en collectivité, les poux se logent dans le cuir chevelu ; les femelles pondent des œufs, ou lentes, à la racine des cheveux, grâce auxquels il est possible de déceler une invasion – pleins, ils sont gris ; vides, ils sont blancs. L'enfant se gratte et peut créer des lésions cutanées. Il faut éradiquer les poux au plus vite afin d'éviter leur propagation et les risques d'infection du cuir chevelu. Le traitement consiste en des crèmes et des lotions, ainsi que des poudres à appliquer sur les objets familiers de votre enfant. Pensez à laver ses affaires, à surveiller son crâne pendant quelque temps, ainsi que celui de son entourage, particulièrement les sœurs et frères.

Les troubles digestifs

Votre enfant va sans doute rencontrer les troubles déjà évoqués pour les âges précédents (voir page 74) : diarrhée, constipation… Il peut, en outre, se plaindre de maux de ventre dont les origines sont diverses. S'ils surviennent avant l'école, essayez d'en discuter librement avec votre enfant. Est-ce lié à une apprehension, un stress, une fatigue ? S'ils persistent, mieux vaut consulter le médecin. Sachez que l'appendicite, rare avant

Problèmes liés à l'entrée à l'école maternelle

Il n'est pas rare que surviennent, dans les jours qui suivent l'entrée à l'école maternelle, des petits troubles d'adaptation : l'environnement, le rythme de vie, les activités sont en effet très différentes, même si votre enfant était déjà en crèche collective. Une rechute de pipi au lit chez un enfant antérieurement propre n'est pas rare après la rentrée scolaire. Il ne faut pas culpabiliser l'enfant, mais le rassurer et lui expliquer que ces troubles guérissent toujours. On ne parle d'énurésie qu'à partir de 5 ans, et il n'y a pas de prise en charge médicale à prévoir avant cet âge-là.

Certains enfants connaissent des difficultés d'endormissement, ou éprouvent au contraire une importante fatigue. En fonction du rythme de votre enfant, vous pourrez adapter sa scolarité au mieux : plein temps ou horaires aménagés, cantine ou déjeuner à la maison, garderie le soir. En petite section, une sieste est prévue et les enfants peuvent ainsi récupérer.

l'âge de 3 ans, s'accompagne souvent de vomissements ; le ventre est dur au toucher et une douleur au côté droit de l'abdomen apparaît.

▶ La migraine

Un mal de tête doit toujours être pris en compte. La migraine n'est pas réservée à l'adulte. Elle concerne de 5 à 10 % des enfants, dès l'âge de 2 ans, 90 % d'entre eux ayant des antécédents familiaux. La migraine se produit le jour et peut succéder à des troubles visuels. Votre enfant ressent une pression, surtout frontale, et sa tête bat comme un tambour. Il peut être pris de nausées, de vomissements. Il a parfois mal au ventre et se montre grognon.

Que faire ? • Consultez à la première migraine. La lumière et le bruit lui faisant mal, votre enfant doit être placé au repos et dans l'obscurité. Des antalgiques, donnés dès l'apparition de la crise, apaiseront sa migraine. C'est pourquoi il faut lui apprendre à vous prévenir dès qu'il sent poindre les premiers signes.

▶ La méningite

La méningite est l'une des maladies le plus redoutées chez l'enfant. Il s'agit de l'inflammation des méninges, réseau de membranes qui protège le cerveau et la moelle épinière. Elle se contracte par contagion, par d'autres maladies (oreillons, rougeole…) ou par extension d'une infection (otite, par exemple).

Lorsqu'elle est virale – cas le plus fréquent –, elle est en principe bénigne et passe en quelques jours, parfois même sans symptômes. Si elle est bactérienne – fait plus rare –, la méningite est plus sérieuse. Elle peut alors être due à différents types de méningocoques, de pneumocoques, et à *Haemophilus influenzae*.

Une méningite se caractérise principalement par des maux de tête, une fièvre soudaine, des vomissements, une raideur de la nuque, une sensibilité à la lumière, un manque d'appétit.

Que faire ? • Contactez au plus vite le pédiatre ou l'hôpital. Toute méningite nécessite une analyse du liquide céphalo-rachidien qui baigne les méninges et que l'on prélève par ponction lombaire (acte impressionnant mais non douloureux) : il est clair pour un virus, trouble pour une bactérie. Les méningites bactériennes se traitent par des antibiotiques. Il faut, en outre, lutter contre

En cas de poux, n'oubliez pas de laver les cheveux régulièrement et de traiter casquettes et bonnets.

la fièvre et le mal de tête. Le repos est recommandé. En cas de méningite bactérienne, devant un cas recensé dans une collectivité et selon le germe en cause, il peut être recommandé de traiter par antibiotiques tous les enfants ayant été en contact avec le malade, ainsi que la famille et les proches de celui-ci.

La meilleure prévention reste la vaccination. Celle contre *Haemophilus influenzae* est prévue dans le calendrier vaccinal. Il existe aussi des vaccins contre certains méningocoques (A et C), et contre les pneumocoques. Celui contre le méningocoque B, souvent en cause, n'est pas encore au point.

Et du côté du père ?

Petit éclairage supplémentaire sur le rôle et le quotidien des papas... • La découverte des autres • Aider l'enfant à explorer le monde • Le père garant de l'autorité ? • Les relations père-fille • Le jeu de la séduction • Valoriser ses enfants

En route vers l'autonomie

En entrant à la maternelle, l'enfant fait un pas de géant sur la voie de l'autonomie. C'est un grand changement pour lui, mais aussi pour ses parents. Souvent plus serein que la maman, le père reconnaît et accepte plus facilement le caractère essentiel de cette « séparation ». Il va ainsi favoriser la socialisation de son enfant.

▶ L'entrée à l'école

À 3 ans, grand événement : c'est l'entrée à l'école maternelle ! Certes, avant, il y avait déjà eu, pour certains, la découverte de la crèche et une première expérience de socialisation. Mais l'école, c'est un nouvel univers. Car à la crèche, les adultes s'adaptent aux enfants et se calent sur leur rythme. À l'école, c'est l'inverse : les enfants doivent se conformer au rythme imposé par les « grandes personnes ». Pour un petit de 3 ans, c'est un sacré changement, et, pour les parents, une étape un peu délicate d'un point de vue affectif...

Aider la maman à accepter • Pour la maman, l'entrée à l'école a parfois tout d'un déchirement. Elle constitue une vraie séparation qui rappelle celle qu'elle a déjà vécue quand elle a confié pour la première fois son bébé à des tiers. Pour le père, l'entrée à l'école s'apparente davantage à une étape nouvelle vers l'autonomie. Il ne la vit pas comme une rupture, mais plutôt comme un progrès dans la voie de la socialisation. Et il doit aider la mère à l'accepter.

Encourager son enfant • Dans la continuité du rôle qu'il joue depuis le début, le père s'attache à distendre la relation fusionnelle mère-enfant. La maman s'angoisse à l'idée de le confier à des inconnus ; le papa ressent plutôt une certaine fierté à le pousser vers l'extérieur. Même s'il est un peu inquiet, il s'efforcera de n'en rien laisser paraître. Il facilite ainsi la socialisation de son enfant, et l'incite à se tourner vers ce qui l'entoure. Souvent moins sensible que la mère au regard social et à l'exigence de « bien faire », il guide son enfant vers autrui avec une certaine sérénité.

▶ De nouveaux repères

À l'école, l'enfant entre dans un monde nouveau pour lui. Il connaît de nouvelles relations avec autrui. Jusqu'alors, ses rapports avec les autres relevaient plus de la curiosité que d'une véritable socialisation ; désormais, il apprend les règles du jeu social. Il découvre d'autres référents que ses parents et son entourage familial. Le voilà plongé au milieu des enseignants et des copains de classe, susceptibles de devenir des exemples à suivre et de nouvelles sources d'autorité. Sa manière de vivre, ses habitudes, ses points de repère s'en trouvent bousculés. Il s'aperçoit que d'autres visions de l'existence cohabitent avec celles qu'on lui a inculquées. Le voilà vraiment engagé sur la voie de l'autonomie.

Réaffirmer l'autorité des parents ? • Peut-être, au contact de ses camarades de classe, l'enfant va-t-il être tenté de remettre en question l'autorité familiale. Il appartient alors aux parents, et en particulier au père, de rappeler les règles en vigueur à la maison quand l'enfant rentre de l'école maternelle avec la volonté, plus ou moins affirmée, de leur substituer d'autres modèles de comportement. Certes, le papa n'est plus ce père de famille à la toute-puissance incontestée, il n'est plus celui qui fait seulement preuve d'autorité : il doit aussi savoir manifester sa dimension affective et sa présence. Mais s'il n'est plus le seul à incarner le respect des règles, il n'en reste pas moins – à part égale avec la maman – le garant d'un certain ordre domestique.

La parole de l'enfant

Parfois quand on chahute et qu'on joue à la bagarre, ça finit par m'énerver et m'exciter, et alors tu te fâches d'un seul coup et tu me grondes, alors qu'on s'amusait si bien tous les deux, comme des copains. Je trouve que c'est pas juste. Je déteste que tu fasses ton autoritaire et j'y comprends rien, parce que c'est comme si tu faisais ton plus fort qui commande tout, au lieu d'être mon papa que j'aime qui me prévient des dangers, qui m'aide à me calmer et à obéir, et ça c'est si rassurant !

▶ Aider l'enfant à aller de l'avant

Le père encourage aussi l'enfant à grandir. Même si, comme la mère, il est tenté de le préserver, il ne peut cependant le protéger de toutes les blessures et contrariétés qu'il connaîtra à l'école et dans le monde extérieur. Mais il peut du moins l'accompagner sur le chemin de la découverte, en l'incitant à affirmer sa confiance en soi, à aller de l'avant et à ne pas avoir peur d'oser.

La maman aura peut-être plutôt tendance à freiner l'enfant dans ses élans, comme si elle voulait le maintenir le plus longtemps possible à l'abri des difficultés ; le père, pour sa part, aura pour « mission » de l'inviter à explorer ses possibilités pour mieux se révéler. Pour cela, il ne doit pas craindre les choix et les rencontres que pourra faire son enfant. Au contraire, il le poussera à revendiquer son autonomie. Et sa présence attentive et bienveillante permettra à l'enfant, certain de pouvoir compter à tout moment sur son soutien et son affection, de faire l'expérience du monde en toute quiétude.

Autour de l'identité sexuelle

Curiosité à l'égard de leur corps, exhibitionnisme ou pudeur, envie de séduire… de 3 à 6 ans, le petit garçon et la petite fille adoptent des comportements plus sexués et se rapprochent tour à tour du père ou de la mère. Lors de cette étape décisive pour la formation de l'identité sexuelle et de la personnalité, la capacité du père à donner à l'enfant confiance en soi joue un rôle essentiel.

▶ La découverte du sexe

Avec ses désirs à la fois amoureux et hostiles à l'égard du papa ou de la maman, l'Œdipe peut pointer le bout de son nez vers l'âge de 3 ans. L'enfant affirme une « sexualité de curiosité », d'abord tournée vers lui-même, puis vers les

autres enfants, et ses parents… Il s'interroge sur la manière dont sont conçus les bébés, pose des questions sur la naissance.

Père et fils • Le petit garçon se sent soudain irrésistiblement attiré par sa maman, qu'il perçoit comme la femme de sa vie. Il se dit que, ma foi, il l'épouserait bien une fois devenu grand... C'est là qu'intervient le père, garant, là encore, d'un certain ordre familial. À lui de faire comprendre à son fils qu'il ne voit pas les choses de cette manière. Il peut gentiment le remettre à sa place de petit garçon en lui expliquant que sa maman n'est pas son unique objet d'amour, et que la place à ses côtés est déjà prise par papa... C'est à cette période qu'il importe d'ailleurs que le père et la mère interdisent aux enfants le lit conjugual.

▌ Respecter les sentiments de sa petite fille

Avec sa fille, le père, du fait de la différence des sexes, se pose les questions de la proximité physique et se demande quelle est la bonne conduite à tenir. Ces interrogations n'ont pas cours dans la relation entre une mère et son fils, marquée seulement par la dimension affective et « maternelle », mais elles prennent toute leur importance entre un père et sa fille.

Questions de pudeur • La crainte d'une « érotisation » peut venir perturber les rapports quotidiens. Mais le papa ne doit pas pour autant se laisser aller à la paranoïa et s'interdire les gestes quotidiens de tendresse et d'affection. À lui de savoir garder la bonne distance et de faire en sorte que la relation soit dénuée de toute ambiguïté, et d'éviter, par exemple, la nudité dans la salle de bains avec sa fille. Il doit respecter la pudeur de son enfant, même si celle-ci n'en exprime pas ouvertement le besoin. C'est en effet au parent qu'il appartient de fixer les limites et de devancer la formulation de cette pudeur naissante.

Les compliments d'un père • Ne pas « érotiser » la relation n'empêche pas d'exprimer son appréciation. Car le rapport de séduction est une constante du rapport père-fille. Le père ne doit pas s'interdire de dire à sa fille combien il la trouve jolie, ni hésiter à lui adresser des compliments dès qu'il en éprouve l'envie. Il contribue ainsi à la rassurer et à lui donner confiance en elle. Nul besoin d'attendre qu'elle ait enfilé une robe de princesse ou le dernier tee-shirt à la mode. Au contraire, le père lui fera remarquer qu'elle est élégante quelle que soit sa manière de s'habiller, même si elle a revêtu un simple pyjama... L'objectif n'est pas de fabriquer une lolita en puissance ou une future victime de la mode, mais de lui renvoyer une image valorisante d'elle-même.

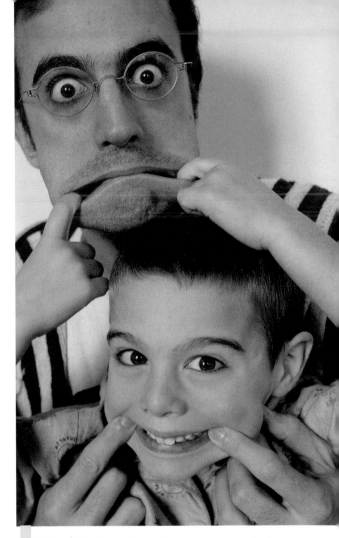

Votre enfant acceptera mieux que vous puissiez être ferme si vous savez aussi être drôle.

▌ Donner confiance à ses enfants

Tout naturellement, les compliments d'un père (et d'une mère) ne sont pas les mêmes selon que l'enfant est un garçon ou une fille. Mais l'un comme l'autre sont fiers quand leurs parents mettent en valeur leurs traits physiques, leurs comportements, ou soulignent leurs progrès quotidiens. Les enfants entre 3 et 6 ans construisent leur personnalité et ont plus que jamais besoin d'entendre des remarques positives de la part de leur papa et de leur maman.

Les deux parents jouent un rôle très important quand ils félicitent leurs enfants pour leurs résultats scolaires, leurs performances sportives ou, tout simplement, pour un dessin réussi ou un trait d'esprit particulièrement drôle. L'essentiel est en effet de valoriser l'enfant et de mettre en avant ses qualités afin l'encourager et de l'inciter à exprimer pleinement ce qu'il est.

L'enfant
dans la famille

- Les relations avec son enfant

- Les situations familiales particulières

- Frères et sœurs, et grands-parents

- La vie avec des jumeaux

- L'enfant adopté

- En cas de handicap ou de maladie chronique

Les relations avec son enfant

Des échanges de plus en plus riches • Comment donner confiance à votre enfant • La question de l'autorité et des limites nécessaires • Quand il vous pose des questions sur la sexualité ou sur des sujets difficiles... • Parler et expliquer ne signifie pas tout dire • L'enfant et la notion de la mort • Faire face au deuil d'un proche • Les différents spécialistes susceptibles de vous aider

Les bases de la sécurité affective

Comment s'établissent les relations avec votre enfant ? Comment s'appuie-t-il sur celles-ci pour se construire ? Autant de questions passionnantes que les parents résolvent naturellement, dans les échanges spontanés avec leur enfant. Communiquer avec son bébé, c'est être avec lui... de toutes les façons possibles.

▸ Échanger pour se construire

Tout en grandissant et en améliorant ses compétences, le bébé, puis l'enfant, construit petit à petit son monde interne. Dans ce domaine, les échanges avec ses parents jouent un rôle essentiel. Certes, chaque individu a ses propres capacités, héritage partiellement biologique et génétique d'un tempérament ou de traits de caractère. Mais cela ne signifie pas qu'il existe un déterminisme inexorable. Les spécialistes de l'enfance savent bien, au contraire, à quel point le développement peut être régulé par les interactions avec l'environnement et l'entourage.

Un besoin très précoce • La communication avec le bébé est un besoin fondamental, pour lui comme pour ses parents. Elle débute de façon très précoce. Dans le ventre maternel déjà, le bébé manifeste sa présence par des mouvements, et ses parents lui répondent par des caresses et par la voix. Puis, dès la naissance, il se montre prêt à s'attacher à son entourage, spontanément. Il a la capacité de solliciter l'attention par des regards, des cris, des pleurs, des gestes. En répondant à ces appels, les parents vont nouer une communication avec lui. La disponibilité psychique de la jeune mère dans les premières semaines la place d'ailleurs dans un état particulier où elle décrypte et pressent la plupart des attentes du bébé. Certaines mamans, par exemple, se réveillent juste avant que leur enfant ne pleure...

▸ Être avec lui, c'est déjà communiquer

Entre les parents et le bébé, la communication et les échanges sont nombreux. Le nouveau-né vit dans un univers dans lequel les sensations prédominent : à travers le toucher, la vue, l'ouïe et l'odorat, il fait l'expérience de sa relation aux autres et de ses propres émotions. La manière dont il est porté est déjà une forme de communication. Sans même y penser, la mère et le père vont adopter la position la plus confortable pour eux et pour lui : le tonus du bébé et celui des bras des parents s'ajustent mutuellement.

Une musique à deux • À travers la parole, les parents accompagnent aussi spontanément les gestes ou les attentes du nouveau-né. Plus encore que par les mots, c'est par la mélodie de la voix, le rythme de la phrase que le bébé va intégrer petit à petit qu'il existe un partage émotionnel. Une musique à deux se crée, et le bébé ressent une réponse à ses actions. Par ces échanges quotidiens, il va pouvoir accéder à une construction de lui-même en tant qu'individu distinct et en tant qu'individu en relation avec un autre.

De réelles interactions • Petit à petit, les compétences du bébé se développent. Ainsi, les cris, qui ont des tonalités relativement uniformes les premiers jours, prennent progressivement des résonances différentes selon ce qu'ils expriment. Les parents pourront dès lors très rapidement différencier des pleurs de fatigue, de faim ou d'inconfort. Dans ces échanges avec son entourage, le bébé n'est pas passif, il manifeste ses propres potentialités, son tempérament, plus actif ou plus placide. Ainsi, il s'agit réellement d'une nouvelle relation qui s'établit, se « co-construit » entre les parents et ce bébé-là.

▶ Jouer, un plaisir partagé

Les jeux partagés font aussi partie de cette construction du bébé et de la relation parents/enfants. Jouer avec un enfant n'a rien de codifié. Les parents doivent trouver le mode de relation ludique dans lequel ils se sentent à l'aise. Le seul principe est celui d'un plaisir partagé. Le jeu permet à l'enfant d'exprimer de nouvelles émotions, et la notion de surprise est très importante. Par exemple, dans le très banal jeu de « coucou-caché », les séquences de découverte d'un visage ou d'un objet caché se succèdent de façon répétitive. Mais le nourrisson de presque 1 an sera d'autant plus amusé s'il découvre soudain l'objet à une place inattendue. Cette rupture dans le jeu préétabli crée la surprise et la joie. Pour le parent qui voit ainsi rire son enfant, l'émerveillement

En jouant avec votre enfant, vous partagez avec lui un moment de plaisir et d'émotion.

Pourquoi il jette les objets ?

Pour l'enfant, faire tomber de manière répétitive son hochet de la table, puis le montrer du doigt, est un jeu classique. Par cette expérience, il teste le fait qu'il peut agir sur son environnement. Il lutte aussi de la sorte contre la crainte que les choses et les personnes autour de lui disparaissent : il désigne d'ailleurs l'objet pour qu'on le lui rende. Bien sûr, s'il est important que les parents se prêtent un moment à ce jeu, il est aussi nécessaire qu'ils trouvent un moyen d'en sortir, sans colère, mais en proposant une autre activité ludique, la lecture d'un livre, par exemple.

La présence des parents, tour à tour rassurante ou stimulante, régule les émotions de l'enfant.

l'entourent. Ce geste, qui peut parfois être un peu autoritaire, est très important pour l'enfant : c'est le meilleur moyen dont il dispose pour faire comprendre ce qu'il souhaite. Ce pointage lui permet de développer sa capacité à communiquer et revêt de nombreux sens.

Plusieurs significations possibles • En premier lieu, quand il montre un objet qu'il voudrait qu'on lui donne, l'enfant se montre capable d'exprimer un désir. Mais il sous-entend également qu'il peut être compris, ce qui prouve qu'il a intégré la présence de ses parents et leur capacité de penser à lui et de le comprendre. À d'autres moments, ce geste va manifester sa curiosité. Le bébé attire de la sorte l'attention de son entourage sur un objet, et, en général, le réflexe spontané des adultes sera de lui poser la question suivante : « Est-ce que tu veux ta peluche ? » C'est ainsi que le bébé va petit à petit faire correspondre l'objet et le mot qui le désigne, et apprendre de plus en plus de vocabulaire.

▌ Le rôle régulateur des parents

À travers les échanges quotidiens, le bébé va peu à peu «comprendre » à sa manière que ses parents peuvent l'aider à réguler ses émotions et ses frustrations. Par exemple, lorsqu'un bébé pleure de faim, la mère accompagne les préparatifs du repas de paroles apaisantes, même s'il lui est parfois difficile de ne pas se laisser gagner par l'impatience du nouveau-né. Cette ambiance tranquillisante aide le bébé à maîtriser la sensation urgente qu'il éprouve. Les parents, par ces attitudes spontanées, jouent un rôle très important de « filtre » entre le bébé, encore immature,

qu'il ressent est aussi une surprise et, là encore, un partage émotionnel existe et procure à l'enfant le sentiment de ne pas être seul.

▌ Il parle en pointant du doigt

Plus tard, lors de sa deuxième année, l'enfant développe ses capacités motrices et est capable d'une meilleure coordination. C'est le moment où il commence à montrer du doigt les objets qui

Aider le bébé à anticiper

Les paroles des parents sont déterminantes pour que l'enfant puisse appréhender le monde qui l'entoure. Non seulement elles peuvent avoir un effet apaisant, mais elles aident aussi le bébé à se préparer aux diverses activités le concernant. Ainsi, quand une mère se penche vers son bébé et lui explique qu'elle va le prendre dans ses bras pour le baigner, elle lui donne une multitude de signaux (par la voix, l'inclinaison de son corps, l'avancée de ses mains...) : elle permettra ainsi peu à peu au bébé d'anticiper la toilette. Bientôt, il tendra lui-même les bras pour être pris, participant ainsi à l'action de sa mère. Il en va de même pour les différents échanges : repas, coucher, sorties, jeux... Il est très important que le bébé puisse comprendre à l'avance ce qui va se passer pour lui, sinon il a le sentiment de vivre dans un univers chaotique et ne peut se sentir en sécurité.

et ses propres émotions. De même, lorsque le bébé se trouve dans une ambiance trop excitante, ils cherchent à l'apaiser, en lui parlant, en se mettant avec lui à l'écart. Ils font ainsi office de tampon entre le nouveau-né et un environnement qu'il ne peut pas encore maîtriser.

▶ Un bébé confiant

C'est à travers toutes ces expériences répétées que le bébé va pouvoir ressentir un sentiment de sécurité intérieure : par le fait que ses besoins sont assurés au mieux, par cette voix qui commente ses émotions, par tous les échanges émotionnels avec son entourage. Il va pouvoir ainsi intégrer en lui-même cette possibilité d'être rassuré, et se construire avec un sentiment de continuité et de confiance. Les parents vont lui transmettre en partie la manière dont eux-mêmes se sont construits et sont capables de s'adapter à un environnement qui paraît parfois stressant.

Il n'y a pas de bonne ou de mauvaise manière de faire. Chacun développe en effet des capacités d'adaptation en fonction de son tempérament, de son histoire familiale ou personnelle. Porter en soi un sentiment de confiance joue un rôle très important dans le développement : de la sorte, les petits enfants sont bien plus à même d'explorer et d'exercer leur curiosité.

L'autorité et la définition des limites

Bien sûr, les parents ne doivent pas laisser tout faire. Il faut aussi que les enfants sentent des interdits qui leur apprennent, entre autres, la notion de danger. C'est dans un univers « balisé » que l'on peut se sentir en confiance.
Quand il commence à s'affirmer par des « non », l'enfant aura d'autant plus besoin de trouver des limites fixées par ses parents.

▶ Les premières frustrations d'un bébé

Un bébé ne fait pas de caprice, ses pleurs correspondent à un besoin : il est dans l'attente que ce besoin soit comblé. Les parents peuvent toutefois lui apprendre à attendre tout en l'apaisant, à condition que cela ne dure pas trop longtemps. Ainsi, un nouveau-né qui a faim parviendra peu à peu à patienter quand son biberon n'est pas prêt. Il en va de même s'il est encore trop chaud ou si le parent est occupé pour un bref moment à quelque chose d'autre. L'important est que le bébé sente que le parent a entendu son appel, l'aide à patienter et s'affaire en même temps pour le satisfaire. Ces frustrations sont inévitables et même bénéfiques. En revanche, un bébé qui a faim ne comprendrait pas que sa maman ne lui donne pas à manger et ne manifeste aucune intention en ce sens. La frustration atteint alors une intensité qui le conduit davantage à se désorganiser qu'à intégrer la patience. Tout est donc question de mesure. C'est en étant accompagné et soutenu par ses parents lors des premiers déplaisirs que le petit enfant deviendra capable, ultérieurement, de tolérer les frustrations inévitables de la vie. Car il possédera, pour y faire face, une base affective suffisante.

▶ Le rôle des interdits

Les premiers interdits des parents apparaissent dès que le tout-petit est capable d'attraper les objets, puis de se déplacer. Leur but est de protéger l'enfant des risques domestiques, de lui apprendre à respecter les objets et d'assurer la tranquillité de la famille. Ces contraintes sont donc tout à fait nécessaires. Elles permettent en outre que l'enfant intègre peu à peu ce qu'est une règle.

L'apprentissage des règles • La structure psychique du jeune enfant le conduit à espérer une résolution immédiate de ses désirs, mais il est capital qu'il accède petit à petit au principe de réalité, c'est-à-dire qu'il confronte ses envies avec la possibilité, ou non, de les voir se réaliser. C'est par l'intégration progressive des interdits que l'enfant devient capable d'assimiler les lois et les règles qui régissent la vie en société. Pour autant, il n'est pas souhaitable de tout interdire à un enfant en âge d'explorer, car il risquerait d'être paralysé par la crainte de mal-faire ou de décevoir ses parents. Il faut ainsi bien distinguer les gestes proscrits pour des questions de sécurité, d'hygiène ou de savoir-vivre, et les actions qui participent à son développement et à sa prise d'autonomie : il ne touche pas la porte du four mais il peut grimper sur le canapé, par exemple.

Une responsabilisation progressive • Les interdits sont aussi un soutien psychique pour le petit enfant. Il a besoin de s'appuyer sur les décisions des adultes, de ne pas être responsabilisé trop tôt. Malgré ses ambitions et ses fantasmes de toute-puissance, il doit trouver des limites qui l'aident à ne pas se sentir coupable de ce qu'il lui arrive de mal. Les parents assument par leurs interdits la responsabilité de ce qui est autorisé ou, au contraire, dangereux. En acceptant ce rôle et en supportant l'agressivité de l'enfant mécon-

tent, ils l'aident à ne pas se sentir responsable de tout. Si tout est risqué, s'il faut qu'il fasse lui-même attention à tout, comment pourrait-il en effet continuer à agir et à explorer son environnement ! Une telle situation pourrait notamment l'entraîner vers une autorépression ou une inhibition néfastes.

▶ À la période du « non »

C'est entre 18 mois et 3 ans que l'enfant va développer une période d'opposition à tout ce que ses parents lui proposent ou lui demandent. Il va dire « non » de la tête, puis verbalement. Cette opposition peut gagner différents domaines, comme le sommeil ou l'alimentation, ou être une réponse systématique à toute question. Cependant, c'est surtout pour l'enfant une façon d'expérimenter sa capacité à s'opposer. Bien souvent, les parents peuvent facilement contourner le problème, par exemple, à travers le jeu : il ne veut pas manger des carottes ? Et si on jouait au petit lapin ? Parfois, il est aussi possible de lui proposer autre chose : il refuse que vous lui laviez les dents, mais il accepte de le faire lui-même et que vous finissiez après. Certains « non », bien sûr, ne pourront pas être déviés de la sorte. Un refus de mettre le manteau pour sortir n'est pas négociable, mais on peut dire à l'enfant : « Je sais que tu n'as pas envie de mettre ce manteau, mais si tu sors découvert, tu seras malade. Donc, même si tu n'es pas d'accord, il faut te couvrir. » À travers toutes ces réactions, l'enfant sent que le parent a entendu son opposition, et c'est là l'essentiel. Il est toutefois normal que le père et la mère rencontrent aussi leurs propres limites et se montrent parfois moins patients face aux « non » de l'enfant.

▶ L'importance
de la phase d'opposition

Bien qu'un peu éprouvante, la phase d'opposition signe une avancée capitale dans le développement du petit enfant, pour les raisons suivantes.
• Le « non » est le premier mot de l'enfant qui va représenter une action complexe, et pas simplement une personne ou un objet. C'est un accès à un monde symbolique dans lequel les mots représentent bien plus que des choses.
• En étant capable de s'opposer à ses parents, l'enfant se comporte comme une personne à part entière capable d'exprimer ses propres désirs. Il

---

La collaboration des deux parents

Les parents, qui se trouvent face à des « non » éventuellement teintés d'agressivité, en ressentent parfois une certaine frustration. En effet, ils prennent conscience que la phase un peu « fusionnelle » s'achève, qu'un autre mode de relations s'instaure. L'enfant montre maintenant sa capacité à se séparer, un peu, de ses parents. De leur côté, les parents doivent accepter cette petite prise de distance, voire la valoriser. Durant la phase d'opposition, l'alternance des interventions du père et de la mère permettra à chacun de ne pas se sentir trop débordé ou agacé. Tout est plus simple quand les parents s'appuient l'un sur l'autre. Le père, notamment, joue un rôle déterminant quand il vient conforter l'interdit posé par la mère. Il réduit de la sorte la tension entre la maman et l'enfant, introduit plus de souplesse dans leur relation, et encourage ainsi le tout-petit à prendre de l'autonomie.

La plupart des refus de votre enfant peuvent être contournés par le jeu ou la négociation. Lorsque vous ne voulez pas négocier, expliquez-lui les raisons de votre fermeté.

existe en tant qu'individu différent de ses parents et peut donc être en désaccord avec eux. C'est un très bon signe : l'enfant manifeste ainsi un premier pas vers l'autonomie, qui est une des finalités du développement.

• Enfin, en prenant le risque de s'opposer à ses parents, l'enfant montre qu'il peut exprimer une certaine agressivité, un sentiment qui habite tout être humain. Pouvoir l'exprimer signifie qu'elle n'est pas trop terrifiante, et que l'enfant a assez confiance en ses parents pour les soumettre à cette tension. Il teste ainsi leur résistance, mais, s'il s'y autorise, c'est qu'il a intégré la pérennité des liens affectifs et une certaine sécurité intérieure.

▶ Quelques questions à se poser en cas de difficultés

Parfois, la période d'opposition perdure ou prend trop d'ampleur. Les parents se sentent débordés, comme impuissants face à la volonté de leur enfant. Ils pourront peut-être trouver un début de réponse en se posant les questions suivantes.

Revoir ses exigences ? • Tout d'abord, il est juste de vous demander si vos attentes correspondent bien aux capacités de votre enfant. Si vous l'incitez à faire des choses trop difficiles pour lui, il risque de manifester son incapacité à vous satisfaire par une nette opposition.

Parler davantage d'une même voix ? • Vous pouvez aussi vous interroger sur vos attitudes respectives concernant les règles éducatives et vis-à-vis des oppositions ou des colères de votre enfant. La bonne cohérence des réponses et des comportements des deux parents est un élément rassurant et stabilisant pour un tout-petit. Il est important que vous puissiez discuter de ces questions, hors de la présence de votre enfant et dans un moment de calme. Bien sûr, des divergences peuvent exister, mais une communauté de vues sur les règles essentielles simplifie grandement la compréhension de l'enfant.

Quel est le message de l'enfant ? Enfin, il peut également être utile de se renseigner sur l'attitude de l'enfant en votre absence. Comment se comporte-t-il à l'école ou à la crèche, avec ses grands-parents ou les personnes qui s'occupent de lui, par exemple ? S'il ne dit « non » qu'en votre présence, c'est qu'il a un message à vous transmettre. Il a bien intégré la nécessité de règles, puisqu'il les respecte avec autrui. Vous devez donc chercher à comprendre ce qu'il vous dit de la sorte sur les relations familiales : a-t-il besoin de plus d'autonomie ? Exprime-t-il une rivalité ? Demande-t-il davantage d'attention ? Il n'existe là aucune explication type, car chaque situation familiale est différente.

Comment aborder des sujets complexes ?

Entre 3 et 6 ans, les enfants se montrent très curieux. Ils se posent beaucoup de questions, essayent d'appréhender le monde qui les environne, et interrogent leurs parents. Mais, à cet âge, les capacités de compréhension ne dépendent pas uniquement de « l'intelligence », loin de là. Il ne faut pas perdre de vue que les modes de raisonnement des petits enfants sont bien différents de ceux de l'adulte...

▶ L'âge des « pourquoi ? » et la pensée prélogique

Le fonctionnement psychologique des enfants de 3 à 6 ans présente deux aspects majeurs. Sur le plan émotionnel, ils traversent la « phase œdipienne », riche en émotions amoureuses et agressives (voir encadré). Sur le plan intellectuel, ils se trouvent encore dans un mode de pensée prélogique, tel que l'a décrit le psychologue Jean Piaget : les raisonnements abstraits ne leur sont pas accessibles, et ils ont besoin de se rattacher à une image ou à une situation réelle pour comprendre tout ce qui est nouveau. Ils ont, par conséquent, tendance à utiliser des images pour décrire leurs pensées, et, en même temps, à concevoir les objets inertes comme doués d'intention. Ils cherchent une réponse matérielle à toutes les questions concernant la fabrication des choses, et ont aussi besoin de trouver une explication concrète à toute action.

Les réponses que vous ferez à leurs questions doivent donc utiliser un vocabulaire simple ou imagé. C'est la condition essentielle pour qu'ils puissent comprendre vos explications.

La phase œdipienne

Lors de la période œdipienne (voir page 269), l'enfant est habité d'émotions très intenses et d'un imaginaire riche. Il a pris conscience de la différence des sexes, et donc des liens amoureux qui peuvent exister entre les hommes et les femmes. Il reconnaît ce lien privilégié entre ses parents et cherche à trouver sa place dans cette relation. Les enfants développent des fantasmes amoureux à l'égard du parent de sexe opposé. Ils peuvent ressentir une certaine agressivité à l'égard du parent de même sexe, « le rival », et en même temps chercher à s'identifier à lui, à lui ressembler.

Quels que soient la peine ou le ressentiment de l'enfant, il est important que les parents préservent leur intimité amoureuse à cette époque-là. L'enfant doit comprendre qu'il ne pourra pas prendre la place du parent de même sexe ni séparer ses parents. Il va ainsi intégrer l'interdit de se marier avec son père ou sa mère. Vers 6-7 ans, pour compenser la tristesse de renoncer à cet amour œdipien, l'enfant va déployer son énergie psychique vers d'autres domaines : il sera dès lors disponible pour développer ses compétences intellectuelles par les apprentissages scolaires et extrascolaires.

La curiosité de l'enfant réclame des réponses simples. Ses « pourquoi » incessants se porteront d'abord sur les objets de la vie quotidienne, puis, vers 2-3 ans, sur la sexualité et les liens amoureux entre ses parents.

▶ Les questions liées à la curiosité sexuelle

C'est vers 2-3 ans que les enfants prennent conscience de la différence des sexes et savent si eux-mêmes sont garçon ou fille. Ils s'intéressent à leur propre anatomie ainsi qu'à celles des autres enfants et même de leurs parents (voir page 264). Différentes questions vont s'ensuivre. Dans un premier temps, elles concernent surtout la procréation, puis le lien amoureux entre ses parents. S'il est important de répondre sans déformer la réalité, il n'est pas nécessaire non plus d'en dire davantage que ce que les enfants attendent.

Il ne peut pas tout entendre • Les enfants développent toute une activité fantasmatique pour imaginer des réponses à leurs questions. D'une part, ils se protègent ainsi de « choses » encore trop difficiles à concevoir : la sexualité adulte est pour l'enfant un acte étrange qui peut être assi-milé à une certaine violence. D'autre part, cette activité imaginaire est pour eux une manière d'exercer leur curiosité et leur créativité (Freud disait que la curiosité intellectuelle de l'adulte prenait racine dans la curiosité infantile autour de la sexualité). Ainsi, cette curiosité doit pouvoir s'exercer, l'enfant doit se sentir libre de poser des questions. Mais, en même temps, il ne faut pas que les réponses soient trop excitantes pour lui : elles doivent être formulées dans une parole qui correspond à ce qu'il est capable de comprendre.

Quelques réponses possibles • À la question « d'où viennent les bébés », les enfants sont prêts à entendre l'histoire des petites graines de maman et de papa qui forment le bébé. Puis, plus tard, ils demandent en général « par où elles rentrent dans le ventre de la maman » et « par où sort le bébé ». On peut alors leur répondre en évoquant que la maman a un « petit trou », mais sans entrer dans des détails anatomiques. Si l'enfant ne se satisfait pas de cette réponse, et qu'il insiste, il sera toujours temps de lui dire que cet orifice est placé dans la « zézette ». Bien souvent, la question de l'acte sexuel entre l'homme et la femme ne survient que vers 5-6 ans, voire plus tard. Là encore, il ne s'agit nullement de décrire ce qui se passe dans le détail. Il suffit de répondre simplement, mais en restant assez vague et en utilisant les mots que vous employez habituellement pour désigner les organes génitaux. Plus que l'acte, c'est surtout la confirmation du lien amoureux entre ses parents qui intéresse l'enfant, vous pouvez donc évoquer un plaisir partagé. Enfin, s'il manifeste des inquiétudes à ce sujet, il importera aussi que le tout-petit sache que les câlins entre ses parents n'entraînent pas toujours la naissance d'un bébé, et que les relations amoureuses sont distinctes du fait d'avoir des enfants. Rassuré par ces réponses, votre enfant évitera d'imaginer des histoires plus effrayantes.

▶ Face aux informations données par les médias

À l'ère de la diffusion médiatique sous toutes ses formes, chacun est assailli par une multitude d'informations. Comment expliquer ou retrans-

La parole de l'enfant

Quand tu veux me parler de choses sérieuses, dis-moi juste ce qui est vrai, sans trop de mots compliqués que je comprends pas. Fais-moi confiance, je te poserai plus de questions si je veux. Et pas la peine de me cacher la maladie de Mamie ou comment mon chien est mort. Je sens que tu as du chagrin ou de la gêne, et je vous entends bien parler entre adultes comme si j'étais pas là. Mais je ne voulais pas t'embêter, alors j'attendais que tu me le dises, et comme ça je me sens mieux.

mettre alors une partie de ces connaissances aux enfants ? Bien que ceux-ci soient doués de facultés de compréhension très précoces, il est nécessaire que les parents jouent un rôle de filtre. La brutalité de certains propos ou images n'est pas adaptée à leur structuration psychique. Si l'on peut parler de tout avec les enfants, cela ne signifie pas que l'on doive tout dire, et cela ne préjuge pas de la manière dont il faut aborder tel ou tel évènement. En effet, les parents doivent mettre leur discours à la portée du vocabulaire des enfants et, surtout, tenir compte de leur âge. Les enfants sont capables par eux-mêmes de filtrer dans une certaine mesure les informations qu'ils reçoivent. On peut alors se contenter de répondre à leurs questions, sans nécessairement les devancer.

Partir de ses questions •
Certains événements d'actualité peuvent permettre aux parents d'expliquer le monde extérieur à l'enfant. Il est intéressant dans ce cas de partir de ses questionnements ou de ses propres observations. Dans le domaine de l'apprentissage ou de l'éducation, plus l'enfant est actif, plus il va mémoriser ce qui lui est dit. Cela peut être l'occasion pour les parents de transmettre des valeurs éducatives ou des mesures de prévention, mais tout en respectant un vocabulaire choisi et adapté à l'âge de l'enfant.

Parler des événements qui vous touchent

L'enfant est très sensible à son environnement et perçoit très vite un changement d'humeur, une tristesse ou une contrariété. Il ne sert à rien de lui cacher la vérité car il devine bien qu'il se passe quelque chose d'inhabituel. Même les bébés perçoivent les émotions et comprennent les intentions. Mieux vaut donc donner des explications pour rassurer votre enfant et éviter qu'il ne s'imagine bien pire. Par exemple, si l'un de vos proches est malade, vous pouvez lui dire : « Tu sais, en ce moment, je suis un peu triste car papi est malade. Un docteur s'occupe de lui et le soigne, mais je préférerais qu'il soit en pleine forme. Comme quand tu es malade... » Bien sûr, il faut adapter ses explications à l'âge de l'enfant et éviter tout détail qui pourrait être traumatisant. Quand vous lui aurez fourni une première information, la plus simple possible, c'est lui qui vous questionnera plus en détails, selon son intérêt et sa capacité à entendre, ou pas, davantage de précisions en la matière.

Attention à la violence • En revanche, quand l'actualité présente ou met en scène une violence importante ou des images difficiles, il est nécessaire de filtrer ce que perçoit l'enfant, de lui dire que c'est trop dur à regarder et que ce ne sont pas des images pour les enfants. Quand vous n'avez pu éviter qu'il voie certaines photos ou reportages, il faut expliquer le caractère déraisonnable de ce qu'il a pu percevoir. D'une manière générale, face à des images violentes ou des situations pénibles, le plus important est que les enfants (et les adolescents d'ailleurs aussi) puissent les transformer en parlant avec leur entourage, et les comprendre pour les recevoir moins brutalement.

Voir un spécialiste en cas de problème ?

Plusieurs spécialistes sont à même de vous conseiller, vous écouter ou vous orienter lorsque vous êtes inquiets pour votre enfant ou que vos relations avec lui sont un peu délicates. En fonction de son âge et de ce qui vous soucie, vous vous tournerez davantage vers tel ou tel professionnel.

▶ Quelques interlocuteurs privilégiés

Souvent, les premiers interlocuteurs des parents sont les personnes qui s'occupent de l'enfant durant la journée : puéricultrices en crèche, assistantes maternelles ou instituteurs. Vous pouvez tout à fait évoquer avec eux, tout en préservant votre intimité familiale, un événement de votre vie ou certains aspects du comportement de votre tout-petit. Leur regard professionnel, plus distancié que le vôtre vis-à-vis de votre enfant, peut vous aider dans votre réflexion.

Toutefois, si vous avez identifié une ou des difficultés particulières dans le développement ou le bien-être de votre enfant, si vous êtes inquiets pour lui devant des événements particuliers (séparation, deuil, traumatisme, maladie somatique, etc.), n'hésitez pas à consulter un spécialiste de la petite enfance. Les différents professionnels auxquels vous pouvez vous adresser ont des formations, des fonctions et des statuts différents.

Le pédiatre • Dans un premier temps, vous pouvez vous adresser à votre pédiatre. Il peut entendre vos préoccupations, en discuter avec vous, et vous rassurer ou vous orienter vers un autre spécialiste. Par sa connaissance de l'enfant, de son développement physique et psychomoteur, de son environnement et en particulier de sa famille, cet interlocuteur privilégié est le mieux à même de discerner ce qui, dans le comportement du bébé (cris, pleurs, agitation) ou de l'enfant plus âgé (repas, sommeil, apprentissage de la propreté…) peut être considéré comme normal ou non. Il verra alors s'il peut assurer lui-même la prise en charge ou si un avis spécialisé est nécessaire. Au besoin, il vous aidera à trouver le praticien dont votre enfant a besoin et pourra jouer un rôle de coordination.

L'enfant est sensible aux événements qui touchent ses proches. Ne le tenez pas à l'écart.

Assistante maternelle, maîtresse, professionnels du corps médical ou paramédical… toutes ces personnes portent un regard distancié sur vos inquiétudes et peuvent aider votre enfant en cas de problème.

Les pédopsychiatres

Le pédospychiatre est un médecin psychiatre ayant acquis une formation complémentaire en pédopsychiatrie (psychiatrie de l'enfant). Il va écouter vos inquiétudes, vous aider à y réfléchir, et évaluera le développement de votre enfant et ses éventuelles difficultés. Tout ce processus peut prendre du temps et demande parfois plusieurs consultations. Au terme de cette phase d'évaluation, un travail psychothérapeutique peut être engagé. En tant que médecin, le pédopsychiatre a aussi une possibilité de prescription. Il peut donc soit établir des ordonnances de traitement médicamenteux, s'il le juge nécessaire et après en avoir parlé avec vous, soit orienter votre enfant vers un orthophoniste, par exemple.

Où s'adresser ? • Les pédopsychiatres travaillent soit dans le service public, soit en pratique libérale. La psychiatrie et la pédopsychiatrie en France sont sectorisées : cela signifie qu'il existe toujours un centre médico-psychologique (CMP) proche de votre domicile, où vous pouvez être reçus, sans avance de frais, par une équipe complète, coordonnée par un pédopsychiatre. Pour obtenir les coordonnées du centre dont vous dépendez, vous pouvez vous adresser à votre mairie. Les temps d'attentes pour obtenir un rendez-vous sont parfois un peu longs. Si vous consultez des pédopsychiatres du secteur libéral, tout ou partie du tarif de la consultation sera remboursé par la sécurité sociale ou votre mutuelle.

Les psychologues

Les psychologues ont été longuement formés aux différents aspects du fonctionnement psychique et du développement de l'enfant. Ils peuvent donc vous recevoir en consultation, évaluer la situation et vous proposer, si besoin est, une prise en charge psychothérapeutique. Ces professionnels sont aussi habilités à pratiquer un certain nombre de tests psychologiques (tests de quotient intellectuel, tests de personnalité…), qui permettent d'affiner la compréhension des difficultés de l'enfant, mais ne s'avèrent pas toujours nécessaires. En France, les psychologues travaillent soit dans des établissements publics ou en centre médico-psychologique, soit en libéral. Mais dans le secteur libéral, le coût des consultations n'est pas pris en charge par la sécurité sociale.

▶ Les orthophonistes

Ce sont des professionnels de santé formés à l'évaluation et la rééducation des troubles du langage, qu'il s'agisse du langage oral ou écrit : troubles du développement du langage, difficultés à bien articuler ou à construire des phrases, manque de vocabulaire, dyslexie... Certains d'entre eux peuvent aussi se spécialiser dans la prise en charge des problèmes de communication dans un sens plus large, ou dans la prise en charge des troubles qui affectent le raisonnement dans les domaines de la logique et des mathématiques.

En France, les orthophonistes travaillent aussi bien dans le secteur public que dans le secteur libéral. En libéral, les consultations sont remboursées en partie par la sécurité sociale, et le complément est pris en charge par certaines mutuelles. Une prescription médicale de votre pédiatre ou d'un pédopsychiatre est nécessaire pour obtenir ces remboursements.

▶ Les psychomotriciens

Les psychomotriciens ont pour mission de travailler avec les enfants présentant des difficultés de développement ou d'apprentissage (travail sur la motricité, le tonus, les gestes fins, l'écriture...). Ils abordent ces difficultés sous leurs aspects corporels. Certains d'entre eux sont toutefois aussi formés aux aspects psychologiques qui sont également mis en jeu dans ce type de prise en charge, et peuvent donc aider des enfants ayant des troubles de la communication.

En France, dans le secteur libéral, les consultations ou rééducations en psychomotricité ne sont pas prises en charge par la sécurité sociale.

▶ Comment se décider à consulter ?

Seuls les parents d'un enfant peuvent prendre rendez-vous pour lui. C'est à vous de choisir le moment où vous vous sentez trop inquiets et où vous pensez qu'il est nécessaire, pour vous, d'avoir un avis professionnel. Il ne s'agit pas de consulter à la moindre difficulté, mais, si les questions que vous vous posez sont récurrentes, si vous vous sentez réellement préoccupés, il est justifié d'aller en parler, même s'il ne s'agit pas d'un problème majeur. Avant de prendre rendez-vous, il est important que les deux parents puissent en discuter ensemble et accorder leurs points de vue. Lorsque le couple est séparé, il est nécessaire, pour l'enfant, que les deux parents prennent une part active à cette démarche.

Informer l'enfant • Votre enfant doit aussi être informé de cette prise de rendez-vous et des raisons qui motivent votre initiative. Cela permet parfois de nouer un dialogue sur le sujet qui vous préoccupe, et il arrive que ces premiers échanges suscitent déjà des changements du côté de l'enfant. Il est important que vous expliquiez à votre enfant que vous allez consulter ensemble. Et cela d'autant plus qu'il est plus âgé, voire adolescent. Ce n'est pas lui qui a un « problème », mais vous qui souhaitez parler avec un professionnel de ce qui vous inquiète à son sujet, votre but étant de pouvoir mieux l'aider.

Se documenter personnellement

Beaucoup d'informations sont disponibles dans le domaine de la psychologie de l'enfant : revues, livres, sites Internet. Toutes ces données peuvent vous aider à réfléchir à ce qui vous préoccupe. Néanmoins, restez vigilant et critique, en particulier vis-à-vis d'Internet, et renseignez-vous sur les auteurs des textes. Tout est intéressant, mais il est important que vous sachiez s'il s'agit d'un site rédigé par des professionnels de la santé, par des journalistes ou par des particuliers concernés par le sujet. Vous trouverez alors des informations de différents types, et c'est à vous de vous faire votre propre idée. En revanche, après vos lectures, n'hésitez pas à discuter avec votre médecin, pour vous assurer que ce que vous avez lu correspond bien à votre enfant, et non à une vision trop partielle ou partiale.

L'enfant face à la mort

Pour le petit enfant, le caractère irréversible de la mort n'est absolument pas concevable. Il ne peut donc vivre le deuil de la même façon qu'un adulte. L'absence de la personne aimée ne le fait pas moins souffrir, et il aura besoin d'un soutien propre à son âge, quand une telle épreuve frappe sa famille.

Avant l'âge de 5 ans, l'enfant a une vision encore très imprécise de la mort, assez éloignée de la conception des adultes. Dans un premier temps, il ne distingue pas la mort du sommeil (comme dans *Blanche-Neige*). Ultérieurement, il peut admettre une différence, comprendre que la mort n'est pas la même chose que le sommeil. Mais il considère encore la mort comme un état temporaire, un état particulier. Comme il ne dissocie pas encore l'animé et l'inanimé et donne des pensées aux objets inertes, il peut aussi attribuer des pensées aux défunts.

Le caractère définitif de la mort, une notion difficile à assimiler

Entre 5 et 9 ans, la mort est souvent personnifiée, soit par un personnage distinct, soit par le défunt lui-même. Par exemple, si un décès a lieu dans l'entourage de l'enfant, ce dernier fera systématiquement référence à la personne disparue pour parler de la mort. Cet état est, à ce moment de sa vie, personnifié par la personne décédée. À cet âge, il a intégré la réalité et le caractère définitif et irréversible de la mort. Mais, pour se protéger de l'angoisse que cela suscite, il a tendance à faire de cet événement un processus qui pourrait être évité, ou ne toucherait pas tout le monde. L'universalité de la mort n'est pas encore admise. Ce n'est que vers 10 ans que l'enfant peut comprendre que la mort est un processus lié à la vie elle-même : il appréhendera alors son caractère universel et inéluctable.

Comment annoncer un décès ?

L'annonce du décès d'un proche constitue toujours un moment délicat pour la famille. Il est nécessaire que cela soit dit à l'enfant par une personne qu'il connaît, avec laquelle il se sente en sécurité. Quelles que soient les croyances de la famille, la réalité de la mort, son caractère irrémédiable, et la tristesse qu'elle suscite ne doivent pas être masqués. Il faut prononcer le mot « mort », que l'enfant interprétera à sa façon selon son âge, et ne pas se contenter de « il est parti », qui pourrait prêter à confusion.

Montrer ses émotions ? En voyant les adultes exprimer leurs émotions, l'enfant se permettra de montrer ce qu'il ressent. Là encore, ses sentiments varieront selon son âge et sa conception de la mort. Quand l'un des deux parents est très affecté par le décès, il est bon d'insister sur le fait que l'enfant n'est en rien responsable et que le chagrin de papa ou de maman ne va pas durer toujours. Il faudra aussi expliquer que les parents, eux, ne vont pas mourir de sitôt et qu'ils seront encore là pour très longtemps, surtout s'il s'agit du décès d'un grand-parent. Il est parfois difficile pour un parent à la fois d'être en deuil et disponible pour soutenir son enfant. C'est alors à l'entourage, moins affecté, de prendre le relais pour rassurer et écouter le tout-petit.

« Tu n'es pas responsable ». Lors d'un deuil, le plus grand risque est que l'enfant se sente responsable de la disparition de la personne. S'il a été très en colère vis-à-vis d'un proche et que celui-ci décède brutalement, il peut en effet éprouver une culpabilité très intense. Ce sentiment peut aussi exister après la perte d'un frère ou d'une sœur, car une part d'ambivalence existe souvent dans les relations fraternelles, si tendres soient-elles. Pour éviter toute culpabilité, il est donc très important, lors de l'annonce du décès d'un proche, d'énoncer que ni l'enfant, ni personne ne pouvait rien y changer.

Transmettre le souvenir. À plus long terme, lorsque la douleur de la famille sera moins aiguë, il est essentiel de parler du défunt avec l'enfant, de lui rappeler qui il était et de l'aider à en conserver un souvenir, sur lequel il pourra s'appuyer tout au long de sa vie.

Chez l'enfant, le travail de deuil est une affaire de temps et de maturité.

Le travail du deuil
chez l'adulte et l'enfant

Perdre une personne aimée entraîne chez chacun de douloureuses émotions. Il s'agit néanmoins d'un processus dynamique, qui amène la personne endeuillée à « travailler » cette souffrance pour la rendre tolérable et réinvestir sa propre vie. Plusieurs phases ont été décrites dans ce cheminement. Bien souvent, lorsqu'il s'agit d'une mort brutale et imprévisible, le choc s'accompagne d'une incrédulité, d'une sidération, d'un déni de la véracité de cette annonce. Puis vient une période durant laquelle la personne endeuillée peut avoir le sentiment de sentir l'être cher auprès d'elle, parfois même de reconnaître sa silhouette dans la rue. S'ensuit une longue phase de tristesse, voire de dépression, qu'il est parfois difficile de partager. Puis, avec le temps, cette souffrance se transforme, les souvenirs heureux et positifs reviennent à l'esprit de la personne endeuillée, et lui sont tolérables. Il lui est alors possible de réenvisager sa vie, parfois

avec des changements conséquents, et de s'imaginer un avenir et des relations nouvelles.

Des effets plus tardifs chez l'enfant. Pour l'enfant, comme pour l'adulte, le travail de deuil est un long processus qui se fera progressivement, avec les mêmes étapes : le choc, la dépression et l'acceptation. Mais l'enfant est une personne en développement. Cela signifie que, à chaque étape, il peut comprendre mieux ce qu'il a vécu. Du fait de son jeune âge, il n'est pas susceptible de vivre certaines phases de ce travail psychique, et il peut donc éprouver des effets beaucoup plus tardifs du décès d'une personne aimée.

Quand le petit enfant
perd un de ses parents

Face à la perte du père ou de la mère, il est essentiel que l'enfant se sente tout d'abord en sécurité, que ses besoins élémentaires soient assurés. Il doit aussi savoir qui va prendre soin de lui et être certain qu'il ne sera pas abandonné. Cette sécurité implique aussi l'image de sa propre survie. Il est très important qu'il entende que le décès d'un proche est un événement exceptionnel et que les autres personnes qui l'entourent et lui-même ne sont pas en danger.

Le soutien de la famille. L'enfant est une personne qui se construit dans la relation qu'il établit avec son entourage familial. Face à la perte d'un parent, d'autres membres de la famille doivent donc assurer les fonctions paternelles ou maternelles – fonctions matérielles (le protéger, le nourrir...), affectives, mais aussi symboliques (l'exercice de l'autorité, par exemple).

D'autres figures de référence. Pour grandir, les enfants s'identifient à leur entourage, à leurs parents. Si l'un des deux décède, il sera aussi nécessaire que l'enfant trouve une image de substitution. Par exemple, pour un garçon, le père représente les fonctions masculines et il s'appuie sur lui pour apprendre à être un garçon. Il faudra alors que d'autres personnes jouent pour lui ce rôle. Une mère porte aussi en elle une part des fonctions masculines (puisqu'elle a été élevée par un père), et elle pourra transmettre ce modèle à son enfant. Mais, dans tous les cas, l'entourage familial élargi, par sa disponibilité, peut permettre à l'enfant de trouver d'autres figures auxquelles s'identifier.

Les situations familiales particulières

> *Comment expliquer à l'enfant la crise du couple • Préserver les liens avec le père • Les mamans célibataires • Les familles recomposées • La question de l'homoparentalité • Accueillir un enfant né grâce à la procréation médicalement assistée*

Séparations et divorces

Environ un enfant sur quatre voit ses parents se séparer avant ses 18 ans. Mais un tel événement n'en représente pas moins un bouleversement important. Pour un enfant, la dissolution du couple parental implique un remaniement intérieur considérable, car son développement se fonde sur ses relations avec sa mère, son père, mais aussi sur l'image de ses parents ensemble. Il aura besoin de beaucoup de réconfort, même si la vie est ponctuée d'épisodes nécessitant de s'adapter.

▶ À l'étape du conflit

La mésentente du couple parental peut donner lieu à des conflits plus ou moins violents. L'enfant perçoit nettement cette ambiance orageuse. Pendant longtemps, sur le plan théorique, les psychologues se sont demandé s'il valait mieux pour l'enfant vivre dans un climat de tension ou voir ses parents se séparer. Les couples en difficultés se posent souvent cette question. Mais, dans cette interrogation, ce sont plutôt les angoisses, la souffrance et le sentiment de culpabilité des parents qui sont en jeu. Car l'enfant, de son côté, perçoit bien le conflit entre son père et sa mère, et, déjà, sa représention du couple parental se dégrade fortement. Or, quand la situation s'éternise, il ne peut pas réellement amorcer son travail de deuil et renoncer à l'image de ses parents ensemble.

Mesurer ses paroles • Durant cette phase, l'enfant cherche à être rassuré sur la pérennité des liens avec ses deux parents. Il sent que son père et sa mère sont moins disponibles pour lui qu'auparavant, et le climat de tensions peut susciter chez lui des angoisses d'abandon.

Les parents, malgré leur grande souffrance personnelle, doivent se donner le temps de penser à ce qu'ils veulent dire à leur enfant de la situation. Dans la mesure du possible, il est bon d'évoquer entre adultes la meilleure façon d'aborder le sujet avec lui, et ne pas révéler à l'enfant une situation angoissante de manière impulsive, lors d'une crise. Il importe également que l'enfant soit protégé des motifs du conflit, qui relèvent de la sphère conjugale, et non familiale. En revanche, dénier la réalité de la mésentente du couple n'aide pas l'enfant, car il perçoit nécessairement que quelque chose ne va pas. Parfois, les parents ne savent pas encore où ces colères et ces disputes vont les conduire : il convient alors d'expliquer à l'enfant qu'ils ne sont pas toujours d'accord mais qu'ils cherchent des solutions.

❱ Au moment de la séparation

Lorsque les parents ont pris la décision de se quitter, il est nécessaire qu'ils réfléchissent aux modalités de cette séparation et expliquent rapidement à l'enfant de quelle manière il va vivre. Le fait d'être rassuré sur l'organisation de sa vie quotidienne lui permet de conserver un certain sentiment de sécurité.

Rassurer l'enfant • L'enfant a besoin d'entendre que la rupture touche le lien conjugal mais pas le lien qu'il a avec chacun de ses parents. Et chacun des parents doit se montrer respectueux du rôle de l'autre, et ne pas prendre l'enfant à témoin de ses désaccords. Enfin, il importe aussi de bien faire sentir à l'enfant qu'il n'est en rien responsable de la séparation. S'il est notamment à l'âge de la phase œdipienne, où cohabitent les sentiments hostiles et amoureux vis-à-vis du père et de la mère, il peut par exemple s'imaginer être la cause de la rupture, même si cela n'a aucune réalité.

Reconnaître sa douleur • Quelles que soient les précautions des parents, une séparation reste un bouleversement pour les enfants, et il ne s'agit pas de nier cette souffrance. Un processus de deuil est inévitable, car, même si l'enfant voit très régulièrement ses deux parents, le couple parental est dissous. Si des ruptures trop conflictuelles sont très douloureuses, des ruptures trop « amicales » lui paraîtront étranges et le laisseront dans l'incompréhension.

Une lente « acceptation » • Enfin, il ne faut pas oublier que le temps du cheminement n'est pas toujours le même pour les parents et pour l'enfant. Le père et la mère peuvent éprouver un certain soulagement au moment de la décision,

Lorsque le lien conjugal se dissout, l'enfant a besoin d'être rassuré sur la pérennité de l'attachement entre lui et chacun de ses parents.

Le mode de garde en résidence alternée

Lorsque se pose la question du lieu d'habitation de l'enfant, avec sa mère ou avec son père, certains couples optent pour la résidence alternée. Les parents doivent toutefois prendre en compte plusieurs facteurs avant de choisir cette solution. Il est d'abord nécessaire que l'enfant soit capable de se repérer suffisamment dans le temps, et que le mode de garde choisi ne lui donne pas un sentiment de rythme de vie chaotique. Des conditions matérielles peuvent également influencer cette décision : modalités et lieu de logement du père et de la mère, horaires professionnels... Enfin, pour qu'un mode de garde en résidence alternée soit réellement profitable à l'enfant, il est important que les relations entre les parents soient cordiales et qu'un dialogue reste possible.

car leur séparation fait peut-être suite à une longue réflexion. Mais l'enfant, lui, qui n'a joué qu'un rôle passif, va seulement commencer à réaliser le bouleversement qui se joue. Il faut lui accorder du temps et, si sa souffrance paraît trop intense ou dure longtemps, on peut lui proposer d'aller en parler avec lui à un thérapeute.

▶ Où va vivre l'enfant ?

À l'heure actuelle, en cas de séparation, la résidence principale de l'enfant est dans 85 % des cas celle de la mère, et ce d'autant plus que l'enfant est jeune. Le père garde alors un droit de visite et d'hébergement durant la moitié des week-ends et des vacances. Mais, de fait, un tiers des enfants vivant avec leur mère ne revoient plus leur père au bout de quelques années. C'est sans doute l'évolution la plus préoccupante d'une séparation ; cet état de fait ne pourrait se justifier qu'en cas de maltraitance paternelle, ce qui n'est pas la règle commune. Il est en effet primordial pour l'équilibre de l'enfant que ce dernier maintienne des contacts réguliers avec le parent qui n'a pas obtenu la garde.

Divers types de familles

Aujourd'hui, la famille classique, dite « nucléaire », organisée autour de deux adultes de sexe différent vivant sous le même toit, coexiste avec une grande variété de situations possibles : familles recomposées, monoparentales, voire homoparentales... Ces réalités sont si diverses que les psychologues, en dehors de la famille traditionnelle, parlent maintenant de « constellations affectives ». Chacune présente ses propres particularités.

▶ Les familles monoparentales

Lorsqu'un enfant est élevé par un seul parent, on parle de famille monoparentale. Cependant, toutes les situations ne sont pas identiques. Elles peuvent avoir pour origine un décès, une séparation ou un divorce, une non-reconnaissance de l'enfant par le père... Elles varient également selon l'âge qu'avait l'enfant au moment où l'un des deux parents a disparu de sa vie. Selon les cas, enfin, la présence symbolique de ce parent absent (par son nom, des contacts avec sa famille, etc.) pourra avoir été préservée, ou au contraire s'avérer quasi inexistante.

Néanmoins, ces diverses familles monoparentales connaissent un certain nombre de difficultés communes. Tout d'abord, les conditions socio-économiques sont souvent plus difficiles du fait qu'il n'y a qu'un seul revenu au foyer. Ensuite, le parent peut éprouver un réel épuisement à certaines périodes de sa vie. Face à cela, il est souhaitable que le parent soit aidé dans son quotidien, par sa famille, ses amis, et qu'il accepte de se laisser un peu de temps pour mener sa

Dans une famille recomposée, chacun doit avoir le temps de trouver sa place et de tisser des relations sereines avec les autres membres.

propre vie d'adulte. Enfin, il est nécessaire que l'enfant réalise bien qu'il est issu du désir de deux adultes et descendant de deux lignées familiales.

▶ Accorder une place au parent absent

En lui racontant des souvenirs, le parent restant aide l'enfant à faire exister l'image du parent absent. Il est en effet nécessaire, quels que soient ses sentiments, qu'il lui transmette une représentation de son père ou de sa mère. Il ne s'agit pas de travestir la réalité, et l'enfant doit être informé des faits difficiles ou durs (violence d'un père, par exemple), mais le parent doit tenter de faire cette transmission lorsqu'il est lui-même un peu plus paisible. Il pourra alors décrire le parent absent avec précision et objectivité, sans préjuger des causes qui auraient conduit celui-ci à effectuer un acte vécu comme négatif.

En cas d'abandon, par exemple, ou bien de non-reconnaissance de l'enfant, la mère peut admettre qu'elle ne sait pas pourquoi le père a été incapable d'investir sa place, si elle n'a pas de réelle connaissance de ses motivations. Mais elle peut suggérer toutefois qu'il existe tout de même une raison à cela. Il ne s'agit ni d'idéaliser le parent absent, ni de nier son existence, ni de le critiquer exagérément, ni encore de transformer ses suppositions en une vérité, et tout cela n'est pas aisé. Accorder une place à l'absent(e) est toutefois aussi un soutien pour le parent qui élève seul son enfant. Cela peut l'aider à ne pas s'enfermer dans une relation trop fusionnelle et exclusive avec l'enfant. La présence d'un tiers symbolique est alors maintenue.

▶ Les familles recomposées

Une famille recomposée est une nouvelle construction. Il faudra donc un peu de temps à chacun de ses membres pour se connaître, et trouver le mode de fonctionnement qui lui conviendra le mieux. En créant des expériences de vie et des expériences émotionnelles communes, l'histoire

La parole de l'enfant

Pourquoi les autres ont un papa qui va les chercher à l'école et pas moi ? Pourquoi tu ne m'en parles pas et que tu ne m'expliques pas ? Ça me manque parce que je veux savoir qui c'est, si tu l'aimais tout plein, pourquoi il n'est plus là, où il habite, si je lui ressemble, pourquoi vous êtes fâchés et pourquoi il ne vient pas me voir. Peut-être qu'il ne m'aime pas. J'aime bien qu'on soit que tous les deux, personne nous dérange, mais quand même, c'est triste aussi d'être que tous les deux.

de cette nouvelle famille se bâtira peu à peu. Chacun doit trouver sa place, sans confusion, et, surtout, sans chercher à effacer les vies antérieures des uns ou des autres.

Parent et beau-parent • Pour les enfants, un certain conflit de loyauté peut exister entre un parent et un beau-parent de même sexe. Mais, si chacun respecte son rôle, cet effet s'atténuera. Le beau-parent ne remplace pas le parent absent, mais prend une place d'adulte différent dans la constellation familiale de l'enfant. Et, s'il n'a pas toutes les prérogatives de parent, il a bien celles d'un adulte. L'intégration d'autres enfants peut susciter rivalités et jalousie, et les parents doivent trouver un équilibre entre une certaine équité éducative, voire affective, et le maintien d'un lien particulier avec leurs propres enfants.

▶ Les familles homoparentales

« L'homoparentalité » est un terme assez récent, créé par l'Association de parents et futurs parents gays et lesbiens, pour désigner les situations familiales où au moins un des parents se déclare homosexuel. Il paraît pertinent, du point de vue de l'enfant, de distinguer les familles dans lesquelles l'enfant est né d'un couple parental hétérosexuel qui s'est ensuite recomposé, et les familles dans lesquelles un couple homosexuel souhaite élever un enfant.

Si l'enfant est né d'un couple hétérosexuel • Dans ce cas, les parents biologiques de l'enfant existent, et partagent l'autorité parentale. L'enfant va apprendre à se repérer dans cette constellation familiale, et l'homosexualité de son père ou de sa mère ne changera rien au rôle parental que celui-ci (ou celle-ci) joue auprès de lui. L'important est qu'il connaisse son histoire et celle de ses parents. Le respect des rôles parentaux de chacun, la façon dont les parents biologiques vivent leur conflit, sans dénier les crises et les souffrances, mais en se respectant mutuellement en tant que parent, ont certainement plus d'impact sur le bien-être de l'enfant que l'orientation sexuelle de l'un d'entre eux. Là encore, comme dans les familles recomposées, la place du beau-parent doit être équilibrée : s'il ne peut être officiellement un parent pour l'enfant, il s'agit d'un adulte, et cette différence de génération doit être clairement établie.

L'orientation sexuelle de l'enfant • Au moment de l'adolescence, tous les enfants traversent une phase où ils s'interrogent sur leur préférence sexuelle, de manière plus ou moins consciente. Peut-être les adolescents ayant un parent homosexuel vont-ils aborder cette problématique de manière plus aiguë, car, au vu de l'histoire de leur famille, ils ne peuvent éviter ou refouler cette question. Ils apprendront néanmoins à se situer en fonction de leur propre désir.

Si les deux parents connus sont homosexuels • Bien que la loi française ne reconnaisse pas de coparentalité possible pour un couple homosexuel (pas de statut légal, pas d'autorisation d'adoption ni de procréation médicalement assistée), de rares familles ont pu se constituer selon ce modèle. En dehors des nombreuses questions et difficultés que cela soulève pour les parents, le point de vue de l'enfant est à prendre en compte.

Un enfant s'inscrit dans la vie en référence à la différenciation des générations et des sexes. Aussi est-il capital qu'il apprenne que la procréation implique à la fois la graine d'un homme et celle d'une femme, et qu'elle n'est pas possible entre deux femmes ni entre deux hommes. En outre, même si un couple homosexuel peut donner à l'enfant des figures des deux sexes, il peut être utile qu'un tiers, proche du couple mais de sexe différent, puisse aussi faire office de référent pour que soient bien distinguées les images masculine et féminine.

▶ Quand le bébé naît avec l'aide médicale à la procréation

De nos jours, près de 10 000 enfants naissent chaque année grâce aux différentes techniques de procréation médicalement assistée (PMA). Ces méthodes sont plus ou moins invasives en fonction de la sévérité de l'infertilité du couple. On estime que 10 à 15 % des couples connaissent des troubles de la fertilité.

Deux situations très différentes • Sans détailler ici l'ensemble de ces techniques, il est important de distinguer les aides à la procréation ayant lieu avec les gamètes (spermatozoïdes et ovocytes) des parents, et celles nécessitant un don de gamètes. Dans le premier cas, les deux parents auront une filiation biologique avec leur enfant. Dans la deuxième situation, l'enfant possédera seulement le matériel génétique d'un de ses deux parents, ce qui demandera au couple un effort d'adaptation particulier, qui s'apparente à celui de l'adoption.

▶ Le risque de surprotéger un enfant très attendu

Tout enfant est, de nos jours, accueilli d'une manière particulière, comme un individu précieux au regard de ses parents. Cela peut sembler une évidence, mais il s'agit d'un fait relativement récent du point de vue historique. La maîtrise de la contraception, la chute de la mortalité infantile ont en effet profondément modifié le rôle de l'enfant dans la famille. On comprend que, pour les couples qui ne parviennent à avoir un enfant qu'après des années d'attente et de multiples démarches médicales, et à un âge plus avancé que la moyenne, l'investissement soit d'autant plus important. Ces familles ont souvent dû traverser des moments très douloureux, des périodes de deuil (deuil de l'espoir d'une fertilité spontanée,

Le don de gamètes et la loi française

En France, les médecins recourent au don de spermatozoïdes ou d'ovocytes (gamètes) quand l'un des deux partenaires d'un couple (et c'est souvent l'homme) est définitivement stérile : le gamète est alors fourni par le Cecos (Centre d'étude et de conservation des œufs et du sperme). Le don de gamètes est soumis à l'anonymat du donneur et à la gratuité du don, et il est réservé, par la loi, aux couples hétérosexuels en âge de procréer. Dès le projet de conception, les deux parents doivent déclarer leur souhait de concevoir par don auprès d'un notaire ou d'un tribunal, et ce document juridique a une valeur symbolique très forte, soulignant la place équivalente des deux parents. La filiation légale se trouve ainsi renforcée.

deuil réel après des fausses couches…). Elles ont dû accepter que la conception de leur enfant sorte de la sphère de leur intimité, puisqu'un acte médicalisé se substitue à un acte sexuel. La naissance de l'enfant est alors souvent vécue comme une réparation de toutes ces années difficiles.

Du fait de cette implication très forte, les parents vont se montrer le plus souvent très à l'écoute de leur enfant et vont chercher à le soutenir dans son développement. Néanmoins, il est nécessaire qu'ils puissent arriver à prendre un peu de recul vis-à-vis de leur histoire, afin que cette longue attente ne se solde pas par une anxiété trop importante, ou par une surprotection déraisonnable lorsque l'enfant est enfin présent.

▶ Quand l'un des parents n'a pas de filiation biologique

Recourir au don de gamètes n'est pas anodin. Le délai d'attente entre la prise de décision et sa mise en œuvre, s'il semble long, est aussi nécessaire pour s'adapter à cette modalité de conception particulière. Le parent qui ne transmet pas son patrimoine génétique doit faire son deuil d'un enfant biologique. Bien souvent, cela soulève beaucoup de questionnements et parfois un sentiment de culpabilité vis-à-vis de son conjoint et même de ses propres parents, car l'intéressé peut avoir le sentiment d'interrompre la transmission de ce qui lui a été donné. Par la suite, le parent peut se poser la question de sa place et de son rôle vis-à-vis de l'enfant. Mais, s'il a pris le temps de faire le deuil de sa parenté biologique, il réalisera à quel point il peut investir sa place de parent auprès de cet enfant.

Une inégalité hommes-femmes ? • Bien sûr, ce type de situation est toujours plus complexe pour les pères. En effet, une femme stérile qui reçoit un don d'ovocyte porte tout de même l'enfant pendant neuf mois. Et, si cela ne rétablit pas le lien génétique, un lien biologique très précoce et profond vient partiellement réparer cette situation. L'homme, de son côté, ne peut pas s'appuyer sur ce contact charnel avant la naissance. Néammoins, il apparaît que les pères ayant vécu un tel parcours sont très souvent des papas très investis et disponibles pour leur enfant.

Un enfant plus ou moins ressemblant • Quand l'enfant possède le matériel génétique d'un seul de ses parents, la question de la ressemblance physique peut se poser. Même si un certain appariement est respecté lors du don de paillettes, l'enfant et son parent non biologique ne vont pas présenter les mêmes traits. Mais toutes les familles n'ont pas des caractères physiques communs très marqués. De plus, il existe aussi une ressemblance qui se crée progressivement, parce que tout enfant imite naturellement les postures, les expressions et les intonations de voix des personnes qui l'élèvent au quotidien.

▶ Que dire à l'enfant ?

« Va-t-on révéler à notre enfant qu'il a été conçu avec un don de gamètes ? » : cette question est l'un des aspects les plus délicats de la réflexion des parents. Le souhaitent-ils ? Dans quelle mesure se sentent-ils à même de le faire ? Bien que beaucoup de débats aient lieu sur les notions d'information, de transparence et d'accès aux origines, cette responsabilité leur incombe, et à eux seuls. Il est important que l'enfant soit informé si d'autres personnes de la famille le sont aussi, et qu'il soit informé directement par ses parents . Dans ce cas, il est probablement préférable que l'enfant soit assez jeune et que cela lui soit raconté comme l'histoire de sa naissance et du désir de ses parents de l'avoir.

Françoise Dolto

Célèbre psychiatre et psychanalyste française, Françoise Dolto *(Paris 1908 – id. 1988) consacra toute sa vie professionnelle et son œuvre à « la cause des enfants » (titre de l'une de ses dernières publications). Dans le sillage du psychanalyste français Jacques Lacan (1901-1981), qui a étudié les psychoses infantiles, elle travailla la thérapeutique avec des enfants névrosés ou psychotiques. Elle présente sa méthode et relate l'analyse de l'un des ses jeunes patients dans le Cas Dominique (1971). Devenue une personnalité médiatique grâce à ses écrits (Psychanalyse et pédiatrie, 1938) et à ses émissions radiophoniques, elle éveilla l'intérêt et parfois l'enthousiasme du public pour la psychanalyse.*

Frères et sœurs, et grands-parents

Agrandir la famille et l'annoncer à l'aîné(e) • Comment expliquer et faire vivre la grossesse aux tout-petits • Garder avec chacun une relation unique • Entre frères et sœurs, des liens très forts malgré la jalousie • Quelle attitude adopter lors des disputes ? • Les échanges entre grands-parents et petits-enfants • Les différences entre générations sont profitables à l'enfant

Dans l'attente d'un nouvel enfant

Un, deux, trois… enfants : agrandir la famille est une formidable aventure. Comment préparer l'aîné pendant la grossesse ? Comment l'aider à accepter la présence du bébé après la naissance ? Les enfants, à tout âge, ont besoin d'être accompagnés et soutenus par leurs parents pour faire place au nouvel arrivant et vivre ce grand bouleversement dans la joie…

▶ Unique et heureux

L'arrivée d'un nouvel enfant dans une famille nécessite une préparation, tant des parents que de l'aîné. C'est la condition indispensable pour que l'accueil du bébé s'effectue dans les meilleures conditions. Avant de concevoir un autre enfant, vous avez entretenu un lien particulier avec votre aîné, qui, fille ou garçon unique, a fait l'objet de toutes vos attentions. Quelques conseils pourront sans doute vous aider à l'habituer à l'arrivée d'un deuxième enfant.

Il convient d'abord de lui expliquer que cette future naissance est un désir profond de vous, ses parents, dans lequel il n'a pas à intervenir. En sollicitant son « accord » ou sa « permission », par des questions telles que « est-ce que tu voudrais un petit frère ? », il pourrait avoir l'impression de peser sur la décision, ce qui ne correspond ni à sa place, ni à la vôtre, au sein de la famille.

Quand l'annoncer ? • Vous pouvez commencer à lui en parler avant d'annoncer l'événement à l'entourage, pour qu'il en soit le premier informé. Méfiez-vous de sa grande sensibilité : une maman plus fatiguée, une ambiance de mystère peuvent lui faire deviner qu'il se passe un fait inhabituel. Il a alors besoin d'entendre des explications. Présentez-lui cette naissance future comme un cadeau et rappelez-lui que l'amour des mamans et des papas est tel qu'ils peuvent aimer un deuxième ou un troisième enfant sans jamais cesser d'aimer le premier. Si vous assumez votre choix, si vous vous montrez fiers, vous pourrez d'autant mieux aider votre enfant à partager votre satisfaction.

◗ Attendre ensemble

Un enfant, dès sa deuxième année, peut comprendre qu'un événement important se prépare et que sa maman attend sa future petite sœur ou son petit frère. Cela ne le laisse jamais indifférent, même s'il ne montre aucune réaction particulière. Bien sûr, il ne sait pas encore ce que cette arrivée signifie concrètement, mais il le pressent au travers des habitudes qui changent : sa maman se transforme et n'est plus disponible de la même manière. Cette situation est d'autant plus sensible que l'écart d'âge est faible, l'aîné ayant encore besoin du soutien maternel. Selon son âge, et selon les moments, il pourra montrer de l'enthousiasme, ou une certaine jalousie, ou un grand besoin d'être rassuré. Laissez-le libre de ce qu'il ressent... Votre rôle consiste seulement à lui expliquer régulièrement ce qui se passe au cours de la grossesse, sans pour autant lui en parler tous les jours !

Premiers contacts • Quand vous sentez que votre enfant est dans de bonnes dispositions, vous pouvez lui faire sentir les mouvements du bébé à travers votre ventre, et encourager des contacts par le toucher et par la voix. N'hésitez pas à valoriser le fait qu'il soit l'aîné et expliquez-lui combien sa naissance avait été pour vous une fête, au moyen de photos ou de vidéos. Pour le préparer à ce qui l'attend, vous pouvez aussi décrire les inconvénients (cris, biberons, couches, disponibilité maternelle...) et les bonheurs (tendresse, sourires...) qu'apporte tout bébé.

Il faudra aussi lui expliquer que, dans un premier temps, son frère ou sa sœur sera bien trop petit(e) pour s'amuser avec lui, et que les jeux en commun viendront plus tard. Ce dialogue privilégié, mené dans une ambiance détendue, permettra à votre aîné de raconter ses doutes, ses envies, ses joies. Il constitue pour lui une marque concrète de votre amour.

◗ Derniers préparatifs

Quand les préparatifs s'accélèrent, votre aîné apprécie d'y participer. Vous refaites une chambre ? Mettez-le à contribution pour la couleur du papier peint. Vous achetez des vêtements ? Laissez-le choisir entre quelques habits que vous avez sélectionnés. Lors de l'aménagement de l'espace de vie du bébé, votre enfant sera en outre rassuré de voir qu'il garde un lieu qui n'appartient qu'à lui.

Chaque enfant réagit différemment à la venue d'un cadet. Laissez votre petit exprimer ce qu'il ressent en lui expliquant les changements à venir.

Le départ à la maternité • Pour qu'il ne soit pas surpris au moment de l'accouchement, prévenez votre enfant que le départ de sa maman peut survenir de façon soudaine et avoir lieu en son absence. Dans la mesure du possible, il est mieux qu'il demeure dans son environnement habituel pendant le séjour de sa mère à la maternité, quitte à ce qu'un parent ou une personne qu'il aime vienne le garder à domicile. Il appréciera également que ses parents lui téléphonent souvent pendant leur absence : lui aussi est un acteur du bonheur familial.

Enfin, un petit enfant est parfois inquiet quand sa maman s'en va à la clinique, et il faudra par conséquent bien le rassurer sur le fait qu'elle n'est pas malade, et qu'elle va donner la vie. Une visite à la maternité quelque temps après l'accouchement lui permettra de constater ce fait. Il pourra alors donner au bébé un cadeau de bienvenue qu'il aura choisi avec vous.

▶ Aider l'aîné(e) à accueillir le nouveau-né

L'arrivée du bébé à la maison constitue un événement majeur auquel votre aîné restera étroitement associé. Là aussi, vous faciliterez ces premiers moments de vie en famille en suivant quelques principes. Il existe maintes façons de montrer à l'aîné que vous lui accordez autant d'attention qu'au bébé et que vous comme son père restez toujours aussi disponibles pour lui. Vous pouvez d'ailleurs veiller à ce que les proches, famille et amis, adoptent la même attitude.

Pour favoriser les liens • Il importe également de laisser votre enfant libre de s'intéresser ou non au bébé, et d'exprimer ses sentiments à son égard, quels qu'ils soient. Pour favoriser la relation, n'hésitez pas à autoriser votre aîné à prendre le bébé dans les bras, même s'il se montre un peu maladroit. Bien sûr, vous ne les laisserez pas seuls ensemble, mais, même très jeune, votre petit enfant peut toucher le bébé, et vous aider à vous en occuper de diverses façons. Votre atti-

tude lui montrera que vous lui faites confiance, et il en éprouvera d'autant plus fierté si vous le complimentez devant des proches.

D'éventuels « retours en arrière » • Enfin, par moments, votre aîné adoptera peut-être des attitudes de bébé, ou connaîtra d'apparents retours en arrière en matière de propreté ou de langage. Mais, avec un peu de patience de votre part, tout rentrera bientôt dans l'ordre. Ce sont aussi ces petites « régressions » qui aideront votre aîné à accepter de grandir.

▶ Les foyers « recomposés »

Les familles recomposées concernent près de 5 % des enfants en France. Il n'est pas rare que ces couples, déjà parents, choisissent de concevoir ensemble un enfant. Sachant que près de 80 % des mères obtiennent la garde après la séparation, le rôle du beau-père prend ici un relief particulier dans la préparation de ses propres enfants et de ceux de sa compagne. La mère, et belle-mère, doit aussi faire preuve de souplesse, d'écoute, d'humour et de respect.

Il est impératif de rappeler à tous que « personne ne gêne ». Ni les deux fratries, qui ont dû se connaître et s'apprivoiser, ni le nouveau-né qui, au contraire, symbolise le ciment de cette famille reconstituée. Comme dans tout autre groupe familial, le bébé ne doit pas occuper toute la place, et la disponibilité des adultes doit rester la même pour chaque enfant.

L'enfant unique

Jusqu'aux années 1980, la fille ou le garçon unique était souvent réputé égoïste, gâté, immature. Depuis, ce point de vue s'est considérablement nuancé : une famille heureuse rend un enfant heureux, qu'il soit seul ou non ! Avoir le nombre d'enfants que l'on souhaite est l'une des libertés fondamentales des parents, car il n'existe pas de modèle idéal. Certains écueils sont toutefois à éviter.

Si un enfant unique occupe auprès de ses parents une position de monopole, depuis les câlins jusqu'aux conversations, il n'est pas nécessaire d'en faire un petit roi ou de le couvrir de cadeaux pour compenser une solitude qu'il assume sans doute parfaitement. En outre, ne le traitez pas en adulte, en lui confiant par exemple vos préoccupations de grande personne. Il ne faut pas confondre écoute et disponibilité avec traitement d'égal à égal. Il suffit de l'observer dans les relations qu'il noue avec ses camarades ou ses cousins : il reste un enfant de son âge, avide de confrontation et de socialisation. Multipliez les occasions de rencontres avec les autres enfants : invitez des copains, laissez-le parfois au centre aéré... Et encouragez son autonomie : à l'adolescence, il aura d'autant plus de facilités à s'épanouir à l'extérieur de la maison.

Les relations entre frères et sœurs

La naissance du petit dernier implique de nouveaux rangs dans la famille, et donc d'autres types de relations, entre frères et sœurs d'une part, entre ceux-ci et leurs parents d'autre part. Elle entraîne aussi une évolution sensible de l'éducation. Si les disputes et les jalousies sont inévitables, les frères et sœurs n'en vivront pas moins des relations affectueuses très fortes.

▶ Accompagner chaque enfant différemment

L'arrivée d'un nouvel enfant marque un changement : alors que l'éducation ne concernait que l'aîné, elle va s'appliquer à la fratrie, laquelle est susceptible de s'agrandir. Vous allez devoir montrer une certaine impartialité, et, en même temps, vous adapter à chacun, reconnaître les différences. Vos enfants, au quotidien, vont demander de votre part le même traitement, jusqu'à compter les gâteaux que vous avez donné à chacun d'eux pour le goûter. Ils seront très soucieux que vous vous montriez « juste », l'essentiel pour eux étant de recevoir autant de marques d'amour que vous en donnez à leur frère ou sœur.

Mais, en même temps, dans leur intérêt, vous devrez les accompagnez chacun de façon unique, car ce qui est bien pour l'un ne le sera pas forcément pour l'autre. Vos enfants se développent en effet chacun à son rythme, ils ne montrent ni les mêmes aptitudes, ni le même caractère. Si l'un est doué d'une grande aisance corporelle, l'autre, moins performant, peut s'avérer un parfait dessinateur. Évitez surtout de les comparer l'un à l'autre, et encore plus devant eux, et cultivez plutôt leurs potentiels, leurs goûts particuliers, leurs penchants, leurs affinités… Car l'éducation ne peut être uniforme. Elle prévoit aussi, et surtout, la prise en compte des spécificités de chacun, définies entre autres par la personnalité, le sexe et la place au sein de la famille.

▶ Une fratrie plurielle

Au fil des mois, vous constatez combien chaque membre de la fratrie évolue de façon indépendante et différente. Cette prise de conscience ne pourra que vous enrichir mutuellement, vous renvoyant parfois à votre propre enfance.

L'aîné • La réaction à l'arrivée d'un frère ou d'une sœur sera différente selon que l'aîné est un garçon ou une fille, la relation à la mère variant selon le sexe. Un petit garçon sera ainsi plus susceptible de montrer temporairement des attitudes de « bébé ». Parallèlement, l'aîné(e) peut avoir tendance à endosser un rôle de père ou de mère, ou à se poser en donneur d'exemple. Mais n'oubliez pas qu'il reste un enfant, qui ne peut remplir les fonctions d'un adulte. Il a besoin que vous vous montriez justes et attentifs, que vous valorisiez son statut de « grand », sans surestimer ses capacités, et que vous préserviez son univers. Veillez à respecter ses attitudes (tant qu'elles ne sont pas violentes) et ses réflexions envers sa sœur ou son frère : même désagréables, elles ne sont pas dénuées d'affection et manifestent qu'il tient compte de sa présence.

Le cadet • Ni premier ni dernier, le cadet occupe une place intermédiaire. Trop jeune pour avoir les capacités de l'aîné, qu'il peut admirer et imiter, il est trop âgé pour bénéficier des mêmes

Encouragez votre enfant à faire connaissance avec le bébé, par la voix et le toucher.

attentions que le benjamin. Cette place d'« entre-deux » peut l'amener à se rebeller, à multiplier les conflits et les bêtises, ou, au contraire, à témoigner une gentillesse et une application excessives. Bref, il cherche à capter votre intérêt. Fort de cette réalité, essayez de prévenir ses réactions, de respecter son évolution, d'encourager son identité et d'accepter aussi ses éventuelles régressions.

Le benjamin • Objet de tous les égards de la famille, le benjamin peut parfois étouffer un peu ! Il va vous falloir trouver un équilibre approprié à sa personnalité, entre la surprotection qui peut nuire à sa confiance en lui et à son autonomie, et une trop grande précocité due aux multiples apports des plus grands, qui constituent pour lui des modèles. Même si vous lui prodiguez des câlins, comme vous l'avez fait avec ses frères et sœurs, ne cédez pas à tous ses caprices et montrez-lui que son rang ne l'autorise pas à jouer les despotes. En l'aidant à concilier son désir de grandir et celui, naturel, de rester dépendant, vous contribuez à son évolution. Tout benjamin a besoin d'entendre que vous êtes fiers de ses progrès : il constatera alors que votre amour suit sa croissance.

La parole de l'enfant

Depuis que le bébé est là, vous ne me regardez plus assez et je fais souvent des bêtises pour attirer votre attention. Ça me rend grognon. Juste prenez-moi dans vos bras pour un gros câlin comme avant, sans lui, alors je pourrai redevenir gentille. Si je suis sûre que vous m'aimez toujours pareil, je peux être moins inquiète et j'ai même envie de faire comme maman, le porter, le laver, lui donner le biberon, le faire rire, et même le prendre dans ma chambre pour qu'il ne pleure pas.

La chambre commune

Quelles que soient les raisons qui motivent cette organisation, dormir dans la même chambre présente des avantages certains pour vos enfants. Cette situation leur apporte un sentiment de sécurité mutuelle, un apprentissage de la vie en commun par l'établissement de règles, un lieu d'échanges et de confrontations en dehors des parents. À cela s'ajoute la reconnaissance des statuts d'aîné et de cadet, que vous aurez encouragée par le dialogue et l'ouverture d'esprit.

▶ La jalousie, réaction naturelle

La jalousie de l'enfant à l'égard du plus jeune, et parfois du plus âgé dont on envie les droits, est une réaction naturelle destinée à défendre sa place dans la famille – et dans le cœur de ses parents ! Elle s'amplifie en général lorsque, vers 2 ans, le cadet est sorti des langes et du « quatre pattes ». Plus autonome et plus mobile, il vient empiéter sur le « territoire » de l'aîné et perturbe sa tranquillité. Il vous suffit alors de repenser à votre propre enfance pour constater que la jalousie revient à perdre un peu, mais à gagner beaucoup. La jalousie, pour vos enfants, est en effet un formidable moyen de socialisation et d'émulation. Elle leur enseigne à exprimer leurs sentiments, à gérer des conflits et à trouver des solutions. Ainsi, peu à peu, l'aîné et le cadet ne se considéreront plus comme des rivaux mais comme des partenaires, avec tout l'aspect relationnel qui en découle, notamment les disputes.

Quelle attitude adopter ? • Parfois, la jalousie peut conduire à une désobéissance systématique, à des bêtises à répétion, ou au contraire à un repli sur soi, autant de comportements pouvant témoigner d'un besoin d'attirer l'attention des parents. Il convient alors de rappeler de diverses façons à vos enfants que votre amour est intact et égal pour tous. Il peut très bien se partager sans que personne n'en pâtisse puisqu'il est différent. Il ne s'exprime pas « en quantité », mais de manière individuelle, chaque enfant étant une personne à part entière.

Vous pouvez très bien leur expliquer que vous comprenez ce qu'ils ressentent, tout en vous montrant impartiaux et en cherchant à préserver la place de chacun. Consacrez des moments privilégiés à tous vos enfants, et avec chacun d'entre eux. Vous répondrez d'autant mieux à leurs attentes. Bien sûr, si vos enfants montrent un comportement violent ou agressif, il vous faudra intervenir aussitôt, et encore plus si cela met en danger un nourrisson. Évitez toutefois de gronder davantage l'aîné, parce qu'il est plus grand, et

Expliquez à vos enfants que votre amour est multiple, qu'il s'exprime de façon particulière pour chacun d'eux, et qu'il ne diminue en aucun cas lorsqu'arrive un autre bébé.

donc plus « responsable ». Quant au cadet, il profite souvent de son rang pour pleurer sans raison et... faire punir sa sœur ou son frère.

▶ Les relations fraternelles sont une école de la vie

Les relations entre frères et sœurs, faites d'amour et d'oppositions, exigent de votre part patience et compréhension. Leur grande richesse aide aussi chacun de vos enfants à forger sa personnalité. Si tout se déroulait sans le moindre accroc, les familles seraient d'ailleurs tristes et apathiques. Une maison où régneraient l'harmonie et une sorte de perfection relève de l'utopie la plus complète. Les disputes sont indissociables de toute vie collective, en particulier familiale. Chercher à les fuir revient à empêcher le développement des enfants dont elles sont une saine expression. Car elles les nourrissent, enrichissent leur individualité, leur apprennent à se connaître, à se défendre

et, à terme, à mieux comprendre les autres. Les conflits entre frères et sœurs s'accompagnent d'ailleurs d'une complicité et d'une solidarité irremplaçables. Un enfant passe avec une facilité et une rapidité stupéfiantes de la rage au rire, des cris aux chatouillis. Et, après les disputes, la fratrie s'unira sans difficulté pour remettre en cause vos propositions, vos décisions ou une punition...

Instaurer des règles communes ? • Il ne s'agit pas pour autant de laisser se multiplier les querelles. Vous parviendrez à un certain équilibre en attribuant à chacun un espace d'intimité, en garantissant le respect des affaires d'autrui, en laissant s'exprimer désirs et besoins, en répartissant les tâches selon les âges et les goûts, et en valorisant les particularités de chacun. Vous pouvez également aider à ce que les relations entre frères et sœurs, et au sein de la famille en général, soient fondées sur le respect. Il est possible par exemple de dresser avec vos enfants une liste de règles à respecter par tous, même par les adultes : «Je ne rapporte qu'en cas de danger», «Je frappe à la porte avant d'entrer dans la chambre de quelqu'un», «Je demande la permission avant de prendre les soldats d'untel... et je les rends !» Cela participera aussi à définir clairement les grandes valeurs familiales.

◗ Éviter d'intervenir lors des disputes et des bagarres ?

Les disputes diffèrent notamment selon les âges, la grande période se situant environ entre 3 et 10 ans. Si l'écart entre l'aîné et le cadet est important, elles concernent deux enfants presque « uniques ». Elles seront a priori moins fréquentes qu'entre deux frères et sœurs rapprochés, dont les motivations et les centres d'intérêt se rejoignent, surtout s'ils sont de même sexe. Plus le climat familial sera serein, notamment la relation du couple, plus les querelles trouveront en général une issue pacifique. Si la dispute ne dégénère pas, contentez-vous d'observer, en restant discrètement attentifs, et laissez vos enfants régler leur problème. En revanche, les gestes violents, une attitude de persécution ou d'humiliation réclament bien sûr votre intervention. La colère d'un enfant peut lui faire perdre tout sens de la mesure et toute notion de prudence, qu'il s'agisse d'un aîné, d'un cadet ou d'un benjamin, même petit.

Les explications après la bataille ● Quand la dispute est terminée, montrez-vous calmes et impartiaux, sans privilégier le plus faible ou la « victime », surtout si vous n'avez pas été témoins de la scène. Il faut être deux ou plus pour se disputer, et il ne s'agit pas de donner raison à l'un ou à l'autre. Les conflits fraternels sont aussi un moyen de tester vos capacités à arbitrer, en particulier les bagarres. Dans le même esprit, il est important que l'attitude et les décisions des deux parents soient identiques. Si vos enfants sont toujours fâchés, vous pouvez leur proposer de régler le différend par un jeu de cartes ou une course dans le jardin... Mais ne les obligez pas à se réconcilier : ils le feront d'eux-mêmes ! Dans tous les cas, vous pouvez les responsabiliser en demandant à chacun de raconter sa version des faits, ou en leur proposant, le cas échéant, un moyen de « réparer » ce qu'ils ont cassé. Enfin, quand la dispute a pris trop d'ampleur, il est parfois utile d'aider vos enfants à en comprendre les raisons et d'en discuter avec eux en leur rappelant les limites à ne dépasser.

Les liens avec les grands-parents

Les enfants du XXIe siècle ont la chance d'avoir des grands-parents qui gardent en général dynamisme et bonne santé jusqu'à un âge de plus en plus avancé. Ils ont la possibilité de tisser avec eux des relations fortes et de partager longtemps de beaux moments. Cet échange entre les générations est bénéfique pour tous.

◗ L'enfant dans sa famille

Votre enfant va mettre du temps avant de comprendre que ses parents ont aussi un papa et une maman, qu'ils ont été eux-mêmes des bébés, ou que leur grand-mère a été un jour une jeune fille. Avant 5 ans, ces notions sont pour lui difficiles à appréhender, car il n'a pas encore conscience du temps qui passe. Ce « papi » ou cette « manou » donc sont avant tout « ses » grands-parents. Même s'il ne saisit pas encore le sens des liens de parenté, le petit enfant accorde pourtant une place importante à ses grands-parents, du fait de l'amour qu'ils lui prodiguent, et des liens qui les unissent à ses parents. Peu à peu, il comprendra que ses grands-parents et arrière-grands-parents sont aussi la mémoire de la famille et les témoins de l'enfance de ses parents. Les albums photos, les vieux jouets, l'évocation des souvenirs familiaux lui permettront de se positionner progressivement dans la succession des générations. Les ascendants aideront notamment l'enfant à se situer dans la lignée familiale.

Grands-parents et arrière-grands-parents

Les petits enfants aujourd'hui ont parfois la chance de connaître à la fois leurs grands-parents, et au moins un de leurs arrière-grands-parents. C'est là une grande richesse, car ils peuvent vivre avec chaque génération des relations très différentes. Les activités partagées ne seront pas les mêmes, les comportements non plus, tant du côté des adultes que de l'enfant. Si une grand-mère quinquagénaire est toute prête à partager des activités d'extérieur avec son petit-fils, une arrière-grand-mère, elle, préférera sans doute l'initier à des jeux plus calmes ou lui raconter des histoires. Chacun trouvera ainsi avec l'enfant le type de relations qui lui convient. Souvent, quand la famille compte quatre générations, les arrière-grands-parents restent ceux qui transmettent en priorité les traditions et la mémoire familiale. Ils endossent ce rôle avec d'autant plus de plaisir qu'ils sont à l'âge où l'on aime raconter ses souvenirs. Les grands-parents, eux, sont en général ravis d'accueillir les petits-enfants durant les vacances, car ils bénéficient encore de la santé et du dynamisme qui leur permettent de s'occuper d'un tout-petit avec plaisir et sans fatigue excessive. L'enfant, de son côté, apprendra à se conduire différemment avec chacun. Il est parfois étonnant de voir comment un jeune enfant parvient à adopter un comportement plus tranquille devant une personne très âgée – pour un certain laps de temps, bien sûr, et à condition que ses parents lui aient expliqué pourquoi il devait la ménager.

La parole de l'enfant

C'est drôlement bien de faire plein de choses avec papi et mamie. On a tout notre temps avec eux, et ils nous suivent, alors qu'avec les parents, il faut courir parce qu'ils sont pressés, sauf pendant les vacances ! Ils nous achètent plein de trucs auxquels on ne pense pas d'habitude, et on mange tout ce qu'on aime. Y a que quand on part longtemps avec eux l'été, que mes parents me manquent et que je suis triste, mais ma mamie sait si bien faire les câlins et les tartes, que ça va mieux après.

Avec l'enfant, des liens souvent très étroits

Le rôle des parents et des grands-parents n'est en rien comparable, car les enjeux ne sont pas du tout les mêmes. Sauf situations exceptionnelles, les grands parents ne prennent pas en charge l'éducation de leurs petits-enfants. Ils souhaitent avant tout leur donner de l'affection, nouer avec eux une relation privilégiée, et profiter du bonheur de les voir grandir.

Des conditions particulières • Dégagés de toute obligation éducative, moins préoccupés par le souci de « bien faire », ils s'autorisent parfois une certaine indulgence, même s'ils avaient été assez sévères avec leurs enfants. Ils prennent avec plus de détachement, ou plus d'humour, les éventuelles bêtises de l'enfant. Ils bénéficient, il est vrai, de toutes les conditions propices pour se montrer disponibles et faire preuve de patience, car ils l'accueillent souvent de manière épisodique et quand ils ont

Des grands-parents plus occupés ?

L'aide des grands-parents peut prendre différentes formes. Au-delà des aspects matériels, très variables selon les familles, elle consiste souvent en des gardes ponctuelles, certains soirs, durant les week-ends, les vacances. Tout dépend de l'éloignement géographique, de la disponibilité des grands-parents, et de leur âge. Si, en général, les grands-parents prennent grand plaisir à s'occuper régulièrement de leurs petits-enfants, ils n'en ont pas moins eux aussi un emploi du temps bien rempli, surtout s'ils ne sont pas encore à la retraite. Garder leur petit-fils tous les samedis soir ne leur convient pas nécessairement. En bref, ce n'est pas « comme vous voulez, quand vous voulez », ce qui était parfois le cas autrefois. Les relations suivent davantage une logique d'échanges. Les grands-parents seront très contents de vous aider à souffler un peu, mais ils apprécieront aussi que vous acceptiez de leur confier vos enfants tel ou tel jour parce qu'ils ont prévu de faire quelque chose de précis avec ceux-ci.

du temps. Le tout-petit, qui est au centre de leur attention, en est alors ravi ! Il en découle des relations sans tension, où les jeux et les activités de découverte occupent une large place. Les grands-parents vont aimer faire connaître leurs passions ou les lieux qu'ils apprécient, et l'enfant, de son côté, sera heureux d'apprendre et de s'amuser avec de tels guides.

Un autre dialogue • Avec le temps, les grands-parents deviennent parfois des confidents. L'enfant trouve en eux un allié familial moins investi dans la responsabilité de parent. Il se sent également moins dépendant, ce qui favorise une autre forme de dialogue. Cette relation privilégiée lui permet parfois de leur confier des « secrets » et des sentiments qu'il ne livre pas à d'autres adultes. Un grand-parent peut ainsi apporter un réel réconfort quand l'enfant est confronté à un conflit avec ses parents ou à une situation difficile.

▶ Des différences d'attitudes profitables à l'enfant

Il est tout à fait bénéfique que, sur bon nombre de points, l'attitude des grands-parents à l'égard de l'enfant diffère de la vôtre. Ce n'est pas cela qui va désorienter votre fils ou votre fille. Bien au contraire, il va tout à fait s'adapter et bien distinguer les règles en vigueur chez ses grands-parents et celles qui s'appliquent chez lui. Vos parents le laissent regarder un dessin animé avant d'aller se coucher alors que vous ne le faites jamais ? Rien de très grave : votre enfant va vite constater que ce petit privilège ne concerne que les soirées avec ses grands-parents. Certes, après deux semaines auprès de papi et mami, le père et la mère doivent parfois « remettre les pendules à l'heure ». Mais ils retrouvent en contrepartie un enfant qui a vécu des instants formidables, dont il gardera le souvenir toute sa vie.

Souvent relié aux vacances et aux moments de détente, le temps passé avec les grands-parents est une forme de parenthèse. Il n'en fournit pas moins à l'enfant des repères, même différents des vôtres. Au-delà des habitudes quotidiennes, c'est en effet toute une façon d'agir et de penser particulière que l'enfant découvre avec ses grands-parents. Or, c'est aussi en s'apppuyant sur différentes valeurs et références qu'il construira son monde intérieur et sa personnalité.

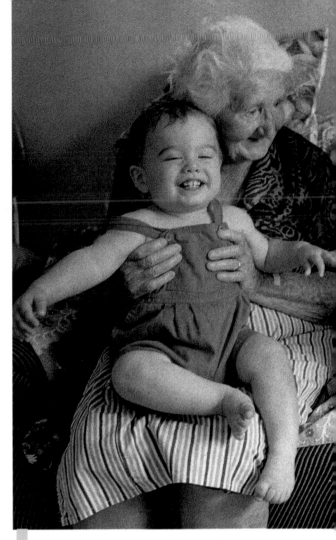

Avec ses arrière-grands-parents, l'enfant expérimente une autre forme de relation.

▶ Entre parents et grands-parents

Si la relation entre grands-parents et petits-enfants est en général au beau fixe, les parents, en revanche, se plaignent parfois des comportements des grands-parents à l'égard de leurs enfants. Certains les trouvent trop permissifs, ou trop stricts, ou jugent qu'ils appliquent des principes en contradiction avec les leurs. Telle maman n'appréciera pas que sa mère dise à son enfant « tu es un vilain », comme elle l'a fait autrefois avec elle. Telle autre sera fâchée qu'elle autorise sa fille à s'endormir près d'elle. Tel père n'acceptera pas que son fils ait bénéficié d'une initiation religieuse durant les vacances, les grands-parents sachant bien qu'il ne serait pas d'accord... Chaque parent va ainsi devoir définir les limites dans lesquelles il accepte, ou non, que soient transgressés ses principes éducatifs, ou les valeurs qu'il souhaite transmettre à son enfant.

Tout le jeu consiste à trouver un certain équilibre. Les grands-parents doivent jouir d'une certaine liberté dans leurs relations avec l'enfant. Mais il est parfois nécessaire que vous discutiez calmement avec eux pour que soient respectés quelques principes de base, et que vos efforts ne soient pas remis en cause. Quand l'enfant ne voit ses grands-parents que de manière épisodique, les parents peuvent faire davantage montre d'une certaine souplesse. En revanche, si les contacts sont quotidiens, il est important que parents et grands-parents adoptent la même attitude dans les domaines essentiels. Dans ce cas précis, des options éducatives opposées pourraient en effet poser à l'enfant un problème de repères.

▶ Pour limiter les éventuelles frictions

Il est évident que tout est bien plus simple quand les grands-parents respectent votre rôle de parents et sont persuadés que vos choix sont aussi dignes d'estime que le furent les leurs. Selon les familles, cette idée de base est plus ou moins acceptée. Parfois, ce seront les parents qui devront se demander s'ils ne sont pas trop rigides, au point de refuser auprès de l'enfant d'autre influence que la leur. Parfois, ce sera aux grands-parents de modérer un peu leur désir de donner des conseils ou de faire admettre leur point de vue.

De possibles rivalités • Souvent, certains désaccords ont pour origine une rivalité latente entre mère et fille ou entre belle-mère et belle-fille : chacune veut prouver qu'elle sait le mieux ce qui convient à l'enfant. Ce type de situation demande en fait que chacun reprenne sa place. Elle se dénoue en général sans trop de difficultés quand les parents amorcent un réel dialogue. Même s'ils se montrent parfois un peu interventionnistes, les grands-parents cherchent en général à « bien faire » et simplement à éviter à leurs enfants les erreurs qu'ils ont eux-mêmes commises. Ils ne réalisent pas toujours qu'ils exagèrent un peu. Il est bon alors de le leur rappeler gentiment.

Ne jamais prendre l'enfant à témoin • Ni les parents ni les grands-parents ne doivent prendre l'enfant à témoin de leurs éventuels désaccords. Cela implique que les parents ne jugent pas l'attitude des grands-parents devant l'enfant, et que ces derniers s'abstiennent de même. L'enfant pourra en effet être désorienté s'il entend des critiques de part ou d'autre, et cela ternirait le plaisir de sa relation avec ses grands-parents.

▶ Besoin les uns des autres

Au-delà des difficultés inhérentes à toute relation familiale, il apparaît que grands-parents, parents et petits-enfants ont besoin les uns des autres. Bien souvent, le soutien des grands-parents est un réel réconfort pour les parents, pris dans le tourbillon d'une vie familiale et professionnelle intense. Il est rassurant de constater que l'on peut compter sur ses parents pour prendre soin de temps à autre de l'enfant. Au-delà de l'aspect financier, la tranquillité d'esprit est plus grande quand on sait que le tout-petit est gardé par sa grand-mère plutôt que par une personne avec laquelle la relation est moins affective. Les grands-parents, de leur côté, trouvent un réel plaisir à ces échanges.

Souvent, quand tout se passe bien entre les différentes générations, la relation des parents et des grands-parents s'enrichit. Chacun découvre l'autre sous un autre jour en le voyant assumer son nouveau rôle. Et quand existe une approbation mutuelle, voire une fierté réciproque, les liens ne peuvent qu'être renouvelés.

Un point d'ancrage si le couple se fragilise

En période de crise du couple, ou en cas de séparation définitive, les grands-parents peuvent jouer un rôle de repère sécurisant et de stabilité affective pour les enfants. Avant tout, mettez vos parents au courant de ce qui se passe et demandez-leur de ne surtout pas prendre position, de ne pas donner leur avis devant l'enfant. Après cette mise au point, laissez-les gérer cette période difficile quand ils sont avec leurs petits-enfants. Ils sauront trouver les réponses aux questions, les mots qui réconfortent et se positionner en pilier d'une famille qui reste partiellement unie, puisque les liens ne sont pas coupés entre les générations. Ils procureront alors à l'enfant une grande aide affective pour surmonter cette épreuve.

La vie avec des jumeaux

Comment organiser le quotidien et peut-on se faire aider ? • Nouer une relation distincte avec chaque enfant • Nourrir les bébés ensemble ou opter pour des tétées « à la demande » ? • Les contacts entre les deux enfants • Est-il préférable de séparer des jumeaux à leur entrée à l'école maternelle ?

Anticiper pour s'organiser au mieux

L'arrivée d'un bébé dans un couple ou dans une famille est toujours synonyme de bouleversements et de réajustements. Lorsque ce sont deux bébés qui s'annoncent, cela s'apparente à une révolution ! Et que dire lorsque la famille comporte déjà d'autres enfants ? Il devient ainsi primordial de bien s'organiser avant les naissances et, pour commencer, de réfléchir à un certain nombre de points.

▶ Préparer le retour à la maison

Plus encore que pour un seul bébé, il est important de penser à l'avance à la façon dont vous allez vous organiser. Cela ne veut pas dire que vous tiendrez ensuite ce programme à la lettre. Simplement, cette démarche d'anticipation, qui pourra prendre la forme de rêveries, de brassage d'idées autant que de décisions très concrètes, vous aidera à être plus réactifs le moment venu. Anticiper l'arrivée des bébés, c'est s'approprier cet événement qui, il faut bien l'avouer, sort quand même de l'ordinaire. Car cette double naissance va nécessiter impérativement des aménagements. L'important est qu'ils soient suffisamment réfléchis pour ne pas être perçus par vous, les parents, et par les enfants aînés, s'il y en a, comme des renoncements douloureux.

L'association « Jumeaux et Plus » qui regroupe en France plus de 15 000 familles de jumeaux ou plus, peut vous aider dans cet effort d'anticipation. Reconnue d'utilité publique, elle propose aux futurs parents de jumeaux une information et des conseils à travers des rencontres avec des familles de jumeaux, prêtes à faire partager leur expérience. Cette association fait également bénéficier ses adhérents de tarifs préférentiels sur le matériel de puériculture, les couches et les laits infantiles. Enfin, elle met à la disposition des familles du matériel de puériculture spécifique aux jumeaux, moyennant une petite participation financière.

▶ Accepter de ne pas être une famille idéale

La clé du succès est dans l'acceptation de l'aide que l'on pourra vous apporter. En particulier pour la maman, il faudra renoncer à l'idée qu'elle pourra tout faire, et toute seule.

Les tâches domestiques au second plan • Le ménage peut attendre, les petits plats aussi ! Quant aux éventuels kilos superflus, le temps n'est pas encore venu de s'y attaquer. Il y a plus essentiel : donner à chacun la chance de retrouver sa place. À l'éventuel aîné qui perd son statut d'enfant unique et se trouve confronté à des « envahisseurs »… À la mère qui sent que son amour n'a pas de limite, mais qui doit répartir son temps entre tous. Au père qui est particulièrement mis à contribution… À la femme qui, dans l'idéal, devrait essayer de trouver quelques moments pour elle. Au couple enfin, dont les rares moments d'intimité sont consacrés en priorité au sommeil. L'épuisement est la grande menace qui guette ces familles devenues soudain nombreuses.

La contribution du père • Dans un tel contexte, le père est amené à assurer les mêmes tâches que la mère, y compris les permanences de nuit. À l'issue du congé de paternité, il est souvent tiraillé entre son désir de seconder le plus possible sa femme et la nécessité d'être efficace dans son travail. Sortir de la maison lui apporte une bouffée d'oxygène, mais il est si fatigué qu'il a du mal à être performant. Cette situation peut être très déstabilisante pour la famille à un moment où la sécurité financière est perçue comme indispensable. Cela montre toute la nécessité de s'entourer d'autres personnes et de se faire aider.

Accepter d'avoir besoin des autres • Dans le cas d'une naissance de jumeaux ou plus, la caisse d'allocations familiales peut prendre en charge, en totalité ou en partie, une aide à domicile. Cette prestation, qui est facturée à la famille selon ses revenus, est un soutien précieux. Elle peut être mise en place dès le retour de la maternité et s'étale sur quatre mois. La technicienne d'intervention sociale et familiale, véritable professionnelle, est formée tant sur la gestion d'un foyer que sur les soins aux nouveau-nés. Elle intervient à raison d'un ou deux jours par semaine. Elle peut vous soutenir dans votre nouveau rôle de mère ou même s'occuper seule de vos bébés pour quelques heures, le temps pour vous d'aller chez le coiffeur, de faire quelques courses, ou tout simplement de dormir un peu…

▶ Avec des enfants aînés, donner une place à chacun

Lorsque la famille compte déjà un ou plusieurs enfants, il est impossible de se consacrer entièrement aux jumeaux. La vie continue comme avant, avec deux petits êtres en plus, très demandeurs de temps et de câlins. Cela n'est pas toujours très facile pour la mère, qui sans cesse a l'impression que ce qu'elle fait pour les aînés est au détriment des bébés et inversement.

Le rythme de vie d'un bébé est très différent de celui d'un enfant de plus de 3 ans. Généralement, la plupart des mamans de bébés « singletons » (le mot savant pour un bébé né seul) arrivent à entraîner leur bébé dans leur sillage et à mener de front les activités du grand et les biberons du petit. Mais, avec des jumeaux, c'est impossible. Les sorties avec deux bébés sont un tel « déménagement » et exigent tant d'énergie les premières semaines qu'il faut s'organiser différemment (voir encadré ci-dessous).

Conseils pour familles nombreuses

Si vous avez des enfants aînés, voilà, parmi d'autres, quelques astuces très concrètes pour jeter les bases de votre nouvelle organisation de famille nombreuse.

- Le matin, faites accompagner les enfants aînés à la crèche/à l'école par le papa ou par une voisine.
- Inscrivez vos enfants à la cantine tous les jours. S'ils sont jeunes, cherchez si la mère d'un de leurs petits copains ou leur grand-mère ne peut pas les prendre à déjeuner une ou deux fois par semaine.
- Soyez présente à la sortie de l'école de 16 h 30. Cela fera une sortie aux jumeaux et vous permettra de garder le contact avec la maîtresse.
- Si vous en avez la possibilité, faites venir une technicienne d'intervention sociale et familiale le mercredi. Vous pourrez lui confier les bébés et vous consacrer aux aînés. Il est important de dégager du temps pour tisser des relations seule avec chaque enfant, c'est l'occasion de vivre des moments privilégiés.

Une relation individuelle avec chacun

Seize biberons par jour, 450 couches par mois, douze heures consacrées aux soins des bébés toutes les vingt-quatre heures… Les premiers mois avec des jumeaux sont pour les parents un défi quotidien. À cela s'ajoutent le fonctionnement de la maison, les repas et le sommeil des adultes. Avec un tel rythme, quel temps reste-t-il pour une relation individuelle avec chaque bébé ?

▶ L'impossible fusion ?

Toute nouvelle mère rêve d'avoir un bébé unique avec lequel elle va vivre pendant quelques semaines ou quelques mois une relation fusionnelle (c'est ce que les psychologues appellent la relation dyadique – à deux), relation dans laquelle le père jouera, le moment venu, le rôle de séparateur. Submergées par l'immensité de la tâche, les mères de jumeaux pressentent qu'elles risquent de ne jamais connaître cette joie. Leur entourage alimente d'ailleurs souvent leurs angoisses (tant leur famille que leur médecin), car il redoute l'épuisement de la mère, lourd de conséquences pour elle-même et pour le reste de la famille. C'est pourquoi on présente souvent les pratiques de « maternage collectif » comme la seule alternative possible à l'épuisement. Le maternage collectif consiste à s'occuper des bébés en même temps, afin de gagner du temps. Cela conduit donc à les caler sur le même rythme pour qu'ils soient nourris ensemble et qu'ils dorment pendant des plages horaires similaires, ce qui dégage du temps libre pour la mère. Cela a pour inconvénient de limiter les moments d'intimité pendant lesquels la mère et l'enfant se découvrent mutuellement. Les bébés forment une entité à part entière, « les jumeaux », et ne sont plus vraiment perçus comme des individus distincts.

▶ Calage ou décalage horaire ?

Le « calage » peut se décliner sur différents modes. Dans sa forme extrême, il consistera à réveiller les bébés en même temps et à heures fixes pour les nourrir ensemble. La place réservée à leur rythme personnel et à leur individualité est alors inexistante. Tous les événements de la vie quotidienne sont vécus par l'un au rythme de l'autre. Cette organisation, au-delà de son côté pratique, a pour conséquence d'induire une conception du maternage qui ne favorisera pas l'autonomie de chaque enfant par rapport à son jumeau.

Le calage peut prendre une forme plus souple que l'on pourrait qualifier de « calage relatif ». Ainsi, dans ce mode d'organisation, il s'agira de réveiller le deuxième bébé lorsqu'on a terminé les soins au premier et qu'on est disponible pour le second. Ce système permet de s'occuper de chaque bébé individuellement en groupant les soins qui se succèdent, et de limiter le découpage des journées, et surtout des nuits ! Reste un inconvénient :

Quel que soit le rythme adopté, l'essentiel est de réserver à chaque bébé des instants en tête-à-tête.

Dans la relation à trois qui se crée, la maman doit rester la présence sécurisante de référence, et ne pas laisser ses enfants devenir l'un pour l'autre un substitut maternel rassurant.

même si la place du premier change d'un moment à l'autre de la journée, le rythme biologique d'un des deux bébés n'est pas respecté. Certains parents utilisent cette technique de calage, qu'il soit absolu ou relatif, uniquement pour la nuit, afin de se ménager des plages de sommeil un peu plus longues.

Nourrir à la demande ? • Est-il imaginable de nourrir ses jumeaux à la demande, comme on le fait pour n'importe quel nourrisson ? Chaque bébé réclame alors à manger individuellement quand il a faim. Parfois, les deux bébés réclameront ensemble et seront nourris en même temps. Dans la majorité des cas, ils seront décalés. Cette option peut s'avérer très gratifiante pour les mamans qui craignent de ne pouvoir donner autant à chacun. Elles bénéficient de longs moments seules avec chaque enfant et constatent très rapidement toutes les réserves d'énergie et d'amour qu'elles peuvent mobiliser. Cependant, il faut être très disponible pour soutenir une telle organisation. On doit accepter de ne pas pouvoir faire grand-chose d'autre que vivre ces moments privilégiés

mais répétitifs. La mère, si elle est de santé fragile ou particulièrement fatiguée après l'accouchement, peut avoir du mal à tenir le rythme des nuits et se retrouver vite exténuée.

S'adapter à ses bébés • L'objectif du calage est d'éviter l'épuisement. Ses limites sont dictées, d'une part, par le souhait des parents de reconnaître à chaque enfant une place unique, d'autre part, par les réactions des bébés aux situations qui leur sont proposées. Dites-vous que la solution que vous avez choisie durant la grossesse pourra s'avérer dans la pratique défavorable pour la mère ou pour les jumeaux et que, même s'il importe d'avoir réfléchi avant la naissance à ces questions, ce sont vos enfants qui vous montreront le chemin vers un nouvel équilibre familial.

▶ Plusieurs manières d'être parents

Il n'y a pas un modèle universel qui s'impose à tous et qui fonctionne dans tous les cas. Chaque duo ou trio bébé(s)/parent est unique. Tout parent a sa propre représentation de ce qu'est pour lui un bon parent, et il est étonnant de constater à quel point cette conception peut varier selon le milieu, l'âge et l'histoire de chaque personne. L'important est que le père et la mère cherchent à imaginer avant la naissance comment, avec la contrainte des jumeaux (qui apporte une surcharge indubitable de travail), ils vont pouvoir s'organiser pour vivre au plus près de leurs attentes les premiers temps avec leurs bébés.

Tracer sa voie en se recentrant sur l'essentiel • Dans les situations extrêmes (et la mise au monde de deux bébés à la fois s'apparente à une situation extrême), chacun découvre des ressources insoupçonnées qu'il puise au plus profond de lui-même, et que les circonstances ne lui avaient pas encore donné l'occasion d'explorer. Alors,

quelle place pour une relation individuelle entre la mère et ses bébés, entre le père et ses bébés, dans un trio gémellaire ? S'agit-il d'une impossible alchimie ? Chaque parent devra chercher et le plus souvent tracer et imposer son chemin, celui qui lui semble bon pour lui et pour sa nouvelle famille. Mettre au monde deux bébés en même temps et traverser avec eux cette période extraordinaire de la petite enfance est sans doute une sorte d'épreuve. Mais on n'en sort pas tant « vidé » que mûri. Les parents de jumeaux apprennent en effet à se recentrer sur l'essentiel pour réussir la mission qui leur est confiée : former une famille épanouie qui permettra à chacun des enfants de grandir en développant sa personnalité propre.

Faut-il séparer les jumeaux ?

La relation gémellaire a, pour la mère et pour le père, une richesse particulière ; trois personnes sont en interaction les unes avec les autres. Comment vivre cette relation dans toutes ses dimensions ? C'est un subtil équilibre qu'il faudra toujours rechercher : ne pas négliger, notamment, le lien si particulier entre une mère et son enfant ; ne pas priver chaque bébé de son jumeau sans pour autant le rendre dépendant…

▶ Une relation à trois

Les échanges qui unissent une mère et ses jumeaux sont particuliers puisqu'ils s'établissent entre trois individus. Cependant, il est essentiel que la maman entre en relation avec chaque bébé individuellement, ce qui ne veut pas dire qu'elle doit s'occuper systématiquement de chaque enfant seul. Il existe différentes façons d'établir des liens avec chaque bébé tout en prenant soin d'eux simultanément. Catherine Dolto, haptothérapeute, parle à propos des mères de jumeaux de la nécessité qu'elles ont et de la capacité qu'elles peuvent développer à être présentes à l'autre à travers l'espace, au-delà de tout contact tactile. Une maman ne peut pas nourrir un bébé dans ses bras et tenir contre elle l'autre qui pleure en même temps. En revanche, elle peut en nourrir un, et être tout entière en contact avec lui en l'ayant sur les genoux, et bercer avec son pied le transat de l'autre qui, repu mais grincheux, attend à côté. Ce

bercement pourra s'assortir de mots doux et ainsi un jumeau profitera du contact physique avec sa mère par le toucher et l'odeur, pendant que l'autre sera attiré par le regard de sa mère qui ne parlera que pour lui.

Ne pas limiter les contacts entre les jumeaux • Il n'est pas bon de vouloir par tous les moyens limiter les contacts entre les bébés sous prétexte de ne pas les rendre dépendants l'un de l'autre. Ils sont frères et sœurs comme tous les membres d'une famille ; il est naturel qu'ils entrent en contact l'un avec l'autre. En revanche, il importe que chacun « tienne son rôle ». C'est la mère qui procure à ses bébés la sécurité de base. C'est elle qui répond à leurs besoins en faisant cesser la faim, c'est elle qui les console lorsqu'ils se sentent perdus et c'est parce qu'elle est là que chaque bébé « sait qui il est ». Il est indispensable que le bébé jumeau ne soit pas conduit par les circonstances à jouer ce rôle de réassurance. Si les enfants sont couchés systématiquement dans le même lit durant les premiers mois, on peut craindre que l'un devienne pour l'autre l'accessoire indispensable de la sécurité, endossant ainsi le rôle de substitut maternel.

▶ Une séparation nécessaire pour chacun

Tout le monde s'accorde à dire qu'à moyen et long terme la séparation des jumeaux doit être effective. La question est de savoir à quel moment elle peut se faire le plus facilement. Il est très difficile de répondre à cette question de façon tranchée, mais on peut cependant donner quelques pistes de réflexion.

Lorsque la mère se sent prête à laisser pour quelques heures ou quelques jours ses enfants – plusieurs semaines ou mois après la naissance, selon chaque maman –, il est tout à fait possible de séparer les jumeaux, du moment qu'ils connaissent la personne qui s'occupera d'eux. Un bébé peut aller chez sa tante, pendant que l'autre ira chez sa grand-mère, par exemple. En outre, de cette manière, il sera beaucoup plus facile pour les parents de confier leurs tout-petits, car, si des jumeaux suscitent souvent l'admiration, ils ne

---

Avec des vrais jumeaux

Malgré leurs appréhensions, il est très rare que les parents confondent leurs enfants. Dès les premières heures, ils cherchent et trouvent vite des signes distinctifs. Il n'en va pas de même pour l'entourage. Et les jumeaux eux-mêmes risquent de ne se sentir exister que dans une globalité, l'entité gémellaire, avec l'impression de se voir en permanence dans le regard de l'autre (effet miroir), si l'on n'y prend pas garde. Les parents devront donc tout faire pour différencier leurs enfants, à leurs propres yeux et vis-à-vis d'autrui. Cela passe par un habillement, une coiffure et des jouets différents pour chaque bébé, par exemple, mais aussi par le choix de prénoms ni similaires ni complémentaires. En bref, il s'agit d'aider chacun à construire son univers propre.

---

provoquent pas toujours l'enthousiasme lorsqu'il s'agit de les faire garder. Plus simplement, pour une petite balade ou quelques courses, la mère pourra confier un bébé un petit moment et profiter seule de l'autre. Elle se sentira pousser des ailes, et la vie lui paraîtra facile quand elle découvrira à quel point une poussette simple est maniable ; dans son for intérieur, elle se demandera bien comment ses amies ont pu être débordées en ayant un seul bébé à la fois !

À la crèche • Lorsque les bébés font leurs premiers pas à la crèche (mode de garde souvent choisi, car les parents de jumeaux sont prioritaires), la question de la séparation va également se poser. La réponse dépendra de la souplesse de l'organisation des groupes. Si ces derniers sont « étanches », sans décloisonnement, quelles que soient les activités, et avec des personnes de référence totalement distinctes, mieux vaut laisser les jumeaux ensemble. L'idéal est qu'ils soient dans le même groupe, mais que les choix entre les différentes activités amènent à les séparer ponctuellement.

L'entrée en maternelle • Faut-il séparer les jumeaux dès la petite section ? Faut-il repousser à plus tard cette séparation ? Si oui, à quand ? La première rentrée scolaire est une grande étape, pas toujours facile à vivre pour les enfants. Pourquoi, dans ces conditions, priver les jumeaux de l'appui et de la sécurité que représente la présence de l'autre ? Cette question fait l'objet d'un vaste débat et les réponses sont aussi diverses qu'il y a de spécialistes. Cependant, on estime en général que la séparation des jumeaux doit être effective au cours préparatoire, mais qu'elle doit intervenir si possible auparavant, afin de ne pas cumuler plusieurs changements pour les enfants. En outre, à partir de l'école primaire, les évaluations deviennent plus formelles et risquent d'être une source permanente de comparaison et de rivalité entre les jumeaux.

Chaque famille devra réfléchir à la solution qui lui semble le mieux adaptée à ses enfants, consulter d'autres personnes qui connaissent leurs jumeaux et les ont vus évoluer en collectivité (par exemple, les directeurs de crèche, de jardin d'enfants ou de halte-garderie) et s'entretenir avec le directeur de l'école à propos de l'organisation des classes (une séparation n'étant pas toujours possible).

L'enfant adopté

" Comment se préparer à une arrivée soudaine • Se laisser aller à l'émotion d'un moment tant attendu• La reprise du travail, une étape délicate • Comment respecter son passé et lui en parler ? • Si vous rencontrez quelques problèmes d'éducation... • Accepter le regard d'autrui et y préparer l'enfant "

Les premiers mois ensemble

Le moment où l'on confie l'enfant à ses parents adoptifs se passe en général très vite. Vous le prenez contre vous, posez quelques questions sur ses habitudes, si vous y pensez, et vous voici déjà en route pour une nouvelle vie... Désormais, il va falloir arrêter un peu le temps, se découvrir, rassurer, et créer ensemble les premiers liens.

▶ Une arrivée soudaine après une très longue attente

L'arrivée d'un enfant adopté est toujours un choc. Et aucun parent ne peut vraiment se préparer à vivre un changement aussi soudain. L'attente dure des années, elle paraît interminable, et, un jour, les futurs père et mère apprennent que l'enfant sera là dans quelques jours... Les parents adoptants, en général, n'achètent rien, ne préparent rien à l'avance, à la fois pour conjurer le mauvais sort, et parce qu'ils sont dans l'ignorance de la date d'arrivée de l'enfant. La situation n'est pas comparable quand on sait qu'un enfant sera là dans neuf mois et quand on l'attend pour une date indéterminée. La lente préparation intérieure de la grossesse, l'émergence progressive d'un état psychique particulier, le fait de sentir l'enfant en soi sont autant de points d'appui dont ne bénéficie pas une maman adoptante. D'une certaine façon, celle-ci n'aura que quelques jours pour accomplir un chemin que d'autres font en neuf mois. Et, quand l'enfant est enfin là, les parents sont pris dans un tourbillon d'émotions difficiles à maîtriser.

▶ Un déferlement d'émotions

Quand enfin les parents tiennent l'enfant dans leurs bras, ils réalisent souvent à peine que la longue attente est terminée. Mais l'enfant est là et bien là, avec un énorme besoin d'être rassuré. Faire connaissance avec lui, trouver les mots et l'attitude qui vont l'apaiser, voir soudain le quotidien et l'emploi du temps totalement bouleversés, et de manière si soudaine, tout cela n'est pas si facile. Il est normal que votre bonheur se teinte alors d'anxiété ou du sentiment d'être débordés. Beaucoup de parents ont l'impression d'être emportés par une réelle lame de fond dans les jours suivant la rencontre. Ce raz-de-marée émotionnel est en fait bénéfique, car il va vous donner l'ouverture de cœur nécessaire pour accueillir l'enfant. C'est en acceptant cet état d'esprit particulier, en vous laissant aller sans résister, que vous vivrez pleinement cette rencontre. En quelque sorte, votre fatigue émotionnelle favorisera votre capacité d'écoute à l'égard de votre enfant. Il est maintenant temps de vous poser, de laisser s'exprimer tout votre amour, pour peu à peu vous habituer à l'enfant, et lui à vous. Pour tous les membres de la famille, c'est une autre vie qui commence, avec un nécessaire temps d'adaptation.

▶ Aider l'enfant à « se poser »

Cette rencontre est aussi bouleversante pour l'enfant que pour vous. Il vous découvre lui aussi. Il a énormément besoin d'être rassuré, et encore plus s'il est déjà passé plusieurs fois de bras en bras. Même s'il a déjà reçu de l'affection, sa vie jusqu'alors a été marquée par l'instabilité. Quel que soit son âge, vous allez devoir l'aider à comprendre qu'il est arrivé à destination et qu'il a enfin trouvé un papa et une maman qui l'aiment. Vous pouvez le lui dire tout de suite, avec des mots et tout votre cœur : « Nous t'avons adopté, nous sommes là pour toi, tu peux avoir confiance, tu n'as plus rien à craindre… C'est formidable de te rencontrer… » Selon le passé de l'enfant, il sera plus ou moins facile, plus ou moins long de lui donner une sécurité intérieure. Certains enfants ont connu un parcours éprouvant avant de rencontrer leurs parents adoptifs, ils sont anxieux, pleurent beaucoup, ou ont du mal à communiquer. Il faudra peut-être plusieurs mois avant que votre enfant intègre l'idée que vous ne l'abandonnerez pas. Ce sont vos mots, vos soins, votre écoute et toute votre attitude qui l'aideront.

Un climat de confiance • Plus vous aurez confiance en vos capacités de parents, plus vous serez à même de transmettre à votre enfant un sentiment de paix. Qu'il ait quelques mois ou 2 ans, un tout-petit est très sensible au climat émotionnel qui l'entoure. L'anxiété d'autrui l'inquiète ; la sérénité et le calme l'apaisent. Même si, durant toutes ces années d'attente, vous avez parfois douté de vos compétences futures de parents, et c'est souvent le cas quand la décision d'adoption a résulté d'une stérilité, soyez convaincus que vous êtes de bons parents, que vous savez autant que les autres agir de manière adéquate.

C'est par tout votre amour que l'enfant apprendra progressivement à être plus confiant.

Ayez confiance ! Un bébé, un petit enfant n'a aucune raison de rejeter l'amour qu'on lui donne, il en a tellement besoin. Sa seule question non dite est : « Est-ce bien vrai, est-ce définitif ? » C'est aussi en étant sûrs de vous que vous le rassurerez, et vos bras seront alors pour lui une enveloppe chaude et réconfortante.

▶ La reprise du travail

Souvent, le congé légal est trop court pour que l'enfant et vous trouviez vos marques et que vous vous installiez dans cette nouvelle vie de famille sur des bases solides. Si vous sentez que l'enfant est toujours très anxieux, peut-être faudra-t-il un peu retarder la reprise du travail, si c'est possible. Quelques mois sont parfois nécessaires pour rassurer l'enfant et fortifier les liens. L'idéal serait que vous repreniez le travail quand vous sentez que l'attachement entre vous et lui est bien en place. Bien sûr, cette première séparation sera pour vous un moment douloureux, comme pour toute maman, et votre enfant pleurera, comme tout enfant. Mais cette situation nouvelle l'aidera aussi à comprendre que vous revenez toujours, sans que ce soit pour lui un traumatisme, comme le craignent parfois certaines mères.

Quelques précautions • Quel que soit le moment de la reprise du travail, vous rendrez ce passage moins délicat en confiant l'enfant tous les jours à la même personne. Un enfant adopté montre souvent une sensibilité plus grande devant le changement et a besoin de beaucoup de régularité et de repères. Il faudra bien lui expliquer que vous allez revenir le chercher le soir, et surtout ne pas partir en cachette même si vous avez beaucoup de chagrin. Il n'est pas gênant que l'enfant voie votre émotion si vous lui expliquez pourquoi. De même, au retour, il sera bien de lui dire : « Tu vois, tu étais inquiet que je parte, mais je suis revenue. » Tout en prenant ces quelques précautions, vous pouvez faire confiance aux capacités d'adaptation de votre enfant. Et ne craignez pas qu'il s'attache autant à sa « nounou » qu'à vous. Même bébé, il fera très bien la différence entre sa maman, son papa, et les autres.

▶ La visite chez le pédiatre

Plusieurs raisons peuvent motiver une visite chez le pédiatre dans la semaine suivant l'arrivée de l'enfant, même si ce dernier a déjà bénéficié d'une visite médicale avant l'adoption, comme la loi l'oblige. D'abord, cette consultation vous rassurera, et vous permettra d'affronter plus sereinement les réflexions inquiètes de l'entourage telles que « tu es vraiment sûre que tout va bien ? » Le pédiatre examinera l'état de santé de l'enfant, et, selon le pays d'origine, vérifiera par exemple l'absence de carences alimentaires ou de parasites. S'il a le moindre doute, il prescrira des examens complémentaires. Cette consultation procure ainsi aux parents la sensation d'avoir fait le nécessaire et de partir sur de bonnes bases.

Cette visite médicale est également très utile pour poser toutes vos questions sur les besoins de votre enfant : à quelle heure le coucher ? Est-ce que je peux prendre le train avec lui ? Est-ce que je ne lui donne pas trop à manger ? Est-il normal qu'il ne soit pas encore propre ? Que votre enfant soit un nourrisson ou déjà âgé de plus de 1 an, vous avez sûrement besoin d'informations pratiques sur l'alimentation, l'hygiène, le sommeil… Car savoir tout cela n'est pas inné, et il est tout à fait normal de se sentir perdu si l'on n'a pas d'autre enfant, comme pour tout parent.

▶ Quand la famille compte déjà des enfants biologiques

Parfois, les parents qui ont déjà créé une famille envisagent aussi d'adopter un enfant. Leurs motivations peuvent être diverses. Certains souhaitent faire bénéficier un enfant abandonné de la famille qu'ils ont construite. D'autres, n'ayant pas pu, du fait des aléas de l'existence, agrandir leur famille comme ils le souhaitaient, ne voient pas d'autre issue que l'adoption. Il importe alors qu'ils fassent le deuil des bébés qu'ils n'ont pas conçus, afin d'éviter que l'enfant adopté ne devienne un enfant de « remplacement ». D'autres enfin, comblés par leurs enfants, décident d'adopter un enfant

Respecter son passé

Au moment de la rencontre avec votre enfant, vous recevrez quelques éléments sur son passé, souvent très peu. Parfois, face à toutes les questions que posent la famille, les amis, et les curieux, vous aurez tendance à étoffer un peu ces informations. Vous aussi, vous avez besoin, d'une certaine façon, de reconstruire cette histoire qui vous échappe. Dans le respect de ce passé, et pour protéger l'enfant, l'idéal serait pourtant de rester le plus neutre possible, sans enjoliver ni dramatiser. Mieux vaut répondre « je ne sais pas », quand c'est le cas, voire modérer la curiosité d'autrui, car toutes vos paroles risquent un jour de revenir vers l'enfant, le plus souvent déformées. Un jour, il vous demandera lui-même ce que vous savez de la période précédant l'adoption, et vous essaierez de lui restituer les renseignements dont vous disposez, sans interprétation. Votre rôle n'est pas de reconstruire son histoire, juste de lui transmettre le peu que vous en savez.

malade ou handicapé pour lui assurer le meilleur épanouissement possible. Dans cette situation très particulière qui témoigne d'une grande générosité, les parents auront à cœur de bien mûrir leur décision auprès de l'équipe soignante qui prend en charge cet enfant.

Associer les autres enfants • La situation paraît plus simple quand les personnes qui adoptent sont déjà père et mère. Mais les parents ont alors le devoir d'élaborer ce projet avec leurs propres enfants pour que toute la fratrie accepte ce nouvel arrivant. Ensuite, ils doivent se montrer à l'écoute de leurs enfants biologiques pour ne pas déstabiliser l'équilibre familial : le risque est en effet de favoriser des rivalités par excès de compassion à l'égard de l'enfant adopté. Il faudra également éviter de la part des enfants biologiques la mise à l'écart de l'enfant « différent », et de la part de l'enfant adopté le positionnement en « victime ».

En associant leurs enfants à cette démarche particulière, les parents adoptifs limitent ces risques et peuvent espérer faire aboutir, dans la sérénité et le respect de chacun, un projet qui leur survivra. Tout enfant adopté traverse une crise identitaire, souvent éprouvante à surmonter pour lui et ses parents. Sa fratrie facilitera la « traversée de cette crise » si elle y est préparée et si elle a accepté ce frère ou cette sœur adoptée.

Quand l'enfant grandit

Les parents ont tout intérêt à se comporter avec leur enfant adoptif de la même façon qu'ils le feraient avec un enfant qui serait biologiquement le leur. Il faut éviter d'induire, de quelque façon que ce soit, l'idée que cet enfant est différent des autres. C'est le meilleur moyen de prévenir d'éventuels problèmes quand il grandira. Seule son histoire est particulière et demande de la part des parents un grand souci de transparence.

▶ De l'intérêt de « parler vrai »

Tous les psychiatres et les spécialistes de l'enfance sont sur ce point unanimes : il faut dire à l'enfant que vous l'avez adopté, et le dire tout de suite. Plus vous tarderez, plus ce sera délicat, car vous ne saurez quels mots utiliser ni dans quelles circonstances lui en parler. Une fois que les liens sont tissés, comment annoncer : « Tu es un enfant adopté », et comment éviter que cela ne change les rapports affectifs ? Au contraire, si vous posez ce fait d'emblée, au moment de la rencontre, tout sera bien plus simple, pour l'enfant comme pour vous. Votre attachement mutuel sera fondé sur une base de vérité, sans non-dit, et l'enfant pourra se construire sans qu'une révélation tardive vienne un jour le bouleverser. Selon son âge, votre enfant saisira bien sûr vos mots à sa façon, et sa compréhension s'affinera au fur et à mesure qu'il grandira et éprouvera le besoin de vous questionner sur ce sujet. Car vous n'échapperez pas à des questions, même si elles prennent une forme différente selon qu'il aura 5, 10 ou 15 ans.

▶ Ses premières questions

Les premières interrogations d'un petit enfant sur son adoption sont souvent induites par sa curiosité pour la procréation, ou encore suscitées par des réflexions d'inconnus. Certaines personnes vous feront peut-être remarquer, en sa présence, qu'il ne vous ressemble pas ou vous demanderont d'où il vient ; des mamans vous raconteront leur accouchement et vous demanderont comment s'est passé le vôtre… Si vous n'avez pas fait le deuil d'une maternité biologique, ces paroles vous blesseront peut-être, et, dans les tous les cas, elles vous toucheront davantage qu'elles ne perturberont l'enfant. Souvent, elles n'évoqueront rien pour lui, mais, parfois, il réagira en vous questionnant. Il faut alors lui répondre simplement.

« Une maman de cœur » • Un petit enfant de 3 ans est tout à fait capable d'entendre qu'il a une maman qui l'aime et qui s'occupe de lui, mais que cette maman-là ne l'a pas porté dans son ventre. Pour l'aider à faire la distinction, vous pouvez utiliser des mots différents, et lui dire par

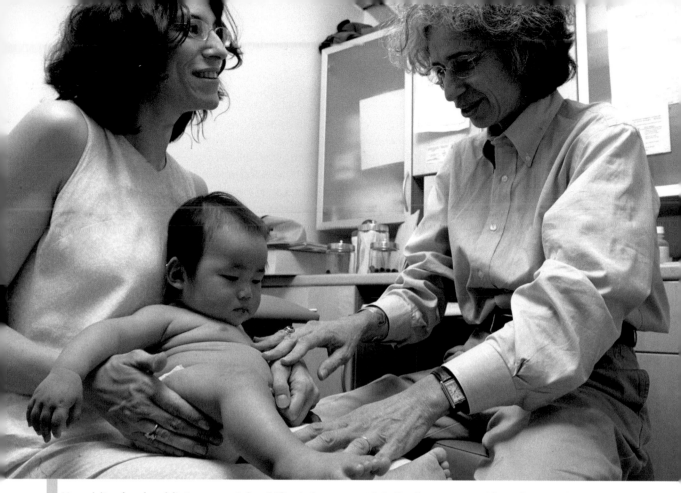

Une visite chez le pédiatre permet de vérifier la bonne santé de l'enfant, surtout s'il est d'origine lointaine. Mais elle est aussi l'occasion de poser des questions et d'obtenir des conseils pratiques pour la vie quotidienne.

exemple que vous êtes sa maman de cœur, et que celle qui l'a porté est sa mère. De telles explications seront d'ailleurs souvent nécessaires le jour où il commencera à demander comment on fait les bébés, et comment ça s'est passé pour lui. Ce sera sans doute pour vous un moment un peu délicat, car l'enfant, par ses questions, vous amènera peut-être à préciser que l'amour d'un homme et d'une femme ne suffit pas toujours à « créer la petite graine ». Mais n'oubliez pas que, pour l'heure, le plus important, pour lui, est de se savoir aimé et de vivre dans un foyer stable. Les questions sur les motifs d'abandon par sa mère biologique viendront plus tard.

Le préparer au regard d'autrui • Grâce à toutes ces explications, vous préparez votre enfant à réagir, plus tard, devant d'éventuelles remarques dans les cours de récréation ou de la part d'adultes très maladroits. Cela n'évitera pas toutes les blessures, surtout quand il grandira, mais l'aidera à y faire face et à se tourner plus facilement vers vous pour trouver du réconfort, le cas échéant.

▶ La tentation de protéger l'enfant de toute contrariété

Les soucis éducatifs de parents adoptants ne diffèrent pas de ceux des parents biologiques. Parfois, l'enfant est plus anxieux, plus sensible aux changements et aux séparations. Mais ce sont là des traits de comportement que l'on peut rencontrer dans bien des situations. Les parents ont tout intérêt, pour eux comme pour l'enfant, à agir comme ils le feraient avec tout autre enfant, en respectant son tempérament et en écoutant ses besoins, mais sans chercher à trop le protéger des frustrations ou des désagréments. Quand un enfant a souffert à un moment de sa vie, que ce soit à cause d'une maladie, d'un divorce, ou, dans ce cas, d'un abandon précoce, la tendance des parents est parfois de chercher à le protéger, en freinant ses élans vers le monde extérieur et sa prise d'indépendance. Même si elles sont compréhensibles, ces attitudes ne se justifient pas du point de vue de l'enfant. Elles marquent au contraire une différence qui n'a pas lieu d'être.

Bannir certains mots ? • Le seul point auquel devraient veiller des parents adoptifs concerne le langage utilisé dans les moments de colère. « Tu es méchant », « je ne te supporte plus », « je ne veux plus te voir » sont des phrases qu'il ne faut pas prononcer – et cela vaut pour n'importe quel enfant. L'enfant adopté risque plus qu'un autre de les prendre au pied de la lettre et d'en souffrir, ou de les utiliser quand il sera plus âgé. Montrez votre exaspération en invoquant les actes de l'enfant, et non ce qu'il est ni vos sentiments à son égard. En cas de dérapage, expliquez à l'enfant que les mots ont dépassé votre pensée, et excusez-vous.

▶ Relativiser les difficultés

Lorsque vous êtes désorientés par les réactions de votre enfant, vous pouvez vous poser la question suivante : « Si c'était mon enfant biologique, comment réagirais-je ? » Cela permet souvent de recentrer le problème et de le relativiser.

À la période du « non » • Lors de la période d'opposition par exemple, certaines mamans se trouvent très touchées par les «ze t'aime plus» ou les gestes agressifs. Mais, si vous parlez avec d'autres mères, vous vous rendrez vite compte que ces réactions sont normales et ne traduisent pas un rejet de votre amour ou de l'adoption. Il

La parole de l'enfant

Ça me fait drôle de voir dans les yeux des gens dans la rue que je n'ai pas la même couleur que vous, et ça me fait m'en souvenir. Quand je vous pose des questions sur d'où je viens, c'est pas que je vous aime plus. Moi aussi j'ai fini par vous adopter. C'est juste pour savoir qui m'a fabriqué, s'ils sont encore en vie dans le pays d'où je viens, si je pourrais un jour les voir, même si c'est avec vous que je suis. Et de toute façon, c'est sûr, vous resterez toujours mes parents de cœur et de grandir !

est possible qu'un petit enfant anxieux vive la période d'opposition de manière plus forte, en mettant davantage à l'épreuve les nerfs de ses parents. Mais, comme tout petit enfant de cet âge, votre fils ou votre fille a alors surtout besoin que vous posiez des limites, tout en le rassurant par des marques d'amour, et que vous l'aidiez à se contenir (voir page 195).

Prévenir les problèmes • Quelquefois, les parents hésitent à se montrer un peu fermes, craignant à tort que l'enfant ne se sente rejeté. Ils cherchent à « réparer » son passé en se montrant plus indulgents. Ils agissent involontairement comme si leur enfant n'avait pas les mêmes capacités que les autres à grandir. Cette attitude comporte bien des risques : à court terme, car le petit enfant a besoin d'interdits et de limites pour se structurer ; à long terme, car, plus âgé, il risque de jouer de vos sentiments de crainte, et de se poser en victime à chaque conflit : « Vous voyez, vous non plus vous ne voulez pas de moi. » Il arrive qu'un enfant adopté manifeste, à la préadolescence ou plus tard, des comportements visant à se faire rejeter, dits « abandonniques », comme si l'on ne pouvait pas l'aimer. Jouer son rôle de parent, sans laxisme ni sévérité excessive, reste le meilleur moyen de prévenir ces problèmes.

Valoriser son enfant

Tout enfant a besoin d'être valorisé par ses parents, et il existe diverses façons de lui donner confiance en lui. Quand l'enfant est adopté, il importe aussi de bien lui transmettre l'idée qu'il apporte beaucoup à la famille par son caractère et ses aptitudes. Cela ne passe pas nécessairement par des mots, mais par l'acceptation pleine et entière de ce qu'il est. Dans toute famille, les enfants peuvent présenter des traits de caractère qui diffèrent de ceux de leurs parents. Mais c'est encore plus fréquent quand l'enfant porte un autre patrimoine génétique. Valoriser l'enfant, c'est aussi tenir compte de son tempérament propre, en lui prouvant que c'est une richesse, sans chercher à le faire entrer dans un moule. Le respect de la différence de l'enfant est une recommandation qui vaut pour toute famille. Mais elle est plus importante encore dans cette situation. Car, même si ses parents adoptants l'aiment très fort, l'enfant, du fait de son abandon premier, garde une blessure qui entame parfois sa confiance en lui.

En cas de handicap ou de maladie chronique

Avant et après le diagnostic • Comment s'organiser au jour le jour ? • Parler à l'enfant et aux frères et sœurs de la maladie ou du handicap • Peut-on se faire aider et par qui ? • Vivre avec un(e) enfant autiste • Quelles prises en charge envisager ? • Dans quels établissements aura lieu la scolarité ?

L'annonce, un moment difficile

« Mon enfant sera-t-il normal ? » Tout parent s'est un jour posé cette question empreinte d'angoisse et porteuse de maintes représentations contradictoires : celle de l'enfant idéal attendu, et celles des mauvaises fées qui, en se penchant sur le berceau, pourraient porter tort au bébé. Lorsqu'un diagnostic de maladie chronique ou de handicap est établi, chaque parent l'accueille à sa manière, en fonction de son histoire, de celle de sa famille et de la société où il vit.

▶ Qu'est-ce qu'une maladie chronique ?

Une maladie chronique est une maladie que l'on peut soigner, mais que l'on ne sait pas guérir de manière définitive. Cela implique la mise en place de soins et de traitements sur une durée indéterminée. C'est le cas par exemple du diabète insulinodépendant, ou diabète de type I, caractérisé par l'absence de sécrétion d'une hormone indispensable à la régulation du taux de sucre dans le sang, l'insuline. N'étant pas naturellement produite par l'organisme, cette hormone doit être apportée de l'extérieur, et cela de manière permanente. Aussi le diabète insulinodépendant se soigne-t-il par l'administration d'insuline : en revanche, il ne guérit pas, puisqu'on ne sait pas encore restituer à l'organisme la capacité de produire lui-même l'insuline dont il a besoin.

▶ Que signifie un handicap ?

La notion de handicap renvoie à celle d'un désavantage par rapport à une population dite « normale ». Étymologiquement issue de l'anglais, elle concernait à l'origine le désavantage imposé aux chevaux pendant les courses. Bien que son origine étymologique soit très éloignée des références médicales, c'est ce terme qui s'est imposé, dans le champ médico-social et législatif, comme dans le langage populaire, renvoyant à des réalités cliniques très variées. Ainsi, s'il est facile de se représenter ce que signifie un handicap moteur, comme la perte ou l'absence de fonction motrice d'une partie de son corps, ou un handicap sensoriel (cécité ou surdité), il est beaucoup plus difficile de comprendre ce que sous-entend la notion de handicap mental ou psychique.

Une valeur relative • Dans tous les cas, il est fondamental de souligner que le concept de handicap ne doit pas être synonyme de constat d'échec. En outre, la notion même de handicap n'est pas une valeur absolue, et dépend beaucoup du ressenti de chacun. On parle de handicap pour signifier qu'il existe des difficultés, à partir desquelles on peut proposer des adaptations fonctionnelles, qui permettent à l'enfant de se développer au mieux et de vivre une vie le plus épanouie possible.

Une annonce plus ou moins précoce

Les circonstances dans lesquelles le diagnostic de maladie chronique ou de handicap peut être réalisé sont nombreuses. On peut distinguer schématiquement trois types de situations. La première est celle d'un diagnostic fait avant la naissance, à partir des échographies fœtales : on parle de diagnostic prénatal. La connaissance de la maladie ou du handicap précède alors la rencontre avec l'enfant.

Deuxième possibilité, le diagnostic est établi par les médecins rapidement après la naissance, alors que les parents n'ont pas eu l'occasion de suspecter un problème de santé chez leur enfant. Troisième cas de figure, ce sont les parents qui viennent consulter pour des symptômes ou des signes qu'ils ont eux-mêmes constatés, et qui les inquiètent. Dans les deux premières situations, l'annonce du diagnostic précède l'inquiétude des parents, alors qu'elle vient répondre à leurs craintes dans la troisième.

Un diagnostic en plusieurs étapes

Quand des parents consultent parce qu'ils sont inquiets pour leur enfant, leur attente et leur questionnement ne peuvent qu'être teintés d'ambivalence. Ils veulent savoir, mais attendent légitimement d'être rassurés. C'est cette ambivalence que le médecin accueille en tant que responsable de l'établissement du diagnostic et de son annonce. Il fera le diagnostic, quand c'est possible, en s'appuyant sur les données cliniques et des examens complémentaires et sur une expertise indiscutable, et il devra faire en sorte que l'enfant ne soit pas tout entier défini par sa maladie ou son handicap. Une telle annonce demande du temps, celui de la consultation et des suivantes, au rythme des questions qui émergent.

Il est indispensable que les deux parents soient présents au moment de l'annonce. Ils pourront ainsi s'aider et échanger à partir des informations qu'ils auront reçues ensemble (mais qu'ils

---

À quoi sert une consultation génétique ?

Dans certains cas, une consultation avec un généticien peut être proposée. Le généticien est un médecin qui est spécialisé dans l'étude des gènes, ces petites unités d'information qui sont présentes dans nos chromosomes. Certaines maladies sont dues à des modifications de gènes. Ces modifications peuvent être d'origine accidentelle et n'exister que chez la personne malade ; elles peuvent également être transmises de génération en génération. L'étude des gènes peut ainsi permettre d'établir un diagnostic de certitude, et, dans d'autres cas, de prédire s'il existe un risque d'avoir un autre enfant atteint de la même maladie. L'annonce d'un diagnostic génétique demande beaucoup de précautions de la part du médecin. En effet, si l'identification d'une cause responsable de la maladie ou du handicap peut apporter un réel soulagement aux parents, il faut également préciser que l'identité de l'enfant n'est pas tout entière déterminée par cette anomalie génétique. Comme c'est le cas pour tout enfant, l'affection dont il est entouré, les stimulations qu'il reçoit, la place qu'il occupe dans la famille et dans l'histoire familiale sont aussi déterminantes. Enfin, il est très important que le parent éventuellement porteur d'une anomalie génétique ne se sente en aucun cas coupable de cela. Nous sommes tous porteurs de mutations ou de variations dans la séquence de nos gènes. Sans ces variations, nous, en tant qu'espèce, n'aurions pas pu nous adapter aux modifications de notre environnement, développer notre intelligence et notre langage.

Une fois le diagnostic posé, les parents doivent accepter l'enfant handicapé et s'investir de façon constructive dans son développement.

dépressive de tristesse et de repli, puis, enfin, à une phase d'acceptation constructive, où les parents retrouvent en eux les ressources pour investir et aider leur enfant en dépit de ses difficultés et de ses imperfections.

Une acceptation progressive • Au fond, ce que vivent les parents dont l'enfant présente une maladie ou un handicap, sur une échelle de temps infiniment plus courte et avec une intensité sans égale, c'est le travail de deuil que tout parent doit faire, en acceptant que son enfant imaginaire (idéal) soit remplacé par l'enfant réel. Ce travail s'accomplira d'autant mieux que les parents dialoguent et se confrontent de manière conjointe aux difficultés qui se présentent.

Se faire aider au besoin • Parfois, la situation fait écho à des difficultés anciennes qui font obstacle au dénouement de ce travail de deuil. Cela peut conduire les parents à entamer maintes démarches, comme multiplier les avis médicaux (voir ci-contre). Dans d'autres cas, l'impossibilité pour l'un des parents d'accomplir ce travail de deuil peut le pousser à désinvestir ou, au contraire, à surinvestir cette situation ; le risque est alors que le couple se désolidarise. La rencontre avec un(e) psychologue peut dans cette situation représenter une aide précieuse pour le couple, ou pour l'un des parents seulement, dans l'intérêt de leur enfant.

auront compris chacun à leur manière), ce qui renforcera leur statut de couple face à l'épreuve qu'ils rencontrent en tant que parents. Il est aussi important qu'un relais soit organisé par le spécialiste auprès du pédiatre ou du médecin traitant de la famille. Tout cela contribuera au cheminement que vont devoir suivre les parents pour accepter et aimer leur enfant avec ses différences.

◗ « Pourquoi moi ? »

Dans tous les cas, l'annonce de la maladie ou du handicap est un bouleversement. Ce choc se traduit chez les parents par des réactions normales et légitimes de révolte ou de déni : « Ce n'est pas juste ! Ce n'est pas possible ! Pourquoi nous, pourquoi notre enfant, pourquoi moi ? » Ces sentiments violents et contradictoires qui traduisent l'atteinte narcissique des parents s'atténuent ensuite pour laisser place à une période

Demander plusieurs avis médicaux ?

S'il est légitime de demander éventuellement un deuxième avis médical pour confirmer le diagnostic, multiplier les consultations n'est jamais une bonne solution : cela introduit de la confusion dans l'esprit des parents et les empêche de nouer une relation de confiance avec un médecin en particulier. L'enfant, de son côté, a bien du mal à se repérer parmi ces nombreux interlocuteurs. En outre, ce besoin de recourir à de multiples avis empêche les parents d'aborder ce qui est alors vraiment en jeu : la difficulté à accepter la maladie ou le handicap de son enfant.

La vie en famille

Passé l'annonce du diagnostic, il faut réfléchir à la nouvelle organisation de la famille. Faut-il arrêter de travailler ? Peut-on bénéficier d'aides à domicile, d'aides financières ? Comment organiser les soins et la prise en charge ? Comment garder du temps pour les autres enfants ? Face à la situation nouvelle que représente la vie avec un enfant ayant besoin de soins ou d'une attention particulière se posent une multitude de questions...

▶ La réorganisation du quotidien

Vivre au quotidien avec un enfant malade ou handicapé suppose une réorganisation de la famille à long terme. L'ampleur de cette réorganisation dépend bien entendu de la nature de la maladie ou du handicap. Après la période aiguë suivant l'annonce de la maladie vient une période de flottement, qui correspond à la recherche du meilleur compromis possible entre les besoins de l'enfant, les aspirations personnelles des autres membres de la famille, et les solutions existantes.

L'allocation d'éducation spécialisée • C'est souvent la mère, lorsqu'elle travaille, qui est amenée à modifier son activité professionnelle, en diminuant son temps de travail, voire en arrêtant de travailler. Lorsque c'est le cas, il est possible en France de demander à sa caisse d'allocations familiales de bénéficier d'une allocation d'éducation spécialisée (AES), avec l'accord du médecin, qui remplira un certificat médical joint à la demande administrative. En fonction de l'importance du handicap et des besoins d'éducation spécialisée, ou des pertes de revenus liées à la réorganisation de la famille autour de la maladie ou du handicap, une somme sera allouée pour une période donnée.

Soutenir l'enfant à deux • Cette allocation peut également permettre d'engager une personne qui pourra s'occuper de l'enfant une partie de la journée, ou l'accompagner sur les lieux où il reçoit des soins. Il est important en effet que l'un des deux parents ne soit pas entièrement dédié aux soins de l'enfant, au détriment de lui-même, de son couple, de la fratrie, ou de la vie sociale

La parole de l'enfant

Dites-moi vraiment ce que je peux ou ne peux pas faire, mais aussi ne m'empêchez pas d'essayer. Il n'y a que moi qui sache jusqu'où je veux et je peux aller. Surtout ne me racontez pas de mensonges. Ça me fait plus mal que la vérité, parce que je sens que vous avez peur pour moi, et même de moi. Moi, j'ai seulement besoin que vous soyez là, que vous restiez pareils, que vous m'encouragiez et qu'on puisse encore rire ensemble et rester vivants, tant que je suis là. C'est ça qui est bien !

de la famille. À l'inverse, il est important que le parent le moins disponible reste engagé dans les décisions concernant son enfant, et ne délègue pas tout à son conjoint, en surinvestissant sa vie professionnelle. De telles situations peuvent se mettre en place, sous la pression de la réalité, mais peuvent également témoigner d'un malaise des parents vis-à-vis de la maladie de leur enfant : sentiment de culpabilité ou atteinte narcissique.

▶ Comment parler à l'enfant de sa maladie ?

Lorsque l'enfant grandit, il commence à se poser des questions. La situation n'est bien entendu pas la même pour un enfant dont la maladie se déclare alors qu'il est nourrisson ou qu'il est âgé de 8 ans, s'il s'agit d'un handicap moteur, d'une déficience sensorielle ou d'un handicap mental. Toutefois, il est important d'aider l'enfant à se construire une représentation de sa maladie ou de son handicap, qu'il puisse partager avec ceux qu'il aime, et tout particulièrement avec ses parents. Les consultations médicales peuvent être l'occasion de parler de la maladie. Chez des enfants jeunes, il peut être utile de la figurer ou de leur proposer de la figurer par des dessins.

Attention au non-dit • Parler avec ses parents permet à l'enfant de prendre de la distance et de ne pas s'identifier à sa maladie ou son handicap. Ne rien dire, c'est laisser le champ libre à une multitude de questions qui ne concernent pas la maladie ou le handicap, mais l'enfant lui-même, et qui résonnent avec ses conflits inconscients : « Est-ce de ma faute si je suis malade ? Ma

mère/mon père m'en veulent-ils de ma maladie ? Vont-ils m'abandonner ? » Si parler avec son enfant de sa maladie ou de son handicap est trop difficile, il peut être utile de s'en ouvrir à son médecin, ou de demander une aide extérieure. Il n'est pas de pire souffrance que celle du non-dit.

Et les frères et sœurs ?

Comment les frères et sœurs vivent-ils la maladie ou le handicap de leur frère ou sœur ? Là encore, le dialogue a toute son importance. Il faut expliquer en termes simples la maladie du frère ou de la sœur, ne pas hésiter à dire pourquoi, à certains moments, on est moins disponible ou plus préoccupé. Les frères et sœurs se sentent valorisés s'ils peuvent aider d'une manière ou d'une autre, même s'il faut veiller à ne pas les transformer en auxiliaires parentaux. En tout état de cause, il est nécessaire, pour leur bien-être, de préserver des moments qui leur sont consacrés. Cela évitera par ailleurs que la maladie ou le handicap du frère ou de la sœur ne vienne aiguiser un sentiment de rivalité trop culpabilisant pour être formulé.

Les enfants face au regard d'autrui • L'acceptation par les frères et sœurs du handicap ou de la maladie d'un des membres de la fratrie vis-à-vis de l'extérieur est très liée à la position des parents eux-mêmes. Comme toute expérience humaine, cette situation particulière peut être source d'un enrichissement mutuel, d'une ouverture, d'une meilleure compréhension de soi-même et des autres. Si les parents peuvent partager cela avec leurs enfants, ceux-ci trouveront le moyen de le partager avec leurs camarades, avec fierté.

Rester toujours des parents • Il est important aussi que la maladie ou le handicap de l'un de leurs enfants n'altère pas les exigences éducatives des parents. Tout passer à son enfant sous prétexte qu'il est malade ou handicapé est sans doute la plus mauvaise manière de l'aider à trouver sa place parmi les autres.

À qui s'adresser pour obtenir de l'aide ?

Comment faire front aux questions qui se posent sur le plan pratique, médical, et psychologique ? Qui peut aider dans ces démarches ? Comment savoir à quelle porte frapper ? Le médecin est bien entendu la pierre angulaire de la prise en charge. Il met en place la stratégie de soins, contacte des partenaires si nécessaire et organise le suivi.

L'assistante sociale • Pour tout ce qui est relatif aux démarches administratives, le médecin est aidé par l'assistante sociale du service dans lequel il travaille, qui relayera ses actions dans le champ social. L'assistante sociale peut ainsi l'aider à mettre en place une prise en charge à 100 % par la sécurité sociale, et à constituer le dossier pour la demande d'allocation d'éducation spécialisée. Elle peut prendre contact avec l'école si nécessaire et constitue un interlocuteur direct des parents pour tous les problèmes pratiques et administratifs auxquels ils peuvent être confrontés. Elle intervient également dans la constitution des dossiers en cas d'orientation vers l'éducation spécialisée (voir page 357), et dans la recherche d'établissements le cas échéant. Il ne faut donc pas hésiter à prendre contact avec cette professionnelle, quelle qu'en soit la raison.

Les groupes de parole • Une aide psychologique pourra également être proposée, par le ou la psychologue du service, si des difficultés apparaissent pour l'enfant, pour les parents ou la famille. Dans certains services, il existe des groupes de parole pour les parents, en général animés par des psychologues, qui permettent aux familles de partager leurs expériences et de s'étayer sur le groupe. Des groupes de parole peuvent aussi être organisés par les associations de parents (voir encadré).

Le rôle des associations de parents

Les associations de parents aident et accompagnent les parents nouvellement concernés par la maladie ou le handicap de leur enfant, et leur fournissent des informations précieuses. Elles rendent possible le partage entre les familles et favorisent les rencontres. En outre, offrant à ceux qui le souhaitent la possibilité de s'engager dans une action collective au bénéfice de tous, elles jouent un rôle moteur dans l'amélioration des moyens, des prises en charge, et de la recherche.

L'assistante sociale ou les associations de parents peuvent vous conseiller dans toutes vos démarches, et vous aider par exemple à trouver des organismes d'éducation spécialisée.

▶ Aller voir un « psy » : à quoi ça sert ?

« Notre médecin nous a proposé de rencontrer un "psy". Nous ne sommes pas fous, notre enfant non plus. Nous savons pourquoi nous rencontrons des difficultés : s'il n'y avait pas la maladie ou le handicap de notre enfant, tout irait bien. Le "psy" ne va pas nous proposer de solutions pratiques… alors, à quoi ça sert ? » Les psychologues ou les psychiatres sont des professionnels spécialisés dans l'écoute (voir page 312). Et toute situation de souffrance mérite une écoute attentive. Celle-ci permet, non pas de transformer la réalité, mais de modifier la manière dont elle est perçue par ceux qui la vivent.

Parler de sa souffrance • En proposant des liens entre ce qui est vécu dans le présent et des aspects de l'histoire personnelle de chacun, les « psys » peuvent aider les parents à résoudre des problématiques qui ont été révélées ou cristalli-

sées par la maladie ou le handicap de leur enfant. Il ne s'agit pas, bien entendu, de psychanalyser les parents malgré eux, ou de chercher dans leur histoire une cause aux difficultés de leur enfant, mais de les aider à comprendre ce qui pour eux est source de souffrance, et les aider à retrouver leur « capacité créative » à un moment particulier de leur cheminement.

En cas de mal-être de l'enfant • Parfois, ce sont les enfants eux-mêmes qui expriment un mal-être plus ou moins lié à leur maladie : perception douloureuse de leur différence, tristesse, repli, ou parfois, au contraire, troubles du comportement et agressivité. En rencontrant un « psy », l'enfant pourra notamment dire les sentiments qu'il ne peut exprimer à ses parents. Dans certaines situations, quelques consultations suffisent ; dans d'autres, le professionnel propose une psychothérapie sur une plus longue période, avec des rendez-vous hebdomadaires.

Le cas particulier de l'autisme

Comment reconnaître des signes d'autisme ? Qui peut faire le diagnostic ? Existe-t-il des traitements ? Peut-on guérir de l'autisme ? Que deviennent les enfants autistes quand ils grandissent ? La plupart des gens ont une représentation plus ou moins claire de l'autisme, mélange de craintes, d'idées reçues (les autistes ne parlent pas) et parfois de fascination (les autistes sont des génies). Une vision assez éloignée des conceptions des médecins...

▶ Un trouble du développement

L'autisme est considéré comme un trouble du développement qui se manifeste avant l'âge de 3 ans par des difficultés dans les domaines de la communication verbale et non verbale, des interactions sociales, et par la présence de centres d'intérêts restreints et stéréotypés. Il serait plus juste en fait de parler de syndromes autistiques plutôt que d'autisme, tant est grande la diversité clinique que l'on peut rencontrer.

L'une des particularités de l'autisme est que les difficultés ne sont pas apparentes dès la naissance, puisqu'elles affectent des capacités et des fonctions qui sont amenées à se développer dans les trois premières années. L'autre trait marquant, c'est que les problèmes de l'enfant concernent sa capacité à établir des liens interpersonnels : cela place les parents dans une position très difficile, dans la mesure où c'est le lien à leur enfant qui est mis à mal. À cet égard, on peut dire que ce que vivent les parents d'enfants autistes est très différent de ce que vivent les parents d'enfants malades ou handicapés.

▶ Les signes précoces d'autisme

Les signes qui peuvent faire évoquer un risque autistique de manière précoce ne sont pas spécifiques, mais ce sont leur association et leur persistance qui doivent attirer l'attention. Il peut s'agir par exemple d'un bébé d'emblée trop calme, « parfait », qui se fait oublier, ne réclame rien, reste en retrait, dort beaucoup, avec lequel on a du mal à établir un contact par le regard, qui ne sourit pas quand on lui sourit, qui donne une impression d'être comme une poupée de chiffon quand on le prend dans les bras. Parfois au contraire, l'enfant est inconsolable, ne parvient pas à s'endormir, et présente des troubles du comportement alimentaire (anorexie, régurgitation, vomissements).

Un comportement particulier • Dans d'autres cas, l'enfant semble se développer normalement jusqu'à l'âge de 18 mois environ, puis un changement intervient dans son comportement : il se met en retrait, il n'a plus un bon contact du regard, le babillage qui avait commencé cesse de se développer, il ne répond plus à son nom. Il se désintéresse des jouets pour préférer des activités ritualisées : faire tourner les objets ou les roues, aligner les jouets, trier par couleur, remuer les ficelles. Pour se faire comprendre, il tire ses parents par le bras et utilise leur main pour saisir ce qu'il veut ; il ne montre pas du doigt, n'utilise pas de gestes pour communiquer. L'enfant ne développe pas de jeu de faire semblant impliquant un scénario (jeu de poupées, jeux de dînette, jeux de voitures). Il supporte mal les chan-

Bruno Bettelheim

Le psychanalyste **Bruno Bettelheim** *(Vienne 1903 – Silver Spring, Maryland 1990). s'est beaucoup consacré aux enfants psychotiques, en particulier autistiques. Il chercha à les soigner en agissant sur leurs peurs, l'angoisse étant pour lui un élément important de la psychose. Ses travaux sur les contes, présentés dans* Psychanalyse des contes de fées, *sont aussi célèbres, et moins controversés. La symbolique des contes, selon lui, répond aux angoisses en décrivant des situations inconscientes que l'enfant connaît et reconnaît. Les histoires expriment les difficultés du monde et enseignent à l'enfant, par une fin heureuse, qu'elles sont surmontables si l'on accepte de les affronter. Les contes exerceraient donc une fonction thérapeutique.*

gements, et l'interruption de ses activités favorites peut entraîner de violentes colères. Parfois, il peut présenter des gestes répétitifs, comme des balancements ou des mouvements des mains, dans des périodes d'angoisse ou d'inactivité.

Consulter le plus tôt possible

Si votre enfant vous inquiète ou vous déroute, il faut en parler à votre pédiatre ou à votre médecin de famille. Si celui-ci ne semble pas prendre suffisamment en considération votre inquiétude, il ne faut pas hésiter à aller consulter un pédopsychiatre ou un(e) psychologue, dans un service hospitalier, un centre médico-psychologique, ou un centre de protection maternelle et infantile (PMI). Il arrive parfois que les médecins soient trop vite rassurants, ou reportent le problème à plus tard, au-delà du troisième anniversaire. Il est bien sûr tentant pour les parents de se laisser rassurer... Pourtant, si vous sentez que quelque chose ne va pas, il faut aller y voir de plus près. S'il ne s'agit que d'une anxiété excessive, elle mérite aussi d'être écoutée. S'il s'agit d'un trouble plus grave, voire d'un risque autistique, les interventions précoces proposées par les médecins présentent tout leur intérêt.

L'intérêt d'un soutien précoce

Même si le diagnostic d'autisme ne peut pas être établi avant l'âge de 3 ans, une aide médicale précoce permet d'éviter la mise en place d'une spirale d'interactions négatives : l'enfant ne sollicite pas ses parents, ou privilégie des activités solitaires et répétitives ; ses parents recherchent moins les échanges affectifs avec leur enfant, et ce dernier s'enferme davantage... peu à peu, le syndrome autistique se constitue. Il vaut donc mieux consulter avant que ne s'installent de telles situations. Les interventions précoces peuvent comporter une thérapie mère-enfant, favorisant l'expression et la reconnaissance des affects de l'enfant, une prise en charge en psychomotricité, favorisant l'investissement du corps, et, enfin, la mise en place d'une relation aux autres.

Après l'âge de 2 ans, le médecin peut également proposer des thérapies avec des psychanalystes spécialisés dans ces traitements, la participation à des groupes de socialisation. Chaque enfant et chaque famille fait l'objet d'une proposition thérapeutique originale, il n'existe pas de stratégie de soins « type ».

L'établissement du diagnostic

Le diagnostic de syndrome autistique est un diagnostic purement clinique. Il repose sur le recueil d'un certain nombre de critères à partir de la description faite par les parents et de l'observation de l'enfant : ceux-ci concernent la socialisation, la communication, et la présence d'intérêts restreints et stéréotypés. Les cliniciens ont à leur disposition des outils permettant d'évaluer ces signes. D'autre part, des estimations directes des compétences et des difficultés peuvent être proposées par les psychologues, psychomotricien(ne)s et orthophonistes afin de mieux mesurer le niveau de développement de l'enfant dans différents domaines, et d'adapter en conséquence la prise en charge.

Deux examens pour observer le cerveau

Lors de la consultation de neurologie, le médecin peut prescrire un électro-encéphalogramme ou une IRM cérébrale. Ces deux examens se déroulent de la façon suivante.

- **L'électro-encéphalogramme** est un examen totalement indolore. Il consiste à enregistrer l'activité électrique du cerveau grâce à des électrodes qui sont posées sur le cuir chevelu. Il permet de repérer des anomalies dans l'activité des neurones, s'apparentant à l'épilepsie ; dans ce cas, des médicaments traitant ces symptômes peuvent être proposés.
- **Une IRM cérébrale** permet de voir la morphologie du cerveau. Là encore, il s'agit d'un examen tout à fait indolore, mais qui nécessite une totale immobilité pendant une demi-heure. C'est la raison pour laquelle il est pratiqué après administration d'une médication sédative qui fait dormir l'enfant, ou sous anesthésie générale.

Le diagnostic précoce d'un syndrome autistique permet de rétablir une interaction positive entre les parents et l'enfant. On assure ainsi une prise en charge adaptée, qu'elle se fasse en consultation, en hôpital de jour ou dans une école spécialisée.

▶ Les examens complémentaires

Une fois le diagnostic de syndrome autistique établi, des consultations et certains examens complémentaires sont proposés aux parents. Ils visent à rechercher des signes associés à l'autisme ou les éventuelles causes qui pourraient expliquer la survenue de ce syndrome.

La consultation neurologique • Elle permet de rechercher des signes d'atteinte du système nerveux (trouble du tonus, modification des réflexes, diminution de la force musculaire, troubles de l'équilibre ou de la coordination des mouvements, manifestations d'épilepsie). Le neurologue peut aussi être amené à demander la réalisation d'un électro-encéphalogramme ou d'une IRM cérébrale (voir encadré page 353).

La consultation génétique • Elle est destinée à rechercher une cause génétique au syndrome autistique. Le généticien examine l'enfant de manière minutieuse, prend des photos de son visage, de ses mains et de ses pieds, il interroge les parents sur l'ensemble de la famille en dessinant un arbre généalogique, afin de repérer s'il existe des cas similaires, ce qui orienterait vers une cause génétique transmise. Il propose ensuite une prise de sang à l'enfant, à partir de laquelle seront effectués des examens au niveau des chromosomes et de l'ADN, à la recherche d'anomalies connues au niveau de certains gènes ou de certaines régions chromosomiques.

Après les résultats • Dans une majorité des cas, les examens complémentaires, aussi bien neurologiques que génétiques, sont négatifs ; cela ne remet pas en question le diagnostic d'autisme, qui reste purement clinique. Parfois, une cause est identifiée. Mais, dans les deux situations, les prises en charge restent avant tout rééducatives et psychothérapiques.

Les différents types de prise en charge

L'autisme est une maladie complexe, qui nécessite une prise en charge intensive, précoce, associant plusieurs types d'actions. Les différents suivis peuvent être effectués en consultation, ce qui est le plus souvent le cas chez le jeune enfant, ou en institution, c'est-à-dire dans un hôpital de jour ou une école spécialisée.

Les suivis en consultation • Ils sont en général assurés par les centres médico-psychologiques (CMP), les centres médico-psychopédagogiques (CMPP), et les centres d'action médicale précoce et sociale (CAMPS) pour les enfants de moins de 6 ans. Ils sont plus rarement menés par des praticiens libéraux : orthophonistes, pédopsychiatres, psychologues ou psychomotriciens. Idéalement, l'accompagnement associe un suivi des parents avec leur enfant, et plusieurs prises en charge de l'enfant, à visée rééducative (orthophonie) et psychothérapique (psychothérapie ou psychomotricité), individuelles ou en groupe.

Les suivis dans une institution spécialisée • Les prises en charge en hôpital de jour peuvent commencer à partir de 3 ans. Cette structure prend en charge l'ensemble du traitement associant des temps scolaires, des temps éducatifs (ateliers peinture, marionnettes, pataugeoire) et des temps rééducatifs ou psychothérapiques. Chaque hôpital a un fonctionnement propre.

Les écoles spécialisées, ou instituts médico-éducatifs, reçoivent les enfants à partir de 6 ans, à l'exception de quelques rares établissements qui peuvent accueillir des enfants plus jeunes. À la différence des hôpitaux de jour, ces établissements sont sous la tutelle de l'Éducation nationale. Ils privilégient les aspects éducatifs et pédagogiques par rapport aux aspects psychothérapeutiques avec des spécificités propres à chaque institut.

Le devenir d'un enfant autiste

Il est très difficile de prévoir quelle sera l'évolution d'un enfant atteint d'autisme. En effet, chaque situation est unique, et la maladie touche le développement de fonctions en devenir. Le profil évolutif est donc très différent d'un enfant à un autre. Ainsi, il est plus significatif d'évaluer les possibilités d'évolution sur une durée de deux à trois ans, à partir du moment où la prise en charge a débuté de manière suffisante, que de mesurer les difficultés de l'enfant à un moment donné. La précocité et l'intensité de la prise en charge sont des facteurs qui interviennent dans le pronostic. Le degré de retard de développement qui s'associe au syndrome autistique, et l'absence d'accès au langage avant l'âge de 6 ans sont d'autres indices.

Différentes destinées • Dans les cas les plus favorables, l'enfant pourra être scolarisé et accéder à une formation professionnelle, tout en gardant une certaine maladresse dans ses relations aux autres et une tendance à l'isolement et au retrait. Dans les cas les plus sévères, l'enfant restera très enfermé dans des comportements stéréotypés, sans accéder à l'autonomie. Entre ces deux extrêmes, toutes les destinées sont possibles, les prises en charge visant à permettre à l'enfant d'accéder à la meilleure perception possible des enjeux relationnels, et à une certaine autonomie.

À l'âge adulte, certaines personnes qui ne peuvent pas accéder à une insertion professionnelle normale pourront bénéficier, par l'intermédiaire de la Commission technique d'orientation et de reclassement professionnel (COTOREP), d'une insertion en milieu ordinaire ou en atelier protégé (CAT). Les maisons d'accueil spécialisée (MAS), peu nombreuses, sont dévolues à l'aide et à l'accueil des personnes le plus en difficulté.

Existe-t-il des traitements ?

Dans certains cas, le médecin peut prescrire des traitements médicamenteux. Ceux-ci ont seulement pour but d'atténuer certains symptômes, comme les troubles du sommeil, l'agitation, l'angoisse, et leur efficacité est inconstante. Lorsqu'il existe une épilepsie, un traitement peut également être prescrit. Mais, à l'heure actuelle, aucun médicament ne soigne l'autisme. Certaines familles mettent en place des régimes sans gluten ni caséine, dans l'espoir d'améliorer l'état de leur enfant. Pour l'instant, il n'existe aucune preuve scientifique de l'efficacité de ces mesures diététiques très contraignantes.

Quelle scolarité envisager ?

M on enfant peut-il apprendre comme les autres ? Les enseignants le comprendront-ils ? Est-il mieux de privilégier le circuit « normal » ou un établissement spécialisé ? Le vœu le plus cher des parents est que leur enfant accède à la même éducation que les autres, afin de ne pas ajouter à la maladie ou au handicap d'autres sources de différence, et de ne pas le marginaliser dès son plus jeune âge. Face à ce souhait légitime, il existe en France diverses possibilités.

▶ Mon enfant peut-il aller dans une école « normale » ?

L'éducation est un droit offert à tous, et la mission de l'Éducation nationale est de permettre l'exercice de ce droit. C'est le sens des dispositifs organisés en France par les lois successives sur le handicap, et des dispositions prévues pour accueillir à l'école les enfants présentant des besoins spécifiques.

Avec le projet individuel d'intégration • Certains enfants ont, du fait de leur maladie ou de leur handicap, des besoins particuliers. Dans certains cas, ces besoins sont tout à fait compatibles avec la poursuite d'une scolarité classique, moyennant certains aménagements : il peut s'agir de la prise d'un médicament à intervalle fixe, de la possibilité de s'absenter pour se rendre à une consultation ou à une rééducation, de la réorganisation de certaines disciplines. Ces besoins et les adaptations qu'ils imposent peuvent conduire à l'élaboration d'un projet individualisé d'intégration scolaire (PIIS). Il s'agit d'un contrat, signé par les partenaires concernés par l'éducation et le suivi de l'enfant (enseignants, thérapeutes et parents), définissant les temps d'absence ou les horaires d'administration d'un traitement, par exemple. Ce type de projet est mis en place après la réunion d'une commission de la circonscription pédagogique d'établissement (CCPE) à l'initiative du directeur de l'école, éventuellement à la demande des parents.

Avec un(e) auxiliaire d'intégration • Dans d'autres situations, le maintien de l'enfant dans une classe traditionnelle est possible moyennant l'aide d'un adulte, qu'on appelle auxiliaire d'intégration. Celui-ci peut aider un enfant présentant un handicap moteur dans ses déplacements, ou relayer les consignes données par l'enseignant auprès d'un enfant ayant des difficultés sur le plan cognitif ou psychologique. Ces auxiliaires d'intégration sont mis à la disposition des écoles par l'Éducation nationale, après une demande formulée par la CCPE auprès de l'académie. Toutefois, le nombre d'auxiliaires d'intégration est encore insuffisant, et il faut parfois avoir recours à des personnes extérieures à l'Education nationale, avec son accord. Cette aide peut également être apportée par un SESSAD (service d'éducation spécialisée et de soins à domicile), organisme qui dépend de la CDES (commission départementale de l'éducation spécialisée).

▶ L'intérêt des classes spécialisées

Parfois, le maintien dans une classe classique ne paraît pas convenir aux besoins de l'enfant, car son état justifie un enseignement adapté dispensé en petit groupe. Dans ce cas, une orientation peut être proposée vers une classe spécialisée, baptisée CLIS (classe d'intégration spécialisée) dans le cycle primaire, ou SEGPA (section d'enseigne-

Étudier tout en étant hospitalisé

Dans certains cas, les besoins médicaux de l'enfant priment sur la nécessité de mettre en œuvre des adaptations pédagogiques. La scolarité se déroule alors dans le cadre d'une structure de soins appelée « hôpital de jour ». Elle est assurée par des enseignants détachés de l'Éducation nationale. En théorie, rien ne fait obstacle à ce qu'un enfant orienté vers un hôpital de jour puisse revenir dans un cycle scolaire normal, si son évolution le permet. Il en va d'ailleurs de même pour les enfants scolarisés dans un établissement spécialisé.

Les classes spécialisées proposent des méthodes d'enseignement et du matériel pédagogique bien adaptés aux enfants malades ou handicapés.

ment général et professionnel adapté) dans le secondaire. Il s'agit de classes à petits effectifs (maximum 12 enfants), intégrées dans une école normale et animées par un enseignant spécialisé. Certaines matières peuvent donner lieu à des décloisonnements, permettant par exemple aux enfants de la CLIS de rejoindre une autre classe.

La présence d'une classe spécialisée dans une école ou un collège bénéficie à tous : elle permet aux enfants des autres classes de côtoyer des enfants en difficulté et de les rendre plus tolérants. Elle bénéficie à l'équipe pédagogique, stimulée par la réflexion et les adaptations qu'impose l'éducation d'enfants « hors norme ». Elle contribue à une meilleure cohésion et à la mise en œuvre de projets communs et innovants.

▶ Les divers établissements spécialisés

Il arrive enfin que le maintien dans une école traditionnelle ne soit pas la meilleure solution, car les soins dont l'enfant a besoin, ou les adaptations pédagogiques dont il relève, dépassent le cadre scolaire habituel. Dans ce cas, l'école confie à la commission départementale de l'éducation spécialisée (CDES) l'orientation de l'enfant vers une

structure adaptée à ses besoins dans la zone géographique où il habite. Il existe plusieurs types d'écoles spécialisées : les instituts médico-éducatifs (IME), qui fonctionnent en internat ou en externat, les externats médico-pédagogiques (EMP) et les instituts médico-professionnels (IMPRO). La scolarité dans ces établissements associe des temps purement scolaires à des temps éducatifs et rééducatifs. Chaque établissement définit le type de patients qu'il reçoit, et organise un procédure d'admission selon les critères ainsi définis.

▶ Tendre vers l'autonomie

L'un des plus grands soucis des parents est que leurs enfants puissent accéder un jour à une vie autonome. La présence d'une maladie chronique ou d'un handicap peut paraître un obstacle majeur sur la voie de cette autonomisation. Pourtant, une certaine autonomie est toujours possible, et c'est vers elle qu'il faut tendre, avec des adaptations plus ou moins importantes en fonction des situations. De nombreuses personnalités ont réussi des exploits en dépassant leur handicap. Ces cas d'exception révèlent la capacité de ces personnes et de leur entourage à transcender leurs difficultés ; ils ont pour chacun valeur d'exemple.

Le rôle de la société • L'intégration des personnes handicapées ou malades passe bien entendu par un certain nombre de dispositions légales, qui s'améliorent avec le temps : statut COTOREP, attribution d'une allocation d'adulte handicapé (AAH), attribution d'un certain pourcentage de postes de la fonction publique à des personnes handicapées, avantages attribués aux entreprises pour l'embauche de personnes handicapées… Mais ces mesures ne sont efficaces que si elles sont associées à une culture de l'intégration et de l'acceptation des différences quelles qu'elles soient. En ce sens, il faut multiplier les efforts de la société pour une meilleure intégration des personnes handicapées ou malades, dès le plus jeune âge, c'est-à-dire dès le début de la vie en collectivité. Une société qui ne serait pas capable de veiller à l'épanouissement de ses membres les plus fragiles serait une société bien malade. Nous devons tous être reconnaissants aux personnes malades et handicapées de la contribution qu'elles apportent à nos sociétés, en les poussant à devenir meilleures, c'est-à-dire plus humaines.

Guide médical

et pratique

- Les gestes qui sauvent

- La sécurité

- Face à la douleur de son enfant

- Tableau des vaccinations

- Dictionnaire médical

- Soigner par l'homéopathie

- Soigner par l'ostéopathie

- Formalités pratiques et adresses utiles

Les gestes qui sauvent

Si l'enfant ne respire plus, si son cœur ne bat plus, s'il a perdu connaissance, appelez un service d'urgence – le S.A.M.U. (le 15) ou les pompiers (le 18) – et appliquez immédiatement ces quelques gestes simples en attendant l'arrivée des secours.

Le massage cardiaque externe

Il a pour but, en cas d'arrêt du cœur, de maintenir la circulation sanguine : en comprimant la cage thoracique de manière rythmique, il se crée une dépression qui permet un effet de pompe. Vous adopterez une position des mains différente selon l'âge de l'enfant : jusqu'à 2-3 ans, vous comprimerez son sternum avec les pouces ; après 2-3 ans, avec le talon de la paume d'une main. Vérifiez l'efficacité de votre massage en cherchant le pouls fémoral (au pli de l'aine). Comme il est indispensable de maintenir une oxygénation et que l'enfant ne respire plus, il faut faire en même temps le bouche-à-bouche. Pour effectuer ces gestes, il vaut mieux être à deux (mais on peut les faire seul) et changer de rôle dès qu'on se fatigue. Vous alternerez les deux gestes, à raison de 3 insufflations pour 10 compressions thoraciques. Essayez de mémoriser l'heure à laquelle vous commencez, c'est un renseignement important pour les médecins.

Pour un nourrisson de moins de 2 ans

1. Allongez-le sur le dos sur un plan dur (sol ou table). Saisissez son thorax avec vos deux mains, les pouces se joignant au milieu d'une ligne virtuelle passant par les deux mamelons, et les autres doigts derrière le thorax en vis-à-vis sans les rejoindre, les mains encerclant le thorax du bébé.

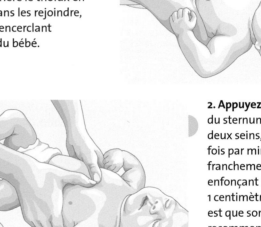

2. Appuyez fort au niveau du sternum, entre ses deux seins, environ cent fois par minute. (Allez-y franchement en enfonçant le thorax de 1 centimètre, l'important est que son cœur recommence à battre.) Écartez vos paumes de main, elles ne doivent pas s'appuyer sur l'abdomen.

Pour un enfant à partir de 2 ans

1. Allongez-le sur un plan dur (sol ou table). Appuyez fort avec votre paume d'une main, puis relâchez. Il faut enserrer le bas de l'avant-bras avec la seconde main. Effectuez ce mouvement environ 80 fois par minute.

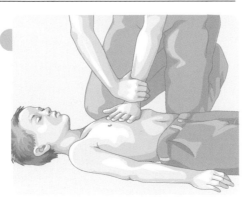

2. Appuyez fort avec le rebord de la paume de la main relevée, poignet enserré par l'autre main. Les temps de compression et de relâchement doivent être égaux.

Le bouche-à-bouche

En cas d'arrêt respiratoire, la poitrine et le ventre de l'enfant sont immobiles, ses lèvres et son visage deviennent bleus ou très pâles, voire livides; il faut restaurer immédiatement une oxygénation en pratiquant le bouche-à-bouche. Pour un nourrisson, comme pour un enfant plus âgé, appliquez votre bouche sur la sienne en bouchant ou en pinçant les narines avec vos doigts. Soufflez pour que la poitrine de l'enfant se soulève et recommencez le geste 30 fois par minute (pour un nourrisson de moins de 2 ans) ou 25 fois par minute (pour un enfant de plus de 2 ans), en attendant que les secours arrivent. S'il recommence à respirer, placez-le en position latérale de sécurité.

1. Penchez la tête de l'enfant légèrement en arrière afin de dégager la langue vers l'avant. Les épaules se soulèvent et les voies aériennes sont libérées.

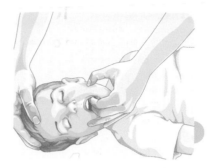

2. Passez un doigt dans sa bouche afin d'ôter tout ce qui s'y trouve.

3. Inspirez normalement, puis posez votre bouche et soufflez vite et fort. La poitrine doit se gonfler. Reprenez votre respiration en vous relevant. Puis recommencez, au rythme d'une insufflation toutes les trois secondes pour un enfant de plus de 2 ans; pour le bébé, rapprochez les insufflations (30 par minute).

Position latérale de sécurité

Si l'enfant a perdu connaissance mais respire encore, placez-le en position latérale de sécurité.

ATTENTION !
Si l'enfant a eu un accident de voiture ou a fait une chute grave, ne le déplacez surtout pas.

1. Tête, cou et corps doivent basculer en même temps. Prenez l'enfant par l'épaule et le bassin pour le faire basculer sur le côté. La jambe repliée doit avoir le pied dans le creux de la jambe allongée à terre et le genou est bloqué au sol. Placez un vêtement plié contre la tête.

2. La bouche de l'enfant est ouverte, dirigée vers le sol. Les liquides (salive, sang, écoulements gastriques) peuvent s'écouler à l'extérieur, sans encombrer les voies aériennes.

Que faire en cas de...

Après avoir appelé les secours, allongez votre enfant, rassurez-le et réchauffez-le s'il a froid. Ne lui donnez pas à boire ni à manger, même s'il a soif. En cas d'empoisonnement, ne lui donnez pas de lait et n'essayez pas de le faire vomir car cela pourrait aggraver son état.

Hémorragie

Tout saignement important doit impérativement être arrêté. Prenez un linge propre et appuyez au niveau de la plaie avec votre pouce ou votre poing. Désinfectez ensuite la plaie avec un produit antiseptique.

Mettez un pansement compressif avant de consulter. Si vous n'avez pas de compresse ou de linge propre à votre disposition, bouchez la plaie avec votre pouce en appuyant fortement sur l'endroit d'où s'échappe le sang.

1. En cas de plaie avec saignement, comprimez-la avec un morceau de linge propre ou des compresses que vous presserez avec un doigt (ou plusieurs).

2. S'il y a un corps étranger dans la blessure, n'essayez pas de le retirer, car il peut jouer le rôle de bouchon. Comprimez autour du corps étranger en cas de fort saignement et couvrez la blessure avec des compresses propres en attendant l'arrivée des secours.

Gros corps étranger asphyxique

Lorsque la gorge est obstruée, l'enfant ne peut ni tousser, ni respirer, ni parler. Il devient bleu et perd connaissance, il s'asphyxie. La manœuvre de Heimlich doit être tentée immédiatement.

Manœuvre de Heimlich.
Placez-vous derrière l'enfant, entourez sa poitrine avec vos bras et appliquez une vigoureuse pression de bas en haut avec le poing gauche recouvert de votre main droite, sous la cage thoracique. La pression doit faire expirer brutalement l'enfant, ce qui peut suffire à expulser ce qui l'étouffe. Si cette manœuvre est inefficace, refaites-la en attendant les secours.

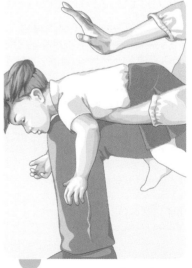

Manœuvre de Mofenson.
Chez les enfants de moins de 5 ans, on peut frapper (la main à plat) avec violence entre les deux omoplates dans le dos ; l'autre main doit prendre appui sur la cuisse et soutenir le thorax par en dessous.

Amputation

Si un doigt, un orteil ou un membre sont sectionnés, comprimez avec un linge propre le moignon pour arrêter le saignement, et confectionne un pansement très compressif mais sans faire de garrot. Rassurez l'enfant, ne lui donnez rien à boire ni à manger et appelez le 15 ou le 18 sans attendre. Si vous retrouvez la partie sectionnée, enveloppez-la dans un linge propre introduit ensuite dans un sac en plastique que vous poserez, si possible, sur des glaçons ou des plaques réfrigérantes, utilisés dans les congélateurs. Retournez le sac toutes les dix minutes. Téléphonez au 15 pour savoir où conduire l'enfant.

Asphyxie

Par un sac en plastique
Dégagez l'enfant du sac qui l'a étouffé. S'il ne respire plus, débutez le bouche-à-bouche et faites appeler le 15. Vérifiez que son cœur bat, sinon pratiquez un massage cardiaque, en même temps que le bouche-à-bouche. Si vous êtes seul, alternez 3 insufflations et 10 compressions thoraciques.

Par obstruction asphyxiante d'un corps étranger (aliment, jouet, objet)
Voir page ci-contre.

En cas de maladie
Certaines maladies, comme la laryngite aiguë ou une crise d'asthme, peuvent provoquer une gêne respiratoire. Si l'hôpital n'est pas trop éloigné de votre domicile, si l'enfant n'est pas bleu ou somnolent, emmenez-le au service des urgences. Sinon, appelez immédiatement le 15.

Brûlure

Qu'il ait été aspergé par un liquide bouillant, qu'il ait posé sa main sur une plaque électrique, qu'il ait été en contact avec un produit chimique ou que ses vêtements aient pris feu, l'enfant est brûlé. D'emblée, faites couler pendant cinq à dix minutes et d'une hauteur de 15 cm de l'eau fraîche sur la région brûlée, avant de la protéger par un linge propre. S'il s'agit d'une petite brûlure, appliquez après l'eau de la Biafine en grosse épaisseur et recouvrez de plusieurs compresses. Composez le 15 pour savoir s'il faut le transporter immédiatement ou attendre les secours. Si ce sont les vêtements de l'enfant qui ont pris feu, éteignez les flammes par tous les moyens possibles. Utilisez de l'eau si vous en avez à portée de la main. Sinon, étendez l'enfant par terre et étouffez les flammes avec un vêtement en tissu naturel de laine ou de coton (couverture, tapis, manteau...), ou roulez-le au sol. N'essayez jamais d'enlever des vêtements qui collent à la peau. Ne faites pas boire l'enfant. S'il se plaint d'avoir soif, humectez ses lèvres avec un linge imbibé d'eau. Si des cloques se sont formées, elles ne doivent pas être percées.

Électrisation

À la suite d'un choc électrique important (par exemple, après avoir touché un appareil électrique défectueux avec les mains mouillées), l'enfant peut perdre connaissance. Avant toute chose, appelez le 15.

En attendant les secours, ne touchez pas l'enfant avant d'avoir débranché l'appareil responsable de l'accident – le mieux est de couper le courant au compteur général. (Sinon, vous risqueriez de subir aussi ce choc.) Au minimum, séparez l'enfant de ce avec quoi il est en contact (fil dénudé ou prise, le plus souvent) en vous aidant d'un objet non conducteur (balai ou tout objet en bois ou en plastique). Si l'accident s'est passé dans la cuisine ou dans la salle de bains, faites bien attention à ne pas être en contact avec de l'eau, car c'est un excellent conducteur. Si l'enfant a perdu connaissance, placez-le en position latérale de sécurité. S'il ne respire plus, commencez sans attendre le bouche-à-bouche, et, s'il est en arrêt cardiaque, un massage cardiaque externe. Il s'agit alors d'une électrocution.

Empoisonnement

Si l'enfant a avalé un produit médicamenteux, ménager, industriel, des baies de végétaux, ou autres, appelez le centre antipoison de votre région ou bien le 15.
Si vous allez à l'hôpital sans l'avoir appelé car l'enfant ne présente encore aucun signe, emportez le produit responsable et le carnet de santé. Surtout, ne donnez rien à boire ni à manger à l'enfant (ni eau, ni lait). Ne provoquez jamais

---

La trousse d'urgence

En voyage ou à la maison, ayez toujours avec vous :

- Des médicaments pour faire tomber la fièvre et diminuer la douleur (paracétamol), dans des présentations adaptées à l'âge de vos enfants (sirop et suppositoires).
- Des compresses stériles, un antiseptique, de l'éosine à l'eau et de l'alcool à 70 % vol.
- Des sachets de réhydratation par la bouche pour les bébés qui ont la diarrhée ou une gastro-entérite.

de vomissements ; si le produit ingéré est un dérivé pétrolier (white-spirit, par exemple) ou un caustique (déboucheur à base de soude caustique, acide, produit pour lave-vaisselle), les vomissements aggravent les lésions en brûlant une seconde fois. Si l'enfant vomit spontanément, tenez-le penché en avant pour éviter qu'il ne s'étouffe.

Empoisonnement par la peau

Sachez qu'il peut exister un empoisonnement par voie percutanée, c'est-à-dire par la peau. Si, par exemple, votre enfant est un jour aspergé d'une quantité, même minime, de peinture anti-graffiti, faites couler de l'eau sur la peau touchée pendant 15 minutes avant de le conduire aux urgences.

Entorse

L'enfant a fait une chute. L'une de ses articulations gonfle et devient douloureuse au moindre mouvement. Appliquez alors un produit froid sur l'articulation, soit en la mettant directement sous un robinet d'eau froide, soit en appliquant un linge mouillé ou une vessie de glace à renouveler très souvent. Cela soulagera la douleur et diminuera le gonflement. Puis bandez l'articulation sans trop serrer, avec une bande élastique et immobilisez l'articulation. Montrez ensuite l'enfant à un médecin.

Fracture ou luxation

Attention : en cas de choc au niveau du cou ou du dos, ne bougez pas l'enfant, sauf nécessité absolue. Que l'os soit cassé (fracture) ou qu'il ait quitté son articulation (luxation), vous devez agir de la même façon. Vérifiez tout d'abord que l'enfant n'est pas en état de choc (pâleur, respiration accélérée, transpiration, soif).
Si c'est le cas, rassurez-le et mettez-le en position latérale de sécurité ; surtout ne lui donnez ni boisson ni nourriture, et appelez immédiatement le 15.
Si l'enfant n'est pas en état de choc, installez-le dans la position la moins inconfortable possible pour lui, desserrez ses vêtements et appelez le 15.
Si vous vous trouvez dans un endroit isolé et que vous deviez transporter l'enfant vous-même, immobilisez le membre cassé ou luxé avant de déplacer l'enfant.
S'il s'agit d'une jambe, séparez-la de l'autre à l'aide d'un tissu épais, puis attachez les deux jambes ensemble avec des morceaux d'étoffe et deux morceaux de bois. Le maintien doit être solide, sans toutefois entraver la circulation sanguine.
Si c'est un bras, repliez-le avec délicatesse et maintenez-le en écharpe (y compris le poignet) à l'aide d'un grand morceau de tissu plié en triangle. Passez ce tissu derrière le cou de l'enfant, attachez-le sur son épaule puis fixez la pointe sur le coude à l'aide d'une épingle de nourrice ou d'un morceau de sparadrap).
Une luxation est facile à éviter. Il ne faut pas attraper un petit enfant par le poignet pour lui faire sauter un trottoir, par exemple, ou le relever. En effet, ce geste peut provoquer une luxation du coude : l'enfant ne peut alors plus se servir de son bras, qui pend inerte. Si cela vous arrivait, emmenez l'enfant au service des urgences pédiatriques de l'hôpital le plus proche.

Noyade

L'enfant a la tête dans l'eau, que ce soit dans une baignoire, une piscine, une pataugeoire, un étang ou au bord de la mer. Il a inhalé de l'eau. Après l'avoir retiré de l'eau, appelez ou faites appeler d'urgence les pompiers (18) ou le S.A.M.U. (15). Placez d'abord l'enfant sur le ventre et appuyez rapidement sur son dos au niveau des reins pour qu'il régurgite l'eau avalée. Ensuite, mettez l'enfant sur le dos et, s'il ne respire pas et si vous n'entendez pas de battements cardiaques, pratiquez en association un massage cardiaque externe et le bouche-à-bouche.
Un noyé a en général très froid : dès que l'enfant a été sorti de l'eau, couvrez-le avec une couverture ou un manteau pour le réchauffer.

Les mesures préventives

Une grande partie des accidents qui arrivent aux petits enfants pourraient facilement être évités.
• Ne laissez pas votre enfant évoluer dans la cuisine. Les casseroles de liquides bouillants, les produits ménagers et l'eau de Javel sont à l'origine de très nombreux accidents.
    • Ne donnez jamais de cacahuètes à un enfant de moins de 4 ans, et ne les laissez pas à sa portée.
    • Ne mettez jamais de chaîne autour du cou de votre bébé et évitez les vêtements avec des cordonnets.
• Ne placez pas de coffre ou de siège sous une fenêtre.
• Ne réutilisez jamais des bouteilles de jus de fruit ou d'eau minérale pour stocker des produits domestiques.
• Gardez les médicaments enfermés dans une armoire à pharmacie hors de portée des jeunes enfants.

La sécurité

Les pages qui suivent indiquent les principales précautions à prendre à la maison et à l'extérieur pour garantir au mieux la sécurité de votre enfant. Au fur et à mesure que votre tout-petit grandira et saura respecter vos mises en garde et vos interdits, certaines mesures seront moins nécessaires.

▶ Surveiller et sensibiliser aux dangers

Autour de l'âge de 8 mois, votre bébé est un véritable explorateur. Debout, assis, à quatre pattes ou à plat ventre, ce touche-à-tout part à la découverte du moindre objet afin de satisfaire une curiosité sans limites. Cette soif de tout connaître s'intensifie au fil des mois, et encore plus dès qu'il sait marcher, courir, grimper et qu'il devient plus habile.

Lors des premières explorations, vous ne pouvez pas dire « non » à tout ce que votre bébé entreprend. Donnez-lui alors le droit d'assouvir sa curiosité, mais restez fermes sur quelques interdictions, toujours les mêmes. À cet âge, il n'a bien sûr aucune conscience du danger et réclame votre surveillance et un espace de vie autant sécurisé que possible. Passé 2 ou 3 ans, vos explications auront davantage d'effet, et vous pourrez mieux le sensibiliser aux pièges domestiques ou aux dangers de la rue. En lui expliquant aussi souvent que possible ce qui est dangereux et ce qui ne l'est pas, vous le guiderez ainsi vers une meilleure prise en compte de son environnement.

▶ À la maison

Les accidents domestiques ne sont pas un phénomène anecdotique. Comme il ne s'agit pas d'entraver tous les mouvements de votre enfant, il est important d'anticiper ses réactions et de sécuriser les lieux. Voici quelques conseils…

Quelques principes de base

Il existe des moyens de sécuriser les trajets d'un tout-petit dans une maison ou un appartement.

Dans toutes les pièces accessibles • D'abord, dégagez l'espace au sol autant que possible. Équipez également le mobilier avec des embouts en plastique, ou avec des coins en polystyrène autocollant, placés aux angles : cela limitera l'impact s'il se cogne. Les bords des tables basses, par exemple, ne doivent surtout pas être tranchants.

Pour limiter les embûches, fixez les tapis au sol, évitez les sols glissants et les fils électriques qui traînent. Pensez également à installer des cache-prises électriques contre les risques d'électrocution. Si vous êtes équipés d'une cheminée, le foyer ouvert devra comporter un pare-feu que l'enfant ne peut pas déplacer.

La nécessité de ranger • Vous devez éliminer ou placer en hauteur tous les objets fragiles ou avec lesquels il pourrait se blesser. Tout ce qui est petit est dangereux, car il risque de le porter à sa bouche : les billes ou autres jouets des aînés, par exemple. Méfiez-vous aussi des sacs en plastique qu'il pourrait mettre sur la tête, des objets en verre, des lampes, des tissus qui s'effilochent, des appareils ménagers, du matériel de bricolage. Sachez enfin que certaines plantes et fleurs sont toxiques : houx, gui, pommier d'amour, poinsettia ou dieffenbachia sont, par exemple, à éloigner de ses mains. De même, ne laissez pas un enfant seul dans une pièce avec des bougies allumées.

Attention aux fenêtres…

N'oubliez jamais que, avant 5 ans, un enfant n'a pas une idée juste des distances et de la hauteur. Cela implique de sécuriser particulièrement l'accès aux fenêtres. La première règle est d'éviter de placer à proximité tout meuble que l'enfant pourrait escalader : chaises, fauteuils ou petite table… Les fenêtres doivent être placées au moins à 90 cm du sol et pourvues d'un garde-corps, en plastique transparent par exemple. Vous pouvez aussi les équiper d'un entrebâilleur qui empêche leur ouverture totale. Il est enfin important de sécuriser les baies vitrées, auxquelles l'enfant peut se cogner, en plaçant des autocollants ludiques à sa hauteur, ou une large bande adhésive à 70 cm du sol.

… et aux portes • Tant que votre enfant est petit, il peut être très utile d'installer des anti-pinces sur vos portes pour protéger ses doigts. Quand il grandit, il est mieux de supprimer clés et verrous, notamment dans les toilettes, car il risquerait de s'enfermer en cherchant à jouer avec la serrure. Vous pouvez aussi installer des blocages aux chambranles des portes.

À mettre sous clé

Certains produits présentent un caractère toxique au contact avec la peau, ou si l'enfant les inhale ou les avale, ce qui oblige à les mettre sous clé. Comme votre tout-petit trouve un grand plaisir à jouer avec les portes des tiroirs ou des placards, équipez tous vos lieux de rangement délicats de systèmes de sécurité qu'il ne pourra pas débloquer, même à deux mains. Il en existe plusieurs modèles. Les produits dangereux sont les suivants.

– **Les médicaments :** bouclez-les dans une armoire à pharmacie et vérifiez régulièrement les dates de péremption.

– **Les produits ménagers :** rangez-les en hauteur, plutôt que sous l'évier, et à l'écart des aliments. Ces produits seront munis d'un bouchon-sécurité toujours remis en place après utilisation. Ils doivent rester dans leur emballage d'origine et ne jamais être transvasés dans un contenant alimentaire, une bouteille d'eau minérale par exemple. Plus tard, quand votre enfant sera susceptible d'apprendre et de mémoriser, vous pourrez

le familiariser avec tous les symboles signalant des produits dangereux.

– **Les cosmétiques et produits de toilette :** savons, parfums, maquillage prendront place sur une étagère haute ou dans un placard inaccessible.

Dans la cuisine

Du fait de tous ses dangers potentiels, la cuisine est souvent une pièce interdite au tout-petit. Dans tous les cas, un jeune enfant ne doit jamais y rester seul sans surveillance. Pour la sécuriser autant que possible, plusieurs aménagements ou principes de prudence peuvent être mis en œuvre.

Ustensiles et appareils de cuisson • Tournez toujours les queues de casserole vers le mur. Couvrez les plaques ou brûleurs juste après utilisation, ou rehaussez d'un pare-flamme les rebords de la cuisinière. Cachez les allumettes et les briquets. Et attention au micro-ondes : le contenant peut être tiède et le contenu brûlant. Le four traditionnel doit être à double paroi.

Suggestions de rangement • Rangez ou suspendez couteaux et objets tranchants. Équipez tiroirs et placards d'un système de fermeture. Débranchez et/ou rangez les appareils ménagers après utilisation (grille-pain, cafetière, robot…). Laissez toujours la porte du lave-vaisselle fermée. Pour des questions d'hygiène, enfermez la poubelle et videz-la régulièrement.

Dans la salle de bains

Même si votre enfant ne pénètre pas dans la salle de bains sans vous, quelques mesures de précaution s'imposent : mettez hors de portée les produits tels que les cosmétiques, les rasoirs ou les ciseaux ; ne laissez pas d'appareils électriques branchés ni de téléphones à proximité de l'eau. Les chauffages d'appoint sont à bannir, au profit de sèche-serviettes électriques mixtes. Enfin, pour éviter les brûlures, réglez l'eau chaude à 50 °C au maximum à l'aide d'un mitigeur (à placer au niveau des robinets) ou à partir de votre chaudière.

Lors du bain • Avant de baigner votre bébé, préparez le nécessaire, pour ne pas avoir à vous éloigner. Une fois sorti de l'eau, il sera langé sur une table répondant aux normes, c'est-à-dire pourvue de rebords qui l'empêchent de basculer. Quand votre tout-petit grandit, installez un tapis antidérapant au fond de la baignoire. Il existe aussi des accessoires en plastique gonflable à placer

L'accès aux étages

Dès qu'il en sera capable, votre enfant va adorer grimper et monter des marches. Si vous habitez une maison à étages, il est donc important de contrôler l'accès aux différents niveaux, en fermant les portes palières quand c'est possible. Pour interdire l'accès aux escaliers, surtout aux plus jeunes, vous pouvez installer des barrières homologuées et amovibles. Vos escaliers doivent être munis de rampes à barreaux rapprochés. Petit conseil : recouvrez les marches de moquette et de barres de maintien ou utilisez une cire antidérapante. Placez, par précaution, un tapis bien épais sur le palier. Et prévoyez un éclairage suffisant. Il est préférable que la cave et le grenier restent des lieux interdits.

sur le robinet pour que l'enfant ne se cogne pas et ne joue pas avec. Dès qu'il est susceptible de comprendre, vous pouvez apprendre à votre enfant la différence entre les robinets d'eau chaude et d'eau froide (pastille rouge ou bleue).

Dans sa chambre

La chambre, décorée avec des matières inoffensives, est la pièce intime de votre enfant. Il y dort et y joue. Prévoyez au sol un revêtement sur lequel l'enfant puisse se déplacer à son aise, éventuellement un tapis épais pour amortir les chutes, des meubles à angles arrondis et à sa hauteur, des mobiles bien fixés et hors de portée. La pièce doit être bien aérée, et exempte de tout objet que l'enfant risquerait d'avaler ou qui pourrait le blesser.

Lit et literie • Choisissez un lit à barreaux rapprochés pour les plus petits, assez haut pour que l'enfant puisse se tenir debout en toute sécurité. Les parties supérieures des lits superposés et les mezzanines étant déconseillées avant l'âge de 6-7 ans, préférez un système gigogne si vous manquez de place. Dans les premières semaines, évitez couvertures, draps et, surtout, oreillers, et optez pour la turbulette ; vous passerez ensuite à la couette. Un bébé a en outre besoin d'un matelas ferme, aux mesures du lit.

Où s'informer ?

Pour en savoir plus sur la sécurité à la maison, renseignez-vous auprès :
• de vos fournisseurs et installateurs en gaz et électricité, en chauffage et en plomberie, pour vérifier éventuellement la conformité de vos installations ;
• de votre pédiatre, de votre pharmacien ou d'un centre anti-poison, pour en savoir plus sur la conduite à tenir en cas d'ingestion ou de contact avec un produit toxique ;
• des centres de sécurité sociale, qui tiennent à disposition une brochure intitulée « À la maison, les dangers, apprenons à les éviter » ;
• du CEPR (Centre européen de prévention des risques) 18, rue Marcel-Paul, 79 000 Niort (Tél. : 05 49 04 66 77 ; Internet : www.cepr.fr).

▶ À l'extérieur

Hors de la maison, votre enfant est sollicité de maintes façons. Vous allez jouer un rôle clé en le prévenant des dangers potentiels, à la ville comme à la campagne. Il apprendra ainsi petit à petit les grands principes de la sécurité.

Sortir ensemble dans la rue

D'abord, votre bébé se promènera bien attaché dans sa poussette. Puis, quand il saura marcher, vous pourrez l'initier au monde de la rue. Commencez par le sensibiliser aux différents bruits (vélo, moteur...) en lui apprenant à les reconnaître. Donnez-lui la main sur le trottoir, faites-le marcher près de vous, côté mur, et traversez ensemble. Montrez-lui qu'on ne doit pas s'attarder entre deux véhicules en stationnement, sur des sorties de garage ou des parkings. Dès que possible, expliquez-lui qu'il faut traverser quand les véhicules sont arrêtés, que le feu est rouge, et le petit bonhomme, vert. À long terme, la leçon sera profitable si vous avez donné le bon exemple.

Les balades en vélo

La pratique du vélo, de la trottinette, ou de tout autre moyen de locomotion, impose quelques règles de sécurité, dont le port d'un casque.
• Vérifiez le bon état du matériel, notamment les freins. Pensez à fixer des catadioptres sur les pédales et sur les rayons du vélo.
• Si vous roulez avec votre enfant sur une route, apprenez-lui à ne pas démarrer en zigzag et à bien tenir sa droite. Placez-vous derrière son vélo.
• Au carrefour, s'il veut tourner à gauche, incitez-le à descendre de son vélo et à traverser aux passages pour piétons.
• Dans les descentes, dites-lui de ne pas laisser le vélo prendre trop de vitesse.

La sécurité en voiture

D'abord, veillez aux ouvertures automatiques des garages ou portails, qui sont soumis à des normes de sécurité obligatoires. Quand vous manœuvrez votre véhicule, veillez bien à ce que l'enfant ne se trouve pas à proximité. À tout âge, faites-le monter et descendre du côté du trottoir. Une fois l'enfant dans la voiture, n'oubliez pas d'actionner la sécurité-enfant logée dans les portières.

Sur le trajet, votre enfant prendra place dans un siège spécial : jusqu'à 9 mois dans une nacelle ou un siège-coque bien arrimés au siège, puis, jusqu'à 3-4 ans, dans un siège-auto, sanglé avec un harnais. Dès 4 ans et jusqu'à 10 ans environ, des rehausseurs l'aideront à bien attacher sa ceinture.

S'aérer et s'amuser

Espaces verts et squares sont pour un petit citadin des aires de promenade et de jeu privilégiées. Expliquez à votre enfant qu'il ne faut pas embêter les animaux, par sécurité et par respect, ni arracher les fleurs, pour les mêmes raisons. Veillez aux végétaux qui pourraient piquer ou s'avérer nocifs. Il en va de même si vous possédez un jardin…

Les aires de jeu • Regardez toujours votre enfant, de près ou de loin, lorsqu'il évolue dans une aire de jeu. Les appareils, balançoires ou tourniquets, nécessitent votre présence, essentiellement durant les trois premières années. Au toboggan, rappelez-lui qu'il doit attendre son tour.

Au jardin • Même chez vous, ou chez des proches, gardez toujours un œil attentif sur les activités du tout-petit. Pensez à ranger l'outillage et les produits de jardinage. Si vous achetez une balançoire, prenez un matériel homologué, avec des portiques fixés au sol, et installez-la au-dessus de l'herbe pour amortir les chutes éventuelles.

Le barbecue • Aux beaux jours, le barbecue est à manier avec prudence. Vous ne devez en aucun cas l'aviver en jetant de l'essence ou de l'alcool. Et ne laissez pas votre enfant s'en approcher trop près lorsqu'il est allumé.

Les piqûres d'insectes

En été, la peau des petits attire les insectes. En dehors des produits adaptés, une simple moustiquaire sécurisée sur le lit du bébé protège des moustiques. Il faut également éviter les vêtements sombres, les zones à risques comme les bois, ou certaines heures, comme le coucher du soleil. En traitement, il existe des lotions spéciales, ou, pour les dards d'abeille et autres piqûres délicates, des extracteurs de type Aspivenin®. Il est conseillé, sans s'alarmer, de surveiller discrètement votre enfant pour guetter sa réaction.

Partir et se détendre

Que vous partiez en camping, dans une location ou dans une résidence secondaire, les lieux ou leurs environs peuvent présenter des dangers dont il vous faudra tenir compte. Au moment de vous installer, faites une inspection générale pour évaluer les risques potentiels, à l'intérieur et à l'extérieur : électricité, chauffage, circulation automobile, plantes sensibles, puits, étages et autres ouvertures… Vous pourrez ensuite sensibiliser vos enfants à certains risques s'il sont à l'âge où ils respectent vos interdits majeurs.

L'exposition au soleil • Il est avant tout nécessaire que votre enfant boive beaucoup, pour rester bien hydraté. En principe, il ne doit pas être exposé au soleil avant l'âge de 1 an. Évitez les heures « chaudes » entre 12 et 16 heures. Prévoyez des vêtements légers et amples, une casquette, des lunettes de soleil. Les crèmes solaires, appliquées régulièrement, seront à fort indice, voire à écran total pour les bébés : n'oubliez pas les parties sensibles comme la nuque.

Piscines, plans d'eau et bord de mer

Jardins et parcs sont des univers séduisants, mais méfiez-vous des plans d'eau. Même une simple pataugeoire exige votre attention et votre présence permanentes. La piscine, depuis une loi française de janvier 2003, doit être entourée d'un enclos fermé. Évitez des bords glissants, et prévoyez une couverture – rideau ou bâche – voire des détecteurs électroniques, lorsqu'elle n'est pas utilisée. Sans s'angoisser, il faut être conscient de l'intrépidité des jeunes enfants qui, en général, n'appréhendent pas l'eau. Tant qu'ils ne savent pas nager, équipez-les de bouées et de brassards flottants aux deux bras.

La baignade • Voici les notions de base.
• L'entrée dans l'eau doit être progressive.
• Choisissez toujours une zone surveillée.
• Un adulte doit toujours surveiller un enfant qui se baigne dans un étang, un lac, une rivière, un torrent ou une piscine, qu'il soit seul ou avec d'autres enfants.
• Respectez les informations des panneaux et des drapeaux. Vous pouvez apprendre à votre enfant le code des couleurs : vert s'il peut se baigner, orange s'il y a un risque, rouge si c'est interdit.
• Si votre enfant se perd sur la plage, sachez qu'il marchera en général dos au soleil.

Face à la douleur de son enfant

Votre enfant sera obligatoirement confronté à des expériences douloureuses qu'il mémorisera : vaccins, chutes et autres accidents, même mineurs, mal à l'oreille lors d'une otite... Pour en minimiser l'impact, vous pouvez très tôt l'aider à donner un sens à sa douleur, en le sécurisant et en lui expliquant ce qui se passe.

▶ Différents types de douleur

La réalité de la douleur de l'enfant ne fait actuellement plus de doute. Dès la trentième semaine de vie fœtale, les voies qui transmettent le stimulus douloureux au cortex cérébral sont en place. Le nouveau-né ressent donc la douleur, vraisemblablement de manière plus intense que les adultes, car les structures qui lui permettraient de l'atténuer sont plus longues à parvenir à maturité. À l'heure où le champ de compétences du bébé ne cesse de s'étendre et d'émerveiller ceux qui le côtoient, comment imaginer qu'il n'a pas la capacité psychique de souffrir ?

Blessures, coups, chutes, et autres accidents

Votre enfant va expérimenter la douleur dès son plus jeune âge, au cours des accidents fréquents, et plus ou moins graves, liés à l'exploration du monde extérieur (chute du lit ou de la bicyclette, main posée sur une plaque électrique, doigt coincé dans une porte...). Ces expériences désagréables lui permettent de découvrir ses limites corporelles ; elles jouent un rôle important dans la manière dont il prend progressivement conscience de son corps et de la façon dont il fonctionne. Elles ne doivent pas être négligées ni banalisées, et réclament de votre part des soins immédiats (désinfecter une plaie, par exemple), mais aussi du réconfort et des explications sur ce qui s'est passé. Pour éviter une récidive, il est toujours essentiel d'aider l'enfant à comprendre pourquoi il s'est fait mal. Petit à petit, il réalisera ainsi le bien-fondé des interdictions visant à le protéger (« non, ne touche pas, c'est chaud »), et saura que tel ou tel acte peut susciter de la douleur. Des jeux comme « pince-moi » peuvent également aider votre enfant à tester avec vous ses limites physiques.

Lors d'une maladie

La douleur rencontrée au cours de la maladie est une expérience totalement différente.

La douleur aiguë • Elle constitue un signal d'alarme pour vous et votre médecin, à qui elle permet de déceler telle ou telle affection : appendicite, otite... Elle provoque en général des cris et des pleurs. Cet appel à l'aide doit être entendu et déclencher une prise en charge, car une douleur aiguë déstabilise profondément votre enfant par son intensité et sa brutalité. Le traitement de la cause de cette douleur la fait disparaître.

La douleur chronique • C'est une douleur qui dure ou qui se répète. La douleur chronique perd toute fonction d'alarme et devient une vraie maladie en retentissant sur le caractère et le comportement de votre enfant.

Soins et douleur • La douleur éventuelle induite par les soins ou les examens médicaux constitue une véritable agression, et ce d'autant plus que votre enfant est jeune et ne peut pas comprendre ni accepter les enjeux thérapeutiques de cette agression.

Mémoire et douleur

Votre bébé est capable de mémoriser ses expériences douloureuses ; en témoigne la phobie des blouses blanches, en relation avec des expériences traumatisantes de la petite enfance, parfois très lointaines. En apprenant à reconnaître très tôt les expressions de la douleur chez votre enfant, à exiger que la douleur infligée par certains gestes médicaux soit prise en charge, vous pouvez atténuer le souvenir qu'il en aura plus tard. Toute douleur laisse des traces indélébiles, enfouies dans la mémoire, mais susceptibles de ressurgir dans certaines circonstances.

Comment savoir si l'enfant a mal ?

La manière dont votre enfant perçoit la cause et les conséquences de la douleur évolue en même temps que son développement. Sa connaissance du monde, sa relation avec autrui, sa compréhension de la douleur et de la maladie se modifient progressivement, jusqu'à ce qu'il atteigne une pensée de type adulte, vers l'âge de 12-13 ans.

Il n'est pas toujours facile pour vous de diagnostiquer que votre bébé souffre, car il n'est pas encore capable de vous le dire avec des mots. Mais, à l'évidence, il n'est plus le même pour vous : ce seul changement doit suffire à prendre contact avec votre médecin.

De la naissance à 18 mois

Durant les six premiers mois, votre bébé vit dans une illusion de toute-puissance où il est le centre de l'univers. Il ignore les limites de son corps et recherche seulement ce qui lui procure du bien-être. La douleur peut très vite l'envahir, car il n'a pas la notion du temps et ne peut pas réaliser qu'un soulagement est possible.

Les signes d'alerte • Sa douleur se traduit par des pleurs, des cris, des modifications de l'expression de son visage, une agitation, des troubles du sommeil et de la relation et, surtout, une difficulté, voire une impossibilité, à obtenir un réconfort. Ces signes non spécifiques peuvent toutefois être également témoins de la faim, d'un stress, du froid ou d'une anxiété.

De 6 à 18 mois • À cet âge s'ajoutent aussi aux signes précédents des éventuelles manifestations de tristesse ou de colère. Votre enfant devient en outre susceptible de ressentir de l'appréhension quand il se retrouve dans une situation où il a éprouvé une douleur. Il peut par exemple pleurer à l'arrivée chez le médecin s'il a déjà eu mal lors d'un vaccin. Ce n'est qu'à partir de 18 mois qu'il commence à localiser sa douleur.

Comment il perçoit sa douleur de 2 à 6 ans

Désormais, votre enfant perçoit la maladie comme un phénomène extérieur qui l'agresse ; sa douleur est vécue comme une punition. Il tient « l'autre » pour responsable. Il ne peut faire la distinction entre la cause et la conséquence de la douleur, ni établir un rapprochement entre le traitement et le soulagement de sa douleur.

Le langage du corps • Lorsqu'il a mal, il peut maintenant le manifester par des attitudes corporelles spécifiques, en plus des signes décrits précédemment : il prend une position antalgique (jambes repliées contre le ventre, par exemple, s'il a mal à l'abdomen, ou bras replié contre le corps en cas de fracture) ; il cherche à protéger la zone douloureuse ; il contrôle ses gestes et ses mouvements pour que ceux-ci n'accroissent pas la douleur.

Que peut-il en dire ? • Parallèlement, votre enfant va exprimer sa douleur par le langage, mais il possède peu de métaphores pour la décrire. Par

Les mécanismes de la douleur

La douleur est due le plus souvent à l'excitation de récepteurs communément appelés nocicepteurs (terminaisons nerveuses sensibles aux stimulations douloureuses), siégeant essentiellement dans la peau et, dans une moindre mesure, dans les vaisseaux, les muqueuses, les os et les tendons. Les organes internes en contiennent peu. Lorsqu'un récepteur de la douleur est stimulé, les influx nerveux véhiculant le message cheminent dans les nerfs sensitifs vers la moelle épinière ; là, l'information douloureuse est soumise à un certain nombre de contrôles, en particulier inhibiteurs ; puis l'information est transmise vers le thalamus, où la sensation de douleur est perçue. Les nocicepteurs véhiculent deux types d'information, responsables de deux types de douleur : le premier type de douleur, bien localisé et immédiat, dû à une fracture par exemple, est véhiculé par de grosses fibres sensitives myélinisées ; le second type, une brûlure par exemple, plus diffus et plus tardif, est véhiculé par des fibres amyéliniques. Lorsque cela est possible, le cerveau envoie une réponse à un nerf moteur qui commande la contraction d'un muscle permettant l'éloignement de la source douloureuse.

exemple, s'il a mal au niveau de l'abdomen, il pointe toujours son nombril sans pouvoir donner d'autres indications, notamment sur l'intensité ou la durée de sa douleur. S'il se plaint, dans tous les cas, faites-lui confiance : sa douleur, quelle qu'en soit sa cause, est réelle.

Si son attitude change • Si la douleur se prolonge ou se répète, et tend à s'installer, l'attitude de votre enfant se modifie, et ce d'autant plus rapidement qu'il est jeune : il devient plus calme, il montre un visage moins expressif, voire prostré ou figé. Son agitation peut disparaître et faire place à une diminution ou une absence de mouvements. Son sommeil est très perturbé, ainsi que sa vie relationnelle : l'enfant peut éventuellement refuser tout contact, et même montrer une certaine hostilité à l'égard d'autrui.

Après 6 ans, une recherche de contrôle

Vers cet âge apparaît la peur d'une atteinte de son corps, de la disparition de celui-ci, voire de la mort ; votre enfant demande donc beaucoup de gestes et de paroles destinés à le rassurer. La façon dont il manifeste la douleur, par son comportement comme par ses paroles, devient alors influencée par le contexte psychologique, les apprentissages familiaux et culturels, ainsi que la recherche de contrôle de soi. Selon l'environnement, l'expression de la douleur est en effet plus ou moins encouragée ou freinée.

▶ Comment soulager sa douleur ou le soutenir ?

La prise en charge de la douleur de votre enfant doit associer au traitement médicamenteux des techniques non pharmacologiques, qualifiées à tort de « petits moyens », et destinées à le rassurer et à le mettre en confiance. Essayez de rester calme pour ne pas accroître son anxiété et expliquez-lui avec des mots simples ce qu'il lui arrive.

S'il est malade ou s'est blessé

Vous pouvez administrer vous-même un traitement médicamenteux si la blessure vous paraît bénigne (paracétamol, sauf contre-indications), ou si vous avez une prescription médicale car votre enfant est régulièrement suivi pour une pathologie douloureuse récurrente.

Si vous avez le moindre doute, abstenez-vous, n'hésitez pas à consulter votre médecin et à laisser votre enfant à jeun. Une fracture, par exemple, peut nécessiter dans certains cas une intervention sous anesthésie générale ; l'administration d'aliments ou de boisson sucrés, destinés à le réconforter, obligerait à différer cette opération de 6 heures.

En cas de vaccin ou de prise de sang

Quand un geste médical tel qu'un vaccin ou une prise de sang est programmé, expliquez à votre enfant ce qui va se passer et pourquoi on va lui faire une piqûre, même si vous appréhendez cela autant que lui. Il a besoin de comprendre les raisons de ce geste agressif et peut vous reprocher de lui avoir caché la vérité.

La pommade anesthésiante • Depuis quelques années, une pommade anesthésiante, appliquée plus d'une heure avant, rend un vaccin ou une prise de sang moins douloureux. Vous éviterez ainsi la « phobie des piqûres ». Cette pommade (EMLA) provoque une anesthésie cutanée de surface, elle a peu de contre-indications (peau lésée essentiellement), mais doit être prescrite par votre médecin. La posologie varie en fonction de l'âge. Le lieu et la technique d'application doivent vous être expliqués. Faites palper par votre enfant la zone de son corps devenue insensible, pour qu'il soit mis en confiance. Aussitôt après la piqûre, demandez-lui s'il a eu mal ou s'il a eu peur ; la prise de conscience qu'une piqûre ne fait pas vraiment mal facilitera la réalisation des vaccins suivants.

Lors de soins ou d'examens plus douloureux

Pour les gestes médicaux plus importants (ponctions diverses, endoscopies, explorations radiologiques, réfection de pansements…), demandez à votre médecin une prescription d'antalgique ou de sédatif pour soulager la douleur. La prise d'antalgiques ne vous dispense pas toutefois d'accompagner à différents niveaux votre enfant dans ce moment difficile :
– expliquez-lui, en vous aidant au besoin de brochures spécialisées, le déroulement du geste ;
– restez auprès de lui si vous y êtes autorisée et si vous vous en sentez capable ;
– distrayez son attention en la fixant sur un sujet ludique : images, lecture, chant, musique, vidéo…
– demandez à le faire participer au geste quand c'est possible.

Le calendrier des vaccinations en France

Dates	Vaccins (*obligatoires, les autres étant conseillés*)	Remarques
• 1 mois (à partir de)	• BCG* (contre la tuberculose)	• Vaccination précoce si risque de contamination ou entrée en collectivité (crèche, assistante maternelle)
• 2 mois	• Diphtérie*, tétanos*, poliomyélite*, coqueluche*, Haemophilus influenzae, type b	• Ces cinq vaccins sont groupés ; première injection
• 3 mois	• Diphtérie*, tétanos*, poliomyélite*, coqueluche*, Haemophilus influenzae, type b	• Deuxième injection
• 4 mois	• Diphtérie*, tétanos*, poliomyélite*, coqueluche*, Haemophilus influenzae, type b	• Troisième injection
• 2-6 mois	• Hépatite B	• Deux injections à 1 mois d'intervalle, la première ayant lieu à partir de 2 mois
• 12 mois	• Rougeole, oreillons, rubéole • Hépatite B	• Ces trois vaccins sont groupés ; première injection • Troisième injection (5 à 12 mois après la deuxième)
• 16-18 mois	• Diphtérie*, tétanos*, poliomyélite*, coqueluche*, Haemophilus influenzae, type b • Hépatite B • Rougeole, oreillons, rubéole	• Premier rappel • Premier rappel • Deuxième injection (entre 13 et 24 mois)
• 3-6 ans	• BCG	• Avant scolarisation obligatoire, si non fait ou si échec de la primo-vaccination
• 6 ans	• Diphtérie, tétanos, poliomyélite	• Deuxième rappel
• 11-13 ans	• Coqueluche acellulaire • Rougeole, oreillons, rubéole • Hépatite B • Diphtérie, tétanos, poliomyélite	• Pour tous les enfants qui n'en ont pas bénéficié • Rattrapage de la deuxième injection • Rappel ou vaccination complète • Troisième rappel
• 16-18 ans	• Rubéole • Diphtérie, tétanos, poliomyélite	• Pour les jeunes filles non vaccinées et sous contraception • Quatrième rappel (puis tous les dix ans)

En Belgique, en Suisse et au Québec

Vaccins	Belgique	Suisse	Québec
• BCG	• À la naissance, s'il y a risque de contamination	• À la naissance, dans les zones où la tuberculose est active	
• Diphtérie, tétanos, poliomyélite, coqueluche (*La diphtérie et le tétanos sont obligatoires en Suisse ; la poliomyélite est obligatoire en Belgique*)	• Première injection à 3 mois • Deuxième injection à 4 mois • Troisième injection à 5 mois • Rappel à 13-14 mois • À 6 ans, rappel pour les trois premiers vaccins • À 16 ans, rappel pour le tétanos, puis tous les 10 ans	• Première vaccination à 2 mois (le vaccin antipoliomyélitique est pris oralement, les autres sont injectés) • Deuxième vaccination à 4 mois • Troisième vaccination à 6 mois • Rappel entre 15 et 24 mois, puis entre 4 et 7 ans, et à la fin de la scolarité	• Première injection à 2 mois • Deuxième injection à 4 mois • Troisième injection à 6 mois • Rappels à 18 mois, puis entre 4 et 6 ans et à 10 ans • Entre 14 et 16 ans, rappel pour les trois premiers vaccins
• Haemophilus influenzae, type b	• Avant 1 an	• Première injection à 2 mois • Deuxième injection à 4 mois • Troisième injection à 6 mois • Rappel entre 15 et 24 mois	• Première injection à 2 mois • Deuxième injection à 4 mois • Troisième injection à 6 mois • Rappel à 18 mois
• Rougeole, oreillons, rubéole	• Une injection à 15 mois • Deuxième injection à 11-12 ans	• Une injection entre 15 et 24 mois • Deuxième injection entre 4 et 7 ans	• Une injection à 12 mois • Deuxième injection à 18 mois
• Hépatite B	• Vaccination conseillée aux adolescents	• À la naissance pour les enfants des familles provenant de zones où l'hépatite B est active	• Une injection vers 10 ans

Dictionnaire médical

Ce glossaire vous permettra de mieux dialoguer avec les médecins qui suivent votre enfant et vous aidera à prendre les premières décisions avant une consultation. Les mots qui suivent **VOIR▸** renvoient à des articles que vous pouvez également consulter dans ce dictionnaire médical.

Abcès

L'abcès est une cavité close remplie de pus. Si votre enfant présente une inflammation locale de la peau, douloureuse et dure, il s'agit d'un abcès « chaud ». Parfois l'abcès est mal limité, sans séparation nette avec la peau saine, il est alors qualifié de « phlegmoneux ».

Les abcès sous la peau se situent le plus souvent sous les bras ou au pli de l'aine, là où se localisent de nombreux ganglions lymphatiques destinés à combattre les infections. Mais une blessure ou une irritation locale peuvent contribuer à la formation d'un abcès.

Le pus contenu dans l'abcès est formé de déchets de cellules et de globules blancs du sang qui ont lutté contre les bactéries, le staphylocoque doré principalement.

L'abcès est le plus souvent situé sous la peau et son évolution est visible. En attendant que la zone douloureuse et dure se ramollisse et que le pus s'accumule, faites des applications de solution antiseptique qui calmeront la douleur. Quand l'abcès sera mûr, le chirurgien incisera la peau pour évacuer le pus ou effectuer une ponction avec une aiguille. Il prescrira éventuellement un traitement antibiotique.

Afin d'éviter tout risque d'infection en cas de blessure ou d'irritation locale, lavez votre enfant au savon doux, puis appliquez une solution antiseptique sur la zone lésée. La peau du bébé est très fragile et tout petit « bobo » doit être bien soigné. Si votre enfant présente des abcès à répétition, parlez-en à votre médecin.

Acariens

Les acariens sont des petits insectes de la famille des arachnidés, invisibles à l'œil nu et présents dans la poussière de maison. Ils se nourrissent des « peaux mortes » qui se détachent de l'épiderme.

Les acariens peuvent provoquer des allergies respiratoires ou les symptômes de l'asthme (sifflements à l'expiration, pâleur, transpiration). Le médecin prescrira des tests cutanés ou sanguins (en laboratoire) pour rechercher les anticorps spécifiques permettant d'affirmer que votre enfant est allergique aux acariens.

Afin de limiter cette allergie, passez l'aspirateur et aérez les pièces tous les jours, même en hiver. Les draps doivent être lavés souvent et les matelas, nettoyés régulièrement. Notez que les matelas en mousse sont à préférer à ceux en laine ou autres fibres animales. Les produits insecticides sont efficaces pendant deux ou trois mois.

VOIR▸ ALLERGIE, ASTHME.

Accidents domestiques

En explorant son environnement, l'enfant peut être exposé à des situations ou en contact avec des produits dont il ne perçoit pas le danger. Des mesures de prévention simples peuvent limiter la survenue des accidents domestiques.

Ne laissez jamais votre enfant seul ou sans surveillance, même lorsqu'il a acquis une certaine autonomie (marche à quatre pattes), car son environnement recèle de multiples dangers (porte de four chaude, fil électrique en mauvais état ou prise non protégée, escalier accessible, produits ménagers ou pharmaceutiques à proximité, panier de courses en vrac...). L'armoire à pharmacie doit être fermée à clef, les produits ménagers doivent être rangés dans des placards à fermeture adaptée ou dans des meubles non accessibles. Les produits potentiellement dangereux (nettoyant, liquide vaisselle, produits pétroliers, eau de Javel, soude caustique) ne doivent jamais être transvasés dans des boîtes ou bouteilles à usage alimentaire.

Si votre enfant a absorbé un produit toxique, ne cherchez pas à le faire vomir, car le second passage du produit dans l'œsophage peut irriter davantage celui-ci, alors que l'estomac résiste mieux à ce type d'agression. En l'absence de conseil avisé, ne lui faites pas non plus avaler un présumé antidote – le lait, par exemple, est toujours inutile, et parfois dangereux. Appelez un centre antipoison, un centre hospitalier ou votre médecin pour recevoir les conseils appropriés. Ayez toujours chez vous, près du téléphone, les numéros d'urgence.

Acétone (crise d')

L'acétone est une substance formée dans le foie à partir des graisses, afin de pallier le manque de glucose (sucre). Lorsqu'un enfant est à jeun ou ne peut être alimenté en raison de troubles digestifs, cette dégradation des graisses donne une haleine particulière.

Si l'haleine de votre enfant sent la pomme de reinette, s'il semble fatigué et se plaint de maux de ventre tout en vomissant facilement, il a une crise d'acétone (ou acidocétose). Le plus souvent, la crise est banale et bénigne. Exceptionnellement, une cétose peut aussi révéler un diabète. La présence d'acétone peut être facilement décelée dans les urines au moyen de simples bandelettes réactives qui s'achètent sans ordonnance en pharmacie, mais c'est le médecin qui prescrira le traitement à suivre.

Le traitement des crises d'acétone consiste à « resucrer » l'enfant en lui donnant des solutions salées-sucrées (solutions de réhydratation vendues en pharmacie) ou des jus de fruits par très petites quantités à la fois (20 ml toutes les 10 minutes). Une courte hospitalisation peut parfois s'avérer nécessaire si l'enfant vomit constamment et ne s'alimente plus normalement.

À titre préventif, l'enfant ne doit jamais rester à jeun plus d'une nuit (surtout avant l'âge de 3 ans) et il faut lui donner de petites quantités de boissons sucrées s'il éprouve temporairement des difficultés à se nourrir.

Adénoïdectomie
VOIR ▶ VÉGÉTATIONS.

Adénopathies
VOIR ▶ GANGLIONS.

Agitation

Turbulent, désobéissant, intenable… Votre enfant ne vous laisse pas une minute de répit et vous ne savez que faire pour le rendre plus calme.

Il est normal qu'un petit enfant bouge beaucoup, mais il n'est pas agité en permanence sans raison. Si cette agitation est une simple réaction à un conflit passager, essayez de régler le problème avec bon sens et votre enfant se calmera assez vite. Mais, si le comportement turbulent de votre enfant perturbe son entourage, il se peut qu'une certaine instabilité psychique, un manque d'écoute et de dialogue en soient l'origine. Un peu plus tard, des difficultés d'apprentissage à l'école, une incapacité à concentrer durablement son attention ou l'impossibilité de se soumettre à la discipline collective doivent aussi vous alerter.

Surtout, ne lui donnez pas de calmants, même à titre temporaire. Ces médicaments ne résoudraient pas la cause de son agitation. Parlez de vos difficultés à votre médecin. Celui-ci pourra vous proposer une consultation médico-psychologique dans un centre spécialisé afin d'évaluer la personnalité et le développement psychomoteur de l'enfant, de rechercher ses éventuels déficits sensoriels ou intellectuels et d'analyser le comportement de son entourage. En effet, les familles ont des seuils de tolérance différents et les réactions des parents et de l'entourage influencent largement le comportement de l'enfant agité. Dans certains cas, des séances de rééducation psychomotrice et un peu de relaxation aideront votre enfant à se détendre et à se concentrer. Essayez de régulariser sa vie quotidienne et de lui faire pratiquer une activité qui lui plaise.

Agressivité

L'agressivité se manifeste par des gestes ou par des paroles hostiles à l'égard de l'entourage.

À certains stades de son développement, votre enfant accepte difficilement les règles d'éducation que vous lui imposez. Cette réaction dénote une personnalité qui cherche à s'exprimer. Sa résistance, ses refus, ses colères traduisent simplement une crise passagère tout à fait normale. En revanche, une agressivité permanente excessive, plus souvent observée chez le garçon, apparaît parfois après 3 ans ou à l'adolescence ; elle se traduit par un manque de respect des autres, une hyperactivité ou un langage hostile. Ce comportement révèle un malaise affectif et peut provoquer des difficultés d'intégration scolaire. Une équipe médico-psychologique aidera votre enfant et vous-même à mieux comprendre les raisons de ce malaise.

Albuminurie

L'albumine est une protéine présente dans le sang. L'albuminurie, c'est-à-dire la présence d'albumine dans les urines, est plus ou moins grave et peut survenir en période de fièvre ou après un effort physique important.

Aucun symptôme ne révèle l'albuminurie, mais celle-ci peut être facilement détectée par des bandelettes réactives. Une albuminurie supérieure à 0,10 g par litre est considérée comme suspecte et nécessite de rechercher d'autres anomalies dans le fonctionnement des reins : taux d'urée sanguine, présence de sang dans les voies urinaires (hématurie).

L'albuminurie est parfois liée à des troubles de la circulation du sang ne survenant qu'en position debout. On parle alors d'albuminurie orthostatique. Cette forme d'albuminurie disparaît spontanément dans un délai de trois à cinq ans, mais son évolution doit être surveillée médicalement.

Alcoolisme fœtal

Le syndrome d'alcoolisme fœtal correspond à une association de symptômes chez les enfants nés de mère ayant eu une alcoolisation excessive (soit aiguë, soit chronique) pendant leur grossesse.

Ces symptômes comprennent un petit poids de naissance dû à un retard de croissance intra-utérin, une petite tête (microcéphalie), une morphologie du visage particulière, un retard mental. Si la description de ce syndrome est ancienne, la prise de conscience de sa fréquence est assez récente et encore sous-évaluée.

L'alcool est une substance toxique ; cette toxicité sur les cellules embryonnaires est directement responsable du syndrome d'alcoolisme fœtal. Celle-ci s'exerce tout au long de la grossesse et au-delà en cas d'allaitement maternel. L'alcool absorbé par la mère traverse la barrière placentaire, de sorte que l'on retrouve chez le fœtus une concentration d'alcool équivalente à celle de la mère. Les études ne permettent pas d'établir un seuil d'alcool sans danger pour le fœtus. Aussi est-il formellement déconseillé aux femmes enceintes de consommer de l'alcool.

Allergie

L'allergie est une réaction de défense excessive de l'organisme face à certaines substances étrangères (allergènes). Les allergènes les plus fréquents sont la poussière (qui est composée d'acariens), le pollen, les plumes et poils d'animaux, et aussi certains médicaments ou produits cosmétiques et certains aliments. L'allergie se manifeste par des troubles aigus ou chroniques, de la peau, des poumons ou du tube digestif.

Une allergie peut traduire une tendance constitutionnelle, parfois héréditaire, à réagir de manière excessive à un antigène. On parle alors d'atopie. Elle est due à la production excessive d'anticorps appelés immunoglobulines de classe E (IgE), qui libèrent des substances entraînant des réactions cutanées (urticaire, eczéma), respiratoires (asthme, rhinite allergique), ou digestives (diarrhée, intolérance à certains aliments). Cette particularité est souvent retrouvée au sein d'une même famille, sans que le mode de transmission soit connu.

Ces réactions excessives surviennent souvent dans des circonstances similaires (maison humide, saisons particulières). La suppression des allergènes potentiels (poussière, fleurs, couvertures de laine, oreillers en plume) est impérative. Outre ces précautions, des antihistaminiques ou des médicaments à base de cortisone permettent d'atténuer les symptômes. Une désensibilisation peut être également entreprise par injections de l'allergène à doses croissantes très fortement diluées, mais ce traitement est souvent long et contraignant.

▶ **Allergies cutanées.** Elles se manifestent par de l'urticaire, un œdème de la peau ou des rougeurs (érythèmes), qui peuvent être dus à l'application d'une crème ou à la prise d'un médicament ou d'un aliment. Ces signes s'accompagnent le plus souvent de démangeaisons intenses. Il faut éviter d'utiliser le produit en cause. Votre médecin prescrira des antihistaminiques pour limiter la réaction allergique.

▶ **Allergies respiratoires.** Elles provoquent le rhume des foins, le coryza allergique, la toux spasmodique, la sinusite chronique ou l'asthme. Les allergènes les plus fréquents sont les pollens, les plumes et les poils d'animaux, les poussières de maison (acariens), les microbes, les moisissures… Évitez de mettre l'enfant en présence des allergènes pour atténuer ses réactions, mais sachez que l'hypersensibilité reste permanente.

▶ **Allergies alimentaires.** Elles provoquent le plus souvent une diarrhée, des maux de ventre, des vomissements ou de l'urticaire. Ces allergies sont plus difficiles à cerner, car les symptômes ne suivent pas immédiatement l'absorption de l'aliment. Le lait de vache, le blanc d'œuf, le poisson, la viande, les cacahuètes, les agrumes et les coquillages sont les principaux aliments allergènes.

L'allergie aux protéines du lait de vache est en général transitoire ; le médecin prescrira un lait spécial de régime pendant la première année et, selon les cas, conseillera une réintroduction du lait de vache en milieu hospitalier. L'allergie aux poissons ou aux crustacés peut provoquer un œdème de Quincke, associé parfois à de l'urticaire. Le visage et la gorge se gonflent, risquant d'entraîner l'obstruction des voies respiratoires. En outre, les additifs alimentaires (agents de texture, conservateurs, colorants, édulcorants) provoquent souvent chez l'enfant des allergies.

L'intolérance au gluten, ou maladie cœliaque, nécessite, une fois le diagnostic établi, une éviction de tous les aliments contenant du gluten.

Le seul traitement efficace de l'allergie alimentaire est d'éviter d'absorber l'aliment qui la provoque.

Allergie aux médicaments

Si votre enfant suit un traitement et que sa peau devienne rouge (érythème) ou qu'une éruption apparaisse, il s'agit peut-être d'une allergie médicamenteuse.

Si votre enfant ressent en outre une gêne respiratoire comparable à celle d'une crise d'asthme ou d'une laryngite, appelez immédiatement votre médecin. Celui-ci vous prescrira un traitement adapté.

Cependant, les symptômes dont souffre votre enfant peuvent provenir de la maladie pour laquelle il est soigné. Il est donc difficile de faire un diagnostic précis et d'imputer à un seul médicament ce genre d'allergie. Si de telles réactions se reproduisent et si des anomalies de la formule sanguine sont mises en évidence, alors l'allergie médicamenteuse est probablement réelle et doit conduire à la contre-indication du médicament suspecté.

VOIR ▶ ANTIBIOTIQUES.

Ambiguïté sexuelle

L'ambiguïté sexuelle correspond à un développement insuffisamment marqué des organes génitaux dans le sens masculin ou féminin.

L'examen systématique des nouveau-nés permet de dépister dès leur naissance les anomalies révélatrices d'une ambiguïté sexuelle : absence de testicules dans les bourses ou malformation de la verge, chez le garçon ; taille excessive du clitoris ou fusion des grandes lèvres, chez la fille.

L'ambiguïté sexuelle est due à un mauvais développement des organes génitaux pendant la vie intra-utérine. Dans certains cas, elle provient d'une maladie affectant la sécrétion d'hormones par les glandes surrénales qui peut être traitée. Une étude du caryotype (carte des chromosomes) permet de connaître le sexe génétiquement déterminé. Le choix définitif du sexe de l'enfant est parfois difficile, car il dépend aussi de la possibilité de reconstitution chirurgicale des organes génitaux.

Dès la naissance, il faut obtenir de l'officier d'état civil qu'il n'y ait aucune attribution du prénom. Cette réglementation est parfois ignorée des pédiatres, médecins ou officiers d'état civil ; il vaut mieux faire cette démarche auprès du substitut du procureur de la République. Ainsi, un blanc est laissé sur la déclaration à l'emplacement du sexe et du prénom jusqu'à ce que la décision soit prise, en connaissance de cause.

Amygdales

Les amygdales sont visibles au fond de la gorge, de part et d'autre du voile du palais (amygdales palatines) et à la base de la langue (amygdales linguales). Elles forment avec les végétations une protection contre les microbes qui pénètrent dans l'organisme par le nez ou la bouche.

C'est seulement entre 18 mois et 2 ans que les amygdales sont vraiment individualisées. Elles peuvent se développer exagérément et être à l'origine elles-mêmes d'une infection (amygdalite). L'extension de l'infection au pharynx détermine une angine, souvent d'origine bactérienne au-delà de 2 ans, ce qui justifie alors presque systématiquement un traitement antibiotique.

L'ablation chirurgicale des deux amygdales palatines (amygdalectomie) peut être proposée en cas de complication comme le phlegmon (ou abcès) provoqué par l'infection de l'amygdale ou en cas d'amygdales trop grosses obstruant les voies respiratoires.

VOIR ▸ ANGINE.

Anémie

L'anémie est une diminution du nombre des globules rouges dans le sang ou de leur teneur en hémoglobine (responsable de la coloration rouge du sang).

Un enfant peut être pâle sans être anémié. Il peut en effet avoir la peau naturellement très blanche. Mais, si vous remarquez que ses lèvres et ses gencives sont moins colorées qu'à l'accoutumée, s'il manque d'appétit tout en manifestant une certaine fatigue, allez voir votre médecin. Celui-ci demandera un examen sanguin simple (numération formule sanguine), qui permet d'évaluer le taux d'hémoglobine (celle-ci assure le transport de l'oxygène entre les poumons et l'organisme) et le nombre de globules rouges dans le sang.

Une anémie peut avoir de nombreuses causes. Chez le nourrisson (à partir du 4ᵉ mois) et l'enfant, la cause la plus fréquente est le manque de fer. Le fer est en effet un élément essentiel à la fabrication de l'hémoglobine. C'est entre le 6ᵉ et le 9ᵉ mois de grossesse que le fœtus reçoit sa réserve de fer. Ses besoins seront ensuite couverts par une alimentation variée à partir du 5ᵉ mois après la naissance. Les enfants prématurés et les jumeaux peuvent avoir besoin d'apports supplémentaires plus tôt. Si nécessaire, votre médecin prescrira du fer sous forme médicamenteuse. Le traitement est toujours long (entre six et huit semaines), car l'absorption digestive du fer est limitée. Plus rarement, des anomalies génétiques ou constitutionnelles peuvent être à l'origine d'anémie chronique du fait de l'atteinte de l'hémoglobine elle-même (thalassémie, drépanocytose) ou de la paroi des globules rouges (maladie de Minkowski-Chauffard). Cette anémie chronique peut aussi être due à un défaut des enzymes présentes dans ces globules. Dans d'autres cas, elle peut être provoquée par un saignement chronique.

Anesthésie

L'anesthésie est pratiquée à l'occasion d'un examen ou d'une intervention chirurgicale, afin d'éviter à votre enfant d'avoir mal. Elle permet en outre au médecin d'effectuer l'opération en toute sécurité.

L'anesthésiste choisit la technique la mieux adaptée à l'enfant et au type d'acte à effectuer.

▸ **Anesthésie générale.** On injecte et/ou on fait respirer des produits qui agissent principalement sur le cerveau et la moelle épinière. L'enfant est ainsi rendu inconscient. Après l'intervention chirurgicale, un traitement sédatif et antidouleur (antalgique) est souvent maintenu ; la respiration redevient rapidement normale, mais la fonction digestive reprend plus lentement.

▸ **Anesthésie locale.** L'enfant reste conscient, car le produit anesthésique ne suspend l'activité nerveuse que dans la région du corps où il a été appliqué. L'anesthésiant peut, selon le cas, être injecté, pulvérisé, appliqué sur la peau comme une crème, introduit dans les yeux sous forme de collyre. Après l'opération, les effets secondaires de l'anesthésie locale sont mineurs.

Angine

L'angine est une infection des amygdales et s'étend généralement au voile du palais et au pharynx.

Si votre enfant ressent des difficultés pour avaler, s'il a de la fièvre, si ses amygdales sont rouges ou parsemées de points blancs, si les ganglions du cou deviennent volumineux et sensibles, il est certainement atteint d'une angine. L'angine est dite « érythémateuse » si la gorge est rouge et « pultacée » si elle est blanche. En raison de la difficulté de différencier une angine d'origine virale (guérissant spontanément) d'une angine d'origine bactérienne (pouvant entraîner des complications), le médecin prescrit presque systématiquement un traitement antibiotique.

▶ **Angine virale.** C'est la plus fréquente. Presque tous les enfants sont confrontés à cette maladie. L'organisme de votre enfant doit apprendre à se défendre contre les virus. L'infection évolue spontanément vers la guérison et tous les symptômes disparaissent au bout d'une semaine.

▶ **Angine bactérienne.** Cette forme d'angine est causée principalement par une bactérie, le streptocoque B hémolytique. Ce germe, en l'absence de traitement, peut provoquer un rhumatisme articulaire aigu ou une maladie inflammatoire des reins (glomérulonéphrite), ce qui justifie le traitement antibiotique de toute angine.

Si votre enfant présente des angines à répétition et si ses amygdales, devenues volumineuses, l'empêchent de bien respirer, votre médecin prolongera le traitement et, dans certains cas, proposera une ablation des amygdales.

VOIR ▶ AMYGDALES, MONONUCLÉOSE INFECTIEUSE.

Angiome

L'angiome est une petite malformation des vaisseaux qui apparaît à la naissance ou peu après, puis évolue avec ou sans séquelles. Il se présente sous plusieurs aspects.

▶ **Naevus flammeus.** Cette tache rosée est le plus souvent située sur le visage du nourrisson et rougit lorsqu'il fait un effort, prend son biberon ou pleure. Elle s'atténue au cours de sa première année et disparaît ensuite définitivement, sauf au niveau du cuir chevelu.

▶ **Angiome tubéreux.** Cet angiome se présente comme une petite « fraise » en relief sur la peau. Il apparaît à la naissance ou dans les semaines qui suivent et grossit au cours des six premiers mois. S'il se développe au niveau de la bouche ou d'une paupière, demandez conseil à votre médecin, car sa localisation peut être gênante et créer des complications. Le plus souvent, il disparaît progressivement et complètement vers l'âge de 6 ou 7 ans. Mais il peut être parfois nécessaire de recourir à un traitement cosmétique complémentaire (chirurgie plastique ou laser).

▶ **Angiome plan.** Plus souvent appelé « tache de vin », ou « envie », cet angiome plus ou moins violacé apparaît souvent sur le visage ou le cou et fonce avec l'âge. Il ne disparaît pas de lui-même et peut poser des problèmes d'ordre esthétique. Si votre enfant en est gêné, il est possible de lui proposer à l'adolescence (en fin de croissance) un traitement atténuant la coloration de l'angiome (blanchiment au laser).

Angoisse de la séparation

Dès la naissance, avec la section du cordon ombilical, la séparation de la mère et de l'enfant est acquise, mais c'est par l'affection, l'apprentissage et l'éducation que les parents la rendront effective.

Vers la fin de la première année, votre absence ou la présence d'une personne étrangère à son environnement déclenchent des pleurs, qui sont calmés par votre voix et la manifestation de votre présence. Cette angoisse reflète la perception progressive qu'a l'enfant de lui-même et d'un autre, différent de lui ; elle constitue une étape nécessaire à la construction de sa personnalité. Plus tard, l'angoisse de la séparation se manifestera lors du couchage et de la séparation de la nuit : votre enfant réclame votre présence, une histoire... de crainte de s'endormir seul ou de ne pas se réveiller. Un premier séjour hors de la famille (chez les grands-parents, un ami, lors d'une classe de découverte) peut susciter les mêmes inquiétudes.

L'apprentissage progressif d'une autonomie relative, l'écoute bienveillante de ses parents, l'assurance que leur affection perdure malgré les séparations suffisent généralement à calmer les inquiétudes de l'enfant.

Animal domestique

La présence d'un animal domestique à la maison peut apporter beaucoup de joie à votre enfant. Un chat ou un chien, un perroquet ou un lapin, ou encore un hamster peut devenir un compagnon de jeu, un confident.

Il arrive que cet animal provoque des allergies (aux poils, aux plumes, etc.). Dans ce cas, mieux vaut s'en séparer en expliquant à votre enfant les raisons de ce choix.

▶ **Le chat.** L'animal, en griffant votre enfant, peut lui transmettre des infections. La plupart du temps, ces griffures restent bénignes. Il suffit de nettoyer soigneusement les petites plaies avec un antiseptique local et de vérifier que la vaccination antitétanique de votre enfant soit bien à jour. Mais cette petite infection peut s'aggraver. Si les plaies suintent, si les ganglions de votre enfant augmentent et deviennent douloureux, s'il a de la fièvre, il peut être atteint de la maladie dite « des griffes du chat ». Cette maladie guérit en quelques semaines avec ou sans traitement antibiotique. Dans certains cas très rares, elle peut provoquer une suppuration et un abcès nécessitant un drainage.

▶ **Le chien.** Cet animal est susceptible de transmettre des tiques.

Si vous remarquez une boule rougeâtre accrochée à la peau de votre enfant, sans réaction locale particulière ni infection, il s'agit sans doute d'une tique. Enlevez-la simplement en douceur avec un coton imbibé d'éther (ou, à défaut, de white-spirit) ou, mieux, utilisez un « tire-tique » que l'on trouve en pharmacie. Les tiques des chiens comme les tiques des bois peuvent, en piquant votre enfant, lui transmettre une maladie infectieuse assez rare sous nos climats : la rickettsiose. Une fièvre prolongée, une éruption sur tout le corps et un point de piqûre noirâtre en sont les signes les plus caractéristiques. Les antibiotiques sont efficaces assez rapidement.

Plus rarement, les tiques peuvent provoquer des infections bactériennes, comme la maladie de Lyme. Une éruption sur la peau, une paralysie faciale et des douleurs aux articulations en sont les principaux symptômes, plus spectaculaires que graves, car les antibiotiques sont, là aussi, très efficaces pour les faire disparaître.

VOIR ▸ MORSURE.

Anomalies chromosomiques
VOIR ▸ CHROMOSOMES.

Anorexie

Anorexie signifie perte ou diminution de l'appétit.

Si votre bébé se met à manger moins qu'auparavant, ne vous alarmez pas outre mesure. Au cours de sa première année de vie, un bébé doit s'adapter successivement au sein et/ou au biberon, puis à la petite cuillère ; son alimentation, d'abord liquide, devient de plus en plus épaisse, avec des petits morceaux de consistance différente. Et il accepte parfois difficilement certains de ces changements. Soyez patient, les variations d'appétit sont fréquentes et touchent près d'un enfant sur quatre.

Assurez-vous cependant que votre bébé n'a pas d'autres troubles digestifs ni de fièvre, et consultez votre médecin qui vérifiera qu'aucune infection ou maladie n'est à l'origine de sa perte d'appétit. Parfois, il peut vous arriver de trouver que votre enfant a un « petit appétit », mais la normalité de sa croissance en poids et en taille (que vous pouvez estimer en vous reportant aux courbes du carnet de santé) est un élément d'évaluation simple qui vous rassurera.

Ne forcez jamais votre bébé à finir son biberon ou terminer son assiette. Au besoin, consultez votre médecin qui vous conseillera utilement saura vous indiquer si votre bébé grandit et grossit normalement.

Antibiotiques

Les antibiotiques sont des substances empêchant le développement ou la multiplication des bactéries.

Il existe une dizaine de familles d'antibiotiques classées selon leur formule chimique et leur mode d'action sur les bactéries. Selon le diagnostic établi, votre médecin prescrira une certaine catégorie d'antibiotiques. Veillez à ce que votre enfant suive ce traitement jusqu'à son terme pour que l'infection ne réapparaisse pas, même si les symptômes ont disparu dès les premiers jours.

Les antibiotiques sont souvent accusés de provoquer une fatigue ou des allergies (éruption de boutons), mais c'est plutôt la maladie pour laquelle ils sont prescrits qui en est la cause. Cependant, ne soyez pas étonné si votre nourrisson a de la diarrhée à la suite d'un traitement antibiotique. Cette réaction, fréquente, n'est que temporaire. Elle correspond le plus souvent à un déséquilibre de la flore bactérienne intestinale.

▸ **Antibiotiques (résistance aux).** L'augmentation de la résistance des bactéries aux antibiotiques est une préoccupation constante. En effet, si leur utilisation a permis une amélio-

ration considérable de l'état de santé de la population par le traitement efficace des maladies infectieuses les plus graves, leur large utilisation est à l'origine d'une sélection bactérienne accrue qui aboutit à une émergence de souches résistantes. Leur prescription en France est nettement supérieure à celle des autres pays européens, sans que cela ne soit justifié par une différence de pathologie infectieuse, et doit conduire à une utilisation raisonnée de cette classe indispensable de médicaments, et à une information des parents sur la nécessité de leur limitation.

Il existe une réelle « pression de prescription » parentale qui, par inquiétude plus que par raison ou information, aboutit à la prescription facile d'antibiotique dans toute affection fébrile, alors que la majorité d'entre elles (rhinopharyngites, bronchites) sont d'origine virale et ne sont alors pas accessibles à l'antibiothérapie. La multiplication de ces antibiothérapies inutiles est en partie responsable d'une sélection des souches naturellement résistantes, et ainsi de leur multiplication au sein d'un même individu, mais aussi dans son entourage proche. En aucun cas, la prescription d'antibiotique ne doit être parentale (utilisation d'une prescription antérieure), ou sa non-prescription par votre médecin au terme de l'examen de l'enfant, interprétée comme un défaut de prescription ou une prise de risque dangereuse.

Antipyrétiques

Les antipyrétiques sont des médicaments qui permettent de lutter contre la fièvre.

La fièvre est un moyen de défense naturel de l'organisme pour lutter contre les microbes. Cependant, chez l'enfant, et notamment avant 5 ans, la fièvre peut être mal tolérée et être à l'origine de convulsions hyperthermiques. Indépendamment du diagnostic, qu'il importe bien entendu de mettre en évidence, il est impératif devant une fièvre supérieure à 38,5 °C chez l'enfant de la faire baisser. Les moyens physiques sont primordiaux : éviter de couvrir l'enfant, aérer la pièce, faire boire l'enfant le plus possible.

Parmi les médicaments disponibles, il existe deux grandes familles : les anti-inflammatoires non stéroïdiens dont le chef de file est l'aspirine, et le paracétamol. En France, quatre molécules peuvent être utilisées en première intention : le paracétamol, l'ibuprofène, le kétoprofène et l'aspirine (acide acétylsalicylique).

Il est recommandé de ne recourir qu'à un seul antipyrétique. Ces médicaments sont administrés toutes les 6 à 8 heures et sont toujours adaptés au poids de l'enfant.

En cas de persistance de la fièvre et si celle-ci est mal tolérée, il est possible d'adjoindre un deuxième antipyrétique de l'autre famille. Outre la prévention des convulsions hyperthermiques, le traitement de la fièvre a pour objectif d'améliorer le confort de l'enfant.

VOIR ► CONVULSION, FIÈVRE.

Aphtes

Votre enfant se plaint de douleurs ou de brûlures dans la bouche. Sur la pointe et les bords de sa langue, sur ses gencives, sur la face interne de ses joues et de ses lèvres, vous pouvez observer des petites lésions superficielles, isolées ou groupées, grises ou jaunâtres, entourées d'un liseré rouge. On appelle ces lésions des aphtes.

L'apparition des aphtes peut être liée à l'absorption de certains aliments (gruyère, noix, fraises, aubergines). Mais ils peuvent aussi apparaître sans raison. Ils se résorbent dans les deux jours sans traitement spécifique, si ce n'est de les imbiber d'une solution antiseptique avec un bâtonnet de coton. Chez le nourrisson, une éruption de petites bulles ressemblant à des aphtes plus nombreux (débordant parfois sur les lèvres) associée à une fièvre élevée (de 39 à 40 °C) correspond souvent à une infection due au virus de l'herpès de type 1. Votre bébé a mal quand il avale, et ne peut s'alimenter comme d'habitude. Cette inflammation de la bouche (stomatite) est bénigne, mais nécessite le recours temporaire à une alimentation liquide et froide ; le médecin prescrira des antalgiques et un traitement antiseptique local.

Apnée
VOIR ► ARRÊT RESPIRATOIRE.

Appendicite

L'appendicite est une inflammation de l'appendice, partie du côlon située du côté inférieur droit de l'abdomen. La palpation à cet endroit fait mal et provoque une contracture musculaire.

Votre enfant a mal au ventre, il a de la fièvre (38 ou 38,5 °C), il refuse de boire, a des nausées et vomit. Il n'est plus allé à la selle depuis la veille. Si la douleur persiste et se localise du côté droit du ventre, il s'agit peut-être d'une crise d'appendicite. Mais ces maux de ventre peuvent avoir aussi d'autres origines. Dans tous les cas, consultez votre médecin.

Une crise d'appendicite nécessite une intervention chirurgicale sous anesthésie générale. Le chirurgien effectue une petite incision de l'abdomen de 2 à 4 cm et retire l'appendice. Il vérifie en outre que votre enfant ne présente pas d'autre anomalie (diverticule de Meckel).

Si aucune complication ne survient, votre enfant rentre à la maison moins de huit jours après l'intervention et peut reprendre ses activités physiques au bout de deux à trois semaines.

Arrêt respiratoire

Un arrêt momentané de la respiration (dont le terme médical est « apnée ») est un phénomène courant chez le nouveau-né et le nourrisson, car leur respiration irrégulière peut être entrecoupée de pauses.

Votre bébé a des apnées de moins de dix secondes, son visage ne change pas de teinte, son rythme cardiaque reste normal : il n'y a pas lieu de vous inquiéter.

Mais, si les apnées se répètent et se prolongent, si son visage devient pâle ou prend une coloration bleutée (cyanose), il faut consulter un médecin sans tarder. Ces arrêts de la respiration peuvent révéler, notamment chez le tout-petit de moins de 3 mois, une bronchiolite, qui peut nécessiter une surveillance à l'hôpital. Ces apnées peuvent être dues aussi au reflux gastro-œsophagien (régurgitation du contenu acide de l'estomac vers l'œsophage) ou à des pleurs violents (spasme du sanglot). Dans tous les cas, consultez votre médecin, qui vous donnera après examen le traitement approprié.

Si votre bébé est prématuré, ses centres nerveux de la respiration sont insuffisamment formés, ce qui explique des apnées fréquentes. À l'hôpital, il est mis en couveuse afin de lui assurer une meilleure oxygénation. Des suppléments de fer et de vitamines lui seront parfois administrés, ainsi que des médicaments (à base de caféine).

Asthme

L'asthme se caractérise par des épisodes de gêne respiratoire aiguë (dyspnée), entraînant un sifflement à l'expiration. C'est une maladie touchant les bronches et le système respiratoire dans son entier.

Votre enfant a soudain du mal à respirer, surtout à l'expiration, et cela provoque chez lui des sifflements. Il devient pâle, il a des sueurs... Ces symptômes qui le gênent évoquent une crise d'asthme. Consultez votre médecin sans tarder.

Chez la personne asthmatique, la gêne respiratoire est provoquée par une diminution du diamètre des bronches dont la principale cause chez l'enfant est d'ordre allergique. L'asthme peut correspondre à un terrain particulier et est souvent précédé dans les premiers mois de la vie par un eczéma constitutionnel appelé « dermatite atopique ».

Souvent les membres de la famille ont aussi des allergies (rhinite allergique, coryza, rhume des foins, etc.). Les facteurs qui peuvent provoquer une crise sont nombreux : épisode infectieux banal (rhume, bronchite), mais aussi l'allergie à des poils et plumes d'animaux, poussière de maison, acariens... Cette réactivité excessive des bronches peut être mise en évidence par des tests dits « de provocation » qui déclencheront chez l'asthmatique une diminution brutale du diamètre des bronches (ou bronchospasme).

Votre enfant peut avoir eu des crises d'asthme dès les premiers mois de sa vie. Au début, on les confond avec les bronchiolites, infections respiratoires dues à un virus. L'asthme du nourrisson est défini par la survenue de plus de trois épisodes de sifflement respiratoire avant l'âge de 2 ans. L'évolution ultérieure de l'asthme du nourrisson dépend de nombreux facteurs et s'améliore dans la grande majorité des cas. Votre médecin prescrira des médicaments bronchodilatateurs (-stimulants) et des anti-inflammatoires (corticoïdes).

L'absorption directe de ces médicaments par les voies respiratoires (aérosols ou inhalation) est plus efficace et permet à l'enfant de suivre normalement ses activités scolaires et sportives.

Ces médicaments sont associés à d'autres mesures thérapeutiques telles que la kinésithérapie respiratoire (toilette bronchique et drainage par des mouvements précis que les parents peuvent apprendre), le contrôle de l'environnement par la suppression des allergènes (substances responsables des réactions allergiques), l'information et l'édu-cation de l'enfant et de sa famille. Par exemple, en cas d'allergie aux acariens, choisissez une literie en synthétique (évitez les plumes), dépoussiérez soigneusement votre appartement et utilisez régulièrement des insecticides.

Sachez cependant qu'aucun traitement ne guérit l'asthme définitivement. Si vous-même et votre enfant êtes angoissés et inquiets face à cette maladie, n'hésitez pas à demander un soutien psychologique à une équipe médicale.

Audition (troubles de l')

Si votre nourrisson ne semble pas réagir aux voix et aux bruits, s'il ne babille pas à l'âge de 9 ou 10 mois en répétant des syllabes (ba-ba, da-da...), il entend peut-être mal. On appelle cette baisse de l'audition une hypoacousie.

Il est important de dépister le moindre trouble d'audition le plus tôt possible, car bien entendre est indispensable pour communiquer avec autrui et apprendre à parler normalement. Un spécialiste ORL effectuera des tests adaptés à son âge pour vérifier si votre enfant entend bien.

Certains facteurs de risques sont reconnus : votre enfant est-il né prématuré ? A-t-il fait un séjour dans un service de réanimation néonatale ? Surveillez son audition dans les premières années en faisant faire des audiogrammes réguliers. Si votre enfant s'exprime mal à l'âge d'entrer à la maternelle, les tests de dépistage effectués lors de sa visite d'admission doivent attirer votre attention. Plus tard, des difficultés de concentration et une inadaptation scolaire peuvent être dues à une faiblesse d'audition non détectée.

Un examen audiométrique et des tests permettront d'évaluer plus finement son handicap et d'envisager un traitement.

VOIR ▶ CÉRUMEN, OTITE, SURDITÉ.

Autisme

L'autisme signifie au sens littéral « repli sur soi ». Le plus inquiétant chez un enfant autiste est son absence de communication avec le monde environnant.

L'autisme reste un phénomène dont l'origine est mal expliquée. Certains cas ont été rapportés à une origine génétique, d'autres à des anomalies d'ordre biochimique altérant le fonctionnement cérébral, d'autres encore à des situations familiales pathologiques (familles présentant des troubles psychiatriques).

Comment détecter cette maladie chez un nourrisson ? Un bébé trop calme, passif, solitaire, qui semble ne pas voir ou mal entendre, qui ne sourit pas, qui est indifférent, qui joue avec ses mains ou se balance sans fin : toutes ces caractéristiques doivent attirer votre attention. Le développement intellectuel de l'enfant prend du retard et l'apprentissage du langage est perturbé.

Le trait dominant de l'autisme est l'absence ou la réduction extrême de la communication. Le refus du changement se traduit par des cris, des pleurs, une agitation devant toute nouveauté ; l'attachement excessif aux objets, préférés aux personnes, donne lieu à d'inlassables jeux stéréotypés.

Un enfant autiste nécessite le soutien d'une équipe médicale composée d'éducateurs, de psychothérapeutes, d'orthophonistes et de psychomotriciens.

[B]

Bactéries

Les bactéries sont des êtres vivants formés d'une seule cellule, et qui ne sont visibles qu'au microscope. Autonomes, elles peuvent se développer dans des milieux variés, à la différence des virus qui ont besoin d'envahir une cellule pour pouvoir se développer.

Les bactéries provoquent des infections locales ou générales, mais elles peuvent aussi être bénéfiques (par exemple, les bactéries vivant dans l'intestin et contribuant à la digestion des aliments).

L'organisme humain en bonne santé possède un système de défense immunitaire composé de cellules et de molécules qui protègent l'organisme contre les bactéries infectieuses. L'enfant est plus souvent victime d'infections que l'adulte, car son système immunitaire doit faire l'apprentissage des microbes de notre environnement.

Les antibiotiques aident l'organisme à lutter contre la plupart des bactéries infectieuses, ce qui permet de guérir les infections si le diagnostic est établi suffisamment tôt. Si on réalise les vaccinations préventivement, on évite certaines de ces infections (diphtérie, typhoïde, coqueluche, tétanos).

Les principales bactéries rencontrées lors des infections de l'enfant sont les suivantes :

▶ **Haemophilus influenzae.** Cette bactérie est souvent rencontrée chez les enfants entre l'âge de 3 mois et 5 ou 6 ans. Elle peut être à l'origine d'infections diverses (méningite, pneumopathie, ostéoarthrite). Un vaccin efficace est disponible. Il est conseillé de l'administrer au nourrisson dès le premier trimestre.

▶ **Listeria monocytogenes.** Cette bactérie provoque une infection, la listériose, chez les femmes enceintes et les personnes ayant peu de défenses immunitaires. Si cette maladie se déclare en début de grossesse, elle peut provoquer un avortement, sinon elle se transmet au fœtus et risque d'entraîner un accouchement prématuré. Lorsque le nouveau-né est atteint, il peut développer une pneumonie, une septicémie ou une méningite. Les antibiotiques permettent en général d'arrêter l'infection.

▶ **Le méningocoque.** Cette bactérie est responsable de méningite, autrefois appelée « cérébro-spinale ». Maux de tête, troubles de la conscience et raideur douloureuse de la nuque en sont les signes principaux. Cette forme de méningite guérit parfaitement sous l'action des antibiotiques et ne laisse aucune séquelle lorsque le traitement est administré suffisamment tôt.

▶ **Le pneumocoque.** Cette bactérie est à l'origine de différentes infections : otite chez le nourrisson, infection pulmonaire (pneumonie) et méningite (vomissements, mal de tête, fièvre, raideur de la nuque) à tous les âges. Cette forme de méningite nécessite un traitement rapide à base d'antibiotiques injectés par voie intraveineuse.

▶ **Le staphylocoque doré.** Il atteint souvent l'enfant, particulièrement au niveau de la peau. Cette bactérie virulente peut provoquer une infection disséminée par voie sanguine, ou septicémie. Fièvre, frissons, respiration accélérée, maux de tête et pertes de conscience sont les premiers signes. Dès que la septicémie est soupçonnée, il faut immédiatement administrer des antibiotiques. Une bonne hygiène, notamment cutanée, constitue la meilleure prévention contre le staphylocoque.

▶ **Le streptocoque.** Il est source d'angine ou de surinfection cutanée, mais il peut aussi provoquer un rhumatisme articulaire aigu (les articulations deviennent rouges, chaudes et douloureuses). Le traitement des angines par les antibiotiques en a considérablement réduit la fréquence.

▶ **Les salmonelles.** Ces bactéries sont réparties en plus de 300 types et sont transmises en cas d'hygiène défectueuse (par l'intermédiaire des mains sales, d'aliments et d'eau souillés, d'excréments). Elles entraînent une diarrhée aiguë ou peuvent rester dans le tube digestif, se disséminant ainsi dans l'organisme.

▶ **Les chlamydiae.** Ces bactéries, du genre *Chlamydia trachomatis*, sont responsables, chez le nourrisson de moins de 3 mois, d'une infection pulmonaire qui se manifeste par une gêne respiratoire progressive. La contamination se produit au moment de l'accouchement, par transmission maternelle.

Balancement

Les enfants aiment se balancer et apprécient tout particulièrement les jeux basés sur ce mouvement rythmique (balançoires, manèges). Ils apprennent ainsi à mieux percevoir leur corps dans l'espace.

Votre enfant, nourrisson ou déjà plus âgé, se balance parfois sur lui-même avant de s'endormir, comme pour se bercer et peut-être se rassurer avant la nuit. Ces mouvements rythmiques peuvent exprimer à leur manière une certaine inquiétude. Sachez comprendre ces petits « signes d'appel » et n'hésitez pas à lui exprimer votre tendresse.

Ces balancements sont sans gravité, mais, si votre enfant a tendance à interrompre ses activités pour se balancer de manière répétitive, s'il fait inlassablement les mêmes gestes (ces gestes sont dits « stéréotypés »), un trouble évolutif est peut-être en train de se révéler, parallèlement à un retard de développement. Parlez-en à votre médecin.

BCG

Le bacille de Calmette et Guérin, plus communément appelé BCG, est un bacille tuberculeux d'origine bovine, atténué et rendu inoffensif artificiellement. Il sert à vacciner l'être humain contre le bacille de Koch, responsable de la tuberculose.

La ressemblance de ces deux germes permet d'obtenir une réaction immunitaire « croisée » : les anticorps dirigés contre le BCG assurent en même temps une protection contre le bacille de Koch.

Le BCG peut être inoculé dès la naissance par voie sous-cutanée.

Selon la loi française, l'enfant doit être vacciné contre la tuberculose pour être admis en collectivité (en Belgique, au Canada et en Suisse, cette vaccination n'est pas obligatoire). Une bague permet les micro-injections, dont le nombre varie avec l'âge de l'enfant. Deux ou trois semaines après, une rougeur et une croûte vont apparaître au niveau des impacts de la bague. Il faut contrôler l'efficacité de la vaccination par des tests tuberculiniques, qui doivent entraîner une réaction locale trois jours après. Si ce n'est pas le cas, la vaccination doit être recommencée. Dans certaines situations de déficit immunitaire (notamment l'infection par le HIV), la vaccination par le BCG est contre-indiquée.

Bec-de-lièvre

Le terme « bec-de-lièvre » est couramment employé pour évoquer la fente labio-palatine (terme médical). Cette malformation est caractérisée par une fente de la lèvre supérieure due à un défaut de soudure au cours du développement de l'embryon, qui touche également le développement du palais.

Environ un enfant sur mille vient au monde avec une fente labio-palatine. Dans un tiers des cas, ces fentes sont visibles de l'extérieur. Elles vont d'une simple encoche de la lèvre supérieure à une fente qui peut atteindre la narine. Plus rarement (25 % des cas), les fentes ne sont visibles que si l'enfant ouvre la bouche.

L'examen pédiatrique effectué à la naissance permet de constater aussitôt cette malformation, mais celle-ci peut également avoir été vue lors d'une échographie faite pendant la grossesse.

L'enfant né avec une fente labio-palatine déglutit difficilement. Des tétines spéciales l'aident à avaler. Une alimentation précoce à la petite cuillère permet d'attendre l'intervention chirurgicale dans les meilleures conditions. Celle-ci est effec-tuée entre 3 et 6 mois. Les fissures du palais sont fermées habituellement avant l'âge de 1 an. Là aussi, l'opération chirurgicale donne des résultats très satisfaisants, sur le plan fonctionnel mais aussi sur le plan esthétique.

Bégaiement

Le bégaiement est un trouble de l'élocution qui se manifeste par répétition involontaire et saccadée de certaines syllabes. Parfois, l'enfant prononce difficilement certains mots, ce qui entraîne un blocage de la respiration suivi d'une expression explosive.

Ce trouble touche plus souvent le garçon que la fille et apparaît fréquemment vers 3 ans, disparaissant au bout de quelques mois. En revanche, il faut tout à fait prendre au sérieux un début de bégaiement chez un enfant plus âgé. Si votre enfant ne présente pas d'anomalie anatomique qui gênerait l'articulation des mots, son bégaiement révèle des difficultés relationnelles, une certaine fragilité émotive, de la timidité ou une agitation excessive.

Des séances de rééducation orthophonique et de relaxation pourront lui redonner confiance et faciliter son élocution.

Bleu

L'ecchymose est le terme médical correspondant à ce que l'on appelle couramment un « bleu ».

Une ecchymose survient habituellement après un choc ou une chute qui provoque un saignement dans l'épaisseur de la peau. À l'inverse de l'hématome, une ecchymose ne crée pas de « bosse ». La peau devient bleue, puis passe par différentes couleurs pour ne plus comporter de trace au bout d'une dizaine de jours.

Si votre enfant « se fait un bleu » à la suite d'une chute, vous pouvez mettre sur la peau un linge humide glacé pendant dix minutes, pour réduire la douleur et le gonflement de l'ecchymose, et appliquer une crème à l'arnica.

Consultez votre médecin si l'ecchymose ne s'atténue pas au bout de quelques jours ; si elle se répète ; si elle survient sans raison apparente ; si elle apparaît en même temps qu'un saignement de nez ou des gencives ou un purpura (taches rougeâtres sur la peau) ; si son importance est disproportionnée par rapport au choc, ou si elle siège en dehors des zones habituelles de traumatisme accidentel (genoux, coudes, tibia). Il fera faire une analyse de sang pour vérifier si votre enfant ne souffre pas d'un trouble de la coagulation.

Boiterie

À la suite d'une chute ou d'un choc récent, votre enfant marche d'une façon asymétrique, inclinant le corps d'un côté puis de l'autre, et se plaint de douleurs : il boite.

Après examen, votre médecin évaluera les causes de cette claudication. Si elle est consécutive à un choc, mais qu'aucun traumatisme sérieux ne soit constaté à la radiographie, un traitement anti-inflammatoire et du repos feront disparaître la douleur.

Une boiterie ou un refus de marcher peuvent aussi résulter d'un traumatisme passé inaperçu, d'une infection de l'os (ostéite ou ostéomyélite) ou d'une articulation (ostéoarthrite), d'une inflammation de l'articulation de la hanche appelée « rhume de hanche » (surtout constatée chez l'enfant de 3 à 5 ans). Des examens médicaux préciseront ces pathologies.

VOIR ► FRACTURE, HANDICAP.

Bosse séro-sanguine du nouveau-né

Une bosse apparaît parfois sous le cuir chevelu du bébé à la naissance ; c'est un hématome bénin.

La bosse séro-sanguine est provoquée par le fort frottement du crâne du bébé lors du passage dans les voies génitales de sa mère. Elle peut être plus importante si des forceps ont été utilisés. Elle se résorbe spontanément en une dizaine de jours.

Bronchiolite

La bronchiolite est une infection aiguë des poumons d'origine virale le plus souvent, due alors au virus respiratoire syncytial (VRS). L'inflammation est située au niveau des plus petites bronches, ou bronchioles. La diminution de leur diamètre provoque une gêne respiratoire (dyspnée) qui se manifeste souvent par un sifflement.

En donnant le sein ou le biberon à votre nourrisson, vous constatez que sa respiration s'accélère de manière inhabituelle ou qu'il émet un sifflement. Il se fatigue plus vite et se nourrit moins bien. Ces signes peuvent être ceux d'une bronchiolite. Si votre bébé a moins de 3 mois, votre médecin vous proposera peut-être de l'hospitaliser pendant quelques jours. Une surveillance de sa respiration et une assistance ventilatoire sous forme d'oxygénothérapie et de kinésithérapie l'aideront à mieux traverser cet épisode. Plus rarement, en cas d'épuisement de l'enfant, il faut recourir à une ventilation artificielle durant quelques jours.

La position demi-assise, l'humidification de l'air, l'aspiration des mucosités, la kinésithérapie respiratoire et le maintien d'une alimentation correcte (hydratation, notamment) chez l'enfant plus âgé sont les principales mesures à adopter. Dans certains cas, des aérosols destinés à dilater les bronchioles peuvent être inhalés par l'enfant, et un traitement antibiotique est envisageable en cas de surinfection.

L'immunité acquise après une bronchiolite est de courte durée, car le virus VRS prend plusieurs formes et les bronchiolites à répétition ne sont pas rares. Cependant, si votre enfant a eu plus de trois bronchiolites avant l'âge de 2 ans, il peut s'agir d'asthme. Une surveillance médicale est alors nécessaire.

Bronchite

La bronchite est une infection d'origine virale le plus souvent. Elle survient surtout en automne ou en hiver. L'inflammation touche les bronches et peut faire suite à un rhume ou à une grippe.

Votre enfant a une toux, d'abord sèche puis grasse (sa toux fait remonter dans sa gorge des mucosités). Il a une légère fièvre (38-38,5 °C) et ressent parfois des douleurs en respirant ou en toussant.

Le médecin vérifiera l'absence de surinfection bactérienne et le plus souvent prescrira un traitement contre la fièvre. Si votre nourrisson a du mal à tousser (un bébé ne sait pas cracher), le médecin vous demandera de faire appel à un kinésithérapeute pour l'aider à éliminer les sécrétions en le massant et en lui faisant faire des exercices respiratoires. Les antibiotiques ne sont nécessaires qu'en cas de surinfection bactérienne ou de sécrétions bronchiques purulentes jaunâtres ou verdâtres. En principe, une bronchite guérit en une semaine, mais la toux peut durer.

Si les bronchites se répètent, des examens complémentaires sont nécessaires. D'autres facteurs peuvent être à l'origine de la maladie : végétations trop volumineuses, allergies, reflux gastro-œsophagien, affection pulmonaire, mucoviscidose... La vie en collectivité précoce est à déconseiller et un air pollué par la fumée de cigarette, à proscrire.

Brûlures

Les brûlures sont des lésions accidentelles produites sur la peau par le renversement d'un liquide chaud ou bouillant, le contact avec un appareil chauffant (four, fer à repasser, grille-pain...) ou une prise électrique non protégée.

Les produits ménagers peuvent également être sources de brûlures (appelez de toute urgence le centre antipoison de votre département).

Face à une brûlure sérieuse, appelez le médecin (ou le centre antipoison). Pour diminuer la cuisson réelle de la peau, enlevez tout de suite les vêtements à l'endroit brûlé, sauf s'ils sont en tissu synthétique et qu'ils aient fondu. Si vous le pouvez, effectuez un lavage prolongé à l'eau froide, en faisant couler un léger filet d'eau sur la zone brûlée à une distance de 20 cm, pendant 5 à 10 minutes. N'appliquez aucune autre substance sur la peau avant un avis médical.

Si la brûlure est superficielle, le médecin prescrira un traitement antiseptique local à appliquer sous pansement stérile (à renouveler plusieurs fois par jour au début).

Une hospitalisation est préférable dans les cas suivants : brûlure étendue (plus de 10 % de la surface totale du corps), même si elle semble superficielle ; brûlure électrique ; brûlure localisée sur le visage, à proximité des yeux, de la bouche ou de l'anus, dans les plis du corps ou sur les mains.

Des mesures simples préventives permettent d'éviter ces accidents : tourner les queues des casseroles vers l'intérieur des cuisinières, tester la température du biberon, ne pas prendre dans ses bras un enfant pendant la manipulation d'un récipient rempli de liquide brûlant.

[C]

Calmants

Les calmants sont des médicaments prescrits sous forme de sirops, de comprimés, de suppositoires, etc., pour atténuer les troubles du sommeil, une toux ou des douleurs. Leur utilisation à titre transitoire peut être utile mais ne guérit pas.

▶ **Sommeil.** Si votre enfant s'endort difficilement, ne lui donnez des calmants que si votre médecin les a prescrits. En effet, ces médicaments ne soignent jamais les causes réelles des troubles du sommeil et ce mode de traitement ne peut donc être que tout à fait temporaire.

Avant tout, essayez de réfléchir, avec votre médecin ou éventuellement avec un psychologue, à la vie quotidienne de votre enfant : régularité du rythme de vie, rites d'endormissement, climat familial… Vous comprendrez ainsi mieux les perturbations psychologiques qui l'empêchent de s'endormir normalement et vous essaierez de les résoudre.

▶ **Toux.** Si votre enfant a une toux sèche perturbant son sommeil, le médecin pourra vous prescrire un traitement adapté dont, si nécessaire, un calmant adapté à son âge. Surtout ne donnez pas le vôtre ou celui d'un autre adulte, ils pourraient provoquer des difficultés respiratoires, en particulier chez le nourrisson. Ce sont souvent des sédatifs qui pourraient être nuisibles à la santé de l'enfant.

▶ **Douleurs.** Si votre enfant ressent des douleurs, il existe des calmants appelés « antalgiques » ou « analgésiques » à base d'aspirine et de paracétamol.

Cardiopathie
VOIR▶ CŒUR (ANOMALIES DU).

Carie

Une carie est une maladie infectieuse, d'origine bactérienne, qui atteint la dent et se traduit par la destruction progressive de l'émail, puis plus profondément de l'ivoire (appelé aussi « dentine »).

Votre enfant a une tache noirâtre sur une molaire ou une prémolaire. Il se plaint de douleurs vives quand il mange des aliments chauds, froids ou sucrés. Il a mauvaise haleine. Le dentiste vous confirmera certainement la présence d'une ou de plusieurs caries.

La carie doit être soignée par le dentiste, même si elle concerne une dent de lait. C'est en effet un foyer microbien qui peut entraîner une infection de l'os ou provoquer un abcès dans la bouche.

Le meilleur traitement des caries est préventif : apprenez à votre enfant à se brosser les dents après les repas, de préférence avec une pâte fluorée, proscrivez les sucreries (bonbons, gâteaux) au coucher et le biberon d'eau sucrée et enfin emmenez-le chez le dentiste au moins une fois par an. En outre, un complément en fluor donné chaque jour à l'enfant, en dose minime, dès ses premiers mois, renforcera la qualité de son émail dentaire. Vous pouvez en alternative cuisiner vos plats avec du sel fluoré.

Caryotype

Le caryotype est un examen permettant l'étude directe par photographie des chromosomes d'une personne, ainsi que leur classement et leur analyse, à partir de cellules prélevées dans le sang.

L'espèce humaine possède 46 chromosomes, regroupés par paires classées selon leur taille. La 23e paire correspond aux chromosomes sexuels, XY pour le garçon, XX pour la fille.

Un caryotype peut être proposé en cas d'anomalies morphologiques, de malformations, devant certains signes de maladie, si le développement physique (taille, poids) et psychomoteur est anormal. Le diagnostic peut parfois permettre de mettre en œuvre un traitement. Cependant, il faut savoir que les maladies chromosomiques, ou génétiques, ne peuvent aujourd'hui être guéries, même si des progrès peuvent être attendus de la thérapie génique.

Toutes les anomalies génétiques ne sont pas lisibles sur les chromosomes, car elles peuvent ne toucher qu'un petit nombre de gènes, voire un seul. Dans ce cas, seule la biologie moléculaire est à même de détecter un problème. La pratique d'un caryotype ne peut être réalisée sans l'accord de la personne concernée ou de la personne qui en a la responsabilité (consentement éclairé).

VOIR▶ GÉNÉTIQUE.

Cauchemars

L'enfant qui fait un cauchemar se réveille la nuit. Angoissé par les images de son rêve, il ne sait plus si elles correspondent à la réalité ou non. Votre enfant a alors besoin d'être écouté, consolé, rassuré.

Les rêves pénibles et agités qui perturbent le sommeil de votre enfant peuvent vous sembler impressionnants. Mais ces cauchemars ne doivent pas vous inquiéter outre mesure : ils font partie de son développement psychique normal et sont très fréquents chez l'enfant de 3 à 5 ans. Ils permettent aux enfants de se libérer des tensions et des conflits qui l'habitent : difficultés à l'école ou au sein de la famille, disputes – inévitables – avec ses frères et sœurs ou avec des camarades de jeu, déménagement, éloignement d'un des parents, images violentes vues à la télévision… Quand votre enfant fait un cauchemar, écoutez-le, rassurez-le, parlez-lui calmement. Il se rendormira vite. Et, dans la journée, s'il le souhaite, laissez-lui raconter ce rêve qui l'a tant effrayé. Si ces cauchemars se répètent, évitez les calmants qui ne résoudront pas ces difficultés. Demandez conseil à votre médecin qui dirigera éventuellement votre enfant vers un psychologue.

VOIR▶ TERREURS NOCTURNES.

Cavum
VOIR▶ VÉGÉTATIONS.

Cécité

VOIR ► VISION (APPRÉCIATION DE LA).

Céphalée

VOIR ► MAL DE TÊTE.

Céphalhématome

Il peut arriver de constater peu après la naissance une bosse au niveau du crâne du nouveau-né, ce qui est plus impressionnant que grave.

Ce céphalhématome, provoqué par un frottement intense du crâne lors de l'expulsion, a la particularité de se situer entre l'os de la voûte du crâne et le périoste (membrane qui le tapisse à sa face externe), et de ce fait sera plus long à se résorber qu'une simple bosse séro-sanguine.

Chez le nourrisson ou le petit enfant plus âgé, il arrive de découvrir fortuitement, ou plutôt dans la surveillance d'un traumatisme crânien, une masse de ce type sur le crâne de votre enfant, et qui a la même origine, sauf qu'elle est alors associée (ou révélatrice) d'une fracture minime et sans gravité du crâne.

VOIR ► BOSSE SÉRO-SANGUINE DU NOUVEAU-NÉ.

Cérumen

Le cérumen est une substance jaunâtre, grasse et collante qui se trouve au fond du conduit de l'oreille. Il est sécrété par les glandes sébacées de ce conduit.

Une sécrétion trop abondante peut boucher le conduit auditif : votre enfant entend alors moins bien et peut avoir des sensations de vertige.

Nettoyez la partie externe du pavillon de l'oreille (mais pas le fond) avec un morceau de coton que vous roulerez avec les doigts. Il est dangereux d'utiliser un bâtonnet de coton. En effet, le conduit est fragile et fonctionne par autonettoiement, c'est-à-dire que les petits poils poussent le cérumen au-dehors. Un

bâtonnet de coton peut enfoncer la cire au lieu de l'éliminer et provoquer des irritations locales, des otites externes (inflammation du conduit) ou même, dans certains cas, une perforation du tympan ; le cas échéant, celle-ci peut se refermer spontanément ou demander une intervention chirurgicale.

Si vous remarquez une masse plus ou moins dure, renfoncée dans le conduit de l'oreille de votre enfant, il s'agit alors d'un bouchon de cérumen. Vous pouvez nettoyer le conduit avec de l'eau tiède, du sérum physiologique ou une solution adaptée que votre médecin vous prescrira. Cette solution décollera et évacuera le bouchon sans douleur et restituera l'audition normale. Si vous n'y parvenez pas, un médecin ORL (oto-rhino-laryngologiste) pratiquera cette petite intervention à l'aide d'une pince spéciale. Il vérifiera en même temps l'absence de lésions locales.

VOIR ► AUDITION (TROUBLES DE L'), SURDITÉ.

Cétose

VOIR ► ACÉTONE (CRISE D').

Cheveux (chute des)

Votre nourrisson n'a plus de cheveux à l'endroit où sa tête repose sur son drap... Rassurez-vous, ils repousseront vite. Cependant une chute partielle ou totale des cheveux (appelée « alopécie ») peut témoigner d'une situation pathologique.

▶ **Pelade ou teigne.** Les plaques de peau nue, claires et lisses, qui apparaissent sur le cuir chevelu ont pour origine une mycose (infection par un champignon). Il est nécessaire de suivre un traitement local approprié et de se méfier de la contagion. En général, les cheveux repoussent normalement et aucune cicatrice n'est visible.

▶ **Impétigo.** Votre enfant a des démangeaisons et vous voyez sur

son cuir chevelu des rougeurs qui laissent échapper du pus jaunâtre puis se transforment en croûtes. Cette infection bactérienne appelée « impétigo » est due au staphylocoque doré et peut se localiser à d'autres endroits du corps. Votre enfant, en se grattant, risque de propager les lésions sur son visage (autour du nez, de la bouche) et peut transmettre l'infection à son entourage. Votre médecin vous prescrira un traitement local et éventuellement des antibiotiques en cas de lésions nombreuses.

▶ **Tic.** Dans des moments d'ennui ou de tension nerveuse, votre enfant ne peut s'empêcher de tortiller des mèches de cheveu (trichotillomanie) jusqu'à les arracher et créer une pelade.

Votre enfant a certainement besoin de dialoguer, de s'exprimer, mais vous ne savez comment résoudre ses difficultés relationnelles. Parlez-en à votre médecin. Celui-ci vous proposera sans doute un suivi médico-psychologique, prenant en compte à la fois l'enfant et son entourage.

▶ **Choc nerveux.** D'autres perturbations psychologiques plus soudaines peuvent provoquer des zones de pelade arrondies et lisses : un accident, un choc affectif brutal, une émotion forte. Une équipe médicale aidera votre enfant à retrouver son équilibre. Et ses cheveux repousseront d'eux-mêmes, sans traitement médicamenteux.

▶ **Chimiothérapie.** Une chimiothérapie entraîne le plus souvent une perte rapide des cheveux, qui repoussent dès la fin du traitement.

Chromosomes

Les chromosomes contiennent tout le code génétique de l'individu, présent dans chacune de ses cellules. Ils sont visibles sous forme de bâtonnets dans le noyau de la cellule au cours de la division cellulaire.

Les chromosomes sont formés par une double chaîne d'acide désoxyribonucléique (ADN), qui est le support moléculaire des gènes. L'espèce humaine possède 46 chromosomes groupés en 23 paires, dont une paire de chromosomes sexuels : XX chez la fille, XY chez le garçon.

Les chromosomes peuvent être étudiés en laboratoire sur un échantillon de sang. Un classement appelé « caryotype » est établi par paire et par taille (de 1 à 22) plus XX (si c'est une fille) ou XY (si c'est un garçon).

Les anomalies chromosomiques touchent le nombre et la structure des chromosomes contenus dans les cellules d'un individu. Les anomalies chromosomiques sont souvent incompatibles avec la vie, et environ deux tiers des avortements spontanés s'expliquent par une anomalie chromosomique. Certaines autres sont compatibles avec la poursuite de la grossesse, mais pourront avoir des répercussions sur le développement physique, mental ou sexuel de l'individu.

L'anomalie chromosomique la plus fréquente est la trisomie 21 (ou mongolisme), qui touche la 21e paire, car il existe un chromosome 21 en surnombre.

Les progrès actuels de la génétique permettent de déceler des anomalies des gènes bien plus fines, non visibles sur le caryotype. Même si certaines maladies ne sont pas encore tout à fait expliquées, les recherches en cours laissent espérer des diagnostics plus précis.

VOIR ▶ AMBIGUÏTÉ SEXUELLE, DALTONISME, TRISOMIE 21.

Chutes

Les chutes sont banales chez l'enfant, surtout au moment où il apprend à marcher. Lorsqu'il tombe de sa hauteur, ces chutes sont le plus souvent sans gravité. Mais l'enfant, en grandissant, va se croire capable de bien des prouesses. Et ses chutes peuvent avoir des conséquences plus importantes.

Le nourrisson a une tête proportionnellement plus grosse que celle de l'enfant. Son poids l'entraîne quand il tombe, ce qui explique la relative fréquence des traumatismes crâniens chez les enfants de cet âge.

▶ **Traumatisme crânien.** En tombant de son berceau, d'une table, d'un muret, votre enfant peut se taper la tête sur le sol. S'il perd connaissance, s'il vomit peu après, et même s'il ne présente pas d'autres signes inquiétants, appelez le médecin ou emmenez-le à l'hôpital pour être examiné.

▶ **Contusion cérébrale ou hématome extradural.** Si, dans les 48 heures qui suivent la chute, votre enfant a des vomissements de plus en plus fréquents, vous paraît confus, s'il s'évanouit, s'il a des maux de tête, s'il ressent des lourdeurs au niveau d'un bras ou d'une jambe, il peut être victime d'une contusion (lésion) cérébrale ou d'un épanchement sanguin à l'intérieur du crâne (hématome extradural). Emmenez-le à l'hôpital pour le faire examiner. Le médecin jugera de l'utilité de pratiquer un scanner pour évaluer les lésions éventuelles.

▶ **Hématome sous-dural.** Cet hématome résulte d'un épanchement de sang sous une des méninges appelée « dure-mère ». Il apparaît habituellement de manière retardée, quelques jours à quelques semaines après un traumatisme crânien sans gravité apparente. Si le volume du crâne de votre enfant augmente (une surveillance du périmètre crânien s'impose) et si son comportement semble modifié, faites appel à un médecin qui vous dirigera vers un centre spécialisé.

▶ **Fracture osseuse.** Ce type de fracture n'est pas toujours facile à localiser chez un enfant. En cas de doute, montrez votre enfant au médecin qui jugera de l'opportunité de prescrire une radiographie. Une fracture osseuse se consolide facilement en quelques semaines et n'est généralement pas inquiétante.

Circoncision

La circoncision est une opération chirurgicale effectuée sous anesthésie. Elle consiste à sectionner le prépuce, repli cutané qui recouvre l'extrémité du pénis. Elle est pratiquée le plus souvent pour des raisons religieuses.. Mais elle peut aussi être indiquée pour corriger certaines anomalies.

▶ **Phimosis.** Il se traduit par une étroitesse du prépuce empêchant de découvrir le gland (extrémité du pénis) à la main. Chez le nourrisson, un léger phimosis est courant jusqu'à l'âge de 6 mois. Chez certains garçons, il peut persister plusieurs années, entraînant une gêne quand ils urinent et une irritation locale. Il n'est pas nécessaire de décalotter les petits garçons ; ce geste peut être traumatisant et aggraver le phimosis. Parlez-en à votre médecin qui pourra prescrire l'application locale d'une pommade. En cas d'échec du décalottage et en cas d'érections difficiles et douloureuses, la circoncision peut alors être nécessaire.

▶ **Hypospadias et ambiguïté sexuelle.** Plus rarement, la circoncision est pratiquée dans le cadre d'une opération de chirurgie reconstructrice visant à corriger un hypospadias (défaut de fermeture de l'urètre) ou une ambiguïté sexuelle à la naissance.

Cœur (anomalies du)

Une anomalie du cœur, qu'elle soit présente à la naissance (congénitale) ou non (acquise), prend le nom de « cardiopathie ». Cette malformation peut concerner les valves, les cloisons entre les ventricules et entre les oreillettes (cavités du cœur), ou les vaisseaux (artère pulmonaire, aorte).

▶ **Anomalie à la naissance.** Les troubles du développement dus à une cardiopathie congénitale surviennent très tôt dans la vie du fœtus. Les origines sont souvent inconnues, sauf quelques cas particuliers comme une anomalie chromosomique (c'est le cas de la trisomie 21) ou une infection de la mère pendant la grossesse, comme la rubéole congénitale. Elles peuvent être détectées à la naissance ou en cours de grossesse.

Si la peau de votre nouveau-né est bleuâtre (on dit qu'il est cyanosé), il souffre d'une mauvaise oxygénation et/ou d'une insuffisance cardiaque (détresse respiratoire, accélération du rythme cardiaque). Les médecins vous confirmeront le diagnostic en examinant votre enfant et en faisant faire une échographie du cœur de votre bébé. Mais cette malformation n'est pas incompatible avec une vie normale, car de grands progrès ont été réalisés dans le domaine de la chirurgie cardiaque des nouveau-nés.

▶ **Anomalie acquise.** Aujourd'hui, les cardiopathies acquises (résultant d'une maladie de l'enfance) sont rares. En effet, les antibiotiques permettent de soigner les infections à streptocoque, qui autrefois provoquaient un rhumatisme articulaire aigu. Celui-ci faisait redouter de graves complications cardiaques.

Coliques (du nourrisson)

Votre bébé pleure vigoureusement, il gesticule, il devient rouge, il semble souffrir. Mais vous ne savez comment l'apaiser. Soudain, il se calme après avoir émis des gaz ou des selles.

Les coliques du nourrisson ont des causes mal connues. Si votre médecin ne décèle aucune maladie précise, détendez-vous et prenez patience. Des adaptations diététiques peuvent être tentées et apporter des améliorations (lait sans lactose, lait acidifié...). Les coliques du nourrisson disparaissent spontanément à partir du 4e mois, et les bébés qui en souffrent sont en bonne santé.

Côlon irritable

Le syndrome du côlon irritable correspond à une anomalie de la motricité du gros intestin. Il survient chez

le nourrisson et s'atténue généralement vers l'âge de 4 ou 5 ans.

Votre enfant a mal au ventre, il a de la diarrhée et ses selles sont glaireuses... Elles contiennent parfois des résidus de nourriture visibles, qui ont été mal digérés du fait d'une accélération du transit intestinal. Vous remarquez que certains aliments comme les crudités, le jus d'orange, certains légumes... provoquent des poussées douloureuses de selles liquides. Pourtant, l'appétit de votre enfant ne diminue pas et il grossit normalement.

Si, en général, ces troubles s'atténuent à l'âge de 4 ou 5 ans, ils peuvent aussi persister sous une forme différente : la diarrhée fait place à une constipation ou il y a une alternance des deux.

Les causes réelles du côlon irritable sont mal connues, mais elles sont probablement en rapport avec un trouble fonctionnel de cette partie de l'intestin. Une certaine tension au sein de l'entourage, des difficultés scolaires peuvent angoisser votre enfant et provoquer cette manifestation digestive.

Vous pouvez d'emblée supprimer les aliments que votre enfant ne digère pas et lui donner éventuellement un traitement antispasmodique en cas de douleurs aiguës. Mais les médicaments contre la diarrhée et les régimes antidiarrhéiques sont inutiles, voire néfastes.

VOIR ▶ INVAGINATION INTESTINALE, OCCLUSION INTESTINALE.

Coma

Le coma se caractérise par une altération de la conscience et de la vigilance ; l'organisme ne réagit plus aux stimulations extérieures spontanées ou provoquées (cris, pincements) et, dans certains cas, devient incapable de maintenir les fonctions vitales (respiration, par exemple).

La gravité d'un coma dépend de sa profondeur. Le premier stade cor-

respond à une perte de la perception de la réalité avec agitation ; la parole est inadaptée, mais la personne conserve sa vigilance. Au stade suivant (stade 2), les réactions aux excitations sont confuses et inadaptées. En coma profond (stade 3), la personne ne réagit plus aux stimulations sensorielles (toucher, bruit), elle n'a plus de réflexes et ses fonctions végétatives (respiration, circulation du sang) sont difficilement maintenues. Au 4e stade (appelé coma dépassé), la personne ne peut survivre que si elle est placée dans un service de réanimation lourde, permettant la prise en charge artificielle des grandes fonctions vitales. Face à un malade comateux, il est tout aussi urgent de traiter les effets du coma que d'en rechercher la cause. Le coma peut résulter d'un traumatisme crânien, d'une tumeur ou d'une hémorragie cérébrale, d'une méningite ou d'une autre maladie dont le traitement rapide est indispensable.

Si votre enfant a des troubles de la conscience, quelles que soient leur importance et les circonstances dans lesquelles ils sont apparus, appelez le service des urgences de l'hôpital le plus proche, afin qu'il soit pris en charge par une équipe médicale dans les meilleurs délais (soins intensifs et réanimation).

VOIR ▶ CHUTES, COUP DE CHALEUR.

Conjonctivite

La conjonctivite désigne l'inflammation de la conjonctive, muqueuse qui tapisse l'intérieur des paupières et le blanc de l'œil.

Votre enfant a alors le blanc des yeux rougeâtre. Ses cils sont collés le matin. L'intérieur de ses paupières est rouge, et ses yeux coulent. La conjonctivite peut avoir des causes multiples : poussière ou éclat dans l'œil, exposition excessive au soleil, infection virale ou bactérienne (rhume), allergie, etc.

Nettoyez les yeux de votre enfant et enlevez les sécrétions qui collent aux cils et aux paupières avec de l'eau tiède ; on pourra également utiliser du sérum physiologique. S'il y a infection, votre médecin prescrira un collyre ou une pommade adaptés.

▸ **Conjonctivite néonatale.** Les infections de la conjonctive sont fréquentes en période neonatale, mais il s'agit le plus souvent d'un trouble bénin qui n'entraîne pas d'atteinte fonctionnelle permanente. Lorsqu'une conjonctivite se répète au cours des premiers jours ou semaines du bébé et s'il n'y a pas d'origine infectieuse, elle peut révéler une occlusion du canal lacrymal (la fonction de ce canal est de drainer les larmes vers les fosses nasales). Un ophtalmologue pourra facilement la traiter.

Constipation

Votre enfant est constipé si ses selles sont dures et peu fréquentes, mais le transit intestinal est très variable d'un enfant à un autre, et à chaque âge correspond une norme différente.

On peut considérer qu'un enfant est constipé avant l'âge de 1 an s'il va à la selle moins d'une fois par jour ; entre 1 et 4 ans, s'il va à la selle moins d'une fois tous les deux jours ; à plus de 4 ans, s'il va à la selle moins de trois fois par semaine.

▸ **Votre bébé est nourri au sein.** Il a sans doute des selles fréquentes, en général une par tétée ; mais il n'est pas rare que certains nourrissons n'aient qu'une selle – de consistance molle – par jour, ou même tous les deux jours, sans douleurs ni ballonnements, tout en grossissant correctement. Dans ce cas, le lait maternel est totalement absorbé et ne laisse aucun résidu. On parle alors plutôt de « fausse » constipation.

▸ **Votre bébé est nourri au biberon.** S'il vous semble constipé, vous devez avant tout prendre quelques précautions simples : vérifiez la bonne dilution du lait (une cuillère-mesure de lait en poudre pour 30 ml d'eau),

utilisez une eau minérale légèrement laxative et faites-lui également boire du jus d'orange frais ou du jus de pruneau. Son transit se rétablira naturellement. Il n'est pas souhaitable de recourir à des médicaments et les suppositoires sont inutiles à cet âge.

▸ **Chez l'enfant plus grand.** Les enfants aiment la viande, les pâtes et les féculents, mais ce mode d'alimentation réduit le bol fécal et entraîne souvent une constipation. Vous devez donc donner à votre enfant des légumes et des fruits et le faire boire régulièrement.

Mais d'autres situations peuvent être à l'origine d'une constipation : vous souhaitez qu'il devienne propre rapidement (pour qu'il puisse entrer à l'école, par exemple) et cet apprentissage lui semble difficile ; il ne se sent pas à l'aise dans les toilettes de son école et il se retient ; il vient de faire un voyage ou d'effectuer un séjour en dehors de la famille.

Son transit intestinal sera vite rétabli si vous résolvez l'une de ces questions.

En attendant, votre médecin prescrira un antispasmodique pour limiter ses douleurs abdominales ainsi que des produits destinés à hydrater ses selles.

VOIR ▸ CÔLON IRRITABLE.

Convalescence

Après une maladie ou un choc émotionnel, la convalescence permet à l'organisme de retrouver son état de santé et son équilibre antérieurs.

Malgré les progrès de la médecine et le développement de traitements efficaces et rapides, la guérison n'est pas toujours immédiate. Chez l'enfant, comme chez l'adulte, il existe un temps variable, la convalescence, qui permet à l'individu de retrouver toutes ses capacités physiques.

Une fatigue, ou une fatigabilité, des comportements parfois jugés un peu régressifs (séjour prolongé au lit, retour du pouce sucé ou du

« doudou », demande de présence) sont nécessaires à la guérison et ne traduisent pas forcément une mauvaise évolution.

À l'inverse, certains enfants récupèrent très vite, refusent de rester au lit et poursuivent normalement leurs activités, sans que cela ne pose non plus de problème.

Convulsion

Une convulsion est un dysfonctionnement du cerveau (sorte de court-circuit) qui peut être à l'origine de mouvements incontrôlés des membres, accompagnés d'une perte de conscience.

▸ **Convulsions avec fièvre.** Votre enfant a brusquement de la fièvre, il devient pâle et perd connaissance. Son corps se raidit et ses yeux se révulsent. Quelques secondes plus tard, ses bras et ses jambes sont secoués par des spasmes incontrôlables. La crise dure quelques minutes. Puis il reprend conscience plus ou moins vite et reste somnolent ou s'endort.

Les convulsions entraînées par la fièvre sont fréquentes chez le nourrisson. Toutes les infections fébriles peuvent provoquer ces convulsions (rhino-pharyngite, otite, bronchite...).

Cette crise risque de vous impressionner d'autant plus que vous vous sentez démuni. Vous pouvez néanmoins agir pour qu'elle ne se renouvelle pas dans les instants qui suivent. Il faut en effet faire baisser la fièvre : découvrez votre enfant et rafraîchissez-le en lui faisant prendre un bain pendant dix minutes (la température de l'eau doit être inférieure de 2 °C à celle de votre enfant). Donnez-lui également un antipyrétique : anti-inflammatoire non stéroïdien (aspirine, ibuprofène) ou du paracétamol.

Et, sans attendre, consultez votre médecin. Celui-ci vérifiera que seule la fièvre était à l'origine de la convulsion. Par ailleurs, il vous indiquera la conduite à tenir pour éviter la répétition de ces convulsions.

Convulsions sans fièvre. Elles sont plus rares que les convulsions fébriles et sont provoquées par un trouble de l'activité cérébrale. Dans certains cas, une hypoglycémie (baisse du taux de sucre dans le sang), une privation d'oxygène, une méningite peuvent en être l'origine. Mais la cause des convulsions reste quelquefois méconnue. Un électroencéphalogramme et un scanner apporteront des informations précieuses.

Une fois sur deux, les convulsions ne se renouvellent pas. Mais la répétition de crises convulsives sans fièvre caractérise une épilepsie. Votre médecin prescrira un traitement adapté à la situation de votre enfant.

Coproculture

VOIR ▶ SELLES (EXAMEN DES).

Coqueluche

La coqueluche est une maladie contagieuse causée par une bactérie : *Bordetella pertussis*. La toux intense qui la caractérise est toujours éprouvante pour le nourrisson, car elle provoque des pauses respiratoires (apnées), source d'asphyxie.

Votre enfant a une rhino-pharyngite avec un peu de fièvre (38-38,5°C) ou une bronchite. Il tousse violemment, de manière répétée. Cette toux est parfois suivie de vomissements mais aussi de malaises. Son teint devient bleuâtre (cyanose).

Si votre enfant est encore un bébé, consultez votre médecin. Ne lui donnez surtout pas de calmants contre la toux. Ils sont inefficaces et pourraient perturber sa respiration. Donnez-lui à boire régulièrement, afin d'éviter la déshydratation (due aux vomissements) et nourrissez-le souvent, mais par petites quantités, entre les quintes (accès de toux).

Si votre enfant n'est pas vacciné contre la coqueluche et si son teint devient bleu à chaque quinte, emmenez-le à l'hôpital, où il sera placé en surveillance pendant quelques jours. Une équipe médicale lui donnera des soins appropriés (désobstruction nasale, aspiration des sécrétions, oxygénation). La coqueluche évolue pendant deux à trois semaines et ne laisse aucune séquelle respiratoire ou bronchique.

Un enfant atteint de coqueluche ne doit pas aller à l'école pendant trente jours à partir des premières quintes. Les bébés âgés de moins de 6 mois qui font partie de l'entourage d'une personne atteinte de coqueluche peuvent être traités par antibiotiques, afin d'éviter la contagion.

L'immunité qu'apporte la vaccination ne semble pas durer toute la vie. C'est la raison pour laquelle des rappels vaccinaux sont proposés aux enfants et aux adolescents, avec un vaccin dont la tolérance a été bien améliorée.

Corticoïdes

Les corticoïdes sont des médicaments synthétiques dérivés d'une hormone naturelle : le cortisol, dont le rôle principal est d'être anti-inflammatoire. Ils sont utilisés sous forme de comprimés, pommades, collyres ou solutions injectables pour soigner les inflammations dues à des allergies ou à des maladies inflammatoires. Les corticoïdes sont également administrés pour éviter les rejets, en cas de greffe d'organe.

Les corticoïdes doivent être donnés avec précaution, car ils ont des effets secondaires.

Contre les inflammations. Des médicaments à base de cortisone peuvent être prescrits par le médecin si votre enfant souffre d'allergie (asthme, eczéma). Mais cela nécessite une surveillance régulière, en particulier de la croissance. En effet, l'utilisation prolongée des corticoïdes présente le risque de ralentir son développement osseux en agissant sur son cartilage de croissance. Afin de minimiser ce ralentissement, il est proposé, lorsque le contrôle de la maladie le permet, de donner le médicament un jour sur deux au lieu de tous les jours. Dès l'arrêt du traitement, votre enfant se développera à nouveau selon sa courbe naturelle.

Dans les maladies rhumatismales. Les corticoïdes sont prescrits pour diminuer l'inflammation. Une surveillance de complications infectieuses éventuelles est nécessaire. La pression artérielle, la glycémie (taux de sucre dans le sang), en cas d'antécédent familial de diabète, et les capacités visuelles doivent être régulièrement contrôlées.

Coup de chaleur

Un coup de chaleur est une forme particulière de déshydratation aiguë résultant d'une exposition à un environnement inadapté à l'enfant (chaleur excessive, confinement).

Votre enfant transpire et sa température dépasse 40 °C. Il est fatigué, a des vertiges, des nausées, des maux de tête suivis de vomissements. Il peut présenter des troubles de la conscience (hallucinations visuelles, propos délirants). Dans les cas extrêmes, un coup de chaleur peut aussi provoquer une perte de connaissance, des convulsions et un coma.

Si votre enfant présente les premiers troubles d'un coup de chaleur, mettez-le dans un bain tiède (d'une température inférieure de 2 degrés à sa température) afin de le rafraîchir. Et donnez-lui à boire. Si la température ne baisse pas, faites appel à votre médecin.

L'enfant supporte moins facilement que l'adulte la chaleur et le soleil. Mettez-lui un chapeau, et maintenez le bébé à l'ombre ou dans des endroits frais et bien aérés. Ne laissez jamais votre enfant dans une voiture ou sous une tente au soleil et évitez de l'exposer au soleil sur une plage sans protection solaire. Veillez également à l'habiller légèrement et à l'hydrater régulièrement avec des solutions de réhydratation disponibles en pharmacie.

VOIR ▶ INSOLATION.

Coup de soleil

Votre enfant est resté au soleil. Sa peau est rouge. Cette rougeur, cuisante et douloureuse, est encore plus intense s'il est roux ou blond.

Les rayons ultraviolets ont altéré les cellules superficielles de sa peau et les petits vaisseaux sanguins sous-jacents. Cette forme de brûlure est souvent accompagnée de vives démangeaisons (prurit), qui peuvent être sources d'infection.

La rougeur de la peau (érythème) provoquée par un coup de soleil est le plus souvent sans gravité immédiate, mais vous devez la soigner. Appliquez une crème à la fois hydratante et calmante et faites boire votre enfant. Si des cloques apparaissent, appliquez des solutions antiseptiques. Profondes, elles peuvent laisser des taches blanches ou brunes définitives sur la peau.

L'enfant et surtout le nourrisson doivent être protégés du soleil en toute circonstance et ne pas y être exposés sans chapeau ni vêtements légers.

Vous devez le protéger avec des crèmes qui filtrent les rayons B (UVB), que vous appliquerez toutes les deux heures, et particulièrement après les bains de mer. Couvrez les parties atteintes par des vêtements légers en coton et redoublez de précaution en montagne en utilisant une crème « écran total ».

VOIR▸ COUP DE CHALEUR, DÉSHYDRATATION AIGUË, INSOLATION.

Croissance

L'enfant est avant tout un être en croissance. La surveillance de son poids, de sa taille et de son périmètre crânien est fondamentale durant les deux premières années, où la vitesse de croissance est le plus importante.

Durant cette période, le rythme des visites chez le médecin doit être mensuel ; puis, entre 2 et 6 ans, tous les six mois. Enfin, de 6 ans jusqu'à la fin de la puberté, une visite annuelle est recommandée. Les mesures sont reportées sur des courbes de croissance qui représentent des médianes. Ces courbes sont exprimées sous forme de percentile, de déviation standard ou d'écart-type. Le 50e percentile représente la médiane de croissance normale. Les variations considérées comme normales vont de 10 à 90. Entre la courbe inférieure et la courbe supérieure se situe la croissance normale. Sont définis entre ces limites trois couloirs de croissance, normaux.

Bien plus que la mesure à un moment donné, c'est la dynamique de croissance qui est importante ; elle se traduit par une courbe de croissance « harmonieuse » c'est-à-dire sans cassure.

La surveillance de la croissance permet de mettre en évidence une anomalie de croissance comme un retard statural ou pondéral ou, au contraire, une avance staturale ou une surcharge pondérale. L'interprétation d'une courbe de croissance n'est cependant pas facile, et doit prendre en compte, outre la dynamique de croissance de chacun des paramètres (poids, taille, périmètre crânien), le rapport du poids par rapport à la taille, l'indice de corpulence, ainsi que les antécédents familiaux et médicaux.

Toute stagnation de poids, de taille ou de croissance du périmètre crânien nécessite un avis médical.

Croissance (douleurs de)

Les « douleurs de croissance » n'ont aucune réalité en tant que telles, car aucun phénomène osseux ou cartilagineux douloureux n'accompagne la croissance, y compris au cours de la puberté.

Des douleurs d'origine osseuse et cartilagineuse peuvent se manifester au cours de l'enfance, et donc de la croissance. Elles se révèlent le plus souvent par une boiterie, une diminution de l'activité ou des performances physiques de l'enfant. Ces douleurs peuvent être liées à des problèmes divers, de nature infectieuse ou vasculaire. Elles nécessitent l'examen par un médecin pour en déterminer l'origine.

La croissance des os s'effectue par l'intermédiaire des cartilages de croissance (ou de conjugaison) qui assurent la production de cartilage, lequel se calcifie de manière très régulière et aboutit à la formation d'un os jeune. Un défaut de vascularisation localisé, un excès de contraintes (hanche), des efforts excessifs (sport) peuvent entraîner une destruction partielle et une déformation du noyau d'ossification.

Cette déformation est source de douleurs mécaniques, c'est-à-dire survenant en l'absence d'infections, qui augmentent avec l'effort et diminuent avec le repos, sans manifestations inflammatoires nocturnes.

Si votre enfant présente des douleurs de ce type, surtout si elles sont répétées, vous devez consulter un médecin qui en déterminera l'origine.

Croûtes de lait

Les croûtes de lait sont des croûtes jaunâtres, grasses ou parfois plus sèches, apparaissant sur la peau du bébé au niveau de son visage et du cuir chevelu.

Malgré leur nom, ces croûtes ne sont pas dues à l'alimentation lactée, mais sont formées des sécrétions excessives des glandes sébacées. Elles sont parfois favorisées par des produits parfumés ou colorés non adaptés à la fragilité de la peau de votre nourrisson. Lavez chaque jour son visage avec un lait de toilette (au lieu du savon) et appliquez une pommade grasse (de la vaseline, par exemple) sur son cuir chevelu. Le lendemain, les croûtes ainsi ramollies disparaîtront avec un shampooing doux. Répétez l'opération plusieurs jours de suite si nécessaire.

Ces croûtes peuvent avoir un aspect plus rouge, et se former dans les plis du cou, autour du nez, de la bouche et des yeux. Si votre nourrisson souffre en même temps d'un érythème fessier (éruptions et rougeurs sur les fesses), ces signes peuvent révéler une dermatite séborrhéique, inflammation de la couche profonde de la peau (le derme).

Continuez d'appliquer les mesures d'hygiène déjà citées. Votre médecin vous prescrira en outre une crème anti-inflammatoire, antiseptique et souvent antifongique (contre les champignons) à laquelle il ajoutera éventuellement un antibiotique local. Ce traitement favorisera l'élimination des squames (les lamelles de peau qui se détachent) au bout de trois ou quatre semaines. Cette dermatose ne laisse aucune cicatrice.

Cyanose

La cyanose est la coloration gris-bleu, plus ou moins intense, de la peau et des muqueuses due à une oxygénation insuffisante du sang. Celle-ci peut avoir des origines diverses, de gravité variable.

▶ **Froid.** Il peut ralentir la circulation sanguine de votre enfant et faire bleuir sa peau, lui donnant une coloration marbrée visible sur le visage, les lèvres, les ongles. Réchauffez-le en l'entourant d'une couverture et en le frottant. Sa peau reprendra très vite son aspect habituel.

▶ **Infection ou déshydratation.** La cyanose annonce une aggravation de la maladie. Votre enfant doit être hospitalisé afin de bénéficier de soins adaptés.

▶ **Troubles respiratoires.** Une pneumopathie, une infection des voies respiratoires, une laryngite, une asphyxie provoquée par un corps étranger peuvent brusquement provoquer une cyanose, car les poumons n'apportent plus l'oxygène nécessaire. Si le teint de votre enfant reste cyanosé, emmenez-le rapidement à l'hôpital.

Cystite
VOIR ▶ INFECTION URINAIRE.

[D]

Daltonisme

Le daltonisme est une anomalie d'origine génétique qui entraîne une confusion dans la perception de certaines couleurs (en particulier le rouge et le vert).

Le gène du daltonisme, comme celui de l'hémophilie, est porté par le chromosome X. Cette anomalie se transmet par les femmes et atteint uniquement les garçons.

Dartres

Le terme « dartres » est un terme du langage courant désignant toutes les taches arrondies, un peu rouges qui apparaissent sur la peau. Ce terme ne correspond pas à une définition médicale précise de lésions cutanées et peut caractériser ainsi différentes affections :
– les dartres peuvent être causées par une irritation de la peau par une lessive ou un savon. Une crème hydratante rétablira l'équilibre de la peau de l'enfant ;
– ce type de lésions peut aussi provenir d'une dermatose, comme l'impétigo (pustules qui, en se desséchant, forment des croûtes épaisses), ou d'une mycose (irritation de la peau provoquée par un champignon), à soigner rapidement ;
– elles peuvent aussi être provoquées par un eczéma constitutionnel (dermatite atopique) ou de contact, qu'il faut soigner après diagnostic.

VOIR ▶ ALLERGIE, ECZÉMA, ÉRUPTION CUTANÉE, IMPÉTIGO, MYCOSE.

Déficit immunitaire

Le terme « déficit immunitaire » recouvre des maladies constitutionnelles (présentes dès la naissance) ou parfois acquises (sida) qui se caractérisent par une diminution des moyens de défense et de protection contre les agents infectieux.

Devant la répétition d'infections rhinopharyngées, d'otites, de bronchites, il se peut que vous vous inquiétiez de la « faiblesse » des défenses immunitaires de votre enfant.

S'il supporte bien la maladie, guérit sans complication, si sa croissance et son développement sont normaux, il n'y a pas de raison de douter du bon fonctionnement de son système immunitaire.

La normalité de l'examen clinique que fera votre médecin ainsi que la recherche d'éventuels facteurs favorisant ces infections répétées (vie en collectivité par exemple) confirmeront cette bénignité sans qu'il soit utile de recourir à des examens complémentaires ou à des traitements visant à renforcer le système immunitaire.

Beaucoup plus rarement, la survenue d'infections graves, à microbes inhabituels, leur guérison seulement partielle, leur répétition, l'association à d'autres troubles (diarrhée chronique, malnutrition) pourront faire évoquer un déficit immunitaire. Ce dernier peut être lié à une maladie génétique ou encore traduire une infection par le virus du sida. Parfois, dans les suites du traitement d'une affection maligne (chimiothérapie pour une leucémie ou une tumeur) ou après une corticothérapie de longue durée, le système immunitaire met un certain temps à se reconstituer et peut, pendant quelques mois, exposer l'enfant à des maladies plus sévères ou durables que la normale.

Démangeaisons

Les démangeaisons (ou prurit) sont des sensations de chatouillement ou d'irritation qui provoquent le besoin de se gratter.

Bon nombre d'éruptions cutanées ou de maladies de la peau provoquent des démangeaisons. Avant 4 mois, le nourrisson ne sait pas se gratter et le prurit provoque alors une agitation ou un mal-être diffus.

L'enfant plus grand soulage ses démangeaisons en se grattant, mais, de ce fait, l'éruption peut s'aggraver avec des lésions dites « de grattage » (écorchures, saignement, croûtes) et devenir source d'infection (impétigo).

Ces démangeaisons peuvent être provoquées par une allergie, de l'eczéma, de l'urticaire, du prurigo, ou des maladies comme la varicelle ou la gale. Si le prurit est localisé autour de l'anus, votre enfant peut avoir une oxyurose, maladie parasitaire provoquée par des vers intestinaux.

Votre médecin déterminera la cause exacte de ces démangeaisons et vous prescrira un traitement spécifique adapté à la maladie détectée. Bon nombre de crèmes existent pour calmer le prurit.

VOIR ▸ CHEVEUX (CHUTE DES), COUP DE SOLEIL.

Dents (poussée des)

Les vingt dents de lait poussent entre 6 et 30 mois environ. Elles sont progressivement remplacées par les dents définitives à partir de l'âge de 6 ans.

Votre enfant a de la fièvre, les fesses rouges et des selles molles. Malgré tout ce que l'on vous dira, ces troubles ne sont pas nécessairement dus à la poussée dentaire. Il s'agit davantage d'une coïncidence que d'une relation de cause à effet. Cependant, il est vrai que l'éruption dentaire provoque une irritation locale : les gencives de votre nourrisson sont un peu gonflées ; il salive beaucoup ; son sommeil et son appétit sont perturbés.

Pour calmer l'irritation des gencives, essayez de donner à votre bébé une tétine ou un hochet de dentition afin qu'il « fasse » ses dents ; il existe également des baumes antalgiques disponibles en pharmacie.

▶ **Dents de lait.** Les dents de lait doivent faire l'objet de soins tout comme les dents définitives. Lavez matin et soir les dents de votre enfant dès qu'elles apparaissent, avec une brosse à dents adaptée aux tout-petits, puis, à partir de 2 ans, apprenez-lui à se brosser les dents matin et soir, en l'aidant au besoin. À tout âge, évitez les sucreries en dehors des repas, et éventuellement donnez-lui du fluor pour renforcer l'émail de ses dents. Une bonne alimentation (lait, fromage, œufs, épinards, poisson) apportera à votre enfant le calcium et le phosphore dont il a besoin. N'oubliez pas la vitamine D et l'exposition au soleil.

▶ **Traumatisme dentaire.** Si une dent se casse ou se déchausse, au cours d'une chute ou d'un accident, récupérez-la et allez voir votre dentiste au plus vite. Si la dent est définitive, il pourra peut-être la réimplanter.

VOIR ▸ CARIE, ORTHODONTIE.

Dermatite
VOIR ▸ ECZÉMA.

Déshydratation aiguë

La déshydratation aiguë est une perte excessive d'eau. Votre nourrisson y est particulièrement exposé, car ses besoins en eau sont bien supérieurs à ceux d'un adulte. Toute augmentation des pertes d'eau (diarrhée ou vomissements) ou diminution des apports (refus de boire) perturbent son équilibre fragile.

Une déshydratation peut se manifester par une agitation inhabituelle ou, au contraire, par une certaine apathie. Si votre enfant présente l'un des symptômes suivants : il boit peu ou pas du tout, il a des cernes sous les yeux, le teint gris, la bouche sèche et de la fièvre, consultez rapidement votre médecin. Les causes de la déshydratation sont les mêmes que celles de la diarrhée aiguë : alimentaires ou infectieuses. La déshydratation peut être aggravée par des vomissements et/ou de la fièvre.

Si votre enfant a une gastro-entérite, faites-lui boire une solution salée-sucrée (vendue en pharmacie) à volonté par petite quantité (20 ml toutes les 10 minutes). Ces préparations apportent du glucose et des sels minéraux nécessaires à votre enfant. Certaines diarrhées peuvent passer inaperçues, car, très liquides, elles peuvent être prises pour de l'urine dans les couches.

Une déshydratation aiguë nécessite parfois une hospitalisation de quelques heures ou de quelques jours afin de rétablir un équilibre normal, au besoin à l'aide d'une perfusion intraveineuse.

VOIR ▸ COUP DE CHALEUR, COUP DE SOLEIL, DIARRHÉE AIGUË DU NOURRISSON, INSOLATION.

Diabète

Le diabète est une maladie au cours de laquelle le pancréas ne sécrète plus assez d'insuline. L'insuline est une hormone nécessaire à l'organisme pour que les cellules assimilent le glucose, source d'énergie.

Sans insuline, le glucose s'accumule dans le sang au lieu de servir de carburant aux cellules. Lorsque le taux de glucose dans le sang (glycémie) atteint un certain seuil, le glucose est éliminé dans les urines, d'où il est normalement absent.

Si votre enfant maigrit malgré un bon appétit, s'il a souvent soif, si ses urines sont fréquentes et abondantes, l'obligeant à se lever la nuit, et s'il est souvent fatigué sans raison apparente, votre médecin prescrira des analyses sanguines.

Le diabète insulino-dépendant (de type I) touche principalement les enfants, en particulier entre 10 et 16 ans. Le diabète de type II, non insulino-dépendant, apparaît plus tard.

Le diabète de l'enfant a une origine génétique, mais bien d'autres causes (infections virales, facteurs individuels) interviennent dans sa survenue.

Le traitement du diabète est impératif et dure toute la vie. L'insuline est administrée par injections sous-cutanées. S'il est assez grand, l'enfant apprendra très vite à les effectuer lui-même. Les doses varient en fonction de ses activités, de son âge, de son poids et, bien sûr, de son alimentation.

Votre enfant va apprendre à avoir un régime équilibré pour éviter d'importantes variations du taux de glucose dans son organisme.

Diarrhée aiguë du nourrisson

La diarrhée aiguë du nourrisson se traduit par des selles plus fréquentes que d'habitude et dont la consistance est inhabituelle : selles molles, mal moulées, grumeleuses, mêlées à des morceaux de nourriture ou bien franchement liquides. En outre, elles ont une odeur particulièrement nauséabonde et votre nourrisson peut avoir de la fièvre et des maux de ventre.

Diverses infections virales irritent le tube digestif et peuvent provoquer une diarrhée aiguë. Si à la diarrhée s'ajoutent un refus de boire, des nausées ou des vomissements, consultez votre médecin, car il existe un risque de déshydratation.

Le premier traitement à donner à un enfant nourri au biberon consiste à lui donner une solution salée-sucrée (disponible en pharmacie), à volonté, par petites quantités (20 ml toutes les 10 minutes). Le changement du lait par un lait de régime est aujourd'hui discuté. Si vous nourrissez votre bébé au sein, faites-le téter à volonté et demandez conseil à votre médecin.

Après l'âge de 5-6 mois, donnez-lui à manger un peu de pomme râpée crue, de la banane écrasée, du riz ou de la compote ou de la gelée de coing. Normalement, au bout de deux ou trois jours, votre nourrisson doit pouvoir reprendre progressivement une alimentation normale, la diarrhée cessant progressivement.

Si votre nourrisson a beaucoup de fièvre, votre médecin lui prescrira des médicaments pour faire baisser sa température. Les antibiotiques ou les pansements intestinaux ne sont en général indiqués que pour les diarrhées d'origine bactérienne du grand enfant.

VOIR ► COLIQUES (DU NOURRISSON), DÉSHYDRATATION AIGUË, GAZ INTESTINAUX, SELLES (EXAMEN DES).

Diarrhée chronique

Si votre nourrisson a, de manière prolongée, des selles fréquentes et de consistance anormale (molle et abondante), celles-ci ne sont pas forcément dues à une gastro-entérite.

Chez le petit nourrisson, cette diarrhée chronique peut être causée par une intolérance aux protéines du lait de vache. Cette allergie, assez rare, peut se manifester par d'autres signes : votre enfant ne grossit pas, manque d'appétit ou vomit ; il a, plus rarement, une éruption ou une gêne respiratoire, plus ou moins en rapport avec la prise de son biberon. Des examens complémentaires réalisés par votre médecin confirmeront ou non cette hypothèse.

L'allergie aux protéines du lait de vache est en général transitoire, mais nécessite la prescription d'un lait spécial de régime pendant la première année.

Chez un nourrisson dont l'alimentation a été diversifiée, cette diarrhée chronique peut également résulter d'une intolérance au gluten, protéine que l'on trouve dans les farines de certaines céréales. Votre médecin vous conseillera alors des farines sans gluten vendues en pharmacie, si le diagnostic est confirmé. Cependant, cette mauvaise digestion des aliments, qui se traduit par une diarrhée chronique, peut aussi être provoquée par une diminution des sécrétions enzymatiques du pancréas ou de la vésicule biliaire. Votre médecin, après examen, établira un diagnostic précis et vous prescrira le traitement le mieux approprié.

VOIR ► CÔLON IRRITABLE, COLIQUES (DU NOURRISSON), DIARRHÉE AIGUË DU NOURRISSON, GASTRO-ENTÉRITE.

Diphtérie

La diphtérie est une grave maladie infectieuse qui n'existe pratiquement plus dans les pays industrialisés depuis que les nourrissons sont systématiquement vaccinés dès l'âge de 3 mois. Cette vaccination nécessite trois injections à un mois d'intervalle (puis des rappels à 1 an et tous les cinq ans). Elle est associée à celles du tétanos, de la poliomyélite et de la coqueluche.

La diphtérie se présente comme une angine grave : les amygdales sont recouvertes d'un épais enduit blanchâtre, différent des points blancs habituels d'une angine pultacée. L'enfant a du mal à avaler et à respirer ; il manifeste une grande fatigue ; son rythme cardiaque est accéléré.

La diphtérie, aujourd'hui rarissime, est traitée par des antibiotiques ; elle entraîne une hospitalisation jusqu'à disparition totale des bacilles qui peuvent être décelés dans le nez ou la gorge. L'éviction scolaire est de un mois après la guérison.

Douleur

La douleur est une sensation allant d'un léger désagrément à une souffrance insupportable. Elle est un signe qui accompagne de nombreuses maladies et, dans certains cas, en est l'élément révélateur.

Un enfant ne peut exprimer sa souffrance comme le ferait un adulte. Mais, si la douleur n'est pas dite avec des mots, il la vit néanmoins dans son corps : des gémissements, des plaintes, des pleurs ou, au contraire, un repli du nourrisson sur lui-même et un calme inhabituel doivent vous alerter.

Votre enfant peut avoir une maladie grave et subir un traitement qui provoque des douleurs physiques. Il peut souffrir également d'être séparé de son entourage. La douleur est alors plus affective. Mais la crainte même de la douleur physique ou de la séparation peut encore aggraver cette souffrance.

Soyez attentifs aux demandes de votre enfant et expliquez-lui, en termes simples, le processus de sa maladie et les soins qui doivent lui être donnés. La confiance et le sentiment de sécurité que vous lui apporterez l'aideront à accepter ces douleurs avec une plus grande sérénité et à se préparer pour une intervention chirurgicale éventuelle. En le faisant participer à son traitement, vous activez aussi sa guérison.

Les analgésiques légers sont généralement efficaces dans le traitement des douleurs banales comme un mal de tête, une douleur dentaire. Il existe des calmants à base d'anti-inflammatoires non stéroïdiens ou de paracétamol. Soyez cependant vigilants. Même si ces médicaments sont en vente libre, une utilisation prolongée peut être très nocive. Respectez les doses conseillées pour l'âge de votre enfant. Et consultez votre médecin pour qu'il soigne la cause de ces douleurs. D'autres médicaments (antispasmodiques, anxiolytiques, hypnotiques) sont prescrits par votre médecin, afin d'atténuer des douleurs dues à une maladie précise. Celle-ci doit être bien sûr soignée en même temps.

VOIR ▸ ANESTHÉSIE, CALMANTS, CROISSANCE (DOULEURS DE).

Dyslexie

Le terme « dyslexie » est souvent employé abusivement pour désigner les troubles du langage parlé. Mais la dyslexie désigne en réalité un retard dans l'apprentissage de la lecture. Les garçons en sont plus souvent atteints que les filles. Les causes de la dyslexie sont inconnues, mais un défaut de la prédominance d'un hémisphère du cerveau en serait l'origine.

Votre enfant se développe normalement sur les plans physique et intellectuel, mais la lecture est pour lui un exercice difficile. Il voit et entend très bien, mais il confond les lettres, les transpose, fait des fautes en épelant et lit de manière très saccadée, s'arrêtant brusquement devant les passages qui lui semblent incompréhensibles. Tous ces troubles de lecture et d'écriture sont caractéristiques d'une dyslexie. On parle de dyslexie-dysorthographie si l'enfant retranscrit mal sous la dictée ; l'association des deux troubles est fréquente. Ils doivent l'un et l'autre être pris en charge, car ils ne disparaissent pas spontanément quand l'enfant grandit.

Il est important que le problème soit détecté assez tôt. Si l'institutrice vous parle des difficultés de votre enfant, consultez votre médecin. Celui-ci lui fera faire des tests de connaissance, d'apprentissage et de langage afin de déterminer son degré de dyslexie.

Des séances de rééducation chez un orthophoniste et le soutien régulier d'un psychothérapeute permettront à votre enfant de lire et d'écrire normalement au bout de quelques mois ou de quelques années selon les cas.

[E]

Ecchymose
VOIR ▸ BLEU.

Échographie

L'échographie permet d'explorer un organe ou une région du corps à l'aide d'ultrasons. Si la répétition des radiographies présente un certain danger (les effets des rayons X sont cumulatifs), la répétition éventuelle d'échographies est dénuée de danger et représente un mode d'exploration non invasif, rapide, indolore, parfaitement adapté à l'enfant.

Les ultrasons sont émis et reçus par l'intermédiaire d'une « sonde » renfermant un cristal de quartz, que le médecin déplace sur la région à observer. Ces ultrasons se réfléchissent lorsqu'ils rencontrent diverses structures d'organes. Les échos ainsi renvoyés sont traduits en images sur un écran ou sur du papier photographique.

Les ultrasons ne se propageant pas dans l'air, la technique de l'échographie est surtout adaptée à l'étude des organes « pleins » (le foie, les reins ou le cœur). L'étude du cerveau est possible tant que les fontanelles ne sont pas fermées (au cours de la première année de vie, en pratique). Les performances de l'échographie sont moins bonnes pour les organes contenant de l'air tels que les poumons ou le tube digestif.

▶ **L'échocardiographie et l'effet Doppler.** Une échographie du cœur, complétée par la mesure de la vitesse du sang (effet Doppler) dans ses cavités ainsi que dans les artères pulmonaires et l'aorte, permet de détecter les anomalies des valves cardiaques et de préciser la nature et l'évolution possible des malformations cardiaques.

▶ **L'échoendoscopie.** Il existe aujourd'hui des sondes très fines que le médecin peut introduire à l'aide d'un appareil optique flexible (fibroscope) dans les organes creux (œsophage par exemple). Cet examen porte le nom d'« échoendoscopie ».

Eczéma

L'eczéma est une maladie de la peau qui survient souvent dans les familles où d'autres réactions allergiques sont connues (rhinite, rhume des foins, urticaire, bronchiolite, asthme).

Il s'agit souvent alors d'eczéma constitutionnel, ou dermatite atopique. Mais l'eczéma peut aussi apparaître sans qu'existent d'antécédents familiaux.

L'eczéma peut apparaître chez le nourrisson à partir du 2e ou 3e mois. Malgré une toilette régulière, le visage du nourrisson est rouge et parsemé de lésions sèches, suintantes ou formant des croûtes. Ces fines vésicules tapissent le front, les joues et le menton, mais ne se développent pas sur le pourtour des yeux, de la bouche et du nez.

Sans cause apparente, les lésions s'étendent par poussées successives aux épaules, aux bras, au dos des mains et sur la poitrine. Le bébé éprouve le besoin de se gratter, s'agite, et son sommeil est perturbé par des démangeaisons (prurit). Il se griffe involontairement et peut ainsi provoquer des petites infections locales.

Chez l'enfant plus âgé, les lésions se localisent souvent dans les plis (coudes, genoux) et peuvent être provoquées sur les mains par certaines crèmes ou par des produits de nettoyage irritants.

Le traitement de l'eczéma permet d'en atténuer les poussées. Pour la toilette, très méticuleuse, utilisez des pains dermatologiques surgras (vendus en pharmacie) et des émollients pour les bains, moins desséchants que les savons. Appliquez des crèmes dermatologiques pour hydrater régulièrement la peau et calmer les démangeaisons.

Selon l'importance de l'eczéma, le médecin prescrira à votre enfant une crème à base de cortisone (corticoïdes), que vous devez utiliser selon ses conseils. En cas de surinfection des lésions cutanées, un traitement antibiotique, à appliquer localement ou à prendre par la bouche, pourra y être associé. Évitez de trop couvrir votre enfant, car la transpiration aggrave l'eczéma.

Les vaccinations doivent être effectuées normalement, même le BCG, qu'il faut cependant différer si l'enfant a des poussées.

L'eczéma évolue de manière très capricieuse, mais s'atténue en général avant l'âge de 3 ans. Néanmoins, cette dermatose peut se prolonger jusqu'à l'âge adulte et devenir chronique. Les enfants qui ont de l'eczéma peuvent aussi être asthmatiques.

Électrocution

Votre enfant a reçu une décharge électrique. L'électrocution (le terme exact est « électrisation ») représente les conséquences de cet accident. Les brûlures varient selon l'intensité du courant et celle de son voltage. Le courant peut provoquer aussi des troubles du rythme cardiaque.

Si votre enfant a mis les doigts dans une prise de courant et ne peut les retirer, ne le touchez pas – sinon, vous seriez vous-même électrisé(e) – et fermez immédiatement le compteur. S'il est électrocuté par un fil électrique, écartez celui-ci de lui avec un bâton ou un objet sec (en plastique ou en bois), car l'humidité conduit l'électricité. Si votre enfant ne respire plus, pratiquez immédiatement le bouche-à-bouche et un massage cardiaque.

Sachez enfin que les appareils électriques ménagers (radiateur, téléphone) ne doivent pas être utilisés dans les salles de bains. Protégez les prises électriques tant que votre enfant est petit, et dès qu'il est en âge de comprendre, expliquez-lui les dangers de l'électricité.

Encéphalite

L'encéphalite est l'inflammation du cerveau ou de ses enveloppes, les méninges (on parle alors de méningoencéphalite). Ses conséquences neurologiques sont souvent graves.

Les symptômes sont d'emblée préoccupants : troubles de la conscience (somnolence, apathie, délire) ; difficultés d'alimentation (déglutition difficile ou « fausses routes » alimentaires) ; convulsions.

Le médecin doit être consulté d'urgence. Il demandera en général une hospitalisation dans un service spécialisé, afin de connaître la cause de l'encéphalite, et de la traiter. Cette maladie est le plus souvent d'origine infectieuse (surtout virale), mais d'autres causes peuvent la provoquer.

Encoprésie
VOIR ▶ PROPRETÉ.

Engelure

L'engelure est une lésion due au froid, qui atteint en général les extrémités des membres (doigts, orteils), les lèvres, le nez ou les oreilles.

Au début, la zone atteinte rougit, puis elle gonfle et devient douloureuse. Dans les cas sévères d'engelures, il peut se former une bulle comparable à celle survenant à la suite d'une brûlure, avec des fissures et des crevasses. La disparition de la sensibilité, et donc de la douleur, est un élément de gravité qui indique que l'engelure est profonde.

Les engelures guérissent généralement en appliquant une pommade protectrice et cicatrisante. Les engelures ne sont visibles qu'une fois constituées. C'est pourquoi elles doivent faire l'objet d'une prévention en hiver, et surtout en altitude pendant la période des sports d'hiver.

Habillez votre enfant avec des vêtements bien chauds et évitez de le transporter pendant longtemps sur le dos ou dans une poussette, car, sans activité physique, la température de son corps baisse très vite.

Énurésie
VOIR ▶ PROPRETÉ.

Épiglotte (inflammation de l')

L'épiglotte est la pièce cartilagineuse qui protège les voies respiratoires quand on avale.

Son inflammation (épiglottite) la rend volumineuse. L'air ne peut plus passer dans la trachée et cela provoque une suffocation.

Cette maladie rare et contagieuse touche surtout les enfants de 2 à 6 ans. Elle est due à une bactérie, *Haemophilus influenzae*.

Les symptômes sont les suivants : l'enfant a une gêne respiratoire, au niveau du larynx. Il devient soudain fiévreux (39-40 °C) et respire bruyamment (stridor). En outre, il ressent des douleurs en avalant, il salive beaucoup. Sa voix semble étouffée, et aucune sécrétion n'encombre ses bronches (toux claire). L'enfant préfère rester assis, penché en avant, pour mieux respirer. Il faut consulter en urgence. Votre enfant doit être hospitalisé de toute urgence. À l'hôpital, un médecin pourra être amené à pratiquer une intubation : il introduira un tube dans la trachée, afin de laisser pénétrer l'oxygène dans les poumons. Des antibiotiques seront donnés par voie intraveineuse pour combattre l'infection. La vaccination contre *Haemophilus influenzae* protège de ce type d'infection. Elle doit être proposée à tous les nourrissons en même temps que les vaccinations obligatoires.

Épilepsie

L'épilepsie se caractérise par la répétition de convulsions.

Les crises se déroulent comme suit : l'enfant, sans pour autant avoir de fièvre, est pris de convulsions, de manière soudaine. Il perd connaissance et tombe, ses bras et ses jambes sont parcourus de secousses pendant quelques secondes. Progressivement, il reprend conscience. La crise dure généralement deux ou trois minutes. Puis l'enfant s'endort. On parle d'épilepsie quand au moins deux crises convulsives sans fièvre surviennent chez un enfant dans des délais rapprochés.

Chez le nouveau-né ou le nourrisson, l'épilepsie se manifeste différemment : la convulsion est plus localisée, et la révulsion oculaire qui suit la perte de connaissance, même brève, est caractéristique.

L'épilepsie est due à un dysfonctionnement du cortex cérébral, provoqué par des lésions ou des maladies : traumatisme crânien ou traumatisme à la naissance, encéphalite, méningite, tumeur, intoxication médicamenteuse, etc. Mais, chez l'enfant, le plus souvent, l'épilepsie est « essentielle », c'est-à-dire sans cause décelée par les moyens d'exploration disponibles (électroencéphalogramme, scanner, imagerie par résonance magnétique, etc.).

Que faire face à une crise convulsive ? Restez calme et assurez-vous que l'enfant ne court pas de danger (s'il a fait une chute dans la rue, par exemple). Dénouez avec précaution les vêtements serrés autour de son cou et surélevez sa tête. Maintenez la bouche et les narines ouvertes, mais ne coincez aucun objet entre les dents, et attendez que la crise passe. Si elle dure plus de cinq minutes ou si votre enfant reste inconscient, appelez le médecin.

Dans tous les cas, il est nécessaire, face à une première crise convulsive, d'en rechercher la cause. Le médecin examinera le système nerveux de votre enfant (examen neurologique), puis complétera ces informations, le cas échéant, par un électroencéphalogramme, un scanner ou une IRM et un bilan biologique. Il prescrira ensuite un traitement approprié.

Les anticonvulsivants sont des médicaments qui diminuent la fréquence des crises. Si aucune crise ne survient pendant deux ans, votre médecin pourra décider alors de réduire ou d'interrompre le traitement.

Éruption cutanée

Une éruption cutanée se caractérise par l'apparition sur la peau de boutons, de taches ou de rougeurs.

Les éruptions cutanées peuvent se présenter de différentes manières : érythème (simple congestion des capillaires de la peau, donnant une rougeur qui s'efface à la pression), purpura (rougeurs accompagnées de petits saignements), vésicules, petites bulles, etc.

En fonction de l'aspect de l'éruption, des conditions de son apparition et de son évolution, différents diagnostics peuvent être suggérés ; la rougeole, la rubéole, la varicelle et la scarlatine se manifestent par des fièvres éruptives bien spécifiques.

Souvent, comme dans le cas de la roséole, l'éruption signifie que la maladie est guérie.

Érythème fessier

L'érythème fessier désigne les rougeurs qui apparaissent sur les fesses du nourrisson.

Sa peau fragile est facilement irritée par l'urine et les selles qui imprègnent les couches.

Les couches favorisent la macération des selles et des urines. Dans la mesure du possible, laissez votre bébé les fesses à l'air s'il présente un érythème fessier, ou changez-le souvent. Faites sa toilette avec du savon de Marseille. N'utilisez que des produits très doux, sans additifs, ni colorants, ni désodorisants. Surtout, n'utilisez jamais de solutions à base d'alcool. Elles peuvent faire inutilement souffrir l'enfant et l'absorption d'alcool par la peau est dangereuse pour sa santé. Votre médecin vous prescrira une solution antiseptique et une crème cicatrisante pour limiter le suintement et éviter la surinfection.

Quelquefois, l'érythème fessier se localise autour de l'anus et dans les plis de la peau. Il peut s'agir d'une dermite séborrhéique (réaction de la peau non spécifique) ou d'une mycose. Parlez-en à votre médecin, qui prescrira un traitement antifongique (contre les champignons).

Évanouissement
VOIR ▸ PERTE DE CONNAISSANCE.

Éviction scolaire

L'éviction scolaire désigne l'interdiction faite à un enfant contagieux et/ou à ses proches de se rendre à l'école. Chaque maladie infectieuse, en fonction de ses caractéristiques, donne lieu à une durée d'éviction scolaire différente.

En Suisse et au Québec, l'éviction scolaire est décidée par région. En France et en Belgique, elle est réglementée sur le plan national, par arrêté ministériel.

▶ **Coqueluche.** France. L'éviction scolaire est de cinq jours après le début d'une antibiothérapie efficace en cas de coqueluche avérée. Les proches sont admis si leur vaccination est à jour.

Belgique. Éviction scolaire de vingt-huit jours à partir de l'apparition des quintes. Les proches ne sont pas admis pendant vingt et un jours, sauf les anciens malades guéris.

▶ **Gale.** France. L'éviction scolaire dure jusqu'au 3e jour de traitement.

Belgique. L'éviction scolaire dure jusqu'à la guérison. Si un proche partage le même lit, il ne peut retourner à l'école que si son linge, ses vêtements et sa literie ont été désinfectés.

▶ **Hépatite virale A.** France. L'éviction scolaire dure jusqu'à la guérison, en pratique jusqu'à la fin de l'ictère (jaunisse). Les proches sont admis à l'école.

Belgique. Le malade ne peut retourner à l'école qu'après guérison certaine (test hépatique). Les proches sont admis.

▶ **Hépatite virale B.** France. Pas d'éviction scolaire.

Belgique. Le malade ne peut retourner à l'école qu'après guérison certaine (test hépatique). Les proches sont admis.

▶ **Impétigo.** France. L'éviction scolaire dépend de l'étendue des lésions : si celles-ci peuvent être protégées, l'enfant peut aller à l'école, sinon, l'éviction dure jusqu'à 72 heures après le début du traitement antibiotique.

Belgique. L'éviction dure jusqu'à la guérison, mais les proches sont admis à l'école.

▶ **Méningite à méningocoque.** France. L'éviction scolaire dure jusqu'à la guérison, mais les proches sont admis. Un traitement antibiotique prophylactique est obligatoire pour les proches. S'il s'agit de méningites à méningocoque A ou C, une vaccination des proches peut être proposée en cas d'épidémie ; dans tous les cas, ceux-ci doivent suivre un traitement antibiotique préventif.

Belgique. Le malade ne peut retourner à l'école que vingt et un jours après la guérison, ou après deux prélèvements négatifs effectués à huit jours d'intervalle. Les proches ne peuvent pas pénétrer dans l'école durant les vingt et un jours suivant l'isolement du malade, sauf si deux prélèvements pratiqués à huit jours d'intervalle ne détectent pas de méningocoques.

▶ **Oreillons.** France. L'éviction scolaire dure jusqu'au 9e jour après le début de l'atteinte des parotides. Les proches sont admis à l'école, mais il faut vérifier leur statut vaccinal.

Belgique. Le malade ne peut pas retourner à l'école pendant les quinze premiers jours de la maladie. Les proches sont admis.

▶ **Poux (pédiculose).** Les enfants ayant des poux sont admis s'ils se font traiter. Les proches peuvent aller à l'école.

▶ **Rougeole.** France. L'éviction scolaire dure cinq jours après le début de l'éruption. Les proches non vaccinés sont admis à l'école, mais la vaccination leur est recommandée.

Belgique. Le malade ne peut pas aller à l'école pendant quinze jours après le début de l'éruption. Les proches, ainsi que le personnel enseignant et administratif n'ayant pas eu la rougeole, ne sont pas admis à l'école pendant une durée de dix-huit jours.

▶ **Rubéole.** France. Il n'y a pas d'éviction scolaire. La vaccination est recommandée.

Belgique. Le malade ne peut pas aller à l'école pendant les huit jours qui suivent l'éruption. Les proches sont admis.

▶ **Scarlatine.** France. La scarlatine n'est qu'une infection (angine) à streptocoques, qui s'accompagne d'une éruption. L'éviction scolaire ne s'impose pas si l'enfant est sous traitement antibiotique.

Belgique. Le malade ne peut pas aller à l'école pendant quarante jours, à moins que le médecin traitant ne certifie par écrit que le malade ne présente plus de signes cliniques ; qu'il ne présente pas de complications ; que deux recherches de streptocoque hémolytique du groupe A, pratiquées à huit jours d'intervalle, ont été négatives. Les proches ne sont pas admis avant d'avoir effectué deux recherches négatives de streptocoque hémolytique du groupe A à huit jours d'intervalle.

▶ **Séropositivité VIH et sida.** Les porteurs du virus, les personnes atteintes du sida et leurs proches sont admis à l'école.

▶ **Streptococcie (hémolytique du groupe A).** France. Le malade est admis s'il suit un traitement antibiotique spécifique. Ses proches peuvent aller à l'école.

Belgique. Les conditions sont les mêmes que pour la scarlatine.

▶ **Teigne.** France et Belgique. Le malade ne peut aller à l'école que s'il présente un certificat médical attestant la disparition du champignon responsable de cette mycose. Les proches sont admis.

▶ **Tuberculose pulmonaire.** France. Le malade ne peut pas aller à l'école, à moins de présenter un certificat attestant que ses crachats ne contiennent plus le bacille de Koch. Les proches sont admis, mais un dépistage doit être effectué.

Belgique. Le malade ne peut retourner à l'école que quatre mois après la disparition des signes et après la disparition du bacille de Koch dans les crachats. Les proches sont admis mais doivent être surveillés.

▶ **Typhoïde et paratyphoïde.** L'éviction scolaire dure jusqu'à la guérison. Les proches sont admis à l'école.

▶ **Varicelle.** France. Il n'y a pas d'éviction scolaire obligatoire, cependant la fréquentation d'une collectivité pendant la phase aiguë n'est pas souhaitable.

Belgique. Le malade peut retourner à l'école dix jours après le début de l'éruption. Les proches sont admis.

Exanthème subit
VOIR ▶ ROSÉOLE.

[F]

Fatigue

La fatigue est un état difficile à évaluer, car chacun la ressent de manière très personnelle.

Un enfant fatigué manque d'entrain, il n'a plus envie de jouer, il mange moins. Il peut aussi être agité sans raison et dormir mal.

En apparence, votre enfant n'est pas malade, il n'a pas de fièvre, et vous ne comprenez pas pourquoi il n'est pas en forme. La fatigue est le plus souvent provoquée par une mauvaise hygiène de vie, qui peut être corrigée, ou par une maladie, qui peut être guérie. (Il n'existe pas de médicament permettant de lutter contre la fatigue ; seules ses causes peuvent être traitées.)

▶ **Manque de sommeil.** Votre enfant dort-il suffisamment et dans de bonnes conditions ? Les journées à la crèche ou à l'école ne sont-elles pas trop longues ? Se lève-t-il tôt ou se couche-t-il tard ? N'hésitez pas à en parler à votre médecin.

▶ **Maladie.** Même s'il n'a pas de fièvre, votre enfant est peut-être en période d'incubation d'une maladie infectieuse (temps qui s'écoule entre l'introduction du microbe dans son organisme et les premiers symptômes de la maladie). Dans l'incertitude, consultez votre médecin, qui essaiera de déterminer l'origine de la fatigue.

▶ **Anémie.** Votre enfant vous paraît un peu pâle. Ses lèvres et ses gencives sont moins colorées que d'habitude. Il manque d'appétit. Il s'essouffle vite. Tous ces symptômes sont signes d'anémie. Consultez votre médecin. Il prescrira sans doute une numération formule sanguine (analyse de sang pratiquée par un laboratoire), afin de déterminer si votre enfant a une anémie et un manque de fer.

Le fer est en effet un élément indispensable à la fabrication de l'hémoglobine des globules rouges, qui transporte l'oxygène des poumons aux cellules du corps. Pour combler cette carence qui provoque l'anémie, le médecin prescrira du fer sous forme médicamenteuse.

Pour prévenir l'anémie, donnez à votre enfant une alimentation diversifiée (la viande rouge surtout, les lentilles, les épinards et les pruneaux sont riches en fer).

▶ **Difficultés psychologiques.** Votre enfant se plaint d'être fatigué, et pourtant votre médecin, après l'avoir examiné, ne constate aucun autre symptôme physique. Soyez attentif à cette forme d'appel : votre enfant peut exprimer ainsi une demande affective ou une difficulté d'ordre psychologique. Si la fatigue persiste et que vous vous sentiez impuissant, faites-vous conseiller éventuellement par un psychologue.

Fente labio-palatine
VOIR ▶ BEC-DE-LIÈVRE.

Fer
VOIR ▶ ANÉMIE.

Fesses irritées
VOIR ▶ ÉRYTHÈME FESSIER.

Fièvre

Un enfant a de la fièvre si sa température rectale (prise au repos) dépasse 38 °C. La fièvre en soi n'est pas une maladie, elle prouve que l'organisme réagit à l'agression d'un virus ou d'une bactérie.

La fièvre est généralement provoquée par une infection, mais un enfant risque aussi de devenir fébrile s'il est soumis à un environnement inadapté (exposition au soleil, atmosphère confinée, vêtement trop chaud, lit trop couvert).

▶ **La fièvre chez le jeune enfant.** La température peut atteindre facilement 40 °C chez un nourrisson. Si, de plus, votre bébé devient pâle, si sa peau est marbrée, si ses lèvres sont bleues (début de cyanose), si ses mains et ses pieds sont froids, s'il somnole ou s'il émet des cris plaintifs, il convient de consulter votre médecin sans attendre. Il essaiera de déterminer la cause de la fièvre et prescrira un traitement approprié.

Chez le nourrisson et l'enfant de moins de 4 ans, en dehors des symptômes décrits ci-dessus, la fièvre est surtout redoutée à cause des risques de convulsions qu'elle entraîne (chez 3 à 5 % des enfants). C'est pourquoi elle doit systématiquement être traitée dès que la température dépasse 38 °C.

▶ **Comment faire baisser la température ?** En attendant le médecin, déshabillez votre enfant : laissez-le nu ou très légèrement vêtu. Proposez-lui à boire régulièrement. Vérifiez que la température de la pièce ne dépasse pas 20 °C. Faites-lui prendre des bains tièdes à une température inférieure de 2 °C à la sienne (par exemple, à 37 °C s'il a 39 °C), et donnez-lui, toutes les six heures, un anti-inflammatoire non stéroïdien (aspirine ou ibuprofène), ou du paracétamol, en respectant bien les doses adaptées à son poids.

▶ **Quand appeler le médecin ?** Si, malgré cela, la fièvre persiste et est mal tolérée, si d'autres symptômes apparaissent (éruption cutanée, troubles digestifs, irritation de la gorge, mal à la tête, toux, etc.) ou si vous êtes inquiet, consultez votre médecin.

Une fièvre est considérée comme prolongée si elle persiste plus de cinq jours, et elle doit faire l'objet d'une surveillance et d'une réévaluation régulière quel que soit le diagnostic initialement posé. La mesure régulière de la température et l'aspect de la courbe thermique sont des éléments d'appréciation et d'orientation indispensables, avec notamment la réponse au traitement antithermique.

Fluor

Le fluor est un sel minéral présent dans certains aliments, qui, en s'incorporant à l'émail dentaire, diminue le risque de développement ultérieur des caries.

▶ **De la naissance à 2 ans.** Le médecin vous conseillera de donner quotidiennement à votre bébé du fluor, souvent sous forme de fluorure de sodium. Respectez scrupuleusement les doses qu'il prescrira, car un excès de fluor pourrait provoquer plus tard des taches blanches sur l'émail (fluorose).

▶ **À partir de 2 ans.** Apprenez à votre enfant à se brosser les dents avec un dentifrice fluoré. Même si l'efficacité du brossage laisse à désirer dans un premier temps, c'est une habitude qu'il doit acquérir très tôt.

L'incorporation de fluor à l'émail dentaire par contact direct (bain de bouche, gomme à mâcher fluorée) est possible, mais exige au minimum un quart d'heure, ce qui en limite l'usage courant.

Fontanelles

Les fontanelles du nourrisson sont les zones membraneuses comprises entre les os du crâne avant l'entière ossification de celui-ci. Chez un nourrisson en bonne santé, elles sont planes et souples.

La taille des fontanelles varie d'un nouveau-né à l'autre. La fontanelle antérieure est bien connue des parents. Située sur le dessus du crâne, en arrière du front, elle a la forme d'un losange de 2,5 cm de large environ. Souple et élastique, elle laisse sentir les battements de la circulation quand vous posez légèrement la main dessus. Elle est fragile, mais néanmoins beaucoup plus résistante qu'elle n'en a l'air. Aussi, n'ayez pas peur quand vous lavez votre bébé. Cette fontanelle se ferme à 18 mois, 2 ans au plus tard.

La fontanelle postérieure, à l'arrière du crâne, est palpable à la naissance ; plus petite (0,6 cm de diamètre), elle est en forme de triangle. Elle se ferme vers 2 mois.

La fontanelle antérieure présente parfois des anomalies qui doivent alerter les parents. Elle se tend souvent quand le bébé crie ; cependant, si la tension persiste alors qu'il est calme, et surtout si la fontanelle devient bombante, il faut consulter rapidement le médecin. Si, au contraire, la fontanelle est un peu enfoncée par rapport à la courbure générale du crâne et que le bébé présente des troubles (diarrhée ou troubles digestifs), on peut soupçonner une déshydratation ; là aussi, il faut consulter votre médecin sans attendre.

Lorsque la fontanelle du bébé n'est pas encore fermée à l'âge de 2 ans, cela peut être un signe de rachitisme (manque de vitamine D).

Fracture

Une fracture est la rupture d'un os provoquée le plus souvent par un choc soudain (chute, accident). Normalement, une chute peu grave n'entraîne pas de fracture chez un enfant, dont les os en croissance sont à la fois plus souples et résistants et moins cassants que chez l'adulte.

Si, après une chute, votre enfant se plaint d'une douleur vive au niveau d'un membre (poignet, tibia, cheville), ne l'obligez surtout pas à bouger. S'il a très mal, rassurez-le et essayez de maîtriser votre inquiétude. Observez l'endroit douloureux. Y a-t-il un hématome (épanchement de sang sous la peau provoquant un gonflement) ? Le membre est-il déformé ? La peau est-elle déchirée ? Si votre enfant présente l'un de ces signes, appelez immédiatement le médecin, l'hôpital le plus proche ou le SAMU, et conformez-vous aux indications qui vous seront données.

En attendant les secours, ne donnez ni nourriture ni boisson à votre enfant. Il se peut en effet qu'une intervention chirurgicale soit nécessaire et, dans cette éventualité, il doit avoir l'estomac vide. Une radiographie confirmera ou non la fracture. Il existe plusieurs sortes de fractures.

▶ **Fracture fermée.** Les parties de l'os rompu n'ont pas déchiré la peau.

▶ **Fracture ouverte.** L'une ou les deux parties de l'os rompu ont traversé la peau, laissant la lésion à l'air libre (risque d'infection).

▶ **Fracture déplacée.** Les deux parties de l'os se sont éloignées l'une de l'autre lors de l'accident ou peu après.

▶ **Fracture en bois vert.** Votre enfant boite après une chute. L'os peut ne s'être rompu que sous l'effet du traumatisme. Mais il a été maintenu dans la gaine très solide du périoste, enveloppe entourant l'os.

Dans tous les cas, le traitement orthopédique (plâtre) ou chirurgical (opération chirurgicale) sera discuté en fonction du type de la fracture. L'enfant plâtré sera immobilisé durant deux à trois semaines ; en revanche, la rééducation se fera spontanément.

Frein de la langue
VOIR ▶ LANGUE (FREIN DE LA).

Furoncle

Un furoncle est un bouton rouge, dur et douloureux, provoqué par l'inflammation de la racine d'un poil. Il se rencontre chez le grand enfant et chez l'adolescent, exceptionnellement chez le petit enfant.

Les furoncles apparaissent surtout sur le dos, derrière le cou, sur les fesses et le cuir chevelu. L'infection qu'ils révèlent est due au staphylocoque doré.

Le furoncle grossit, se remplit de pus et se marque d'un point blanc central. Peu à peu, la peau devenue mince se ramollit et laisse écouler le pus. Soyez vigilant, car un furoncle mal soigné laisse souvent une cicatrice inesthétique. En attendant de voir le médecin, il faut appliquer sur le furoncle une gaze stérile ou imbibée d'antiseptique, maintenue par un sparadrap.

VOIR ▸ BACTÉRIES.

Gale

La gale est une maladie de la peau provoquée par le sarcopte, parasite de la famille des acariens, insectes invisibles à l'œil nu, présents dans la poussière de maison. Cette maladie contagieuse est devenue moins fréquente.

La gale provoque des démangeaisons, surtout la nuit. Si l'enfant a moins de 2 ans, les boutons sont plutôt situés sur l'abdomen, les plis de l'aine, sous les bras, sur les paumes des mains et les plantes des pieds. S'il est plus grand, les lésions se localisent surtout entre les doigts et au niveau des poignets. Ces minuscules vésicules perlées et grisâtres sont provoquées par les femelles de sarcoptes. Celles-ci creusent sous la peau des sillons où elles pondent leurs œufs (deux ou trois par jour). Les larves deviennent adultes au bout de deux ou trois semaines. Plus tard apparaissent des pustules rougeâtres qui provoquent les démangeaisons. Mais l'enfant, en se grattant, entraîne la formation de croûtes et d'écorchures qui s'infectent à leur tour, ressemblant alors à de l'impétigo.

Le médecin vous prescrira des solutions insecticides (spray de benzyle ou de lindane) sous forme de lotion ou de pommade. Appliquez ces produits sur tout le corps de votre enfant (sauf la tête), après le bain. S'il a moins de 2 ans, ces solutions ne doivent pas rester sur sa peau au-delà de douze heures. Malgré la destruction des parasites, les démangeaisons peuvent persister pendant deux semaines. Vous-même et votre famille devez vous traiter en même temps, car vous pouvez être contaminés sans le savoir. Pendant toute la durée du traitement, lavez à 60°C chaque jour les vêtements et la literie ; faites désinfecter ce que vous ne pouvez laver (couvertures, etc.).

Tant qu'il n'est pas guéri, l'enfant n'est pas admis à l'école, car la gale est très contagieuse.

Ganglions

Les ganglions sont des petits organes situés sur les vaisseaux lymphatiques. Ils assurent la défense de l'organisme contre les infections.

Vous pouvez sentir ces petites grosseurs en palpant le cou de votre enfant (sous les oreilles, sous la mâchoire) ou sous les bras et à l'aine. Mais il existe aussi des ganglions dans tous les organes, notamment les poumons et le tube digestif.

Ces ganglions filtrent les particules étrangères transportées dans la lymphe, le liquide incolore qui contient du plasma et des globules blancs. Ils arrêtent ainsi les virus ou les bactéries et provoquent la fabrication de globules blancs, destinés à détruire ces virus ou ces bactéries avant qu'ils ne passent dans le sang. Cette fonction de filtre explique leur gonflement (ou adénopathie) en cas d'infection.

Si les ganglions de votre enfant vous paraissent anormalement gonflés, consultez votre médecin pour qu'il en détermine l'origine. Si ce gonflement se situe sur le cou, il peut être dû à différentes infections : une

pharyngite, une angine, un abcès dentaire, une otite, de l'impétigo.

Parfois, ce gonflement des ganglions survient à différents endroits de l'organisme. Il traduit des infections plus diffuses : virales, comme la rubéole ou la mononucléose infectieuse ; ou parasitaires, comme la toxoplasmose ; ou, plus rarement, une maladie inflammatoire ou une maladie du sang (leucémie). Le médecin effectuera les examens complémentaires nécessaires en vue de déterminer le traitement.

Gastro-entérite

La gastro-entérite est une inflammation de l'estomac et des intestins, provoquée le plus souvent par une infection virale. Elle provoque des troubles digestifs soudains, parfois violents, et dure rarement plus de deux ou trois jours. Elle est sans gravité, à condition de prévenir tout risque de déshydratation.

Si votre nourrisson a une diarrhée associée à d'autres troubles digestifs (perte d'appétit, nausées, vomissements), le médecin diagnostiquera probablement une gastro-entérite.

Cette maladie est souvent provoquée par un virus, parfois une bactérie, qui infecte le tube digestif et a peu de conséquence infectieuse générale. Quelquefois, elle est due à une salmonelle ou à un colibacille, ce qui risque de disséminer l'infection dans l'organisme ; un traitement antibiotique est alors nécessaire.

Dans certains cas, chez le nourrisson de moins de 12 mois, une intolérance au lait de vache peut être suspectée.

Continuez à alimenter votre bébé, mais surtout à l'hydrater, en lui donnant des solutions salées-sucrées (vendues en pharmacie). Celles-ci lui apporteront l'eau et les sels minéraux dont il a besoin pour équilibrer ses pertes digestives.

Une fois que la diversification de l'alimentation a débuté, vers l'âge de 5-6 mois, vous pouvez lui donner de la pomme râpée crue, de la banane écrasée, de la farine de riz ou du riz, de la compote ou de la gelée de coing. En général, les symptômes de la gastro-entérite ne durent pas plus de deux ou trois jours.

Si votre enfant ne tolère plus le moindre liquide ou aliment, appelez votre médecin. Celui-ci évaluera la situation.

Une hospitalisation s'avère parfois nécessaire pour surveiller l'enfant et, éventuellement, le réhydrater par perfusion intraveineuse (lorsque les pertes en eau et en sels minéraux provoquées par les vomissements et la diarrhée sont trop importantes).

Une analyse des selles (coproculture) peut s'avérer nécessaire lorsque l'origine de la gastro-entérite doit être précisée pour en adapter le traitement.

Gaucher

L'enfant gaucher se sert de préférence de sa main gauche ou de son pied gauche.

Le tout petit enfant utilise indifféremment sa main gauche ou sa main droite. La latéralisation du cerveau (prédominance de l'hémisphère droit pour les gauchers ou du gauche pour les droitiers) ne se réalise que de manière progressive et à un âge différent selon les enfants. C'est à l'époque de l'école maternelle, entre 3 et 6 ans, que l'enfant manifeste une préférence pour l'une ou l'autre de ses mains.

Autrefois, on obligeait les enfants gauchers à se servir de leur main droite. Aujourd'hui, il est recommandé de ne pas « contrarier » les enfants gauchers. Si votre enfant est ambidextre, c'est-à-dire qu'il se sert indifféremment des deux mains, n'intervenez pas avant la fin de la dernière année de maternelle. Il faudra ensuite choisir une main pour l'apprentissage de l'écriture ; parlez-en avec l'institutrice et/ou votre médecin si ce choix vous semble vraiment difficile.

Gaz intestinaux

Les gaz intestinaux sont dus à la fermentation d'aliments incomplètement digérés, qui se produit dans le gros intestin, de manière tout à fait normale.

▶ **Chez le nourrisson.** Votre bébé émet des gaz. Il pleure et se raidit. Si vous ne remarquez aucune autre anomalie (ses selles sont normales et son poids augmente régulièrement), ces petits troubles ne doivent pas vous inquiéter outre mesure.

Observez ses réactions digestives et conformez-vous pour son alimentation aux conseils de votre médecin ; ne lui donnez pas trop de farines, de féculents et de sucre, qui provoquent une fermentation excessive. Ses gaz disparaîtront sans autre traitement.

▶ **Chez l'enfant de 2 ans et au-delà.** Si votre enfant est plus grand, les gaz intestinaux peuvent être dus à une constipation. Les selles restent plus longtemps dans l'intestin et fermentent.

Les gaz disparaîtront en soignant la constipation. Donnez à votre enfant davantage de légumes et de fruits. Faites-le boire suffisamment. Vérifiez qu'il ne se retient pas à l'école, sous prétexte qu'il appréhende d'aller aux toilettes. Si cette constipation persiste, parlez-en à votre médecin.

VOIR ▶ CÔLON IRRITABLE, VENTRE (MAUX DE).

Génétique

La génétique est la branche de la biologie qui étudie les gènes et les chromosomes.

Les techniques de manipulation des gènes et des chromosomes ont permis d'élaborer certaines applications médicales.

▶ **Hormones de synthèse.** L'une des applications médicales des progrès de l'outil génétique est la production d'hormones humaines (insuline, autrefois d'origine animale, destinée aux diabétiques ; hormone

de croissance utilisée pour traiter certains retards de croissance) et de protéines manquantes utiles dans certaines maladies, comme par exemple le facteur VIII administré aux hémophiles.

VOIR ▶ CARYOTYPE.

Genoux (qui se touchent)

La déformation provoquée par des genoux qui se touchent est appelée médicalement le « genu valgum ». Familièrement, on parle de « genoux cagneux ». Cette déformation survient chez l'enfant entre 2 et 5 ans, et disparaît le plus souvent spontanément.

Les genoux de l'enfant se touchent, et ses jambes sont déviées en dehors. Il ne peut se tenir pieds joints. Ces déformations ne proviennent ni des os ni des articulations, mais elles traduisent une souplesse excessive des muscles et des ligaments. C'est tout simplement le poids de son corps qui oblige l'enfant à se tenir ainsi.

Si l'enfant se développe normalement, il n'y a pas lieu de vous inquiéter. Au cours de sa croissance, les genoux reviendront dans une position normale. Votre médecin surveillera simplement l'évolution et la tenue de sa colonne vertébrale, de son bassin, de ses pieds et de sa voûte plantaire. Encouragez votre enfant à faire du tricycle ou de la bicyclette afin de développer les muscles de ses jambes.

▶ **Excès de poids.** Si l'enfant est « enveloppé » ou obèse, le poids de son corps est trop lourd pour ses jambes. Essayez avec votre médecin de déterminer l'origine de cette obésité et d'adapter son alimentation en conséquence.

Gluten

Le gluten est une protéine d'origine végétale contenue dans le blé, mais aussi dans d'autres céréales telles que l'orge, le seigle et l'avoine, rarement consommées aujourd'hui. Le riz, le soja et le maïs ne contiennent pas de gluten.

Le gluten peut entraîner une réaction d'intolérance qui se caractérise par une diarrhée chronique. Cette intolérance, appelée « maladie cœliaque », entraîne des carences en vitamines et en calories.

Le risque d'intolérance au gluten est d'autant plus grand que son introduction dans l'alimentation est précoce ; c'est pourquoi on n'en donne pas aux nourrissons avant 6 mois. (Les farines premier âge sont sans gluten.)

Pour confirmer une intolérance au gluten, le médecin fera pratiquer une biopsie de l'intestin grêle (prélèvement d'un fragment de l'intestin). En cas d'intolérance reconnue au gluten, il prescrira à votre enfant un régime d'exclusion du gluten, mais pouvant comporter d'autres types de céréales (maïs, riz, soja).

Griffes du chat (maladie des)
VOIR ▸ ANIMAL DOMESTIQUE.

Grincement de dents

Le grincement de dents, ou bruxisme, a lieu généralement pendant le sommeil de l'enfant, mais peut aussi se produire, de manière plus ou moins volontaire, au cours de la journée.

Selon les circonstances, le grincement de dents peut être tout à fait bénin ou révéler des troubles de gravité variable.

▶ **Pendant la nuit.** L'enfant dort profondément et, soudain, il grince des dents. Ce bruit est certes désagréable pour l'entourage, mais ne révèle aucun trouble particulier. Si le grincement de dents devient habituel, il peut éventuellement être le signe d'une difficulté d'ordre psychologique et doit amener à consulter.

▶ **Dans la journée.** Plus rarement, le grincement de dents peut avoir lieu dans la journée, de manière plus ou moins volontaire. Il peut traduire une anomalie de la position des dents les unes par rapport aux autres (occlusion dentaire). Consultez un orthodontiste, dont le métier est de corriger ces malpositions.

▶ **Chez les enfants handicapés.** Certains handicaps neurologiques présents à la naissance entraînent des difficultés à maîtriser les mouvements de la mâchoire et provoquent des grincements de dents. Une prise en charge médicale spécifique est nécessaire.

Grippe

La grippe est une maladie contagieuse, provoquée par un virus. Elle survient surtout en hiver.

Les symptômes de la grippe sont les suivants : l'enfant est fatigué, fiévreux et ressent des frissons. Il a dans le dos et dans les membres des douleurs qui ressemblent à des courbatures. Il a mal à la tête. Sa gorge est sèche et lui fait mal (symptômes d'une pharyngite). Il tousse de plus en plus. Il peut aussi avoir des nausées, vomir ou avoir la diarrhée. La fièvre a souvent une courbe caractéristique, avec deux pics aux alentours de 40°C, survenant à 24 ou 48 heures d'intervalle.

Consultez votre médecin, qui vérifiera l'absence d'autres pathologies ou s'assurera que cette affection ne présente pas d'autres complications. Une fois la grippe identifiée, il prescrira un traitement pour combattre la fièvre et, éventuellement, les troubles digestifs. Les soins à recommander sont les suivants : votre enfant doit se reposer et boire souvent (jus de fruits frais ou infusions chaudes).

Il existe un vaccin antigrippal à renouveler chaque année, en raison des mutations du virus. Cette vaccination n'est conseillée qu'aux enfants fragiles, atteints, par exemple, d'une malformation du cœur ou d'une maladie pulmonaire (mucoviscidose). Ceux qui ont souvent des bronchites ou des rhino-pharyngites peuvent également se faire vacciner.

La grippe est transmise par les personnes déjà atteintes par le virus et qui, en toussant ou en éternuant, le propagent autour d'elles. Aussi, si un membre de votre famille est grippé, soyez vigilant. En particulier, ne le laissez pas s'approcher d'un nourrisson.

Groupes sanguins

Les groupes sanguins permettent de classer les individus en fonction des antigènes présents sur les globules rouges et des anticorps naturels présents dans le sérum. La connaissance des groupes sanguins est indispensable à la transfusion sanguine et aux greffes d'organes.

▶ **Groupe ABO.** Il existe plusieurs groupes sanguins, mais le plus important pour la transfusion sanguine est le groupe ABO, dont on distingue quatre sous-groupes.

▶ **Groupe Rhésus.** Ce groupe sanguin est indépendant des groupes ABO, mais tout aussi important à connaître, car il peut être à l'origine d'accidents transfusionnels ou d'incompatibilité sanguine entre la mère et le bébé qu'elle porte (on parle d'incompatibilité fœto-maternelle). La transmission des groupes sanguins suit les lois de la génétique.

▶ **Le groupe O.** Les globules rouges sont dépourvus des antigènes A et B. Le sérum contient les anticorps anti-A et anti-B dits naturels (44 % de la population).

▶ **Le groupe A.** Les globules rouges sont porteurs de l'antigène A. Le sérum contient l'anticorps anti-B naturel (44 % de la population).

▶ **Le groupe B.** Les globules rouges sont porteurs de l'antigène B et le sérum contient l'anticorps anti-A naturel (9 % de la population).

▶ **Le groupe AB.** Les globules rouges sont porteurs des antigènes A et B, mais le sérum est dépourvu des anticorps anti-A et anti-B (3 % de la population).

▶ **Transfusion sanguine.** Les groupes sanguins sont toujours contrôlés avant une transfusion, qui doit se faire dans la concordance des groupes ABO et Rhésus du donneur et du receveur. C'est pourquoi il est nécessaire que le groupe de votre enfant soit déterminé avant une intervention chirurgicale ou en cas d'accident. S'il est du groupe AB, il peut être transfusé avec du sang de n'importe quel autre groupe sanguin (A, B, AB ou O).

Les personnes du groupe O sont appelées « donneurs universels », car leur sang peut être transfusé à n'importe quelle autre personne, quel que soit le groupe sanguin auquel elle appartient.

Guthrie (test de)
VOIR ▸ PHÉNYLCÉTONURIE.

[H]

Handicap

Le handicap est un désavantage physique ou mental qui peut gêner l'enfant dans sa vie à divers degrés.

La naissance d'un enfant handicapé ou la découverte, un peu plus tard ou à la suite d'une maladie, d'un trouble moteur ou intellectuel empêchant de mener une vie normale est toujours une épreuve difficile à surmonter.

Les progrès de la médecine permettent de dépister un certain nombre de maladies, parfois même avant qu'elles ne se déclarent, mais ne sont d'aucune utilité s'il n'y a pas une meilleure prise en charge de ces enfants, qui requièrent souvent des soins particuliers, notamment lorsqu'une rééducation motrice de longue durée est nécessaire.

De nombreuses associations et institutions aident les parents d'enfants handicapés et mettent à leur disposition des équipes spécialisées.

L'insertion d'un enfant handicapé dans des structures scolaires doit être décidée en fonction de ses possibilités d'apprentissage et d'adaptation à la vie en collectivité. On peut avoir recours à des unités spécialisées, qui prennent parfois les enfants en internat (instituts médico-pédagogiques) ou, le plus souvent possible, en externat. Si cette prise en charge au cours de l'enfance peut être considérée comme assez satisfaisante, l'insertion sociale et professionnelle de l'adulte handicapé en est encore à ses débuts, et reste un problème non résolu actuellement.

Hémophilie

L'hémophilie est un trouble héréditaire de la coagulation du sang (déficit de l'une des protéines de la coagulation, appelée « facteur antihémophilique »), qui provoque des hémorragies anormalement abondantes et prolongées en cas de blessure.

Cette anomalie héréditaire est transmise par les femmes, mais elle n'atteint que les garçons (1 nouveau-né sur 5000). L'hémophilie peut aussi apparaître sans antécédents familiaux (de 25 à 30 % des cas).

Chez les enfants hémophiles, les chutes entraînent des hémorragies, des bleus et des hématomes (accumulation de sang sous la peau) disproportionnés par rapport à l'importance du choc.

L'apprentissage de la marche occasionne de nombreux traumatismes de ce type ; des saignements des articulations, qui rendent difficiles les mouvements, peuvent se produire. Si de tels signes apparaissent, il faut absolument consulter le médecin sans tarder.

Une hémophilie atténuée peut se révéler fortuitement, à l'occasion d'une intervention chirurgicale ou au cours d'un bilan d'hémostase (bilan sanguin étudiant les capacités de coagulation).

Le sang d'un enfant hémophile manque des protéines nécessaires à la coagulation, appelées facteurs VIII ou IX. L'hémophilie A (déficit en facteur VIII) est plus fréquente que l'hémophilie B (déficit en facteur IX). L'hémophilie est dite sévère, modérée ou atténuée en fonction de ses manifestations, mais surtout par rapport à l'absence (ou à la présence en petite quantité) du facteur antihémophilique.

Le traitement de fond consiste en perfusions répétées de protéines sanguines concentrées (facteurs VIII ou IX). Ces facteurs sont aujourd'hui fabriqués par biosynthèse, ce qui élimine le risque de transmission virale (hépatites B, C et VIH).

▶ **Traitement d'urgence.** En cas d'hémorragie inhabituelle, comprimez, avec la main et des compresses, la zone qui saigne et appelez immédiatement le médecin.

Hémorragie

Une hémorragie est une fuite de sang hors du système circulatoire, le plus souvent due à un traumatisme après une chute, une plaie...

La vitesse avec laquelle le sang jaillit de la blessure dépend du type de vaisseau sanguin lésé : il suinte dans les tout petits vaisseaux (capillaires), il coule d'une veine (il est alors rouge sombre) et il jaillit par saccades d'une artère (rouge vif).

▶ **Blessure légère.** Votre enfant s'est égratigné ou coupé superficiellement. Lavez la plaie à l'eau savonneuse afin d'éliminer les graviers ou autres débris qui auraient pu y pénétrer. Tamponnez-la légèrement avec une compresse stérile pour la sécher, puis appliquez un antiseptique local. Si la plaie continue de saigner, appuyez dessus avec une compresse pendant quelque temps, puis mettez un pansement adhésif.

▶ **Plaie profonde.** Votre enfant s'est coupé profondément avec du verre, un couteau, etc. Appelez le médecin, les pompiers ou le SAMU si l'hémorragie est très importante. En attendant les secours, surélevez la partie du membre blessée, puis placez un pansement stérile sur la blessure et appuyez fermement pour arrêter le saignement, quelques minutes si nécessaire. Si le sang suinte à travers le pansement, n'enlevez pas celui-ci, car vous pourriez arracher le caillot, et le saignement reprendrait. Ajoutez d'autres pansements et bandez l'ensemble solidement pour comprimer la zone. Dans le cas d'une artère sectionnée (le sang coule par saccades), comprimez l'artère avec le pouce.

▶ **Hémorragie sans blessure.** Les blessures externes ne sont pas les seules causes d'hémorragie. Des pertes de sang sous la peau (hémorragies internes) peuvent se produire (purpura, hématomes, ecchymoses). Si votre enfant a souvent des saignements de nez ou de gencives, si ses urines ou ses selles contiennent des traces de sang, consultez le médecin pour qu'il détermine l'origine de ces anomalies.

Hépatite virale

L'hépatite virale est une inflammation du foie provoquée par un virus. On distingue plusieurs types d'hépatite selon le virus concerné.

▶ **Hépatite A.** L'enfant a de la fièvre. Sa peau et le blanc de ses yeux sont jaunes (ictère). Ses urines sont foncées et mousseuses. Il a mal au ventre, vomit, perd l'appétit, semble fatigué. Parfois, des démangeaisons apparaissent.

Le médecin fera faire une analyse de sang afin d'apprécier le retentissement hépatique et de vérifier la présence du virus et celle des anticorps spécifiques de l'hépatite A.

L'hépatite virale A est fréquente en France, puisqu'elle touche à peu près 60 % de la population. Le virus se transmet par voie digestive (eau, mains sales, aliments contaminés). En général, la maladie dure quelques jours ou, au maximum, deux à trois semaines. L'enfant guérit sans traitement ni régime particuliers. En principe, il ne peut pas aller à l'école tant que dure son ictère.

Un vaccin contre le virus de l'hépatite A est disponible.

▶ **Hépatites virales B et C.** Ces hépatites sont plus rares mais peuvent devenir chroniques, ce qui les rend plus graves. Elles sont transmises par voie sexuelle ou lors de transfusions sanguines.

Il existe un vaccin efficace contre l'hépatite B. Il est proposé à partir du 2e mois chez le nourrisson, mais peut être administré à tout âge. Ce vaccin est également administré dès la naissance aux nouveau-nés dont la mère est porteuse chronique du virus.

VOIR ▶ ÉVICTION SCOLAIRE.

Hernie

Il y a hernie lorsqu'un organe ou une partie d'organe sort de la place où il se trouve situé normalement.

▶ **Hernie ombilicale.** Votre nourrisson peut présenter au niveau du nombril une petite saillie molle, augmentant de volume quand il pleure ou lorsqu'il fait des efforts pour expulser les selles. Cette hernie ombilicale sans gravité se produit lorsqu'une portion de l'intestin repousse la paroi abdominale. Le médecin vérifie que cette hernie rentre quand on appuie dessus ; il ne prescrit alors aucun traitement. La hernie disparaît en général spontanément quand les muscles de l'abdomen sont plus toniques, et bien souvent avant l'âge de 4 ans.

Si, néanmoins, la hernie est toujours visible après 4 ans, elle peut être supprimée par une opération chirurgicale.

▶ **Hernie inguinale.** Une saillie au bas du ventre, à droite ou à gauche des organes génitaux (au pli de l'aine), ou au niveau des bourses de votre petit garçon, signifie qu'une partie de l'intestin sort dans le canal inguinal (qui a permis à chacun des testicules de descendre dans les bourses). Il est préférable d'attendre l'âge de 6 mois pour envisager une opération chirurgicale.

Si elle n'est pas traitée, cette hernie peut s'étrangler, c'est-à-dire qu'on ne peut plus la faire rentrer en la poussant. Elle devient dure et volumineuse. Cet étranglement peut provoquer chez l'enfant des douleurs ou même une occlusion intestinale (arrêt du transit et vomissements). Dans ce cas, l'opération doit se faire rapidement.

▶ **Hernie de l'ovaire.** Chez la petite fille, ce même défaut de la paroi abdominale peut être à l'origine d'une hernie de l'ovaire. Cette hernie a la forme d'un petit noyau d'olive, palpable au niveau d'une grande lèvre. Il est nécessaire d'effectuer une opération chirurgicale, car la hernie peut engendrer des troubles de la circulation pouvant perturber la vitalité de l'ovaire.

Herpès labial

L'herpès labial se manifeste par l'éruption autour des lèvres de petites vésicules, comparables à des perles d'eau. Cette affection contagieuse est due au virus de l'herpès.

L'enfant a d'abord des boutons rougeâtres en forme de grappes, qui apparaissent autour des lèvres puis qui se transforment en vésicules, grosses comme des têtes d'épingle. Il a des sensations de brûlure. L'intérieur de sa bouche peut être aussi atteint (face interne des joues, langue, palais). On parle alors de stomatite herpétique. Dans ce cas, la fièvre est élevée (39-40 °C). L'enfant a du mal à avaler et à manger.

L'herpès labial est dû au virus *Herpes simplex* de type I. Ce virus très contagieux peut être à l'origine de complications locales (surinfections bactériennes, inflammation des ganglions) et peut surtout se propager jusqu'à l'œil. C'est pourquoi il faut consulter le médecin sans attendre. Il prescrira un traitement local et des médicaments antiviraux le cas échéant.

Même après la disparition des boutons, le virus se réactive de temps à autre, causant des « boutons de fièvre », sans gravité, localisés au même endroit, près des lèvres. Ils réapparaissent par poussées, lors d'une infection, d'une fièvre, d'une fatigue, d'une exposition solaire, voire au moment des règles chez les jeunes filles.

Les traitements locaux (antiseptiques ou antiviraux) diminuent l'intensité des poussées, mais n'empêchent pas le virus de récidiver.

VOIR ► APHTES.

HLA (antigènes ou système)

Les antigènes HLA *(Human Leukocyte Antigen)* sont des protéines naturellement présentes dans les tissus, qui participent à la défense de l'organisme contre l'infection. Il est nécessaire de connaître leur catégorie (A, B, C ou D) en cas de greffe d'organe ou de transfusion de globules blancs.

Appelés également « antigènes d'histocompatibilité », les antigènes HLA sont présents sur toutes les cellules de l'organisme et sont acquis par hérédité. Il existe près de 150 millions de combinaisons de groupes HLA différentes, donnant à chaque individu sa spécificité. Les 4 groupes principaux (antigènes A, B, C, D) sont indépendants des groupes sanguins A, B, O.

Ces antigènes HLA reconnaissent et maintiennent notre « personnalité » biologique ou immunologique contre les agressions extérieures (infectieuses, chimiques) ou intérieures (mutations). Les antigènes HLA sont indispensables au fonctionnement de certains lymphocytes T (globules blancs), car ils permettent à ces derniers de reconnaître et de détruire toute cellule anormale.

▶ **Greffe d'organe.** Lorsqu'un organe est greffé d'une personne à une autre, les antigènes HLA du donneur sont généralement reconnus comme étrangers et sont attaqués par le système immunitaire du receveur, ce qui provoque un rejet. Cependant, si l'on peut trouver un donneur dont les groupes HLA sont très proches de ceux du receveur (souvent un parent et, encore mieux, un vrai jumeau), les risques de rejet de la greffe se trouvent minimisés.

▶ **Transfusion de plaquettes ou de globules blancs.** Les antigènes HLA peuvent être quelquefois à l'origine d'accidents d'immunisation au cours de ces transfusions.

▶ **Prédisposition génétique à certaines maladies.** Certains groupes HLA semblent jouer un rôle dans la prédisposition à certaines maladies (la sclérose en plaques, par exemple, est associée au groupe HLA-A3). Cela pourrait expliquer le caractère héréditaire de ces maladies.

Hoquet

Le hoquet est une contraction brusque du diaphragme, accompagnée d'un son caractéristique involontaire.

Le hoquet survient chez le nourrisson pendant qu'il prend son biberon ou après. D'où provient ce hoquet ? Le diaphragme de l'enfant se contracte de manière répétitive, et les vibrations de la glotte transmises aux cordes vocales provoquent ce petit son aigu.

En général, le hoquet se déclenche quand l'enfant boit trop vite et avale de l'air. L'estomac, en se gonflant, stimule le diaphragme et provoque le réflexe. Ce hoquet est très courant mais n'a rien d'inquiétant. Attendez simplement qu'il cesse en faisant des pauses pendant la tétée.

Pour faciliter le rot, tenez votre nourrisson debout dans vos bras.

Si votre enfant régurgite souvent à la suite ou au cours d'un hoquet (reflux gastro-œsophagien), parlez-en à votre médecin.

Exceptionnellement, le hoquet, associé à d'autres symptômes (mauvaise prise des biberons, régurgitations, tortillements, courbe de poids médiocre), peut parfois révéler une inflammation de l'œsophage.

Hormone

Une hormone est une substance chimique libérée dans la circulation sanguine par une glande ou un tissu. Transportée dans un organe, elle le stimule ou l'inhibe, selon les cas.

Les hormones régissent de nombreuses fonctions, notamment la croissance, le développement sexuel, les réactions du corps au stress et à la maladie.

Les glandes qui sécrètent ces hormones forment le système endocrinien : ce sont l'hypotalamus, l'hypophyse, la thyroïde, les parathyroïdes, le pancréas, les glandes surrénales, les ovaires ou les testicules, le placenta chez les femmes enceintes. Les reins, l'intestin, le cerveau et d'autres organes sécrètent également des hormones.

Chez l'enfant, le dérèglement du système endocrinien aboutit le plus souvent à une diminution de la sécrétion hormonale (beaucoup plus rarement à une exagération de celle-ci). Il existe maintenant des hormones naturelles, ou de synthèse, qui peuvent servir de substitut aux hormones manquantes, et permettent donc de soigner la plupart des maladies endocriniennes.

▶ **La cortisone ou les hormones corticostéroïdes.** Elles sont sécrétées par les glandes surrénales et contribuent à l'équilibre du métabolisme. Elles ont en outre une action anti-inflammatoire.

▶ **Les hormones sexuelles.** Les œstrogènes sécrétés par les ovaires, la testostérone sécrétée par les testicules sont indispensables au développement sexuel respectivement de la femme et de l'homme ainsi qu'au fonctionnement du système de reproduction.

▶ **L'insuline.** Sécrétée par le pancréas, elle régule le taux de glucose dans le sang et est administrée aux diabétiques insulino-dépendants.

▶ L'adrénaline. Sécrétée par les glandes surrénales, elle prépare et adapte l'organisme au stress.

▶ Les hormones thyroïdiennes. Elles proviennent de la glande thyroïde. Chez les enfants, ces hormones sont indispensables à une bonne croissance physique et à un développement mental normal.

Hormone de croissance

L'hormone de croissance est produite par l'hypophyse, qui stimule la croissance et le développement normal de l'organisme en modifiant l'activité chimique des cellules.

L'hormone de croissance agit sur le cartilage de croissance, encore appelé « cartilage de conjugaison », situé aux extrémités des os longs des membres, mais présent dans tous les os. Cette hormone stimule non seulement la multiplication des cellules cartilagineuses, mais aussi leur croissance et leur transformation en cellules osseuses.

Si votre enfant grandit mal ou si le médecin constate un ralentissement de sa croissance, il se peut que ce retard soit dû à une insuffisance d'hormone de croissance. Une hospitalisation de quelques heures (hôpital de jour) permet alors de procéder à une exploration complète comportant, notamment, un test de stimulation de la sécrétion de cette hormone.

Hospitalisation

Votre enfant peut avoir besoin de suivre un traitement à l'hôpital ou d'y subir des examens médicaux nécessitant un séjour plus ou moins long. Mais l'hospitalisation n'est pas toujours programmée ; elle se déroule parfois dans un climat d'urgence et d'inquiétude, lorsqu'elle est imposée par un accident ou une maladie.

L'hospitalisation entraîne, pour votre enfant, un changement brutal de son environnement. Il n'a plus les mêmes repères et généralement ne sait pas quels soins il va recevoir, ni pourquoi, ni pendant combien de temps.

En tant que parents, vous avez un rôle important à jouer auprès de lui pour le rassurer, établir un climat de confiance entre les médecins et lui, et l'entourer de votre tendresse. Donnez-lui pour ce séjour ses jouets favoris, et surtout son « doudou » (ours, peluche, ou morceau de tissu) qui l'accompagne partout, afin qu'il soit entouré d'objets familiers. Expliquez-lui (avec des mots adaptés à son âge) le traitement que les médecins lui donnent ou l'intervention chirurgicale qui va avoir lieu.

Dans de nombreux hôpitaux, il est aujourd'hui possible de rester auprès de son enfant la plus grande partie de la journée, et même de dormir la nuit près de lui. Cette présence permanente du père ou de la mère sécurise l'enfant et crée un climat susceptible de favoriser sa guérison.

VOIR ▶ ANESTHÉSIE, DOULEUR.

Hydrocèle

L'hydrocèle est un épanchement de liquide autour du testicule.

L'hydrocèle peut apparaître chez le nourrisson comme chez l'enfant plus âgé. Elle se manifeste par une augmentation de volume, souvent soudaine, de l'une ou des deux bourses. Mais il n'y a ni douleur ni fièvre. L'hydrocèle est parfois favorisée par une irritation locale ou par un petit traumatisme. Elle est quelquefois en communication avec le bas-ventre (cavité péritonéale), par l'intermédiaire du canal qui a permis la descente des testicules dans les bourses pendant la vie intra-utérine ; dans ce cas, elle est souvent associée à une hernie inguinale.

Si votre garçon présente une bourse volumineuse, ou les deux, consultez rapidement votre médecin. Il s'assurera qu'il n'y a pas une torsion du testicule ou une autre maladie nécessitant une prise en charge médicale immédiate.

Le plus souvent, l'hydrocèle disparaît spontanément et aussi soudainement qu'elle était apparue. Si elle persiste ou si son volume est excessif, il faut parfois l'opérer ; l'intervention est très banale.

Si l'épanchement de liquide est localisé et apparaît comme une petite boule surmontant le testicule (kyste du cordon), l'hydrocèle doit le plus souvent être opérée, car elle est douloureuse et risque d'entraîner une torsion du testicule.

Hydrocéphalie

L'hydrocéphalie est un excès de liquide céphalo-rachidien à l'intérieur de la boîte crânienne.

Chez le nourrisson, l'hydrocéphalie se développe en général progressivement. L'augmentation de la pression à l'intérieur du crâne entraîne une augmentation du volume de celui-ci. (C'est pour détecter toute augmentation anormale que les médecins mesurent régulièrement le périmètre crânien des bébés.)

Chez l'enfant plus âgé, les fontanelles sont fermées et les sutures, soudées ; le volume du crâne ne peut plus augmenter. L'hydrocéphalie provoque alors des troubles neurologiques qui révèlent la surpression à l'intérieur de la boîte crânienne. L'enfant peut présenter des troubles de la conscience inexpliqués (somnolence, torpeur ou agitation inhabituelles) ou des maux de tête survenant en fin de nuit ou au réveil ; il peut aussi ne pas réussir à regarder vers le haut ou voir soudainement beaucoup moins bien. À ces différents troubles sont souvent associés des vomissements.

Face à de tels symptômes, il faut consulter sans attendre le médecin, qui examinera l'enfant de façon approfondie et demandera des examens complémentaires (échographie, scanner, IRM), déterminés en fonction de l'âge et de la maladie suspectée d'être à l'origine de cette hydrocéphalie.

Hyperactivité
VOIR ▸ AGITATION.

Hyperthermie maligne
VOIR ▸ TEMPÉRATURE (VARIATIONS DE).

Hypertonie vagale

L'excès d'activité (hypertonie) du nerf vague (nerf pneumogastrique) peut entraîner divers troubles dont la gravité dépend de l'âge de l'enfant. Elle se manifeste de plusieurs façons.

Chez le nourrisson de moins de 1 an, l'hypertonie vagale se manifeste plutôt par des accès isolés de pâleur et par un ralentissement de la fréquence cardiaque. À cet âge, elle semble provoquer divers malaises graves. C'est pourquoi, si votre bébé présente les symptômes décrits ci-dessus, vous devez consulter votre médecin ; pour préciser son diagnostic, il demandera souvent une observation en milieu hospitalier, afin de rechercher une instabilité du rythme cardiaque.

Chez le petit enfant, l'hypertonie vagale se manifeste par un arrêt de la respiration survenant à l'occasion de pleurs violents, provoqués par une chute, un choc ou une contrariété. Ce spasme du sanglot, plus impressionnant que grave, peut provoquer un arrêt respiratoire (apnée) avec cyanose (coloration bleue de la peau), voire perte de connaissance. Ces signes disparaissent spontanément.

Les manifestations de l'hypertonie vagale peuvent également être déclenchées par des vomissements (reflux gastro-œsophagien du nourrisson), par des douleurs abdominales, par des efforts au moment où l'enfant urine ou expulse une selle, parfois par le simple fait de boire un biberon. Dans un quart des cas, il existe des antécédents familiaux.

Si le médecin diagnostique une hypertonie vagale chez votre nourrisson de moins de 1 an, il pourra prescrire un traitement médicamenteux. Au-delà de la première année, aucun traitement n'est nécessaire ; cependant, certaines activités sportives, comme la plongée en apnée, sont à proscrire.

Hypospadias

Chez les garçons, l'hypospadias est une malformation du méat (orifice) urinaire, qui est situé sous le gland ou à la face postérieure du pénis, et non pas au sommet du gland.

L'hypospadias touche approximativement 1 garçon sur 550 ; il est détecté dès la naissance. Pour le corriger, une intervention chirurgicale, effectuée le plus souvent au cours de la deuxième année, est nécessaire et donne des résultats tout à fait satisfaisants.

Hypothermie
VOIR ▸ TEMPÉRATURE (VARIATIONS DE).

[I, J, K, L]

Ictère du nouveau-né

Dans les jours qui suivent la naissance, la peau ou le blanc des yeux du nouveau-né peuvent prendre une couleur jaune ou orangée. Cette « jaunisse » est appelée ictère.

Le plus souvent, il s'agit d'un ictère simple, transitoire et sans gravité. Mais l'ictère du nouveau-né peut aussi traduire une incompatibilité sanguine entre le fœtus et sa mère ou révéler un problème plus général. L'examen de l'enfant et des analyses sanguines permettent d'en déterminer les causes.

▸ **L'ictère simple.** Le plus souvent, l'ictère est isolé, sans fièvre ni troubles digestifs. Les selles ont une couleur normale. L'examen du bébé ne révèle aucune anomalie. Cet ictère simple du nouveau-né se produit fréquemment chez les prématurés.

C'est l'augmentation du taux sanguin de bilirubine qui provoque cette couleur orangée de la peau. La bili-rubine est un pigment qui provient de la dégradation normale de l'hémoglobine, protéine essentielle qui transporte l'oxygène dans les globules rouges. Pour qu'elle soit éliminée, la bilirubine doit être transformée grâce à une enzyme qui est parfois en quantité insuffisante chez le nouveau-né, et particulièrement chez le prématuré. Ce défaut se corrige rapidement, et l'ictère disparaît vite. Quelques séances de photothérapie diminuent son intensité.

▸ **L'ictère au lait de mère.** Lorsque l'ictère persiste au-delà d'une semaine, d'autres affections peuvent être en cause. En cas d'allaitement maternel, il arrive que le lait de la mère contienne une substance qui diminue l'activité de l'enzyme du foie permettant l'élimination de la bilirubine. Si l'examen du bébé est normal et si le fait de chauffer le lait à 57 °C pendant une dizaine de minutes entraîne une diminution de l'ictère, celui-ci est alors bénin et l'allaitement maternel peut être poursuivi. Sinon, d'autres causes devront être recherchées.

Immunité
VOIR ▸ DÉFICIT IMMUNITAIRE.

Impétigo

L'impétigo est une infection de la peau, banale mais contagieuse. Elle est provoquée par une bactérie, le plus souvent un staphylocoque doré ou un streptocoque.

Sur la bouche, autour du nez, sur le cuir chevelu, la peau de l'enfant rougit et se recouvre de petits boutons qui éclatent et laissent s'écouler un pus jaunâtre. Parfois, il s'agit de petites bulles ressemblant à celles d'une brûlure. Des croûtes se forment, provoquant des cicatrices arrondies un peu plus claires.

L'impétigo provoque des démangeaisons. En se grattant, votre enfant peut propager l'infection à d'autres endroits du corps ou la transmettre à d'autres enfants. C'est pourquoi il ne peut aller à l'école tant que son impétigo n'est pas guéri.

Au-delà de quatre ou cinq lésions, l'impétigo traduit une dissémination qui justifie la prescription d'un traitement antibiotique par voie générale, en plus du traitement local. Lavez la peau de votre enfant avec un antiseptique moussant dilué afin d'éliminer les croûtes ramollies par la pommade. Pour éviter la contagion, ne mélangez pas ses serviettes de toilette ou de table avec celles des membres de la famille et lavez-les à l'eau bouillante. L'impétigo n'entraîne pas de complications. Dans de très rares cas, le streptocoque peut provoquer des problèmes rénaux ou des troubles cardiaques.

Incubation d'une maladie

L'incubation d'une maladie correspond au temps qui s'écoule entre la pénétration dans l'organisme du virus, de la bactérie ou du parasite et le début des symptômes.

Le délai de l'incubation varie de quelques heures ou quelques jours – notamment pour les atteintes des voies respiratoires – à quelques semaines, voire plusieurs mois pour certaines maladies.

Pendant cette période, il est impossible de savoir si votre enfant est contaminé ou non, car aucun signe particulier n'est apparent. Cependant, si votre enfant a côtoyé un enfant porteur d'une maladie contagieuse et si vous craignez qu'il ait été contaminé, vous pouvez dans certains cas (rougeole, coqueluche) essayer d'enrayer la maladie en le faisant vacciner le plus rapidement possible.

Infection urinaire

L'infection urinaire touche la vessie, l'urètre et les reins, qui constituent l'appareil urinaire.

▶ **Chez le nourrisson.** L'infection urinaire peut se manifester par un manque d'appétit (anorexie), une diarrhée, des vomissements ou une fièvre sans cause apparente. Consultez votre médecin qui examinera votre enfant et fera faire, en cas de doute, une analyse (examen cytobactériologique des urines) afin de déterminer le germe en cause.

Dans tous les cas, le médecin demandera une échographie des reins, et éventuellement une radiographie des voies urinaires (cystographie rétrograde) afin de rechercher une malformation ou les causes d'un mauvais fonctionnement. Ces examens peuvent révéler une anomalie, par exemple un reflux vésico-urétéral qui fait remonter l'urine à contre-courant de la vessie vers le rein. En fonction de ce bilan, différents traitements peuvent être proposés : intervention chirurgicale, traitement antibiotique de longue durée ou simple surveillance médicale.

▶ **Chez l'enfant.** Chez l'enfant plus âgé, l'infection urinaire se manifeste par des douleurs quand il fait pipi ou par des urines troubles, parfois teintées de sang. Une analyse d'urine prescrite par votre médecin permettra d'identifier la bactérie responsable de l'infection. Le médecin prescrira des antibiotiques ; en fonction de l'âge de l'enfant et de la gravité de l'infection, le traitement se fera par voie orale ou par voie veineuse.

Insolation

L'insolation est provoquée par une exposition trop prolongée au soleil.

La tête de l'enfant est proportionnellement plus grosse que celle de l'adulte. Sa surface d'exposition est donc plus importante. Quand il joue au soleil, pensez toujours à protéger sa tête avec un chapeau, sa peau avec un écran total et préférez les espaces ombragés et aérés ; donnez-lui aussi régulièrement à boire afin d'éviter une déshydratation.

Les signes d'une insolation sont des maux de tête, des nausées, des vomissements, de la fièvre. Ils apparaissent généralement en fin d'après-midi ou en début de soirée, après que l'enfant a passé quelques heures en plein soleil. En présence de ces symptômes, consultez un médecin.

Intervention chirurgicale

Une intervention chirurgicale, qu'elle soit programmée ou décidée en urgence, peut s'avérer nécessaire dans certaines situations.

Un climat de confiance doit s'établir entre l'équipe médicale et vous-même afin que votre enfant se sente rassuré. Expliquez-lui les raisons de l'opération. Décrivez les gestes qui seront accomplis avec des mots simples et sans l'effrayer. Laissez-lui ses objets familiers (peluche ou « doudou » qu'il aime avoir en permanence s'il est encore petit) et restez autant que possible auprès de lui. De nombreux hôpitaux sont équipés pour accueillir l'un des parents dans la même chambre que l'enfant.

Certaines opérations, comme le drainage d'un abcès ou une petite suture à la suite d'une coupure, peuvent s'effectuer de façon extrêmement simple et rapide, sous anesthésie locale ou régionale.

Certaines opérations courantes peuvent se faire en traitement ambulatoire ou avec une très courte hospitalisation. Par exemple, l'ouverture de l'abdomen (laparotomie) peut se réduire à quelques points de ponction grâce à la cœlioscopie.

D'autres opérations nécessitent une anesthésie générale dont la durée, variable, peut dépasser plusieurs heures.

Invagination intestinale

L'invagination de l'intestin correspond au télescopage d'une partie de l'intestin en lui-même, provoqué par une irritation ou une inflammation locale. Elle survient le plus souvent chez les enfants de moins de 3 ans et peut provoquer une occlusion intestinale.

Les symptômes qui doivent vous alerter sont soudains : votre enfant se plaint de maux de ventre, devient pâle, se met à crier anormalement (cri strident chez le nourrisson) ou semble inquiet. Il vomit et refuse de manger. Consultez sans tarder votre médecin qui pratiquera un examen clinique et une échographie de l'abdomen pour diagnostiquer ou non une invagination intestinale.

Dans la plupart des cas, l'invagination se localise entre l'intestin grêle et le côlon. Si elle se prolonge ou si le diagnostic est réalisé trop tard, l'invagination peut entraîner une ischémie (arrêt de la circulation sanguine) du tube digestif et des saignements dans la paroi intestinale laissant des traces dans les selles. Selon l'évolution de l'invagination, le médecin effectuera un lavement baryté thérapeutique et sous pression, afin de remettre doucement en place la portion d'intestin en cause. En cas d'échec, une intervention chirurgicale est nécessaire.

IRM

L'imagerie par résonance magnétique désigne une méthode de diagnostic radiologique qui utilise la résonance des noyaux des molécules, dans un double champ magnétique de grande puissance. Les signaux ainsi obtenus sont traduits en images de synthèse.

▶ **Avantages.** L'IRM donne des renseignements plus précis que le scanner pour certains organes. Les images sont plus contrastées (tissus normaux et anormaux) et on obtient des informations supplémentaires par reconstruction 3D des données numériques enregistrées. Ces informations sont particulièrement précieuses pour étudier le cerveau, le cœur et les articulations.

Un enfant peut subir cet examen plusieurs fois sans risque, car les organes ne sont pas affectés comme ils le seraient par les rayons X d'une radiographie.

▶ **Inconvénients.** Le coût de l'IRM est élevé et l'enfant doit rester allongé et immobile un quart d'heure environ, ce qui est difficile pour les jeunes enfants et les nourrissons. Dans ce cas, une anesthésie générale peut être effectuée.

Jaunisse

Chez l'enfant, la coloration jaune (ou ictère) de la peau et des muqueuses peut être due à un mauvais fonctionnement du foie (rétention de la bile) comme, par exemple, au cours d'une hépatite virale.

Pour évaluer l'importance de l'ictère, le médecin vous interrogera sur les symptômes associés. Les selles de votre enfant sont-elles décolorées ? A-t-il de la fièvre, des maux de ventre, des démangeaisons ? Une analyse de sang et d'urine ainsi qu'une échographie du foie, dans certains cas, donneront les informations nécessaires au médecin pour permettre un diagnostic et prescrire un traitement le cas échéant.

Plus rarement, l'ictère est l'expression d'une destruction brutale des globules rouges, ou hémolyse, et s'accompagne des troubles typiques de l'anémie (pâleur, fatigue, rythmes cardiaque et respiratoire accélérés). Dans ce cas, conduisez votre enfant à l'hôpital.

Jaunisse du nouveau-né
VOIR▶ ICTÈRE DU NOUVEAU-NÉ.

Kinésithérapie

La kinésithérapie est une technique basée sur la mobilisation musculaire active ou passive. Elle peut améliorer aussi bien les fonctions respiratoires que les fonctions locomotrices.

▶ **Kinésithérapie respiratoire.** Son indication se pose en cas d'obstruction respiratoire, comme par exemple au cours de l'asthme ou d'une bronchiolite, d'une pneumopathie ou encore dans certaines affections chroniques comme la bronchite chronique ou la mucoviscidose. Parallèlement au traitement médicamenteux prescrit par le médecin, la kinésithérapie fait appel à diverses techniques demandant la participation de votre enfant, active ou non, selon son âge et ses capacités de compréhension.

▶ **Kinésithérapie orthopédique.** Cette technique de rééducation permet d'améliorer une déviation de la colonne vertébrale (attitude scoliotique, scoliose, lordose) en tonifiant les muscles paravertébraux, de réapprendre à marcher normalement après une intervention chirurgicale sur une jambe (fracture) ou de réduire une douleur, une inflammation ou une contracture. Les exercices conseillés par le kinésithérapeute ou les manipulations passives qu'il exerce sur le corps de l'enfant évitent l'ankylose (engourdissement rendant impossibles les mouvements) due à la position allongée trop prolongée. En outre, la chaleur et les massages soulagent les tensions et la douleur.

▶ **Kinésithérapie neurologique.** Lors d'affections neurologiques congénitales ou acquises, des troubles du tonus et de la motricité peuvent conduire à des tensions anormales exercées sur la colonne vertébrale ou sur les membres. La kinésithérapie limite ou réduit les déformations qui pourraient se produire à plus ou moins long terme. La rééducation permet aussi, après une affection aiguë, d'accélérer la récupération neurologique par des exercices adaptés aux capacités de l'enfant.

Lait (intolérance au)

Lorsqu'un nourrisson a des difficultés d'alimentation (régurgitations, vomissements, diarrhée, douleurs abdominales), une intolérance au lait est parfois évoquée, surtout en cas d'allaitement artificiel.

Toutefois, ces symptômes ne sont pas spécifiques et peuvent traduire d'autres problèmes digestifs. Dans tous les cas, c'est le médecin qui vous indiquera la conduite à suivre.

En particulier, face à des difficultés d'alimentation de votre nourrisson, il est inutile de changer de marque de lait ; les compositions des laits, régies par décret, sont très proches les unes des autres, et leur origine, identique.

▶ **L'allergie aux protéines du lait de vache.** Les laits artificiels donnés aux nourrissons sont tous fabriqués à partir de lait de vache. Or les protéines du lait de vache peuvent être à l'origine de réactions immunologiques qui empêchent un bon fonctionnement de l'intestin. En plus des symptômes décrits ci-dessus, l'allergie aux protéines du lait de vache entraîne une stagnation de la courbe de poids du nourrisson, voire un amaigrissement.

Pour confirmer le diagnostic, des examens spécialisés sont nécessaires. S'ils s'avèrent positifs, le médecin prescrira pour votre nourrisson des aliments sans protéines de lait de vache pour une durée allant de douze à dix-huit mois.

▶ **L'intolérance au lactose.** L'intolérance primitive au lactose, le sucre principal du lait, est exceptionnelle. Elle est due soit à un manque constitutionnel (rare) de l'enzyme nécessaire à la dégradation du lactose, soit aux séquelles d'une diarrhée. Il faut alors exclure le lactose de l'alimentation du nourrisson, temporairement ou définitivement, et remplacer son lait par un lait de transition dépourvu de lactose.

Langue (frein de la)

Le frein de la langue est le petit repli muqueux qui relie celle-ci au plancher de la bouche.

Le frein de la langue est parfois un peu court chez le nouveau-né ou le nourrisson, mais il l'empêche rarement de sucer ou d'utiliser sa langue normalement.

Le frein de la langue s'allonge au fur et à mesure que l'enfant grandit, et la correction chirurgicale est rarement nécessaire.

Laryngite

Une laryngite est une inflammation de la muqueuse du larynx, provoquée par un virus.

Les symptômes sont soudains et impressionnants : le nourrisson se met à tousser en pleine nuit. Cette toux est rauque. Il a du mal à respirer, et son inspiration fait le bruit d'un sifflet. Sa température monte à 38-38,5 °C. Appelez immédiatement un médecin.

En attendant qu'il arrive, vous pouvez soulager votre nourrisson en le mettant en position assise et en humidifiant l'air de la pièce (vapeur d'eau dans la salle de bains). Rafraîchissez-le pour éviter que la fièvre ne monte et/ou donnez-lui un médicament antipyrétique, aux doses indiquées pour son poids et son âge.

Chez un enfant plus grand, une laryngite aiguë ne donne souvent qu'un simple mal de gorge avec voix cassée et toux rauque. Quand ces troubles surviennent lors d'une maladie infectieuse plus sévère, il peut s'agir d'une autre maladie, l'épiglottite. Appelez d'urgence le médecin.

Si votre nouveau-né ou votre nourrisson souffre souvent de laryngites, le médecin vous adressera à un spécialiste ORL, qui évaluera l'indication d'une fibroscopie (introduction d'un tube optique très fin dans le larynx) afin d'éliminer un obstacle.

Il arrive aussi que le cartilage laryngé soit trop mou (laryngomalacie), ce qui entraîne la récidive d'épisodes de ce genre à plusieurs reprises. Dans la majorité des cas, la guérison survient spontanément avant l'âge de 18 mois.

VOIR ▶ ÉPIGLOTTE (INFLAMMATION DE L').

Leucémie

La leucémie est une prolifération anormale de cellules souches sanguines, présentes dans la moelle osseuse : il peut s'agir de globules blancs (lymphocytes ou leucocytes) ou, plus rarement, d'autres types de cellules.

La plupart des cancers sont la résultante d'accidents génétiques au niveau de la cellule, mais il existe parfois des prédispositions familiales. Les leucémies aiguës sont les cancers les plus fréquents de l'enfant.

La leucémie se traduit par le remplacement des cellules sanguines normales dans la moelle osseuse par des cellules tumorales qui vont, d'une part, empêcher la moelle de fabriquer ses cellules, et, d'autre part, envahir d'autres organes.

Les symptômes d'une leucémie chez l'enfant sont donc très variables. Il peut s'agir de symptômes très généraux : fatigue, amaigrissement, ganglions volumineux qui traduisent le processus tumoral, ou bien de bleus (hématomes) spontanés, conséquence du manque de plaquettes, et de pâleur, traduisant une anémie.

Le diagnostic s'établit grâce à une analyse sanguine (numération formule sanguine), complétée si nécessaire par un myélogramme (analyse de la moelle osseuse).

Le traitement fait appel à la chimiothérapie, administration de médicaments capables de bloquer la multiplication cellulaire anarchique. Dans certains cas, il est nécessaire de procéder à une greffe de moelle osseuse.

Les leucémies de l'enfant ont un excellent pronostic, puisque les traitements actuels permettent une rémission dans 95 % des leucémies aigues lymphoblastiques. Sur 3 enfants, 2 seront définitivement guéris.

Luxation congénitale de la hanche

Une luxation congénitale de la hanche est une anomalie due au déplacement de la tête du fémur hors de la cavité de l'os iliaque (os du bassin).

La luxation de la hanche est fréquente chez les nouveau-nés accouchés par le siège et touche plus souvent les filles que les garçons. À la naissance, la tête du fémur n'est pas complètement formée, et c'est durant la première année que cette extrémité va s'ossifier en se moulant dans une cavité de l'os du bassin (le cotyle). Ce problème orthopédique est recherché systématiquement à la naissance, puis au cours des premiers mois. L'examen clinique permet de différencier une mauvaise position dans l'utérus (facteur de risque d'instabilité) d'une hanche luxée ou luxable. Votre médecin fera faire une radiographie vers 4 mois, date de la maturation de l'os, ou une échographie (à la fin du 1er mois). En maintenant les cuisses écartées avec un coussinet, pendant deux à trois mois, la tête du fémur peut être replacée dans la cavité du bassin. Il existe également une culotte spécifique, appelée « culotte d'abduction », qui produit les mêmes effets.

[M,N]

Macrocéphalie

La macrocéphalie (ou macrocrânie) est un développement excessif du crâne.

À la naissance, le cerveau n'a pas fini de se développer. Effectuée systématiquement lors des examens de routine du nourrisson, la mesure du périmètre crânien permet de surveiller sa croissance, puisque c'est le développement du cerveau qui entraîne la croissance du crâne.

Une augmentation trop rapide du périmètre crânien traduit généralement un processus anormal qui doit conduire à des examens neurologiques. D'autres anomalies ou des signes d'hypertension intracrânienne sont parfois associés à la macrocéphalie. Des examens complémentaires (échographie transfontanellaire, scanner, imagerie par résonance magnétique) permettent d'en diagnostiquer l'origine et de déterminer le meilleur traitement.

Certains bébés présentent une « grosse tête » : en l'absence d'anomalie associée, si le périmètre crânien croît régulièrement et s'il existe des antécédents similaires dans la famille, la macrocrânie, dite « familiale », est bénigne. Dans ce cas, une fois écartée l'hypothèse d'une anomalie de structure, une simple surveillance s'impose.

Mal de tête

Les enfants, comme les adultes, peuvent avoir des maux de tête (ou céphalées).

Si votre enfant se plaint occasionnellement de maux de tête, et en l'absence d'autres signes, donnez-lui du paracétamol ou de l'ibuprofène, avec un dosage qui soit adapté à son âge. Le plus souvent, le mal de tête disparaît rapidement, ce qui confirme son caractère bénin.

Cependant, si les maux de tête sont fréquents, consultez votre médecin, car ils peuvent être le signe d'un problème neurologique ou d'une autre maladie.

VOIR ▶ MIGRAINE.

Mal des transports

Les voyages en bateau, en avion ou en voiture peuvent provoquer, chez certains enfants, des malaises répétés.

Les mouvements des véhicules sont à l'origine d'une stimulation exagérée de notre organe d'équilibration, le labyrinthe de l'oreille, qui nous informe de notre position dans l'espace, même en l'absence de repères visuels. Cette excitation déclenche des bâillements, une somnolence, des nausées, des accès de pâleur et le plus souvent des vomissements.

La seule appréhension du voyage peut entraîner l'apparition des troubles chez un enfant. Il faut le rassurer avant de partir, et faire en sorte que le trajet se passe dans une atmosphère sereine et non angoissante. Heureusement, ces malaises s'atténuent au fur et à mesure que l'enfant grandit.

▶ **Voiture, bateau.** Il vaut mieux donner un repas léger avant le départ, plutôt qu'un repas copieux qui ne ferait qu'accentuer les nausées. En outre, et seulement sur prescription du médecin, l'enfant peut prendre un antivomitif ou un sédatif léger une demi-heure ou une heure avant le départ.

▶ **En avion.** Les voyages en avion sont possibles pour les nourrissons dès les premières semaines. Au décollage et à l'atterrissage, donnez à boire à votre bébé. Le liquide provoquera des mouvements de déglutition, qui entraîneront l'équilibration des pressions entre les fosses nasales et l'oreille interne. Ainsi, il ne souffrira pas des changements de pression atmosphérique qui « bouchent les oreilles ».

Malaise du nourrisson

Chez le nourrisson, des accès de pâleur pendant (ou après) la prise d'un biberon, souvent associés à des régurgitations ou à des vomissements, voire à une respiration irrégulière pouvant aller jusqu'à la perte de connaissance, doivent amener à consulter le médecin sans délai, même si les malaises ne durent que quelques secondes.

Ces malaises peuvent être le signe de divers troubles, dont la plupart doivent être traités : crise convulsive, anomalie du rythme cardiaque, apnée obstructive, reflux gastro-œsophagien, hypertonie vagale.

Dans certains cas, notamment devant la gravité d'un malaise, le médecin fera hospitaliser le bébé dans le but de surveiller son rythme cardio-respiratoire et d'effectuer des examens complémentaires.

Le plus souvent, l'examen clinique et, au besoin, des examens complémentaires permettront au médecin de retrouver la cause des malaises et de prescrire un traitement approprié. Quelquefois, il est impossible de déterminer ce qui les a provoqués ; dans ce cas, le médecin peut demander que le rythme cardio-respiratoire du nourrisson soit surveillé à domicile, par monitoring (ou monitorage).

Maltraitance

Sont maltraités les enfants victimes de brutalités volontaires ou d'une carence de soins, venant de leurs parents ou des adultes qui les ont en charge.

Cette définition correspond aux cas les plus dramatiques, mais elle ne recouvre qu'une partie de la maltraitance. Il existe, en effet, des mauvais traitements d'ordre psychologique qui ne laissent pas de trace physique, mais qui provoquent des dégâts considérables sur la personnalité du futur adulte qu'est l'enfant.

La participation d'un enfant ou d'un adolescent à des activités à caractère sexuel qu'il n'est pas en mesure de comprendre, imposée par ses parents ou des adultes ayant autorité sur lui, est une maltraitance qui reste malheureusement sous-estimée.

Qu'elles proviennent d'actes brutaux ou d'un manque de soins, il existe aussi des violences dites « institutionnelles » (venant de structures qui prennent le relais de la famille pour des soins, la garde ou l'éducation d'enfants parfois handicapés).

Au sein de la famille, la maltraitance peut être considérée comme une « maladie » de la relation entre les parents et les enfants. Elle se rencontre dans tous les milieux sociaux. Les médecins et les travailleurs sociaux connaissent les facteurs de risque et les symptômes d'appel. Mais, plus largement, c'est bien de la responsabilité de tous, en tant qu'adultes et parents, par l'intermédiaire de la société et de ses lois, de veiller à protéger et favoriser l'épanouissement des enfants.

Répondre à la violence par une autre violence arrange rarement les choses ; c'est l'écoute de l'autre dans sa différence qui permet d'aborder et de tenter de comprendre ce qui aboutit parfois à des situations où le malheur est, en fait, partagé par tous.

Mastoïdite

La mastoïdite est une inflammation et une infection de l'os du rocher (mastoïde), situé derrière l'oreille. Du fait d'un traitement beaucoup plus systématique de l'otite, cette maladie est devenue très rare.

Avec un traitement antibiotique et/ou, selon les cas, une paracentèse (drainage des sécrétions contenues dans la caisse du tympan), les otites moyennes aiguës guérissent en une dizaine de jours. À l'issue de cette période, le médecin doit impérativement vérifier que le tympan de l'enfant est redevenu normal.

En effet, une otite qui tarde à guérir, ou qui a été traitée tardivement, ou qui se complique d'emblée, peut entraîner la diffusion de l'infection à l'os qui contient l'oreille moyenne (la mastoïde). En cas de mastoïdite, le tympan n'évolue pas vers la guérison.

Mais la mastoïdite ne suit pas toujours une otite. Elle peut être suspectée en cas de signes inflammatoires (œdème, rougeur, voire décollement récent de l'oreille) ; douleur ponctuelle perçue juste en arrière du pavillon de l'oreille ; persistance d'une anorexie ou d'une courbe de poids stagnante.

Des examens complémentaires (ORL et, éventuellement, radiologiques) permettent au médecin de déterminer quel est le meilleur traitement. Des antibiotiques sont toujours prescrits, mais il peut également être nécessaire de recourir à une intervention chirurgicale, la mastoïdectomie, qui permet le nettoyage de l'infection osseuse. En effet, le danger de la mastoïdite est le risque de diffusion méningée et générale.

Masturbation

La manipulation et les caresses des organes génitaux sont fréquentes chez les enfants, que ce soit au cours de la petite enfance ou en période pubertaire.

La masturbation n'est ni anormale ni dangereuse. Elle signifie simplement que l'enfant découvre son corps. Néanmoins, si votre enfant se désintéresse de ses camarades de jeu et se replie sur lui-même, tout en continuant ces attouchements, parlez-en à votre médecin. Il peut souffrir de troubles du développement.

Dans les autres cas, c'est-à-dire les plus fréquents, seules la tolérance et la banalisation de cette masturbation sont nécessaires. Les discours moralisateurs, qui engendrent anxiété et culpabilité, sont néfastes à l'épanouissement de l'enfant, et tout aussi inutiles qu'un quelconque traitement ou l'administration de calmants.

Méningite

Une méningite est une inflammation des méninges, les membranes qui protègent le cerveau et la moelle épinière.

▶ **Symptômes.** Si, au cours d'une maladie, vous constatez que votre enfant ne supporte pas la fièvre comme d'habitude, ou s'il vous semble amorphe, ou au contraire agité, ne se calmant pas dans les bras, vous devez prévenir votre médecin. Ces signes d'alerte s'accompagnent souvent de maux de tête, de vomissements ou d'un refus de s'alimenter.

Le médecin recherchera d'autres symptômes d'une atteinte méningée : tension anormale ou bombement de la fontanelle pour un bébé, éruption cutanée ne s'effaçant pas à la pression (purpura) ou raideur de la nuque. Si le diagnostic de méningite se confirme, il demandera une ponction lombaire pour en déterminer précisément l'origine.

▶ **Traitement.** La méningite est le plus souvent d'origine virale ; dans ce cas, seules la douleur et la fièvre sont traitées.

Si elle est provoquée par une bactérie, un traitement antibiotique par voie intraveineuse adapté au germe doit être mis en route le plus rapidement possible.

Le mot « méningite » fait encore peur. Pourtant, cette maladie guérit sans séquelles dans la majorité des cas. Plus le diagnostic – et donc le traitement – est établi tôt, meilleur est le pronostic.

▶ **Prévention.** Plusieurs germes peuvent entraîner une méningite : le méningocoque, *Haemophilus influenzae* et le pneumocoque. Il existe des vaccins, mais ils ne protègent pas contre tous les sousgroupes existants (sérotypes).

Le vaccin anti-méningococcique, par exemple, ne protège pas contre tous les types de méningocoques. Le vaccin anti-haemophilus doit être réalisé précocement, en trois injections avant six mois. Un nouveau vaccin anti-pneumococcique est proposé, remboursé en France dans certaines indications.

Les proches sont traités et/ou vaccinés afin d'éviter la dissémination de la maladie.

Microcéphalie

Lorsque le crâne présente un volume réduit, on parle de microcéphalie.

Le médecin surveille l'évolution du périmètre crânien des nourrissons et des petits enfants en le mesurant très régulièrement. Cette mesure simple permet d'évaluer la croissance cérébrale, entamée avant la naissance et qui se poursuit à un rythme rapide au cours des premières années. Le médecin est surtout attentif à la croissance régulière du périmètre crânien, et tout arrêt ou ralentissement marqué de cette croissance l'amène à rechercher d'au-

tres symptômes d'une éventuelle maladie ; il observe notamment les acquisitions psychomotrices et s'appuie sur un examen neurologique.

Le médecin interrogera aussi les parents sur le déroulement de la grossesse, et demandera des examens neuroradiologiques (échographie transfontanellaire, scanner crânien ou résonance magnétique nucléaire) pour établir son diagnostic.

La microcéphalie peut provenir d'un retard de croissance intra-utérin d'origine infectieuse (rubéole, infection à cytomégalovirus), d'une toxicité (alcool) ou être due à des anomalies génétiques.

Parfois, elle est isolée : le développement moteur et psychoaffectif de l'enfant doit alors être surveillé. Dans certains cas rares, elle peut faire suspecter une soudure prématurée des sutures des os du crâne (craniosténose), surtout lorsqu'elle est associée à une déformation ou à des signes d'hypertension intracrânienne ; en général, une correction chirurgicale est possible.

Migraine

Certains maux de tête présentent des caractéristiques particulières ou inhabituelles : douleur d'un seul côté du crâne, troubles visuels ou malaise général avec nausées ou vomissements. Tous ces signes, qui peuvent être isolés ou diversement associés entre eux, caractérisent la migraine.

Les migraines, bien que rares chez l'enfant, peuvent néanmoins survenir dès l'âge de 4 ou 5 ans ; elles correspondent à un trouble vasculaire fonctionnel bien souvent familial. On peut, dans ce cas, traiter par des anti-inflammatoires non stéroïdiens ou du paracétamol, aux doses correspondant à l'âge de l'enfant, mais il est parfois nécessaire de recourir à d'autres traitements.

Des troubles neurologiques sont parfois associés aux migraines. Dans ce cas, la douleur peut être accom-

pagnée de troubles visuels souvent angoissants (visions lumineuses douloureuses, rétrécissement du champ visuel). Il faut alors effectuer des examens spécialisés afin d'éliminer la possibilité d'une affection d'un autre type. Une fois cette hypothèse écartée, le médecin proposera un traitement de fond pour éviter la répétition de ces épisodes.

Molluscum contagiosum

Le molluscum contagiosum est une petite lésion cutanée, fréquente chez l'enfant.

Il apparaît sous la forme de papules translucides (comme des petites perles d'eau) sur le visage, le tronc et les membres, souvent multiples. Il est dû à un virus de la famille des poxvirus et des parapoxvirus. Les lésions sont contagieuses, à la suite d'un grattage. Le traitement consiste en une ablation des papules à la curette sous anesthésie locale ou par application d'azote liquide (cryothérapie).

Mongolisme
VOIR ▶ TRISOMIE 21.

Monitorage

Ce terme dérivé de l'anglais *monitoring* désigne toutes les techniques utilisées dans la surveillance des principales fonctions de l'organisme.

Le scope cardiorespiratoire, par exemple, permet de visualiser en permanence sur un écran la fréquence et l'aspect électrique des battements cardiaques (comme sur un électrocardiogramme) ainsi que les mouvements respiratoires.

Les incubateurs accueillant les nouveau-nés (prématurés, notamment) sont équipés de matériels permettant de mesurer la température corporelle (et, par conséquent, d'ajuster celle de l'incubateur), de contrôler la bonne oxygénation du sang (oxymètre de pouls), de mesurer en continu la pression artérielle. Ces appareils, outre la sécurité qu'ils apportent grâce à la détection d'éventuels troubles, présentent l'avantage de ne pas être invasifs : ils sont indolores et n'impliquent aucune effraction corporelle, même si la présence de fils et d'appareillages électriques peut paraître agressive aux parents ou aux visiteurs.

Dans certaines affections (troubles du rythme cardiaque) ou devant certains antécédents de mort subite du nourrisson, il peut être décidé de réaliser une surveillance du bébé par monitorage à domicile à l'aide d'appareils miniaturisés.

Cependant, en dehors de risques particuliers, l'observation et la surveillance des nourrissons dans la vie quotidienne suffisent pour déceler des anomalies de température, de coloration, de rythme respiratoire...

Mononucléose infectieuse

La mononucléose infectieuse (MNI) est une infection aiguë due au virus d'Epstein-Barr. Elle se manifeste par une forte angine accompagnée d'une fièvre élevée et d'une augmentation de volume des amygdales.

Cette maladie atteint fréquemment les enfants, mais aussi les adolescents et les jeunes adultes. On l'appelle aussi « maladie des fiancés », car le virus, présent dans la salive, peut se transmettre par l'intermédiaire d'un baiser sur la bouche.

Votre enfant a de la fièvre et des maux de tête. Il présente des ganglions volumineux et souffre d'une forte angine. Ses amygdales enflammées l'empêchent de bien avaler et risquent de gêner sa respiration. Des douleurs articulaires (arthralgies) ou musculaires (myalgies) peuvent également faire partie des symptômes.

Votre médecin, après avoir effectué une analyse sanguine (MNI test et sérologie d'EBV), confirmera le diagnostic. La mononucléose infectieuse guérit sans traitement au bout de quatre à six semaines et ne laisse aucune séquelle. Si néanmoins

votre médecin a prescrit de la pénicilline (antibiotique) contre l'angine, votre enfant peut avoir une éruption analogue à celle de la rougeole.

Morsure

Même si elle paraît bénigne, la morsure d'un animal domestique ne doit pas être négligée.

En effet, le risque d'infection bactérienne est réel. Il faut désinfecter la peau à l'endroit mordu avec une solution antiseptique et vérifier la validité de la vaccination antitétanique de l'enfant.

S'il a été mordu par un chien inconnu, il convient d'emmener celui-ci chez un vétérinaire pour une mise en observation et une vérification de son identité et de sa vaccination contre la rage. Les morsures ou griffures de chat peuvent provoquer une infection particulière dont la révélation est plus tardive.

▶ **Morsures de serpent.** Assez rares, elles se produisent l'été. En France, seule la vipère est dangereuse ; sa morsure est reconnaissable par la présence, en général à la cheville, de deux points rouges séparés de 5 à 7 mm. Elle s'accompagne d'une douleur vive qui gêne la marche, avec apparition rapide d'un œdème. Un peu plus tard surviennent des vomissements, des douleurs abdominales et des troubles de la circulation sanguine (battements de cœur accélérés, chute de la tension artérielle). L'enfant doit être conduit d'urgence à l'hôpital, où tous ces symptômes seront traités. (Une prise en charge de ce type est plus efficace que le sérum antivenimeux, dont la tolérance est parfois médiocre.) Il faudra également vérifier la validité de la vaccination antitétanique, et, éventuellement, la mettre à jour.

Mort subite du nourrisson

La mort subite du nourrisson est actuellement la première cause de

mortalité des enfants entre 1 mois et 1 an. Grâce aux efforts préventifs portant essentiellement sur le mode de couchage de l'enfant, sa fréquence a nettement diminué, mais reste de l'ordre de 500 cas par an en France.

C'est le plus souvent au cours du sommeil que ce drame survient, à un moment où l'enfant présente sans doute un arrêt cardio-respiratoire réflexe. Aujourd'hui, la cause de la mort subite du nourrisson peut être trouvée dans environ la moitié des cas.

▶ **La mort subite du nourrisson.** De nombreuses hypothèses, qui ne s'excluent pas les unes les autres, peuvent être avancées pour tenter d'expliquer la mort subite du nourrisson. Il peut s'agir d'une apnée (arrêt respiratoire) qui survient au cours du sommeil, au cours d'une infection, d'un reflux gastro-œsophagien, d'une affection neurologique... Chez les nourrissons de moins de 4 mois qui ne savent pas respirer par la bouche, une obstruction nasale liée à une infection des voies respiratoires supérieures peut provoquer un arrêt de la respiration (ce qui justifie le traitement local de toute rhinite).

Il est important de retrouver la cause de la mort du nourrisson, car cela permet de mieux orienter la surveillance des grossesses ultérieures et de prendre des mesures préventives appropriées durant la première année des enfants suivants.

▶ **La mort subite inexpliquée du nourrisson.** Elle correspond à la mort inopinée d'un bébé apparemment en bonne santé, chez qui aucune maladie ni aucune cause précise n'a pu être retrouvée (environ un tiers des cas).

▶ **Soutien psychologique.** L'accueil et la prise en charge d'une famille venant de subir le drame qu'est la mort subite d'un nourrisson nécessitent des équipes médicales hospitalières spécialisées. Le soutien psychologique est fondamental ; il aidera à dépasser cette épreuve douloureuse et culpabilisante pour les parents, mais aussi pour les frères et sœurs ; il tentera d'atténuer leur désarroi pour leur permettre d'envisager l'avenir.

▶ **Prévention.** Plusieurs règles préventives doivent être mises en œuvre pour tous les nourrissons :
– coucher le bébé sur le dos sur un matelas ferme ;
– ne pas trop le couvrir ;
– consulter le médecin en cas de reflux gastro-œsophagien ;
– toujours consulter le médecin en cas de malaise chez un nourrisson (pause respiratoire, apnée, changement de teint). Il essaiera d'en déterminer la cause et recherchera une hypertonie vagale ;
– toujours consulter rapidement le médecin lorsqu'un nourrisson a de la fièvre ;
– ne jamais donner de calmants ni de sirops sans prescription médicale avant l'âge de 1 an. De plus, ne jamais réutiliser ceux prescrits pour une maladie antérieure sans avis médical.

Mouvements anormaux

Quand ils crient ou quand ils tètent, les nourrissons présentent parfois des mouvements brusques ou saccadés, des tremblements au niveau des membres ou du menton.

Le plus souvent, ces mouvements ne traduisent que l'immaturité du système nerveux du nouveau-né ou du nourrisson et ne nécessitent pas de traitement, car ils disparaissent spontanément.

Ces mouvements soudains cessent en même temps que les cris ou si vous maintenez le membre immobile. Néanmoins, faites examiner votre enfant par un médecin, car ils peuvent être dus à un manque de calcium. Parfois, ces mouvements sont très saccadés et persistent lorsque le membre est maintenu immobile, donnant la sensation de petites secousses rythmiques ; dans ce cas, il s'agit en général de clonies, des convulsions qui nécessitent

l'appel immédiat du médecin si l'enfant divague ou encore s'il perd connaissance.

Si votre nourrisson tremble, il a peut-être de la fièvre. Si en même temps il présente une peau marbrée, s'il est pâle et si ses pieds et ses mains sont froids, consultez sans tarder votre médecin.

Mouvements rythmiques
VOIR ▶ BALANCEMENT.

Mucoviscidose

La mucoviscidose est une maladie héréditaire caractérisée par une infection pulmonaire chronique ; la prise en charge précoce, sur le plan anti-infectieux et nutritionnel, a permis d'améliorer le pronostic de cette maladie sans toutefois en assurer la guérison.

La mucoviscidose est la plus fréquente des maladies génétiques. Elle est aujourd'hui dépistée de manière systématique à la naissance. Dans les pays européens, elle atteint 1 enfant sur 1 500, environ. La transmission de cette affection se fait sur le mode récessif, ce qui explique qu'elle survienne souvent chez un enfant dont les parents sont indemnes de la maladie.

Chez le nourrisson, des épisodes de toux ou d'encombrement à répétition dus à une anomalie de la consistance du mucus bronchique, qui est très visqueux, peuvent révéler le diagnostic. L'anomalie de consistance du mucus est en fait partagée par tous les organes ayant une sécrétion propre, comme le pancréas, le foie, la peau, etc. C'est d'ailleurs le caractère anormalement salé de la sécrétion sudorale qui est à l'origine du test de la sueur, un des principaux examens permettant de confirmer le diagnostic.

Les troubles digestifs, comme l'élimination tardive du méconium (premières selles du nouveau-né), une occlusion intestinale néonatale, une diarrhée chronique ou un retard de

croissance pondéral, font également évoquer la mucoviscidose.

Le gène responsable de la mucoviscidose est situé sur le chromosome 6. La plus fréquente des mutations en cause rend compte de plus de 70 % des cas, mais plus de 500 types de mutations ont déjà été identifiés. Il est possible, lorsqu'un cas de mucoviscidose a été diagnostiqué dans une famille ou s'il existe des signes d'appel au cours de la surveillance échographique de la grossesse, de pratiquer un diagnostic prénatal. Malgré les progrès récents, le traitement ne permet pas d'assurer la guérison. Il associe la kinésithérapie respiratoire quotidienne, afin de prévenir et de limiter l'obstruction bronchique, le traitement antibiotique des épisodes de surinfection pulmonaire et une prise en charge nutritionnelle précoce (régime riche en calories et en protéines, et suppléments vitaminés permettant une reprise de poids et une normalisation des selles).

Muguet

Le muguet est une mycose provoquée par un champignon microscopique, *Candida albicans*.

Il se manifeste dans la bouche sous forme de plaques blanches.

Votre nourrisson a un enduit blanchâtre sur la langue, la face interne des joues ou le palais. Ces plaques sont adhérentes, entourées d'un halo inflammatoire plus rouge et parfois douloureux. Votre enfant n'a pas de fièvre, mais il mange avec difficulté. Il a peu d'appétit et régurgite facilement. Il peut aussi avoir un érythème fessier localisé dans les plis de la peau ou autour de l'anus. Le champignon responsable se développe dans la bouche et dans l'intestin, où il est normalement présent. Mais, si un traitement antibiotique prescrit pour une maladie détruit la flore intestinale, le champignon se multiplie avec excès, ce qui provoque l'apparition du muguet.

Si votre enfant a du muguet, nettoyez régulièrement sa bouche avec de l'eau bicarbonatée. Votre médecin vous prescrira un traitement antifongique efficace en quelques jours. Néanmoins, respectez scrupuleusement la durée de ce traitement, qui est d'au moins quinze jours, car le muguet peut réapparaître rapidement.

Mycose

Une mycose est une maladie de la peau ou des muqueuses due à la prolifération d'un champignon microscopique.

▸ **Cuir chevelu.** La teigne se manifeste par des plaques de peau nue (alopécie). Les cheveux tombent ou ne mesurent plus que quelques millimètres. Votre enfant a des démangeaisons et peut propager l'infection en se grattant. La mycose elle-même est traitée par des antifongiques locaux.

▸ **Peau.** Une mycose se traduit par une plaque rouge de quelques centimètres carrés entourée de peaux qui se détachent. Un traitement antifongique local (crème) est, en général, suffisant pour la faire disparaître sans séquelles.

▸ **Pied d'athlète.** Votre enfant a des démangeaisons entre les orteils. La peau s'épaissit, devient blanchâtre et se fissure. Cette mycose est favorisée par un excès de transpiration et le port de chaussettes en matière synthétique. Dans tous les cas, un traitement antifongique et la suppression des conditions favorisantes permettent une guérison rapide.

VOIR ▸ CHEVEUX (CHUTE DES), MUGUET.

Myopathie

Les myopathies regroupent les maladies héréditaires qui se caractérisent par la dégénérescence des muscles. Il existe diverses formes de myopathies selon l'âge auquel apparaissent les premiers symptômes, la rapidité de développement de la maladie et son mode de transmission héréditaire.

Les myopathies peuvent être, ou non, progressives. Elles se révèlent le plus souvent par une atteinte des muscles qui servent au maintien de la posture (à se tenir debout, à être assis) ; cela explique que les nourrissons myopathes ne puissent pas se tenir assis au même âge que les autres bébés. Cependant, d'autres muscles, ou groupes de muscles, peuvent être touchés, simultanément ou successivement. Des troubles respiratoires peuvent apparaître du fait d'une atteinte du diaphragme ; la myopathie se révèle alors à l'occasion d'une maladie infectieuse des voies respiratoires ou de difficultés d'alimentation (troubles de la déglutition). Une diminution des mouvements du visage caractérise souvent l'origine myopathique des troubles. Le diagnostic et la prise en charge des myopathies doivent être effectués par une équipe multidisciplinaire spécialisée, qui coordonne les mesures de rééducation et de traitement orthopédique. Malheureusement, il n'existe actuellement aucun traitement qui permette une récupération de la force musculaire. La recherche fondamentale, par le biais de la génétique et de la biologie moléculaire, permettra peut-être, dans un avenir proche, de mieux appréhender les mécanismes de ces atteintes musculaires et de proposer des traitements spécifiques.

Nosocomiale (infection)

Une infection est dite « nosocomiale » lorsqu'elle est contractée à l'hôpital et qu'elle n'a pas de lien direct avec l'affection pour laquelle la personne a été hospitalisée. La fréquence de ce type de maladie a été longtemps sous-estimée.

Une infection nosocomiale peut être le reflet de l'épidémiologie communautaire, c'est-à-dire rencontrée dans la population générale. Ainsi, l'introduction d'un virus à l'hôpital peut se faire lors des épidémies hivernales (bronchiolite ou gastro-entérite, par exemple) par les patients eux-mêmes, le personnel ou encore les visiteurs. Une restriction du nombre de visites et des mesures d'hygiène (lavage des mains, port d'une blouse, d'un masque) destinées au personnel mais aussi aux familles devraient diminuer l'incidence des infections nosocomiales.

La transmission d'une infection peut aussi se dérouler lors d'un geste médical à visée diagnostique ou thérapeutique (cathétérisme, fibroscopie, perfusion, sondage, intervention chirurgicale...), notamment sur des personnes à risque, fragilisées par la maladie, présentant un déficit immunitaire ou non. Seules des mesures de prévention continues (lavage des mains, isolement, asepsie chirurgicale, matériel à usage unique) sont à même de briser les chaînes de contamination.

Enfin, la transmission d'agents pathogènes peut aussi se faire par le biais de produits d'origine humaine (transfusion sanguine, transplantation), comme cela a été le cas pour les virus des hépatites B et C et pour le virus du sida. L'identification de ces dangers par des tests de dépistage spécifiques chez les donneurs de sang a permis d'améliorer la sécurité transfusionnelle, mais le risque, s'il est devenu très faible, ne peut être considéré comme nul. Une surveillance post-transfusionnelle (contrôle à distance des sérologies virales) est généralement proposée.

Noyade

En cas de noyade, l'inhalation d'eau entraîne une asphyxie aiguë, car elle empêche les échanges gazeux de s'effectuer dans les poumons.

Face à une noyade, il faut retirer l'enfant de l'eau et appeler d'urgence les pompiers ou le SAMU. Il faut immédiatement tenter d'évacuer l'eau présente dans les poumons, en appuyant fermement sur les côtes à plusieurs reprises. Puis, si l'enfant ne respire plus, il faut commencer sans attendre le bouche-à-bouche et un massage cardiaque. Les pompiers ou le SAMU apporteront tous les moyens de réanimation nécessaires, mais ceux-ci seront d'autant plus efficaces que l'oxygénation aura été rétablie rapidement.

N'oubliez surtout pas que le besoin d'exploration et de découverte des enfants peut les conduire à dépasser leurs limites, car, plus ils sont petits, moins ils sont capables d'apprécier les risques et les dangers. Un bassin dans une aire de jeux ou une piscine dans un jardin doivent impérativement être entourés d'une clôture de protection ; si votre enfant joue à proximité, vous devez le surveiller attentivement et en permanence. Il en va de même pour les baignades au bord de la mer ou d'une rivière. Le tout petit nourrisson ou le petit enfant peut avoir un réflexe d'apnée (retenir sa respiration) lorsqu'il tombe la tête dans l'eau, mais il est incapable de se maintenir en surface ou de remonter sur la rive ; sa « réserve d'oxygène », tout comme celle des adultes, n'excède pas trois à quatre minutes au maximum. Qu'il soit dans une baignoire, une piscine ou sur une plage, laissez votre enfant barboter, mais ne le quittez jamais des yeux, car les petits peuvent se noyer très vite et dans très peu d'eau.

Obésité

L'obésité correspond à une augmentation excessive de la masse grasse de l'organisme, dans une proportion telle qu'elle peut avoir une influence sur l'état de santé. L'obé-sité est définie par un index de corpulence au-dessus de la courbe du 97e percentile.

En France, l'incidence, c'est-à-dire le nombre de nouveaux cas d'enfants obèses, a été multiplié par 4 entre les années 1970 et les années 2000. Aujourd'hui, plus de 10 % des enfants sont considérés comme obèses. Les causes en sont multiples : régime alimentaire déséquilibré, insuffisance d'exercice physique, prédisposition familiale...

Seules 1 % des obésités sont liées à une maladie endocrinienne, génétique ou métabolique.

Outre les difficultés d'ordre social (moqueries, exclusion), l'obésité est un facteur de risque considérable de complications cardio-vasculaires, de diabète et, de manière générale, de maladies (morbidité) et de mortalité à l'âge adulte.

Le médecin saura reconstituer la courbe de croissance staturopondérale de votre enfant et particulièrement sa courbe de corpulence. Il saura au mieux le guider vers une prise en charge adaptée qui associe, outre une prise en charge nutritionnelle avec une diététicienne, une surveillance médicale et une prise en charge psychologique le cas échéant.

Objet transitionnel

Au cours de la petite enfance, de nombreux enfants (mais pas tous) sucent leur pouce ou s'attachent à un jouet ou à un objet. C'est tout à fait normal et il faut respecter ces attitudes.

De nombreux nourrissons ou petits enfants sucent leur pouce lorsqu'ils s'endorment ou, parfois, dans les moments d'ennui, de désœuvrement ou de tristesse. Les parents connaissent la valeur rassurante de ce geste. D'autres enfants cherchent à garder avec eux, également au moment du coucher (c'est-à-dire de la séparation d'avec les parents), un nounours, une peluche, un morceau de drap, une petite couverture, un vêtement, qui les rassurent, et dont la fonction symbolique est de maintenir un lien avec l'entourage.

Les psychologues appellent ces objets des « objets transitionnels », parce qu'ils font la transition entre l'état de « fusion » affective du tout petit bébé avec sa mère et la relation qu'il a avec elle quelques mois plus tard, après avoir pris conscience qu'elle est une personne extérieure et séparée de lui. La valeur symbolique de l'objet transitionnel aide l'enfant à se structurer. Il ne s'agit donc nullement d'une habitude infantile régressive qu'il faudrait combattre.

Au contraire, cet objet transitionnel doit être respecté ; l'évolution naturelle de l'enfant et sa maturation psychique font qu'il finit par l'abandonner, généralement vers 8 ou 10 ans. La persistance d'un attachement excessif au-delà de cet âge est, en général, un signe d'appel, un symptôme de difficultés d'ordre psychologique, qui doivent être prises en considération.

Occlusion intestinale

L'occlusion intestinale est une obstruction partielle ou complète de l'intestin grêle ou du gros intestin (côlon), rendant impossible l'évacuation des selles.

Votre bébé refuse son biberon ou votre enfant ne peut plus boire. S'il vomit tout ce qu'il avale, il peut être atteint d'une occlusion de l'intestin grêle. S'il a des ballonnements au niveau de l'abdomen, s'il ne va plus à la selle et n'émet plus de gaz, il peut s'agir d'une occlusion du côlon (gros intestin). Dans tous les cas, consultez votre médecin.

▶ **Le nouveau-né.** L'occlusion du nouveau-né est généralement due à une malformation du tube digestif et se révèle dans les heures qui suivent la naissance. L'intestin peut se tordre sur lui-même, faisant l'effet d'un nœud (volvulus) qui bloque le transit intestinal.

▶ **Le nourrisson.** Une occlusion intestinale qui se déclare subitement peut provenir d'une invagination intestinale aiguë (retournement d'une partie de l'intestin grêle sur lui-même) ou d'une hernie étranglée décelable par examen de l'aine ou des bourses.

▶ **L'enfant.** Chez l'enfant, l'occlusion intestinale peut être provoquée par une appendicite.

Ongles (lésions de grattage)

Les enfants qui ont des démangeaisons dues à une éruption cutanée peuvent se griffer involontairement.

Votre enfant ou votre nourrisson est atteint d'eczéma, d'urticaire ou d'une autre affection de la peau. Il ne peut s'empêcher de se gratter pour calmer ses démangeaisons.

Mais ce grattage provoque à son tour des griffures ou des lésions cutanées sources de surinfections bactériennes.

Certes, vous pouvez lui couper les ongles court afin de minimiser les conséquences de ce grattage, ou encore lui faire porter des moufles ; mais ces mesures ne suppriment pas l'inconfort de l'enfant. Prenez soin de faire traiter, sans tarder, l'allergie ou la maladie infectieuse dont celui-ci est atteint.

Ongles (se ronger les)

Se ronger les ongles est un geste assez répandu, et qui traduit un certain degré de tension nerveuse. C'est souvent au moment de l'entrée à l'école primaire, avec la venue des interrogations orales et des contrôles écrits, que l'enfant commence à se ronger les ongles. On appelle cette manie l'onychophagie.

Ce geste involontaire peut être une manie bénigne chez des enfants qui se développent bien ou être associé à des manifestations d'anxiété excessive et à un manque de confiance en soi. Essayez de comprendre pour-quoi votre enfant se ronge les ongles et dans quelles circonstances particulières. En vous mettant à son écoute, vous l'aiderez à surmonter ses difficultés passagères et à avoir confiance en lui-même. Avec son accord, vous pouvez essayer l'application de vernis amer.

Oreille (corps étranger dans l')

Il est rare qu'un petit objet introduit dans l'oreille provoque une lésion du tympan. En fait, ce sont les tentatives maladroites d'extraction qui risquent de blesser le conduit auditif ou le tympan.

Si un insecte s'est introduit dans l'oreille, inclinez la tête de l'enfant sur le côté et versez un peu d'eau tiède dans son oreille pour le faire remonter à la surface. Dans tous les autres cas, n'essayez pas d'enlever l'objet vous-même, vous risqueriez de l'enfoncer davantage. Consultez sans tarder un médecin ORL ou conduisez votre enfant aux urgences de l'hôpital le plus proche. L'objet indésirable sera enlevé avec des pinces adaptées, qui ne blesseront pas l'oreille de votre enfant.

Oreilles (anomalies du pavillon)

Les oreilles peuvent présenter une consistance molle à la naissance ou un décollement au cours des premières années.

▶ **Consistance molle.** Les nouveau-nés prématurés peuvent avoir des oreilles dont le pavillon n'est pas encore cartilagineux mais mou. Ces oreilles pliées correspondent dans la plupart des cas à une maturation non achevée, mais en voie de l'être.

▶ **Oreilles décollées.** Le décollement des oreilles apparaît au cours des premières années. Il peut facilement être corrigé par une intervention chirurgicale.

Avoir les oreilles décollées peut être une cause de moqueries à l'é-cole. Il est inutile de coller les oreilles de votre enfant avec un sparadrap ou de lui faire porter un bandeau. Consultez plutôt un chirurgien spécialisé dans les interventions esthétiques.

L'âge optimal pour cette opération est de 8 à 10 ans, car il faut tenir compte de la croissance de l'oreille.

Oreillons

Cette maladie contagieuse d'origine virale atteint les glandes salivaires principales, les parotides, situées en avant et en dessous du pavillon de l'oreille.

Votre enfant a du mal à avaler. Il a la bouche sèche. Il est fatigué et fiévreux. Puis il a le pourtour des oreilles qui gonfle, ce qui donne à son visage une forme de poire. Il n'a pas de boutons sur la peau, mais peut avoir des rougeurs dans la bouche en face des prémolaires, là où passe le canal de Sténon, qui draine les glandes salivaires vers la bouche. L'incubation des oreillons dure environ trois semaines. Le malade est contagieux quelques jours avant l'apparition des symptômes, et pendant environ dix jours. Le virus se dissémine par les postillons des personnes contaminées. La plupart des infections sont contractées à l'école ou encore transmises par un membre de la famille.

Proposez au malade une alimentation semi-liquide (soupes, purées, laitages, crèmes). Il n'existe aucun traitement particulier, mais votre médecin prescrira à votre enfant des médicaments pour atténuer sa fièvre et ses douleurs.

La tuméfaction des glandes salivaires se résorbe en une semaine. L'enfant ne doit pas retourner à l'école avant la disparition des symptômes.

Quelquefois, la maladie peut se compliquer d'une méningite ou d'une pancréatite provoquant des maux de ventre et des vomissements. C'est pourquoi la vaccination contre les oreillons est fortement conseillée même si elle n'est pas obligatoire. Elle est souvent associée aux vaccins contre la rougeole et la rubéole, mais peut aussi être pratiquée séparément.

Le risque d'orchite (inflammation d'un testicule qui devient gros et douloureux) ne survient chez le garçon qu'après la puberté. Contrairement à une idée largement répandue, l'orchite n'entraîne jamais de stérilité.

Orgelet

Un orgelet est un petit furoncle douloureux situé à la racine d'un cil, sur le bord de la paupière.

Il est provoqué par une bactérie, le staphylocoque doré. Si votre enfant a une tuméfaction rouge sur le bord de la paupière et si ce gonflement est douloureux, il peut s'agir d'un orgelet en formation.

Le traitement est essentiellement local : votre médecin prescrira une pommade antibiotique, qui devra être appliquée assez longtemps afin d'éviter que l'infection ne se propage ou ne revienne.

Orthodontie

L'orthodontie désigne les techniques visant à prévenir ou à soigner les malformations dentaires, en particulier les positions irrégulières des dents au moment de leur éruption puis de leur croissance.

L'orthodontiste réalise des appareils qui exercent, sur les dents mal positionnées, des pressions ou des tractions modifiant leur orientation. Ceux-ci permettent de corriger également la fermeture des mâchoires, qui, si elle est anormale, peut être à l'origine de troubles du langage.

On distingue :
– les appareils dentaires amovibles et externes : ils permettent, par des systèmes d'arc, de ressort et d'élastique, d'exercer les forces recherchées. L'enfant peut enlever et remettre lui-même l'appareil, ce qui

présente un avantage lorsque l'usage est uniquement nocturne, par exemple ;
– les appareils dentaires fixes et internes : ils sont montés sur de petites bagues fixées par de la colle sur les dents. Ils sont permanents et, de ce fait, plus efficaces que les appareils amovibles.

Otite

Une otite est une inflammation de l'oreille externe (tympan et conduit auditif), interne (labyrinthe) ou moyenne (caisse du tympan et osselets). C'est l'otite moyenne qui touche plus particulièrement les enfants.

L'enfant qui souffre d'une otite est généralement fébrile. Il peut vomir et n'a pas d'appétit. Il ne grossit plus. L'otite moyenne est soit aiguë (douleur d'apparition brutale), soit chronique (persistant de manière indolore pendant une longue période).

À l'examen médical, le tympan peut être rouge (otite congestive) ou blanc jaunâtre (otite purulente). Parfois, il existe un écoulement de pus (otorrhée), qui traduit la perforation spontanée du tympan.

▶ **Origine.** L'otite est la conséquence de plusieurs phénomènes successifs. Souvent, une rhino-pharyngite entraîne une obstruction de la trompe d'Eustache, qui permet l'aération de la caisse du tympan à partir des fosses nasales, et cette obstruction déclenche une otite. En effet, la mauvaise aération de la caisse du tympan provoque une augmentation des sécrétions locales, qui deviennent de plus en plus visqueuses et s'accumulent, donnant une otite séreuse (ou « à glu »), dont les symptômes sont plus discrets que ceux de l'otite aiguë. L'otite aiguë purulente, provient d'une surinfection au sein de cette cavité devenue close.

▶ **Traitements.** En cas d'otite congestive, le médecin prescrira un traitement cherchant à soigner les symptômes : des antipyrétiques et

des antalgiques pour lutter contre la fièvre et la douleur.

Le traitement de l'otite purulente nécessite souvent l'utilisation d'antibiotiques. La nécessité de pratiquer une paracentèse (drainage des sécrétions contenues dans la caisse du tympan) dépend de l'aspect du tympan. Dans tous les cas, la surveillance de l'évolution de la maladie par le médecin est impérative jusqu'à la guérison.

▶ **Otite récidivante.** La répétition d'otites est source d'inquiétude et d'anxiété chez les parents et parfois de découragement. Les principaux facteurs de risques reconnus de survenue de ces otites récidivantes sont l'âge – entre 6 et 18 mois –, avec l'apparition précoce, avant 6 mois, du premier épisode, et certains facteurs environnementaux (séjour en crèche collective, exposition au tabagisme passif).

La nécessité d'exploration complémentaire sera discutée en fonction du retentissement local (otite persistante, baisse de l'acuité auditive) ou général (otites purulentes, stagnation pondérale).

L'information des parents permet de jouer sur les facteurs environnementaux importants cités plus haut. Les traitements médicamenteux « immunostimulants » n'ont jamais fait l'objet d'études contrôlées faisant la preuve de leur efficacité, de même que les médicaments anti-allergiques tels les antihistaminiques.

Le traitement chirurgical – l'ablation des végétations (adénoïdectomie) – doit être discuté et l'indication posée, après l'âge d'un an, en cas d'échec des mesures médicales, essentiellement chez les nourrissons dont les tympans ne reviennent pas à la normale entre deux épisodes. La pose d'aérateur transtympanique est une mesure souvent associée afin, non pas de drainer l'otite séreuse, mais de rétablir l'aération défectueuse de la caisse du tympan.

VOIR ▶ PARACENTÈSE.

[P]

Pâleur

Certains enfants blonds ou roux ont une peau naturellement blanche et cette pâleur n'a pas lieu de vous inquiéter. En revanche, si un enfant devient subitement pâle ou de manière progressive et durable, différents facteurs peuvent être en cause.

▶ **Pâleur subite.** Votre enfant peut être troublé par une émotion, un traumatisme ou, tout simplement, souffrir du froid. Il vous suffit alors de le rassurer, de le sécuriser ou de le réchauffer, et il retrouvera vite ses couleurs.

▶ **Pâleur persistante.** Après l'avoir examiné, votre médecin vous demandera de faire faire une analyse de sang. Si celle-ci révèle un taux d'hémoglobine insuffisant, votre enfant est anémié et, le plus souvent, manque de fer. Votre médecin lui prescrira les médicaments adaptés.

▶ **Pâleur avec peau marbrée, en cas d'infection.** Votre enfant présente peut-être une mauvaise tolérance cardio-vasculaire à l'infection. Consultez dès que possible votre médecin.

▶ **Accès de pâleur.** Il peut arriver que votre nourrisson devienne très pâle sans raison apparente. Votre médecin vous proposera alors une observation en milieu hospitalier, afin de déterminer l'origine de ces accès de pâleur.

Paracentèse

Une paracentèse est une opération qui consiste à drainer les sécrétions contenues dans la caisse du tympan, à l'aide d'une fine aiguille. Ce drainage est réalisé, lors d'une otite purulente, pour retirer le pus.

Au cours d'une rhino-pharyngite ou d'une otite aiguë, votre enfant paraît plus fatigué que d'habitude,

plus grognon. Il est fébrile et se plaint de douleurs aux oreilles. Votre médecin, à l'examen, constate un tympan bombé, sous pression, contenant du pus ou des sécrétions. Cette tension est à l'origine des douleurs ressenties par votre enfant.

La paracentèse est effectuée sous anesthésie locale par le médecin ORL Celui-ci incise le tympan avec un stylet, en contrôlant l'opération avec un otoscope (instrument équipé d'une lumière et d'une loupe pour examiner le tympan). Cette opération permet au pus de s'écouler et calme très rapidement la douleur, qui est souvent sous-estimée chez un nourrisson « trop paisible ». Un traitement antibiotique sera prescrit pour soigner l'otite.

La paracentèse peut également être réalisée en cas de perforation spontanée, mais insuffisante, du tympan. L'otorrhée (écoulement de liquide par l'oreille) s'effectue alors dans des conditions optimales. Le médecin ORL contrôlera également l'état du tympan avec son otoscope.

Pelade

VOIR ▶ CHEVEUX (CHUTE DES).

Perte de connaissance

En cas de perte de connaissance, non seulement la personne évanouie perd conscience, mais, en plus, sa sensibilité et sa faculté de bouger disparaissent. Cet état donne une impression de mort imminente qui inquiète l'entourage.

En général, le rythme cardiaque et respiratoire n'est pas ralenti. Mais si votre enfant s'évanouit, vérifiez que ces deux fonctions vitales ne sont pas interrompues. Si ce n'est pas le cas, il faut tenter de les rétablir au plus vite en pratiquant le bouche-à-bouche et, au besoin, un massage cardiaque.

Une perte de connaissance peut avoir plusieurs origines.

▶ **Convulsions.** Qu'elle soit accompagnée de fièvre ou non, une crise

convulsive entraîne bien souvent une perte de connaissance. Si celle-ci se prolonge ou se répète, elle nécessite un traitement d'urgence.

▶ **Maladie infectieuse.** Parfois, une maladie infectieuse déjà déclarée peut entraîner une perte de connaissance précédée ou accompagnée de troubles de la vigilance (l'enfant parle de façon incohérente et s'agite, mais ses yeux s'ouvrent si on l'appelle). Cela traduit une évolution défavorable de la maladie. Le médecin doit être appelé d'urgence dès les premiers troubles.

▶ **Malaise du nourrisson.** Une perte de connaissance peut survenir au cours d'un malaise dû au reflux gastro-œsophagien, associé ou non à une hypertonie vagale.

▶ **Traumatisme crânien.** Une perte de connaissance, même brève, due à un choc ou à une chute, doit vous inciter à amener votre enfant au service des urgences de l'hôpital le plus proche ; une surveillance médicale peut être nécessaire, car l'enfant peut présenter dans les heures ou les jours qui suivent des troubles neurologiques provoqués par une hémorragie intracrânienne.

▶ **Spasme du sanglot.** Une chute sans gravité, une réprimande, une frustration font parfois pleurer votre enfant. Ces pleurs violents peuvent provoquer chez lui des arrêts respiratoires (spasme du sanglot) et une perte de connaissance.

VOIR ▶ CHUTES, COMA, PÂLEUR, SPASME DU SANGLOT.

Phénylcétonurie

La phénylcétonurie est une maladie héréditaire qui se manifeste, en l'absence de traitement, par un retard mental. Assez rare, elle touche environ 1 nouveau-né sur 15 000.

Un enfant atteint de phénylcétonurie manque d'une enzyme qui transforme normalement la phénylalanine (un acide aminé). L'accumulation de la phénylalanine non transformée dans l'organisme est toxique et s'accompagne d'un retard mental progressif, irréversible et sévère.

La phénylcétonurie est dépistée de manière systématique, le 4ᵉ ou le 5ᵉ jour après la naissance. Le taux de phénylalanine est évalué à partir d'une goutte de sang recueillie sur un papier filtre spécial (le sang est prélevé au talon du nouveau-né). Si ce taux est élevé, votre enfant devra suivre un traitement à base de produits diététiques ou de protéines pauvres en phénylalanine. Ce régime doit être scrupuleusement suivi pendant les premières années, c'est-à-dire pendant la période de croissance et de maturation du cerveau.

Ces règles diététiques permettent d'éviter le retard mental que la phénylcétonurie peut entraîner. Avec le temps, l'alimentation peut redevenir normale. Cependant, un régime strict doit être institué avant et pendant la grossesse, afin d'éviter les graves malformations (malformation cardiaque, microcéphalie), liées à l'intoxication du fœtus par la phénylalanine.

Phimosis

Le prépuce est le repli de peau qui recouvre le gland. Il est parfois trop étroit chez le nouveau-né ; on parle alors de phimosis.

Lors de la toilette d'un petit nourrisson, il est fréquent de ne pas arriver à dégager complètement le gland. Cela est normal chez le nouveau-né et ne requiert aucun geste médical manuel ou chirurgical. N'essayez pas de décalotter le gland en forçant le geste.

La distension naturelle du prépuce permettra progressivement d'atténuer le phimosis.

Il peut y avoir sous le prépuce une accumulation de matière blanchâtre, le smegma, qui correspond à la desquamation des cellules de la muqueuse.

Des manœuvres brutales de décalottage risquent de provoquer un paraphimosis. Dans ce cas, le prépuce rétracté serre trop la base du gland et provoque des douleurs vives et un gonflement local qui rendent difficile, voire impossible, le recalottage. Une circoncision peut alors être nécessaire si le recalottage sous calmants contre la douleur n'est plus possible, si l'adhérence persiste, ou encore si l'enfant est gêné pour uriner.

Photothérapie

La photothérapie permet d'atténuer l'intensité de l'ictère d'un nouveau-né en diffusant sur lui des rayons de lumière blanche, bleue ou verte, d'une longueur d'onde bien définie.

La lumière utilisée en photothérapie exerce une action chimique sur la molécule de bilirubine présente au niveau de la peau. L'énergie apportée par ce rayonnement lumineux modifie la structure de la molécule et, en la rendant soluble dans l'eau, permet son élimination par voie urinaire. Au fur et à mesure de l'exposition, l'efficacité du traitement est mesurée en évaluant le taux sanguin de bilirubine.

Selon l'origine de la maladie, d'autres soins peuvent être associés ou non à cette thérapeutique. L'enfant supporte généralement bien la photothérapie, qui nécessite néanmoins une surveillance régulière, car l'exposition dure longtemps, et les zones exposées doivent être régulièrement changées.

Le nouveau-né est souvent mis dans un incubateur (couveuse), afin de maintenir sa température constante. Il est nécessaire de protéger ses yeux des rayons ultraviolets avec un masque opaque, ce qui peut l'énerver au bout d'un certain temps d'exposition.

VOIR ▶ ICTÈRE DU NOUVEAU-NÉ.

Pieds (déformations des)

Les déformations congénitales des pieds sont habituellement constatées à la naissance. Exceptionnellement, ces déformations peuvent révéler une maladie neurologique ou neuromusculaire constitutionnelle, ou survenue pendant la grossesse. Le plus souvent, elles sont la traduction des contraintes mécaniques subies par le fœtus dans l'utérus, notamment en cas de grossesse gémellaire ou multiple, de présentation par le siège, d'anomalies utérines ou de manque de liquide amniotique.

▶ **Pied bot.** Ce terme désigne toutes les déformations du pied qui ne permettent pas de prendre contact avec le sol par les points d'appui habituels. Dans le langage courant, un pied bot est une déformation irréductible du pied en hyperextension et en rotation vers l'intérieur, encore appelée « varus équin ». Cette déformation, qui survient chez un nouveau-né sur 1 000 environ, nécessite une prise en charge orthopédique.

Le traitement est long et commence par la pose d'une série de plâtres de réduction, permettant la remise en place progressive du pied en bonne position, suivie par le port d'attelles d'immobilisation ou par la pose de plâtres de posture, associés à des séances quotidiennes de kinésithérapie.

Si le résultat n'est pas satisfaisant, il est nécessaire d'effectuer une ou plusieurs interventions chirurgicales. Une surveillance orthopédique est, dans tous les cas, impérative tant que l'enfant est en période de croissance. Ces contraintes peuvent paraître lourdes, mais elles permettent à l'enfant de marcher sans boiter et de pratiquer un sport dans des conditions normales.

▶ **Pieds qui tournent.** Ces déformations moins graves des pieds peuvent être mises en évidence lors de l'examen néonatal ou, par la suite, lors des consultations des premiers mois. La plus fréquente d'entre elles est le « pied talus », provoqué par une pression directe de la paroi de l'utérus sur le pied du fœtus. Le pied, ayant conservé une flexion dorsale forcée sur la jambe, ne repose sur le sol que par le talon. Marcher sur la pointe des pieds est impossible. Si la plante est en dehors (valgus) ou en dedans (varus), il est nécessaire d'effectuer des manipulations quotidiennes, que le kinésithérapeute pourra vous apprendre. En général, le pied se remet progressivement dans une position normale, sans qu'il soit nécessaire de recourir à un traitement orthopédique.

En revanche, lorsque c'est l'axe du pied qui tourne vers l'intérieur, il est nécessaire d'immobiliser le pied par une bande adhésive ou par des petites attelles. Les résultats sont, là aussi, excellents.

▶ **Pieds plats.** Quand l'enfant apprend à marcher, il se peut que l'aspect plat, étalé, de sa voûte plantaire vous inquiète. Cependant, ce pied plat n'est lié qu'à la position debout. Le pied ne présente pas d'autres déformations, comme la déviation du talon vers l'extérieur.

Il n'est pas nécessaire de faire porter à l'enfant des chaussures à renfort interne ou des semelles orthopédiques, mais il faut, au contraire, l'inciter à marcher pieds nus, le plus souvent possible sur du sable, et à pratiquer des activités (danse, bicyclette, saut à la corde) qui musclent la plante de ses pieds.

Pied d'athlète

Le pied d'athlète est une mycose qui provoque des démangeaisons entre les orteils.

Même si votre enfant se lave les pieds régulièrement, il peut être atteint de cette affection cutanée. La peau entre les orteils est blanchâtre. Il n'est pas rare qu'elle suinte et que des fissures douloureuses, des rougeurs ou des vésicules apparaissent.

Le pied d'athlète est dû à un champignon. La transpiration et la macération des pieds dans les chaussures favorisent cette mycose. Les personnes qui pratiquent un sport sont souvent confrontées à cette infection, ce qui explique la dénomination donnée à cette mycose. Cette macération est d'autant plus importante si votre enfant porte des chaussures en matière synthétique ou des chaussettes en fibre acrylique, qui empêchent une bonne aération.

Des crèmes, des poudres ou des aérosols antimycosiques permettent la guérison. Mais le pied d'athlète a tendance à réapparaître souvent, sans toutefois s'étendre à d'autres régions du pied ni provoquer des complications. La marche pieds nus ou le port de nu-pieds ou de sandales activent la guérison.

Piqûre d'insecte

Contrairement aux insectes des pays tropicaux, les insectes des pays tempérés ne transmettent qu'exceptionnellement des maladies infectieuses ou parasitaires. Mais les piqûres de moustiques, de tiques ou d'abeilles provoquent souvent des démangeaisons et peuvent être à l'origine d'infections locales.

▶ **Moustiques.** Leurs piqûres provoquent des boutons, d'aspect rouge et inflammatoire, parfois bombés et durs, générateurs de démangeaisons. Votre enfant se gratte fréquemment. Appliquez une lotion antiseptique sur les piqûres, éventuellement une pommade calmante antihistaminique.

▶ **Araignées.** Leurs piqûres sont plus douloureuses et peuvent entraîner un petit malaise bref et sans gravité.

▶ **Tiques.** Ces parasites, provenant souvent des chiens, doivent être retirés soigneusement afin d'éviter de laisser le rostre dans la peau. Celui-ci pourrait en effet provoquer une surinfection ou même un abcès. Les tiques peuvent, dans certaines régions, transmettre une maladie infectieuse : la maladie de Lyme.

▶ **Abeilles, guêpes, frelons.** Leurs piqûres provoquent un œdème. Le dard des guêpes et des frelons, qui reste généralement fiché dans la peau, n'est pas toujours facile à enlever, d'autant plus que sa manipulation risque, par la libération du venin, d'augmenter la douleur et l'inflammation locale.

Si votre enfant présente plusieurs piqûres, ou s'il a été piqué dans une zone très sensible (cou, visage, bouche), un œdème important risque, dans certains cas, d'avoir des conséquences graves ; il faut le faire examiner rapidement par un médecin ou l'emmener au service des urgences de l'hôpital le plus proche. Si la piqûre se situe dans la bouche ou sur les lèvres, faites sucer des glaçons à l'enfant en attendant l'arrivée des secours, pour éviter un œdème avec gonflement de la langue, qui pourrait le faire suffoquer.

Exceptionnellement, chez les enfants allergiques ou qui ont acquis une hypersensibilité à cause de piqûres antérieures, un malaise grave peut survenir, avec pâleur, accélération de la fréquence cardiaque, vomissements et gêne respiratoire. Il faut immédiatement appeler le SAMU ou conduire l'enfant aux urgences de l'hôpital le plus proche.

Plaies

Les plaies provoquées par une chute ou un choc sont plus ou moins graves. Selon le type de vaisseau atteint, le saignement est plus ou moins abondant.

Nettoyez la plaie à l'eau savonneuse en ayant soin d'éliminer la terre, les graviers ou les éclats de verre, au besoin en la lavant sous le robinet. En cas de doute, n'hésitez pas à conduire votre enfant aux urgences afin que la plaie soit examinée. Si une artère est touchée, le sang qui s'écoule par saccades est rouge vif ; une compression de la plaie peut stopper l'hémorragie, mais il faut, de toute façon, amener l'enfant à l'hôpital le plus proche dans les plus brefs délais.

Vérifiez que la vaccination antitétanique de votre enfant est toujours valable ; sinon, faites faire le rappel. Quelquefois, votre médecin prescrira des antibiotiques.

En cas de morsure d'animal, contrôlez si celui-ci est bien vacciné contre la rage. À titre préventif, votre médecin donnera un traitement antibiotique à votre enfant.

VOIR ► HÉMORRAGIE.

Poliomyélite

La poliomyélite est due à un virus. Devenue exceptionnelle en France grâce à la vaccination obligatoire, elle se manifeste par une paralysie douloureuse des membres.

La vaccination, très efficace, s'effectue normalement chez le nourrisson à partir du 2e mois (associée à d'autres vaccins), en trois injections, à un ou deux mois d'intervalle. Un rappel un an plus tard, puis tous les cinq ans, est nécessaire jusqu'à l'âge adulte.

La contamination est provoquée par l'absorption d'eau souillée par le virus. Les troubles qui s'ensuivent se caractérisent par une angine, une rhino-pharyngite ou une gastro-entérite. Dans certains cas imprévisibles, le virus passe dans le sang et atteint le système nerveux. L'atteinte de la moelle épinière entraîne des paralysies douloureuses plus ou moins étendues des membres, mais parfois aussi des difficultés à la déglutition ou des troubles respiratoires.

Il n'existe pas de traitement efficace contre la poliomyélite. Il est donc impératif de contrôler la validité de la vaccination avant de se rendre dans les pays du tiers-monde, où la maladie est plus fréquente, et de faire un rappel, si nécessaire. Si vous craignez d'être contaminé(e), vous ou votre enfant, sans être protégé(s), la vaccination doit être effectuée pendant le temps de l'incubation éventuelle (8 jours), ce qui permet le plus souvent d'éviter la maladie.

Ponction lombaire

La ponction lombaire permet d'analyser le liquide céphalo-rachidien afin de préciser l'origine d'une éventuelle méningite. Elle n'est pas très douloureuse ni dangereuse, mais inquiète souvent l'entourage du fait de la suspicion d'une méningite.

▶ **Chez le nouveau-né ou le nourrisson.** Si l'infection reste indéterminée faute de signes visibles, la ponction lombaire permet de confirmer ou non une méningite, qu'il serait dramatique de ne pas identifier.

▶ **Chez l'enfant.** La méningite se manifeste par de la fièvre, des maux de tête, une raideur de la nuque. La ponction lombaire permet de déterminer l'origine de la méningite et de prescrire le traitement adapté. L'efficacité des antibiotiques, en cas de méningite purulente, peut être contrôlée par une ponction lombaire en cours de traitement. Parfois, la ponction est réalisée pour établir un diagnostic face à des troubles nerveux ou de la conscience. L'application d'une crème anesthésiante sur la région de la piqûre permet de diminuer la douleur et de calmer l'appréhension de l'enfant.

Après une ponction lombaire, il est recommandé de rester allongé quelques heures afin d'éviter des maux de tête parfois violents ou l'augmentation passagère des troubles méningés (« syndrome postponction lombaire »), due à une petite fuite sans gravité de liquide céphalo-rachidien.

Poumons (maladies des)

Toute affection, généralement d'origine infectieuse (plus souvent virale que bactérienne), qui concerne les poumons s'appelle une pneumopathie.

Lorsqu'une maladie touche les poumons, l'enfant tousse et sa respiration s'accélère, de manière soudaine ou parfois progressivement, en

quelques jours. Il a souvent, en même temps, de la fièvre et son état général est altéré.

Un examen médical et une radiographie pulmonaire permettent de déterminer l'origine de la maladie. Un traitement adapté, à base d'antipyrétiques (médicaments contre la fièvre), associé à des séances de kinésithérapie, doit pouvoir guérir l'enfant. Des antibiotiques seront également donnés si une infection bactérienne est suspectée.

Dans tous les cas, il est nécessaire de surveiller l'évolution par examen médical et radiologique jusqu'à la guérison. En effet, une pneumopathie qui se prolongerait au-delà de deux à trois semaines pourrait faire envisager, selon les cas, autre chose qu'une infection, par exemple un corps étranger passé inaperçu, un reflux gastro-œsophagien ou encore une maladie comme la tuberculose.

Les nourrissons supportent quelquefois mal les pneumopathies (la bronchiolite, par exemple). Dans ce cas, ils sont hospitalisés pour être observés et traités dans des conditions optimales.

Poux

Les poux sont des parasites qui ressemblent à de minuscules araignées grisâtres, visibles à l'œil nu. Les œufs des poux, les lentes, à l'aspect de grains arrondis d'environ 1 mm de diamètre, de couleur grisâtre, s'accrochent aux cheveux.

Même si vous lavez régulièrement les cheveux de votre enfant, celui-ci peut être contaminé à l'école, surtout en hiver lorsque les bonnets et les écharpes sont facilement échangés.

En général, les démangeaisons provoquées par ces parasites sont les signes révélateurs de la pédiculose (lésions de la peau dues aux poux). Appliquez des lotions « anti-poux » sur ses cheveux ; laissez agir pendant quelques dizaines de minutes et lavez-les ensuite avec un shampooing spécial, acheté en pharmacie. Peignez ensuite les cheveux avec un peigne à denture fine, afin d'éliminer les poux et les lentes détruits.

Tous les membres de votre famille doivent suivre le même traitement le même jour, afin d'éviter la contamination. Il est également nécessaire de laver les draps et les vêtements de la famille en même temps et de recommencer ce traitement une semaine plus tard pour éviter que les poux ne reviennent.

VOIR ▸ ÉVICTION SCOLAIRE.

Prématurité

Par définition, est considéré prématuré un enfant naissant avant le terme de 37 semaines d'aménorrhée (c'est-à-dire à partir de la date des dernières règles). Cela concerne environ 7 % des naissances en France.

On définit la très grande prématurité avant 28 semaines, la grande prématurité entre 28 et 32 semaines et la prématurité simple entre 32 et 37 semaines d'aménorhée.

La problématique médicale posée par l'enfant prématuré est celle de la naissance d'un enfant dont la maturation in utero n'a pu arriver à son terme : il s'agit donc d'un enfant qui n'est pas prêt à s'adapter à la vie extra-utérine. Cette inadaptation sera d'autant plus grande que l'enfant est né en avance.

La traduction physique de cette inadaptation est particulièrement marquée dans les domaines pulmonaire, neurologique et digestif. Les poumons de l'enfant prématuré ne sont pas matures et manquent d'une substance nécessaire à l'autonomie respiratoire : le surfactant qui tapisse les cellules du poumon. C'est la cause de la maladie des membranes hyalines du prématuré. Il est possible aujourd'hui de donner du surfactant artificiel mais il est souvent nécessaire d'aider transitoirement le bébé à respirer grâce aux techniques de ventilation artificielle.

De même, le système nerveux central est encore très fragile ; certaines complications sont particulièrement surveillées pendant cette période. Le tube digestif de l'enfant prématuré n'est souvent pas prêt à une digestion correcte du lait et il est parfois nécessaire de pallier cette immaturité par une nutrition artificielle. En outre le système de régulation thermique du bébé est également immature, ce qui rend nécessaire le maintien en couveuse jusqu'à l'autonomie. La surveillance d'un enfant prématuré doit se faire dans une unité spécialisée de néonatologie ou de réanimation néonatale. Les risques liés à la prématurité alliés à la séparation mère-enfant entraînent une période très douloureuse pour les parents. Outre les progrès de la réanimation néonatale, les efforts sont aujourd'hui également axés sur la prévention et le transfert des femmes qui ont une grossesse à risque vers des maternités hautement spécialisées.

Pression artérielle

La pression artérielle est mesurée de façon différente en fonction de l'âge et de la taille de l'enfant. Cet examen doit être pratiqué régulièrement, comme chez l'adulte.

La prise de la « tension » artérielle correspond à l'évaluation de la « pression », terme plus approprié, qui règne dans le système artériel de l'individu. C'est le reflet du bon fonctionnement du cœur, qui assure ainsi la vascularisation et l'oxygénation de l'organisme. C'est aussi le moyen d'apprécier le tonus des artères. La pression artérielle est rarement anormalement élevée chez l'enfant, (hypertension artérielle).

Chez l'enfant, la prise de la pression artérielle se fait avec des brassards adaptés à sa taille et à sa corpulence. Cette mesure s'avère délicate chez le tout-petit, qui souvent ne reste pas calme suffisamment longtemps. Une mesure avec des brassards à gonflement automatisé peut alors être pratiquée.

L'existence de maux de tête, de troubles visuels mais aussi, chez le nourrisson, d'une croissance anormale doit conduire à une mesure de la pression artérielle. En cas d'hypertension, des examens seront prescrits par le médecin pour en déterminer l'origine (cardiaque, rénale) et le traitement.

Prolapsus

Chez l'enfant, le prolapsus (ou descente d'organe) ne peut concerner que le rectum, la partie terminale du gros intestin. Il se caractérise par un bourrelet rougeâtre aux abords de l'anus.

C'est en général lorsque votre enfant fait un effort (évacuation des selles, cris, pleurs, toux) que le prolapsus peut apparaître au niveau de l'anus. Le plus souvent, il disparaît lorsque votre enfant cesse de pousser, mais il est parfois nécessaire de remettre en place le rectum à la main, ce qui se réalise très facilement. L'apparition d'un prolapsus est due à une relative insuffisance musculaire du périnée, fréquente chez le nourrisson, associée à une constipation.

Il est rare d'avoir recours à une intervention chirurgicale, car le prolapsus disparaît au fur et à mesure que la constipation est traitée et que l'enfant grandit.

Dans de rares cas, le prolapsus peut révéler une mucoviscidose, car la consistance des selles oblige l'enfant à faire des efforts importants pour évacuer celles-ci. Le prolapsus est favorisé par les problèmes nutritionnels associés à cette maladie. Mais, même dans ce cas, il disparaît spontanément.

Pronation douloureuse

La pronation douloureuse est une luxation de la tête du cubitus, os de l'avant-bras, hors de son articulation.

Chez le petit enfant de moins de 5 ans, les ligaments qui concourent à la cohésion d'une articulation sont souvent très lâches. C'est le cas notamment pour l'articulation du coude. Il arrive parfois qu'à la faveur d'un mouvement inadapté, l'articulation se luxe : l'exemple type est celui de l'enfant que l'on tire par le bras, par exemple pour traverser une rue, et qui se met à hurler, le bras pendant, le dos de la main collé au corps. Toute tentative de manipulation entraîne des pleurs de douleur. Le diagnostic est en général facile à établir grâce aux circonstances décrites et à un examen médical soigneux. Le traitement consiste en une manœuvre simple pour remettre en place l'articulation. Une consultation médicale est nécessaire et l'évolution sera d'autant plus simple que la pronation douloureuse aura été diagnostiquée et traitée précocement.

Propreté

Un enfant propre sait contrôler son envie d'uriner et d'aller à la selle. Cela suppose qu'il peut maîtriser ses sphincters(muscles circulaires servant à fermer l'anus ou la vessie).

L'acquisition de la propreté est variable d'un enfant à l'autre. Toutefois, votre enfant ne pourra être propre de façon durable que s'il est assez mûr, à la fois sur les plans physique, neurologique et affectif, pour se retenir volontairement jusqu'à ce qu'il se trouve en situation de pouvoir satisfaire son besoin d'uriner ou d'aller à la selle. Les enfants contrôlent habituellement leurs intestins avant l'âge de 3 ans. Ils contrôlent totalement leur vessie, de nuit comme de jour, quelques mois plus tard (soit vers 4 ou 5 ans).

L'énurésie désigne le manque de contrôle de la vessie. Elle concerne près de 15 % des enfants, avec une nette prédominance chez les garçons. Elle survient la nuit pendant le sommeil. Si l'enfant fait toujours « pipi » dans sa culotte pendant la journée au-delà de 5 ans, le médecin s'assurera tout d'abord qu'il n'est pas atteint d'une infection urinaire ou bien d'une malformation des voies urinaires.

L'énurésie est dite « primaire » lorsque l'acquisition ne s'est jamais réalisée. Certes, cette énurésie peut être favorisée par un terrain familial ou un retard de maturation du sphincter, mais les troubles psycho-affectifs peuvent être à l'origine du problème. Parlez-en à votre médecin.

L'énurésie « secondaire » est définie par la réapparition d'une incontinence après au moins six mois de propreté acquise. Un événement, une séparation ou un choc affectif peuvent en être à l'origine.

L'encoprésie désigne une défaillance du contrôle des intestins au-delà de 3 ans. Votre médecin vérifiera si votre enfant ne souffre pas de troubles digestifs ou de troubles neurologiques provoquant une anomalie de contrôle du sphincter. L'encoprésie est souvent liée à une constipation. L'accumulation des selles dans la partie terminale du côlon entraîne une distension du rectum. De ce fait, l'enfant ne sent pas le besoin d'aller à la selle. Le traitement de la constipation suffit habituellement à faire disparaître cette encoprésie. Celle-ci peut aussi être due à des troubles psychoaffectifs. Une séparation, l'entrée à l'école, des exigences trop grandes de la part des parents peuvent entraîner ce manque de contrôle.

Protoxyde d'azote

Dans le cadre de l'urgence, il peut être proposé à votre enfant avant un acte douloureux, diagnostique ou thérapeutique, une analgésie par le protoxyde d'azote, qui est un gaz anesthésiant, mélangé à de l'oxygène et administré au moyen d'un masque.

Longtemps utilisé au cours des accouchements, il fait maintenant partie de l'arsenal thérapeutique antidouleur d'usage quotidien. L'utilisation peut se faire en administration classique, mais aussi en auto-administration par l'enfant lui-même au moyen d'une valve autodéclenchante. Il s'agit d'un gaz incolore et quasiment inodore, mélangé à parts égales avec de l'oxygène (l'enfant reste conscient en permanence), induisant une analgésie au bout de quelques dizaines de secondes pour atteindre une efficacité maximale en trois à cinq minutes avec diminution de l'anxiété, de la sensibilité au toucher, de l'audition, du goût et de l'odorat, sans altération des réflexes laryngés (pas de risque de « fausse route »), et apparition d'une certaine euphorie et d'une amnésie.

La tolérance est bonne, mais on note parfois des nausées ou des vomissements, une excitation ou une sensation de panique face à l'effet de se « sentir partir ». La rapidité d'action de ce produit est associée à sa réversibilité quasi immédiate à l'arrêt de son administration.

Ainsi, ce produit sera proposé avant une ponction de la moelle épinière (ponction lombaire) ou de la moelle osseuse (ponction médullaire), pour des sutures cutanées, la pose ou l'ablation de drain, la réduction de certaines fractures ou luxations. Il existe des précautions d'emploi, voire des contre-indications, qui amèneront alors à proposer d'autres alternatives analgésiques ou antalgiques adaptées à l'enfant.

Prurigo

Le prurigo désigne les démangeaisons intenses et les réactions cutanées provoquées par des piqûres d'insectes ou d'arachnides.

Il peut apparaître, au cours de l'été, sur les jambes de votre enfant, des papules arrondies de quelques millimètres de diamètre. Celles-ci sont souvent bombées, tels de petits grains assez durs. Ces lésions sont des réactions à une piqûre d'insecte ou d'arachnide (aoûtats). Votre enfant ne peut s'empêcher de se gratter, parfois « jusqu'au sang ». Ces lésions peuvent s'infecter et se disséminer sur d'autres parties du corps.

Si votre enfant n'a pas de fièvre et ne présente pas d'autres troubles, appliquez une lotion antiseptique sur les parties atteintes. Votre médecin prescrira éventuellement des antihistaminiques pour atténuer les démangeaisons. Les lésions disparaissent en général au bout d'une semaine.

Purpura

Le purpura désigne les taches cutanées rouges ou bleutées, ne s'effaçant pas à la pression, qui apparaissent à l'occasion de certains troubles ou maladies.

Ces taches sont dues à un petit saignement sous la peau.

Lorsque cette éruption survient au cours d'une infection, accompagnée de fièvre, elle peut traduire une inflammation de la paroi des vaisseaux sanguins (vascularite) ou être le signe d'une atteinte méningée, le plus souvent provoquée par un méningocoque.

Appelez immédiatement votre médecin ou conduisez votre enfant à l'hôpital le plus proche. Un purpura peut être provoqué par un manque de plaquettes, cellules du sang favorisant la coagulation. Le purpura peut être associé à des saignements de nez et/ou des gencives, ou à une émission de sang dans les voies urinaires ou au niveau des organes plus profonds. Dans tous les cas, votre médecin, après avoir examiné votre enfant, fera faire une analyse sanguine pour déterminer le type et la cause du purpura. Selon les résultats, il vous prescrira un traitement adapté.

Purpura rhumatoïde

Cette affection bénigne se caractérise par une éruption au niveau des chevilles ou des fesses. Cette érup-

tion s'accompagne de gonflements parfois douloureux aux articulations, de maux de ventre, de vomissements ou d'un refus de s'alimenter.

Le purpura rhumatoïde survient souvent en période d'infection virale ou spontanément, sans raison connue. Bien que portant le nom de purpura, cette affection n'est pas due à un trouble de la coagulation ou à un manque de plaquettes dans le sang ; mais elle est en rapport avec une inflammation de la paroi des vaisseaux sanguins (vascularite). Une surveillance médicale est néanmoins nécessaire au-delà de la guérison, car le purpura peut réapparaître. Dans tous les cas, il ne reste aucune séquelle, même au niveau des articulations. Mais l'enfant peut présenter des troubles rénaux qui se manifestent tardivement par une albuminurie (albumine dans les urines) ou une hématurie (sang dans les urines).

Le médecin prescrira un traitement visant à guérir les symptômes. Il surveillera attentivement l'atteinte rénale pendant plusieurs semaines et prescrira des examens complémentaires en cas d'évolution ou de signes de gravité.

[Q, R]

Quotient de développement

Le quotient de développement, ou QD, est une des adaptations de l'évaluation du QI aux personnes qui ne savent ni écrire ni s'exprimer correctement, du fait de leur âge ou de leur handicap.

L'évaluation du développement du nourrisson se basait autrefois sur ses capacités motrices. Petit à petit, cette appréciation a été affinée par différents tests (Gesell, Brunet et Lezine), qui introduisent d'autres repères de développement. Le QD,

comme le QI, est un « instantané relatif » qui n'évalue pas les capacités d'évolution de l'enfant. Néanmoins, s'il est répété plusieurs fois sur une période donnée, il permet de constater les progrès accomplis.

D'autres tests psychologiques sont également possibles mais c'est surtout l'observation de l'enfant dans son cadre de vie (familial, scolaire, institutionnel) qui permet d'étudier son comportement en cas de handicap et de proposer des mesures bien adaptées (thérapie ou rééducation).

Quotient intellectuel

Le quotient intellectuel, ou QI, est une mesure établie à l'aide de différents tests pour évaluer le développement psycho-intellectuel d'une personne, enfant ou adulte.

Élaboré au début du siècle, le QI était un nouvel élément d'appréciation sur les possibilités intellectuelles d'une personne. Mais le caractère normatif et réducteur d'un résultat chiffré en pourcentage a conduit à des erreurs d'appréciation. La mauvaise utilisation du test a en effet effacé l'évaluation de la capacité d'apprentissage.

Le test du quotient intellectuel a été vivement critiqué, car il tenait compte de l'expression verbale, ce qui pénalisait les personnes ne sachant ni lire ni écrire ou celles présentant des troubles du langage comme une dyslexie. De nouvelles épreuves dites « de performance » ont atténué cette inégalité, mais la disparité des résultats obtenus pour différents tests limite la crédibilité du QI comme outil d'appréciation global.

Le QI permet néanmoins, parmi d'autres tests, d'évaluer un retard psychomoteur. S'il ne permet pas d'évaluer les capacités d'apprentissage d'une personne, il peut être utilisé pour mesurer ses progrès au fur et à mesure qu'elle suit un enseignement.

Régurgitations

Au cours d'une tétée, ou quand vous donnez le biberon à votre enfant, celui-ci peut faire un rot qui provoque une remontée de lait, une régurgitation. Ce petit trouble ne doit pas vous inquiéter lorsqu'il survient juste après le biberon ou la tétée.

En revanche, la répétition de ce phénomène ou son apparition longtemps après les repas, des signes de douleur (le bébé se tortille) et une certaine pâleur sont les signes d'un mauvais fonctionnement de la zone de jonction entre l'estomac et l'œsophage. Il peut s'agir alors d'un reflux gastro-œsophagique nécessitant parfois un traitement approprié que vous prescrira votre médecin.

Retard de croissance

La surveillance de la croissance d'un enfant, en taille et en poids (développement staturo-pondéral), fait partie intégrante de la surveillance médicale d'un enfant.

Un retard de croissance peut être lié à une maladie chronique ou provoqué par une maladie endocrinienne. Il existe aussi des variations de taille entre individus, y compris au sein d'une même famille.

La mesure régulière et répétée du poids et de la taille, avec des toises et des balances appropriées, dès le premier examen (à la maternité), lors des visites systématiques ou à l'occasion d'une consultation permet à votre médecin d'établir la courbe de croissance de votre enfant. Celle-ci est comparée avec une courbe de référence (établie en fonction de l'âge et du sexe) qui permet de déceler une variation de vitesse de croissance (ralentissement, accélération) en tenant compte du fait que la croissance n'est pas constante tout au long de l'enfance.

Il se peut simplement que votre enfant soit plus petit que ce à quoi vous vous attendiez, mais qu'il grandisse pourtant régulièrement et à une « vitesse » normale. Dans d'autres cas, une petite taille est constatée dès la naissance, voire lors de la surveillance de la grossesse. L'anomalie est alors due à un retard de croissance intra-utérin dont l'origine et le pronostic sont variables.

Un ralentissement de la vitesse de croissance, ou retard de croissance, peut être la conséquence (et l'un des symptômes) d'une maladie chronique (respiratoire, digestive...). Il peut aussi être lié à certains traitements prolongés (corticothérapie). La guérison de la maladie en cause ou un meilleur contrôle thérapeutique permettent alors la correction du retard.

Plus rarement, une maladie endocrinienne est à l'origine du retard de croissance. L'âge de survenue et les symptômes dépendent du trouble en cause (insuffisance thyroïdienne, déficit en hormone de croissance, anomalie pubertaire...). L'examen clinique et le tracé de la courbe de poids et de taille orientent vers des examens complémentaires (dosages sanguins, tests de stimulation, imagerie...) nécessaires pour retrouver l'origine du trouble et établir un traitement.

Retard de langage

Un enfant qui présente un retard de langage déforme les mots de manière persistante ou a un vocabulaire limité par rapport aux enfants de son âge, ou encore construit maladroitement ses phrases.

Un bébé de 3 mois qui se développe normalement commence à babiller (il essaie de « répondre » à sa mère) et c'est vers la fin de sa première année qu'il manifeste une bonne compréhension (il montre du doigt, désigne, regarde). Il prononce alors ses premiers mots puis les relie peu à peu entre eux. Vers 2 ans et demi, l'enfant commence à dire « je ».

Lors des examens de routine, le médecin évalue le développement psychomoteur et vérifie l'intégrité des fonctions auditives (tests d'audiométrie) de l'enfant. S'il décèle un problème, ou si les parents craignent un retard de langage, il pourra prescrire un bilan orthophonique.

En effet, on peut, dans de nombreux cas, aider un enfant à rattraper un retard de langage en lui faisant suivre des séances de rééducation orthophonique. Plus celles-ci commenceront tôt, plus votre enfant a des chances de progresser : avant 6 ans, la majorité des troubles du langage sont réversibles. Plus rarement, les troubles du langage s'inscrivent dans un problème de handicap présent à la naissance ou consécutif à une maladie. Ils sont parfois liés à des difficultés du développement de la personnalité.

Le « mutisme » d'un enfant peut être la conséquence d'un manque de stimulation verbale de la part des parents ou de l'entourage. Si l'enfant ne présente pas d'autres troubles, physique ou psychologique, et si sa compréhension et son développement général sont normaux, ses parents doivent alors provoquer chez lui le « besoin » de s'exprimer par les mots et non plus par les gestes, afin de se faire bien comprendre et de communiquer avec l'extérieur.

VOIR ▶ DYSLEXIE.

Rhésus
VOIR ▶ GROUPES SANGUINS.

Rhinite allergique

La rhinite allergique est une inflammation des fosses nasales, provoquée par des allergènes comme le pollen, la poussière de maison, les acariens... Elle se présente comme un rhume avec écoulement clair.

Votre enfant peut présenter régulièrement des rhinites avec écoulement clair (coryza ou rhume des foins) ou des éternuements répétés. Il a « le nez bouché » et respire difficilement. Les muqueuses qui tapissent les fosses nasales et les bronches sont en effet identiques et réagissent de la même manière à l'irritation, que celle-ci soit due à une allergie ou à une infection. Si cette rhinite est due à une allergie, elle peut survenir à une saison précise (pollen au printemps, par exemple).

Dans la mesure du possible, essayez d'éviter à votre enfant d'être en présence des allergènes auxquels il est sensible. Votre médecin peut vous prescrire des antihistaminiques ou des anti-inflammatoires. Les crises d'asthme sont souvent précédées de rhinite claire. Dès l'apparition de ces signes, donnez à votre enfant le traitement broncho-dilatateur prescrit par votre médecin afin d'éviter la crise.

Rhumatisme

Le rhumatisme se caractérise par une atteinte inflammatoire ou dégénérative d'une ou de plusieurs articulations.

▶ **Douleurs articulaires.** Au cours d'une infection d'origine virale, votre enfant peut ressentir des douleurs au niveau des articulations. Mais l'examen ne décèle aucun signe infectieux ou inflammatoire local. On ne peut donc parler de rhumatisme dans ce cas. Habituellement, ces manifestations ne durent pas et guérissent sans séquelles.

▶ **Rhumatisme articulaire aigu.** Devenu aujourd'hui tout à fait exceptionnel, le rhumatisme articulaire aigu (RAA) se caractérise par une affection fébrile due au streptocoque. Cette maladie inflammatoire, de nature post-infectieuse, atteint successivement les grosses articulations et parfois le cœur, ce qui en faisait autrefois toute la gravité. Grâce à l'efficacité des traitements préventifs (prescription systématique d'antibiotiques en cas d'angine), le RAA est, aujourd'hui, très rare.

▶ **Arthrite chronique.** Il arrive exceptionnellement qu'un enfant soit atteint d'arthrite chronique.

Celle-ci se manifeste par une diminution progressive de la mobilité, ou ankylose. L'enfant doit alors être pris en charge par une équipe spécialisée et suivre un traitement anti-inflammatoire pour que l'évolution de la maladie soit contrôlée. Des séances régulières de kinésithérapie diminuent le risque d'ankylose et de limitation de la mobilité des articulations.

Rhume

Le rhume est une inflammation de la muqueuse nasale due à un virus.

Votre enfant a « le nez qui coule ». Cet écoulement peut être clair ou plus ou moins constitué de sécrétions purulentes. Une désinfection rhinopharyngée et des médicaments contre la fièvre éventuelle suffisent la plupart du temps à soigner le rhume.

L'immunité du nourrisson ou de l'enfant est plus faible que celle de l'adulte, ce qui explique la fréquence des rhumes pendant la petite enfance. En fait, ces rhumes à répétition des petits enfants traduisent l'apprentissage nécessaire de leur système immunitaire.

Ronflement

Le ronflement chez l'enfant est souvent provoqué par une rhinite ou une rhino-pharyngite, qui, en bouchant le nez, empêche l'air de passer.

▶ **Le nourrisson.** Vous devez régulièrement nettoyer son nez avec du sérum physiologique, car il est incapable de respirer par la bouche jusqu'à l'âge de 3 ou 4 mois.

▶ **L'enfant.** S'il ronfle en dormant, cela signifie peut-être que les végétations, situées dans ses fosses nasales, sont trop volumineuses et que, de ce fait, elles empêchent l'air de passer. Cette hypertrophie des végétations est provoquée par des rhinopharyngites répétées. Un médecin ORL vérifiera l'absence d'otite séreuse et prescrira le traitement adapté. Dans certains cas, il proposera l'ablation des végétations (adénoïdectomie).

▶ **L'enfant plus grand.** Il peut avoir subi un choc qui dévie la cloison nasale. Dans ce cas, l'obstruction d'une des narines peut provoquer un ronflement et nécessiter une intervention chirurgicale, qui corrigera ce petit défaut.

Roséole

La roséole est une maladie infectieuse appelée également « exanthème subit », ou « sixième maladie » ; elle est due à un virus du groupe herpès. Elle se caractérise par une fièvre élevée, suivie d'une éruption passagère.

La roséole survient surtout chez le nourrisson. Après une incubation de durée variable, qui ne se manifeste par aucun signe particulier, la fièvre apparaît. Souvent élevée (de 39 à 40 °C), elle résiste parfois au traitement antithermique. Elle chute néanmoins au bout de quatre à cinq jours et laisse place à une éruption fugace de taches rose pâle au niveau du tronc, qui n'atteint pas les membres et le visage. Cette affection virale peut être à l'origine de convulsions fébriles qui nécessitent un traitement adapté mais qui, comme la majorité des convulsions hyperthermiques, sont de bon pronostic.

Rougeole

La rougeole est une maladie infectieuse fébrile, contagieuse, due à un virus.

La rougeole débute souvent par une fièvre (39 °C), une rhinite associée à une conjonctivite, une toux et une laryngite. Puis apparaissent des taches rouges au niveau du cou (derrière les oreilles), qui s'étendent sur tout le corps en deux ou trois jours. Parfois, cette éruption peut avoir l'aspect d'un purpura. Il faut alors faire des analyses pour vérifier le taux des plaquettes sanguines, qui peut être diminué.

La rougeole est habituellement bénigne, mais elle peut parfois entraîner des complications : convulsions fébriles, otite purulente, maladie des poumons (ou pneumopathie), etc. Votre médecin soignera avant tout la fièvre et prescrira éventuellement des antibiotiques. D'autres complications, plus rares, peuvent être provoquées par le virus, telle une méningo-encéphalite. C'est pour cela, entre autres, que la vaccination contre la rougeole, même si elle n'est pas obligatoire, est fortement conseillée à tous les enfants.

La vaccination en une seule injection peut être pratiquée chez les nourrissons, habituellement entre 12 et 24 mois, associée ou non aux vaccins de la rubéole et des oreillons. Elle provoque dans 5 à 10 % des cas une éruption minime (« rougeolette ») sans gravité entre le 5e et le 10e jour suivant l'injection.

La rougeole est contagieuse dès la phase d'incubation (avant l'apparition de l'éruption), ce qui explique son caractère épidémique (dans une population non vaccinée). Si une épidémie de rougeole survient en collectivité, à la crèche, par exemple, il est possible de vacciner simultanément tous les enfants, car l'immunité peut être acquise durant les dix jours de l'incubation. Une deuxième injection est désormais recommandée vers 5-6 ans afin d'assurer une protection durable.

Rubéole

La rubéole est une infection due à un virus. Elle se caractérise par une éruption sur le visage, le tronc et les membres. Elle est bénigne chez l'enfant mais grave chez une femme enceinte, car le fœtus risque d'être contaminé et de développer différentes anomalies (rubéole congénitale).

Les premiers signes de la rubéole se manifestent par une légère fièvre et une éruption sur le visage, qui s'étend au tronc et aux membres. Mais cette éruption est trop peu caracté-

ristique pour diagnostiquer une rubéole. D'autres signes peuvent s'ajouter : l'enfant peut présenter des ganglions au niveau de la nuque et ressentir des douleurs articulaires, principalement aux doigts. Le médecin prescrira un traitement contre la fièvre.

La vaccination est conseillée entre 12 et 24 mois (en association avec celle de la rougeole et des oreillons), afin de faire disparaître la maladie et tout risque de contamination des femmes enceintes.

[S]

Saignement de nez

Un saignement de nez (ou épistaxis) peut être provoqué par une chute, un choc, ou encore survenir spontanément. L'épistaxis est un symptôme généralement bénin, fréquent chez l'enfant, mais il est préférable de consulter un médecin s'il se répète.

▶ **Saignement en cas de choc.** Rare chez l'enfant, car son nez est essentiellement constitué de cartilage, une fracture du nez peut être à l'origine d'un saignement. Si le choc n'a pas porté directement sur le nez et si, malgré cela, votre enfant saigne du nez, conduisez-le aux urgences, car le saignement peut être révélateur d'une fracture du crâne.

▶ **Saignements spontanés.** Le saignement est souvent lié à une fragilité des vaisseaux ou de la muqueuse nasale. Vous pouvez facilement arrêter le saignement en mouchant d'abord doucement l'enfant, puis en comprimant la cloison nasale avec le pouce pendant quatre à cinq minutes. Si le saignement persiste ou récidive, consultez un médecin ORL. Si celui-ci diagnostique une fragilité particulière des petits vaisseaux du nez, il les cautérisera.

▶ **Saignements répétés.** En cas de saignements répétés, le médecin fera

effectuer un contrôle de l'hémostase (coagulation du sang). Si un trouble de la coagulation du sang est détecté, il prescrira un traitement adapté.

Saturnisme

Le saturnisme est l'intoxication chronique par le plomb. Chez l'enfant, il ne survient que dans des circonstances spécifiques.

Le plomb, comme tous les métaux lourds, est mal éliminé par l'organisme humain, dans lequel il tend à s'accumuler. Heureusement, les conditions dans lesquelles l'absorption de plomb peut se faire en quantités dangereuses sont rares et font l'objet de mesures de protection (fumées industrielles, échappement des véhicules à moteur...).

Des cas de saturnisme ont toutefois été diagnostiqués dans des circonstances particulières, liées à l'ingestion par l'enfant de vieilles écailles de peinture au plomb (céruse) dans des habitations datant de la fin du XIXe siècle. Les signes principaux (mais non spécifiques) du saturnisme sont des douleurs abdominales associées à une constipation, ainsi qu'une anorexie tenace. L'aspect de la radiographie de l'abdomen permet le plus souvent d'évoquer le diagnostic, que des dosages sanguins et urinaires confirment.

Le traitement de cette intoxication consiste à stopper l'apport anormal de plomb et parfois à administrer des médicaments « fixant » le plomb et permettant ainsi son élimination dans les urines.

À titre préventif, il est important d'éliminer des vieilles maisons les canalisations en plomb, qui peuvent être à l'origine d'un apport de plomb par l'eau du robinet.

Scanner

Le scanner est un procédé de radiologie qui permet d'obtenir des images en coupe des tissus ou des organes, grâce à un appareil, le tomodensi-tomètre. Celui-ci émet des rayons X en faisceaux très minces.

L'absorption de ce rayonnement varie en fonction de la densité des tissus traversés. Le scanner a d'abord permis d'étudier la structure interne des organes difficilement accessibles comme le cerveau, mais la technique est aujourd'hui adaptée pour étudier le corps entier, et notamment des structures mobiles comme le thorax et l'abdomen. Si le patient a besoin de contrôles répétés, l'IRM (imagerie par résonance magnétique) peut être proposée, car il n'y a pas de risques d'irradiation (mais ce n'est pas le même examen).

Cependant, le scanner a l'avantage de fournir des images en quelques secondes, ce qui est appréciable chez l'enfant, car il n'est pas nécessaire de recourir à une anesthésie générale ; seule une prémédication légère est nécessaire.

Scarlatine

La scarlatine est une maladie infectieuse éruptive due à une bactérie, le streptocoque. Elle touche les enfants, mais est de plus en plus rare aujourd'hui.

C'est habituellement au cours d'une angine banale, caractérisée par des maux de gorge, une fièvre élevée et des ganglions du cou volumineux (adénopathie), que l'apparition d'une éruption peut faire évoquer une scarlatine. Une multitude de petits points rouges apparaissent sur le cou, les aisselles, les plis de l'aine. La langue est rouge et dépapillée sur les bords, blanche au centre.

Le médecin prescrira un traitement antibiotique afin d'éviter les complications comme le rhumatisme articulaire aigu. Il est nécessaire de surveiller la présence de protéines dans les urines dans le mois qui suit une scarlatine, comme après toute angine due à un streptocoque. Afin d'éviter ce risque de scarlatine, les

angines virales ou bactériennes sont aujourd'hui systématiquement traitées par des antibiotiques, les prélèvements de gorge ne donnant des résultats sur l'origine de l'angine que trop tardivement.

Seul l'état de l'enfant détermine s'il peut aller à l'école ou non, car, à partir du moment où la maladie est traitée par antibiotiques, il n'y a plus de risque de contagion.

VOIR ▸ ALBUMINURIE.

Scoliose

La scoliose est une déviation latérale de la colonne vertébrale.

Votre enfant « se tient mal », notamment à sa table de travail ou lorsqu'il reste longtemps debout. À l'examen, votre médecin ne remarque aucune bascule du bassin, ni anomalie de la colonne vertébrale, ni longueur anormale des membres. Cette attitude est facilement rectifiée si votre enfant fait l'effort de se tenir droit ; elle ne correspond pas à une réelle scoliose, mais à une « attitude scoliotique ». Cependant, faites surveiller sa colonne vertébrale tout au long de sa croissance, car c'est avant la puberté que peut se révéler une scoliose.

▸ **Chez l'enfant.** La scoliose touche les filles dans 8 cas sur 10 et reste souvent inexpliquée. Elle se caractérise par une déformation de la colonne vertébrale, qui prend un aspect sinueux que l'enfant ne peut pas rectifier ; par ailleurs, une bosse apparaît sur l'épine dorsale lorsqu'on demande à l'enfant de se pencher en avant. Un examen clinique et radiologique permet au médecin de prescrire un traitement spécifique. Il s'agit soit d'orthopédie (l'enfant doit parfois porter un corset), soit, dans les formes les plus graves, d'une correction chirurgicale.

▸ **Chez le nourrisson.** La scoliose peut traduire une anomalie de la colonne vertébrale. Elle peut aussi être liée à un handicap ou à une mal-

formation vertébrale, et sera soignée dans le cadre d'une prise en charge générale du nourrisson.

Seins (développement précoce des)

Les seins peuvent se développer temporairement dans les jours qui suivent la naissance, quel que soit le sexe du nouveau-né.

▸ **Chez le nourrisson.** Le développement des seins après la naissance inquiète souvent les parents, surtout chez le garçon ; et, pourtant, il ne traduit en rien une ambiguïté sexuelle. Cette poussée, chez le garçon ou la fille, est provoquée par la chute brutale du taux des hormones progestatives après la naissance. Cette diminution d'hormones stimule la glande mammaire, comme chez la mère, et peut même entraîner une petite sécrétion lactée temporaire. Ces manifestations n'ont rien d'anormal et elles disparaissent sans soins particuliers en quelques jours.

▸ **À quelques mois.** Une petite fille peut présenter un développement mammaire, quelquefois unilatéral. À la palpation, vous sentez un petit nodule ferme et sensible. Si aucun autre signe pubertaire n'apparaît (poils sur le pubis ou accélération de la croissance) et si le médecin ne note ni accélération de la croissance ni avance de l'âge osseux, ce développement des seins traduit une sensibilité excessive au faible taux des hormones qui circulent dans le corps. Aucun traitement particulier n'est nécessaire.

Selles (examen des)

L'examen des selles (ou coproculture) permet de rechercher et d'identifier les germes présents dans les matières fécales. Il est prescrit par le médecin en cas d'affection digestive atypique, notamment après un séjour en zone tropicale.

Le temps qui s'écoule entre le prélèvement des selles et leur mise en culture doit être aussi court que possible, car les matières fécales représentent un milieu de culture très efficace, ce qui peut être source d'erreurs d'interprétation. Les selles doivent être apportées immédiatement au laboratoire, ou bien elles peuvent être prélevées sur place. Par ailleurs, si l'enfant a pris un antibiotique dans les jours ou les semaines qui précèdent l'examen, l'équilibre habituel de sa flore intestinale est perturbé. Si l'enfant diarrhéique a des traces de sang dans ses selles, s'il a une fièvre élevée, la coproculture permettra la recherche d'éventuelles bactéries, et le médecin pourra alors prescrire les antibiotiques adaptés.

Toutefois, cet examen présente quelques limites : il ne permet pas d'identifier les diarrhées aiguës d'origine virale, qui sont de loin les plus fréquentes. De plus, de nombreuses bactéries sont naturellement présentes dans le tube digestif, et la coproculture ne met pas forcément en évidence celles qui causent la maladie. Enfin, le délai de réponse (trois ou quatre jours) est trop long, car, entre-temps, la diarrhée peut être guérie.

Sida

Le sida, ou syndrome d'immunodéficience acquise, est dû au virus de l'immunodéficience humaine (VIH), dont la particularité est d'infecter spécifiquement les cellules du système immunitaire.

La présence d'anticorps dans le sang, décelée par des techniques immunologiques (Western Blot), signifie que le virus est présent dans l'organisme (alors que, dans pratiquement toutes les autres maladies infectieuses, la présence d'anticorps est associée à l'élimination de l'agent pathogène et assure une protection contre une nouvelle contamination). C'est ce qui définit la séropositivité envers le VIH. Il peut exister un temps de latence de plusieurs années entre la contamination par le virus et les premiers symptômes de la maladie.

La contamination de l'enfant est le plus souvent consécutive à une transmission de la mère séropositive au fœtus. La transmission par transfusion sanguine est aujourd'hui exceptionnelle, mais non nulle. La transmission par relations sexuelles impose l'information des adolescents sur les modes de transmission du virus et sur les moyens de s'en protéger (préservatifs).

Le sida se manifeste le plus souvent par des infections bactériennes, virales ou parasitaires, dont les caractères inhabituels ou la répétition doivent alerter (infections opportunistes). La multiplicité des maladies et des organes atteints (poumons, tube digestif, cerveau) ou un retard de croissance chez le nourrisson peuvent révéler un déficit immunitaire. En l'absence de vaccination et de traitement curatif, et malgré les progrès thérapeutiques (trithérapie), le pronostic reste aussi grave chez l'enfant que chez l'adulte. La transmission du VIH d'une mère séropositive à son enfant au cours de la grossesse peut être réduite de manière très importante par l'utilisation d'antirétroviraux en fin des grossesse et au cours des premières semaines de vie.

Sinusite

La sinusite est l'inflammation des sinus de la face. Elle se manifeste par une rhinite obstructive qui traîne ou par une fièvre persistante avec quelques maux de tête.

La sinusite ne survient que chez les enfants de plus de 5 ans, car la croissance des sinus maxillaires est progressive jusqu'à cet âge. Quant aux sinus frontaux, ils ne peuvent être atteints, pour la même raison, avant 6 ou 7 ans.

Parfois, au cours d'une banale rhino-pharyngite, un œdème très douloureux apparaît à l'angle interne de l'œil : il traduit le plus souvent une inflammation de la partie supérieure de l'os du nez (ou ethmoïdite).

Un traitement antibiotique par voie veineuse doit alors être rapidement mis en œuvre.

Soleil (exposition au)

L'exposition au soleil, avec une protection solaire adaptée, peut être bénéfique, notamment pour la synthèse de la vitamine D, essentielle à la croissance.

L'exposition au soleil ne doit pas être excessive, car un abus peut provoquer des brûlures sur la peau (coups de soleil) ou des troubles neurologiques (insolation). Par ailleurs, la température élevée peut augmenter les pertes en eau et entraîner une déshydratation chez le tout-petit, dont les besoins en eau sont importants. En outre, le risque de coup de chaleur est réel si l'enfant reste exposé à une température élevée dans un endroit clos, une voiture ou un appartement, ne serait-ce que quelques minutes.

Sur la plage, veillez à ce que votre enfant ne soit pas directement exposé. Mettez-le sous un parasol et coiffez-le d'un chapeau.

Au soleil, protégez la peau de vos enfants, d'autant plus qu'ils ont une peau pâle (blonds et roux) ou fragile. Pour cela, utilisez des crèmes de protection solaire dont les indices seront adaptés à chaque cas. Renouvelez l'application toutes les deux heures et après chaque bain. Couvrez les nourrissons avec des tee-shirts à manches longues.

Somnambulisme

Un enfant somnambule se lève tout en étant endormi. Il peut marcher ou jouer ainsi dans un état d'automatisme impressionnant pour l'entourage.

Le somnambulisme véritable est, en fait, assez rare. Il doit être distingué du lever nocturne d'un enfant plus ou moins endormi qui vient dans la chambre des parents ou réclame une présence.

Le somnambulisme, le plus souvent occasionnel, concerne de 15 à 20 % des enfants entre 5 et 12 ans. L'accès de somnambulisme survient essentiellement dans la première partie de la nuit ou, plus rarement, se caractérise par un lever dans un état de panique similaire à celui de la terreur nocturne.

Dans tous les cas, consultez votre médecin. Il examinera votre enfant, afin d'envisager des examens complémentaires ou une thérapeutique adaptée à son cas.

Souffle au cœur

Un souffle au cœur est un bruit anormal du cœur, perçu à l'auscultation.

Si, en l'absence de tout autre signe de maladie, votre médecin perçoit isolément à l'auscultation un bruit anormal, ce souffle au cœur traduit une turbulence dans l'écoulement du sang au niveau d'une cavité cardiaque ou d'un gros vaisseau, sans forcément d'anomalie structurelle ni de malformation. Cependant, le médecin décidera de faire éventuellement pratiquer une échocardiographie afin d'éliminer avec certitude toute possibilité d'anomalie cardiaque. Si cet examen se révèle normal, aucun traitement n'est à envisager. La majorité de ces souffles dits « fonctionnels » disparaissent spontanément.

Un souffle au cœur chez un nouveau-né traduit souvent une malformation du cœur. Certaines maladies du cœur peuvent être découvertes plus tard devant certains signes : essoufflement à l'effort, respiration rapide, cyanose, etc.

VOIR ► CŒUR (ANOMALIES DU).

Spasme du sanglot

Le spasme du sanglot se caractérise par un arrêt respiratoire temporaire, survenant au cours d'une crise de pleurs importante.

Lors d'une grosse colère, le visage de votre enfant devient rouge. Sa respiration est irrégulière. Lorsque les pleurs sont vraiment violents et spasmodiques, le teint devient bleu (cyanose) et la reprise inspiratoire est si longue que l'enfant peut s'évanouir quelques instants. Il devient mou, sans force, ses yeux sont révulsés et il a des contractions musculaires involontaires (clonies).

Si impressionnant soit-il, ce malaise, appelé spasme du sanglot, est bénin, car au bout de quelques secondes l'enfant reprend sa respiration et redevient conscient. Ces crises, qui peuvent se répéter, sont toujours provoquées par une réprimande, une frustration, une frayeur ou un choc (chute ou traumatisme crânien frontal, par exemple).

Si l'examen de votre enfant par le médecin est normal, notamment sur les plans cardio-vasculaire et neurologique, ces spasmes du sanglot sont parfaitement bénins et ne nécessitent aucun examen complémentaire. Ils révèlent parfois une hypertonie vagale. Le plus souvent, ils traduisent une dépendance excessive d'un petit nourrisson, incapable de surmonter une contrariété ; les parents s'inquiètent, et leur inquiétude risque de renforcer ou de pérenniser les spasmes du sanglot. Le médecin proposera une aide (psychologique) visant à identifier et à dédramatiser les conflits afin de faire disparaître progressivement les spasmes du sanglot.

Sténose du pylore
VOIR ► VOMISSEMENTS.

Stomatite

Une stomatite est une inflammation de la muqueuse buccale, provoquée le plus souvent par un virus.

Votre enfant peut refuser de s'alimenter, car il ressent des douleurs vives sur la langue et dans la bouche, dont l'examen révèle la présence de petites taches blanchâtres. Celles-ci se localisent surtout entre les gencives et les joues. Elles peuvent saigner en cours d'évolution. Votre enfant peut avoir en même temps une fièvre élevée (39-40 °C), évocatrice d'une origine herpétique.

Un traitement local à base de bains de bouche antiseptiques permet d'éviter les risques de surinfection. Si votre enfant souffre trop pour avaler les aliments habituels, donnez-lui du liquide, des yaourts, des crèmes glacées ou des entremets qui ne nécessitent pas beaucoup de mastication. Un traitement antalgique local atténuera ses douleurs. La guérison survient en général au bout d'une semaine, sans qu'un traitement spécifique puisse écourter l'évolution de la stomatite. Il arrive que le médecin propose d'hospitaliser l'enfant quelques jours pour le perfuser en cas de difficultés d'alimentation.

Le fait de sucer ses doigts, de mettre les objets à la bouche ou de sucer en permanence une tétine peut entraîner des lésions similaires, mais localisées, et ne s'accompagnant pas de fièvre.

Strabisme

L'enfant atteint de strabisme louche. Le strabisme est un défaut du parallélisme de l'axe optique des yeux, entraînant un trouble de la vision binoculaire.

▶ **Jusqu'à 6 mois.** L'apprentissage de la vision passe chez le nourrisson par une période de strabisme dit « d'accommodation ». Le strabisme d'accommodation est intermittent. En revanche, tout strabisme permanent est anormal.

▶ **Chez l'enfant plus âgé.** Le strabisme, dû à une déviation des axes des yeux et à un trouble de la vision binoculaire, nécessite un bilan ophtalmologique. Le médecin recherche d'abord une amblyopie, c'est-à-dire une diminution importante de l'acuité visuelle d'un œil et parfois des deux. Un dépistage précoce, avant 2 ans, laisse espérer un pourcentage de récupération important, alors qu'il est pratiquement nul après 6 ans.

Chez l'enfant de moins de 2 ans, une amblyopie est soupçonnée si, lorsque l'on masque le « bon » œil, l'enfant pleure ou s'agite. Après l'âge de 2 ans, des tests permettent de faire un diagnostic plus précis.

Le traitement comporte deux phases : la correction optique, dès 6 mois s'il le faut, par la pose d'adhésifs translucides sur les lunettes, afin d'obliger l'enfant à utiliser son œil déficient ; entre 2 et 6 ans, la gymnastique oculaire (rééducation orthoptique) qui oblige l'enfant, si cette rééducation est associée au port de lunettes, à utiliser ses deux yeux. Le recours à la chirurgie correctrice est plus rare.

Stridor

Le stridor est un bruit aigu perçu lors de l'inspiration.

Il peut arriver qu'un nourrisson fasse du bruit en respirant pendant les premiers jours ou les premières semaines de vie. Cela peut être dû au fait qu'il a le nez bouché. Il faut désobstruer le nez par une instillation de sérum physiologique, suivie d'un nettoyage des narines avec une mèche en coton.

Cependant, ce petit bruit peut devenir plus aigu, notamment lors des efforts à l'inspiration ou à la prise de biberon. Un spécialiste ORL examinera votre enfant et procédera éventuellement à un examen du larynx avec un fibroscope (laryngoscopie), afin d'en préciser la cause exacte.

Le stridor peut être dû à une consistance anormalement molle du cartilage du larynx. À l'inspiration, celui-ci se rétrécit ou s'aplatit. Cette anomalie disparaît spontanément, en général pendant la première année.

D'autres anomalies anatomiques peuvent entraîner un stridor et être découvertes par la laryngoscopie. Un traitement chirurgical peut alors s'avérer nécessaire.

Surdité

Le fait de mal entendre (hypoacousie) ou de ne pas entendre du tout (surdité) perturbe l'apprentissage du langage, mais aussi le développement de la personnalité. Aussi est-il important d'assurer le dépistage de ces anomalies le plus tôt possible.

Dépister une surdité n'est pas toujours facile chez le petit nourrisson. Sachez néanmoins que des antécédents familiaux, une infection pendant la grossesse (en particulier, une rubéole), une naissance prématurée, un petit poids de naissance sont des facteurs de risque reconnus. Si votre enfant réagit au bruit, à la voix chuchotée, s'il repère l'origine des sons, il n'y a pas lieu de vous inquiéter. Mais n'hésitez pas à répéter ces tests régulièrement, car la qualité de son audition peut évoluer.

▶ **La surdité congénitale.** Cette surdité est dite « de perception », car la cochlée (appelée aussi le « limaçon » et située dans l'oreille interne) ainsi que le nerf auditif sont atteints. Le médecin procédera à une évaluation approfondie le plus tôt possible, pour permettre l'appareillage le mieux adapté.

▶ **La surdité de transmission.** Cette forme de surdité est acquise ; elle est due à une atteinte de l'oreille moyenne. Le plus souvent, elle a été provoquée par une otite séreuse, mais elle peut aussi être consécutive à un traumatisme ou à certains traitements.

La surdité peut se révéler lors d'une surinfection (otite purulente), mais aussi par une baisse d'audition, des difficultés de concentration, voire des difficultés scolaires. Consultez rapidement un spécialiste ORL, qui établira un diagnostic et vous indiquera également la démarche thérapeutique à suivre.

Sutures crâniennes

Entre les deux fontanelles principales du nourrisson (antérieure et postérieure) existe une ligne légèrement surélevée, la suture sagittale. Elle correspond à la jonction entre les os du crâne, dont elle assure la croissance. Cette suture est celle qui est le plus facile à observer, mais il en existe d'autres.

Le cerveau n'a pas terminé sa croissance à la naissance et continue à se développer au cours des premiers mois de vie, ce qui entraîne une augmentation du volume du crâne. Le périmètre et la croissance du crâne sont évalués régulièrement par le médecin, afin de dépister la moindre anomalie de développement. En cas de soudure prématurée, rare, d'une ou de plusieurs sutures (craniosténose), le crâne se déforme. Si cette déformation n'est pas soignée à temps, elle peut provoquer une hypertension intracrânienne. Ce n'est que progressivement, au cours de l'enfance et de l'adolescence, que les sutures se soudent tandis que la croissance du crâne s'arrête. Les sutures, qui sont bien visibles sur les radiographies du crâne, formant de fins sillons tortueux, vont alors « disparaître » définitivement.

[T]

Tache de vin
VOIR ▶ ANGIOME.

Tache mongoloïde

On désigne par tache mongoloïde (ou mongolique) une tache pigmentée située en bas du dos, présente dès la naissance.

La tache mongoloïde, d'autant plus marquée que l'enfant a une pigmentation foncée, peut ressembler à un gros bleu (hématome) d'une coloration gris bleuté, parfois recouverte de poils. Elle est sans relief et s'estompe avec le temps. Il n'y a aucun risque de dégénérescence et aucune précaution particulière à prendre.

Teigne

VOIR ► CHEVEUX (CHUTE DES).

Température (variations de)

Indépendamment de la fièvre, la température du corps peut devenir supérieure (hyperthermie) ou inférieure (hypothermie) à la moyenne, qui varie entre 36,5 et 37,5 °C.

La fièvre est un bon facteur de défense contre les infections, car elle limite la prolifération des microbes (virus et bactéries) quand elle atteint 38-39 °C. Mais elle n'est pas dénuée de risque chez le tout-petit. Elle peut provoquer en effet des troubles neurologiques ou métaboliques.

▶ **Hyperthermie.** L'hyperthermie n'est pas synonyme de fièvre. Elle correspond à une élévation de la température corporelle, provoquée par une chaleur excessive ou par une saturation en humidité de l'air. En effet, l'enfant autorégule sa température moins facilement que l'adulte. Pour éviter cette hyperthermie, n'exposez pas votre enfant à une chaleur excessive, particulièrement en hiver (chauffage, vêtements trop chauds) ; ne le laissez jamais dans une atmosphère confinée et aérez toujours les pièces où il vit ; méfiez-vous des atmosphères humides et chaudes comme celle des salles de bains.

▶ **Hypothermie.** L'hypothermie se caractérise par une température rectale au-dessous de 36,5 °C. Elle peut survenir temporairement au décours d'une affection d'origine virale. Elle est sans gravité, mais il est nécessaire alors d'interrompre le traitement contre la fièvre, car il est devenu inutile. Couvrez simplement un peu plus votre enfant.

En hiver ou en altitude, l'enfant peut se refroidir très vite – surtout s'il n'a pas d'activité physique –, même s'il est très bien couvert

▶ **Chez le nouveau-né.** Le nouveau-né supporte mal une baisse de température. C'est pourquoi, dans les maternités, une rampe chauffante dans la salle de travail et/ou un incubateur permettent de réchauffer l'enfant en cas de prématurité, d'hypotrophie ou bien d'hypothermie.

Terreurs nocturnes

À la différence des cauchemars, les terreurs nocturnes sont l'expression d'illusions ou d'hallucinations inconscientes qui ne réveillent pas l'enfant.

Les terreurs nocturnes sont certainement parmi les troubles du sommeil les plus impressionnants, non pour l'enfant qui n'en garde aucun souvenir, mais pour l'entourage qui en est le témoin. Elles ne doivent pas vous inquiéter outre mesure. Néanmoins, elles peuvent être favorisées par un environnement perturbé (anxiété, séparation ou tension familiale, par exemple).

VOIR ► CAUCHEMARS.

Testicules non descendus

Dès la naissance, l'examen médical du nouveau-né garçon permet, entre autres, de vérifier si les testicules sont bien dans les bourses.

Il faut savoir que, parfois, lors de l'examen, le froid ou l'anxiété peuvent faire remonter par réflexe les testicules jusqu'au canal inguinal, où ils restent palpables.

Si, vers 6-7 ans, un ou les deux testicules ne sont toujours pas descendus dans les bourses, il est nécessaire que l'enfant suive un traitement médical ou qu'il subisse une intervention chirurgicale.

Tétanie

La tétanie se caractérise par des crises de contractions musculaires spasmodiques.

Lors d'une respiration trop ample ou trop rapide, votre enfant peut ressentir des fourmillements dans les mains, une contracture des doigts ou de la main et, souvent, une sensation d'étouffement ou d'oppression thoracique.

Ces manifestations sont dues à une diminution excessive du taux de gaz carbonique dans le sang. La tension et les émotions (peur, effroi, crainte) provoquent ces troubles chez les personnes émotives et peuvent même entraîner un bref évanouissement. Un examen complet, notamment cardiologique et neurologique, doit être fait pour vérifier l'état général de l'enfant.

▶ **Chez le nourrisson.** La tétanie est liée à une hypocalcémie qu'il est nécessaire de soigner d'urgence.

▶ **Chez les enfants.** La répétition de crises de tétanie caractérise la spasmophilie, plus souvent rencontrée chez les filles. En général, il n'y a pas de troubles métaboliques et un psychologue peut aider votre enfant à surmonter ses angoisses.

Tétanos

Le tétanos est une maladie infectieuse grave, provoquée par un bacille présent dans le sol. Dans les pays où la vaccination est systématiquement effectuée dès le plus jeune âge, le tétanos a pratiquement disparu.

Cette maladie grave, voire fatale, se manifeste d'abord par de douloureuses contractures musculaires, en particulier au visage. Seules les personnes non vaccinées peuvent être touchées par le tétanos. La vaccination s'effectue par trois injections intradermiques, à un ou deux mois d'intervalle. Un rappel un mois plus tard, puis tous les cinq ans, est nécessaire. Le vaccin, sans danger, assure une protection efficace à 100 %.

Veillez à ce que la vaccination antitétanique de votre enfant soit à jour. Si elle date de plus de cinq ans et que l'enfant ait été blessé par un objet souillé (écharde, épine, clou, etc.), une morsure animale ou une piqûre d'insecte, allez le plus rapidement possible chez un médecin, ou à l'hôpital le plus proche, pour qu'un rappel vaccinal soit effectué.

Tics

Les tics sont des contractions brusques et rapides de certains muscles, surtout de ceux du visage, involontaires et stéréotypées.

Les tics se manifestent le plus souvent par des clignements des yeux, un reniflement, un haussement d'épaule non contrôlables. Ils peuvent survenir de manière apparemment spontanée ou après un traumatisme psychoaffectif ou une maladie.

Ils disparaissent en général au cours de l'enfance, mais ils durent parfois jusqu'à l'âge adulte. Ils peuvent être dus à un manque de confiance en soi, ou s'associer à des troubles du sommeil, une énurésie, un bégaiement ou à des difficultés d'apprentissage. L'impatience manifestée par l'entourage ne facilite pas leur disparition. Le médecin proposera éventuellement un traitement médicamenteux. Un soutien psychologique peut s'avérer nécessaire.

Tiques

VOIR ▸ ANIMAL DOMESTIQUE.

Torticolis

Le torticolis est une contracture douloureuse unilatérale, qui provoque un port de tête asymétrique. Les causes en sont multiples.

Chez l'enfant, le torticolis est souvent provoqué par une mauvaise position pendant le sommeil. Dans ce cas, il disparaît en quelques jours.

Le médecin prescrira un traitement contre la douleur, associé si nécessaire au port d'une minerve. Si le torticolis dure plus de cinq jours, consultez à nouveau le médecin.

Torticolis congénital

Le torticolis congénital, visible à la naissance, se manifeste par une déviation latérale permanente de la tête. Le nouveau-né ne présente aucun autre trouble.

Ce torticolis congénital correspond à une mauvaise position du fœtus dans l'utérus, ayant provoqué soit un hématome, soit la rétraction d'un muscle du cou, le sterno-cléido-mastoïdien. Cette rétraction entraîne une inclinaison permanente de la tête, le menton tourné vers le côté opposé.

Des séances de kinésithérapie permettent de remettre la tête dans une position normale. Plus elles sont effectuées tôt, plus elles sont efficaces et durables.

Toux

La toux correspond à une expiration forcée, brusque et saccadée. Elle peut être volontaire (évacuation des sécrétions bronchiques), mais elle est le plus souvent incontrôlée et déclenchée par une « fausse route » alimentaire ou par une irritation des voies respiratoires.

▸ **Toux brutale.** Si votre enfant se met soudain à tousser, sans être par ailleurs atteint d'une infection, il peut avoir avalé de travers (fausse route) ou être victime d'un reflux gastro-œsophagien. Consultez votre médecin afin de vérifier l'absence de complications et de débuter un traitement, si nécessaire.

▸ **Toux irritative.** L'inflammation des bronches peut être due à une grippe ou à une maladie des poumons provoquée par un virus. La toux qui se déclenche est spasmodique, mais irrite elle-même les bronches. Dans ce cas, outre le traitement de la maladie, votre médecin prescrira parfois des antitussifs ; mais les sirops contre la toux sont à utiliser avec beaucoup de prudence chez le nourrisson et le jeune enfant.

▸ **Toux grasse.** Cette toux est très utile, car elle provoque l'évacuation des sécrétions bronchiques. Des fluidifiants et des exercices de kinésithérapie respiratoire permettent d'évacuer plus facilement ces sécrétions. Les sirops contre la toux ne sont à utiliser que sur prescription médicale, surtout chez le nourrisson.

▸ **Toux répétitive.** Cette forme de toux, si elle se produit fréquemment, peut se révéler asthmatique. Le médecin en recherchera la cause pour soigner la maladie et pas uniquement la toux.

Transplantation

La transplantation d'un organe (greffe) est réalisable chez l'enfant, dès les premiers jours de vie.

Une greffe est envisagée lorsque aucun traitement ne peut assurer la guérison d'une maladie ou permettre un état de santé compatible avec le développement et la qualité de vie que l'on est en droit d'attendre pour un enfant. Cependant, si son aspect technique est bien maîtrisé, la transplantation pose deux problèmes majeurs :
– le don d'organe humain, qui reste inférieur aux besoins recensés par les listes de personnes en attente de transplantation. Cela est particulièrement vrai chez l'enfant, dont la taille impose une concordance de la dimension des organes du donneur et du receveur. Dans certaines situations, toutefois (greffe de moelle osseuse, transplantation rénale), et grâce à l'amélioration des techniques opératoires (transplantation d'une partie du foie), ce problème ne se pose pas ou est moins crucial ;
– le maintien de la tolérance de l'organe reconnu comme « étranger » par le système de défense immunitaire du receveur. Il nécessite le recours à des traitements « antirejet », qui diminuent les défenses immunitaires et peuvent, de ce fait, être source de complications.

La recherche de la plus grande compatibilité des groupes tissulaires (groupe HLA) est un facteur d'amélioration de cette tolérance. Elle conduit parfois à envisager des dons d'organes intrafamiliaux.

Traumatisme crânien

Un traumatisme crânien est un choc qui peut provoquer une lésion du crâne ou du cerveau. Les conséquences peuvent être graves et nécessitent votre attention.

Un enfant, après une chute ou un choc sur la tête, peut perdre connaissance pendant quelques instants et reprendre rapidement conscience. Si son comportement est normal, l'accident n'est sans doute pas grave. Néanmoins, conduisez-le chez le médecin pour un examen médical.

En revanche, si la perte de connaissance se prolonge ou apparaît dans les heures ou les jours qui suivent le choc, vous devez appeler le SAMU ou le médecin de toute urgence, ou emmener l'enfant au service des urgences de l'hôpital le plus proche.

Très souvent, l'enfant atteint d'un traumatisme crânien a des maux de tête persistants et des troubles digestifs (nausées, vomissements) qui traduisent une commotion cérébrale nécessitant un examen neurologique. Un examen radiologique (scanner cérébral) sera éventuellement pratiqué à la recherche d'une fracture ou d'une complication (contusion cérébrale, hémorragie, hématome extradural).

Chez le nourrisson, il est nécessaire de surveiller le périmètre crânien dans les semaines qui suivent l'accident. Une augmentation excessive de celui-ci traduit la formation d'un hématome sous-dural (épanchement sanguin de constitution lente), provoquée par un saignement veineux. L'enfant doit être alors soigné en milieu spécialisé.

Trisomie 21

La trisomie 21, autrefois appelée « mongolisme », désigne une anomalie chromosomique (trois chromo-

somes au lieu de deux dans la 21e paire). Un enfant trisomique souffre d'un handicap mental et a un aspect physique caractéristique.

L'enfant trisomique est reconnaissable à divers signes : visage arrondi et plat, petite tête (microcéphalie), membres courts, mains larges et courtes avec un seul pli au milieu de la paume, yeux obliques dirigés vers le haut, langue grosse (sortant souvent de la bouche). La plupart des enfants trisomiques présentent un retard de croissance intra-utérin et un tonus musculaire moindre.

L'étude des chromosomes à partir d'un prélèvement sanguin (caryotype) effectué sur le nouveau-né permet de confirmer le diagnostic.

Le principal facteur favorisant l'apparition de la trisomie est l'âge de la mère : statistiquement, le risque d'avoir un enfant trisomique est de 1/2000 avant 25 ans et de 1/70 à 40 ans. Cela provient probablement du vieillissement des ovules, présents dès la naissance dans les ovaires des petites filles. C'est pourquoi un dépistage, par une étude du caryotype fœtal prélevé par amniocentèse, peut être proposé aux femmes enceintes à partir de 38 ans. Environ 25 % des enfants trisomiques présentent une malformation cardiaque en naissant. Certains souffrent d'anomalie digestive. Les risques d'ordre infectieux ou de maladie du sang (leucémie) sont supérieurs à la moyenne. Mais le handicap le plus important est celui lié au développement intellectuel déficient. Ces difficultés nécessitent souvent une prise en charge spécialisée (institut médico-pédagogique puis, à l'âge adulte, médico-professionnel) et, dans la plupart des cas, ne permettent pas de mener une vie d'adulte autonome.

Tuberculose

La tuberculose est une maladie infectieuse, contagieuse, due au bacille de Koch.

La tuberculose est beaucoup moins fréquente dans les pays où la vaccination par le BCG est systématique, comme en France. Néanmoins, si cette vaccination protège des formes rapidement évolutives de la maladie, elle n'offre pas une protection absolue.

Lorsqu'un enfant est atteint d'une maladie pulmonaire qui persiste au-delà d'une quinzaine de jours, s'il tousse, s'il a de la fièvre, s'il est fatigué, consultez à nouveau le médecin. Celui-ci, après examen, fera faire une radiographie des poumons de l'enfant pour vérifier qu'il n'y a pas persistance d'un foyer pulmonaire ou d'une anomalie qui pourrait faire penser à la tuberculose. Un test tuberculinique contrôlera l'immunité de l'enfant vis-à-vis de la bactérie responsable.

En cas de tuberculose, il faut dépister les différents membres de la famille et chercher la personne à l'origine de la contamination. Le traitement consiste à administrer plusieurs antibiotiques pendant une longue durée (au moins 3 ou 4 mois).

[U à Z]

Urticaire

L'urticaire est une éruption cutanée, souvent plus impressionnante que grave.

L'enfant a des boutons rosés ou des plaques à contours irréguliers, un peu bombées et provoquant de vives démangeaisons. Cette éruption peut être localisée, comme après une piqûre d'ortie, ou bien se présenter sur tout le corps, à la suite d'une infection, de l'ingestion de certains aliments ou encore de la prise d'un médicament.

Pour calmer les démangeaisons, votre médecin prescrira un traitement antihistaminique. Il vérifiera en outre si votre enfant ne présente pas un œdème de la face ou un gonflement du larynx, occasionnant une certaine gêne respiratoire, pour lequel il prescrira un traitement corticoïde par injection.

Si ces crises d'urticaire se répètent, votre enfant peut être allergique ou présenter un terrain atopique. Il est parfois difficile de déterminer le facteur déclenchant cette allergie. Si l'allergène en cause est identifié, la meilleure façon d'éviter cette réaction est de ne pas mettre l'enfant en présence de celui-ci.

Certains médicaments, comme les antibiotiques, sont souvent soupçonnés d'être à l'origine de l'urticaire. Mais cette éruption cutanée peut tout aussi bien provenir de la maladie infectieuse, plus souvent virale que bactérienne, pour laquelle ils ont été prescrits.

Varicelle

La varicelle est une maladie provoquée par un virus, marquée par une éruption de vésicules caractéristiques, qui disparaissent en une dizaine de jours.

Le diagnostic de la varicelle est souvent évoqué lorsque apparaissent, à la racine des cheveux, des vésicules de 2 à 5 millimètres de diamètre. Puis, le plus souvent, l'éruption se généralise. L'enfant a une fièvre modérée. Au bout de 48 heures, les vésicules se rompent et laissent place à une croûte qui tombe en une semaine. Une cicatrice arrondie et blanchâtre peut persister pendant plusieurs jours. Il peut y avoir plusieurs poussées éruptives successives.

Le médecin confirmera ou non ce diagnostic. Il prescrira un traitement symptomatique, basé sur l'application cutanée d'un produit antiseptique pour éviter une surinfection provoquée par les démangeaisons. Celles-ci peuvent être atténuées par un traitement antihistaminique. En cas de fièvre, le paracétamol est préférable à l'aspirine dans le cas particulier de la varicelle.

Un enfant ayant la varicelle ne peut revenir à l'école ou à la crèche qu'après sa guérison. En général, la maladie ne laisse aucune séquelle, mais des complications neurologiques, sans gravité et passagères, peuvent survenir (sensation de vertige).

Végétations

Les végétations adénoïdiennes sont des organes lymphoïdes, comme les ganglions, qui se trouvent au fond des fosses nasales. Elles assurent, comme les amygdales, une certaine protection contre les microbes (virus ou bactérie) qui peuvent entrer facilement dans l'organisme par les fosses nasales et la gorge.

Chez le nourrisson, nécessairement exposé aux bactéries et aux virus, il arrive que la stimulation de cette défense naturelle soit excessive et provoque une augmentation de volume des végétations. Cette hypertrophie empêche l'air de pénétrer par les fosses nasales et oblige l'enfant à respirer la bouche ouverte et à parler « du nez ».

Cette inflammation des végétations, appelée « adénoïdite », peut boucher la trompe d'Eustache (qui relie l'oreille moyenne aux fosses nasales) et entraîner une otite séreuse chronique ou à répétition. Celle-ci peut devenir purulente ou provoquer une baisse auditive (hypoacousie).

Si le traitement ne suffit pas à soigner l'adénoïdite, votre médecin peut proposer une ablation chirurgicale des végétations (adénoïdectomie), associée ou non à un drainage du tympan.

Cette intervention n'est possible que si votre enfant est âgé de plus de 1 an, afin d'éviter les risques de « repousse » et donc de récidive.

Ventre (maux de)

Les douleurs abdominales sont fréquentes chez l'enfant. Elles sont le plus souvent sans gravité mais peu-

vent aussi révéler une maladie intestinale ou une affection nécessitant une intervention chirurgicale.

Que la douleur survienne de manière soudaine ou non, vous devez consulter votre médecin et signaler si elle est accompagnée de fièvre, de vomissements ou, chez le nourrisson, d'un refus de biberon, d'un transit anormal (constipation, diarrhée, traces de sang dans les selles), d'une stagnation de poids ou d'un amaigrissement.

▶ **Douleurs abdominales aiguës.** Elles peuvent révéler une invagination intestinale aiguë, une appendicite ou une hernie étranglée nécessitant une intervention chirurgicale. Ces douleurs aiguës peuvent aussi être dues à une gastro-entérite, une affection du côlon, mais également à une infection urinaire, à une grippe ou à une hépatite qui débute. Votre médecin pratiquera peut-être des examens complémentaires ou proposera une observation à l'hôpital afin de préciser le diagnostic.

▶ **Douleurs abdominales répétitives.** Les douleurs abdominales qui se répètent, mais restent isolées, sans autre signe, peuvent révéler des problèmes psychoaffectifs, liés à des difficultés personnelles ou relationnelles. Si toutes les causes organiques ont été éliminées, le médecin pourra proposer une psychothérapie de soutien pour aider l'enfant à surmonter ces troubles passagers.

Verrues

Les verrues sont des petites excroissances cutanées, fermes et rugueuses, siégeant principalement sur la peau des mains.

Ces tumeurs bénignes de la peau sont provoquées par un groupe de virus (papovavirus) qui rend les verrues contagieuses et facilite leur dissémination chez l'enfant déjà atteint et ceux qui l'entourent. Même si elles peuvent disparaître spontanément, il est préférable, pour éviter leur multiplication, de traiter les verrues en y appliquant des solutions spécifiques. Si ce traitement local n'a pas d'effet ou si les verrues réapparaissent, un dermatologue pratiquera une destruction par le froid en appliquant de l'azote liquide sur les excroissances.

▶ **Verrues plantaires.** Chez l'enfant, il est fréquent de découvrir sur la plante des pieds une masse blanchâtre dans le derme, douloureuse à la pression. Le plus simple est de recourir d'emblée à l'application d'azote liquide, qui se fait souvent en deux ou trois fois à une ou deux semaines d'intervalle. Si nécessaire, une petite intervention chirurgicale permettra d'enlever définitivement cette verrue.

Vers intestinaux

Les vers intestinaux sont des parasites, visibles autour de l'anus ou dans les selles.

Les vers se propagent très facilement, puisque les œufs qui provoquent directement l'infection sont facilement transmis de la main à la bouche, notamment chez les petits enfants. Il existe principalement trois sortes de vers intestinaux en Europe.

▶ **Les oxyures.** L'enfant a des démangeaisons autour de l'anus, souvent la nuit. En observant son anus, vous remarquez la présence de petits vers blancs de quelques millimètres de long. Le médecin prescrira un traitement simple, que vous devrez donner à toute la famille à titre préventif. Lavez les draps et nettoyez les matelas pour éviter la contamination.

▶ **L'ascaris.** Ce ver peut provoquer des douleurs abdominales et des vomissements. Il peut aussi être à l'origine de réactions allergiques. Il est rare de mettre en évidence la présence de l'ascaris, qui est un ver de grande taille, souvent supérieur à 10 cm. L'analyse sanguine (éosinophilie) et l'examen des selles permettent de préciser le diagnostic et donc d'adapter le traitement.

▶ **Le ténia.** Les anneaux terminaux de ce parasite se présentent comme des petits rubans blanchâtres de 2 à 3 millimètres de large sur 1 à 2 centimètres de long, qui sont évacués par l'anus, mais en dehors des selles. Ce parasite est transmis essentiellement par la viande de bœuf ou de porc mal cuite. Le médecin prescrira un traitement très simple, mais l'hygiène doit être rigoureuse afin d'éviter les récidives.

VIH

Le VIH, virus de l'immunodéficience humaine, responsable du sida, fait partie d'un groupe particulier de virus dénommés « rétrovirus ». Ce virus est capable de convertir la molécule d'ARN, sur laquelle son matériel génétique est inscrit, en molécule d'ADN, qui peut alors s'intégrer dans le génome humain.

Les virus VIH 1 et VIH 2, sont transmis par voie sexuelle et/ou sanguine.

Le VIH pénètre dans certains globules blancs (lymphocytes), provoquant un déficit immunitaire caractéristique du sida. Le seul traitement efficace est préventif (utilisation de préservatifs), car il n'y a pas, à ce jour, de traitement efficace qui permette d'éliminer le virus d'un organisme contaminé.

VOIR ▶ SIDA.

Virus

Le terme « virus » désigne un certain nombre d'agents pathogènes qui, à la différence des bactéries, ont besoin pour se développer de cellules vivantes, dont ils perturbent le fonctionnement.

Un virus contient du matériel génétique constitué d'une molécule plus ou moins longue d'acide désoxyribonucléique (ADN) ou d'acide ribonucléique (ARN). L'acide nucléique seul pénètre dans la cellule infectée par le virus et s'intègre directement dans le matériel génétique de celle-

ci. Le virus dévie le métabolisme de la cellule pour ne fabriquer que les composants nécessaires à sa propre multiplication. Ainsi, une cellule infectée, avant d'être détruite, produit des centaines de milliers de nouvelles particules virales.

Vision (appréciation de la)

L'appréciation de la vision peut se faire chez le nouveau-né dès les premières heures après sa naissance car il est capable, dans une pièce où la lumière est tamisée, d'avoir des échanges sensoriels avec son environnement.

Le nouveau-né est attiré par les visages, et particulièrement celui de sa mère, d'autant plus si celle-ci lui parle en même temps. Il dirige également son regard vers une lumière douce ou des objets brillants ou suffisamment contrastés (bandes noires et blanches). Dès les premiers jours après la naissance, le nouveau-né peut déplacer son regard sur un angle de plusieurs dizaines de degrés.

Si, lors de plusieurs examens successifs, le nourrisson ne fixe pas son regard ou s'il effectue des mouvements lents de balayage, il peut souffrir d'amblyopie (déficit visuel). De même, un enfant qui continuerait de loucher après 7 mois doit être montré au médecin, car ce strabisme peut être le signe d'un trouble de la vision L'acuité visuelle, qui est de quatre à cinq dixièmes à la fin de la première année, atteint neuf dixièmes entre 3 et 5 ans, période au cours de laquelle sont effectués les tests de dépistage par le médecin scolaire. Des maux de tête ou des difficultés d'accommodation peuvent être le signe de troubles visuels.

Vitamines

Les vitamines sont des substances nécessaires à la vie et au développement de l'organisme.

Dès la naissance, de la vitamine K est administrée au nouveau-né. En effet, cette vitamine, qui joue un rôle essentiel dans la fabrication des facteurs de la coagulation, ne traverse pas le placenta : le nouveau-né en est donc dépourvu pendant quelques jours avant qu'elle ne commence à être fabriquée par des bactéries de l'intestin.

La majorité des vitamines sont apportées par l'alimentation : lait de la mère ou laits artificiels chez le nourrisson, puis, surtout, végétaux (fruits et légumes) lors de la diversification de l'alimentation. Une alimentation équilibrée, donc variée, est le gage d'un apport vitaminique suffisant. Il n'y a donc pas lieu de donner des suppléments vitaminiques à un enfant bien portant. En revanche, dans certains cas (infections, maladies chroniques), un apport complémentaire prescrit par le médecin peut s'avérer nécessaire.

Seule la vitamine D doit faire l'objet d'une supplémentation médicamenteuse en dehors de toute maladie. Cela est dû à un apport alimentaire limité chez le nourrisson conjugué à une fabrication insuffisante chez les petits enfants, surtout en cas d'ensoleillement médiocre (la synthèse de vitamine D par l'organisme se fait sous l'effet du soleil et, chez les enfants, la surface cutanée exposée est faible).

Vomissements

Les vomissements sont fréquents chez le nourrisson et l'enfant. Ils peuvent être occasionnels ou traduire une maladie digestive.

Associés à une diarrhée et éventuellement à de la fièvre, les vomissements sont en général dus à une gastro-entérite.

Si votre enfant, déjà atteint d'une infection, vomit brutalement, consultez immédiatement votre médecin. Ces vomissements peuvent en effet révéler une méningite ou une infection ORL ou urinaire. Les vomissements bilieux sont verts et peuvent être le signe d'une occlusion intestinale. La présence de filets de sang dans les vomissements traduit des lésions de l'estomac ou de l'œsophage. Une fibroscopie digestive permettra d'en préciser l'origine et d'adapter le traitement.

Un vomissement isolé (ou un épisode de vomissements successifs), en l'absence de fièvre, de diarrhée et d'altération de l'état général, est considéré comme occasionnel ; il est le plus souvent bénin. Il faut cependant toujours penser à une cause alimentaire (intoxication).

La sténose – rétrécissement – du pylore (anneau musculaire qui sépare l'estomac du duodénum) peut être à l'origine de vomissements chez un nourrisson de moins de 3 mois. Dans ce cas, une intervention chirurgicale bénigne est nécessaire.

Les vomissements sont à distinguer d'un reflux gastro-œsophagien qui traduit un reflux passif du contenu de l'estomac du fait d'une mauvaise fermeture de l'angle supérieur qui permet de fermer l'estomac.

Les vomissements peuvent provoquer une déshydratation, surtout si l'enfant refuse de s'alimenter. Aussi est-il impératif d'en déterminer les causes le plus tôt possible.

Vulvite

La vulvite, ou inflammation de la vulve, se traduit chez la petite fille par une rougeur des organes génitaux externes et une douleur ou un prurit lorsqu'elle urine.

Il est exceptionnel qu'une petite fille ait une vaginite (inflammation du vagin) avant la puberté. Il se peut qu'elle ait subi un traumatisme ou qu'un corps étranger ait été introduit dans le vagin.

L'irritation des organes génitaux externes peut être provoquée par une masturbation, ce qui est sans gravité. Elle peut aussi provenir de la présence de vers, les oxyures, jusque-là passés inaperçus (oxyurose). Le médecin prescrira un traitement local peu agressif afin de ne pas provoquer à nouveau une irritation. En cas d'oxyurose, un médicament spécifique sera donné.

Souvent, la vulvite est due à un problème d'hygiène, notamment lorsque la fillette apprend à aller seule aux toilettes. Il est important d'apprendre aux petites filles à s'essuyer d'avant en arrière après avoir été à la selle et non, comme cela apparaît plus facile, d'arrière en avant.

VOIR ▸ VERS INTESTINAUX.

Zona

Le zona est une affection virale douloureuse, qui se manifeste par des vésicules sur la peau, localisées sur le trajet des nerfs sensitifs.

Un enfant qui a déjà eu la varicelle peut avoir un zona quelque temps après. En effet, lorsque l'on contracte la varicelle, le virus n'est pas définitivement éliminé et reste dans les ganglions nerveux. Lors d'une diminution passagère de l'immunité (infection virale ou traitement de longue durée), le virus peut provoquer une éruption cutanée localisée

L'éruption, parfois précédée d'une sensation de cuisson ou de brûlure, débute habituellement par une rougeur (érythème), suivie de l'apparition de vésicules qui se transforment rapidement en croûtes, comme au cours de la varicelle. Une application locale d'antiseptique suffit à activer la guérison. Un sirop antihistaminique atténue les démangeaisons. Si le zona se localise sur le visage (zona ophtalmique) ou si l'enfant est particulièrement affaibli, le médecin prescrira un traitement antiviral spécifique, et ce dans les meilleurs délais. Les personnes immunodéficientes doivent éviter d'être en contact avec des enfants atteints par la varicelle. Des anticorps spécifiques (immunoglobulines) peuvent leur être administrés, associés à un traitement antiviral.

Soigner par l'homéopathie

En prévention ou en traitement, l'homéopathie privilégie une approche globale et personnelle du patient. Elle tient compte de ses symptômes, mais aussi de son caractère et de ses habitudes de vie. C'est sans doute pourquoi de plus en plus de parents l'adoptent, de manière ponctuelle ou régulière, pour soigner leurs enfants.

▶ Qu'est-ce que l'homéopathie ?

Dès l'Antiquité, l'œuvre d'Hippocrate (v. 460 - v. 377 av. J.-C.) comporte quelques évocations du principe de similitude, qui est la notion fondamentale de l'homéopathie. Mais c'est Christian Friedrich Samuel Hahnemann (1755-1843) qui pose réellement les fondements théoriques et pratiques de l'homéopathie.

L'origine

Médecin de formation, il abandonne assez rapidement l'exercice de son art, tant il est déçu par les moyens de diagnostic et de traitement que propose la médecine de son temps. En effet, on utilise alors la classification de Galien, selon laquelle les maladies sont dues à des excès de chaleur, de froid, d'humidité ou de sécheresse. Les remèdes sont élaborés selon les mêmes catégories sommaires. Hahnemann décide donc de se consacrer à la recherche et à l'érudition, traduit de nombreux ouvrages médicaux et prend l'habitude d'annoter ses traductions quand il n'est pas d'accord avec l'auteur.

Les expérimentations et la *Matière médicale*

C'est ainsi qu'en 1790, il s'élève contre l'opinion de Cullen, un médecin dont il traduit un traité de matière médicale. Cullen pense que le quinquina est recommandé dans le traitement de la fièvre intermittente parce qu'il agit sur l'estomac et le fortifie. Pour réfuter cette hypothèse, Hahnemann s'administre des doses de quinquina. Il tombe brièvement malade et présente tous les symptômes de la fièvre intermittente. Il émet alors l'hypothèse qu'un remède provoque chez un sujet sain les symptômes qu'il soigne chez un sujet malade. La preuve est faite de l'efficacité du traitement par les semblables. Hahnemann continue par la suite de tester sur lui et sur ses proches les propriétés de nombreuses substances. Il en tire, dès 1821, une *Matière médicale pure* dans laquelle il consigne les propriétés curatives des remèdes testés. Considérablement augmentée au cours des années et des expérimentations, cette *Matière médicale* est aujourd'hui utilisée par les homéopathes dans ses formes résumées, ou grâce à des répertoires de symptômes qui orientent la prescription.

La formation des praticiens

L'homéopathie n'est pas une spécialité, mais une orientation thérapeutique à laquelle certains médecins choisissent de se former, pendant ou après leurs études universitaires. Ils peuvent donc vous prescrire un traitement allopathique lorsque celui-ci s'impose. Pour trouver le nom d'un médecin homéopathe, cherchez les rubriques « médecine générale orientation homéopathie » ou « pédiatrie orientation homéopathie ».

▶ Comment ça marche ?

L'homéopathie repose sur trois principes thérapeutiques fondamentaux : la similitude, l'individualisation et la globalité.

La similitude

Comme le montre l'exemple du quinquina, pour qu'un remède soit efficace, il doit provoquer chez le sujet sain les mêmes symptômes que ceux qu'éprouve le patient malade. Le mot même d'homéopathie signifie ce principe puisqu'il est formé sur le grec *homoios* (semblable) et *pathos* (ce que l'on éprouve). Ainsi, plus la similitude des symptômes est grande, et plus le remède est efficace. C'est pourquoi il est essentiel pour l'homéopathe de connaître avec le plus de précision possible les symptômes de son patient.

L'individualisation

L'observation montre que, pour un même trouble, chaque patient présente des symptômes personnels. Ainsi, deux enfants piqués par un insecte ne réagissent pas forcément de la même manière. L'un présente par exemple un œdème rosé, et éprouve une sensation de piqûre ; l'autre ressent plutôt une sensation de brûlure et des démangeaisons. L'homéopathe prescrit alors *Appis mellifica* au premier, *Urtica urens* au second. Chaque patient développe donc une forme personnelle de la maladie, reconnaissable par des symptômes communs, mais qui s'exprime aussi au travers de symptômes singuliers, propres à chaque individu. C'est pourquoi l'homéopathe accorde une attention toute particulière aux moindres détails, qui lui permettent d'affiner sa prescription.

La globalité

Pour appliquer au mieux le principe de similitude et trouver le remède le plus adapté à la pathologie de son patient, l'homéopathe doit prendre en compte tous les troubles, y compris ceux qui paraissent indépendants de l'affection principale. Ainsi, lors d'une consultation pour un rhume, l'homéopathe s'intéresse à tous les symptômes : écoulements nasaux, fièvre, maux de tête, mais aussi, par exemple, une grande irritabilité, une douleur associée à certains mouvements, etc. Il cherche ensuite le remède pour tous ces symptômes. Deux choix sont alors possibles : le choix uniciste, pour lequel le médecin recherche un seul remède, recouvrant tous les symptômes, ou le choix pluraliste, qui combine plusieurs remèdes.

Le choix de la bonne dilution

Hahnemann constate, au fil de ses expérimentations, que plus le remède correspond aux symptômes du malade, plus sa dilution doit être haute pour être pleinement efficace. Les hautes dilutions sont efficaces pour traiter les problèmes profonds du patient.

La profondeur de leur action thérapeutique fait qu'elles sont exclusivement réservées à la prescription par un homéopathe. Pour l'automédication des petits maux de la vie courante, vous utiliserez les basses dissolutions (5 ou 7 CH).

Dans tous les cas, le but est de guérir le malade plus que la maladie. L'homéopathe cherche toujours à restaurer l'équilibre global de son patient.

▶ Le remède homéopathique

Au cours de ses premières expériences, Samuel Hahnemann constate que le traitement par le semblable entraîne en premier lieu une aggravation de l'état du malade, puis son amélioration. Il en conclut que l'action du remède s'additionne dans un premier temps à la maladie, et que le corps réagit ensuite à cet ensemble pour guérir.

Infinitésimalité et dynamisation

Afin d'éviter les phénomènes toxiques, Hahnemann commence à diminuer progressivement les quantités de remède qu'il administre aux malades. Il dilue une quantité de remède dans 99 quantités d'eau ou de lactose. C'est la dilution centésimale hahnemannienne (CH). Par des dilutions successives, il arrive aux doses infinitésimales que l'on utilise encore aujourd'hui. Chaque dilution est suivie d'une étape de « dynamisation », pendant laquelle la solution est vivement agitée. Cette étape est essentielle. Sans elle, le remède perd ses propriétés thérapeutiques.

Ce mode de préparation est la principale source de critiques pour les détracteurs de l'homéopathie. En effet, à partir de 6 ou 7 CH, le médicament ne peut plus exercer une activité pharmacologique classique ; à partir de 11 CH, il ne peut en principe plus contenir de molécules de la substance de base. Le mode d'action des remèdes homéopathiques est donc nécessairement différent de celui des médiaments allopathiques.

Un remède particulièrement adapté à l'enfant

Les caractéristiques des remèdes homéopathiques les rendent particulièrement rassurants et faciles d'utilisation pour les parents.

La dilution du principe actif rend le médicament homéopathique non toxique, même si votre enfant avale accidentellement une quantité trop importante, voire un tube entier.

Grâce à leur goût sucré et à leur petite taille, granules et globules sont bien acceptés par les enfants. Les autres préparations disponibles (sirops, gouttes, pommades, suppositoires) sont également faciles à donner.

Comment administrer le remède ?

Pour le nourrisson allaité, c'est la mère qui prend le remède, à raison de 6 prises par jour, car celui-ci passe dans le lait maternel.

Pour le bébé nourri au biberon, diluez le remède dans un petit biberon d'eau et donnez quelques gorgées tout au long de la journée. Avant chaque prise, secouez énergiquement le biberon et conservez-le au réfrigérateur entre les prises.

Pour le jeune enfant, on laisse fondre les granules entre la joue et la gencive. À partir de 3 ans, on place les granules sous la langue de l'enfant en lui demandant de les laisser fondre.

▶ La consultation

La consultation chez un homéopathe est différente d'une consultation classique. Elle dure plus longtemps, surtout dans le cas d'une première visite.

Décrire les symptômes

Votre médecin homéopathe cherche à définir, à chaque consultation, le remède le mieux adapté à l'état de santé de votre enfant. Il a pour cela besoin de toutes les précisions possibles, afin de cerner au mieux l'ensemble des symptômes. Chez le bébé ou l'enfant, la description du symptôme se fonde sur les observations faites par les parents. C'est à vous d'être le plus précis possible ; ainsi, observez attentivement votre enfant et, lors de la consultation, commencez par décrire les signes qui vous ont amenés chez le médecin homéopathe. Précisez les causes qui peuvent être à l'origine de ces symptômes, ou les événements qui ont eu lieu avant leur apparition (voyage, séparation, épisode de froid, etc.).

Notez ce qui soulage l'enfant et ce qui aggrave son malaise (massage, promenade, nourriture, etc.).

Faites également part de toutes les réactions de votre enfant, y compris celles qui vous semblent secondaires : Est-il abattu ? Pleure-t-il plus ou moins que d'habitude ? Son rythme s'est-il modifié ?

De plus, le médecin homéopathe va lui-même observer le comportement de l'enfant pendant la consultation : agitation, fièvre, pleurs…

Décrire le malade

La description des symptômes ponctuels de l'enfant ne suffit pas à l'homéopathe. Dans le cadre d'un suivi pédiatrique, il adopte toujours une approche globale de l'enfant. Il a donc également besoin de connaître ses habitudes, ses réactions générales, la qualité de son sommeil, la constance de son humeur, etc.

Pour un très jeune enfant, l'homéopathe peut également vous demander des précisions sur la grossesse et l'accouchement. La façon dont l'enfant est venu au monde, les facteurs héréditaires sont importants pour comprendre ses réactions. La période de la grossesse peut en effet influer sur le rythme de vie de votre enfant.

Toutes ces informations sont autant d'indices qui permettent au médecin d'affiner le choix du remède adapté à votre enfant, non seulement pour soigner la maladie, mais aussi pour favoriser un équilibre global de sa santé.

La prescription

La première visite chez l'homéopathe est longue, car elle permet de dresser le « profil » de votre enfant. D'une manière générale, le suivi homéopathique dès le plus jeune âge permet de constituer un dossier qui suivra votre enfant, et s'enrichira au fur et à mesure des épisodes de sa vie. C'est le meilleur moyen de globaliser sa prise en charge et de permettre à l'homéopathe de prescrire les remèdes les plus adaptés à ses besoins.

L'homéopathe peut prescrire des remèdes de différents niveaux. La prescription symptomatique s'attache au traitement des symptômes

Quand peut-on utiliser l'automédication ?

D'une manière générale, vous devez systématiquement montrer votre enfant à un médecin s'il est malade. Le recours à l'automédication est normalement proscrit. Cependant, pour les petits maux sans gravité de la vie quotidienne (coups, « bleus », piqûres d'insectes, etc.), un soin sans prescription peut être donné à l'enfant. Il est dans ce cas recommandé d'avoir recours à une pharmacie familiale, constituée avec l'aide de l'homéopathe, en fonction du « terrain familial », et adaptée à chaque membre de la famille.

de la maladie pour laquelle vous consultez. Quand le médecin connaît bien votre enfant, il peut proposer un traitement «de fond». Dans ce cas, la maladie, aiguë ou chronique, est considérée comme la manifestation d'un «terrain» perturbé, qui englobe les caractéristiques physiques, mais aussi psychologiques et émotionnelles de l'enfant. L'homéopathe cherche alors le remède «similimum» de haut niveau, capable de restaurer un équilibre global.

De bonnes habitudes

Le choix ponctuel ou régulier de l'homéopathie comme moyen thérapeutique est l'occasion d'adopter une bonne hygiène de vie. L'homéopathe vous questionnera systématiquement sur l'alimentation de votre bébé, son sommeil, son environnement, etc., et pourra vous conseiller d'adopter des habitudes de vie plus saines.

▶ L'homéopathie jusqu'à 1 an

Pour les petits maux de la vie courante, vous pouvez avoir recours à l'automédication, en donnant des remèdes que votre homéopathe vous a déjà prescrits pour cet enfant. Consultez s'il n'y aucun signe d'amélioration dans les 48 heures. Il n'existe pas de contre-indication au traitement homéopathique du nouveau-né.

Les troubles de la dentition

Les poussées dentaires sont en général des périodes difficiles pour votre nourrisson. La douleur est bien supportée par certains bébés, mais la plupart souffrent beaucoup et leurs maux peuvent être efficacement diminués par un traitement homéopathique approprié. En fonction des symptômes et des facteurs d'amélioration ou d'aggravation, vous pouvez donner,

Les poussées dentaires et la fièvre jusqu'à 1 an

Trouble	Description des symptômes	Remède
LES DENTS	• Souffrance aiguë, douleur calmée lorsque l'enfant est pris dans les bras	▷ *Chamomilla vulgaris*
	• Œdème des gencives, douleur calmée par une pression sur la gencive	▷ *Apis mellifica, Bryonia alba, Magnesia carbonica, Phytolacca decandra*
	• Douleurs violentes atténuées par l'eau froide	▷ *Coffea cruda*
	• Dentition retardée	▷ *Calcarea carbonica, Calcarea phosphorica, Ferrum metallicum, Fluoricum acidum ou Silicea*
	• Poussée dentaire accompagnée d'une grande irritabilité	▷ *Staphysagria*
LA FIÈVRE	• Fièvre apparue brutalement, consécutive à un coup de froid ou une frayeur	▷ *Aconitus napellus*
	• Fièvre consécutive à une exposition à l'humidité	▷ *Dulcamara*
	• Fièvre accompagnée de rougeur, et parfois de délire	▷ *Belladonna*
	• Fièvre survenue le soir, précédée de frissons et d'une sensation de soif intense	▷ *Bryonia alba*
	• Fièvre associée à une éruption, faiblesse sans frissons	▷ *Gelsemium sempervirens*

Les troubles digestifs jusqu'à 1 an

Trouble	Description des symptômes	Remède
HOQUET ET RENVOIS	• Hoquet	▷ *Teucrium marum*
	• Régurgitations (selon les symptômes)	▷ *Arsenicum album, Asa foetida, Bryonia alba, Bismuthum, Cadmium sulfuratum, Zincum metallicum.*
CONSTIPATION ET DIARRHÉE	• Constipation au cours de l'allaitement au sein	▷ *Alumina, Apis mellifica, Bryonia alba, Nux vomica, Opium, Veratrum album*
	• Constipation du nouveau-né	▷ *Crocus sativus, Nux vomica, Opium, Sulfur, Zincum metallicum*
	• Diarrhée associée à une intolérance au lait	▷ *Aethusa cynapium*
	• Diarrhée avec douleur brûlante à l'anus, survenant souvent chez l'enfant nourri au sein	▷ *Arundo mauritanica*
	• Diarrhée chaude, jaune verdâtre, fétide, accompagnée de colique, survenant souvent pendant la dentition	▷ *Chamomilla vulgaris*
COLIQUES	• Coliques du nouveau-né : l'enfant est plié en deux	▷ *Colocynthis*
	• Coliques du nouveau-né : l'enfant a des crampes dans le ventre	▷ *Cuprum metallicum*

avec les conseils de votre homéopathe, un des remèdes présentés dans le tableau des symptômes de la page précédente.

La fièvre

La fièvre n'est pas une maladie mais une réaction de l'organisme à une agression. Toutefois, elle peut être dangereuse chez le nourrisson à partir de 38,5 °C. Vous devez donc impérativement consulter un médecin si votre enfant a une fièvre forte ou prolongée.

En attendant le pédiatre, vous pouvez faire baisser la température de l'enfant en le déshabillant et en lui donnant un bain tiède. Faites-le également boire régulièrement pour éviter la déshydratation. Parmi les 400 médicaments homéopathiques prescrits en cas de fièvre, les plus utilisés sont recensés dans le tableau des symptômes de la page précédente.

Les troubles digestifs

Les principaux remèdes sont répertoriés dans le tableau ci-dessus.

Le hoquet • C'est un mécanisme réflexe normal et il ne doit pas vous inquiéter, sauf s'il se prolonge et devient insupportable pour l'enfant.

Les régurgitations • Elles sont le signe d'une digestion difficile. Un traitement homéopathique peut compléter un régime à base de laits anti-rejet et d'épaississants.

La constipation • Les selles sont dures et expulsées moins d'une fois par jour, avec difficulté. La constipation doit être traitée rapidement.

La diarrhée • Les selles sont molles et malodorantes. Vous devez consulter sans tarder un médecin, pour éviter une déshydratation.

Les coliques • Ce sont des douleurs spasmodiques dues à la distension du tube digestif lors d'une digestion anormale.

L'homéopathie pour l'enfant de 1 à 3 ans

C'est le moment de commencer si nécessaire les traitements préventifs, qui renforcent les défenses de votre enfant en prévision de son entrée à la crèche ou à l'école et de sa mise en contact avec les infections extérieures au cercle familial.

Les rhumes

Les rhumes sont des inflammations de la muqueuse des fosses nasales. Ils sont généralement bénins mais doivent être surveillés s'ils ne guérissent pas en quelques jours. La persistance des symptômes peut révéler un terrain propice aux infections, que l'homéopathe peut soigner par un traitement de fond. Les principaux remèdes que vous pouvez donner sont résumés dans le tableau des symptômes ci-dessous.

Les otites

Ce sont des inflammations de l'oreille externe ou moyenne. Les otites moyennes sont fréquentes chez les enfants et doivent être bien traitées pour éviter les récidives et les complications. En cas d'otites à répétition, votre homéopathe s'orientera vers un traitement global qui vise à traiter durablement un terrain perturbé et à restaurer de bonnes défenses contre l'infection. Les remèdes possibles sont, entre autres : *Belladonna, Aconitum napellus, Arsenicum album, Ferrum phosphoricum…*

Les petits maux de l'enfant de 1 à 3 ans

Trouble	Description des symptômes	Remède
LES RHUMES	• Aggravation au froid	▷ *Mercurius solubilis, Phosphoricum acidum*
	• Aggravation au chaud	▷ *Allium cepa, Mercurius solubilis*
	• Aggravation au grand air	▷ *Nitricum acidum, Pulsatilla*
	• Enfant encombré, émettant de fréquents petits râles	▷ *Antimonium tartaricum*
LES PIQÛRES D'INSECTES	• Œdème rose pâle et douleur de type piqûre, améliorée par l'application locale de froid	▷ *Apis mellifica*
	• Œdème, brûlures et démangeaisons aggravées par le bain et la chaleur	▷ *Urtica urens*
	• Plaie froide et marbrée, élancements persistants	▷ *Ledum palustre*
LES PETITS TRAUMATISMES	• Brûlure au premier degré	▷ *Cantharis vesicatoria, Arsenicum album* si la douleur persiste
	• Coup, chute sans plaie ouverte	▷ *Arnica montana* en pommade ou compresses imprégnées
	• Coup, chute avec plaie légère	▷ *Calendulla officinalis* en compresses imprégnées
	• Coup, chute avec ecchymose	▷ *Arnica montana*
	• Plaie avec peau déchiquetée	▷ *Calendula officinalis*
	• Plaie par objet pointu	▷ *Ledum palustre*
	• Saignement	▷ *China officinalis*

Les rhinopharyngites

Ce sont des inflammations des muqueuses des fosses nasales et du pharynx. Elles s'accompagnent souvent d'otites, provoquées par l'obstruction de la trompe d'Eustache. Les médicaments préconisés sont, selon les symptômes : *Aconitum napellus*, *Arsenicum album*, *Belladonna*, *Calcarea carbonica*, *Calcarea sulfurica*, *Capsium annuum*, *Chamomilla vulgaris*, *Mercurius solubilis*, etc.

Les piqûres d'insectes

Les piqûres d'insectes provoquent des réactions superficielles de la peau. Quoique désagréables, ces piqûres sont bénignes dans la plupart des cas, mais elles peuvent provoquer des réactions allergiques. N'hésitez pas à consulter un médecin si l'œdème est très important. Pour les cas sans gravité, reportez-vous au tableau des symptômes de la page précédente.

Les petits traumatismes

Ce sont les petits maux de la vie quotidienne les plus fréquents chez les enfants. Chutes, coups, plaies se multiplient au moment de l'acquisition de la marche et de la découverte de son environnement. L'enfant a encore un équilibre précaire et les occasions de chute sont fréquentes. Son autonomie de déplacement grandit et ses explorations se soldent souvent par de petits bobos.

Veillez à sécuriser les endroits dangereux de la maison (cuisine, escaliers…) et ayez toujours en réserve quelques remèdes contre les petits traumatismes, comme ceux qui sont recommandés dans le tableau des symptômes de la page précédente.

▶ L'homéopathie pour l'enfant de 3 à 6 ans

À partir de 3 ans, l'école devient le deuxième lieu de vie de votre enfant. Il y passe une grande partie de son temps et y fait l'apprentissage de la vie communautaire. Il y est aussi plus exposé aux infections diverses qui se transmettent facilement d'un enfant à l'autre. L'homéopathie permet de mener une bonne prévention, d'assurer le traitement en profondeur des terrains fragiles et peut éviter les maladies à répétition. Elle permet aussi de résoudre les angoisses et les petits troubles émotionnels qui peuvent surgir au moment de la scolarisation.

L'énurésie

Un enfant qui souffre d'énurésie fait pipi au lit. En cas d'énurésie primaire, l'enfant n'a jamais acquis la propreté. Cela peut être dû à un défaut de maturité des voies urinaires, à une infection urinaire, ou à des troubles d'ordre psychologique ou émotionnel. En cas d'énurésie secondaire, l'enfant se remet à faire pipi au lit après avoir été propre pendant un temps. Cette forme d'énurésie est le plus souvent liée à un choc émotionnel (entrée à l'école, séparation, déménagement, etc.). En fonction de l'origine de l'énurésie, votre homéopathe prescrira un traitement adapté, mais celui-ci peut s'avérer long.

Les troubles du caractère et du comportement

Le caractère de votre enfant peut être décrit par un ensemble de paramètres qui déterminent son profil homéopathique. Les troubles du comportement relèvent donc d'un traitement de fond, dans le cadre duquel l'homéopathe cherche à obtenir un résultat global. Ce sont toujours des traitements de longue haleine. Le remède choisi tient compte d'un grand nombre de traits de caractère et d'habitudes de vie de l'enfant. Il est donc éminemment personnel et seul un praticien peut le déterminer. À titre d'exemple, si votre enfant est un grand jaloux, il se verra peut-être prescrire *Hyoscyamus niger*, *Lachesis mutus* ou *Nux vomica*.

Les troubles du sommeil

Les troubles du sommeil peuvent apparaître dès la naissance. Ils montrent des difficultés à se synchroniser sur le rythme jour-nuit. On peut traiter ce genre de troubles par *Luesinum*.

Si les troubles du sommeil apparaissent plus tard, ils sont dus à un facteur déclenchant qu'il convient de découvrir. Si votre enfant est très agité le soir et que cela l'empêche de s'endormir, recherchez les raisons de cette agitation : angoisse de la séparation, repas trop copieux, chambre surchauffée, etc. Si votre enfant se réveille en pleine nuit, cela peut être dû à des cauchemars. Les terreurs nocturnes et cauchemars sont fréquents autour de 4 ans. Ils traduisent un passage difficile du sommeil profond au sommeil paradoxal et disparaissent quand le rythme de sommeil se stabilise. Un traitement homéopathique adapté peut prévenir leur répétition.

Soigner par l'ostéopathie

La pratique de l'ostéopathie se généralise. Désormais, beaucoup de médecins et de pédiatres la recommandent en complément ou en parallèle de la médecine classique, pour traiter certaines pathologies de l'enfant. Les succès qu'elle remporte dans de nombreux domaines et la douceur des soins expliquent l'attrait croissant qu'elle exerce sur les parents de jeunes enfants.

▶ Qu'est-ce que l'ostéopathie ?

L'ostéopathie est un mode de pensée et de soins. Le champ de ses applications est très large et ne se limite pas au traitement d'un mal de dos ou d'une douleur articulaire.

La physiologie du corps sain

L'ostéopathie se fonde sur une étude approfondie de la physiologie du corps humain. Cette étude permet de connaître avec précision le mode de fonctionnement d'un corps sain. Elle établit la façon dont les organes, les os et les tissus s'articulent entre eux. C'est pourquoi on parle communément d'ostéopathie articulaire, sans que cette pratique se limite aux articulations osseuses.

La pathologie

Les pathologies que l'ostéopathe peut traiter sont celles qui manifestent une dysfonction du corps. La dysfonction se traduit par une diminution ou une perte du mouvement qui est possible lorsque le corps est sain. Cette dysfonction peut être d'origine traumatique (une chute, un accident, un coup), psycho-émotionnelle (une séparation, un décès, une angoisse) ou chimique (une intoxication). L'ostéopathie ne prétend pas traiter les maladies infectieuses (grippe) ou dégénératives (cancer). En revanche, elle peut contribuer à l'amélioration du bien-être du malade. Elle peut traiter certains effets secondaires d'un traitement allopathique lourd. Elle peut enfin accélérer le rétablissement d'un convalescent et éviter les récidives.

Le traitement

Le traitement ostéopathique vise à éliminer la dysfonction en restaurant un bon fonctionnement du corps. Il agit sur la mobilité des tissus et des organes en relançant le mouvement naturel des systèmes corporels. Le but est d'aider le corps à retrouver le fonctionnement optimal dont il est capable. L'ostéopathe peut agir sur les différents systèmes du corps humain, au niveau articulaire, circulatoire, crânien, respiratoire ou viscéral.

La formation des ostéopathes

En France, les ostéopathes reçoivent un enseignement privé reconnu par l'État. La formation vise à leur donner une excellente connaissance de la physiologie du corps humain. L'apprentissage de la biomécanique, de la clinique médicale et ostéopathique leur permet de diagnostiquer les dysfonctions, et de les traiter par des manipulations douces.

▶ La consultation

Beaucoup de parents consultent un ostéopathe à la suite d'échecs répétés avec des traitements classiques. Or l'ostéopathie n'est pas un dernier recours. Elle est complémentaire de la médecine classique.

Pourquoi consulter un ostéopathe ?

Pour traiter votre bébé ou votre enfant, l'ostéopathe agit toujours dans le cadre du suivi pédiatrique obligatoire. Ainsi, dans le traitement de troubles de la vue, l'ostéopathe peut contribuer aux progrès du jeune patient en parallèle d'un traitement orthoptique. Cette approche pluridisciplinaire est donc souvent très bénéfique.

Comment se passe une consultation ?

Le diagnostic de l'ostéopathe se fonde sur l'interrogatoire des parents et l'examen de l'enfant. Le thérapeute s'informe sur les symptômes que vous avez observés, sur l'origine de ces troubles. L'examen de l'enfant permet de déceler les dysfonctions qui sont à l'origine des troubles. Celles-ci se manifestent par des blocages ou des pertes de mobilité tissulaire.

Les outils de travail de l'ostéopathe sont ses mains. Par des mobilisations, l'ostéopathe traite les dysfonctions qu'il a mises en évidence. Il cherche à restaurer la mobilité initiale pour rétablir la fonction normale du corps sain. Le traitement ostéopathique se fait selon une approche globale et considère l'équilibre du corps de l'enfant dans son ensemble.

▶ L'ostéopathie jusqu'à 1 an

Certaines pathologies du nourrisson peuvent être traitées par l'ostéopathie. Aussi le thérapeute peut-il accompagner l'enfant dans la première année de son développement et participer à l'équilibre et à la santé du futur adulte.

La première visite

D'une manière générale, et même en l'absence de pathologies visibles, vous pouvez montrer votre nourrisson à un ostéopathe immédiatement après la naissance. Cette première visite, qui se situe idéalement avant 3 mois, correspond à la première visite obligatoire chez le pédiatre. Elle permet de vérifier la santé de votre enfant, et de déceler d'éventuels problèmes. Elle est aussi l'occasion d'ouvrir un dossier ostéopathique qui va suivre votre enfant tout au long de sa vie.

Les dysfonctions crâniennes

Elles sont souvent visibles dans la forme du crâne de votre enfant : il présente par exemple des déformations, une bosse ou un méplat important. Vous pouvez aussi être alertés par une asymétrie de la tête ou du visage. Dans le cas d'un accouchement sans complications, il est rare que le crâne pré-sente des déformations. En revanche, cela arrive fréquemment lorsque la naissance a été assistée par forceps, spatules ou césarienne. Ces déformations peuvent se résoudre d'elles-mêmes dans les premiers mois de la vie, mais un traitement ostéopathique est souvent nécessaire. En effet, une dysfonction crânienne peut entraîner des pathologies secondaires, comme un retard de croissance ou des perturbations du sommeil.

Le retard de développement psychomoteur

Votre enfant ne semble pas présent à lui-même et aux personnes qui l'entourent. Il ne tient pas son regard. Il n'ouvre pas la relation maternelle à son père, puis aux autres adultes et enfants de son entourage. Il n'est pas à l'aise dans ses mouvements puis dans ses déplacements. Les problèmes psychomoteurs peuvent découler d'une dysfonction crânienne.

Les troubles du sommeil

Votre bébé ne synchronise pas progressivement ses périodes de sommeil sur le jour et la nuit. Son rythme de sommeil n'est pas régulier. Votre enfant a des difficultés d'endormissement. Il est très agité. Les problèmes de régulation du sommeil sont le plus souvent dus à une dysfonction crânienne, liée à l'accouchement.

Le torticolis congénital

Votre enfant a en permanence la tête penchée d'un côté. Provoqué par une mauvaise position du fœtus dans l'utérus, le torticolis congénital se traite très bien par ostéopathie. L'ostéopathe remet la tête de l'enfant dans une position normale, et ce d'autant plus efficacement que l'enfant est soigné tôt.

Les problèmes de digestion

Votre enfant régurgite de façon anormale. Les régurgitations sont anormales si elles sont fréquentes et surviennent longtemps après la tétée ou le biberon, si elles s'accompagnent de douleurs. Votre enfant pleure beaucoup. Il refuse de téter ou de prendre son biberon. Il a des coliques. Une digestion difficile peut être due à une mauvaise articulation des organes du système digestif. Par des manipulations douces, l'ostéopathe peut restaurer une digestion normale.

L'adaptation post-natale

Beaucoup de troubles du nouveau-né traduisent une adaptation de sa physiologie après la naissance, et disparaissent sans traitement. C'est notamment le cas de la plupart des problèmes de régurgitations, des difficultés de régulation du sommeil, du strabisme d'accommodation.
En revanche, la persistance de ces symptômes ou leur aggravation doivent vous amener à consulter un thérapeute.

L'ostéopathie pour l'enfant de 1 à 3 ans

La période de 1 à 3 ans est riche en évolutions de toutes sortes : passage à la marche debout, acquisition de la parole, socialisation, etc. C'est durant cette période que certaines maladies se précisent. Elles peuvent alors être diagnostiquées et traitées par l'ostéopathe.

Le retard de croissance

La taille et le poids de votre enfant ne suivent pas les courbes de référence moyennes. Cela peut être dû à des tensions au niveau du crâne, causées par un accouchement difficile, mais aussi par une chute de l'enfant, ou un coup reçu à la tête.

Les déséquilibres

Votre enfant perd fréquemment l'équilibre et tombe souvent. Il n'est pas à l'aise dans toutes les positions. Ses déplacements sont hésitants ou maladroits.

Un déséquilibre peut être dû à un blocage du crâne. Il peut également être accentué par de mauvaises habitudes : si vous couchez systématiquement votre enfant dans la même position, vous ne l'habituez pas à varier ses points de vue et vous risquez de provoquer un déséquilibre de sa structure corporelle. Il est donc important de varier ses positions pour éviter l'apparition de dissymétries. D'autre part, tant que le déséquilibre n'est pas totalement résorbé par le traitement ostéopathique, veillez à ce que les chutes de votre enfant ne provoquent pas de traumatismes.

La constipation et les coliques

Votre enfant souffre d'épisodes de constipation ou de coliques à répétition. Il est souvent ballonné. Comme pour le nourrisson, ces problèmes proviennent de dysfonctions du système digestif. L'ostéopathe cherche alors à restaurer un bon fonctionnement de l'appareil digestif.

Les troubles de la vue

Votre enfant souffre de strabisme (il louche). Dans les tout premiers mois, il est normal que le nourrisson louche de manière intermittente. C'est le signe qu'il apprend à maîtriser la direction de son regard. Ce strabisme d'accommodation n'est ni permanent ni durable. En revanche, un strabisme permanent est anormal. Il est dû à une déviation des axes des yeux. Le traitement ostéopathique permet d'améliorer les progrès de l'enfant, en complément d'un traitement orthoptique.

Les troubles ORL

Votre enfant souffre d'otites ou de rhinopharyngites à répétition. Ces maladies répétées nécessitent un traitement allopathique. Cependant, l'ostéopathe peut améliorer l'état de l'enfant et limiter les récidives par des manipulations très légères du crâne et des vertèbres, qui favorisent un meilleur fonctionnement de toute la zone ORL.

L'ostéopathie pour l'enfant de 3 à 6 ans

Entre 3 et 6 ans, votre enfant fait l'apprentissage de la vie scolaire. Les exigences de la vie en groupe peuvent révéler des troubles du comportement ou des retards psychomoteurs non décelés dans le cadre familial. Durant cette période d'adaptation, certains signes traduisent des dysfonctions que l'ostéopathe peut prendre en charge.

L'énurésie

L'enfant qui souffre d'énurésie fait pipi au lit. L'énurésie primaire (l'enfant n'a jamais été propre) peut être due à une dysfonction du système du bassin ou du crâne, qui perturbe l'influx nerveux entre le cerveau et la vessie. Dans ces cas, le traitement ostéopathique obtient des résultats rapides et durables. Quant à l'énurésie secondaire (l'enfant fait à nouveau pipi au lit après un épisode de propreté), elle est le plus souvent liée à des causes psycho-émotionnelles (une séparation, l'entrée à l'école, un déménagement).

L'irritabilité et l'agressivité

Votre enfant est irritable, souvent grognon. En groupe, il adopte un comportement agressif, voire violent. Il s'oppose systématiquement aux règles parentales et scolaires. Ces troubles du comportement peuvent être liés à des dysfonctions du système crânien, qui perturbent l'acquisition d'une sociabilité normale.

Les problèmes de concentration

Votre enfant a des difficultés à se concentrer. Il « décroche » rapidement et se laisse distraire. Ces problèmes peuvent être dus à une dysfonction crânienne qui empêche le maintien de l'attention.

Formalités pratiques

La naissance de votre enfant vous donne droit à de nombreuses aides. Pour les obtenir, il vous faut cependant remplir certaines formalités administratives et légales (déclaration de naissance, visites médicales obligatoires, etc.). Il faut aussi penser au mode de garde (crèche, nourrice, etc.). Puis, un jour, viendra le moment d'inscrire votre enfant à l'école. Comment faire face à chacune de ces situations nouvelles ? Vous le saurez en consultant ces pages. Les formalités étant propres à chaque pays, elles sont indiquées également pour la Belgique, la Suisse et le Québec.

En France

LES FORMALITÉS

La déclaration de naissance

Elle doit être faite à l'État civil, dans les 3 jours, à compter du lendemain de l'accouchement. Si l'enfant naît un mercredi, un jeudi ou un vendredi, le délai est prolongé au lundi suivant. Les documents suivants sont nécessaires pour l'enregistrement de la déclaration :
– le certificat établi par le médecin ou la sage-femme ;
– le livret de famille (si les parents sont mariés).

Les visites obligatoires

Elles ont lieu à 8 jours, une fois par mois jusqu'à 6 mois, puis à 9 mois, à 12 mois, à 16 mois, à 20 mois, à 24 mois.
Le guide de surveillance médicale et le carnet de santé de l'enfant indiquent les examens obligatoires à effectuer.
Les consultations à 8 jours, 9 mois et 24 mois sont nécessaires pour toucher l'allocation de base de la P.A.J.E. et les prestations familiales, s'il y a deux enfants au foyer. Après 6 ans, il n'y a plus d'actes médicaux obligatoires. Ces visites sont gratuites dans les centres de Protection maternelle et infantile (P.M.I.) et dans l'hôpital où est né l'enfant.

Les vaccinations obligatoires

Les vaccins diphtérie, tétanos et polio – la coqueluche peut être ajoutée (Tetra C.O.Q.) – et le BCG (bacille de Calmette et Guérin) sont obligatoires. Le vaccin R.O.R. (rougeole, oreillons, rubéole) n'est obligatoire que pour les enfants fréquentant des collectivités. Il est remboursé par la Sécurité sociale et recommandé en raison des risques de complications méningées.
Les vaccinations sont gratuites dans les centres de Protection maternelle et infantile (P.M.I.). (Pour consulter le calendrier des vaccinations du nouveau-né, reportez-vous à la page 71.)

La Sécurité sociale de l'enfant

L'enfant peut être rattaché indifféremment à son père ou à sa mère. Le remboursement des soins est pris en charge par le centre de Sécurité sociale et la mutuelle de ce parent.
Il faut envoyer à la Sécurité sociale, après chaque consultation, une feuille de soins ou l'un des feuillets du carnet de maternité.

LES PRESTATIONS FAMILIALES

Tous les mois, la Caisse d'allocations familiales (C.A.F.) verse aux familles des aides légales pour les aider à subvenir aux besoins de leur enfant. Il faut, d'une part, avoir accouché d'un enfant né viable déclaré à l'état civil et, d'autre part, résider, ainsi que l'enfant, en France métropolitaine. Toutes les personnes se trouvant dans ce cas, même celles qui ne sont pas de nationalité française, en bénéficient.
Chaque couple peut choisir lequel des parents sera l'allocataire. Si aucun choix n'a été fait, l'allocataire est automatiquement la femme.
Il faut envoyer à la C.A.F. une fiche d'état civil et les feuilles de soin attestant que l'enfant a bien subi les examens médicaux obligatoires.
Pour toute situation particulière, il est conseillé de consulter sa C.A.F. (www.caf.fr) ou le service social de sa mairie.

La prestation d'accueil du jeune enfant (P.A.J.E.)

La P.A.J.E. s'adresse aux familles ayant un enfant à charge, né ou adopté après le 1er janvier 2004. Elle remplace l'ensemble des prestations liées à la petite enfance (A.P.J.E., A.F.E.A.M.A., A.G.E.D., A.P.E. et A.A.D.).
Les familles conservent leurs prestations sans modification si les enfants sont tous nés avant le 1er janvier 2004. Si une naissance ou une adoption survient après le 1er janvier 2004, la P.A.J.E. se substitue aux autres prestations.
La P.A.J.E. comprend quatre aides :

▶ La prime à la naissance ou à l'adoption

Elle est versée en une seule fois au cours du 7e mois de grossesse ou le mois suivant l'arrivée au foyer pour les enfants adoptés.
Les conditions. Il faut adresser à sa C.A.F. sa déclaration de grossesse dans les 14 premières semaines ou les justificatifs d'adoption et ne pas dépasser la limite des ressources fixée.

▶ L'allocation de base (anciennement A.P.J.E. ou A.A.D.)

Cette allocation est versée chaque mois pour les enfants de moins de 3 ans, de la naissance au mois précédant son 3e anniversaire (pendant 36 mois en cas d'adoption). Elle n'est pas cumulable avec le complément familial.
Les conditions. Il faut avoir fait passer les visites médicales obligatoires à l'enfant et ne pas dépasser le plafond de ressources.

▶ Le complément de libre choix du mode de garde (anciennement A.G.E.D. ou A.F.E.A.M.A.)

Il concerne les enfants de moins de 6 ans gardés par des assistantes maternelles ou des gardes d'enfants à domicile. Cette aide complète la rémunération du salarié et cotisations sociales. Le montant varie selon l'âge de l'enfant, le nombre d'enfants à charge et les ressources des parents.
Les conditions. Les parents doivent justifier d'une activité professionnelle minimum, sauf s'ils bénéficient de l'allocation aux adultes handicapés, du chômage, de l'allocation d'insertion ou de l'allocation de solidarité. Les bénéficiaires du R.M.I. ou de l'allocation parent isolé doivent être titulaires d'un contrat de travail ou d'insertion, ou inscrits à l'A.N.P.E. ou en formation rémunérée. Les couples étudiants peuvent bénéficier de cette aide.

▶ Le complément de libre choix d'activité (anciennement A.P.E.)

Ce complément est versé aux familles dont l'un des parents ne travaille plus ou exerce une activité professionnelle à temps partiel et avec au moins un enfant à charge de moins de 3 ans. Le montant dépend de l'activité professionnelle actuelle ou passée et du nombre d'enfants à charge.

Les conditions. Le parent qui a cessé de travailler ou a choisi un temps partiel doit avoir exercé une activité professionnelle minimum. Cette condition ainsi que la durée de versement varient selon le nombre d'enfants à charge. Avec un enfant à charge, la durée est de 6 mois à partir de la naissance. Avec plusieurs enfants à charge, le versement est perçu à partir du mois suivant la naissance jusqu'au mois précédant le 3e anniversaire de l'enfant.

L'allocation pour jeune enfant (A.P.J.E.)

L'allocation pour jeune enfant est versée aux familles à partir du premier enfant jusqu'à son 3e anniversaire s'il est né avant le 1er janvier 2004 (pour les enfants nés après cette date, voir l'allocation de base de la P.A.J.E.)

Les conditions. L'enfant doit avoir passé les examens médicaux obligatoires, et les ressources des parents ne doivent pas dépasser un certain plafond.

L'allocation d'adoption (A.A.D.)

Pour les familles qui ont adopté un enfant de moins de 20 ans avant le 1er janvier 2004 (après cette date, voir l'allocation de base de la P.A.J.E.), l'allocation d'adoption est versée pendant 21 mois à partir du mois suivant l'arrivée au foyer de l'enfant.

Les conditions. L'enfant adopté doit avoir moins de 20 ans, et les ressources des parents ne doivent pas dépasser un certain plafond.

L'aide à la famille pour l'emploi d'une assistante maternelle agréée (A.F.E.A.M.A.)

Cette aide prend en charge une partie de la rémunération de l'assistante maternelle et des cotisations sociales pour les parents qui font garder leur enfant de moins de 6 ans, nés avant le 1er janvier 2004 (pour les enfants nés après cette date, voir le complément de libre choix du mode de garde de la P.A.J.E.), auprès d'une assistante maternelle agréée.

Les conditions. L'assistante maternelle doit être agréée par la Protection maternelle et infantile (P.M.I.) et elle doit être déclarée par les parents employeurs à l'U.R.S.S.A.F. Sa rémunération ne doit pas dépasser un certain montant.

L'allocation de garde d'enfant à domicile (A.G.E.D.)

Cette allocation aide les parents qui emploient une personne à leur domicile pour garder leur enfant de moins de 6 ans né avant le 1er janvier 2004 (pour les enfants nés après cette date, voir le complément de libre choix du mode de garde de la P.A.J.E.).

Les conditions. L'employée de maison doit être déclarée à l'U.R.S.S.A.F. et les parents doivent justifier d'une activité professionnelle minimum. Le montant de l'allocation de garde d'enfant à domicile varie en fonction des ressources des parents et de l'âge de l'enfant.

L'allocation parentale d'éducation

L'allocation parentale d'éducation (A.P.E.) est versée, sans condition de revenus, aux familles dont l'un des parents ne travaille plus ou travaille à temps partiel depuis la fin du congé légal de maternité (ou de la naissance), jusqu'au 3e anniversaire de l'enfant le plus jeune, né avant le 1er janvier 2004 (pour les enfants nés après cette date, voir le complément de libre choix d'activité de la P.A.J.E.).

En cas de reprise du travail à temps partiel, l'A.P.E. peut être perçue à taux réduit. En revanche, elle ne peut être cumulée avec l'A.P.J.E.

Les conditions. Les familles bénéficient de l'A.P.E. à partir du 2e enfant, à condition que la mère ait travaillé (même à temps partiel) dans les 5 ans précédant la naissance de l'enfant ou dans les 10 ans précédant l'arrivée du 3e enfant, et durant au moins 2 ans pleins.

Les allocations familiales

Les allocations familiales sont versées, à partir du 2e enfant, sans condition de ressources :
– jusqu'au terme de la scolarité obligatoire de l'enfant (16 ans) ;
– jusqu'à 20 ans, si l'enfant est apprenti ou stagiaire en formation professionnelle, s'il est étudiant, ou encore s'il ne travaille pas ou si son salaire mensuel ne dépasse pas 55 % du S.M.I.C.
Pour les jeunes de plus de 16 ans, la situation doit être justifiée par l'imprimé de « Déclaration de situation d'un enfant de moins de 20 ans » avec les justificatifs correspondants.

Les conditions. Il faut avoir au moins deux enfants à charge n'ayant pas dépassé les limites d'âge indiquées ci-dessus.
Le montant. Le montant des allocations familiales est fonction du nombre d'enfants, à partir du 2e enfant, et de leur âge (majoration pour les enfants de plus de 11 ans et plus de 16 ans).

Le complément familial

Le complément familial fait suite à l'allocation de base de la P.A.J.E. ou à l'A.P.J.E. après le 3e anniversaire du dernier enfant. Le complément familial est versé chaque mois. Il n'est pas déterminé par enfant, mais par foyer. Il ne peut se cumuler avec l'allocation de base de la P.A.J.E., le complément de libre choix d'activité, l'A.P.E., l'A.A.D. ou l'A.P.J.E.

Les conditions. Il faut avoir au moins 3 enfants de plus de 3 ans à charge, et ne pas dépasser le plafond de ressources fixé.

L'allocation d'éducation spécialisée

L'allocation d'éducation spécialisée est versée à toute personne ayant la charge d'un enfant handicapé, jusqu'à ses 20 ans, après accord de la Commission départementale de l'éducation spéciale (C.D.E.S.), qui étudie le dossier transmis par la C.A.F. Une partie de ce dossier sera également soumise au médecin traitant de l'enfant.

Les conditions. L'allocation varie suivant le handicap de l'enfant :
– pour une incapacité égale ou supérieure à 80 %, elle est versée avec un complément éventuel ;
– pour une incapacité de 50 à 80 %, elle est versée si l'enfant est inscrit dans un établissement spécialisé ou s'il bénéficie d'une éducation spéciale et de soins à domicile. Elle n'est pas versée si l'enfant est en internat et que les frais de séjour soient pris en charge par l'Assurance maladie, l'État ou l'Aide sociale.

Le montant. Au montant de base peut s'ajouter un complément qui est fonction de l'état de l'enfant.

L'ADOPTION

Dans l'adoption plénière, l'enfant perd tout lien avec sa famille d'origine et obtient, chez sa famille adoptive, le même statut qu'un enfant légitime.
Dans l'adoption simple, l'enfant ne rompt pas tous ses liens avec sa famille biologique. Ses droits héréditaires sont maintenus. L'adoption simple est révocable et ne requiert pas d'agrément.

Les conditions

L'adoption plénière d'un enfant, en France ou à l'étranger, peut être demandée par un couple marié (depuis au moins 2 ans ou dont les deux membres ont plus de 28 ans), un couple de concubins, ou une personne seule (âgée de plus de 28 ans). L'enfant doit avoir entre 3 mois et 15 ans.

Les démarches

Il faut avoir obtenu l'agrément du Service de l'aide sociale à l'enfance, accordé après une enquête sociale approfondie.

Dans les 6 mois qui suivent l'arrivée de l'enfant dans sa nouvelle famille, l'adoptant doit effectuer une requête auprès du tribunal de grande instance de son domicile, qui doit rendre le jugement d'adoption. Pour connaître les démarches à effectuer pour adopter un enfant à l'étranger, adressez-vous à la Mission pour l'adoption internationale (M.A.I.).

Les congés d'adoption

Afin de préparer au mieux l'arrivée de l'enfant, l'un des parents adoptifs peut bénéficier d'un congé d'adoption de 10 semaines.

L'autre parent adoptif dispose de 11 jours de congés rémunérés, à prendre dans les 4 mois suivant l'arrivée de l'enfant.

Le congé parental d'éducation, non rémunéré, est proposé aux parents adoptifs pendant les 3 premières années qui suivent l'adoption.

Les allocations

L'enfant adopté est considéré par la C.A.F. comme un enfant légitime. Les parents adoptifs bénéficient donc des mêmes prestations que les autres, comme la prime à la naissance ou à l'adoption de la P.A.J.E.

ÉLEVER SON ENFANT SEUL(E)

L'allocation de parent isolé

L'allocation de parent isolé (A.P.I.) garantit un revenu minimal à la mère (ou au père) qui élève seul(e) un ou plusieurs enfants ou à la femme seule se trouvant enceinte :
– pendant 12 mois ;
– ou jusqu'au 3e anniversaire de l'enfant le plus jeune (en cas de prolongation).
Les conditions. Être célibataire, père ou mère veuf(ve), séparé(e), abandonné(e) ou divorcé(e) et ne pas vivre maritalement.
– Pour la femme enceinte, avoir déclaré sa grossesse et subir les examens prénataux.
– Ne pas dépasser un certain plafond de ressources et déclarer tous les 3 mois ses revenus sur un imprimé spécifique. Le versement de cette prestation est subordonné à une enquête de la C.A.F.
Le montant. Il varie en fonction des ressources du bénéficiaire.
– Il est révisé tous les 3 mois suivant les revenus du trimestre écoulé.

L'Allocation de soutien familial

L'Allocation de soutien familial (A.S.F.) est versée sans conditions de ressources :
– aux personnes qui élèvent seules un enfant ;
– aux personnes seules ou aux familles qui recueillent un enfant orphelin ou abandonné.

Les conditions. Généralement, l'enfant recueilli doit être orphelin de père ou de mère, ou ne pas être reconnu par son père, ou être abandonné par l'un des deux parents qui ne paie pas sa pension alimentaire, avec une insolvabilité reconnue (chômage non indemnisé, R.M.I.).
Le montant. Il est plus élevé pour l'enfant privé de ses deux parents.
– En cas de versement partiel de la pension alimentaire, l'A.S.F. peut vous verser la différence, si vous acceptez que la C.A.F. engage une procédure contre le parent défaillant.

FAIRE GARDER SON ENFANT

La crèche collective

La crèche municipale, départementale ou privée accueille les enfants de 2 mois à 3 ans. Elle est contrôlée par la P.M.I.
Les conditions. Les deux parents doivent travailler à plein temps (ou situation assimilée).
– Le parent qui élève seul(e) son enfant est prioritaire.
– Les enfants handicapés peuvent également être accueillis.
Les lieux d'inscription varient : soit la mairie, soit la crèche. Le plus souvent, il faut s'inscrire à la mairie dès le 6e mois de grossesse.
La vie à la crèche. Une période dite d'« adaptation » est obligatoire pour chaque enfant. L'enfant malade est accueilli, sauf en cas de contagion reconnue par le médecin.

La crèche familiale

Elle regroupe des assistantes maternelles agréées, encadrées sur le plan technique.
Les conditions. Elles sont les mêmes que pour la crèche collective. L'inscription se fait auprès de la directrice de la crèche familiale.
La vie à la crèche. Comme pour la crèche collective, l'adaptation est progressive. Les enfants malades sont accueillis, sauf en cas de contagion reconnue par le médecin.

La crèche parentale

C'est une crèche collective gérée par les parents en association loi 1901. Ils viennent à tour de rôle, avec le soutien d'au moins une personne salariée et qualifiée, s'occuper des enfants.
La vie de l'enfant. L'accueil se fait progressivement, selon les désirs des parents et de l'assistante maternelle.
Les conditions. Les horaires sont fixés par les parents et le personnel, assez proches de ceux d'une crèche collective. Le nombre maximal d'enfants est fixé à 20.

Le montant. Des subventions de la C.A.F. ou une aide des services des collectivités locales peuvent financer les investissements de départ. Le coût par enfant n'est pas normatif, il varie selon les subventions et les revenus des participants.

La halte-garderie

La halte-garderie, municipale, associative ou parentale, accueille de façon discontinue et occasionnelle les enfants de moins de 6 ans. La responsable est souvent une directrice ayant un diplôme de puéricultrice ou d'infirmière ; elle travaille avec une équipe d'éducatrices et d'auxiliaires. L'accueil est fixé en moyenne à 20 enfants.
Les conditions. On peut y amener son enfant dès 3 mois, même si l'on ne travaille pas. L'accueil ne peut excéder 5 demi-journées par semaine.

L'assistante maternelle agréée indépendante

L'assistante maternelle agréée accueille chez elle les enfants de 0 à 6 ans, en étant salariée par les parents. Les horaires, la rémunération et le nombre d'enfants (3 places au maximum par jour) sont négociés avec les familles et un contrat de travail doit être établi.

L'agrément est délivré à l'assistante maternelle par les services départementaux de la P.M.I. pour 5 ans, reconductible après enquête médico-sociale. La CAF ou l'Union de recouvrement des cotisations de Sécurité sociale et d'allocations familiales (U.R.S.S.A.F.) peuvent vous aider à remplir les bulletins de salaire de votre assistante maternelle. De plus, vous pouvez demander à bénéficier du complément de libre choix du mode de garde de la P.A.J.E. ou de l'A.F.E.A.M.A. (pour les enfants nés avant le 1er janvier 2004).
Les conditions. Se renseigner auprès du service social de la P.M.I. départementale.
La vie de l'enfant. L'accueil se fait progressivement, selon les désirs des parents et de l'assistante maternelle.

FAIRE GARDER SON ENFANT À LA MAISON

Cela consiste à confier son jeune enfant à une personne de son choix que l'on emploie à son propre domicile. La C.A.F. peut aider les parents dans leurs démarches administratives et par des aides comme l'A.G.E.D. (pour les enfants nés avant le 1er janvier 2004) ou le complément de libre choix du mode de garde de la P.A.J.E.
Les conditions. Il faut établir un contrat de travail à l'employée et la déclarer à l'U.R.S.S.A.F.

Le jardin d'enfants

Le jardin d'enfants accueille les enfants de 2 à 4 ans (parfois jusqu'à 6 ans), toute la semaine. Des activités diversifiées d'éveil sont proposées aux enfants sous forme d'ateliers.

Les conditions. Elles sont identiques aux conditions d'accueil des crèches.

Le montant. Les familles dépensent pour ce mode un peu plus qu'en collectif. Les collectivités locales et la C.A.F. subventionnent ces équipements et structures d'accueil dites « périscolaires ».

Le centre de loisirs pour enfants

Le centre de loisirs pour enfants accueille les enfants (à partir de 3 ans) le mercredi et pendant les congés scolaires. Les horaires sont ceux de la classe, garderie du soir comprise (8 h 30-18 heures). Les centres de loisirs sans hébergement (C.L.S.H.) sont agréés par la Direction départementale de la jeunesse et des sports. De multiples activités sont proposées aux enfants.

Les conditions. Les parents doivent travailler, justifier de leur domicile et fournir une attestation d'assurance.

L'ÉCOLE

L'inscription à l'école

Elle est obligatoire à partir de 6 ans. Il existe en France un secteur public et un secteur privé. Dans ce dernier, l'admission dépend du nombre de places disponibles et les formalités varient.

▶ À la maternelle

L'école maternelle n'est pas obligatoire, l'inscription est donc soumise à la compétence des mairies, selon leurs effectifs. L'enfant doit avoir au moins 2 ans révolus, mais l'âge d'entrée à l'école maternelle est en fait 3 ans.

La première démarche à entreprendre est de se présenter, dans le courant du troisième trimestre (entre avril et juin), à la mairie, au bureau des écoles, avec :
– le livret de famille ou une fiche d'état civil ;
– le carnet de santé à jour ;
– un justificatif de domicile ;
– une pièce d'identité du responsable légal.

Le bureau des écoles enregistre la demande d'inscription et remet aux parents une fiche d'inscription indiquant l'école concernée.

La seconde étape consiste à prendre rendez-vous avec la directrice ou le directeur de l'établissement, qui validera l'inscription. Une mise en liste d'attente est toujours possible.

▶ À l'école élémentaire

L'âge d'entrée à l'école primaire est 6 ans. Il faut procéder comme pour l'inscription en maternelle.

▶ Au collège

L'entrée au collège s'effectue à l'âge de 11 ans. Une commission affecte les élèves au collège de leur secteur.

Le dossier d'inscription est transmis aux parents avant les vacances de printemps. Ils doivent choisir le régime de l'enfant (interne, externe ou demi-pensionnaire), la première langue et l'option facultative s'il y a lieu. Le dossier est ensuite remis au professeur de CM2 qui le transmettra au directeur de collège. Il faudra par la suite compléter l'inscription directement au collège. Si des parents souhaitent une inscription hors secteur, il leur faudra obtenir une dérogation auprès du rectorat. Pour tout changement d'établissement en cours de cycle, il faut négocier avec les chefs d'établissement concernés.

L'allocation de rentrée scolaire

Destinée à aider les familles à faire face aux frais de la rentrée, elle est versée annuellement par la C.A.F. aux familles ayant un enfant scolarisé âgé :
– de 6 ans au 31 janvier suivant la rentrée scolaire ;
– à 18 ans après le 16 septembre suivant la rentrée scolaire.

Les conditions.
– Avoir bénéficié d'une prestation familiale ou d'une aide versée par la C.A.F. (A.P.L., R.M.I., etc.) au mois de juillet précédant la rentrée scolaire.
– Ne pas dépasser un certain plafond de ressources.
– Envoyer sa déclaration de ressources annuelles à sa C.A.F. de rattachement.
– Justifier la scolarité de son enfant entre 16 et 18 ans auprès de sa C.A.F. (fournir l'attestation de scolarité d'un enfant de moins de 20 ans).

Le montant. Le montant est fonction d'un plafond qui varie selon le nombre d'enfants scolarisés.

La bourse de collège

Octroyée par l'Éducation nationale, elle permet à certaines familles de faire face aux frais de scolarité et de cantine. Elle est affectée, sauf demande contraire des parents, directement au paiement des frais de cantine.

Les conditions. Elle est destinée aux enfants qui vont au collège, et les ressources des parents doivent être inférieures au plafond fixé par le Ministère.

Le montant. Il varie selon les revenus de la famille et le nombre d'enfants à charge.

Adresses utiles

Contactez les centres nationaux ou les sièges sociaux des organismes pour obtenir les adresses de votre ville. Pour plus de renseignements, vous pouvez consulter le site www.service-public.fr.

SANTÉ

Association française contre
les myopathies (A.F.M.)
1, rue de l'Internationale BP 59
91002 Évry CEDEX
Tél. : 01 69 47 28 28
www.afm-france.org

Association des paralysés de France (A.P.F.)
17, boulevard Auguste-Blanqui
75013 Paris
Tél. : 01 40 78 69 00
www.apf.asso.fr

Centre de référence de la prévention de
la mort subite du nourrisson (C.R.M.S.N.)
Hôpital Cochin-Port-Royal
123, boulevard de Port-Royal
75014 Paris
Tél. : 01 58 41 21 62 ou 61

D.A.S.E.S. de Paris
94-96, quai de la Rapée
75012 Paris
Tél. : 01 43 47 77 77
www.paris.fr
Voir aussi les centres locaux (D.R.A.S.S.).
La Direction de l'action sociale de l'enfance et de la santé (D.A.S.E.S.) et les mairies communiquent la liste des services départementaux de la P.M.I.

Union nationale des associations
de parents et amis de personnes
handicapées mentales (U.N.A.P.E.I.)
15, rue Coysevox
75018 Paris
Tél. : 01 44 85 50 50
www.unapei.org

INFORMATIONS, DROITS, CONSEILS

Adessa, réseau des associations
d'aide à domicile
3, rue de Nancy
75002 Paris
Tél. : 01 55 33 14 30
www.federation-adessa.org

Caisse nationale d'allocations
familiales (C.N.A.F.)
32, avenue de la Sibelle
75685 Paris CEDEX 14
Tél. : 01 45 65 52 52
Pour tout renseignement s'adresser

à sa CAF au 0820.257 510
www.caf.fr

Caisse nationale d'assurance maladie
des travailleurs salariés
(C.N.A.M.T.S.)
26-50, avenue du Professeur
André Lemierre
75986 Paris CEDEX 20
Tél. : 01 45 50 47 33
www.ameli.fr

Centre national d'information
et de documentation des femmes
et des familles (C.N.I.D.F.F.)
7, rue du Jura
75013 Paris
www.infofemmes.com

Fédération nationale des particuliers
employeurs (F.E.P.E.M.)
18, rue Saint-Marc
75002 Paris
Tél. : 01 42 81 38 75
www.fepem.fr

La Leche League France
BP 18 78620 L'Étang-la-Ville
Tél. : 01 39 58 45 84
www.lllfrance.org

Ministère de la santé, des solidarités
et de la famille
4, avenue de Ségur
75350 Paris 07SP
Tél. : 01 40 56 60 00
www.sante.gouv.fr

Ministère de l'emploi, du travail
et de la cohésion sociale
127, rue de Grenelle
75007 Paris
Tél. : 01 44 38 38 38
www.travail.gouv.fr

Siège des Caisses primaires d'assurance
maladie de Paris (C.P.A.M.)
21, rue Georges-Auric
75948 Paris CEDEX 19
Tél. : 01 53 38 70 00 ou 0820.904 175
www.paris.ameli.fr

ENFANTS

A.B.C. Puériculture
(garde d'enfants)
7, rue La Fontaine
75016 Paris
Tél. : 01 40 50 13 64
www.abcpuericulture.asso.fr
Aide sociale à l'enfance (A.S.E.),
Sous-direction des Actions familiales

et éducatives, bureau des adoptions de
la D.A.S.E.S.
94-96, quai de la Rapée
75012 Paris
Tél. : 01 43 47 75 38
Pour la province, se renseigner auprès des Directions régionales des affaires sanitaires et sociales (D.R.A.S.S.).

Centre français de protection
de l'enfance (C.F.P.E.)
23, place Victor Hugo
94270 Le Kremlin Bicêtre
Tél. : 01 43 90 63 00
www.cfpe.asso.fr

Direction des affaires scolaires
de la mairie de Paris (D.A.S.C.O.)
3, rue de l'Arsenal
75004 Paris
Infos mairie de Paris : 39.75

Enfance et Partage
2-4, Cité de l'Ameublement
75011 Paris
Tél. : 01 65 25 65 65
Numéro Vert : 0800 05 12 34
www.enfance-et-partage.org

Fédération des crèches parentales
Association collective enfants parents
professionnels (A.C.E.P.P.)
15, rue du Charolais
75012 Paris
Tél. : 01 44 73 85 20 (national)
Tél. : 01 40 09 50 55 (Île-de-France)

Jumeaux et plus, l'association
28, place Saint-Georges
75009 Paris
Tél. : 01 44 53 06 03
Fax : 01 44 53 06 23
www.jumeaux-et-plus.asso.fr

Nursing-relais des mamans
3, rue Cino-Del-Duca
75017 Paris
Tél. : 01 40 55 07 33

S.O.S. urgences-mamans
56, rue de Passy
75016 Paris
Secrétariat national : 01 46 47 89 98
(permanence mardi et vendredi matin)
Pour retrouver le numéro de téléphone de votre région ou de votre arrondissement, vous pouvez également consulter le site www.sos-urgences-mamans.com

Syndicat national professionnel
des assistantes maternelles
Bat. Cévennes
19 bis, rue Blaise Pascal
78800 Houilles
Tél. : 01 30 86 94 76 ou 04 94 76 70 23
www.assistante-maternelle.org

Formalités pratiques en Belgique

LES CONGÉS DIVERS

Le congé d'allaitement

Il n'existe pas comme tel, mais certaines entreprises accordent un congé spécial sans solde. Dans certaines conditions, il peut être indemnisé par l'Institut national d'assurance maladie et d'invalidité (I.N.A.M.I.). La femme en congé d'allaitement n'est pas protégée contre le licenciement.

L'interruption de carrière

Ce congé permet aux salariées d'interrompre temporairement, totalement ou partiellement, leur activité. Une allocation est versée par l'Office national de l'emploi (O.N.E.M.). Pour connaître les conditions, s'adresser à son syndicat ou au ministère de l'Emploi et du Travail.

LA SANTÉ

Les visites médicales de l'enfant

Ces visites ne sont pas obligatoires, mais l'Office de la naissance et de l'enfance (O.N.E.) incite les mères à faire suivre leur enfant régulièrement. Elles peuvent avoir lieu à la consultation de nourrissons de l'O.N.E. (gratuitement), chez un médecin ou un pédiatre. L'O.N.E. peut assurer des visites médicales de l'enfant jusqu'à ses 13 ans.

Les vaccinations

La seule vaccination obligatoire est celle de la poliomyélite. En revanche, l'O.N.E. conseille vivement aux parents de faire vacciner leurs enfants contre d'autres maladies. (Pour le calendrier des vaccinations, voir page 372.)

LES ALLOCATIONS

La prime de naissance

La prime de naissance peut être perçue dès le 6e mois de la grossesse. Elle va en décroissant après le premier enfant. Pour la percevoir, il faut présenter aux Allocations familiales un certificat de grossesse, en faisant remplir le formulaire par le gynécologue.

Les allocations familiales

Les allocations familiales sont versées mensuellement par la Caisse d'allocations familiales (C.A.F.) dès le 2e mois après la naissance :
- jusqu'à 18 ans ;
- jusqu'à 25 ans si l'enfant est apprenti, stagiaire, étudiant ou si son revenu ne dépasse pas le montant fixé par la C.A.F. Ces allocations augmentent selon le nombre d'enfants et peuvent être majorées si l'enfant est handicapé ou orphelin, ou si l'un des deux parents perçoit une indemnisation de chômage.

Les prestations familiales garanties

Si aucune des conditions d'octroi pour les allocations de naissance et familiales n'est remplie, l'enfant bénéficie tout de même d'une allocation selon le système dit des « prestations familiales garanties ». Le montant de cette allocation dépend des revenus.

FAIRE GARDER SON ENFANT

Dans les structures collectives, les barèmes dépendent des tranches de revenus. Il existe aussi des possibilités de déductions fiscales.

Les crèches

Ce réseau officiel dépend de l'O.N.E. Il s'agit des crèches, des maisons communales d'accueil de l'enfance ou de prégardiennat, selon l'âge du bébé. Les parents sont prioritaires dans les structures d'accueil de leur commune.

Les gardiennes ou accueillantes d'enfants

Ces femmes, encadrées par un service ou par une crèche et, dès lors, dépendantes de l'O.N.E., gardent trois enfants au plus à leur domicile. C'est le service qui les rémunère et les parents paient en fonction de leurs revenus.

Les maisons d'enfants

Ce milieu d'accueil est conçu pour accueillir des enfants de 0 à 6 ans en collectivité (9 à 24 places). Il n'est pas subventionné par l'O.N.E., les horaires et les tarifs sont donc libres.

Les milieux d'accueil occasionnels

Il s'agit des haltes-garderies, farandolines, bébé-papottes... Les enfants sont accueillis pour quelques heures.

L'ÉCOLE

L'âge d'entrée

L'école est obligatoire à partir de 6 ans et jusqu'à 18 ans.
- En maternelle : dès 2 ans, 2 ans et demi.
- En primaire : de 6 ans à 12 ans.
- En secondaire : de 12 ans à 18 ans.

Le choix de l'école

Il existe un réseau public, un réseau libre (enseignement confessionnal ou libre) soutenu par l'État et un réseau privé. Dans le privé, le fonctionnement et le coût diffèrent selon les établissements. Lors de l'inscription, il faut présenter le livret de famille ou la carte d'identité.

ADRESSES UTILES

Fédération francophone belge pour le planning familial et l'éducation sexuelle
Rue de la Tulipe, 34
1 050 Bruxelles
Tél. : 02/502.56.13

Fédération générale du travail de Belgique (F.G.T.B.)
Rue Haute, 26-28 et 42
1 000 Bruxelles
Tél. : 02/506.82.11
www.fgtb.be

Infor-allaitement
Rue de Braives, 11
4 210 Vissoul (Burdinne)
Tél. : 02/242.99.33
www.infor-allaitement.be

Infor-femmes
Rue Trappé, 10
4 000 Liège
Tél. : 04/222.24.02
www.inforfemmesliege.be

Infor-femmes
Avenue de Clémenceau, 23
1 070 Bruxelles
Tél. : 02/511.47.06
www.inforfemmes.be

Institut national d'assurance maladie et d'invalidité (I.N.A.M.I.)
Avenue de Tervuren, 211
1 010 Bruxelles
Tél. : 02/739.71.11
www.inami.be

Institut national d'assurances sociales pour travailleurs indépendants (I.N.A.S.T.I.)
Place Jean-Jacobs, 6
1 000 Bruxelles
Tél. : 02/546.42.11
www.inasti.be

Observatoire de l'Enfance,
de la Jeunesse et de l'aide
à la Jeunesse
Boulevard Leopold II, 44
1 080 Bruxelles
Tél. : 02/413.37.65
www.cfwb.be/oejaj

Office de la naissance
et de l'enfance (O.N.E.)
Soins de la mère et de son enfant
Chaussée de Charleroi, 95
1 060 Bruxelles
Tél. : 02/542.12.11
www.one.be

Office national de l'emploi (O.N.E.M.)
Boulevard de l'Empereur, 7
1 000 Bruxelles
Tél. : 02/515.41.11
www.onem.fgov.be

Site utile : www.servicespublics.be

Formalités pratiques en Suisse

LA SANTÉ

Les visites médicales de l'enfant

Il n'y a pas d'examens médicaux obligatoires. À la naissance, on remet aux parents la liste des pédiatres de la région. Les infirmières de santé publique contactent les familles afin d'offrir soutien, conseil et orientation aux jeunes parents. La société suisse de pédiatrie souhaite cependant un contrôle médical à la naissance, puis à 1, 3, 6, 12, 24 mois, et vers 4 ans.

Les vaccinations

La vaccination est libre en Suisse mais les vaccins de la diphtérie et du tétanos sont obligatoires dans plusieurs cantons. Quant aux autres, ils sont recommandés. (Pour consulter le calendrier des vaccinations de l'enfant, reportez-vous à la page 372.)

L'EMPLOI

La garantie de l'emploi

Il est interdit de licencier une femme enceinte pendant toute sa grossesse et durant les 16 semaines qui suivent son accouchement.

Les conditions de travail

L'employeur ne peut obliger une femme enceinte à faire des heures supplémentaires ou à travailler la nuit.
Il n'est pas prévu de congé d'allaitement, mais l'employeur est tenu de laisser le temps nécessaire aux femmes désirant allaiter.
Des mesures de protection supplémentaires peuvent figurer dans des conventions collectives de travail.

LES PRESTATIONS FAMILIALES

Les allocations varient selon les cantons et l'âge de l'enfant.

L'allocation de naissance

Certains cantons ou communes versent aux parents salariés une allocation de naissance (ou allocation de bienvenue).

Les allocations familiales

Leur montant varie selon les cantons.

Les parents isolés

Une allocation est prévue pour les veuves, sous forme de rente. Au niveau cantonal, les parents isolés peuvent avoir droit à des prestations sociales spécifiques. Les modalités et le montant des prestations varient en fonction des cantons.

Les enfants handicapés

Ils bénéficient d'une assurance invalidité valable dans tout le pays.

LES MODES DE GARDE

Le système de garde (crèche, garderie) est souvent privé. Il est donc à la charge des parents qui ne bénéficient pas d'aides financières.
Les femmes qui travaillent peuvent, si elles le souhaitent, confier leur enfant à une maman de jour dont les tarifs sont établis par canton.

L'ÉCOLE

Le système cantonal régit la scolarité.

L'âge d'entrée

L'âge d'entrée à l'école varie d'un canton à l'autre, mais il est toujours calculé selon l'âge de l'enfant au 30 juin.
La scolarité est obligatoire à partir de l'école primaire.
– L'école enfantine : entre 4 et 6 ans.
– L'école primaire : entre 7 et 12 ans.
– L'enseignement secondaire : à partir de 10 ans ou 12 ans, selon les cantons.

Le choix de l'école

Le secteur public est très important en Suisse. Les enfants doivent fréquenter l'école publique qui leur est affectée en fonction de leur domicile.
Cependant, les écoles privées se développent de plus en plus. Elles restent sous contrôle de l'État et doivent respecter le programme d'enseignement officiel.

ADRESSES UTILES

Allô Parents
(soutien et écoute téléphonique anonyme)
Tél. : 022/733.22.00

Arcade des sages-femmes
Boulevard Carl-Vogt, 85
1 205 Genève
Tél. : 022/329.05.55
www.arcade-sages-femmes.ch

Association des familles monoparentales (A.F.M.)
Rue Lamartine, 27
1 203 Genève
Tél. : 022/344.32.45

Association genevoise pour les droits de la femme (A.G.D.F.)
Place de la Synagogue, 2
1 204 Genève
Tél. : 022/781.29.00

Association suisse des services d'aide et de soins à domicile
Belpstrasse, 24
Case postale 329
3 000 Berne 14
Tél. : 031/381.22.81
Fax : 031/381.22.28
www.spitexch.ch

Bureau informations femmes
Églantine, 6
1 006 Lausanne
Tél. : 021/320.04.04
http://isuisse.ifrance.com/bif

Bureau suisse de prévention
des accidents (BPA)
Laupenstrasse, 11
Case postale 8 236
3 001 Berne
Tél. : 031/390.22.22
www.bpa.ch

Commission cantonale d'adoption
Bâtiment administratif
de la Pontaise
1 014 Lausanne
Tél. : 021/316.53.04

École des parents
Rue de la Servette, 91
1 201 Genève
Tél. : 022/733.12.00

Fédération suisse des familles
monoparentales (F.S.F.M.)
Postfach 199
3 000 Berne 16
Tél. : 031/351.77.71
(du mardi au vendredi de 9 h 00 à 12 h 00)
www.svamv-fsfm.ch

Informations et conseils pour les besoins
spéciaux de la petite enfance
Maternité du C.H.U.V.
Avenue Pierre-Decker
1 011 Lausanne
Tél. : 021/314.32.45

Office cantonal de l'inspection
et des relations du travail
Case postal 3 974
1 211 Genève 3
www.geneve.ch/ocirt

Pro Juventute
Rue Caroline, 1
1 003 Lausanne
Tél. : 021/323.50.91
www.projuventute.ch

Secrétariat général
de la Croix-Rouge
Rainmattstrasse, 10
3 001 Berne
Tél. : 031/387.71.11
Fax : 031/387.71.22
www.redcross.ch

Formalités pratiques au Québec

LA SANTÉ

Les visites médicales de l'enfant

Elles ne sont pas obligatoires, mais peuvent se faire dans un Centre local de services communautaires (C.L.S.C.), chez un médecin ou un pédiatre.

Les vaccinations

Elles ne sont pas obligatoires, mais recommandées. (Pour le calendrier des vaccinations, voir page 372.)

LES CONGÉS

Le congé parental ou d'adoption

Un nombre variable de semaines de congé peut s'ajouter au congé de maternité durant l'année suivant la naissance ou l'adoption d'un enfant.
La loi sur l'assurance emploi prévoit, jusqu'au 1er janvier 2006, 35 semaines indemnisées au plus. Les prestations parentales peuvent être partagées entre les deux parents durant les 52 semaines suivant la naissance de l'enfant. Il ne faut pas dépasser 50 semaines de prestations combinées (de maternité, de maladie et parentales).

À partir du 1er janvier 2006, le régime québécois d'assurance parentale entrera en vigueur. Il offre des prestations de maternité, parentale ou d'adoption.
Les prestations de maternité durent entre 15 et 18 semaines selon l'option choisie. Des prestations de paternité sont versées aux pères pour une durée totale de 3 ou 5 semaines.
Les prestations parentales sont accordées pendant une période de 25 ou 32 semaines. Le nombre total de semaines de prestations parentales peut être pris par l'un ou l'autre des parents ou partagé entre eux. Ces semaines peuvent être prises en même temps par les deux parents.
Le régime québécois accorde des prestations d'adoption variant entre 28 ou 37 semaines selon l'option choisie. Le nombre total de semaines de prestations d'adoption peut être pris par l'un ou l'autre des parents ou partagé entre eux. Ces semaines peuvent être prises concurremment par les parents.
Selon les conventions collectives ou les avantages sociaux en vigueur, le congé parental ou le congé d'adoption peuvent être prolongés.

Le congé d'allaitement

Hormis le « retrait préventif », il n'y a pas de congé d'allaitement.

Les congés divers

Des congés non rémunérés peuvent être autorisés par l'employeur selon l'état de la mère ou de l'enfant et suivant les avantages sociaux ou la convention collective en vigueur.

L'AIDE FINANCIÈRE AUX FAMILLES

Les aides provinciales

Le Crédit d'impôt remboursable pour le soutien aux enfants du Québec est versé à tous, par enfant, et augmente avec le nombre d'enfants. Il comporte deux volets.
– Le paiement de soutien aux enfants est versé à toutes les familles du Québec ayant au moins un enfant à charge de moins de 18 ans. Le montant tient compte du revenu familial, du nombre d'enfants et de la situation familiale (majoration pour les familles monoparentales).
– Le supplément pour enfant handicapé n'est pas calculé en fonction du revenu des parents et le montant est le même quel que soit le handicap de l'enfant.

Les aides fédérales

La prestation fiscale canadienne pour enfant (P.F.C.E.) aide les familles à subvenir aux besoins de leurs enfants âgés de moins de 18 ans. Les prestations fiscales, qui augmentent avec le nombre d'enfants jusqu'à concurrence d'un montant maximal, sont calculées par rapport aux revenus familiaux et versées tous les mois. Des suppléments sont prévus pour les familles à faibles revenus.

Les prestations parentales de l'assurance chômage, versées pendant le congé parental, sont accordées au père ou à la mère, sous certaines conditions.

Les autres programmes d'aide

D'autres aides sont accordées par les gouvernements fédéral et provinciaux, en fonction des revenus.
Le ministère de l'Emploi et de la Solidarité du Québec accorde des prestations supplémentaires aux femmes enceintes ou qui allaitent et sont bénéficiaires de l'aide sociale.

FAIRE GARDER SON ENFANT

Les modes de garde

Les services de garde à l'enfance régis (c'est-à-dire munis d'un permis du gouvernement) accueillent les enfants de la naissance jusqu'à l'entrée en maternelle. Ils offrent deux types de services de garde : en installation (centres de la petite enfance et garderies privées) et en milieu familial. Une place en service de garde comprend jusqu'à 10 heures de garde par jour et est offerte jusqu'à 261 jours par année. Le centre de la petite enfance (C.P.E.) ou la garderie reçoit un maximum de 80 enfants répartis en groupes selon l'âge (un membre du personnel pour un maximum de 5 bébés, un membre du personnel pour un maximum de 8 enfants de 18 mois à moins de 4 ans et un membre du personnel pour un maximum de 10 enfants de 4 ans). Le service de garde en milieu familial reçoit un maximum de 6 enfants d'âges variés dont un seul nouveau-né ou un maximum de 9 enfants si la responsable de ce service est assistée par un autre adulte.
Les services de garde régis doivent se conformer à la réglementation existante, en vue d'assurer la sécurité, le bien-être et le bon développement des enfants. Ils appliquent aussi le programme éducatif recommandé afin de soutenir la qualité de leurs interventions éducatives.
Il existe aussi des services de garde non régis pour lesquels les modes de fonctionnement et les coûts sont variables, en milieu familial et en halte-garderie.

L'aide financière

Les parents, dont l'enfant fréquente un service de garde régi, bénéficient d'une place à contribution réduite (actuellement fixée à 7 $ par jour d'occupation).
Les parents prestataires du Programme d'assistance-emploi peuvent bénéficier d'une exemption de la contribution parentale et avoir la gratuité des services de garde pour un maximum de 23 heures et demie de fréquentation.

L'ÉCOLE

L'âge de rentrée

La scolarisation est obligatoire à partir de l'école primaire et jusqu'à 16 ans.
– En maternelle : à partir de 5 ans.
– En primaire : à partir de 6 ans.
– En secondaire : à partir de 12 ans.

Le choix de l'école

Il existe des écoles publiques (gratuites) et privées. Les parents peuvent choisir l'école selon leurs préférences.

L'inscription

Un certificat de naissance suffit. Les immigrants doivent y ajouter un permis de séjour et, le cas échéant, une preuve de scolarisation antérieure.

L'aide financière

Une prestation spéciale est prévue pour aider les familles à faire face aux dépenses de scolarité. Cette prestation spéciale est versée pour chaque enfant admissible, une fois par an. Le montant de cette prestation spéciale diffère selon que l'enfant fréquente une maternelle, une école primaire ou poursuit des études au secondaire général.

ADRESSES UTILES

Centre international des femmes
915, René-Lévesque Ouest
Bureau 110
Sillery (Québec) G1S 1T8
Tél. : (418) 688-5530
www.cifqfemmes.qc.ca

Commission de la santé
et de la sécurité du travail
1, complexe Desjardins,
Tour du Sud, 31e étage,
Case postale 3
succ. Place Desjardins
Montréal (Québec) H5B 1h1
Tél. : (514) 906-3000
www.csst.qc.ca

Commission des normes du travail
Direction des communications
400, boulevard Jean-Lesage
Québec (Québec) G1K 8W1
Tél. : 1 800 265-1414

Direction de l'état civil
2535, boulevard Laurier
Sainte-Foy (Québec) G1V 5C5
Tél. : (418) 643-3900
Tél. : (514) 864-3900
www.etatcivil.gouv.qc.ca

Fédération des associations
de familles monoparentales
du Québec
8059, boulevard Saint-Michel
Montréal (Québec) HEZ 3C9
Tél. : (514) 729-6666
www.cam.org/fafmrq

Fédération du Québec
pour le planning des naissances
110, rue Sainte-Thérèse
Bureau 405
Montréal (Québec) H2Y 1E6
Tél. : (514) 866-3721
www.fqpn.qc.ca

Grossesse-Secours
79, rue Beaubien Est
Montréal (Québec) H2S 1R1
Tél. : (514) 271-0554
www.grossesse-secours.org

Ministère de la Santé
et des Services sociaux
Direction des communications
Renseignements généraux,
16e étage
1075, chemin Sainte-Foy,
Québec (Québec) G1S 2M1
www.msss.gouv.qc.ca
Pour toute demande de renseignements, vous pouvez téléphoner sans frais au numéro 1-800-707-3380 ou, pour la région de Québec, au numéro (418) 266-8900

Ministère de l'emploi,
de la solidarité sociale
et de la Famille
425, rue Saint-Amable, 4e étage
Québec (Québec) G1R 4Z1
Tél. : (514) 873-2323
1 800 363-0310
www.messf.gouv.qc.ca

Site utile :
www.naissance.info.gouv.qc.ca

Index

Les chiffres en gras renvoient aux entrées du dictionnaire médical.

Crédits photographiques

Les photographies sont de Baptiste Lignel/Otra-Vista, à l'exception de : p.p. 12 et 13 : © LWA-Dann Tardif/CORBIS ; p.p. 30 et 31 : © Burger/Phanie ; p. 32 : © Hervé Gyssels/Archives Larousse ; p. 33 : © Hervé Gyssels/BSIP ; p. 37, p. 38, p. 41 et p. 45 : © Droits réservés ; p. 51, p. 52, p. 54 et p. 55 : © Hervé Gyssels/Archives Larousse ; p. 58, p. 61, p. 65 p. 72 et p. 82 : © Droits réservés ; p.p. 98 et 99 : © Burger/Phanie ; p. 100 : © Hervé Gyssels/Archives Larousse ; p. 101 : © Hervé Gyssels/BSIP ; p. 112, p. 113 et p. 122 : © Hervé Gyssels/Archives Larousse ; p.p. 138 et 139 : © Alix/Phanie ; p. 164 : © Droits réservés ; p.p. 170 et 171 : © Voisin/Phanie ; p. 172 : © Hervé Gyssels/BSIP ; p. 173 et p. 187 : © Hervé Gyssels/Archives Larousse ; p. 196 et p. 213 : © Federico Farias/Otra-Vista ; p. 222 : © Hervé Gyssels/Larousse ; p. 227 : © Droits réservés ; p.233 : © Federico Farias/Otra-Vista ; p.p. 234 et 235 : © Burger/Phanie ; p. 236, p. 237 et p. 252 : © Hervé Gyssels/Archives Larousse ; p. 299 : © Anaïs Eiden ; p.p. : 300 et 301 : © Voisin/Phanie ; p. 309 : © Anaïs Eiden ; p. 327 : © Droits réservés ; p. 340 : © Voisin/Phanie ; p. 343 : © Gerardo Somoza/Gamma ; p. 354 : © Hardas/BSIP ; p. 357 : © Wil & Deni Mcintyre/BSIP ; p.p. 358 et 359 : © Olivier Ploton/Archives Larousse.

Crédits couverture

1re de couverture, haut : © Michèle Constantini/PhotoAlto ; bas : © Banana Stock
Dos de couverture : © Banana Stock
4e de couverture : © Baptiste Lignel/Otra-Vista
1er rabat (de haut en bas) : © Baptiste Lignel/Otra-Vista ; © Droits réservés ; © Baptiste Lignel/Otra-Vista ; © Hervé Gyssels/Archives Larousse ; © Baptiste Lignel/Otra-Vista ; © Gerardo Somoza/Gamma

Remerciements

L'Éditeur remercie pour leur aimable participation : Ayrton, Émile et Esteban Abinal, Yael Azoulay, Laetitia Bally, Claire, Alice et Juliette Brault, Robert Burns, Christelle Deidda, Coralie, Lilla et Nicolas Delesalle, Anaïs Eiden, Ivan Féat, Ellie et Julien Flak, Sophie Goldblum-Flak, Marianne et Xavier Jardin, Anne Kanjounzeff, Matthieu et Oscar Lagarde, Emmanuel et Louise Leroy, Olivia Leflaive, Daphné Lignel, Jean Lignel, Karine Lignel, Mila et Pablo Lignel, Sébastien Peillon, Isabelle Pisani, Jean, Nicolas et Tess Reese, Mina Reffet, Léa Rossmann, Isabelle Sicart, Ilana, Iman, Liobhan et Vincent Stanislaviak, Anton et Milan Stolper, Eva, Pauline et Éric Verzel ; pour sa contribution, Anne-Abel Roger ; ainsi que le service de presse de la CAF et la Délégation générale du Québec, Paris.

Photogravure : AGC, Saint-Avertin
Impression : Canale, Turin
Dépôt légal : septembre 2005
Imprimé en Italie
560348/01-10104499 septembre 2005